U0000845

宋書

上海涵芬樓借北平圖
書館吳興劉氏嘉業堂
藏宋蜀大字本景印闕
卷以涵芬樓藏元明遞
修本補配原書板高二
十三公分寬十九公分

《百衲本二十四史》 新版刊印序

《百衲本二十四史》是近百年來校考最精良、版本最珍貴、蒐羅最廣泛的二十四史，先父王雲五先生於一九七六年〈重印補校百衲本二十四史序〉中已有論證。

一八九七年商務印書館在上海創立，創館元老張元濟先生於一九○二年正式主持商務印書館編譯所，將商務帶入「出版好書、匡輔教育」的出版之路。一九二一年（民國十年）王雲五先生經胡適先生推薦，接替主持商務印書館編譯所，並於一九三○年兼任總經理，與張元濟先生共同為商務印書館的百年大業作出貢獻。

張元濟先生入館後，積極蒐購民間珍貴藏書，一方面用來印製、廣泛發行，另一方面也為成立「涵芬樓」藏書室（後來開放為「東方圖書館」）預作準備。當年他並積極向各公私立圖書館商借影印各種版本的二十四史，逐一比較補正缺漏，然後在一九三○年開始付印，至一九三七年全部出齊。校印工程之艱鉅與可貴，從他所撰寫的《校史隨筆》可以了解。

商務涵芬樓所珍藏的二十四史及各種珍貴版本，可惜在一九三二年日本發動淞滬戰爭時，被日軍炸毀，化為灰燼。《百衲本二十四史》的傳印，就顯得格外有意義。

王雲五先生於一九六四年在臺重新主持臺灣商務印書館，與當時總編輯楊樹人教授，依據臺北故宮博物院和中央圖書館珍藏的宋元版本，修補校正《百衲本二十四史》，並於一九七六年重版印行。

《百衲本二十四史》初印至今，已經八十年，雖經在臺補正重版，舊書均已售完，而各界索購者絡繹不絕，不得已先以隨需印刷供應，但仍然供不應求。

為了適應讀者的需要，本公司由副董事長施嘉明先生、總編輯方鵬程先生和舊書重印小組一起規劃，決定放大字體，以十八開精裝本重印《百衲本二十四史》，每種均加印目錄頁次，讓讀者方便查考，也讓我們與《百衲本二十四史》共同邁向百年大慶。值此付印前夕，特為之序。

臺灣商務印書館董事長王學哲謹序

二○一○年三月二十五日

一

宋書一百卷

梁沈約撰。

約事蹟具梁書本傳。約表上其書，謂本紀列傳，繕寫已畢，合志表七十卷，所撰諸志，須成續上。今此書有紀志傳而無表。

劉知幾《史通》，謂此書為紀十、志三十、列傳六十，合百卷，不言其有表。《隋書》經籍志，亦作《宋書》一百卷，與今本卷數符合。或唐以前，其表早佚，今本卷帙，出於後人所編次歟。

以志序考之，稱凡損益前史諸志為八門，曰律歷、曰禮、曰樂、曰天文、曰五行、曰符瑞、曰州郡、曰百官，是律歷未嘗分兩門。今本總目，題卷十一志第一志序、卷十二志第二歷上、卷十三志第三歷下。而每卷細目，作志第一律志序、志第二歷上、志第三歷下。則出於後人編目，強為分割，非約原本之舊次，此其證矣。

八志之中，惟符瑞實為疣贅。州郡惟據太康地志、及何承天、徐爰原本，於僑置叛立、併省分析，多不詳其年月，亦為疏略。至於《禮志》合郊祀、祭祀、朝會、輿服，總為一門，以省支節。《樂志》詳述八音眾器、及鼓吹鐃歌諸樂章，以存義訓。如鐸舞曲，聖人制禮樂篇，有聲而詞不可詳者，每一句為一斷，以存其節奏，義例尤善。

若其追述前代，晁公武《讀書志》雖以失於限斷為譏，然班固《漢書》增載地理，上敘九州，創設五行，演明鴻範，推原溯本，事有前規。且魏晉立皆短祚，宋承其後，歷時未久，多所因仍。約詳其沿革之由，未為大失，亦未可遽用糾彈也。

觀徐爰傳，述當時修史，議為桓元等立傳。約則謂，桓元、盧循等，身為晉賊，非關後代。吳隱、謝混等，義止前朝，不宜濫入。劉毅、何無忌等，志在興復，情非造宋，竝為刊除，歸之晉籍，其申明史例，又何嘗不謹嚴乎。

其書至北宋，已多散失。《崇文總目》謂闕趙倫之傳一卷。陳振孫《書錄解題》謂獨闕到彥之傳。今本卷四十六，有趙倫之、王懿、張邵傳，惟彥之傳獨闕，與陳振孫所見本同。卷後有臣穆附記，謂此卷體同南史，傳末無論，疑非約書，其言良是。

二

蓋宋初已闕此一卷，後人雜取高氏《小史》及《南史》以補之，取盈卷帙。然南史有到彥之傳，獨舍而不取。又張邵傳後，附見其兄子暢，直用南史之文。而不知此書卷五十九，已有張暢傳。忘其重出，則補綴者之疎矣。臣穆當即鄭穆，宋史有傳，嘉祐中嘗校勘宋書。其所考證，僅見此條。蓋重刊之時，削除偶賸，亦足見明以來之刊本，隨意竄改，多非古式云。（摘自景印《文淵閣四庫全書》總目史部卷四十五，2-20頁）

三

重印補校百衲本二十四史序

百衲本者何？彙集諸種善本，有闕卷闕頁，復多方蒐求，以事配補，有如僧衣之補綴多處者也。

我國正史彙刻之存於今者，有汲古閣之十七史，有南北監之二十一史。清高宗初立，成明史，命武英殿開雕，至四年竣工；繼之者二十一史。其後又詔增劉昫唐書，與歐宋新唐書並行，越七年遂成武英殿二十三史。及四庫開館，諸臣復據永樂大典及太平御覽，冊府元龜等書，裒輯薛居正舊五代史，得旨刊布，以四十九年奏進；於是二十四史之名以立。

武英殿本以監本為依據。清高宗製序，雖有監本殘闕，併勅校讎之言，始意未嘗不思成一善本也。惟在事諸臣，既未能廣蒐善本，復不知慎加校勘，佚者未補，譌者未正，甚或彌縫缺乏，以譌亂真，誠可惜也。

本館前輩張菊生先生，以多年之時力，廣集佳槧，審慎校讎，自民十九年開始景印，迄二十六年甫竟全功。雖中經一二八之劫，抱書而走，亂定掇拾需時，然景印之初，海宇清寧，亦緣校讎精審，多費時日。嘗聞菊老茸印初稿，悉經手勘，朱墨爛然，盈闌溢幅，點畫纖細，鉤勒不遺，與同人共成校勘記，多至百數十冊，文字繁冗，尚待董理。爰取原稿若干條，集為校史隨筆，而付梓焉。

就隨筆所記，殿本訛闕殊多。分史言之，則史記正義多遺漏，漢書正文注文均有錯簡，三國志卷第淆亂，宋書誤註為正文，南齊書地名脫誤，北齊書增補字句均據北史，而仍與北史有異同。魏書考證有誤，舊唐書有闕文，訂正錯簡亦有小誤，唐書有衍文，舊五代史遂於嘉業堂劉氏刊本，元史有衍文及闕文，且多錯簡，重出之傳，亦未刪盡。綜此諸失，殿本二十四史不如衲史遠矣，況善本精美，古香古色，尤非殿本所能望其項背。

茲將百衲本二十四史據以景印之版本列述於後：

史　記　宋慶元黃善夫刊本。

漢　書　北宋景祐刊本，瞿氏鐵琴銅劍樓藏。

後漢書　宋紹興刊本，原闕五卷半，以北平國立圖書館元覆宋本配補。

三國志　宋紹熙刊本，日本帝室圖書寮藏，原闕魏志三卷，以涵芬樓藏宋紹興刊本配補。

晉　書　宋本，海寧蔣氏衍芬草堂藏，原闕載記三十卷，以江蘇省立圖書館藏宋本配補。

宋　書　宋蜀大字本，北平國立圖書館吳興劉氏嘉業堂藏，闕卷以涵芬樓藏元明遞修本配補。

南齊書　宋蜀大字本，江安傅氏雙鑑樓藏。

梁　書　宋蜀大字本，北平國立圖書館及日本靜嘉堂文庫藏，闕卷以涵芬樓藏元明遞修本配補。

陳　書　宋蜀大字本，北平國立圖書館及日本靜嘉堂文庫藏。

魏　書　宋蜀大字本，北平國立圖書館江安傅氏雙鑑樓吳興劉氏嘉業堂及涵芬樓藏。

北齊書　宋蜀大字本，北平國立圖書館藏，闕卷以涵芬樓藏元明遞修本配補。

周　書　宋蜀大字本，吳縣潘氏范硯樓及自藏，闕卷以涵芬樓藏元明遞修本配補。

隋　書　元大德刊本，闕卷以北平國立圖書館江蘇省立圖書館藏本配補。

南　史　元大德刊本，北平國立圖書館及自藏。

北　史　元大德刊本，北平國立圖書館及自藏。

舊唐書　宋紹興刊本，常熟鐵琴銅劍樓藏，闕卷以明聞人詮覆宋本配補。

新唐書　北宋嘉祐刊本，日本岩崎氏靜嘉堂文庫藏，闕卷以北平國立圖書館江安傅氏雙鑑樓藏宋本配補。

舊五代史　原輯永樂大典有注本，吳興劉氏嘉業堂刻。

五代史記　宋慶元刊本，江安傅氏雙鑑樓藏。

宋　史　元至正刊本，北平國立圖書館藏，闕卷以明成化刊本配補。

遼　史　元至正刊本。

金　史　元至正刊本，北平國立圖書館藏，闕卷以涵芬樓藏元覆本配補。

元　史　明洪武刊本，北平國立圖書館及自藏。

明　史　清乾隆武英殿原刊本，附王頌蔚編集考證攟逸。

上開版本之搜求補綴，在彼時實已盡最大之能事。惟今者善本時有發見，前此認為業已失傳者，漸集於一隅，尤以中央圖書館及故宮博物院在抗戰期內，故家遺族，前此秘藏不宣，因播遷而割愛者不在少數；盡量收購，寄存盟邦，以策安全。近年悉數運回，使臺灣成為善本之總匯。百衲本後漢書原據本館前涵芬樓所藏宋紹興本影印，益以北平圖書館及日本靜嘉堂文庫殘本之配備，當時堪稱人間瑰寶；且志在存真，對其中未盡完善之處

一仍其舊。然故宮博物院近藏宋福唐郡庠覆景祐監刊元代修補本及中央圖書館所藏錢大昕手跋北宋刊本與宋慶元間建安劉元起刊本，各有其長處。本館總編輯楊樹人教授特據以覆校百衲本原刊，計修正原影本因配補殘本而致首尾不貫者五處，其中重複者四處，共圈刪衍文三十六字，補足脫漏一處，缺文二字，原板存留墨丁四十六處，補正五十二字。另有顯屬雕刻錯誤者若干字，亦酌為改正。於是宋刊原面目，大致可復舊觀矣。又前漢書原景本闕漏目錄全份，亦據故宮博物院珍藏宋福唐郡庠覆景祐監刊元代修補本補印十有四頁，以成全璧。校書如掃落葉，愈掃愈落，礙難悉數掃清，然多費一番心力，對於鑽研史籍者，定可多一番裨益。區區之意，當為讀者所樂聞，亦可稍慰本館前輩張菊老在天之靈，喜其繼起有人也。

本館衲史原以三十二開本連史紙印製，訂為八百二十冊，流行雖廣，以中經多難，存者無多，臺省尤感缺乏，各國亦多訪購，爰應各方之需求，改訂為十六開大本，縮印二頁為一面，字體較縮本四部叢刊初編為大，用上等印書紙精印精裝，訂為四十一鉅冊，以便檢閱，經重版數次。茲為謀普及，再縮印為二十四開本五十八冊，字體仍甚清晰，而售價不及原印十六開本之半，莘莘學子，多有購置之力，誠不負普及之名矣。付印有日，謹述概要。

中華民國六十五年雙十節王雲五識

六

股東會全體股東獻禮

本公司董事長王岫廬（雲五）先生，學界巨擘，社會棟樑，歷任艱巨，功在國家。一生繫中國文化出版之命脈，惠澤士林。本公司三度罹國難而得復興。咸賴　先生之大力。每次復興，莫不聲光煥發，蔚為奇蹟。民國五十二年冬，　先生退出政壇。次年秋重主本公司，謀慮擘劃，晨夕辛勞，不取分文之酬，而甘之如飴；蓋純出於愛護本公司與宏揚文化之心願。無　先生之犧牲精神與卓越領導，不能有今日之商務書館，已為識者之定評。今歲欣逢　先生八秩華誕，社會同慶。股東會同人本崇功報德之念，群思有以祝賀。　先生謙辭至再至三，當以恭敬不如從命，爰於五十六年股東會議席上全體決議，利用重印之百衲本二十四史，作為　華誕獻禮。要不過體認先生造福文化界之功績，聊表嵩祝悃誠於萬一耳。

中華民國五十六年四月十五日

臺灣商務印書館股份有限公司
股東會　全體股東　謹啟

七

06-5

武帝上

臣沈

高祖武皇帝諱裕字德輿小名寄奴彭城縣綏
里人漢高帝弟楚元王交之後也交生紅懿侯
富富生宗正辟彊辟彊生陽城繆侯德德生陽
城節侯安民安民生陽城釐侯慶忌慶忌生陽
城肅侯本本生宗正平平生東武城令某某生
東萊太守景景生明經洽洽生博士弘弘生瑯
邪都尉悝悝生魏定襄太守某某生邪城令亮
亮生晉北平太守膺膺生相國掾熙熙生開封
令旭孫旭生混始過江居晉陵郡丹徒縣之
京口里官至武原令混以晉凌東安太守靖生郡
功曹翹翹是為皇考高祖以晉哀帝興寧元帝歲
次癸亥三月壬寅夜生及長身長七尺六寸風
骨奇特家貧有大志不治廉隅事繼母以孝謹
稱初為冠軍孫無終司馬安帝隆安三年十一
月妖賊孫恩作亂於會稽晉朝衛將軍

謝琰前將軍劉牢之東討牢之請高祖參府軍
事十二月牢之至吳而賊緣道屯結牢之命高
祖與數十人覘賊遠近會遇賊至眾數千人高
祖便進與戰所將人多死而戰意方厲手奮長
刀所殺傷甚眾眾之子敬宣疑高祖淹久恐為
賊所困乃輕騎尋之既而眾騎並至賊乃奔退
斬獲千餘人推鋒而進平山陰恩遁還入海四
五月恩復入會稽殺衛將軍謝琰十一月劉牢
之復率眾東征恩退走牢之屯上虞使高祖戍
句章城句章城既甲小戰士不盈數百高祖
常被堅執銳為士卒先每戰輒推鋒陷陳賊
乃退還浹口千時東伐諸帥御軍無律士卒暴
掠甚為百姓所苦唯高祖法令明整所至莫不
親賴焉五年春孫恩頻攻句章高祖屢摧破之
恩復走入海三月恩北出海鹽高祖追而翼之
築城千海鹽故治賊日來攻城城內兵力甚弱
高祖乃選敢死之士數百人咸脫甲胄執短兵
立鼓噪而出賊震懼奪氣因其懼而奔之立斬

甲散走斬其大帥姚盛雖連戰剋勝然衆寡不
敵高祖獨深慮之一夜偃旗匿衆若已遁者明
晨開門使羸疾數人登城賊遣問劉鍾所在曰
夜已走矣賊信之乃率衆大上高祖乘其懈怠
奮擊大破之恩知城不可下乃進向滬瀆高祖
復棄城追之海鹽令鮑陋遣子嗣之以吳兵千
請為前驅高祖曰賊兵甚精人人不習戰若前
驅失利必敗我軍可在後為聲援不從是夜高
祖多設伏兵兼置旗鼓然一處不過數人明日

宋書紀一　三　徐大中

賊率衆萬餘迎戰前驅既交諸伏皆出舉旗鳴
鼓賊謂四面有軍乃退嗣之追奔為賊所沒高
祖且戰且退賊盛所領死傷且盡高祖慮不免
至向伏兵處乃止令左右脫死人衣賊謂當
走反停疑猶有伏高祖因呼更戰氣色甚猛賊
衆以為然乃引軍去高祖徐歸然後散兵稍集
五月孫恩破滬瀆殺吳國內史袁山松死者四
千人是月高祖復破賊於婁縣六月恩乘勝浮
海奄至丹徒戰士十餘萬劉牢之猶屯山陰京

邑震動高祖倍道兼行與賊俱至于時衆力既
寡加以步遠疲勞而丹徒守軍莫有鬭志恩率
衆數萬鼓譟登蒜山居民皆荷擔而立高祖以
率所領奔擊大破之投嶮赴水死者甚衆恩以
鼓排敗自載僅得還船雖被摧破猶特其衆力徑向
京師樓船高大值風不得進旬日乃至白石尋
知劉牢之已還朝廷有備遂走向鬱洲八月以
高祖為建武將軍下邳太守領水軍追罰至鬱

宋書紀一　四　徐中

洲復大破恩恩南走十一月高祖追恩於滬瀆
及海鹽又破之三戰並大獲俘馘以萬數恩自
是饑饉疾疫死者太半自浹口奔臨海元
年正月驃騎將軍司馬元顯西代荊州刺史桓
玄玄亦率荊楚大衆下討元顯元顯遣鎮北將
軍劉牢之拒之高祖參其軍事次溧洲玄至高
祖請擊之不許將遣子敬宣詣玄請和高祖與
牢之甥東海何無忌並固請不從遂遣敬宣詣
玄玄剋京邑殺元顯以牢之為會稽內史懼而
告高祖曰便奪我兵禍其至矣今當北就高

雅於廣陵舉事卿能從我去乎苔曰將軍以勁
辛數萬望風降服彼新得志威震天下三軍人
情都已去矣廣陵豈可得至邪譚當反服
還京口耳牢之叛走自縊死何無忌謂高祖曰
我將何之高祖曰鎮比去必不免卿可隨我還
京口耳玄必能守節比面我當與卿事之不然
與卿圖之今方是玄矯情任篹之日必將用我
輩也桓玄從兄脩以撫軍鎮丹徒以高祖為中
兵參軍軍郡如故孫恩自奔敗之後徒旅漸散

三十高 【宋紀一】 五 陸卷

懼生見獲乃於臨海投水死餘衆推恩妹夫盧
循為主桓玄欲且緝寧東土以循為永嘉太
守循雖受命而冠暴不已五月玄復遣高祖
東征時循自臨海入東陽乃復遣高
祖破循於東陽循奔永嘉復追破之斬其大
帥張士道追討至于晉安循浮海南走 六月
加高祖彭城內史桓玄為楚王將謀篹盜玄從
兄衛將軍謙屏人問高祖曰楚王勳德隆重四
海歸懷朝廷之情感謂宜有揖讓卿意以為

何如高祖既志欲圖玄乃遜辭苔曰楚王宣
武之子勳德蓋世晉室微弱民望久移乘運
禪代有何不可謙喜曰卿謂可爾便當是真
可爾十二月桓玄篹帝位遷天子於尋陽相
脩入朝高祖從至京邑玄見高祖謂司徒王謐
曰昨見劉譚風骨不凡恐非劉譚莫可付以大事
接慇懃贈賜其甚厚高祖愈惡之或說玄曰劉譚
龍行虎步視瞻不凡恐不為人下宜蚤為其所
玄曰我方欲平蕩中原非劉譚莫可付以大事

三十四 【宋紀一】 六 陸卷

關隴平定然後當別議之耳玄乃下詔曰劉譚
以寡制衆屢摧妖鋒況海窮追十殄其八諸將
力戰多被重創自元帥以下至于將士竝空論
賞以叙勳烈先是高祖東征盧循何無忌隨至
山陰勸於會稽舉義高祖以為玄未據極位且
會稽遙遠事濟為難侯其篹逆事箸徐於
京口圖之不憂不剋至是桓脩還京高祖託以
金創疾動不堪步從乃與無忌同船共還建興
復之計於是與弟道規沛郡劉毅平昌孟昶

任城魏詠之高平檀憑之琅邪諸葛長民太原
王元德隴西辛扈厚與東莞童厚之並同義謀時
桓脩弟弘為征虜將軍青州刺史鎮廣陵道
規為弘中兵參軍昶為州主簿乃令毅濟往就
昶聚徒於江北謀起兵殺弘長民為豫州刺史
刁逵左軍府參軍謀據歷陽相應元德厚之
已丑朔乙卯高祖託以遊獵與無忌等收集義
謀於京邑聚衆攻亥剋期齊發三年二月
徒几同謀何無忌魏詠之詠之弟欣之順之檀憑之

憑之從子韶弟祇隆與叔道濟道濟從兄範之
高祖弟道憐劉毅毅從弟藩孟昶昶族弟懷
王河內向彌管義之陳留周安穆臨淮劉蔚從
弟珪之東莞臧喜從弟寶符從子穆生童茂
宗陳郡周道民漁陽田演譙國范清等二十七人
顧從者百餘人丙辰詰旦城開無忌服傳詔服
稱詔居前義衆馳入齊聲大呼吏士驚散莫
敢動即斬脩以徇高祖哭其慟厚加殯斂昶道
勸弘其日出獵未明開門出獵人昶道規毅等

率壯士五六十人因開門直入弘方嗽粥即斬
之因收衆濟江義軍初剋京城脩司馬刁弘率
文武佐吏來赴高祖登城謂之曰郭江州已奉
乘輿反正於尋陽我等並被密詔誅除逆黨
同會今日賊立之首已當梟矣諸君非
大晉之臣乎今來欲何為弘等信之收衆而退
毅既至高祖命誅弘毅兄邁先在京師事未
發數日高祖遣同謀周安穆報之使為內應邁
外雖酬許內甚震懼安穆見其惶駭慮事必

泄乃馳歸時亥以邁為竟陵太守邁不知所為
便下船欲之郡是夜亥與邁書曰北府人情六
何卿近見劉諱何所道邁謂亥已知其謀晨起
白之亥驚懼封邁為重安侯既而廉邁不執安
穆使得逃去乃殺之誅元德屆與厚之等召桓
謙下範之等謀拒高祖謙等曰驅逼遣立擊之亥
曰不然彼兵速銳計出萬死若行遣水軍不
足相抗如有蹉跌則彼氣成而吾事敗矣不如
屯大衆於覆舟山以待之彼空行二百里無所

措手銳氣已挫既至勿見大軍必懾懼駭愕我
案兵堅陣勿與爭鋒彼求戰不得自然散走此
計之上也諶等固請乃遣頓丘太守吳甫之右
衞將軍皇甫敷北拒義軍玄自聞軍起憂懼
無復為計或曰劉諶等眾力甚弱豈辦之有
成隆下何慮之甚玄共舉大事何謂無成眾推高
牢之甥似其舅共舉蒲大事何謂無成眾劉
毅家無檐石之儲攜蒲一擲百萬何無忌劉
相為盟主移檄京邑曰天下治亂相因理不常泰
雨

　宋書紀一　　九　　錢宗

狡焉肆虐或值聖明自我大晉陽九屢構隆安
以來難結皇室忠臣碎於虎口貞良斃於豺狼
逆臣桓玄陵虐人鬼阻兵荊郢肆暴都邑天未
二難凶力繁興蹈蹻之間遂傾皇祚王上播越
云難凶力蹈蹻之間遂傾皇祚羅泯
沫幸非所神器沈淪七廟毀隆夏后之羅泯
猶有漢之遭莽卓方之於玄未足為喻自茲
逆于今歷年八旬彌時民無生氣加以士庶疲
於轉輸文武困於造築父子乘離室家分散豈
唯大東有杼軸之悲標梅有傾筐之墍而已哉

仰觀天文俯察人事此而能久亦可亡兒在
有心誰不扼腕諶等所以叩心泣血不遑啟處
者也是故夕寐宵興援旌誓眾忠列濈構崎嶇險過
履虎輔國將軍劉毅廣武將軍何無忌鎮北主
簿孟昶充州主簿魏詠之寧遠將軍劉道規龍
驤將軍劉藩振威將軍檀憑之等忠烈斷金精
貫白日荷戈奮袂志在畢命益州刺史毛璩萬
里齊契掃定荊楚江州刺史郭昶之奉上
宮千尋陽鎮北桑軍王元德等並率部曲保據

　宋書紀一　　十　　唐世業

石頭揚武將軍諸葛長民收集義士已據歷陽
征虜勇夾參軍庾賾之等潛相連結以為內應
協規所在蜂起即日斬偽徐州刺史安城王脩
青州刺史弘首義眾既集文武爭先咸謂庶
有一統則事無以輯諶辭不獲已遂攝軍要不
上憑祖宗之靈下罄義夫之力前驅誡通逆蕩清
京輦八公侯諸君或世樹忠貞或身荷爵寵而並
偈眉猬堅自效莫由顧瞻周道寧不平今日
之舉良其會也諶以虛薄才非古人數接於已

06-14

踐之機受任於既頹之運丹誠未宣感慨憤躍
望齊漢以永懷眄山川以增厲授檄之日神馳
賊廷以孟昶為長史揔攝後事檀憑之為司馬
百姓願從者千餘人三月戊午朝遇吳甫之於
江乘甫之玄驍將也其兵銳高祖躬執長刀
大呼以衝之衆皆披靡即斬甫之進至羅洛橋
皇甫敷率數千人逆戰寧遂將軍檀憑之與
高祖各御一隊憑之戰敗見殺其衆高祖
進戰彌厲前後奮擊應時摧破即斬敷首初

【宋書紀】 十二 亨

高祖與何無忌等共建大謀有善相者相高祖
及無忌等立當大貴其應甚近惟云憑之無相
高祖與無忌密相謂曰吾等既為同舟理無偏
異吾徒咸皆言甫貴則檀不應獨殊深不解相者
之言至是而憑之戰死高祖知其事必捷玄聞
敷等立沒愈懼使桓謙屯東陵口卞範之屯覆
舟山西衆合二萬已未旦義軍食畢棄其餘
粮進至覆舟山東使羸弱張旗幟於山上以為
疑兵玄又遣武騎將軍庚襡之配以精粹利器

助謙等高祖躬先士卒以乘之將士皆殊死戰
無不一當百呼聲動天地時東北風急因命縱
火煙爛張天鼓噪之音震京邑謙等諸軍一時
土崩玄始雖遣軍置陣而走意已決別使領軍
將軍殷仲文具舟於石頭仍將子姪浮江南走
庚申高祖鎮石頭城立留臺官焚桓溫神主
於宣陽門外造晉新主立于太廟遣諸將帥
追玄尚書王假率百官奉迎乘輿司徒王謐
與衆議推高祖領揚州固辭乃以謐為錄尚書

【宋書紀】 十二 亨

事領揚州刺史於是推高祖為使持節都督
揚徐兗豫青冀幽并八州諸軍事領軍將軍
徐州刺史先是朝廷承晉氏亂政百司縱弛相
玄雖欲釐整而衆莫從之高祖以身範物先以
威禁內外百官皆肅然奉職二三日間風俗頓
改且桓玄雖以雄豪見推而一朝便有極位晉
氏四方牧守及在朝大臣盡心伏事臣主之分
定矣高祖位微於朝衆無一旅奮臂草萊之
中倡大義以復皇祚由是王謐等諸人時衆民

望莫不愧而憚焉諸葛長民失期不得發刀達
執送之未至而玄敗玄經尋陽江州刺史郭昶
之備乘輿法物資之玄收略得二千餘人挾天
子走江陵冠軍將軍劉毅輔國將軍何無忌
振武將軍劉道規率諸軍追討尚書左僕射王
愉愉子荊州刺史綏等江左冠族綏桓氏甥亦有重名
以高祖起自布衣甚相凌忽綏江陵王蔚之
疑之志高祖惡誅之四月奉武陵王遵為大將
軍承制大赦天下唯桓玄一祖後不在赦例初

高祖家貧益貸負刀達社錢三萬經時無以還
遂執錄甚嚴王謐造遠見之密以錢代還由是
得釋高祖名微位薄感流貨不與相知唯謐交
焉桓玄將簒諡手解安帝璽紱為立佐命功
臣及義旗建衆並謂諡宜誅唯高祖保持之劉
毅嘗因朝會問諡璽紱所在諡益懼及王愉
父子誅諡從弟謀謂諡曰王駒無罪而義旗誅
之此欲剪除勝已以絕民望兄既桓氏當黨附名
位如此欲求免得乎駒愉小字也諡懼奔于曲

阿高祖戢白大將軍深相保諡迎還復位光祿
勳丁承之左衛將軍褚粲游擊將軍司馬秀
役使官人為御史中丞王禎之所紏察謝戢言
辭怨憤興之造司官藏高祖與大將軍戢白粲
等備位大臣所懷必盡執憲不允自應據理陳
許而橫興怨忿歸各有司宜加裁當以清風軌
並免官桓玄兒子部聚衆向歷陽高祖命輔
國將軍諸葛長民擊走之無忌道規破立大
將鄭銓等于桑落洲衆軍進據尋陽加高祖

都督江州諸軍事玄既還荊郢大聚兵衆召水
軍造樓船器械衆二萬挾天子發江陵浮
江東下與冠軍將軍劉毅等相遇於崢嶸洲衆
驚駭下擊大破之玄乘輕舸復挾天子還復江陵
黨殷仲文奉晉二皇后還京師玄至江陵因
走南郡太守王騰之荊州別駕王康產奉天子
入南郡府初征虜將軍益州刺史毛璩遣從孫
祐之與參軍費括送弟喪下有衆二百璩弟弟
子循之時為玄屯騎校尉誘玄以入蜀至枚回洲

括與祐之迎射之益州督護馮遷斬玄首傳京
師又斬玄子昇於江陵市初玄敗於嶢洲義
軍以為大事已定追躡不遠玄死幾一旬眾軍
猶不至玄從子振逃於華容之浦中招聚逆黨
數千人晨襲江陵城居民競出赴之騰之康產皆被
殺桓謙先匿於沮川亦聚眾以應振為玄舉哀
立喪廷謙率眾奉璽綬于靈溪女黨馮該又設伏
于揚林既至江陵義軍奔敗退還尋陽兗州刺史辛
口毅攻魯城道規攻僵月壘皆拔之十二月諸
貳會比青州刺史劉該反禺求征該次淮陰又
反禺長史羊穆之斬禺傳首京師十月高祖領
青州刺史甲仗百人入殿劉毅諸軍復進至夏
軍進平巴陵義熙元年正月毅等至江津破桓
謙柏振江陵平天子反正三月天子至自江陵
詔曰古稱大者天地其次君臣所以列貫三辰
神人代序諒理本於造眛而運周於萬葉故盈
百時龍襄四靈通其變王道或眛貞賢拯其危

天命所以永固人心所以收穆雖夏周中傾賴
靡申之績恭倫載竊是二代是維或乘資藉號
或業隆異世猶詩書以之休詠記策用為美談
未有因心撫民而誠發理應家不造越自遘閔
屬遭殄若隆土相其纂祖宗之基既湮七廟之
夏遂誣罔人神肆其簒縱慝虐浴天獷
饗胥殄若隆土淵谷未足斯壁幽并江九州諸
哲使持節都督楊徐兗豫青□北異井江九州諸
軍事鎮軍將軍徐青二州刺史忠誠天亮神武
命世用能貞明協契義夫響臻故順聲一唱二
滇卷波英風振路宸居清廟羽冠冠軍將軍毅
輔國將軍無忌振武將軍道規舟旗遄邁而元
凶傳首回戈疊揮則荊漢霧廓偉宜元元之祢永
固於萬代傾基重造再集於朕躬宗廟敬七百
之祐皇基聯載新之命念功惟德永言銘懷固
已道冠開關獨絕終古書契以來未之前聞矣
雖則功高靡尚尚理至難文而崇庸命德哲王攸

先者將以弘道制治深關盛義故伊望膺殊命
之錫相文饗備物之禮況宏徽不世領邈百代
者宜極名興爵之隆以光大國之盛而領軍謙虛
自東誠旨屬顯朕重逆仲父乃所以愈彰德美
也鎮軍可進位侍中車騎將軍都督中外諸軍
事使持節徐二州刺史如故顯祚大邦啓兹
疆宇高祖固讓加錄尚書事又不受屬請歸藩
天子不許遣百僚敦勸又親辛公第高祖惶懼
詣闕陳請天子不能奪是月旋鎮丹徒天子重

遣大使敦勸又不受乃改授都督荊司梁益寧
雍涼七州并前十六州諸軍事本官如故於是
受命解青州加領兗州刺史盧循浮海破廣州
獲刺史吳隱之即以循為廣州刺史以其同黨徐
道覆為始興相二年三月督交廣二州十月高
祖上言曰昔天禍皇室巨校纂慝臣等義惟舊
隸豫蒙國恩仰契信順之符俯屬人臣之憤雖
社稷之靈抑亦事申衆濟其翼奬忠勤之佐文
武甲力之士敷執在已之謙用虧國體之大輒

申攝衆軍先上同謀起義始平京邑廣陵二城
臣及撫軍將軍毅等三百七十二人并後赴義
出都緣道大戰所餘一千五百六十六人又輔
國將軍長民故給事中王元德等十人合一千
八百四十八人乞正封賞其西征衆軍須論集
續上於是尚書奏封唱義謀主鎮軍將軍譚豫
章郡公食邑萬戶賜絹三萬匹其餘封賞各有
差鎮軍府佐吏降故太傅謝安府一等十一月
天子重申前令加高祖侍中進號車騎將軍開

府儀同三司固讓詔遣百僚敦勸三年二月高
祖還京師將詣廷尉天子先詔獄官不得受詣
關陳讓乃見聽旋于丹徒閏月府將略冰父謀作
亂將被執單騎走追斬之誅冰父永嘉太守球
球本東陽郡史孫恩之亂起義於長山故見擇
用初桓玄之敗以桓沖忠貞署其孫脩至是冰
謀以脩為主與東陽太守郡仲文潛相連結乃
誅仲文及仲文二弟凡桓玄餘黨至是皆誅夷
天子遣兼太常高籍授公策曰有扈滔天夷

昇乘豐亂節干紀實機皇極賊臣桓玄怙寵
肆逆刀摧傾華霍倒拔莒岱五嶽既夷六地
易所公命世英縱藏與帝待時因心資敬哲臺國
恥慨憤陵夷誠發宵寐既而歲月屢遷神宣
巳遠忠孝幽寄宸贊三靈兩刀介石植機宣
契畢舉許芬天以為正揮義旅而一驅奔鋒載
使衝鯨潰流暴鱗江漢廟勝遠加重氛載滌二
儀廓清三光反照事途永代功高開闡理微稱
河言晉流風垂祚匪烈無窮其降承嘉策對
德俱深動冠天人者平是用建玆邦國永祚山
謂義感朕心若夫道為身濟猶靡嚴爵況刀誠

三八

四年正月徵公入輔授侍中車騎將軍開府儀
同三司揚州刺史錄尚書徐充二州刺史如故表
解兗州先是遣冠軍劉敬宣伐蜀譙縱無功而
返九月以敬宣挫退遜位不許刀降為中軍將

軍開府如故初僑戀王鮮卑慕容德僭號於青州
德死兄子超龍位前後屢為邊患五年二月
大掠淮北執陽平太守劉干載濟南太守趙元
驅略千餘家三月公抗表北討以丹陽尹孟昶
監中軍留府事四月舟師進發琅邪所過皆
月至下邳留船艦輜重步軍進琅邪奔走慕
容超聞王師至其大將公孫五樓說超
築城留守鮮甲梁父莒城二戎孫五樓說超
宜斷據大峴刈除粟苗堅壁清野以待之
彼僑軍無資求戰不得旬月之間折棰以笞之
耳超不從曰彼遠來疲勞勢不能久俱當引令
過峴我以鐵騎踐之不憂不破也當有預芟苗
稼先自跋弱邪初公將行議者以為賊聞大軍
遠出必不敢戰若不斷大峴當堅守廣刈粟
清野以絕三軍之資非唯難以有功將不能自
反公曰我揣之熟矣鮮甲貪不及遠計進利剋
獲退惜粟苗謂我孤軍遠入不能持久不過
進據臨胸退守廣固我一得入峴則人無退心

06-19

驅必死之衆向懷貳之虜何憂不剋彼不能清野固守為諸君保之公既入峴舉手指天曰吾事濟矣六月慕容超遣五樓及廣當主賀賴盧先據臨朐城既聞大軍至留贏老守廣固乃悉出臨朐有巨蔑水去城四十里超告五樓曰急往據之晉軍得水則難擊也五樓馳進龍驤將軍孟龍符領騎居前奔往爭之五樓乃退衆軍步進有車四千兩分車為兩翼方軌徐行車悉張幔御者執稍又以輕騎為遊軍軍令嚴肅行

伍齊整未及臨朐鐵騎萬餘前後交至公命兗州刺史劉藩弟并州刺史劉道憐諮議參軍劉敬宣陶延壽參軍劉懷玉慎中道索邈等齊力擊之日向昃公遣諮議參軍檀韶韶直趨臨朐城斬其牙旗乘虛超輜重超聞臨朐已拔引衆日陷城斷率建威將軍向彌遣參軍胡藩馳往即走公親鼓之賊乃大奔超遁還廣固獲超馬僞輦玉璽豹尾等送于京師斬其大將段暉等十餘人其餘斬獲千計明日大軍進廣固即屠

大城超退保小城於是設長圍守之圍高三丈外穿三重漸傅江淮轉輸館穀於齊土撫納降附華戎歡悅援才授爵因而任之七月詔加公北青冀二州刺史超大將垣遵遵弟苗並率衆歸順公方治攻具超城上人曰汝不得張綱何能為也超偽尚書郎張綱有巧思會超遣綱稱藩於姚興乞師請救興偽許之而實憚公不敢遣綱從長安還泰山太守申宣執送之乃升綱於樓上以示城內城內莫不失色於是

使綱大治攻具超求救不獲綱及見虜轉憂懼乃請稱藩求割大峴為界獻馬千疋不聽圍之轉急河北居民荷戈負粮至者日以千數錄事參軍劉穆之有經略才具公以為謀主動止又必諮焉時姚興遣使告公云慕容見與鄰好又以窮告急今當遣鐵騎十萬逕進洛陽晉軍若不退者便當遣鐵騎長驅而進公呼興使荅曰語汝姚興我定燕之後息甲三年當平關洛今能自送便可速來穆之聞有羌使馳入而

公發遣巳去以與所言并答具語稽之穆之尤
公曰常日事無大小必賜與謀之此宜善詳之
云何卒爾便荅公所荅輙言未能威敵正足怒
彼耳若燕未可拔羌救奄至不審何以待之公
笑曰此是兵機非卿所解故不語耳夫兵貴神
速彼若審能遣救必異我知寧容先遣信命此
是其見我伐燕內已懷懼自張之辭耳九月進
公太尉中書監固讓僞徐州刺史段宏奔索虜
十月河北歸順張綱治具成設諸奇巧飛樓木
之屬莫不畢備城上火石弓矢無所用之六
年二月丁亥屠廣固超踰城走征虜賊曹喬脊
獲之殺其亡命以下納口萬餘馬二千足送超京
師斬于建康市公之北伐也徐道覆仍有關閫
之志勸盧循乘虛而出循不從道覆乃至番禺
說循日本住嶺外當以理極於此正以劉公難
與為敵故也今方領兵堅城之下未有旋日以
此思歸死士掩襲何劉之徒如及掌耳不乘此
機而保一日之安君平齊之後小息甲養衆不

過一二年間必墮書徵君若劉公自率衆至豫
章遣銳師過嶺難復將軍神武恐必不能當
也今日之機萬不可失既都邑傾其根本劉
公雖還無能為也循從之乃率衆過嶺是月
寇南康廬陵豫章諸郡守皆委任奔走千時
平齊聞未至即馳使徵公公之初剋齊也欲停
鎮下邳清盪河洛既而被徵使至即日班師鎮
南將軍何無忌與徐道覆戰于豫章敗績無忌
被害內外震駭朝廷欲奉乘輿北走就公尋知
賊定未至人情小安公至下邳以船運輜重自
率精銳步歸至山陽聞無忌被害則慮京邑
失守乃卷甲兼行與數十人至淮上問行旅以
朝廷消息人曰賊尚未至劉公若還便無所憂
也公大喜單船過江逕至京口衆乃大安四月
癸未公至京師解嚴息甲撫軍將軍劉毅抗
表南征公與毅書曰五月任冒暑擊妖賊曉其變態
新獲斬利其鋒不可輕宜須裝嚴畢與弟同
舉又遣毅從弟藩往止之毅不從舟師二萬發

自姑孰循之初下也使道覆向尋陽自寇湘中
諸郡荊州刺史道規遣軍至長沙為循所敗逐
至巴陵將向江陵道覆聞毅上馳使報循曰毅
兵衆甚盛成敗事係之於此空并力摧之若此
克捷天下無後事矣根本既定不憂上面不平
也循即日發巴陵與道覆連旗而下別有八
艦九枚起四層高十二丈公以南藩覆沒表送
章綬詔不聽五月劉毅敗績于桑落洲棄船步
走餘衆不得去者皆為賊所擒初循至尋陽聞

公已還不信也既破毅乃審凱入之問並相視
失色循欲還尋陽進平江陵據二州以抗朝
廷道覆謂宜乘勝徑進固爭之疑議多日乃見
從毅敗問至內外洶擾于時比師始還多創痍
疾病京師戰士不盈數千賊既破江豫二鎮戰
士十餘萬舟車百里不絕奔敗者並聲其雄
盛孟昶諸葛長民懼寇漸逼欲攤天子過江公
不聽昶固請不止公曰今重鎮外傾彊寇內逼
人情危駭莫有固志若一旦遷動便自尾解土

崩江北亦豈可得至設令得至不過延日月耳
今兵士雖少自足以一戰若其克濟則臣主同
休苟厄運必至我當以死衞社稷橫尸廟門遂
其由來以身許國之志不能遠竄於草間求活
也我計決矣卿勿復言昶恐其言不濟乃為表曰
臣譚此討衆並不濟唯臣贊譚行計致使彊賊
乘閒社稷危逼臣之皋也今謹引分以謝天下
封表畢乃仰藥而死於是大開賞募投身赴義
者一同登京城之科發居民治石頭城建牙誠

嚴時議者謂宜分兵守諸津要公以為賊衆我
寡若分兵此則測人虛實且一處失利則沮三
軍之心今聚衆石頭隨宜應赴既令賊無以測
多少又於人力不分若徒旅轉集徐更論之耳
移屯石頭乃柵淮斷查浦既而羣賊大至公策
之曰賊若於新亭直進其鋒不可當且回泊西岸
勝負之事未可量也若回泊西岸此成擒耳道
覆欲自新亭白石焚舟而上循多疑少決每欲
以萬全為慮謂道覆曰大軍未至孟昶便望風

自裁大勢言之自當計日潰亂今決勝負於一朝既非必定之道且殺傷士卒不如按兵待之公于時登石頭城以望猶軍初覆引向新亭公顧左右失色旣而回泊蔡洲道覆猶欲上循禁之自是衆軍轉集修治越城築查浦藥園廷尉三壘皆以實衆冠軍將軍劉敬宣屯北郊輔國將軍孟懷玉屯丹陽郡西建武將軍王仲德屯越城廣武將軍劉黙屯建陽門外使寧朔將軍索邈領鮮卑具裝虎班突騎千餘匹皆被練五色自淮北至于新亭賊竝聚觀咸畏憚之然猶冀京邑及三吳有應之者遣十餘艦來拔石頭公命神弩射之發輒摧陷循乃止不復攻柵設伏兵於南岸使羸老悉乘舟艦向白石公憂其從白石步上乃率諸葛長民此出拒之留參軍徐赤特戍南岸命堅守勿動公旣去賊焚查浦步上赤特軍戰敗死没有百餘人赤特棄餘衆單舸濟淮賊遂率數萬屯丹陽郡公率諸軍馳歸衆憂賊過咸謂公當徑還拒戰公

先分軍還石頭衆莫之曉解甲息士洗浴飲食之乃出列陳於南塘以赤特違處分斬之命參軍諸葛叔度朱齡石率勁勇千餘人過淮羣賊數千皆長刀子鋋甲曜日奮躍爭進齡石所領多鮮甲善步稍立結陳以待之賊短兵弗能抗死傷者數百人乃逆走豫州主簿袁興國反叛據歷陽以應之興國司馬琅邪內史魏詠之遣將謝寶順之不救而退公怒斬之順之詠之之弟也於是功臣震攝莫敢不用命六月更授公太尉中書監加黃鉞受黃鉞餘固辭以司馬庾悅為建威將軍江州刺史自東陽出豫章七月庚申羣賊自蔡洲南走還屯尋陽遣輔國將軍王仲德廣川太守劉鍾河閒太守蒯恩追之公還東府大治水軍皆大艦重樓高者十餘丈盧循遣其大將荀林寇江陵桓謙先於江陵奔羌又自羌入蜀偽主譙縱以為荊州刺史謙及譙道福率軍二萬出寇江陵適與林會相去

百餘里荊州刺史道規斬謙于枝江破林於江
津追至竹町斬之初循之走也公知其必冠江
陵登遣遣淮陵內史索邈領馬軍步道援荊州
又遣建威將軍孫季高率衆三千自海道龍襄
番禺江州刺史庾悅至五畝嶠賊遣千餘人據
斷嶠道悅前驅鄱陽太守虞丘進攻破之公
韶等舟師南代以後將軍劉毅監太尉留守府
後事皆委焉是月徐道覆率衆三萬冦江陵
荊州刺史道規又大破之斬首萬餘級道覆走
還盆口初公之遣邈也邈在道為賊所斷道
覆敗後方達自循東下江陵斷絕京邑之問傳
者皆云已沒及邈至方知循走循初自蔡洲南
走留其親黨范崇民五千人高艦百餘戍南
陵王仲德等聞大軍且至乃進攻之十一月大
破崇民軍焚其舟艦收其散卒循廣州守兵不
以海道為防是月建威將軍孫季高乘海奄
至而城池峻整兵猶數千季高焚賊舟艦悉

力而上四面攻之即日屠其城循父以輕舟奔
始興季高撫其舊民戮其親黨勒兵謹守初
公之遣季高也衆咸以海道艱遠必至為難
且分徹見力二三非要公不從勑季高曰大軍
十二月之交必破妖虜卿今時當至廣州傾其
巢窟令賊奔走之日無所歸投季高受命而
行如期剋捷循方治兵旅舟艦設諸攻備公欲
御以長笋乃屯軍雷池賊揚聲不攻雷池當
乘流逕下公知其欲戰且慮賊戰敗或於京江
入海遣王仲德以水艦二百於吉陽下斷之十
二月循道覆率衆數萬方艦而下前後相抗
莫見舳艫之際公悉出輕利鬬艦躬提幡鼓
命衆軍齊力擊之又上步騎於西岸右軍參
軍庾樂生乘艦不進斬而徇之於是衆軍踴躍
騰爭先軍中多萬鈞神弩所至莫不摧陷公
中流蹙之因風水之勢賊艦悉泊西岸岸上軍先
備火具乃投火焚之煙焰張天賊衆大敗追奔
至夜乃歸循等還尋陽初分遣步軍莫不疑

性及燒賊艦眾乃悅服召王仲德諭還為前驅
留輔國將軍孟懷玉守雷池循聞大軍上欲走
向豫章乃悉力柵斷左里大軍至左里將戰
公所執麾竿乃折幡沈水眾並悚懼公歡笑曰往
年覆舟之戰幡竿亦折今者復然賊必破矣
即攻柵而進循兵雖殊死戰弗能禁諸軍乘
勝奔之循單舸走所殺及投水死戰凡萬餘人納
其降附宥其遍遣劉藩孟懷玉輕軍追之
循收散卒尚有數千人逕還廣州道覆還保
始興公旋自左里天子遣侍中黃門勞師于
行所

本紀第一　　　宋書一　十三

武帝中

七年正月己未振旅于京師改授大將軍揚州
牧給班劍二十人本官悉如故固辭兄南北征代
戰亡者並列上贈贈兄喪未反遣王師迎接致
還本十二月盧循至番禺為孫季高所破收餘
衆南走劉藩孟懷玉斬徐道覆于始興晉自中
興以來治綱大弛權門并兼彊弱相凌百姓流
離不得保其產業相之頗欲釐改竟不能行公
既作輔大示軌則豪彊肅然遠近知禁至是會
稽餘姚虞亮復藏匿亡命千餘人公誅亮免會
稽內史司馬休之天子又申前命公固辭於是
改授太尉中書監乃受命奉送黃鉞解冀州交
州刺史杜慧度斬盧循傳首京師先是諸州郡
所遣秀才孝廉多非其人表天子申明舊制
依舊策試征西將軍荊州刺史以後將軍豫州刺
八年四月改授豫州刺史以後將軍豫州刺

史劉毅代之毅與公俱臬大義興復晉室心自謂
京城廣陵功業足以相抗雖權事推公而心不
服也毅既有雄才大志志厚自矜許朝士素輕之者
多歸之與尚書僕射謝混丹陽尹郗僧施並
深相結及西鎮江陵豫州舊府多割以自隨請
僧施為南蠻校尉既知毅不能居下終為異
端密圖之毅至西稱疾篤表求從弟兗州刺史
藩以為副貳傷許焉九月藩入朝公命收藩及
謝混並於獄賜死自表討毅又假黃鉞率諸軍
西征以前鎮軍將軍司馬休之為平西將軍荊
州刺史兗州刺史道憐鎮丹徒豫州刺史諸葛
長民監太尉留府事加太尉司馬丹陽尹劉穆
之建威將軍配以實力壬午發自京師遣參軍
王鎮惡龍驤將軍蒯恩前襲江陵十月鎮惡剋
江陵毅及黨與皆伏誅十一月己卯公至江陵
下書曰夫弘敝拯民必存簡恕捨網脩綱雖煩
易理江荊彫殘刑政多闕頃年事故綏撫未過
遂令百姓疲匱歲月滋其肝傷役困慮不幸生

凋殘之餘而不減舊刻剝徵求不循政道宰莅
之司或非良榦未能菲躬儉苟求盈給積習生
常漸不知改近因戎役來涉二州踐境親民愈
見其瘼思欲振其所急郵其所苦凡租稅調役
悉空以見戶爲正州郡縣屯田池塞諸非軍國
所資利入守宰者令一切除之州郡縣吏皆依
尚書定制實戶置臺調癸卯梓材庚子皮毛可
悉停省別量所出巴陵均折度支依舊兵運原
五歲刑巳下凡所質錄賊家餘口亦悉原放以

荊州十郡爲湘州公乃進督以西陽太守朱齡
石爲益州刺史率衆伐蜀進公太傅揚州牧加
羽葆鼓吹班劍二十八九年二月乙丑公至自
江陵初諸葛長民貪淫驕橫爲士民所患苦公
以其同大義優容之劉毅既誅長民謂所親曰
昔年臨彭越今年誅韓信禍其至矣將謀作亂
公克期至京邑而每淹留不進公卿以下頻日
奉候於新亭長民亦驟出旣而公輕舟密至巳
還東府矣長民到門引前郤人閑語凡平生於

長民所不盡者皆與之長民甚說巳密命左
右壯士丁旿等自幔後出於坐拉焉長民墜牀
又於地毆之死於牀側輿尸付廷尉并誅其弟
黎民昨驍勇有氣力時人爲之語曰勿跂尾付
丁旿先是山湖川澤皆爲豪彊所專小民薪採
漁釣皆責稅直至是禁斷之時民居其九
曰臣聞先王制治九土收序分境畫彊各安其
居在昔盛世人無遷業故井田之制三代以隆
秦革斯政漢遂不改富彊兼并於是爲弊然九

服弗擾所託成舊在漢西京大遷田景之族以
實關中即以三輔爲卿閭不復係之於齊楚自
永嘉播越爰託淮海有匡復之筭民懷思本
之心經略之圖日不暇給是以寧民綏治猶有
未遑及至大司馬桓溫以民無定本傷治爲深
庚戌土斷以一其業于時財阜國豐實由於此
自茲迄今彌歷年載畫一之制漸用頹弛雜居
流寓閭伍弗修王化所以未純民瘼所以猶在
臣荷重任恥責實深自非改調解張無以濟

治夫人情滯常難與慮始所謂父母之邦以爲
桑梓者誠以生焉終焉敬愛所居累
世墳壟成行敬恭之誠宣不與事苹至而率之請準庚
戎士斷之科庶子本所弘稍與事草自然後率之
以仁義敢之以威武超大江而跨黃河撫九州
而復舊土則戀本之志乃速由於當年在始暫
失永懷鴻鴈之詩思隆中興之業既委臣以國
勤要終所以能易伏惟陛下垂矜萬民憐其所
重期臣以寧濟若所啓令兄請付外施行於是

三四　■宋書紀二　五　王

依界土斷唯徐兗青三州居晉陵者不在斷例
諸流寓郡縣多被併省以公領鎮西將軍豫州
刺史公固讓太傅揚州牧及班劍奉還黃鉞七月
齡石平蜀斬僞蜀王譙縱傳首京師九月封
公次子義眞爲桂陽縣公以賞平齊及定盧循
也天子重申前命授公太傅揚州牧加羽葆鼓
吹班劍二十人息民簡役築東府起府舍平
班劍餘固辭十年息民簡役築東府起府舍平
西將軍荊州刺史司馬休之宗室之重又得江

漢心公疑其有異志而休之兄子譙王文思在
京師招集輕俠公執文思送還休之令自爲其
所休之表啓文思并與公書陳謝十一年正月
公收休之子文寶領荊州刺史幸已發京師以
軍西討復加黃鉞領荊州刺史之上表自陳曰臣
中軍將軍道憐監留府事休之上表自陳曰臣
聞運不常一治亂代有陽九飢謝坯終則泰昔
篡臣肆逆皇綱絕紐十世未改鼎祚隆太尉
民諱威武明斷首建義旗除湯元凶皇居反正
布衣匹夫匡復社稷攬南剿盧循安定廣固千載
以來功無與等由是四海歸美朝野推崇既位窮
台牧權傾人主不能以道處功恃寵驕益自以
酬賞既極便情在無上刑戮逆濫政用暴苛問
鼎之迹日彰人臣之禮頓缺陛下四時膳御觸
事縣空宮省供奉十不一在皇臣寢疾共所聞
藥不周手與家書多所求告皆是朝士共所聞
見莫不傷懷憤歎只不敢言前揚州刺史元顯
第五息法興桓玄之豐逃遠於外王路既開始

三四　■宋書紀二　六　王

得歸本太傅之訓絕而復興與兄在有懷誰不感
慶諱吞噬之心不避輕重以法與聰敏明慧必
爲民望所歸芳蘭既戎內懷憎惡乃妾扇異言
無罪即戮大司馬臣德文及王妃公主情計切
遍並狼狽請命逆肆禍毒誓不衿許免酷之痛
感動行路自以地甲位重荷恩崇大乃以庶孽
與德文嫡婚致茲非偶寒由威逼故衛將軍劉
毅右將軍劉藩前將軍諸葛長民尚書僕射謝
混南蠻校尉郗僧施或盛勳德徽令望在身皆
社稷輔弼協讚所寄無罪無辜一旦夷滅猜忍
之性終古所希臣自惟門戶衰破賴之獲存皇
家所重終古難匹是以公私歸馮事盡祗順再
投荊州輒苦陳告自以才弱位隆不宜父荷分
陝屢求解任必不見聽前經攜侍老母半家俱
少常人粗免咎悔性好交遊未知防遠羣醜交
西凡諸子姪悉留京輦兄子護王文思順其
構爲其風聲諱遂翦戮入士遠送文思雖年
此旨表送章節請廢文思改襲大宗遣息文寶

選女東歸自謂推誠奉順理不過此宣意諱苞
藏禍心遂見討代加惡文思構生罪豐羣小之
言遠近嗤咍而臣純愚閒信必謂不然弄臣府
司馬張茂度慶狼狽逆歸南平太守臣府以
此月三日委郡叛逆弄有審問東軍已上諱今
賢既盡唯臣獨存規以翦滅成其篡殺鎮此將
軍臣宗之青州刺史臣敬宣並是諱所深忌憚
欲以次除蕩然後傾移天日於事可易今荊雍
義徒不召而集子來之衆其會如林豈臣無德
所能縱致蓋七廟之靈理貫幽顯軵授文思振
武將軍南郡太守宗之子竟陵太守魯軌進號
輔國將軍臣入與宗之親御大衆出據江津案
甲抗威隨宜應赴今絳旗所指唯諱兄弟父子
而已須剋蕩寇逆尋續馳間由臣輕弱致諱凌
橫上斬俯愧無以厝顏休之府錄事參軍韓延
之故吏也有幹用才能公未至江陵密使與之
書曰文思事源遠近所知去秋遣康之送還司

馬軍者推至公之極也而了不遂愧又無表疏

文思經正不反此是天地之不容吾受命西討

止其父子而已彼土僑舊為所驅逼一無所問

往年郗僧施謝邵任集之等交構積感專為劉

毅謀主所以至此卿等諸人一時逼迫本無纖

歸身之日若大軍登道交鋒接刃蘭艾吾誠不

豐吾慮懷期物自有由來今在近路正是諸人

分故具示意并示同懷諸人延之報日承親率

戎馬遠履西徼闔境士庶莫不惟駭何者莫知

師出之名故也本辱來疏始知以譙王前事良 〔三册　■宋紀二〕　九

增歎息司馬平西體國忠貞欸愛待物當於古　陳

人中求其以君公有臣復之勳家國家賴推德

委誠每事詢仰謙王往以微事見劾猶目表遜

位況以大過而當嘿然邪但康之前言有所不

盡故重使胡道諮白所懷道未及反已奏表廢之

所不盡者命耳推寄相與之懷正當如此有何

不可便興兵戈自秉權以來四方方伯誰所

敢不先相諮嘱而遜表天子邪譙王為宰相所

責文表廢之經正何歸表使何因可謂欲加之

罪其無辭乎劉諱足下海內之人誰不見下

此心而復欲示言處懷期物自有由來今代人之君

陷人以利其可謂處懷期物自有由來者矣劉

藩死於間閤之明諸葛欵於左右之手甘言詫

方伯龍襄之以輕兵遂使席上龐欵懷之士闇外

無自信諸矦以是為得筹良可恥也貴府將佐

及朝廷賢德寄性命以過日心企太平久矣吾　〔三册　■宋書紀二〕　十　天錫

誠鄙劣嘗聞道於君子以平西之至德寧可無

授命之臣乎未能自投虎口比迹郗任之徒明

矣假令天長喪亂九流渾濁當與臧洪遊於地

下不復多言公視書歎息以示諸佐日事人當

如此三月軍次江陵初雍州刺史魯宗之常慮

不為公所容與休之相結至是率其子竟陵太

守軌會于江陵江夏太守劉度之

殺父命彭城內史徐逵之參軍王允之出江夏

口復為軌所敗並没時公軍泊馬頭即日率眾

軍濟江躬督諸將登岸莫不奮踊事先休之衆
濱與軌等奔襄陽江陵平加領南蠻校尉將拜
值四廢日佐史鄭鮮之褚叔度王弘傅亮白遷
日不許下書曰此州積弊事故相仍民疲田蕪
杼軸空匱加以舊章乘昧事役頻苦章毫奪養
老釋服戎空戶從役或越紳應召毋永懷民瘼
宵分忘寢誠亶蠲除苛政弘茲簡惠庶令洞風
弊政與事而新寧一之化成於眷月荊雕二州
西局蠻府吏及軍人年十二以還六十以上及
扶養孤幼單丁大艱悉仰遣之窮獨不能存者
給其長賑府州久勳將吏依勞銓序并除今年
租稅四月公復率衆進討至襄陽休之奔芜天
不趨贊拜不名加前部羽葆鼓吹置左右長史
子復重申前命授太傅揚州牧劍履上殿入朝
司馬從事中即四人封公第三子諱為北彭城
縣公以中軍將軍道憐為荊州刺史八月甲子
公至自江陵奉還黃鉞固辭太傅州牧前部羽
葆鼓吹其餘受命朝議以公道尊勳重不空復

施敬護軍既加殊禮奏事不復稱名以世子為
兗州刺史十二年正月詔公依舊辟士加領平
北將軍兗州刺史增都督南秦凡二十二州公
以平北文武寡少不安別置於是罷平北府以
軍大府以世子為豫州刺史三月加公中外大
都督初公平齊仍有定關洛之意值盧循侵逼
故其事不諧荊雕既平方謀外略會芜主姚興
死子泓立兄弟相殺關中擾亂公乃戒嚴北討
加領征西將軍司豫二州刺史以世子為徐兗
二州刺史下書曰吾倡大義首自本州兗復皇
酢遂建勳烈外夷勍敵內清姦軌皆邦人州黨
竭誠盡力之效也情若風霜復兪令授情懷事繼
辭西施有事關河弱嗣叨蒙復刑辟未息眷言懷之
綿可謂深矣頃軍國務殷刑辟未息眷言懷之
能不多歡其犯皋繋五歲以還可一原遣文武
勞滿未蒙榮轉者便隨班序報公受中外都督
及司州立辭大司馬琅邪王禮敬朝議從之公
欲以義聲懷遠奉琅邪王北伐五月芜偏黃門

海公深秉大節靈武霆震弘濟朕躬再造王室
每惟勳德銘于厥心遂北清海岱南夷百越荊
雍稽服庸岷順軌剋黜兇芳難式過寇虐及阿衡
王猷班序內外仰興絕風傍嗣逸業秉禮以整
俗遵王以垂訓聲敎遠被無思不洽爰曁永嘉
海隅之首被髮彫題之長莫不稟其險九譯
不綱諸夏幅裂絕古帝居淪胥戎虜言圜陵
來庭此蓋播諸策歷究其詳者也曩者永嘉

（以下為右上半葉，宋書紀二，自右至左）

侍郎尹沖率兄弟歸順又加公比雍州刺史前
部羽葆鼓吹增班劍爲四十人解中書監八月
丁巳率大衆發京師以世子爲中軍將軍監太
尉留府事尚書右僕射劉穆之爲左僕射領監
軍中軍二府軍司入居東府揔攝內外九月公
次于彭城加領徐州刺史韋華先據倉垣亦率
道濟龍驤將軍王鎮惡步向許洛羌道屯守
皆望風降服僞兗州刺史王仲德先以水軍
衆歸順公又遣此兗州刺史王仲德以水軍

入河仲德破索虜於東郡涼城進平滑臺十月
衆軍至洛陽圍金墉泓弟僞平南將軍洸請降
送于京師脩復晉五陵置守衛天子詔曰夫嵩
岱配極則乾道增輝藩嶽作屏則帝鑒諸削
以夏殷資昆彭之伯有周倚齊晉之輔鑒諸削
典儀形萬代翼沿扶危靡不由此太尉公命世
天縱齊聖廣淵明燭四方道光宇宙爰自
初迪則投勳王國妖蠲孔熾則功存社稷固以
四維是荷萬邦攸賴者矣曁桓玄僭逆傾蕩四

（下半葉，宋書紀二，自右至左）

率土同慕公明發遲慨撫機電征親董羣伯稜
威致討旗旐首塗則八表響震偏師先路則多
壘雲徹舊都載清五陵復禮百城盡滕千落影
從自篇籍所載生民以來勳德懋功未有若此
之盛者也昔周呂佐徽聖之主因三分之形把
旄仗鉞一時指麾歷宇跨州兼國其在
桓文方茲尤儉前列者哉被寵章光錫殊品況乃
獨絕百代顧邈前列者哉朕毎弘臨古訓思遵
令圖以公深秉沖挹用關大禮天人引領于茲
歷載況今禹迹齊軌九隩同文司勳抗策普天

增侍遂公高把大惣國章三靈眷屬朕實祗懼
便宜顯答君望充崇盛典其進位相國摠百揆
揚州牧封十郡爲宋公備九錫之禮加璽綬遠遊
冠位在諸侯王上加相國綠綟綬策曰朕以寡
昧仰贊洪基夷昇乘豐湯覆王室越在南鄙遷
于九江宗祀絕饗人神無位提挈羣凶寄命江
滸則我祖宗之業奄隆于地七百之祚翦焉旣
厭弛維再造區物與亡繼絕俾昏作明元勳至
傾若涉淵海罔知收濟天未絕晉誕育英輔振
德朕實賴焉今將授公典策其敬聽朕命乃者
桓玄肆僭滔天泯夏拔本塞源顛倒六位庶僚
俛眉四方莫邮公精貫朝日氣凌霄漢奮其靈
武大殲羣醜剋復皇邑奉帝歆神此公之節始
於勤王者也授律羣后沂流長驅薄伐岷嶺獻
捷南郢大慤折首羣逆畢夷三光旋采舊物反
正此又公之功也出藩入輔弘兹保彌阜財利
用繁殖生民編戶歲滋壃宇日啓道德明刑四
境有截此又公之功也鮮甲負衆僭盜三齊狼

噬蓋冀青虔劉沂岱介恃遏阻仍爲邊毒公蒐乘
秣馹賀入遠壇衝櫓臨萬雉俱潰竊號之虜
顯戮司寇拓土三千申減龍漠此又公之功也
盧循妖凶伺隙五嶺乘虛肆逆覆江豫掎拂
寰內矢及王城朝野喪沮莫有固志家獻徒卜
之計國議遷都之規公乘轅南濟義形于色嶷
然內湛視嶮若夷摠運奇英謨不世狡寇之
蚵喪旗宵遁俾我畿甸拯於將墜此又公之功
也追奔逐北揚於江湓偏旅浮海指日遄至番
禺之功俘級萬數左里之捷燻逆潰鳥散元凶遠
迸傳首萬里海南肅清荒服來款此又公之功
也劉毅叛換負豐西夏凌上罔主志肆姧暴附
麗協黨蕩王畿公御軌以刑消之不日倉兕
電沂神兵風掃罪人斯得衡清晏斉此又公之功
也譙縱恣亂寇竊一隅王化阻閡三巴淪溺公
指命偏師授以良圖凌波浮湍致届井絡僭豎
伏鎖梁岷革偃此又公之功也焉休魯貫宗阻兵
内侮驅率二方連旗耕亂公投袂星言研其上

略江津之師勢踰風電迴旆沔川寔繁震懼二
叛奔逆荆雍來蘇立澤浸貟溫風潛被此又公
之功也永嘉不競四夷擅華五都幅裂山陵幽
辱祖宗懷沒世之憤遺氓有匪風之思公遠齊
伊宰納隍之仁近同小白滅亡之恥鞠旅陳師
赫然大號分命羣帥扐徇司兗許鄭風靡華洛
載清僞牧遞藩交臂請罪百年蓁穢一朝掃濟
此又公之功也六公有康宇內之勳重之以明德
爰初發迹則奇謀冠古電擊彊妖則鋒無前對
聿寧東畿大造黔首若乃草昧經綸化融於歲
計扶危靜亂道固於苞桑辭方正位納之軌度
彌削煩苛較若畫一淳風美化盈塞宇宙是以
絕域獻琛退夷納貢王略所宣九服率從雖文
命之東漸西被各緜之邁于種德何以尚茲朕
聞先王之宰世也庸勳尊賢建族胙土襄以寵
章崇其徽物所以協輔皇家永隆藩屏故曲阜
光啓遂荒徐宅營丘表海四復有聞其在襄王
亦賴匡霸又命晉文備物光錫惟公道冠前烈

勳髙振古而殊典未加朕甚懵焉今進授相國
徐州之彭城沛蘭陵下邳淮陽山陽廣陵兗州
之高平魯泰山十郡封公爲宋公錫玆玄土苴
以白茅爰定爾居用建冢社昔晉鄭啓藩入作
卿士周邵保傅出捴二南內外之重公實兼之
授相國印綬宋公璽綬使持節兼司空散騎常
侍尚書陽遂郷矦泰授宋公茅土金虎符第一
至第十左竹使符第一至第十左相國位無不
惣禮絕朝班居常之名宜與事革其相國惣百
揆去錄尚書之號上送所假節侍中中外都督
太傅太尉印綬豫章公印策進揚州牧領征西
將軍司豫北徐雍州刺史如故公紀綱禮度萬
國是式乘此蹈方圇有遷志是以錫公大輅戎
輅各一玄牡二駟公抑末敦本務農重積秂嗇
宐勛稼穡惟阜是用錫公袞冕之服赤舄副焉
公闢邪納正移風改俗陶鈞品物如樂之和是
用錫公軒縣之樂六佾之舞公宣美王化導揚

休風華夷企踵遠人胥萃是用錫公朱戶以居
公官方任能網羅幽滯九泉辭野髦士盈朝是
用錫公納陛以登公當軸處中率下以義式過
寇讎清除苛慝是用錫公虎賁之士三百人公
明罰恤刑庶獄詳允放命干紀罔有攸縱是用
錫公鈇鉞各一公龍驤鳳矯睨尺八絋括囊四
海折衝無外是用錫公彤弓一彤矢百玈弓十
玈矢千公溫恭孝思致虔禋祀忠肅之志儀刑
萬方是用錫公秬鬯一卣圭瓚副焉宋國置丞
相以下一遵舊儀欽哉其祗服往命茂對天休
簡恤庶邦敬敷顯德以終我高祖之嘉命置宋
國侍中黃門侍郎尚書左丞郎隨大使奉迎拜
牢虜乞佛熾槃遣使詣公求效力討羌拜西平
將軍河南公二十三年正月公以舟師進討留彭
城公諱鎮彭城軍次留城經張良廟令曰夫盛
德不泯義在祀典微管之歎撫事彌深張子房
道亞黃中照隣殆庶風雲言感蔚為帝師大拯
橫流夷項定漢囊以參軌伊望冠德如仁若乃

神交坦上道契商洛顯晦之間窈然難究源流
淵浩莫測其端矣崇次舊沛佇駕留城靈廟荒
殘遺象陳昧撫迹懷人慨然永歎過大梁者或
佇想於夷門遊九原者亦流連於隨會可改構
榱桷脩飾丹青蘋蘩行潦以時致薦以紓懷古
之情用存不刋之烈天子追贈公祖為太常父
為左光祿大夫讓不受二月冠軍將軍檀道濟
等次潼關三月庚辰大軍入河索虜步騎十萬
營據河津公命諸軍濟河擊破之公至洛陽七
月至陝城龍驤將軍王鎮惡伐木為舟自河浮
渭八月扶風太守沈田子大破姚泓於藍田王
鎮惡剋長安生擒姚泓九月公至長安長安全
京師其餘珍寶珠玉以班賜將帥執事送姚泓
帑藏盈積公先收其彝器渾儀土圭之屬獻于
千建康市謁漢高帝陵大會文武於未央殿十
月天子詔曰朕聞先王之茠天下也上則大寶
以尊德下則建戚以襄功是以成勛告就文命
有玄圭之錫四海來王姬旦饗龜蒙之封夫翼

聖宣績輔德弘猷禮達第元賞寵章希世況明保
沖昧獨運陶鈞者哉朕以不德遭家多難雲雷
作屯夷翼艱命失位京邑遂播蕩荊艱難甲約
制命凶醜相國宋公天縱睿聖命世應期誠貫
三靈大節宏發拯朕躬於巢幕迴靈命於已崩
固已道第北面暉格八表者矣及外積全國之
勳顯仁藏用之伐艾夷彊妖之始蘊崇奸猾之
源顯黜黎之道六府孔脩之績莫不雲行兩
施能事必舉諒於三五不容於典策者

宋書紀二　二十一　圭

焉自永嘉喪師綿踰十紀五都分崩然正朔時
曁唯三秦懸隔未之斬貴至令羌虜襲亂韜名
三世資百二之易守恃函谷之可關廟算略
不謀之曰久矣公命世撫運闡曜威靈內研諸
族之慮外致上天之罰故能倉兕甫訓則許鄭
風偃鉦鉞未指則瀍洛披俾舊關之陽復集
萬國之輻東京父老重覩可隸之章伸朕員晨
高拱而保大洪烈是用遠鑒前典延即羣謀敬之
授殊錫光啓壇宇乘馬之制有隕舊章徽稱之

美未窮上爵且足以顯報懋功允塞民望藩輔
王畿長繼六合者平寔以公每秉謙德甲不可
踰難進之道以寵爲戒是故降損盛制且有後
命也自茲迄今洪勳彌劭稜威九河醜趙底服
迴轅峻潼連城水泮遂長驅灞滻族龍門逆
虜姚泓係頸就擒藏滌於崇朝祖宗遺
憤雪於一旦涉禹之迹行天下至于海外罔
有不服功固萬世其竇惟永豈金石雅頌所能
讚揚寔可以告於神明勒善伐者已朕又聞

之周道方遠則獄訟鴞鳴岐二南播德則麟驎呈
瑞目公大號初發姜嫄告成鹽祥炳煥不可勝
紀當豈伊素雄遠至嘉禾近歸而已哉朕毋仰鑒
玄應俯察人謀進惟道勳退惟國典豈得遂公
沖抱而久蘊盛策便宜敬行大禮允副幽顯之
望其進宋公爵爲王以徐州之海陵東安北琅
邪北東莞北東海北誰北梁豫州之汝南北穎
川北南頓凡十郡益宋國其相國揚州牧領征
西將軍司豫北徐雍四州刺史如故十一月前

將軍劉穆之卒以左司馬徐羨之代之掌留任大
事皆所決於穆之者皆悉以諮公欲息駕長安
經略趙魏會穆之卒乃歸十二月庚子發自長
安以桂陽公義真為安西將軍雍州刺史留以
心將佐以輔之閏月公自洛入河開汴渠以歸
十四年正月壬戌公至彭城解嚴進爵國領
將軍劉遵考為開州刺史領河東太守鎮蒲坂
公解司州領徐冀二州刺史固讓進爵六月受
相國宋公九錫之命令白孤以寡薄負荷殊重

【宋書紀二】

守位奉藩危溢是懼朝恩隆泰委美推功逮方
軏督晉擬議國血雖亮誠守分十稔于今而成
命弗迴百辟晉覲曁內外庶僚敢免周至籍運來
之功參休明之迹乘菲薄之資同盛德之事監
寐永言未知攸託隆祚之始覃斯慶其赦國
內殊死以下今月二十三日昧爽以前悉皆原
宥鰥寡孤獨不能自存者人賜粟五斛府州刑
罪亦同蕩然其餘詳依舊準詔崇豫章公大夫
人為宋公太妃世子中軍將軍副貳相國府以

太尉軍諮祭酒孔季恭為宋國尚書令青州刺
史檀祗為領軍將軍相國左長史王弘為尚書
僕射其餘百官悉依天朝之制又詔宋國所封
十郡之外悉得除用先是安西中兵參軍沈曰
子殺安西司馬王鎮惡諸將軍復殺安西長史
王脩關中亂十月公遣右將軍朱齡石代安西
將軍桂陽公義真為雍州刺史義真既還為佛
佛虜所追大敗僅以身免諸將帥及齡石立沒
領軍檀祗卒以中軍司馬檀道濟為中領軍十

【宋書紀二】

二月天子崩大司馬琅邪王即帝位
元熙元年正月詔遣大使徵公入輔又申前命
進公爵為王以徐州之海陵東海北譙北梁豫
州之新蔡兗州之北陳留汝南潁
川榮陽十郡增宋國七月乃受命赦國內五歲
刑以下遷都壽陽以尚書令劉懷慎為其徐州刺
史鎮彭城九月解揚州十二月天子命王冕十
有二旒建天子旌旗出警入蹕乘金根車加馬六
馬備五時副車置旄頭雲罕樂舞八佾設鐘虛

宮縣進王太妃爲太后王妃爲王后世子爲太
子王子王孫爵命之號一如舊儀
二年四月徵王入輔六月至京師晉帝禪位于
王詔曰夫天造草昧樹之司牧所以陶鈞三極
統天施化故大道之行選賢與能隆替無常期
世多故故愛暨元興禍難既積至三光賀位冠履
禪代非一族貫之百王由來尚矣晉道陵遲仍
易所安皇播越宗祀隳泯則我宣元之祚永墜
千地顧瞻區域亦罔焉已傾相國宋王天縱聖德
靈武秀世二臣頹運再造區夏固以興滅繼絕
舟航淪溺矣若夫仰在璇璣旁穆七政薄伐不
庭開復壇宇遂乃三俘爲主開滌五都雕顏卉
服之鄉龍荒朔漠之長莫不迴首朝陽沐浴玄
澤故四靈效瑞川岳啓圖嘉祥雜遝休應之符
玄象表革命之期華裔注樂推之願代德有歸
咸熙告謝而已哉昔火德既微魏祖底績黃運
不競三后肆勤故天之曆數寔有攸在朕雖庸

闇昧於大道永鑒廢興爲日已久念四代之高
義稽天人之至望予其遜位別宮歸禪于宋一依
唐虞漢魏故事詔草既成送呈天子使書之天子
即便操筆謂左右曰桓玄之時天命已改重爲
劉公所延將二十載今日之事本所甘心甲子
策曰咨爾宋王夫立古權興悠哉邈矣其詳歷
得而聞爰自書契降逮三五莫不以上聖君四
海止戈定大業然則帝王者宰物之通器君道
者天下之至公昔在上葉深鑒玆道是以天祿
既終唐虞弗得傳其嗣符命來格舜禹不獲全
其謙所以經緯三才澄序彝化作範振古垂風
萬葉莫尚於茲自是厥後歷代彌劭漢既嗣德
於放勳魏亦方軌於重華諒以協謀乎人鬼而
以百姓爲心者也昔我祖宗欽明辰居其極而
明晦代序盈虛有期前罹商兆禍非唯一世曾
弗剋短伊在今天之所廢有自來矣惟王體上
聖之姿苞二儀之德明齊日月道合四時乃者
社稷傾覆匡正王拯而存之中原蕪梗又濟而復

自負固不實于紀放命肆逆滔天竊據萬里靡
不潤之以風兩震之以雷霆九伐之道既敷八
法之化自理豈伊博施於民濟斯黔庶固以義
洽四海威八荒者矣至於上天垂象四靈效
徵圖讖之文既明人神之望已改百工歌於朝
庶民頌于野億兆抃踊傾佇惟新自非百姓樂
推天命收集嘉伊在子所得獨專是用仰祗皇
靈俯順羣議敬禪神器授帝位于爾躬大胙告
窮天祿永終於戲王其允執其中敬導典訓副

率土之嘉願恢洪業於無窮時膺休祐以答三
靈之眷望又重書曰蓋聞天生蒸民樹之以君
帝皇寄世實公四海崇替係於勳德升降存乎
其人故有國必亡十年箸其數代謝無常聖哲
握其符昔在上世三聖係軌疇咨四嶽以弘揖
讓惟先王之有作永垂範於無窮及劉氏致禪
寔堯是法有魏告終亦憲茲典我世祖所以撫
歸運而順人事乗利見而定天保者也而道不
常泰戎夷亂華喪我洛食感國江表仍遘否運

淪坡相因逮于元興遂傾宗祀幸賴神武天
大節宏發匡復我社稷重造我國家惟王聖德
欽明則天光大應期誕載明保王室內紓國難
外播宏略誅大慝於漢陽通儔盜於沂渚澄氛
西岷蕭清南越再靜江湘拓定樊沔若乃永懷
區宇思一聲教王師首路則伊洛澄流稜威威崤
潼則書所詠庸勳之盛莫之與二也遂偃革脩
銘詩華嶽褰霾偽首衛璧咸陽即序雖桑彝所
文誕敷德政八統以馭萬民九職以刑邦國思

兼三王以施四事故能信箸幽顯義感殊方自
歷世所賓舟車所暨靡不謳歌仁德抃舞來庭
朕每敬惟道勳永察符運天之曆數實在爾躬
是以五緯升度屢示除舊之迹三光協數必昭
布新之祥圖讖禎瑞皎然斯在加以龍顏英特
天授殊姿君人之表煥如日月傳稱惟天為大
惟堯則之詩云有命自天命此文王夫或躍在
淵者終饗九五之位勳格天地者必膺大寶之
業昔土德告沴傳祚于我有晉今曆運改卜永終

06-39

于兹亦以金德而傳于宋仰四代之休義鑒明
昬之定期詢于羣公爰逮庶尹咸曰休哉罔遺
朕志今遣使持節兼太保散騎常侍光禄大夫
澹兼太尉尚書宣範奉皇帝璽綬受終之禮一
如唐虞漢魏故事王其允荅人神君臨萬國時
膺靈祉酬于上天之眷命王奉表陳讓晉帝巳
遜琅邪王第表不獲通於是陳留王度嗣等二
百七十人及宋臺羣臣並上表勸進上猶不許
太史令駱達陳天文符瑞數十條羣臣又固請

王乃從之

本紀第二　　　　宋書二

武帝下

臣沈　約　新撰

永初元年夏六月丁卯設壇於南郊即皇帝位
柴燎告天策曰皇帝臣諱敢用玄牡昭告于皇天
后帝晉帝以上世代終歷數有歸欽若景運以
命于諱夫樹君宰世天下為公德充帝王藥推
倣集越俶唐虞降曁漢魏雁不以上哲格文祖
元勳陟帝位故能大拯黔首垂訓無窮晉自東
遷四維不振宰輔憑依為日已久難棘隆安禍
成元興遂至帝三遷播宗祀埋滅諱雖地非邾
晉眾無一旅仰愓時難俯悼橫流投袂一援則
皇祀克復及危而能持顛而能扶充具藏僭
偽必滅誠輿廢有期否終有數至於大造晉室
撥亂濟民因藉所覽咸服聲教至乃三靈慕義
重譯來庭正朔所暨歲月滋著是以羣公卿士
山川告祥人神協祉歲月滋著是以羣公卿士
億兆夷人僉曰皇靈降鑒於上晉朝款誠於下

天命不可以久淹宸極不可以斬曠遂過臺議
恭延大禮猥以寡德託於兆民之上雖仰畏天
威略是小節顧探永懷祗懼若雲貫敬簡元辰升
壇受禪告類上帝用酬萬國之情克隆天保永
祚于有宋惟明靈是饗禮畢備法駕幸建康宮
臨太極前殿詔曰夫世代迭興承天統極雖遭
遇異塗因革殊事若乃功濟寓區宇道振生民興
廢所階異世一揆朕以寡昧屬當艱運藉否終
之期因士民之力用獲拯溺臣世撥亂安國寧
民業未半古功參曩烈晉氏以多難仍遘曆運
已移欽若前王憲章令軌用集大命于朕躬惟
德匪嗣辭不獲申遂祗順三靈饗茲景祚燔柴
于南郊受終于文祖猥當與能之期爰集樂推
之運嘉祚肇開隆慶惟始偍休嘉惠茲兆庶
其大赦天下改晉熙二年為永初元年賜民
爵二級鰥寡孤獨不能自存者人穀五斛通租
宿債勿復收其有犯鄉論清議贓汙淫盜一皆
蕩滌洗除與之更始長徒之身特皆原遣亡官

失爵林示鋼舊勞一依舊准封晉帝為零陵王令
食一郡載天子於旗乘五時副車行晉正朝郊
祀天地禮樂制度皆用晉典上書不為表登表
勿稱詔追贈皇考為孝穆皇帝皇妣為穆皇后
尊王太后為皇太后詔曰夫微禹之感歎深後
昆盛德必祀道隆百世晉氏封爵咸隨運改至
於德炎微管勳濟蒼生愛人懷樹猶或勿翦雖
在異代之祀勳濟無泯絕降殺之宜一依前典可降始
興公封始興縣公盧陵公封此未桑縣公各千戶
始安公封荔浦縣矦長沙公封醴陵縣矦康樂
公可即封縣矦各五百戶以奉晉故承相王導寺
太傅謝安大將軍溫嶠大司馬陶侃車騎將軍
謝立之祀其宣力義熙豫同艱難者一仍本袟
無所減降封晉臨川王司馬寶為西豐縣矦食
邑千戶庚午以司空道憐為太尉封長沙王追
封司徒道規為臨川王尚書僕射徐羨之加鎮
軍將軍右衛將軍謝晦為中領軍劉義欣為豫門州刺史
道濟為護軍將軍中領軍劉義欣為

立南郡公義慶為臨川王又詔曰夫銘功紀勞
有國之要典慎終追舊在心之所隆自大業創
基十有七載世路迍邅戎車歲動自東徂西靡
有寧日實賴將帥竭心文武盡効寧內拓外迄
用有成威靈遠著寇逆消蕩遂當揖讓之禮撰
饗天人之祀念功簡勞無忘鑒寐凡厥誠勤宜
同國慶其酬賞復除之科以時論舉戰巳之身
厚加復贈乙亥立桂陽公義貞為盧陵王彭城公
諡為宣都王第四皇子義康為彭城王丁丑詔
曰古之王者巡狩省方躬覽民物搜揚幽隱拯
災邮患用能風澤遐被遠至邇安朕以寡闇道
謝前哲因受終之期託兆庶之上鑒寐屬慮思
求民瘼于弱事艱若無津濟夕惕永念心馳遄
域可遣大使分行四方旌賢舉善問所疾苦者
有獄訟虧濫刑乖衍傷化擾治未允民聽者
者當具以事聞方事之宜無失厥中暢朝廷乃
養之旨宣下民壅隔之情戊寅詔曰百官事殷
俸薄祿不代耕雖國儲未豐要令公私周濟諸

供納昔減半者可悉復舊六軍見祿粗可不在
此例其餘官寮或自本俸素少者亦疇量增之
已卯改晉泰始曆為永初曆秋七月丁亥原放
劫賊餘口沒在臺府者諸從家並聽還本又運
舟杙及運船不復下諸郡輸出悉委都水別量
臺府所須皆別遣主帥與民和市即時稟直不
復責租民求辨又停廢虜車牛不得以官威假
借又以市稅繁苦優量減降從征關洛殞身戰
場幽沒不反者瞻賜其家已丑陳留王曹虔嗣

宋書紀三　五　項仁

蔚辛卯復置五校三將官增殿中將軍貟二十
人餘在貟外戊戌後將軍雍州刺史趙倫之進
號安比將軍征虜將軍北徐州刺史劉懷慎進
號平比將軍征西大將軍開府儀同三司楊盛
進號車騎大將軍甲辰鎮西將軍李歆進號征
西將軍平西將軍乞佛熾盤進號征東西大將
征東將軍高句驪王高璉進號鎮東大將軍鎮
東將軍百濟王扶餘映進號鎮東大將軍置東
官冗從僕射旅貟中郎將官戊申遷神主於太

廟車駕親奉壬子詔曰往者軍國務殷事有權
制劫科峻重施之一時今王道惟新政和法簡
可一除之還遵舊條反叛淫盗三犯補冶
士本謂一事三犯終之旨晉更申明八月戊
事合而為三其違立制之旨諸舊租布縣以此為
午西中郎將荊州刺史都王諱進號鎮西將
軍辛酉開三叛赦限內首出繼租布二年先有
資狀黃籍猶存者聽復本注諸舊郡縣以此為
名者悉除寓立於南者聽以南為號又制有無

宋書紀三　六　龐欣升

故自殘傷者禓冶士實由政刑煩苛民不堪命
可除此條罷青州併兗州戊辰詔曰彭師下邳
三郡首事所基情義纏綿事由情獎名巳所同
彭城桑梓本鄉加隆敢收在優復之制宜同豐沛
其沛郡下邳可復租布三十年辛未追諡妃臧
氏為敬皇后癸酉立王太子為皇太子乙亥詔
曰朕承曆受終猥饗鴻名荷積善之祚籍士民
之力率由令範先后抵嚴宣訓七廟肇建情
敬無違加以儲宮備禮皇基彌固國慶

宋書紀三

七　　沈約

家禮爰集旬日豈子一人獨荷茲慶其見刑罪
無輕重可悉原赦限百日以今為始因軍事
所發奴僮各還本主若死亡及勳勞破免亦依
限還直閏月壬午朔詔曰晉世帝后及藩王諸
陵守衛宜便置格其名賢先哲見優則代或立
德著節或寗亂庇民墳塋未遠宜洒掃主者
其條以聞丁酉特進左光祿大夫孔季恭加開
府儀同三司辛丑詔曰主者處案雖多所諮詳
若衆官命議且令明審自頃或緫稱參詳於文
漫略自今有厝意者皆當指名其人所見不同
依舊繼啓又詔曰諸處父使或遣或不事役宜者
可悉俱唯元正大慶不在其例郡縣遣冬使詰
州及都督府亦傅之九月壬子朔置東宮殿中
將軍十人員外二十人壬申置都官尚書十
月辛卯改晉所用王肅祥禫二十六月儀依鄭
立二十七月而後除十二月辛巳朔車駕臨延
賢堂聽訟
二年春正月辛酉車駕祠南郊大赦天下丙寅

宋書本紀三

八　　三世

斷金銀塗以揚州刺史廬陵王義員為司徒以
尚書僕射鎮軍將軍徐羨之為尚書令揚州刺
史丙子南康揭陽蠻及郡縣討破之巳卯禁喪
軍用銅釘罷會稽郡府二月巳丑車駕幸延賢
堂策試諸州郡秀才孝廉揚州秀才顧練豫州
秀才殿朗所對稱旨並以為著作佐即戊申制
中二千石加公田一頃三月乙丑初限荊州府
置將不得過五百人吏不得過二千人州置將
不得過五千人兵士不在此
限夏四月巳卯朔詔曰淫祠惑民費財前典所
絕可並下所除諸房廟其先賢及以勳德立
祠者不在此例戊申車駕於華林園聽訟巳亥
以左衛將軍王仲德為冀州刺史五月巳酉置
東宮屯騎步兵翊軍三校尉官甲戌車駕又辛
職務殷碎推坐相尋若皆有其實則體所不堪
文行而巳又非設罰之意可詳量獄狀為中否之
格車駕又於華林園聽訟甲辰制諸署敕吏四品

以下又府署所得輒罰者聽統府寺行四十杖
秋七月巳巳地震八月壬辰車駕又於華林園
聽訟九月巳丑零陵王薨車駕三朝率百僚舉
京于朝堂一依魏明帝服山陽公故事太尉持
節監護葬以晉禮冬十月丁酉詔曰兵制峻重
務在得宜役身死叛輒考傍親流遷彌廣未見
其極遂令冠帶之倫淪陷非所宜華以弘泰去
其密科自今犯罪充兵合舉戶從役者便付營
押領其有戶統及讁止一身者不得復侵濫

服親以相連深巳亥以涼州胡大師沮渠蒙遜
為鎮軍大將軍開府儀同三司涼州刺史癸卯
車駕於延賢堂聽訟以員外散騎常侍應龍為
寧州刺史
三年春正月甲辰朝詔刑罪無輕重悉皆原降
王子以前冀州刺史王仲德為徐州刺史癸丑
以尚書令揚州刺史徐羨之為司空錄尚書事
刺史如故撫軍將軍江州刺史王弘進號衛將
軍開府儀同三司太子詹事傅亮為尚書僕射

中領軍謝莊為領軍將軍乙卯以輔國將軍毛
德為司州刺史乙丑詔曰古之建國教學為先
弘風訓世莫尚於此發蒙啓滯咸必由之故爰
自盛王迄于近代莫不敦崇學藝修建庠序自
昔多故戎馬在郊旌卷舒日不暇給遂令學
校荒廢講誦篾聞軍旅日陳俎豆藏歡於子略
風墜于地後生大懼於墻面故老歎遠於
衿此國風載清仰風之士目以冀便宜傅延賢
届華域載清仰風之士目以冀便宜傅延賢

子陶獎重蒙選備儒官弘振國學主者考詳舊
典以時施行二月丁丑詔曰豫州南臨江淮北
接河洛民荒境曠轉輸艱遠撫莅之宜各有其
便淮西諸郡可立為豫州自淮以東為南豫州
以豫州刺史彭城王義康為南豫州刺史征虜
將軍劉粹為豫州刺史又分荊州十郡還立湘
州左衛將軍張紹為湘州刺史戊寅以徐州之
梁還屬豫州三月上不豫太尉長沙王道憐司
空徐羨之尚書僕射傅亮領軍將軍謝晦護軍

將軍檀道濟迎入侍醫藥羣臣請祈禱神祇上
不許唯使侍中謝方明以疾告廟而已丁未以
司徒廬陵王義眞爲車騎將軍開府儀同三司
南豫州刺史上疾瘳已未大赦天下時秦雍流
戶悉南入梁州庚申送綜絹萬匹荊雍州運米
委州刺史隨空賦給辛酉六命刁彌攻京城得
入太尉留府司馬陸仲元討斬之夏四月乙亥
封仇池公楊威爲武都王平南將軍楊撫進號
安南將軍丁亥以車騎司馬徐琰爲兗州刺史
庚寅左光祿大夫開府儀同三司孔季恭五
月上疾甚召太子誡之曰檀道濟雖有幹略而
無遠志非如兄韶有難御之氣也徐羨之傅亮
當無異圖謝晦數從征伐頗識機變若有同異
必此人也小郄可以會稽江州處之又爲手詔
曰朝廷不須復有別府宰相帶揚州可置甲士
千人若大臣中任要宜有爪牙以備不祥人者
可以臺見隊給之有征討悉配以臺見軍隊行
還復舊後世若有幼主朝事一委宰相母后不煩

臨朝伏既不許入臺殿門要重人可詳給班劍
癸亥上崩于西殿時年六十七秋七月己酉葬
丹陽建康縣蔣山初寧陵上清簡寡欲嚴敬有
法度未嘗視珠玉輿馬之飾後庭無紈綺絲竹
之音寧州嘗獻虎魄枕光色甚麗時將北征以
虎魄治金創上大悅命擣碎分付諸將關中
得姚興從女有盛寵以之廢事謝晦諫即時遣
出財帛皆在外府內無私藏宋臺既建有司奏
東西堂施局脚牀銀塗釘上不許使用直脚牀
釘用鐵諸主出適遣送不過二十萬無錦繡金
玉內外奉禁莫不節儉性尤簡易常著連齒木
履好出神虎門逍遙左右從者不過十餘人時
徐羨次之住西州曾幸羨之便步出西掖門羽儀
絡驛追隨已出西明門矣諸子曰問起居入閤
稅公服止著裙帽如家人之禮孝武大明中壞
上所居陰室於其處起玉燭殿與羣臣觀之
牀頭有土鄣壁上葛燈籠麻繩拂侍中袁顗盛
稱上儉素之德太祖不荅獨曰田舍公得此以

爲過矣故能光有天下克成大業者焉

史臣曰漢氏載祀四百比胙隆周雖復四海橫

潰而民繫劉氏懍懍黔首未有遷奉之心魏武

直以兵威服衆故能坐移天曆鼎運雖改而民

未忘漢及魏室衰孤怨非結下晉藉宰輔之柄

因皇族之微世擅重權用基王業至於宋祖受

命義越前模晉自社廟南遷祿去王室朝權國

命遽歸台輔君雖存主威久謝桓溫雄才蓋世

勳高一時移鼎之業已成天人之望將改自斯

以後晉道彌昏道子開其禍端元顯成其末釁

桓玄藉運乘時加以先父之業因基革命人無

異心高祖地非桓文衆無一旅曾不浹旬夷凶

翦暴祀晉配天不失舊物誅內清外功格區宇

至於鍾石鏗聲柴天改物民已去晉異於延康

之初功實靜亂又殊咸熙之末所以恭皇高遜

殆均釋負若天樂推所歸謳歌所集魏晉

名高祖收其實矣盛哉

少帝

少帝諱義符小字車兵武帝長子也母曰張夫人

晉義熙二年生於京口武帝晚無男及帝生甚

悅年十歲拜豫章公世子帝有旅力善騎射解

音律宋臺建拜宋世子元熙元年進爲宋太子

武帝受禪立爲皇太子永初二年五月癸亥爲

帝朋是日太子即皇帝位大赦尊皇太后曰武

二頁全一　宋書紀四　一　張亨

太皇太后六月壬申以尚書僕射傅亮爲中

書監司空徐羨之領軍將軍謝晦及其輔政戊

子太尉長沙王道憐薨秋九月丁未有司奏武

皇帝配南郊武敬皇后配北郊冬十一月戊午

有星孛于營室至十二月庚戌改元爲景平

位二等辛巳祀南郊廙虜將達奕印破金墉進圍

春正月巳亥朝大赦改元爲景平元年又武

虜牟毛德祖擊虜敗之虜退而復合拓跋木末

又遣平安公沈歸寇青州癸卯河南郡失守乙

卯有星孛于東壁三月丁丑太皇太后崩沮渠

蒙遜土谷渾阿狄立遣使朝貢庚辰爵家遜爲

大將軍封涼河西王以阿狄爲安西將軍沙州刺

史封澆河公河西人孫法光反寇山陰陰會

稽太守褚談遣山陰令陸劭討敗之三月壬寅

孝懿皇后褚氏祔葬于興富陽人高麗國遣使

貢甲子豫州刺史劉粹遣軍襲許昌殺虜頴州

太守庾龍乙丑虜寇高平初庚自河北之敗

請修和親及聞高祖朋因復侵擾河洛之地驅

三頁半　宋書紀四　二　張亨

然癸夏四月檀道濟北征次臨朐焚虜攻具乙

未魏軍克虎牢執司州刺史毛德祖以歸秋七

月癸酉尊所生張夫人爲皇太后丁丑以旱詔

赦五歲以下罪人冬十月巳未有星孛于氐指

尾貫攝提向大角仲冬月在危季月掃天倉而後

滅是歲魏王拓跋嗣薨子燾立十二月丙寅省

寧州之江陽犍爲安上三郡合爲宋昌郡二年

春正月癸巳朝日有蝕之廢南豫州刺史盧陵

王義真貶爲庶人徙新安郡乙未以皇弟義恭爲

冠軍將軍南豫州刺史乙巳大風天有五色雲
占者以為有兵高麗國遣使貢獻執政使使者
誅義具千新安夏五月江州刺史檀道濟揚州
刺史王弘入朝帝居處所為多過失乙酉皇太
后令曰王室不造天禍先帝創業弗永棄
世登遐義符長嗣屬當天位不謂窮凶極悖一
至於此大行在殯宇内哀惶幸炎肆於悖詞言
容表於在感至乃徵召樂府鵶集伶官優倡管
弦靡不備奏珍羞甘膳有加平日採擇嬪御產

三　壬漢

子就宮靦然無怍醜聲四遠及懿后崩背重加
天罰親與左右執紼歌呼推排梓宮朴掌笑謔
殿省備聞加復日夜蝶狎聲小慢戲興造千計
費用萬端帑藏空虛人力殫盡刑罰苛虐幽四
日增居帝王之位好尚卑隸之役處萬乘之尊悅
厮養之事親執鞭撲毆擊無辜以為笑樂穿池
築苑觀朝成暮毀徵發工匠疲極兆庶遠近歎嗟
人神怨怒社稷將隊豈可復嗣守洪業君臨萬
邦今廢為滎陽王一依漢昌邑晉海西故事鎮

宋書紀四

四

原闕　實闕幾葉因末葉未編號未能臆定

則創業之君自天所啟守文之主其難乎哉

本紀第四　　　　宋書四

宋書紀四

臣沈　約　新撰

文帝

太祖文皇帝諱義隆小字車兒武帝第三子也
晉安帝義熙三年生於京口戶盧循之難上年四
歲高祖使談議參軍劉粹輔上鎮京城十一年
封彭城縣公高祖代差至彭城將進路板上行
冠軍將軍留守晉朝加授使持節監徐兗青冀
四州諸軍事徐州刺史將軍如故關中平定高
祖還彭城又授監司州豫州之淮西兗州之陳
留諸軍事前將軍司州刺史持節如故將鎮洛
陽仍改授都督荊益寧雍梁秦六州豫州之河
南廣平揚州之義成松滋四郡諸軍事西中郎
將荊州刺史持節如故永初元年封宜都王食
邑三千戶進督北秦并前七州進號鎮西將軍
給鼓吹一部又進督湘州是歲入朝時年十四
長七尺五寸博涉經史善隸書景平二年七月
中少帝廢百官備法駕奉迎入奉皇統行臺至

江陵進璽綬侍中臣琇散騎常侍臣凝之中書
監尚書令護軍將軍建城縣公臣亮左衛將軍
臣景仁給事中游擊將軍龍驤將軍臣族臣越騎
校尉都亭矦族臣綱給事黃門侍郎臣孔隆之散
騎侍郎臣劉思考員外散騎侍郎臣潘盛中書
侍郎臣何尚之羽林監封陽縣矦族臣蕭思
話長兼尚書左丞德陽縣矦孫康吏部郎中
騎都尉臣張茂度儀曹郎中臣徐長琳倉部郎
中臣庾俊之都官郎中臣表洵等上表曰臣聞
否泰相華數窮則變天道所以不諮卜世所以
靈長乃者運距陵夷王室艱晦九服之命靡所
適歸高祖之業將墜于地賴基厚德深人神同
明在御孝悌箸於家邦風猷宣於蕃牧是以徵
獎社稷以寧有生獲乂伏惟陛下君德自然聖
祥雜沓符瑞煇輝宗廟神靈乃睹西顧萬邦黎
明之運冊覩太平之業行臺止心瞻望城關不
勝喜說烏藻之情謹詣門拜表以聞上答曰皇

運艱幣數鍾屯夷仰惟崇基感壽國故永嘉

躬悲慨交集賴七百祚永德

以泰天人式序猥以不德謬降大命顧巳兢悖

何以克堪輒當暫歸朝庭展哀陵寢并與賢彥

申寫所懷望體其心勿爲辭費府州佐史並稱

臣請題牓諸門一依宮省上不許甲戌發江陵

八月丙申車駕至京城丁酉謁初寧陵還於中

堂即皇帝位

元嘉元年秋八月丁酉大赦天下改景平二年

[宋書紀五]

三

元嘉元年文武賜位二等通租宿債勿復收

庚子以行撫軍將軍荊州刺史謝晦爲撫軍將

軍荊州刺史癸卯錄尚書事揚州刺史徐

羨之進位司徒衞將軍江州刺史王弘進位司

空中書監護軍將軍彪加左光祿大夫開府

儀同三司撫軍將軍荊州刺史謝晦進號衞將

軍鎭北將軍南兗州刺史檀道濟進號征北將

軍申辰追尊所生胡婕好爲皇太后諡曰章后

衞將軍南徐州刺史彭城王義康進號驃騎將

軍冠軍將軍南豫州刺史義恭進號撫軍將軍

封江夏王立第六皇弟義宣爲竟陵王第七皇

弟義季爲衡陽王戊申以豫州刺史劉粹爲雍

州刺史驍騎將軍管義之爲豫州刺史南譙校

尉到彥之爲中領軍巳酉減荊湘二州今年秋

布之半九月丙子立妃袁氏爲皇后

二年春正月丙寅司徒徐羨之尚書令傅亮奉

表歸政上始親覽車駕祠南郊大赦天下三月

乙丑左將軍徐州刺史王仲德進號安北將軍

[宋書紀五]

四

夏五月戊寅特進謝澹卒秋八月甲申以關中

流民出漢川置京北扶風馮翊等郡乙酉驍騎

將軍南徐州刺史彭城王義康爲開府儀同三

司新除司空王弘爲車騎大將軍開府儀同三

司以右軍長史江恆爲廣州刺史

酉以前將軍楊玄爲征西將軍北秦州刺史徐

三年春正月丙寅司徒錄尚書事揚州刺史徐

羨之尚書令護軍將軍左光祿大夫傅亮有罪

伏誅遣中領軍到彥之征北將軍檀道濟討荊

州刺史謝晦上親率六師西征大赦天下丁卯
以車騎大將軍江州刺史王弘為司徒錄尚書
事揚州刺史驃騎將軍南徐州刺史南
康改為荊州刺史撫軍將軍南
王義恭改為南徐州刺史南豫州刺史彭城王義我
趙倫之為鎮軍將軍閏月丙戌皇子劭生二月
尚書右僕射建安太守潘盛有罪伏誅庚申特
夫王敬弘為尚書左僕射豫章太守鄭鮮之為
乙卯繫囚見徒一皆原赦戊午以金紫光祿大

宋書紀五　　五　佚

進范泰加光祿大夫是日車駕發京師戊辰到
彥之檀道濟大破謝晦於隱磯丙子車駕自蕪
湖反師已卯擒晦於延頭送京師伏誅三月平
已車駕還宮夏五月乙未以征北將軍南兗州
刺史檀道濟為征南大將軍江州刺史中領軍
到彥之為南豫州刺史戊已驃騎大將軍涼州
義欣為南兗州刺史乙巳驃騎大將軍涼州牧
大且渠蒙遜改為車騎大將軍詔曰夫哲王宰
世廣達四聰猶巡嶽省方採風觀政所以情偽

必審幽遐圉滯王澤無擁九皇有聞者也朕以
寡薄猥蒙洪緒雖永念治道志存昧旦願言傳
嚴發想宵寐而丘園之秀藏器未臻令氛祲祛蕩宇
尚隔視聽乃眷區域輟寢忘食每念民隱
內寧晏然賢弘化於是乎始可遣大使巡行四
方其窒守稱職之良閭華一介之善詳悉列奏
勿或有遺若刑獄不卹政治乖謬傷民害教者
其以事聞其高年鰥寡幼孤六疾不能自存者
可與郡縣優量賑給採輿誦廣嘉謀務盡

宋書紀五　　六　佚

衡命之旨俾若朕親臨覽焉為丙午車駕臨延賢堂
聽訟六月已未以鎮軍將軍趙倫之為左光祿
大夫領軍將軍丙寅車駕又於延賢堂聽訟丙
子又聽訟以右衛王華為中護軍冬十一月戊
寅以梁南秦二州刺史吉翰為益州刺史驃騎
參軍劉道產為梁南秦二州刺史南蠻
校尉劉導考為雍州刺史十二月癸丑以中書
侍郎蕭思話署青州刺史壬戌前吳郡太守徐
佩之謀反及黨與皆伏誅

四年春正月乙亥朔曲赦都邑百里內辛巳車
駕親祠南郊二月乙卯行幸丹徒謁京陵三月
丙子詔曰丹徒桑梓綢繆大業攸始踐境永懷
觸感罔極昔漢章南巡義二三
有兼襄日思播道澤酬士民其蠲此縣今年
租布五歲刑以下皆悉原遣登城三戰及大將
家隨宜隱卹丁亥車駕還宮戊子尚書右僕射
鄭鮮之卒壬寅禁斷夏至日五絲命縷之屬富
陽令諸葛闡之之議也夏四月庚戌以廷尉王

宋書紀五 七 王

徽之爲交州刺史五月壬午中護軍王華卒京
師疾疫甲午遣使行問給醫藥死者並右無家屬
賜以棺器六月癸卯朔日有蝕之庚申以金紫
光祿大夫殷穆爲護軍將軍
五年春正月乙亥詔曰朕恭承洪業臨饗四海
風化未弘治道多昧求之人事鑒寐惟憂加項
陰陽違序旱殀成患仰惟災戒責深在予思所
以側身剋念議獄詳刑上答天譴下恤民瘼蓋
右百司其各獻謙言指陳得失勿有所諱甲申

車駕臨玄武館閱武戊子京邑大火遣使巡慰
賑賜夏四月己亥以南蠻校尉蕭摹之爲湘州
刺史戊午以始興太守徐豁爲廣州刺史五月
己卯以湘州刺史張邵爲雍州刺史六月庚戌
司徒王弘降爲衛將軍開府儀同三司京邑大
水己卯遣使檢行賑贍以江夏內史程道惠爲
廣州刺史八月壬戌車駕於延賢堂聽訟閏月癸未
卒冬十月甲辰左光祿大夫范泰
以右軍司馬劉德武爲豫州刺史辛卯安陸公

宋書紀五 八 圭

相周籍之爲寧州刺史十二月庚寅左光祿大
夫領軍將軍趙倫之卒是歲天竺一國遣使獻
方物
六年春正月辛丑車駕親祠南郊癸丑以驃騎
將軍荊州刺史彭城王義康爲司徒錄尚書事
領平北將軍徐州刺史三月己巳立皇子劭爲
皇太子戊午大赦天下賜文武位一等辛酉以
左衛將軍殷景仁爲中領軍夏四月癸亥以尚
書左僕射王敬弘爲尚書令丹陽尹臨川王義

慶為尚書左僕射吏部尚書江夷為尚書右僕
射五月壬辰朝日有蝕之癸巳以新除尚書令
王敬弘為特進左光祿大夫甲午以撫軍司馬
劉道濟為益州刺史乙卯於雍州置馮翊郡七
月己酉以尚書左丞孔黙之為廣州刺史是月
百濟王遣使獻方物九月戊午於秦州置隴西
宋康二郡冬十月壬申中領軍殷景仁丁艱去
職十一月己丑朔日有蝕之十二月丁亥河南
國西河王遣使獻方物

七年春正月癸巳以吐谷渾慕容瑣為征西將
軍沙州刺史是月倭國王遣使獻方物三月戊
子遣右將軍到彥之北伐水軍入河甲午以前
征虜司馬沖為司州刺史甲寅以前中領軍殷
景仁為領軍將軍夏四月癸未訶羅單國遣使
獻方物六月己卯以冠軍將軍氏楊難當為秦
州刺史秋七月戊子索虜碻磝戍棄城走甲申
以平北諮議參軍甄法護為梁南秦二州刺史
戊戌索虜滑臺戍棄城走甲寅林邑國訶羅佗

國師子國遣使獻方物冬十月甲寅罷南豫州
并豫州以左將軍竟陵王義真為徐州刺史戊
午立錢署鑄四銖錢戊寅姻城為索虜所陷
十一月癸未虎牢城復為索虜所陷壬辰索虜遣征
南大將軍檀道濟北討右將軍到彥之自滑臺
奔退十二月辛酉以南兗州刺史長沙王義欣
為豫州刺史司徒司馬吉翰為司州刺史乙亥
京邑火延燒太社北牆兗州刺史竺靈秀有罪
伏誅

八年春正月庚寅於交州復立珠崖郡癸巳以
左軍將軍甲宣為兗州刺史丁酉征南大將軍
檀道濟破索虜於東壽張二月乙卯以平北司
馬韋朗為青州刺史戊午以尚書右僕射江夷
為湘州刺史辛酉滑臺為索虜所陷癸酉征南
大將軍檀道濟引軍還丁丑二州刺史蕭思話
棄城走以太子右衞率劉遵考為南兗州刺史
三月甲申車駕於延賢堂聽訟戊申詔曰自頃
軍役殷興國用增廣資儲不給百度尚繁宜存

簡約以應軍貫內外可通共詳思務令節儉夏
四月甲寅以衡陽王師阮萬齡為湘州刺史乙
卯以後軍參軍徐遵之為兗州刺史六月乙丑
大赦天下己卯割江南及揚州晉陵郡屬南徐
州江北屬兗州以徐州刺史竟陵王義宣為南
兗州刺史司徒司馬吉翰為徐州刺史閏月庚
子詔曰自頃農桑惰業遊食者衆荒萊不闢督
課無聞一時水旱便有聲實縣宰親民之主宜思獎訓
麾因郡守賦政方職縣宰親民之主宜思獎訓
道以良規咸使肆力地無遺利耕蠶樹藝各盡
其力若有力田殊衆歲竟條名列上揚州旱乙
巳遣侍御史省獄訟申調役丙午以左軍諮議
參軍劉道產為雍州刺史秋八月甲辰臨川王
義慶解尚書僕射丁未割豫州秦郡屬南兗州
冬十二月罷湘州還并荊州
九年春三月庚戌衛將軍王弘進位太保加中
書監丁巳征南大將軍江州刺史檀道濟進位
司空夏四月乙亥以護軍將軍殷稷為特進右

光祿大夫建昌縣公到彥之為護軍將軍五月
壬申中書監錄尚書事衛將軍揚州刺史王弘
薨六月甲戌以左軍諮議參軍申宣為青州刺
史分青州置冀州戊寅司徒司馬崔謹為東平
王義康改領揚州刺史己卯以司徒左長史為鎮軍
為冀州刺史壬午以吐谷渾輝為平北將
軍吐谷渾拾虔未詔曰益梁交廣境域幽遐治宜
或多偏攤可更遣大使巡求民瘼置積射彊弩
將軍官乙未以征西大將軍沙州刺史吐谷渾慕
容潰為征西大將軍秦河二州刺史龍西王
北秦州刺史氐楊難當加號征西將軍壬寅以
撫軍將軍荊州刺史江夏王義恭為征北將軍
開府儀同三司南兗州刺史前將軍臨川王義
慶為平西將軍荊州刺史
義宣為中書監中軍將軍征虜將軍衡陽王義
季為南徐州刺史征虜將軍竟陵王義
為鎮北將軍徐州刺史秋七月戊辰以尚書王仲德
秋七月庚午以領軍將軍殷景仁

為尚書僕射太子詹事劉湛為領軍將軍甲申
河南國西河王遣使獻方物九月妖賊趙廣寇
益州陷沒郡縣州府討平之冬十一月壬子以
少府甄法崇為益州刺史癸丑於廣州立宋康
郡十二月甲戌以右軍參軍李秀之為交州刺
史庚寅立第五皇子紹為廬陵王江夏王義恭
子朗為南豐縣王
十年春正月甲寅竟陵王義宣改封南譙王鎮
北將軍徐州刺史王仲德加領兗州刺史淮南
太守段宏為青州刺史巳未大赦天下孤老六
疾不能自存者人賜穀五斛後將軍豫州刺史
長沙王義欣進號鎮軍將軍夏四月戊戌青州
刺史段宏加翼州刺史封陽縣疾蕭思話為梁
南泰二州刺史五月林邑王遣使獻方物六月
乙亥以前青州刺史韋朗為廣州刺史闍婆州
訶羅單國遣使獻方物秋七月戊戌曲赦益梁
秦三州於益州立宋寧宋興二郡八月丁丑於
青州立太原郡辛巳護軍將軍到彥之卒冬十

一月氏楊難當寇漢川丁未梁州刺史甄法護
棄城走難當據有梁州
十一年春正月乙亥命馬大女壘黨數百人寇秦
山州郡討平之二月癸酉以交阯太守李耽之
為交州刺史夏四月梁秦二州刺史蕭思話破
氏楊難當梁州平五月丁卯曲赦梁南秦二州
劍閣北戊寅以大沮渠茂虔為征西大將軍涼
州刺史是月京邑大水六月丁未省魏郡是歲
林邑國扶南國訶羅單國遣使獻方物
十二年春正月辛酉大赦天下辛未車駕親祠
南郊癸酉封黃龍國主馮弘為燕王夏四月乙
酉尚書僕射殷景仁加中護軍丙辰詔曰周宗
以窮惡是由多士漢室之隆亦資得人朕寐寤樂
賢為日已久而則哲難階明揚莫效用令遺于
在野管庫虛朝永懷前載斬德深矣夫舉爾所
知宣尼之篤訓員士任官先代之成准可宣
敕內外各有薦舉當依方銓引以觀厥用是夜
京都地震六月丹楊淮南吳興義興大水京邑

乘船已酉以徐豫南兗三州會稽宣城二郡米
數百萬斛賜五郡遭水民是月斷酒師子國遣
使獻方物秋七月乙酉闍婆婆達國扶南國遣
遣使獻方物八月壬申於益州立南晉壽新巴
西三郡乙亥原遭水郡諸逋負九月蜀郡賦張
尋為寇冬十一月以右軍行參軍苟道覆為交
州刺史
司空江州刺史檀道濟有罪伏誅庚申大赦天
十三年春正月癸丑上有疾不朝會三月己未
下以中軍將軍南譙王義宣為鎮南將軍江州
刺史夏五月戊辰鎮比大將軍徐兗二州刺史王
仲德進號鎮比大將軍庚辰以征比司馬王方
俳為兗州刺史六月高麗國武都王遣使獻方
物秋七月已未零陵王太妃薨追崇為晉皇后
葬以晉禮八月庚寅尚書僕射中護軍殷景仁
改為護軍將軍九月癸丑立第二皇子濬為始
興王第三皇子諱為武陵王
十四年春正月辛卯車駕親祠南郊大赦天下

■宋書紀五　十五

文武賜位一等孤老六疾不能自存者人賜穀
五斛二月壬子以步兵校尉輔國將軍劉道真為梁南秦
二州刺史夏四月丁未以輔國將軍周籍之為
益州刺史秋八月戊午以尚書金部郎中徐森
之為交州刺史冬十二月辛酉俘賀雪河南國
西河王訶羅單國立遣使獻方物
十五年春二月丁未以平東將軍吐谷渾慕容
延為鎮西將軍秦河二州刺史夏四月甲辰燕
王年遣使獻方物立皇太子妃殷氏賜王公以
下各有差已巳以倭國王珍為安東將軍五月
已丑特進右光祿大夫殷穆卒辛卯鎮比大將
軍徐州刺史王仲德卒壬辰以右衞將軍劉遵
考為兗二州刺史秋七月辛未地震甲戌以
陳南頓二郡太守徐循為寧州刺史八月辛丑
以左衞將軍趙伯符為徐兗二州刺史甲寅以
始興內史陸徽為廣州刺史丁巳以兗州刺史
王方俳為青冀二州刺史是歲武都王河南國
高麗國倭國扶南國林邑國立遣使獻方物

■宋書紀五　十六

十六年春正月戊寅車駕於北郊閱武庚寅司
徒錄尚書事揚州刺史彭城王義康進位大將
軍領司徒餘如故征北將軍開府儀同三司南
兗州刺史江夏王義恭進位司空刺史如故特
進左光祿大夫王敬弘開府儀同三司癸巳復
分荊州置湘州二月巳亥以南徐州刺史衡陽
王義季為安西將軍荊州刺史丁未以始興王
濬為湘州刺史癸亥割梁州之巴西梓潼南宕
梁南漢中南秦州之南安懷寧凡六郡屬益州

分長沙江夏郡立巴陵郡屬湘州夏四月丁巳
以鎮南將軍江州刺史南譙王義宣為征北將
軍南徐州刺史平西將軍臨川王義慶為衛將
軍江州刺史六月巳酉隴西吐谷渾慕容延改
封河南王癸丑以吐谷渾拾寅為平西將軍吐
谷渾繁暱為撫軍將軍秋八月庚子立第四皇
子鑠為南平王閏月乙未鎮軍將軍豫州刺史
長沙王義欣薨戊戌復分豫州之淮南為南豫
州癸卯以左衛將軍劉遵考為豫州刺史戊申

以湘州刺史始興王濬為南豫州刺史武陵王
讚為湘州刺史冬十二月乙亥皇太子冠大赦
天下是歲武都王河南王林邑國高麗國並遣
使獻方物

十七年夏四月戊午朔日有蝕之五月癸巳領
軍將軍劉湛有罪及同黨伏誅大赦天下文武賜
爵一級以大將軍領司徒錄尚書事揚州刺史彭
城王義康為江州刺史大將軍如故以司空南
兗州刺史江夏王義恭為司徒錄尚書事戊寅
衛將軍臨川王義慶以本號為南兗州刺史尚
書僕射護軍將軍殷景仁為揚州刺史僕射如
故十一月丙戌以尚書劉義融為領軍將軍祕
書監徐湛之為中護軍丁亥詔曰前所給揚南
徐二州百姓田糧種子充兩豫青徐諸州比年

所寬租穀應入者悉除半今半有不收處都
原之凡諸逋債優量申減又州郡佔稅所在市
調多有煩刻山澤之利猶或禁斷役召之品遂
及稚弱諸如此比傷治害民自今咸依法令務
盡優允如有不便即依事別言不得苟趣一時
以乖隱卹之旨主者明加宣下稱朕意焉癸丑
尚書僕射揚州刺史殷景仁卒十二月癸亥以
光祿大夫王淮爲尚書僕射戊展以南豫州刺
史始興王濬爲揚州刺史湘州刺史武陵王諱

爲南豫州刺史南平王鑠爲湘州刺史是歲武
都王河南王百濟國遣使獻方物
十八年春二月乙卯以豫章太守庾登之爲江
州刺史夏五月壬申衞將軍南徐州刺史南譙
王義慶征北將軍南徐州刺史南譙王義宣並
開府儀同三司癸巳於交州置宋熙郡是月沔
水泛溢六月戊辰遣使巡行賑贍辛未領軍將
軍劉義融卒秋七月戊戌以徐兗二州刺史趙
伯符爲領軍將軍冬十月辛亥以巴東建平二

郡太守臧質蜀爲徐兗二州刺史乙卯省南徐州
之南燕濮陽南廣平郡十一月戊子尚書僕射
王琳卒已亥以丹陽尹孟顗爲尚書僕射氏楊
難當又寇漢川十二月癸亥遣龍驤將軍裴方
明與梁秦二州刺史劉真道討之十二月晉寧
太守爨松子反叛寧州刺史徐循討平之是歲
肅特國高麗國蘇靡黎國林邑國並遣使獻
方物

十九年正月乙巳詔曰夫所因者本聖哲之遠
教本立化成斆學之爲貴故詔以三德崇以四
時用能納諸義方致之軌慶盛王祖世弘永
之永初受命典司大啓庠序
有詔典司大啓庠序而頻遭屯夷未及修建
瞻前猷敬鴻烈今方隅又寧我夏慕嚮廣訓
冑子實維時務便可式遵成規闡揚景業夏四
月甲戌以久疾愈始奉初祠大赦天下五月庚
寅梁秦二州刺史劉真道龍驤將軍裴方明破
氏楊難當仇池平閏月京邑兩水丁巳遣使巡

行賑卹六月壬午以大沮渠无諱為征西大將軍涼州刺史秋七月以梁秦二州刺史劉員道為雍州刺史龍驤將軍裴方明為梁南秦二州刺史甲戌晦日有蝕之冬十月甲申芮芮國遣使獻方物己亥以晉熙太守周萬歲為寧州刺史十二月丙申詔曰朕始集學業方興自微言泯絕逝將千祀感事思人意有慨然奉聖之胄可速議繼嗣直令四時饗祀闕里往經寇亂饗校殘毀升下魯郡修復學舍採召生徒貴之賢哲及一介之善猶或衛其丘壟禁其芻牧況尼父德表生民功被百代而墳塋荒蕪荊棘弗翦可蠲墓側數戶以掌洒掃魯郡上民孔景等五戶居近孔子墓側蠲其課役供給洒掃并種松栢六百株是歲婆黃國遣使獻方物

二十年春正月於臺城東西開萬春千秋二門二月甲戌江州刺史庾登之為中護軍庚申以廬陵王紹為江州刺史仇池為索虜所沒甲申

車駕於白下閱武三月辛亥安西將軍荊州刺史衡陽王義季進號征西大將軍以巴西梓潼二郡太守申坦為梁南秦二州刺史夏四月甲午立第六皇子誕為廣陵王五月癸丑中護軍庾登之卒秋七月癸丑以楊文德為征西將軍北秦州刺史封武都王子前雍州刺史南秦二州刺史裴方明有罪下獄死八月癸未以廷尉陶愷祖為廣州刺史冬十二月庚午以始興內史檀和之為交州刺史壬午詔曰國以民為本民以食為天故一夫輟稼饑者必及倉廩既實禮節以興自頃在所貧寙家無宿積由政德弗孚以臻斯弊抑亦耕桑未廣地利多遺暫偏則人懷愁墊歲或不稔而病之此室誠由宰守微化導之方萌庶忘勤分之義永言弘濟明發載懷雖制令亟下終莫懲勸而坐望滋殖庸可致平有司其班宣舊條務盡敦課游食之徒咸令附業考覈勤惰行其誅賞觀察能殿嚴

加黜陟古者躬耕帝籍敬供粢盛仰瞻前王思
遵令典便可皇慮千畝考上元辰朕當親率百
辟致禮郊旬庶幾誠素被斯民是歲河西國
高麗國百濟國倭國並遣使獻方物是歲諸州
郡水皇傷稼民大饑開倉賑給賜糧種
二十一年春正月己亥南徐南豫州揚州之浙
江西並禁酒大赦天下諸通債在十九年以前
一切原除去歲失收者疇皇申減免弊之處遣
使就郡縣隨宜賑邮凡欲附農而種糧匱乏者

並加給貸營千畝諸統司役人賜布各有差戊
午衛將軍臨川王義慶薨辛酉以太子詹事劉
義宗為南兗州刺史二月庚午以領軍將軍趙
伯符為豫州刺史己丑徒錄尚書事江夏王
義恭進位太尉領司徒庚寅以右衛將軍沈演
之為中領軍辛卯立第七皇子宏為建平王甲
午以廣陵王誕為南兗州刺史夏四月晉陵
陵民徐耕以米千斛助邮饑民五月壬戌以尚
書何尚之為中護軍諮議參軍劉道錫為廣州

刺史六月連雨水丁亥詔曰霖雨彌日水潦為
患百姓儉易致之圖二縣官長及營署部司
各隨統檢實給其柴米必使周悉秋七月丁酉
揚州刺史始興王濬加中軍將軍南豫州刺史
武陵王諱加撫軍將軍乙巳詔曰比年穀稼傷
豫及揚州浙江西屬郡自今悉督種麥以助闕
之速運彭城下邳郡見種委刺史貸給徐豫陂
多稻田而民間專務陸作可符二鎮履行舊陂

相率修立并課墾闢使及來年凡諸州郡皆令
盡勤地利勸道播殖蠶桑麻紵各盡其方不得
但奉行公文而已八月戊辰征西大將軍荊州
刺史衡陽王義季為征北大將軍開府儀同三
司南兗州刺史南譙王義
宣為車騎將軍荊州刺史
誕為南徐州刺史九月甲辰以大沮渠安周為
征西將軍涼州刺史封河西王冬十月己卯以
左軍將軍徐瓊為兗州刺史大將軍參軍申恬

為冀州刺史

二十二年春正月辛卯朝改用御史中丞何承
天元嘉新曆壬辰撫軍將軍南豫州刺史武陵
王諱改為雍州刺史湘州刺史南平王鑠為南
豫州刺史二月辛巳以侍中王僧朗為湘州刺
史甲戌立第八皇子禕為東海王第九皇子昶
為義陽王夏六月辛亥以南豫州刺史南平王
鑠為豫州刺史秋七月己未以尚書僕射孟顗
為尚書左僕射中護軍何尚之為尚書右僕射

雍州刺史武陵王諱討緣沔蠻稅一萬四千餘
口於京師乙酉征北大將軍南兗州刺史衡陽
王義季改為徐州刺史九月乙未開酒禁冬十
月起湖熟廢田千頃十二月乙未太子詹事范
曄謀反及黨與皆伏誅丁酉免大將軍彭城王
義康為庶人庚戌以前豫州刺史趙伯符為護
軍將軍

二十三年春正月丁巳以長沙內史陸徽為益
州刺史庚申尚書左僕射孟顗去職遷漢州流

民於沔次二月癸卯以左衛將軍劉義賓為南
兗州刺史三月索虜寇兗豫青冀刺史申恬破
之夏四月丁未大赦天下六月癸未朝日有蝕
之交州刺史檀和之伐林邑國尅之秋七月辛
未以散騎常侍杜坦為青州刺史八月癸卯揭
陽賊攻建安郡燔燒城府九月己卯車駕幸辛
國子學策試諸生苦問凡五十九人冬十月戊
子詔曰庠序興立累載胃子隸業有成近親策
試觀濟濟之美緬想洙泗永懷在井諸生苦問

多可採覽敦授之官立宜沾賚賜帛各有差十
二月丁酉以龍驤司馬蕭景憲為交州刺史是
歲大有年築北堤立玄武湖築景陽山於華
林園

二十四年春正月甲戌大赦天下文武賜位一
等戮凶降宥諸通負寬減各有差孤老六疾不
能自存人賜穀五斛䲭建康秣陵二縣今年田
租之半三月壬申護軍將軍趙伯符遷職夏五
月甲戌青州刺史杜坦加冀州刺史六月京邑

疫癘丙戌使郡縣及營署部司普加履行給以
醫藥是月以貨貝制大錢一當兩秋七月乙卯
以林邑所獲金銀寶物班賚各有差八月乙未
征北大將軍徐州刺史衡陽王義季薨癸卯以
南兗州刺史劉義賓為徐州刺史九月已未以
中領軍沈演之為南兗州刺史冬十月壬午豫章胡誕
徐湛之為領軍將軍辛未以太子詹事
至豫章因討平之壬辰以建平王宏為中護軍
世反殺太守桓隆之前交州刺史檀和之南還
十一月甲寅立第十皇子渾為汝陰王
二十五年春正月戊辰詔曰比者冰雪經旬薪
粒貴踊貧弊之室尤有窘罄可檢行京邑二縣
及營署賜以柴米二月庚寅詔曰安不忘虞經
世之所同治兵教戰有國之恆典故服訓明恥
然後少長知禁示領戎政雖脩而號令未審宣
武場始成便可剋日大習眾軍當因校獵隸武
護軍閏月已酉大蒐于宣武場三月庚辰車駕
校獵夏四月乙已新作閶闔廣莫二門改先廣

莫門曰承明開陽曰津陽乙卯以撫軍將軍雍
州刺史武陵王諱為安北將軍徐州刺史癸亥
以右衛將軍蕭思話為雍州刺史五月已卯罷
大錢當兩六月庚戌零陵王司馬元瑜薨庚申
安北將軍徐州刺史武陵王諱
寅車騎將軍荊州刺史南譙王義宣進位司空
以撫軍參軍劉秀之為梁南秦二州刺史甲子
秋七月壬午左光祿大夫王敬弘薨八月已酉
立第十一皇子諱為淮陽王九月辛未以尚書
右僕射何尚之為尚書左僕射領軍將軍沈演
之遷職吳興太守劉遵考為領軍將軍
二十六年春正月辛巳車駕親祠南郊二月已
亥車駕陸道幸丹徒謁京陵三月丁已詔曰朕
違北京二十餘載雖云密邇瞻途莫從今因四
表無塵駕和歲稔復獲拜奉舊塋展闊極之思
饗讌故老申追遠之懷固以義兼於桑梓情加
於過沛永言慷慨感慰寔深宜博宣仁惠覃被
率土其大赦天下復丹徒縣僑舊今歲租布之

半行所經縣蠲田租之半二千石官長竝勤勞
王務宜有沾錫登城三戰及大將戰亡墜沒之
家老病單弱者普加贍卹遣使巡行百姓問所
疾苦孤老鰥寡六疾不能自存者人賜穀五斛
遣使祭晉故司空忠肅公何无忌之墓乙丑申
南城沛下邳三郡復又詔曰京口肇祥自古著
符近代衿帶江山表裏華甸經塗四達利盡淮
海城邑高明土風淳壹苞總形勝實唯名都故
能光宅靈心克昌帝業頃年岳牧遷回軍民徙

三百二十四　〔宋書紀五〕　二十九　〔索〕

散廛里廬宇不逮往日皇基舊鄉地兼蕃重宜
令殷阜式崇形望可募諸州樂移者數千家給
以田宅并蠲復五月丙寅詔曰吾生於此城及
盧循肆亂害流玆境先帝以桑梓根本定同休
戚復以蒙稚猥同艱難情義纏綣夷險兼備舊
物遺蹤猶存心目歲月不居逝踰三紀時人故
老與運零落眷惟既往倍深感歎可搜訪千時
士庶文武今尚存者具以名聞人身已亡而子
孫見在優量賜賚之車駕水路發丹徒壬午至

京師丙戌婆皇國壬辰婆達國竝遣使獻方物
秋七月辛未以江州刺史盧陵王紹為南徐州
刺史廣陵王誕為雍州刺史盧陵王紹為南徐
軍建平王宏為江州刺史癸丑以南豐王朗為
湘州刺史冬十月廣陵王誕改封隨郡王甲辰
以中軍將軍揚州始興王濬為征北將軍
開府儀同三司南徐兗二州刺史南徐州刺史

三百二十五　〔宋書紀五〕　三十　〔索〕

盧陵王紹為揚州刺史
二十七年春正月辛未制交廣二州假板郡縣
俸祿聽依臺除辛卯百濟國遣使獻方物二月
辛丑右將軍豫州刺史南平王鑠進號平西將
軍辛巳索虜寇汝南諸郡陳頓二郡太守鄭琨
汝陽潁川二郡太守郭道隱委守走索虜攻懸
瓠城行汝南郡事陳憲拒之以軍興減百官俸
三分之一三月乙丑淮南太守諸葛闡求減戍
祿同內百官於是州及郡縣丞尉並悉同減戍
寅罷國子學乙酉以新除吏部尚書蕭思話為
護軍將軍夏四月壬子安北將軍徐兗二州刺

史武陵王諱降號鎮軍將軍六月丁酉侍中蕭
斌為青冀二州刺史秋七月庚午遣寧朔將軍
王玄謨北伐太尉江夏王義恭出次彭城總統
諸軍乙亥索虜磝戍委城走冬閏月癸亥玄
謨攻滑臺不克為虜所敗退還磝戍辛未又克雍州
刺史隨王誕遣軍攻弘農城克之丙戌又克關
城十一月戊子索虜陷鄒山魯陽平二郡太守
崔邪利沒甲午隨王誕所遣軍又攻陝城克之
癸卯左軍將軍劉康祖於壽陽尉武戍與虜戰敗
見殺丁未大赦天下十二月戊午內外纂嚴乙
丑冗從僕射胡崇之太子積弩將軍臧澄之建
威將軍毛熙祚於盱眙與虜戰敗並見殺庚午
虜偽主率大眾至瓜步壬午內外戒嚴
二十八年春正月丙戌朔以寇逼不朝會丁亥
索虜自瓜步退走丁酉攻圍盱眙城是月寧朔
將軍王玄謨自碻磝退還歷下二月丙辰索虜
自盱眙奔走癸酉詔曰獫狁孔熾難及數州睠
言念之鑒寐與悼凶羯瘣挫迹遠奔彫傷之

民宜時振理凡遭寇賊郡縣令還復居業封屍
掩骼賑贍饑流東作方始務盡勸課貸給之宜
事從優厚其流寓江淮者並聽即屬并蠲復稅
調甲戌太尉領司徒江夏王義恭降還二州刺
軍開府儀同三司辛巳鎮軍將軍徐兗二州刺
史武陵王諱降號北中郎將軍壬午車駕幸瓜步
是日解嚴三月乙酉車駕還宮壬辰征北將軍
始興王濬解南兗州庚子以輔國將軍臧質為
雍州刺史戊申徐州刺史武陵王諱為南兗州
刺史甲寅護軍將軍蕭思話為撫軍將軍徐兗
二州刺史夏四月癸酉婆達國遣使獻方物索
虜偽寧南將軍魯爽中書郎魯秀歸順戊寅以
爽為司州刺史五月乙酉己命司馬順則自號
齊王據梁鄒城丁巳婆皇國戊戌河南王並遣
使獻方物己巳驃騎將軍江夏王義恭領南兗
州刺史戊申以尚書左僕射何尚之為尚書令
太子詹事徐湛之為尚書僕射護軍將軍王子
以後將軍隨王誕為安南將軍廣州刺史六月

壬戌以北中郎將武陵王諱為江州刺史以振
武將軍秦郡太守劉興祖為青冀二州刺史秋
七月甲辰安東將軍倭王倭濟進號安東大將
軍八月癸亥梁鄒平斬司馬順則冬十月癸亥
高麗國遣使獻方物十一月壬寅曲赦二兖徐
豫青冀六州是冬徙彭城流民於瓜步淮西流
民於姑孰合萬許家
二十九年春正月甲午詔曰經寇六州居業未
能仍值災潦饑困存臻可速符諸鎮優量救卹
今農事行興務盡地利若滇田種隨宜給之二
月庚申虜帥拓跋燾死庚午立第十二皇子休
仁為建安王夏四月戊午訶羅單國遣使獻方
物以驃騎參軍張永為冀州刺史五月甲午罷
湘州并荊州以始安三郡屬廣州丙
申詔曰惡稔身滅戎醜常數虐虜窮凶著於自
昔未勞資斧已伏天誅子孫相殘黨離貳闚
洛僑帥並懷內欵河朔遺民注誠請效拯溺蕩
穢今其會也可符驃騎司空二府各部分所統

東西應接歸義建績者隨勞酬獎是月京巳雨
水六月巳酉遣部司巡行賜橈米給船撫軍將
軍蕭思話率眾北伐以征北從事中郎劉瑀為
益州刺史秋七月壬辰汝陰王渾改封武昌王
淮陽王諱改封湘東王丁酉省大司農太子僕
廷尉監官八月丁卯蕭思話攻碻磝不拔退還
九月丁亥以平西將軍吐谷渾拾寅為安西將
軍秦河二州刺史巳丑撫軍將軍徐兖二州刺
史蕭思話加冀州刺史兖州如故冬十月癸亥
司州刺史魯爽攻虎牢不拔退還十一月壬寅
揚州刺史廬陵王紹薨十二月辛未以驃騎將
軍南兖州刺史江夏王義恭為大將軍南徐州
刺史錄尚書事如故
三十年春正月戊寅以司空荊州刺史南譙王
義宣為司徒中軍將軍揚州刺史以南兖州并
南徐州庚辰以領軍將軍劉遵考為平西將軍
豫州刺史壬午以征北將軍南徐州刺史始興
王濬為衞將軍荊州刺史戊子江州刺史武陵

王諱統衆軍伐西陽蠻癸巳以豫州刺史南平
王鑠爲撫軍將軍領軍將軍靑徐州饑二月壬
子遣運部賑邮甲子上崩于含章殿時年四十
七謚曰景皇帝廟曰中宗三月癸巳葬長寧陵
世祖踐祚追改謚及廟號
史臣曰太祖幼年特秀顧無保傅之嚴而天授
和敏之委自稟君人之德及正位南面歷年長
乂網維備舉條禁明密罰有恒科爵無濫品故
能內清外晏四海謐如也昔漢氏東京常稱建
武永平故事自兹厥後亦每以元嘉爲言斯固
盛矣授將遣帥乘分閫之命才謝光武而遙制
兵略至於攻日戰時莫不仰聽成旨雖覆師喪
旅將非韓白而延寇感境抑此之由及至言漏
食衰征難結商豎雖禍生非慮蓋亦有以而然也
嗚呼哀哉

本紀第五　　　　宋書五

宋書紀五　二十五　王明

孝武帝
　　見沈約　新撰

宋書紀六　一

世祖孝武皇帝諱駿字休龍小字道民文帝第
三子也元嘉七年秋八月庚午生十二年立為
武陵王食邑二千戶十六年都督湘州諸軍事
征虜將軍湘州刺史領石頭戍事十七年遷使
持節都督南豫豫司雍并五州諸軍事南豫
州刺史將軍如故猶戍石頭二十一年加督秦
州進號撫軍將軍明年徙都督雍梁南北秦
四州荊州之襄陽竟陵南陵順陽新野隨六郡
諸軍事寧蠻校尉雍州刺史持節將軍如故
自晉氏江左以來襄陽未有皇子重鎮時太祖
欲經略關河故有此授尋給鼓吹一部二十五
年改授都督南兗徐青冀幽六州豫州之梁
郡諸軍事安北將軍徐州刺史如故北鎮
彭城辜領兗州刺史始興王濬為南兗州上解
督南兗二十七年坐汝陽戰敗降號鎮軍將軍

又以索虜南侵降為北中郎將二十八年進督
南兗州南兗州刺史當鎮山陽尋遷都督江州
荊州之江夏豫州之西陽晉熙新蔡四郡諸軍
事南中郎將江州刺史持節如故時緣江蠻為
寇太祖遣太子步兵校尉沈慶之等代之使上
總統衆軍三十年正月上出次西陽之五洲會
元凶弒逆以上為正南將軍加散騎常侍上率
衆入討荊州刺史南譙王義宣雍州刺史臧質
並舉義兵四月辛酉上次溠洲癸亥冠軍將軍

宋紀六　二

柳元景前鋒至新亭脩建營壘甲子賊劭親
率衆攻元景大敗退走丙寅上次江寧丁卯大
將軍江夏王義恭來奔奉表上尊號上
至于新亭巳即皇帝位大赦天下文武賜爵
一等從軍者二等賦污清議先皆盪除高年鰥
寡孤幼六疾不能自存人賜穀五斛通租宿債
勿復收長徒之身優量降宥崇改太祖號諡以
大將軍江夏王義恭為大尉錄尚書六條事南
徐州刺史庚午以荊州刺史南譙王義宣為中

隨王誕為衛將軍開府儀同三司荊州刺史雍
州刺史臧質為車騎將軍開府儀同三司江州
刺史征虜將軍沈慶之為領軍將軍撫軍將軍兗
冀二州刺史蕭思話為尚書左僕射改新朝宇為中典其
軍朱脩之克東府內申克定京邑劭及始興王
濬諸同逆並伏誅庚辰詔曰天步艱難國道用

宋書紀六 三 戊

否雖基搆永固而氣數時恁朕以眇身奄承皇
業奉尋厤命鑒寐萬邦風政人治之
本感念陵墒若疚在心可分遣大使巡省所生
是日解嚴辛巳車駕幸東府申申尊所生
路淑媛為皇太后乙酉立妃王氏為皇后戊子
以左衛將軍柳元景為雍州刺史壬辰以太尉
江夏王義恭為太傅領大司馬甲午曲赦京邑
二百里內并蠲戊戌以撫軍將軍東海
平王鑠為司空建平王宏為尚書左僕射東海

王偉為撫軍將軍新除尚書左僕射蕭思話
遷職六月壬寅以驃騎參軍垣護之為冀州刺
史甲辰以山陽太守申恬為青州刺史丙午車
駕還宮初置殿門及上閤屯兵以江夏內史朱
脩之為平西將軍雍州刺史戊申以新除雍州刺
護軍將軍己酉以司州刺史魯爽為南豫州刺
史庚戌以梁南秦二州刺史劉秀之為益州刺
史太尉司馬龐秀之為梁南秦二州刺史衛軍

宋書紀 四 政

司馬徐遺寶為兗州刺史寧朔將軍王玄謨為
徐州刺史衛將軍隨王誕進號驃騎大將軍尚
書右僕射王僧達遷職丹陽尹褚湛之為尚書
右僕射丙辰以侍中南譙王世子恢為湘州刺
史丁亥詔曰興王立訓務弘治節輔臣佐時勤
獻政要仰惟聖規每存茲道猥以眇躬屬承景
業闡揚遺澤無廢厥心夫量入為出邦有恒典
而經給之宜多違常度兵役靡耗府藏散減外
內眾供之未加撙約非所以聿遵先旨欽奉遺圖

自今諸可薄已厚民去煩從簡者悉宜施行
以稱朕意庚申詔有司論功班賞各有差至酉
安西將軍西秦河二州刺史吐谷渾拾寅進號
鎮西大將軍開府儀同三司庚午還分南徐立
南兗州平未歁封南譙王義宣為南郡王隨王
誕為竟陵王義宣次子宜陽侯愷為宜陽縣王
閏月壬申以領軍將軍沈慶之為鎮軍將軍南
兗州刺史癸酉以護軍將軍柳元景為領軍將
軍丙子遣兼散騎常侍樂詢等十五人巡行風
俗甲申繹羣陽西陽郡租布三年甲午丞相南

大三千二十四 宋書紀六 五 九

郡王義宣改為荊湘二州刺史驃騎大將軍荊州
刺史竟陵王誕改為揚州刺史南蠻校尉王僧達
為護軍將軍是月置衛尉官秋七月辛丑朔日
有蝕之甲寅詔曰世道未夷惟憂在國夫使羣
善畢舉固非一才所議況以寡德屬衰薄之期
夙宵寅想永懷待旦王公卿士凡有嘉謀善政
可以維訓俗咸達乃誠無或依隱辛酉詔曰用
百姓勞弊徭賦尚繁言念未乂宜崇約損凡用

非軍國宜悉停功可省細作并尚方雕文靡巧
金銀塗飾事不關實嚴為之禁供御服膳減
除遊倖水陸捕採各順時月官私交市務令優
夷其江海田池公家規固者詳所開弛貴戚競
利悉皆禁絕戊戌以右衛將軍宗愨為廣州刺
史已巳司空南平王鑠薨八月辛未武皇帝舊
役軍身嘗在齋內人身猶存者普賜解尸乙
亥尚書左僕射建平王宏加中書監中軍將軍
丁亥以沛郡太守垣閬為寧州刺史撫軍司馬

三百十四 宋書紀六 六 一

費沈為梁南秦二州刺史甲午護軍將軍王僧
達遷職九月丁巳以前尚書劉義綦為中護軍
壬戌新亭戰亡者復同京城勘蕩南海太守蕭
簡據廣州反丁卯輔國將軍鄧琬討平之冬
十月癸未車駕於閱武堂聽訟十一月丙午以
左軍將軍魯秀為司州刺史丙辰停臺省衆
官朔望問訊丙寅高麗國遣使貢獻方物十二月
甲戌省都水臺罷都水使者官置水衡令官癸
未以將置東宮省太子率更令步兵翊軍校尉

旅賁中郎將冗從僕射左右積弩將軍官中
庶子中舍人庶人洗馬各減舊員之半
孝建元年春正月己亥朔車駕親祠南郊改元
大赦天下壬寅以丹陽尹蕭思話為安北將軍
徐州刺史甲辰以護軍將軍劉義恭奏遷職以尚
書令何尚之為左光祿大夫護軍將軍戊申詔
曰首食尚農經邦本務貢士察行寧朝當道
無觀國之美昔衞文勤民富宗恭默卒能收
內難甫康政訓未洽衣食有仍耗之樊能
賢嚴穴大殷季年朕每側席疚懷無忘鑒寐
凡諸守莅親民之官可詳申舊條勤盡地利力
田善蓄者在所具以名聞褒甄之科精為其格
四方秀孝非才勿舉獻答允值即就銓擢若
止無可採猶賜除署若有不堪酬奉虛竊樊薦
遣還田里加以禁錮尚書百官之元本庶寮之
樞機丞郎列曹司有在而頃事無巨細悉歸令
僕非所以眾村成攟舉能濟業者也可更明體
制咸責嚴成糾敷勤惰嚴施賞罰壬戌更鑄

四銖錢丙寅立皇子子業為皇太子賜天下為
父後者爵一級孝子順孫義夫節婦粟帛各有
差是月起正光殿二月庚午豫州刺史魯爽車
騎將軍兗州刺史臧質承相荊州刺史南郡王
義宣兗州刺史徐遺寶舉兵反乙亥撫軍將軍
東海王褘遷職已卯領軍將軍柳元景加撫軍
將軍壬午曲赦豫州辛卯左衞將軍王玄謨為
豫州刺史癸巳玄謨進據梁山丙申以安北司
馬夏侯祖歡為兗州刺史三月癸亥內外戒嚴
辛丑以安北將軍徐州刺史蕭思話為安南將
軍江州刺史癸卯以太子左衞率龐秀之為徐州
刺史遺寶為夏侯祖歡所破棄眾走丙寅以輔
國長史明儼為冀州刺史夏四月戊辰以後將
軍劉義基為湘州刺史甲申以平西將軍雍州
刺史朱脩之為安西將軍荊州刺史丙戌鎮軍
將軍南兗州刺史沈慶之大破魯爽於歷陽之
小峴斬爽癸巳進慶之號鎮北大將軍封第十

宣等攻梁山王玄謨大破之巳未解嚴癸亥以
吳興太守劉延孫為尚書右僕射六月戊辰臧
質走至武昌為人所斬傳首京師甲戌撫軍將
軍柳元景進號撫軍大將軍鎮北大將軍沈慶
之並開府儀同三司丙子以征西將軍武昌王
渾為雍州刺史癸未分揚州立東揚州分荊湘
江豫州立郢州罷南蠻校尉戊子省錄尚書事
庚寅義宣於江陵賜死秋七月丙申朔日有蝕

宋書紀六　九　政

之丙辰大赦天下文武賜爵一級通租宿債勿
復收辛酉於雍州立建昌郡以會稽太守義
陽王昶為東揚州刺史八月庚午撫軍大將軍
柳元景後為領軍將軍本號如故壬申以游擊
將軍垣護之為徐州刺史壬辰以安西將軍
梁南秦二州刺史九月丙申以彊弩將軍尹懷順
為寧州刺史丁酉左光祿大夫何尚之解護軍
將軍甲辰加尚之特進丙午以安南將軍江州
刺史蕭思話為鎮西將軍郢州刺史冬十月戊

寅詔曰仲尼體天降德維周與漢經緯三極冠
冕百王爰自前代咸加褒述典司失人用闕宗
祀先朝遠存遺範有詔繕立世故妨道事未
克就國難頻深忠勇奮厲實憑聖義大教所
敦永惟兼懷無忘待旦可開建廟制同諸庾之
禮詳擇奕堭厚給祭秩丁亥以祕書監東海王
褘為撫軍將軍江州刺史於郢州立安陸郡十
一月癸卯復立都水臺置都水使者官是歲始
課南徐州僑民租

宋書紀六　十　王

二年正月壬寅以冠軍將軍湘東王諱為中護
軍二月巳丑婆皇國遣使獻方物丙寅以鎮比
大將軍南兗州刺史沈慶之為左光祿大夫開
府儀同三司辛巳以尚書右僕射劉延孫為南
兗州刺史三月辛亥以吳興太守劉延孫為湘
州刺史壬子以行征西將軍楊文智為征西將
軍北秦州刺史夏四月壬申河南國遣使獻方
物壬午以豫章太守檀和之為豫州刺史五月
戊戌以湘州刺史劉遵考為尚書右僕射前軍

司馬垣閡為交州刺史庚子以輔國將軍由垣
為徐兗二州刺史癸卯以右衛將軍顧覬之為
湘州刺史丁未以金紫光祿大夫王偃為右光
祿大夫六月甲子以國哀除釋大赦天下秋七月癸巳
以曲江縣侯王玄謨為豫州刺史劉秀之
為鄯州刺史槃槃國遣使獻方物甲寅以義興
茂為海陵王第十五皇弟休祐為山陽王第十四皇弟休
鎮西將軍蕭惠話卒巳酉以益州刺史劉
立第十三皇弟休範為鄱陽王戊戌

武昌王渾有皇廢為庶人自殺辛酉以南兗州
太守到元度為益州刺史八月庚申離州刺史
剌史劉延孫為鎮軍將軍離州刺史斤陀利國
遣使獻方物三吳民饑癸酉詔所在賑貸弛假
詔曰諸苑禁制綿遠有妨肆業可詳所開弛假
與貧民壬午以新除豫州刺史王玄謨為青冀
二州刺史青州刺史申恬為豫州刺史王申以
右衛將軍檀和之為南兗州刺史九月丁亥軍以
駕於軍武場閱武庚戌詔曰國道再屯艱虞畢

集朕雖寡德終膺鴻慶惟新之祉寔深百王而
惠宥之令未殊常渥永言勤慮寤寐載懷在朕
受命之前凡以皇從放悉聽還本犯釁之門尚
有存者子弟可隨才署吏冬十月壬午大傅江
夏王義恭領揚州刺史驃騎大將軍揚州刺史
竟陵王誕為司空南徐州刺史中書監尚書左
僕射中軍將軍建平王宏為尚書令將軍如故
十月戊子中護軍湘東王諱遷職鎮軍將軍劉
延孫為護軍將軍青冀二州刺史王玄謨為離

州刺史甲午以大司馬垣護之為青冀二州刺
史辛亥高麗國遣使獻方物十二月癸亥以前
交州刺史蕭景憲為交州刺史
三季春正月庚寅立第十八皇弟休範為順陽
王第十九皇弟休若為巴陵王戊戌立第二皇
子尚為西陽王辛丑車駕親祠南郊壬子立
皇太子妃何氏甲寅大赦天下二月癸亥右光
祿大夫王偃卒甲子以廣州刺史宗慤為平西
將軍豫州刺史丁卯以新除御史中丞王翼為

廣州刺史丁丑始制朔望臨西堂接羣下受奏
事壬午內外官有田在近道聽遣所給吏僮附
業三月癸丑以西陽王子尚為南兖州刺史閏
月戊午尚書右僕射劉遵考遷職癸酉鄱陽王
休業薨庚辰停元嘉三十年以前兵工考劾夏
五月辛酉制復一丁壬戌以右衛將軍劉瑀為
馬一匹者纈復一丁
益州刺史六月上於華林園聽訟秋七月太傅
江夏王義恭解揚州丙子以南兖州刺史西陽
王子尚為揚州刺史祕書監建安王休仁為
南兖州刺史八月戊戌以比軍中郎談議參軍費
淹為交州刺史丁未以尚書吏部王琨為廣州
刺史九月壬戌以丹陽尹劉遵考為尚書左僕
射冬十月癸未以尋陽太守張悅為益州刺史
丙午太傅江夏王義恭進位太宰領司徒丁未
領軍將軍柳元景加驃騎將軍尚書令建平王
宏加中書監衛將軍撫軍將軍江州刺史東海
王禕進號平南將軍十一月癸丑淮南太守袁

景有皋萘市十二月丙午以侍中孔靈符為郢
州刺史
大明元年春正月辛亥朔改元大赦天下賜高
年孤疾篤癃帛各有差庚午護軍將軍劉延孫遷
職右衛將軍湘東王諱為中護軍京邑雨水辛
田索虜寇兖州三月壬戌制大臣加班劍者不
得入宮城門梁州獠求內屬立懷漢郡夏四月
京邑疾疫丙申遣使按行賜給醫藥死而無收
斂者官為斂霾庚子省湘州宋建郡并臨賀五
月吳興義興大水民饑乙卯遣使開倉賑卹癸
酉於華林園聽訟乙亥以左衛將軍沈慶之為
徐州刺史輔國將軍梁瑾葱為河州刺史宕昌
王六月已卯以前太子步兵校尉劉祇子歡繼
南豐王朗辛巳以長水校尉山陽王休祐為東
揚州刺史丁亥休祐改為湘州刺史以丹楊尹
顏竣為東揚州刺史秋七月辛未土斷雍
州諸僑郡縣八月戊戌於兖州立陽平郡

郡壬寅於華林園聽訟甲辰司空南徐州刺
史竟陵王誕改為南兗州刺史太子詹事劉延
孫為鎮軍將軍南徐州刺史冬十月丙申詔曰
旒纊之道有孚於結繩日昊之勤巳切於娵后
況世弊教淺前王務廣昔代永言菲德其愧
求衣而識狹歲月澆季朕雖勤力寓內未明
良深朝咨野怨自達者寡惠民利公所昧宴
衆自今百辟庶尹下民賤隸有懷誠抱志擁
鬱衡閭失理負謗未聞朝聽者皆聽躬自申奏
濟王餘慶為鎮東大將軍十二月丁亥順陽王
休範改封桂陽王戊戌於華林園聽訟
二年春正月辛亥車駕祀南郊壬子詔曰去
歲東土多經水災春務已及宜加優課糧種
所須以時貸給丙辰復郡縣田秩并九親祿
俸壬戌詔曰先帝靈命初興龍飛西楚歲紀浸
遠感往纏心奉迎文武情深常隸思弘殊澤以
申永懷吏身可賜爵一級軍戶免為平民二月

宋書紀六　十五　任章

丙子詔曰政道未箸俗弊修豪侈兼弁貧
弱困窶存閭衣裳沒無斂樞速朕甚傷之其明敕
守宰勤加存邮賻贈之科速為條品乙酉以金
紫光祿大夫褚湛之為尚書左僕射丙戌號開府
監尚書令衛將軍建平王宏以本號開府儀同
三司中書監儀同三司甲辰散騎常侍義陽王昶
號開府儀同三司故丁酉驃騎將軍柳元景以本
為中軍將軍三月十未中書監尚書令衛將軍
建平王宏薨乙卯以田農要月太官停役牛丁
卯上於華林園聽訟癸酉以寧朔將軍劉季之
為司州刺史夏四月甲申立皇子綏為安陸
王甲午以海陵王休茂為雍州刺史辛丑地震
五月戊申復西陽郡六月戊寅增置吏部尚書
一人省五兵尚書丁亥左光祿大夫何尚之加
開府儀同三司戊子以金紫光祿大夫羊玄保
為右光祿大夫丙申詔曰往因師旅多有通云
或連山滌逆懼致軍憲或辭役憚勞苟免刑
罰雖約法從簡務思弘宥恩令驟下而逃伏猶

宋書紀六一　十六　阮明五

多豈習愚為性忸惡及將在所長吏宣導
乖方可普加寬申咸與更始秋七月甲辰彭城
民高閻等謀反伏誅癸亥以右衛將軍顏師伯
為青冀二州刺史八月乙酉河南王遣使獻方
物丙戌中書令王僧達有罪下獄死已丑以彊
弩將軍杜叔文為寧州刺史九月癸卯於華
廣州刺史南海太守垣閬為交州刺史甲午以
寧朔將軍沈僧榮為兗州刺史費沈為
林邑聽訟壬戌以寧朔將軍劉道隆為徐州刺

史襄陽大水遣使通行賑贍庚午置武衛將
軍武騎常侍官冬十月甲午以中軍將軍義陽
王昶為江州刺史西陽王子尚加撫軍將軍
十一月壬子揚州刺史西陽王子尚
十二月已亥諸王及妃主庶姓位從公者喪事
聽設凶門餘悉斷閏月庚子詔曰夫山處巖居
不以魚鱉為禮頃歲多虞軍調繁切達方設
賦本濟一時而主者玩習遂為常典柂梓瑤琨
任土作貢積羽纂輕終致深弊永言弘革無

贊朕心凡寮衛職貢山淵採捕皆當詳辨產殖
考順歲時勿使韋課虛懸聯忓氣序庶簡約
之風有孚於品性惠敏之訓無漏於幽反庚申
上於華林園聽訟壬戌林邑國遣使獻方物是
冬索虜寇青州刺史顏師伯屬徐州已丑以
驃騎將軍領軍將軍柳元景為尚書令尚書右
僕射劉遵考為領軍將軍丙申姿皇國遣使
獻方物二月乙卯以揚州所統六郡為王畿以

東揚州隸揚州時欲立司隸校尉以元凶已立
乃止撫軍將軍揚州刺史西陽王子尚從為揚
州刺史甲子復置廷尉監官尚荊州饑三月甲申
原田租布各有差庚寅以義興太守垣閬為兗
州刺史壬辰中護軍湘東王諱遷職以中書令
東海王禕加中書監
王義恭加中書監夏四月癸已上於華林園聽
訟兩午以建寧丁太守符仲子為寧州刺史乙卯
司空南兗州刺史竟陵王誕有罪眨爵誕不受

命據廣陵城反殺兗州刺史垣閬以始與公沈
慶之為車騎大將軍開府儀同三司南兗州刺
史討誕甲子上親御六師車駕出頓宣武堂司
州刺史劉季之反叛徐州刺史劉道隆討斬之
秋七月已巳剋廣陵城斬誕悉誅城內男丁以
女口為軍賞是日解嚴辛未大赦天下尚方
長徒繫官奴婢老疾者悉原放孝子順孫義
夫節婦賜粟帛各有差王畿下貧之家與近
行頓所由並蠲租一年丙子以丹揚尹劉秀之

為尚書右僕射丙戌分淮南比復置二豫州以
新除車騎大將軍開府儀同三司南兗州刺史
沈慶之為司空刺史如故戊子以衛將軍護軍
將軍東海王褘為南豫州刺史衛將軍如故
江州刺史義陽王昶為護軍將軍冠軍將軍
桂陽王休範為江州刺史癸巳以前左衛將軍
王玄謨為郢州刺史八月丙申詔曰近比討文
武於軍亡沒或殞身矢石或癘疾死亡並盡勤
王事而斂攢甲薄可普更賻給務令豐厚已

酉以車騎長史庾深之為豫州刺史甲子詔曰
昔姬道方凝刑法斯厝漢德初明犴圄用簡良
由上一其道下淳其性今民澆俗薄誠淺偽深
重以寔德弗能心化故知方者勤辟寡向
因巡覽見二尚方徒隸興金罔校既有矜復加
國慶民和獨隔凱澤益以慙焉可詳所原宥九
月已巳詔曰夫五辟三刺自古所難巧法深文
在乎季彌甚故汜情察訟魯師致捷市獄勿擾
漢史飛聲延尉遘疑讞平決收歸而一蹈幽

國動逾時歲民嬰其困吏容其私自今四至辭
具並即以聞朕當悉詳斷庶無留獄若繁文滯
劾證逮遲廣必須親察以盡情狀自後依舊聽
訟壬辰於玄武湖北立上林苑冬十月丁酉詔
曰古者薦鞠青壇畫祈多慶分蘭玄郊以供
純服來歲可使六宮妃嬪修親桑之禮庚子鎮
軍將軍南徐州刺史劉延孫進號車騎將軍戊
申河西國遣使獻方物庚戌以河西王大沮渠
安周為征虜將軍涼州刺史十一月已巳高麗

國遣使獻方物書愼國重譯獻搭矢石磐西域
獻舞馬十二月戊午上於華林園聽訟辛酉置
謁者僕射官
四年春正月辛未車駕祠南郊甲戌宕昌王
奉表獻方物乙亥車駕躬耕藉田大赦天下
尚方徒繫及通租宿債大明元年以前一皆原
除力田之民隨才敘用孝悌義順賜爵一級
老貧疾人穀十斛藉田職司傷沾普資百姓之
糧種隨宜貸貤給吏宣勤有章者詳加褒進王
午以比中郎司馬柳叔仁爲梁南秦二州刺史
左將軍荆州刺史朱脩之進號鎭軍將軍庚
寅立第三皇子勛爲晉安王第六皇子
房爲尋陽王第七皇子項爲歷陽王第八
皇子躋爲襄陽王三月庚子侍中建安王休
仁爲湘州刺史乙未以員外散騎侍郎費甚緒
爲寧州刺史三月甲子以安陸王子綏爲郢州刺
若爲徐州刺史丁卯以安陸王子綏爲郢州刺
史癸酉以徐州刺史劉道隆爲青冀二州刺史

索虜寇北陰平孔堤太守揚歸子擊破之甲申
皇后親桑于西郊夏四月癸卯以南琅邪隷王
畿丙午詔昔緜衣御寓眹甘示節主簋臨天飮
儉昭度厚之念無忘于懷雖裴繡謌有司省
游務實而歲用兼積年量虛廣豈以捐費從
損免稱約心四時供限可詳減太半庶務繻順
典有偃華纂組傷工無竞壏市辛酉詔曰都
邑節氣未調疫癘猶衆言念民瘼惕焉有矜傷
可遣使存問并給醫藥其死亡者隨宜郵贍五
月庚辰於華林園聽訟乙酉以徐州之梁郡還
屬豫州丙戌尚書左僕射褚湛之卒以撫軍長
史劉思考爲益州刺史庚寅以南下邳南彭
城郡秋七月甲戌左光祿大夫開府儀同三司
何尚之薨八月壬寅宕昌王遣使獻方物已酉
以晉安王子勛爲南兗州刺史雍州軍大水甲寅
遣軍部賑給九月平未以冠軍將軍垣護之爲
豫州刺史甲申上於華林園聽訟丁亥改封襄
陽王子躋爲新安王冬十月庚寅遣新除司空

沈慶之討沔江蠻壬辰制郡縣減祿並先充公

限十一月戊辰改細作署令爲左右御府令丙

戌復置大司農官十二月乙未上於華林園聽

訟辛巳車駕幸廷尉寺凡囚繫咸悉原索

虜遣使請和丁未車駕幸建康縣原放獄四

倭國遣使獻方物

史二月癸巳車駕閱武詔曰普人稱人道何先

五年春正月丁卯以宕昌王梁唐子爲河州刺

於兵爲首雖淹紀勿用志之必危朕以聽覽餘

量班錫頒化弗能孚而民未知禁疲役違調起

觸刑網凡諸逃亡在今昧爽以前悉皆原赦已

滯囹圄者釋還本役其通負在大明三年以前

一賜原傳自此以還鰥貧疾老詳所申減伐蠻

之家蠲租稅之半近籍改新制在所承用殊謬

寒多可普更符下聽以今爲始若先已犯制亦

同蕩然甲寅加右光祿大夫羊玄保特進夏四

月癸巳改封西陽王子尚爲豫章王丙申加尚

書令柳元景左光祿大夫開府儀同三司戊戌

詔曰南徐兗二州去歲水潦傷年民多困竇通

租未入者可申至秋登丙午雍州刺史海陵王

休茂殺司馬庾深之舉兵反義成太守薛繼考

討斬之甲寅以第九皇子子仁爲雍州刺史五

月癸亥制帝室萋親朝官非祿官者月給錢

十萬丙辰車駕幸閱武堂聽訟六月丙午以護

軍將軍義陽王昶爲中軍將軍壬子分廣陵置

沛郡省東平郡井廣陵秋七月丙辰詔曰雨水

狠降街衢汎溢可遣使巡行窮弊之家賜以新

粟丁卯高麗國遣使獻方物庚午曲赦雍州八

月戊子立第九皇子子仁爲永嘉王第十一皇

子子真爲始安王以北中郎參軍費伯弘爲寧

州刺史己丑詔曰自靈命初基聖圖重遠參正樂

職感神明之應崇殖禮圉奮至德之光聲寒同

和文以均節化調其俗物性其情故臨經式奠

煥乎炳發道喪世屯學落年永獄訟微衰息

之術百姓忘退素之方今息警夷嶰恬波河渚

棧山航海鄉風慕義化民成俗茲時篤矣來歲
可脩葺庠序旌延國胄寅制方鎮所假白板
郡縣年限依臺除食祿三分之一不給送故衛
將軍東海王褘以本號開府儀同三司九月甲
寅朝日有食之丁卯行幸琅邪郡囚繫悉原遣甲
咸移南豫州治淮南于湖縣丁丑以冠軍將軍
尋陽王子房為南豫州刺史閏月戊子皇太子
妃何氏薨丙申初立馳道自閶闔門至于朱雀
門又自承明門至于玄武湖壬寅改封歷陽王

三六四　【宋紀六】　二五　陸泰

子頊為臨海王冬十月甲寅以車騎將軍南徐
州刺史劉延孫為尚書左僕射領護軍將軍尚
書右僕射劉秀之為安北將軍雍州刺史以冠
軍將軍臨海王子頊為廣州刺史乙卯以東中
郎將新安王子鸞為南徐州刺史十一月壬辰
詔曰王畿內奉京師外表衆民務廣宜
思簡惠可遣尚書就加詳檢并與守宰平治庶
獄其有疑滯具以狀聞丁酉增置少府丞一人
十二月壬申以領軍將軍劉遵考為尚書右僕

射甲戌制天下民戶歲輸布四疋庚辰以太常
王玄謨為平北將軍徐州刺史
六年春正月己丑湘州刺史建安王休仁加平
南將軍辛卯車駕親祠南郊是日又宗祀明堂
大赦天下孝子順孫義夫悌弟賜爵一級慈姑
節婦及孤老六疾賜帛五匹穀十斛下四方旌
賞茂異其有懷忠抱素志行清白恬退自守不
在民具以名奏乙未置五官中郎將左右中郎
交當世或識通古今才經軍國奉公廉直高譽

三〇五　【宋書本紀六】　二十六　泰

將官二月乙卯復百官祿三月庚寅立第十三
皇子子元為邵陵王壬寅以倭國王世子興為
安東將軍乙巳改豫州南梁郡為淮南郡舊淮
南郡并宣城丁未輔國將軍征虜長史廣陵太
守沈懷文有皋下獄死四月庚申除南兗州
大明三年以前通租新作大航門五月丙戌置
凌室脩藏冰之禮壬寅太宰江夏王義恭解領
司徒六月辛酉尚書右僕射護軍將軍劉延孫
卒秋七月庚辰以荊州刺史朱脩之為領軍將

軍廣州刺史臨海王子頊為荊州刺史甲申地
震戊子以輔國將軍王翼之為廣州刺史辛卯
以西陽太守檀翼之為交州刺史乙未第十
九皇子雲為晉陵王八月癸亥原除雍州制
明四年以前通租乙亥置清臺令九月戊寅制
沙門致敬人全戊子以前金紫光祿大夫宗慤
為中護軍乙未尚書右僕射劉遵考為尚書左
僕射丹楊尹王僧朗為尚書右僕射冬十月丁
巳以山陽王休祐子士弘繼鄱陽哀王休業上

林苑內民庶丘墓欲還合葬者勿禁十一月巳
卯陳留王曹慶秀薨辛巳以尚書令柳元景為
司空尚書令如故

七年春正月癸未詔曰春蒐之禮著自周令講
事之語書于曾史所以昭宣德度示民軌則今
歲稔氣榮中外寧晏當因農隙草是舊章可

克日於立武湖大閱水師并巡江右講武校偹
丁亥以尚書右僕射王僧朗為太常衛將軍顏
師伯為尚書右僕射巳丑以尚書令柳元景為

驃騎大將軍開府儀同三司庚寅以南兗州刺
史晉安王子勛為江州刺史癸巳割吳郡屬南
徐州二月甲寅車駕巡南豫南兗二州丙辰詔
曰江漢楚望咸秩周禋禮九嶷於盛唐祀蓬萊
於渤海皆前載流訓列聖遺武霍駐驆于野有
事岐陽瞻睇風雲徘徊以想可遣使奠祭丁巳
車駕校獵于歷陽之烏江巳未車駕登烏江縣
實維國鎮蘊靈呈瑞光宋道朕駐驆于歷是曰南嶽

六合山庚申割歷陽泰郡置臨江郡壬寅詔曰

朕受天慶命十一年於茲矣憑七廟之靈獲上
帝之力禮橫四海威震八荒方巡三湘而奠衡
嶽次九河而檢云岱今恢覽功成省風畿表觀

民六合蒐校長洲騰沙飛礫平嶽溫海鼓晉
合序鏡鉦協節獻彣如禮籃獸傾郊敬舉王公
之艫廣納七民之壽八風循通卿雲叢聚盡天

之鰲瑞率宇竭歡思散大極之泉以福无方之外
可大赦天下行幸所無出今歲租布其通租餘
債勿復收賜民爵一級女子百戶牛酒刺守邑

宰及民夫從蒐者普加沾賚又詔曰朕弱年率操
制出牧阿維承政宣風薦歷奉紀國步中阻治
我江甸難夷情義定繫干懷令或練蒐訓旅
涉盜境閭故邑著舊在目罕存奉世未遠殲亡
太半撫迹惟事傾慨兼箸太宗幾故晉陽洽恩
世祖流仁濟徵暢澤永言徃歆思廣前賚可蠲
歷陽郡租輸三季遣使巡慰問民疾苦鰥寡孤
老六疾不能自存者厚賜粟帛高秊加以羊酒
凡一介之善隨才銓貫前國名臣及府州佐史

量所沿錫人身已徃施及子孫壬申車駕還宮
夏四月甲寅以領軍將軍朱脩之為特進丙辰
以尚書湘東王諱為領軍將軍甲子詔曰自非
臨軍戰陳一不得專殺其皇幸其重辟者皆如
先上須報有司嚴加聽察犯者以殺人皐論五
月乙亥撫軍將軍揚州刺史豫章王子尚進號
車騎將軍輔國將軍始安王子真為廣州刺
史丙子詔曰自今刺史守宰動民與軍皆須
手詔施行唯邊隔外警及姦釁内發變起倉

辛者不從此例六月甲辰以比中郎司馬柳元
怙為梁南泰二州刺史戊申芮芮國高麗國遣
使獻方物戊辰以秦郡太守劉德願為豫州刺
史七月乙亥征東大將軍高麗王高璉進號車
騎大將軍開府儀同三司歲未久浸以弛替名
詔江海田池與民共利歷加檢紏申明舊制八
山大川往往占固有司嚴加檢紏申明舊制八
月丁巳詔曰昔匹婦含怨山燋𡰥孀妻哀慟
臺傾東國良以誠之所動在微必著感之所震

雖厚必崩朕臨察九野志深待旦弗能使爛然
成章各如其節遂令炎精損損河陽偏不施歲
云不稔咎實朕躬由太官供膳宜從貶撤近刑
獄當親料省其王畿內及神州所統可遣尚書
與所在共詳讞外諸州委之刺史并詳省律令
思存利民其考讁賷襲在大明七年以前一切
勿治尤獎之家開倉賑給乙丑立第十六皇子
子孟為淮南王第十八皇子子產為臨賀王車
駕幸建康秣陵縣訊獄四九月己卯詔曰近炎

精九序苗稼多傷全二麥 未晚甘澤頻降可
下東境郡勤課銀殖尢斅之家量代貸種戌
子詔曰昔周王驥跡堂窮四滇漢帝蠻彰凤遍
五嶽皆所以上對幽靈下理民土自天昌楚馭
臨宮剏圖禮代天樹世賀興毀皇家造宋日
月重光琁璣得序五星順命而戎車歲動陳詩
義闕朕聿舍五光奄一天下思盡寶戒之規以
塞謀危之路當汯時省方觀察風俗外詳考舊
典以副側席之懷庚寅南徐州刺史新安王子鸞

兼司徒乙未車駕幸廷尉評獄四丙申立第十
七皇子子嗣爲東平丒冬十月壬寅太子冠賜
王公以下帛各有差戌申車駕巡南豫州詔曰
朕巡幸所經先見百年者及孤寡老疾並賜粟
帛獄繫刑罪並親聽訟其士庶或怨鬱危滯受
抑吏司或隱約潔立負攗州里皆聽進朕前面
自陳訴若忠信孝義力田殖毅一介之能一藝
之美悉加旌賞秋澤頻降而夏旱嬰蘖可即
開行倉並加賑賜癸丑行幸江寧縣評獄囚車

騎將軍揚州刺史豫章王子尚加開府儀同三
司癸亥衛將軍義陽王開府儀同三司東海王禕爲司
空中軍將軍義陽王昶加開府儀同三司丙寅
詔曰賞慶聆刑威奄幽外明關寓怕憲
故採言社親巡江甸因觀獄守躬求民瘼思弘
類試之典以申考績之義行幸所經蒞民之職
切宣於聽即加甄賞若廢務亂民隨保警議罰主
者詳察以聞已巳車駕校獵於姑熟十一月丙

子曲赦南豫州殊死以下巡幸所經詳減全歲
田租乙酉詔遣祭晉大司馬桓溫征西將軍毛
璩墓上於行所詳溧陽永世丹陽縣四癸巳車
駕晉水軍於梁山有白醅二集華蓋有司奏
改大明七年爲神爵元年詔不許乙未原放行
獄徒繫東諸郡大獄壬寅道使開倉貸邺受
雜物當租十二月丙午行幸歷陽甲寅大赦天
下南豫州別署勑繫長徒一切原散其兵期考
襲適戌飛傅歷陽郡女子百戶牛酒高年孤疾

賜帛十匹蠲郡租十年己未太宰江夏王義恭

加尚書令於博望梁山立雙闕癸亥車駕至自
歷陽

八年春正月甲戌詔曰東境去歲不稔宜廣商
貨遠近販鬻米者可停道中雜稅其以伏自
防悉勿禁癸未安比將軍雍州刺史劉秀之卒

戊子以平南將軍湘州刺史建安王休仁爲安
南將軍江州刺史晉安王子勛爲鎮軍將軍雍
州刺史徐州刺史新安王子鸞爲撫軍將軍領

司徒刺史如故輔國將軍江夏王世子伯禽爲
湘州刺史二月辛丑特進朱脩之卒壬寅詔曰
去歲東境偏旱田畝失收使命來者多至之絕或
下窮流宂頓伏街巷朕其閔之可出倉米付建
康秣陵二縣隨宜贍恤若溫拯不時以至捐棄
者嚴加糾劾乙巳以鎮軍將軍湘東王諱爲
鎮比將軍徐州刺史平比將軍徐州刺史王玄
謨爲領軍將軍夏閏五月辛丑以前御史中丞
蕭惠開爲青冀二州刺史壬寅太宰江夏王義

恭領太尉特進右光祿大夫羊玄保卒庚申帝
崩於玉燭殿時年三十五秋七月丙午葬丹陽
秣陵縣巖山景寧陵

史臣曰役已以利天下堯舜之心也利己以及
萬物中主之志也盡民命以自養桀紂之行也
觀大明之世其將盡民命平雖有周公之才之
美猶終之以亂何益哉

本紀第六

宋書六

前廢帝

宋書旨七

臣沈約　新撰

前廢帝諱子業小字法師孝武帝長子也元
嘉二十六年正月甲申生世祖鎮尋陽子業留
京邑三十年世祖入伐元凶被四侍中下省將
見害者數矣卒得無恙世祖踐祚立為皇太子
始未之東宮中庶子二率並入直永福省大明
二年出東宮四年講孝經於崇正殿七年加元
服八年閏五月庚申世祖崩其日太子即皇帝
位大赦天下太宰江夏王義恭解尚書令加中
書監驃騎大將軍柳元景加尚書令甲子置錄
尚書太宰江夏王義恭錄尚書事驃騎大將
軍柳元景加開府儀同三司丹陽尹永嘉王子
仁為南豫州刺史六月辛未詔曰朕以眇身夙
紹洪業敬御天威欽對靈命仰遵疑緒曰臨前
圖寔可以拱默守成詒風長世而寶位艱難罹
寓改屬惟德弗明昧于大道思宣庸範引茲簡

［二百八十三］　［宋紀七］　［一］　［普臺］

恤可具詢執事詳訪民隱凡曲令密文繁系而作
治關市儆稅事施一時而奏吏舞文麥興威福
加以氣緯舛錯玄偏徇藩王妃貟壹皆禁斷
民切御府諸署事不須廣雕文象刻無施於
今悉宜并省以酬氓願其廣雕文象刻無施於
外便具條以聞戊寅以豫州之淮南郡復為南
梁郡復分宣城還置淮南郡庚辰以南海太
守袁曇遠為廣州刺史秋七月巳亥鎮軍將
軍雍州刺史晉安王子勛改為江州刺史中護
軍宗慤為安西將軍雍州刺史鎮比將軍徐
州刺史湘東王諱為護軍將軍中軍將軍義陽
王昶為征比將軍徐州刺史庚戌婆皇國遣使
獻方物崇皇太后曰太皇太后皇太后曰皇太后
乙卯罷南北二馳道孝建以來所故制度遂依
元嘉丙辰追崇獻妃為獻皇后乙丑太后遷
南徐州刺史新安王子鸞解領司徒八月丁卯
領軍將軍王玄謨為鎮比將軍南徐州刺史新
安王子鸞為青冀二州刺史巳巳以青冀二州

［宋書紀七］　［二］

刺史蕭惠開為益州刺史已未皇太后崩京師
雨水庚子遣御史與官長隨宜賑卹九月辛丑
護軍將軍湘東王諱為領軍將軍癸卯以尚書
左僕射劉遵考為特進右光祿大夫乙卯文穆
皇后祔葬考寧陵冬十月甲戌太常建安王
休仁為護軍將軍戊寅輔國將軍宋越為司
州刺史庚辰原除揚南徐州大明七年逋租十
二月乙酉以尚書右僕射顏師伯為尚書左僕
壬辰以王纖諸郡為揚州以揚州為東揚州癸
已以車騎將軍揚州刺史豫章王子尚為司徒
揚州刺史去歲及是歲東諸郡大旱甚者米
一升數百京邑亦至百餘餓死者十有六七孝
建以來又立錢署鑄錢百姓因此盜鑄錢轉
儳小商貨不行
永光元年春正月乙未朔改元大赦天下乙巳
省諸州臺傳戊午以領軍將軍湘東王諱為衛
將軍南豫州刺史護軍將軍建安王休仁為
領軍將軍祕書監山陽王休祐為豫州刺史左

衛將軍桂陽王休範為中護軍南豫州刺史尋
陽王子房為東揚州刺史二月乙丑減州郡縣
田祿之半庚寅鑄二銖錢三月甲辰罷臨江郡
五月己亥割郢州隨郡屬雍州丙午以後軍司
馬張永為交州刺史八月己巳左軍長史劉道
隆為梁南秦二州刺史乙亥安西將軍雍州刺
史宗慤卒壬午衛將軍豫州刺史湘東王諱改
為雍州刺史尚書令驃騎大將軍加南
豫州刺史秋八月辛酉越騎校尉戴法興有罪
賜死庚午以尚書左僕射顏師伯為尚書僕射
吏部尚書王景文為尚書右僕射癸酉帝自率
宿衛兵誅太宰江夏王義恭尚書令驃騎大將
軍柳元景
元為景和元年文武賜位二等以領軍將軍建
安王休仁為安西將軍雍州刺史衛將軍湘東
王諱還為南豫州刺史甲戌司徒揚州刺史豫
章王子尚領尚書令射聲校尉沈文秀為青州
刺史左軍司馬崔道固為冀州刺史乙亥詔曰

▼宋紀七

昔凝神佇逸磻溪讚道湛慮思才傅嚴畋化
朕位御三極風澄萬寓資鐵電斷正卯斯戮思
所以仰宣遺列烈俯弘景祚每結夢庵鼎瞻言
板築有勑日吳無忘旦可甄訪郡國招聘
間部其有孝性忠節幽居遯樓信誠義行廉
正妾俗文敏博識幹事治民務加旌舉隨才
引擢庶官克順彝倫咸敘主者精加詳括稱
冀二州刺史王玄謨爲領軍將軍庚辰以石頭
朕意焉以始興公沈慶之爲太尉鎮比將軍青
城爲長樂宮東府城爲未央宮罷東揚州并
揚州甲申以比邸爲建章宮南第爲長揚宮以
湖熟奏鼓吹戊戌車駕還宮庚子以前
逋租已丑復立南比二馳道九月癸巳八年以前
除吳吳興義與晉陵琅邪五郡大明八年以前
冠軍將軍邵陵王子元爲湘州刺史丙戌原
刺史永嘉王子仁爲南徐州刺史辛丑撫軍將軍丹陽尹始安
刺史新安王子鸞免爲庶人賜死丙午以兗州
王子眞爲南兗州刺史辛丑撫軍將軍南徐州

五

刺史薛安都爲平比將軍徐州刺史丁未衞將
軍湘東王諱加開府儀同三司特進右光祿大
夫劉導考爲安西將軍南豫州刺史寧朔將軍
殺孝祖爲兗州刺史戊申以前梁南秦二州刺
史柳元怙復爲梁南秦二州刺史已酉車駕討
于索虜辛亥右將軍豫州刺史山陽王休祐進
號鎮西大將軍甲寅安西長史柬顒爲雍州
刺史戊午以左民尚書劉思考爲益州刺史是
日解嚴車駕幸瓜步開百姓鑄錢冬十月癸
亥曲赦徐州丙寅車駕還宮以建安王休仁爲
護軍將軍已卯東陽太守王藻下獄死營人謝貴
嬪爲夫人加虎賁毦戟轝爲輅龍旂出警入蹕
實新蔡公主也乙酉以鎮比大將軍豫州刺史
山陽王休祐爲鎮軍大將軍開府儀同三司十
一月壬辰朔將軍何邁下獄死新除太尉沈
慶之麾壬寅立皇后路氏四廂奏樂赦揚南徐
二州護軍將軍建安王休仁加特進左光祿大夫

六

中護軍桂陽王休範遷職丁未皇子生少府劉勝之子也大赦天下贓汙淫盜悉皆原除賜為父後者爵一級壬子以特進左光祿大夫護軍將軍建安王休仁為驃騎大將軍開府儀同三司戊午南平王敬猷廬陵王敬先安南侯敬淵並賜死時帝凶悖日甚誅殺相繼內外百司不保首領先是訛言云湘中出天子帝將南巡荊湘二州以厭之先欲誅諸叔然後發引太宗與左右阮佃夫王道隆李道兒見密結帝左右壽寂之姜產之等十一人謀共廢帝戊午夜帝於華林園竹林堂射鬼時巫覡云此堂有鬼故帝自射之壽寂之懷刀直入姜產之為副帝欲走寂之追而殞之時年十七太皇太后令曰司徒領護軍八座子業雖曰嫡長少稟凶毒不仁不孝著自髫齓孝武棄世屬當辰曆自梓宮在殯喜容覿然天罰重離歡恣滋其逼以內外維持忍虐未露而凶慘難抑一旦肆禍遂縱戕上宰殄害輔臣子罵兄弟先帝鍾愛

令含怨既往枉加屠酷昶茂親作扞橫相徵討新蔡公主逼亂夫族幽置深宮詭云薨殞襄陽南爾喪禮頓釋昏酣長夜底事傾遺朝賢舊勳棄若遺土管絃不輟珍羞毒膳豐廚顯考以為戲謔翦無辜籍略婦女建樹僞園陵規圖發掘立后慶過典宗室密戚遇若婢僕鞭捶陵曳無後尊甲南平一門特鍾其酷反天滅理顯暴萬端奇罰酷令終無紀極夏桀殷辛未足以壁圍朝業業人不自保百姓遑遑手足靡厝行穢奄獸罪盈三千高祖之業將泯七廟之享幾絕吾老疾沈篤每規禍鴆愍前漏刻氣命無幾開關以降所未嘗聞遠近思奮十室而九備將軍湘東王體自太祖天縱英聖文皇鍾愛寵冠列藩吾早識神睿特兼常禮潛運宏規義士投袂獨夫既殞懸首白旗社稷再興宗祏永固人鬼屬心大命允集且勳德高邈大業收歸宜遵漢晉算承皇極主者詳舊典以時奉行未

亡人餘年不幸嬰此百艱永尋情事雖存若殞當復奈何當復奈何葬廢帝丹陽秣陵縣南郊壇西帝幼而狥急在東宮每為世祖所責世祖西巡子業啟參承起居書迹不謹上詰讓之子業啟事陳謝上又答曰書不長進此是一條耳聞汝素都懶急狥戾何以頑固乃爾邪初踐阼受璽綬悖然無哀容始猶難諸大臣及戴法興等既殺法興諸大臣莫不震懾於是又誅羣公元凱以下皆被歐捶曳內外危懼殿

省騷然初太后疾篤遣呼帝帝曰病人間多鬼可畏那可往太后怒語侍者將刀來破我腹那得生如此寧兒及太后崩後數日帝夢太后謂之曰汝不孝不仁本無人君之相子尚愚悖如此亦非運祚所及孝武險虐滅道怨結人神兒子雖多並無天命大運所歸應還文帝之子其後湘東王紹位果文帝子也故帝聚諸叔京邑慮在外為患山陰公主淫恣過度謂帝曰妾與陛下雖男女有殊俱託體先帝陛下六宮

萬數而妾唯駙馬一人事不均平一何至此帝乃為主置面首左右三十人進爵會稽郡長公主秩同郡王筷湯沐邑二千戶給鼓吹一部加班劍二十人帝每出與朝臣常共陪輦主以吏部郎褚淵見美就帝請以自侍帝許之淵侍主十日備見逼迫以死自誓不回遂得免帝所幸闈人華願兒至散騎常侍加將軍帶郡帝少好讀書頗識古事自造世祖誄及雜篇章往往有辭采以魏武帝有發丘中郎將摸金校尉乃置此二官以建安王休祐領之其餘事迹分見諸列傳

史臣曰廢帝之事行筆于篇若夫武王數殷紂之豐不能繼其萬一霍光書曰邑之過未足舉其毫釐假以中才之君有一于此足以寶社稷宗污宮瀦廟況總斯惡以萃一人之體平其得亡亦為幸矣

本紀第七

明帝

太宗明皇帝諱彧字休炳小字榮期文帝第十
一子也元嘉十六年十月戊寅生二十五年封
淮陽王食邑二千戶二十九年改封湘東王元凶
弒立以為驍騎將軍加給事中世祖踐阼為秘
書監遷冠軍將軍南蘭陵下邳二郡太守領石
頭戍事孝建元年徙為南彭城東海二郡太守
將軍如故鎮京口其年徵為中護軍二年遷侍
中領游擊將軍三年徙衛尉侍中如故又為左
衛將軍衛尉如故大明元年轉中護軍衛尉如
故三年為都官尚書領游擊將軍衛尉如
如故七年遷領軍將軍八年出為使持節都督
徐兖二州豫州之梁郡諸軍事鎮北將軍徐州
刺史給鼓吹一部其年徵為侍中護軍將軍未
拜復為領軍將軍侍中如故永光元年又出為
使持節散騎常侍都督南豫豫司江四州揚

州之宣城諸軍事衛將軍南豫州刺史鎮姑熟
又徙為都督雍梁南北秦四州郢州之竟陵諸
軍事寧蠻校尉雍州刺史開府儀同三司廢帝
故未拜復本號尋以本號廢帝誅害宰輔殺
景和末上入朝被留停都廢帝父並拘之殿內
戮大臣恆慮有圖之者疑畏諸收上付廷尉一宿
遇上無禮事在文諸王傳遂收上付廷尉定明
被原將加禍害者前後非一既而害上意定
旦便應就禍上先已與腹心阮佃夫李道兒等
密共合謀于時廢帝左右常慮禍及人人有
異志唯有直閤將軍宋越譚金童太一等數
人為其腹心並虓虎有幹力在殿省久衆並畏
服之故莫敢動是夕越等並外宿佃夫道見因
結壽寂之等殯廢帝於後堂十一月二十九日
夜也事定上未知所為建安王休仁便稱臣奉
引外西堂登御坐召見諸大臣于時事起倉
卒上失履跣至西堂猶著烏帽坐定休仁呼主
衣以白帽代之令備羽儀雖未即位凡衆事悉

稱令書施行已末司徒揚州刺史豫章王子尚
山陰公主並賜死宋越譚金童太一謀反伏誅
十二月庚申朝令書以司空東海王禕為中書
監太尉鎮軍將軍江州刺史晉安王子勛進號
車騎將軍鎮軍將軍江州刺史癸亥以新除驃騎大
將軍建安王休仁為司徒尚書令揚州刺史鎮軍
將軍開府儀同三司山陽王休祐進號驃騎大
將軍荊州刺史崇憲衞尉桂陽王休範為鎮北
將軍南徐州刺史乙丑改封安陸王子綏為江

夏王
泰始元年冬十二月丙寅上即皇帝位詔曰高
祖武皇帝德洞四瀛化綿九服太祖文皇帝以
大明定基世祖孝武皇帝以下武窒凶亂日月所
照梯山航海風雨所均削祉龔帶所以業固盛
漢聲溢隆周子業凶嚚自天忍悖成性人面
獸心見於齠日反道敗德著者自比年其狎侮五
常怠棄三正矯誣上天毒流下國是開關所
未有書契所末聞再羅過密而無一日之哀禋

斬在躬乃深比里之樂虎兕難匿憑河必彰遂
誅滅上宰窮兇肆逆之酷虐虔劉輔究奸慝之刑
子鸞同生以昔憾殄殪敬獻兄弟以睚眦殘東燕
遍義陽將加屠膾陵辱戚藩櫝楚妃主奪立左
右稿子實儲肆酖于朝宣淫于國事穢東陵行
汗飛走積豐囷極日月滋深比遂圖犯玄宮志
窺題湊虐加諸父事均宮闈聲遍國都鴟梟小
崇憲虐肆加諸父事均宮闈聲遍國都鴟梟小
堅晉莫不寵曤朝廷忠誠必也戕挫收掩之旨焦

虎結轍掠奪之使白刃相望百僚危氣首領無
有全地萬姓山崩心妻子不復相保所以鬼哭山
鳴星鉤血降神器殆於綴旒
朕假寐凝憂泣血待旦慮大宋之基於是而泯
武文之業將隆于淵賴皇綱絕而復紐三光之重俯顧
巨猾斯殄鴻泠時襄皇綱絕而復紐三光之重俯顧
更張很以寡業業裕稱若履冰谷思與億兆同此
庶民之觀業業裕稱若履冰谷思與億兆同此
維新可大赦天下改景和元年為泰始元年賜

民爵二級鰥寡孤獨不能自存者穀人五斛通
租宿債勿復收犯鄉論清議贓汙淫盜並悉洗
除長徒之身特賜原遣亡官失爵禁錮舊勞一
依舊典其民皆制謬封並皆刊削已巳以安西將
軍南豫州刺史劉遵考爲特進右光祿大夫輔
國將軍歷陽南譙二郡太守爲建平王景素爲南
豫州刺史臨海王子頊爲鎮

衛將軍劉道隆爲中護軍辛未改封臨賀王
軍將軍徐州刺史永嘉王子仁爲中軍將軍左
子產爲南平王晉熙王子輿爲廬陵王壬申以
尚書左僕射王景文爲尚書僕射新除中護軍
劉道隆卒壬午詔曰朕裁亂寧民屬鴈景祚
鴻制初造革道惟新而國故頻羅仁澤偏雍每
鑒寐疚心囷識收濟巡方問俗弘政所先可分
遣大使廣求南平守宰之良採衡闆之善
若獄犴淹枉傷民害教者具以事聞鰥寡孤獨
癃殘六疾不能自存者郡縣優量賑給貞婦孝
子高行力田許悉條奏務詢輿誦廣納嘉謀每

盡皇華之旨俾若朕親覽焉乙亥追尊所生沈
婕好曰宣皇太后後軍將軍垣閬爲司州刺史
前右將軍長史殷琰爲豫州刺史丙子詔曰皇
室多故糜費滋廣且久歲不登公私歉幣方刻
意從儉弘濟時艱政道未孚慨愧兼積大官供
膳可詳所減撤尚方御府雕文篆刻無益之物
一皆鑑省務存簡約以稱朕心戊寅崇太后爲
崇憲皇太后立皇后王氏鎮軍將軍江州刺史
晉安王子勛舉兵反鎮軍長史劉瑴爲江州刺
雍州刺史表顗率衆赴之辛巳驃騎大將軍前
荊州刺史山陽王休祐改爲江州刺史荊州刺
史臨海王子頊即留本任加領軍將軍王玄謨
鎮軍將軍壬午車駕謁太廟甲申後將軍郢州
刺史安陸王子綏進號安東將軍前將軍會稽
太守尋陽王子房進號平西將軍子綏子房
項並不受命舉兵同逆戊子新除中軍將軍永
嘉王子仁爲護軍將軍

二年春正月巳丑朔以軍事不朝會庚寅以金
紫光祿大夫王僧朗爲左光祿大夫開府儀同
三司壬辰驃騎大將軍江州刺史山陽王休祐
改爲南豫州刺史鎮歷陽鎮軍將軍領軍將軍
王玄謨爲車騎將軍江州刺史平北將軍徐州
刺史薛安都進號安北將軍徐州刺史新除
已以左衞將軍巴陵王休若爲鎮東將軍新除
安東將軍尋陽王子房爲撫軍將軍司徒左長
史袁慇孫爲領軍將軍甲午中外戒嚴司徒建

〈宋紀八〉 三十二
七 劉昭

安王休仁都督征討諸軍事統衆軍南討以青
州刺史劉祗爲南兗州刺史丙申以征虜司馬申
令孫爲徐州刺史義陽內史龐孟虯爲司州刺史
申令孫孟虯及豫州刺史殷琰青州刺史沈文
秀冀州刺史崔道固湘州行事何慧文廣州刺
史袁曇遠益州刺史蕭惠開梁州刺史柳元怙
並同叛逆兗州刺史殷孝祖入衞京都仍遣孝
祖前鋒南代甲辰加孝祖撫軍將軍丙午車駕
親御六師出頓中興堂辛亥驃騎大將軍南豫

州刺史山陽王休祐改爲豫州刺史統衆軍西
討吳郡太守顧琛吳興太守王曇生義興太守
劉延熙晉陵太守袁摽山陽太守程天祚並舉
兵反鎮東將軍巴陵王休若統衆軍東討壬子
崇憲皇太后崩是日軍主任農夫劉懷珍平定
義興永世縣民史逸宗據縣爲逆殿中將軍陸
攸之討平之丙辰以新除左光祿大夫開府儀
同三司王僧朗爲特進左光祿大夫如故二月
乙丑僧朗卒尚書僕射王景文父憂去職曲赦

〈宋紀八〉 三十四
八 劉昭

吳吳興義興晉陵四郡吏曹尚書蔡興宗爲尚
書左僕射吳興太守張永右軍將軍齊王東討
平晉陵癸未曲赦浙江東五郡丁亥鎮東將軍
巴陵王休若進號衞將軍建武將軍吳嘉公率
諸軍破賊於吳興會稽平定三郡同逆皆伏誅
輔國將軍王前鋒北討輔國將軍劉勔前鋒
南討賊劉胡領衆四萬據赭圻三月庚寅撫軍
將軍沈攸之代爲南討前鋒賊衆稍盛表顚頓
鵲尾聯營迄至濃湖衆十餘萬壬辰以新除太

子詹事張永爲青冀二州刺史丙申鎮北將軍南徐州刺史桂陽王休範揔統北討諸軍事丁酉以尚書劉思考爲徐州刺史戌戌興壽陽王子房爵爲松滋縣侯乙巳以奉朝請鄭黑爲司州刺史辛亥鎮北將軍南徐州刺史桂陽王休範領南兗州刺史壬子斷新錢專用古錢癸丑原赦揚南徐二州囚繫兄逋亡一無所問夏四月壬午以散騎侍郎明僧暠爲青州刺史五月壬辰以輔國將軍沈攸之爲雍州刺史丁酉曲赦豫州丁未新除尚書僕射王景文爲中軍將以青冀二州刺史張永爲鎮軍將軍庚戌以寧朔將軍劉乘民爲冀州刺史甲寅葬崇憲皇太后於修寧陵冠軍將軍益州刺史蕭惠開進號平西將軍六月辛酉鎮軍將軍張永領徐州刺史京師兩水丁卯遣殿中將軍檢行賜邮以左軍將軍垣恭祖爲梁南秦二州刺史秋七月已丑鎮北將軍南徐兗二州刺史桂陽王休範進號征北大將軍辛卯鎮軍將軍徐州刺史張永

改爲南兗州刺史丁酉以仇池太守楊僧副爲北秦州刺史武都王壬寅以男子時朗之爲北豫州刺史乙巳龍驤將軍劉道符平山陽復以冀南兗州刺史張永復領徐州刺史甲寅鎮軍將人以義軍主鄭叔舉爲北豫州刺史鎮軍將州刺史崔道固爲徐州刺史八月巳卯司徒建安王休仁率衆軍大破賊斬偽尚書僕射表顗進討江郢荊雍湘五州平定之晉安王子勛同陸王綏臨海王子頊邵陵王子元並賜死同當皆伏誅諸將軍帥封賞各有差甲申以護軍將軍劉永嘉王子仁爲平南將軍湘州刺九月乙酉曲赦江郢荊雍湘五州守宰不得離職壬辰驃騎大將軍豫州刺史山陽王休祐改爲荊州刺史分豫州立南豫州癸巳六軍解嚴大赦天下賜民爵一級甲午以中軍將軍王景文爲安南將軍江州刺史戌戌以車騎將軍江州刺史王玄謨爲左光禄大夫開府儀同三司護軍將軍王庚子以建安王休仁世子伯融爲豫州

刺史辛丑衛將軍巴陵王休若即本號為雍州刺史
雍州刺史沈攸之為郢州刺史庚戌以本子左衞率
建平王景素為南兗州刺史十月乙卯以永嘉王
子仁始為安王子真淮南王子房並賜死丁卯以郢州刺
陵王興松滋戾子孟南平王子產盧
史沈攸之為中領軍與張永俱以吳
郡太守顧顗之為湘州刺史戊寅豆皇子昱為
皇太子曲赦揚徐二州以輔國將軍劉勔為廣
州刺史左軍將軍張世為豫州刺史十一月甲

申以安成太守劉襲為郢州刺史壬辰詔曰治
崇簡易化疾繁後遠關隆雍明著軌跡者也
朕拯斯隆運屬此屯極仍之以凋耗因之以師
旅而識昧前王務艱昔代俾夫舊既繁為費
彌廣監寐萬務母思弘革方欲緩繇優調愛民
為先有司詳加寬惠更五科曰異其職貢各順
土宜出獻納員敬依時令凡諸蠹俗妨民之事
趣未遵本之業雕華靡奇器異設並嚴加裁
斷務歸要實左右尚方御府諸署供御制造咸

存儉約庶淳風至教微遵太古旱財興讓少敢
季俗又詔曰矢機詢政立教之攸本舉賢聘逸
弘化之所基故負鼎進策道未敦雖以康釋釣作輔
周祚斯久朕甫承大業訓迪奇士弗聞永鑒席忠規
竚夢嚴築而良圖莫薦敏化維始屢懷存治
無忘宵寐今藩隅克晏敏化維始屢懷存治
寔望葳闕王公卿尹羣僚庶官其有嘉謀直獻
臣俗濟葳時咸切事陳奏無或依隱若方林澤貞
栖丘園耻潔博洽古今敢崇孝讓可在可

明書搜揚具即以聞隨就蔑立以建平王景素
子延年為新安王以新除左光祿大夫開府儀
同三司王玄謨為車騎將軍南豫州刺史丙申
制使東土經荒流散並反本鋪振調二年十
二月己未以尚書金部郎劉善明為冀州刺史
乙丑詔曰近衆藩稱亂多染豐科或誠係本朝
事緣逼迫混同證鋼良以悵然夫天道尚仁德
刑並用雷霆時至雲雨必解朕卷言靜念恩弘
風澤凡應禁削皆從原蕩其文武堪能隨才

銓用辛未以新除廣州刺史劉勔為益州刺史
前巴西梓潼二郡太守費混為廣州刺史劉緬
克臺所陽豫州平辛巳以輔國將軍劉靈道為梁
南秦二州刺史薛安都要引索虜張永沈攸攸
之大敗於是遂失淮北四州及豫州淮西地
三年春正月庚子以農候將興太官偹宰牛癸
卯曲赦豫南豫二州衞將軍巴陵王休若降號
鎮西將軍閏月庚午京師大雨雪遣使巡行賑
賜各有差戊寅以游擊將軍垣閬為益州刺史
二月甲申以御史中丞羊南為廣州刺史是日
車駕為戰云將士舉哀巳丑以鎮西司馬劉亮
為梁南秦二州刺史索虜寇汝陰太守張景遠
擊破之丙申曲赦青異二州三月丙子以尚書
左僕射蔡興宗為安西將軍郢州刺史戊寅
以冠軍將軍王玄載為徐州刺史寧朔將軍崔
平為兗州刺史夏四月癸巳以前司州刺史鄭
黑為司州刺史乙未冠軍將軍比秦州刺史楊
僧嗣進號征西將軍庚子立桂陽王休範第二

子德副為盧陵王立侍中劉韞第二子銑為南
豐王丙午安西將軍蔡興與宗降號平西將軍五
月丙辰宣太后崇寧陵禁內墳屋癱遷徙者給
葬直纊復家丁戊午以軍騎將軍南豫州刺史
王玄謨為左光祿大夫開府儀同三司辛酉罷
南豫州并豫州壬戌以太子詹事表粲為尚
書僕射六月乙酉以侍中劉韞為湘州刺史秋
七月壬子以左光祿大夫護軍將軍薛安都子伯
謨為特進左光祿大夫護軍將軍薛安都子
令略據雍州四郡刺史巴陵王休若討斬之八
月丁酉詔曰古者衡虞置制螺甽不收川澤產
育登器進御所以敬阜民財養遂生德頃商
販逐末競早爭新折未實之菓收豪家之利
籠非膳之翼為戲章之資豈所以選風尚本捐
華務實宜修道布仁以革斯蠱自今鱗介羽
毛有核衆品非時月可採器味所須可一皆
禁斷嚴為科制壬寅以中領軍沈攸之行南兗
州刺史率衆北討癸卯詔曰法網之用期世而

行寬惠之道因時而況朕尚德戢亂依仁馭
俗宜每就弘簡以隆至治而頻罹兵革縣賦未
休軍民巧偽興事甚多蹈刑頻科至
乃假名戎伍竊爵私庭因戰散亡託懼逃役且
往諸淪逋雖經累宥之讜猶爲甚衆宜
言永懷良兼矜疚思所以重播至澤覃被區
宇可大赦天下加新除左光祿大夫王玄謨車
騎將軍丙午遣吏部尚書褚淵尉勞緣淮將
帥隨宜量賜戊申以新除右衞將軍劉勔爲豫

三十五　宋紀八　十五　張昪

州刺史九月癸丑能鎮西將軍雍州刺史巴陵王
休若進號衞將軍平西將軍郢州刺史蔡興宗
進號安西將軍乙卯以越騎校尉周寧寧民爲兗
州刺史戊午以皇后六宮以下雜衣千領金釵千
枚班賜北征將士庚申前將軍兼冀州刺史崔
道固進號平北將軍申子曲赦徐兗青冀四州
冬十月壬午改封新安王延年爲始平王戊子
芮芮國遣使獻方物平丑復郡縣公田鎮西大
將軍西秦河二州刺史吐谷渾拾寅進號征西

大將軍十一月立建安王休仁第二子伯猷爲
江夏王改封義陽王昶爲晉熙王乙卯分徐州
置東徐州以輔國將軍張讜爲晉熙王乙亥零陵
濟國遣使獻方物十二月庚辰以寧朔將軍劉
休賓爲兗州刺史
四年春正月己未車駕親祠南郊大赦天下庚
午衞將軍巴陵王休若降號左將軍乙亥零陵

三十五　宋紀八　十六　張昪

王司馬勛薨二月乙丑以前龍驤將軍常珍奇
爲平北將軍司州刺史珍奇子超越爲比冀州
刺史乙巳右光祿大夫車騎將軍護軍將軍王
玄謨薨三月巳未以游擊將軍劉懷珍爲東徐
州刺史戊辰以軍司馬劉靈遺爲梁南秦二州
刺史誰南太守孫奉伯爲交州人本
長仁據州叛妖賊攻廣州殺刺史羊南龍驤將
軍陳伯紹討平之夏四月己卯復減郡縣田租
之半東海王改晉安郡爲晉平郡至丑芮芮國及河
晉平王改封廬江王山陽王休祐改封
南王並遣使獻方物甲辰以豫章太守張辯爲

廣州刺史五月乙未曲赦廣州癸亥以行雝州
刺史巴陵王休若行湘州刺史會稽太守張永
爲雝州刺史湘州刺史劉韞爲南兗州刺史秋
七月乙巳朔以吳郡太守王琨爲中領軍丙辰
始平王延年薨巳未以侍中劉龔爲南兗州刺史八月戊
庚申以驍騎將軍齊王爲南兗州刺史辛卯分青州置
子以南康相劉勃爲交州刺史辛卯分青州置
東青州以輔國將軍沈文靖爲東青州刺史丁
酉安南將軍江州刺史王景文進號鎮南將軍

九月丙辰以驃騎長史張悅爲雝州刺史戊辰
詔曰夫憖有小大憲隨寬猛故五刑殊用三典
異施而降辟次綱便豎鉗挻求之法科差品滋
遠朕務存欽卹每有矜貧尋刴科罪輕重同
之大辟即事原情未爲詳衷自今凡竊執
官仗拒戰邏司或攻刴耳寺及害吏民者凡
此諸條悉依舊制五人以下相逼奪者可特
賜顯刖投畀四遠仍用代殺方古吏爲優全命長
戶施同造物庶簡惠之化有孚羣萌好生之

德無漏幽品庚午曲赦揚南徐兗豫四州冬十
月癸酉朔曰有蝕之發諸州兵比討南康建安
安成宣城四郡首不同南逆並不在赦發之例
甲戌割揚州之義與郡屬南徐州
五年春正月癸亥車駕躬耕藉田大赦天下
賜力田爵一級二月丙申分豫州揚州立南豫
州以太尉廬江王褘爲車騎將軍開府儀同三
司南豫州刺史三月乙卯於南豫州立南義陽
郡丙寅車駕幸中堂聽訟巳巳河南王遣使

獻方物夏四月辛未割雝州隨郡屬郢州乙
酉割豫州義陽郡屬郢州西陽郡屬豫州
戊子以寧朔將軍崔公烈爲兗州刺史戊戌
除給事黃門侍郎杜幼文爲梁南秦二州刺史
六月辛未晉平王休祐子宣曜爲鎮東將軍
以安西將軍郢州刺史蔡興宗爲郢州刺史以
酉以左衛將軍沈攸之爲郢州刺史以軍與巳
來百官斷體並給生食丁丑車騎將軍南豫州
刺史廬江王褘免官爵戊寅以左將軍行湘州

刺史巴陵王休若為征南將軍湘州刺史壬午
罷南豫州丙戌以新除給事中黃門侍郎劉亮為
益州刺史秋七月巳酉以輔國將軍王其為徐州
刺史東莞太守陳伯紹為交州刺史甲寅以
陽太守李靈謙為兗州刺史壬戌改輔國將軍
為輔師將軍八月巳丑以右將軍行豫州刺史
劉勗為平西將軍豫州刺史壬辰以海陵太守
劉崇智為冀州刺史九月甲寅立長沙王第子
延之為始平王戊午中領軍王琨遷職巳未詔
曰夫箕潁之操振古所貴沖素之風哲王攸重

宋書紀八　十九　沈章

朕屬橫流之會接難晦之辰不
暇給今雖關隴猶蠶區縣澄氣偃武修文於是
平在思崇廉恥用靜馳薄固巳物色載懷寢
興竚歎其有貞栖隱約自事衡櫂窾盤遺縈貞
釣辭聘志恬江海行高塵俗者在所精加搜括
時以名聞將賁園衿德茂昭厭禮羣司各舉所
知以時授爵乙丑以新除平西將軍豫州刺史
劉勗為中領軍冬十月丁卯朔日有蝕之十一

月丁未索虜遣使獻方物閏月戊子驃騎大
將軍荊州刺史晉平王休祐以本號為南徐州
刺史征南將軍湘州刺史巴陵王休若為征西
將軍荊州刺史辰陽王孟陽為兗州刺史義
陽太守呂安國為司州刺史十二月戊戌司徒
南徐州刺史桂陽王休範為中書監中將軍揚
州刺史吳興太守建平王景素為湘州刺史更
師將軍建安王世子融為廣州刺史庚申分荊
建安王休仁解揚州巳未以征北大將軍

宋書紀八　二十　李吉甫

益州五郡置三巴校尉
六年春正月乙亥初制閏二年一祭南郊閏
年一祭明堂二月壬寅司徒建安王休仁為太尉
領司徒癸丑皇太子納妃甲寅大赦天下巧注
從軍不在救例班賜各有差三月乙亥中護軍
劉襲卒丁丑以太子詹事張永為護軍將軍
夏四月癸亥立第六皇子燮為晉熙王五月丁
丑以前將軍將軍陳胤宗為徐州刺史丁亥以冠
軍將軍吐谷渾拾寅為平西將軍戊子奉朝

請孔玉為寧州刺史六月巳亥以第五皇子智井繼東平沖王休倩庚子以侍中劉韞為撫軍將軍雍州刺史前將軍郢州刺史沈攸之進號鎮軍將軍揚州刺史桂陽王休範為征南大將軍江州刺史王景文為鎮南將軍江州刺史王景文為尚書左僕射揚州刺史尚書僕射袁粲為尚書右僕射已未改臨賀郡為臨慶郡追改東平王休倩為臨慶沖王七月丙戌第五皇子智覺九月乙丑中領軍劉勔加平北將軍戊寅立摠明觀徵學士以充之置東觀祭酒馬誕為北雍州刺史已酉車駕幸東堂聽訟十一月巳巳高麗國遣使獻方物十二月癸巳辛卯立第九皇子贊為武陵沖王乙巳以前右軍未以第八皇子智渙繼臨慶沖王休倩冬十月以邊難未息制父母陷異域悉使婚宦戊戌以始興郡為宋安郡內辰護軍將軍張永遷職七年春正月甲戌置散騎奏舉郎二月癸巳南大將軍荆州刺史巴陵王休若進號征西大將軍開府儀同三司戊戌置百梁隴蘇永寧安

昌富旦南流郡又分廣交州三郡合九郡立越州巳亥以前將軍劉康祖為平東將軍妖寇宋逸攻合肥殺汝陰太守王穆之郡縣討平之甲寧朔長史孫超之為廣州刺史尚書左僕射揚州刺史王景文以刺史領中書監庚午以尚書右僕射袁粲為尚書令新除吏部尚書褚淵為尚書左僕射平未監吳郡王僧虔行湘州五月戊午司徒建安王休仁有罪自殺辛酉以州置新平郡癸丑金紫光祿大夫張永領護軍減天下死罪一等凡勃繫米遣之甲辰於南兗使獻方物壬戌芮芮國遣使奉獻夏四月辛丑史建平王休景素為荆州刺史三月辛酉索虜遣陵王休祐為征北大將軍南徐州刺史泍州刺寅驃騎大將軍開府儀同三司南徐州刺史晉平王休祐茂戌午以征西大將軍荆州刺史巴陵王休若為征北大將軍南徐州刺史巴刺史丙戌追免晉平王休祐為庶人六月丁酉以征南大將軍江州刺史桂陽王休範為驃騎大將軍南徐州刺史征北大將軍巴陵王休若

為車騎大將軍江州刺史甲辰芮芮國遣使獻
方物秋七月丁巳罷散騎奏舉郎乙丑新除車
騎大將軍江州刺史巴陵王休若薨桂陽王休
範以新除驃騎大將軍還為江州庚午以第三
皇子準為撫軍將軍辛未以太子詹事劉秉
為南徐州刺史戊寅以寧朔將軍沈懷明為南
兗州刺史乙酉於巽州置西海郡八月戊子第
八皇子躋繼江夏文獻王義恭庚寅以疾愈大
赦天下巽州刺史劉崇智加青州刺史戊戌立

宋紀八　二十三　鄭春

第三皇子準為安成王九月辛未以越騎校尉
周寧民為徐州刺史冬十月戊午百濟國遣使
獻方物十二月丁酉分豫州南兗州立南豫州
以歷陽太守王玄載為南豫州刺史
泰豫元年春正月甲寅朝上有疾不朝會以
疾患未瘥故改元賜孤老貧疾粟帛各有差
戊午皇太子會萬國於東宮并受貢計二月
辛丑以給事黃門侍郎王曇為司州刺史三月
癸丑朝林邑國遣使獻方物已未中書監揚州

刺史王景文卒夏四月辛卯以撫軍司馬蔡那
為益州刺史癸巳以右衛將軍張興為雍州刺
史巳亥上大漸驃騎大將軍江州刺史桂陽王
休範進位司空尚書右僕射褚淵為護軍將軍
中領軍劉勔加尚書右僕射鎮東將軍蔡興宗
為征西將軍開府儀同三司荊州刺史鎮軍將
軍郢州刺史沈攸之進號安西將軍詔曰朕自
臨御億兆仍屬戎寇每存弘化而惠弗覃
遠軍國凋弊刑訟未息令大漸維危載深矜

宋紀八　二十四　鄭春

務以愛民為先以宣遺意表纂褚淵劉勔蔡
歉可緩傜優調去繁就約因改之宜詳有簡東
興宗沈攸之同被顧命是日上朋于景福殿時
年三十四五月戊寅葬臨沂縣莫府山高寧陵
帝少而和令風姿端雅早失所生養於太后宮
內大明世諸弟多被猜恩唯上見親常侍路
太后醫藥好讀書愛文義在藩時撰江左以
來文章志又續衛瓘所注論語二卷行於世
及即大位四方反叛以寬仁待物諸軍帥有父

兄子弟門逆者並授以禁兵委任不易故衆為
之用莫不盡力平定天下逆黨多被全其有才
能者並見授用有如舊臣才學之士多蒙引進
參侍文籍應對左右於華林園芳堂講周易常
自臨聽未秊好見神多忌諱言語文書有禍敗
加阜歲改驃為邊亦以驃字似禍字故也以齒苑
借張永云且給三百秊期訖更啟其事類皆如此
宣陽門民閒謂之白門上以白門之名不祥甚
諱之尚書右丞江謐嘗誤犯上諱色曰白汝家
門諡稽顙謝父之方釋太后停屍漆牀先出東
宮上嘗幸宮見之怒甚免中廢子官職局以之
坐者數十人內外常慮犯觸人人不自保宮內禁
忌尤甚移淋治壁必先祭土神及文士為文
詞祝策如大祭饗泰始豫之際更忍虐好
殺左右失旨忤意往往有斬斮截者時經
略淮泗軍旅不息荒弊積久府藏空竭內
外百官竝日料祿奉而上奢費過度務為

彫侈每所造制必為正御三十副御次副又各三十
須一物輒造九十枚天下騷然民不堪命其餘
事迹見衆篇親近讒慝前落皇枝宋氏之
業自此衰矣

史臣曰聖人立法垂制所以必稱先王蓋由遺
訓餘風足以貽之來世也太祖負屐南面實有
君人之懿焉經國之義雖弘而隆家之道不足
彭城王照不窺古本無卓爾之姿徒見昆弟之
義未識君臣之禮豈以此家情行之國道主猜
而猶犯恩薄而未悟致以訶訓之微行遂成滅
親之大禍開端樹隙垂之後人雖天倫之重義
殊凡歲而中人以下情由恩變至於易衣而出
分苦而食與夫別宮異門形踈事隔者宜有降
矣太宗因易隙之情據已行之典前落洪枝願
不待慮既而本根無庇幼主孤立神器以勢弱
傾移靈命隨樂推回改斯蓋覆霜有漸堅冰
自至所從來遠也

本紀第八

宋書八

臣沈　約　新撰

後廢帝

廢帝諱昱字德融小字慧震明帝長子也大明
七年正月辛丑王於衛尉府太宗諸子在孕皆
以周易筮之即以所得之卦為小字故帝字慧
震其餘皇子亦如之泰始二年立為皇太子三
年始制太子元名昱安車乘象輅六年出東宮
又制太子正朝賀服袞冕九章衣泰豫元年

二八五　宋書紀九

四月己亥太宗崩庚子太子即皇帝位大赦天
下尚書令袁粲護軍將軍褚淵共輔朝政乙巳
以護軍將軍張永為右光祿大夫撫軍將軍安
成王為揚州刺史特進右光祿大夫劉遵
考改為左光祿大夫五月丁巳以吳興太守張
代為益州刺史戊辰緣江成兵老疾者悉聽還
班劍依舊入殿六月壬辰詔曰夫興王經制
先民隱方求癉教刑於四維朕以眇昧夙膺寶
歷永言民政未接聽覽卷言乃顧無忘鑒寐可

遣大使分行四方觀採風謠問其疾苦令有咈民
法不便於俗者悉各條奏若守宰威恩可紀廉勤
先等依事騰聞如獄訟誣枉職事紕繆情求存私
害民利己者無或隱昧廣納輿之議博求獻
藝之規巡省之道務令精洽深簡行讜律若朕
親覽焉又詔曰夫寢夢期賢嗣膺寶業思仰述聖
求良前書稱盛朕以沖昧嗣膺寶業思仰述聖
猷勉弘政道與言多士常想得人可普下牧守
廣加搜採其有孝友聞族義讓光閭或匿名屠

三十　宋書紀九　二

音東

釣隱身耕牧足以整屬澆風扶益淳化者凡厥
善咸無遺逸虛輪佇曷閭嘉薦京師雨水
詔賑邺二縣貧民乙巳尊皇太后立皇
后江氏閏月丁亥罷宋安郡還屬南
太妃閏月丁亥崇拜帝所生陳貴妃為皇
州甲辰以新除征西將軍開府儀同三司荊州
豫州南汝陰郡屬西豫州西豫州廬江郡屬豫
刺史蔡興宗為中書監光祿大夫安西將軍郢
州刺史沈攸之為鎮西將軍荊州刺史南徐州

刺史劉秉為平西將軍郢州刺史新除太常建
平王景素為鎮軍將軍南徐州刺史八月戊午
新除中書監左光祿大夫開府儀同三司蔡興宗
薨冬十月辛卯撫軍將軍劉韞有罪免官辛未
護軍將軍褚淵毋憂去職十一月己亥新除平西將
軍郢州刺史劉秉為尚書左僕射南徐州將
軍褚淵遠攝本任芮芮國高麗國遣使獻方物
十二月索虜寇義陽丁巳司州刺史王瞻擊破之
元徽元年春正月戊寅朔改元大赦天下壬寅
詔曰夫綏法昭恩裁風茂典繩憲儆生訓俗舉
義朕臨馭宸樞寅制垠寓式存寬簡思孚矜惠
今開元肆宥萬品惟新凡兹流斥宜均弘洗自
元年以前貽宥罪徒放者悉聽還本二月乙亥以
晉熙王爕為郢州刺史三月丙申以撫軍長史
何恢為廣州刺史婆利國遣使獻方物戊戌以
前淮南太守劉靈遺為南豫州刺史夏五月辛
卯以輔師將軍李安民為司州刺史丙申河南
王遣使獻方物六月壬子以越州刺史陳伯紹

為交州刺史乙卯特進左光祿大夫劉遵考卒
壽陽大水己未遣殷中將軍賦郢慰勞丙寅以
左軍將軍孟次陽為兗州刺史秋七月丁丑散
騎常侍顧頧長康長水校尉何望之表上所撰諫
林上自虞舜下及晉武凡十二卷八月辛亥詔
曰分万正俗著自虞冊川谷異制煥乎姬典戒
并遂有辨閭伍無雜用能七教宣八政斯序
雖綿代殊軌公革異儀或民懷遷俗或國尚興
徙漢陽列燕代之豪關西藏齊楚之族立通籍
新邑即居成舊洎金行委御禮樂南稜中州黎
庶禰負揚越聖武造運道一闕區貽長世之規
流戎役惰散違鄉寓境漸至繁積宜式遵鴻軌
申申斷之制而夷險相因盈晦遞龍裒歲饉凋
以為求憲庶阜俗昌民反風定保夷脅山之險
澄瀚海之波括河圖於九服振玉軌於五都矣
秘書丞王儉表上所撰七志三十卷京師旱申
寅詔曰比元序騫度留重耀晏有傷秋稼方
貽民瘼朕以耿疚未弘政道圖圖尚繁枉滯猶

積夕屬晨務每懈干懷尚書令可與執法以下

就訊衆獄使冤訟洗迄困獎昭蘇頒下州

令無雍癸亥鎮軍將軍南徐州刺史建平王景

素進號鎮北將軍庚午陳留王曹銑薨九月壬

午詔曰國賦珉稅蓋昔桂湘江三州粮運先軍

實徵課之宜或乖昔有恫品往屬戎難務先軍

役既繁庶徒彌擾因循權政容有未革民單

力獎歲月愈甚永言矜戚可遣使

到所明加詳覈其輸遠舊令役非公限者並即蠲

改具條以聞丁亥立衡陽王嶷子伯玉為南平王

冬十月壬子以撫軍司馬王玄載為梁南秦二州

刺史癸酉割南兖州之鍾離豫州之馬頭又以泰

郡梁郡歷陽置新昌郡立徐州十一月丙子以散

騎常侍垣閎為徐州刺史丁丑尚書令袁粲母

喪去職十二月癸卯朔日有蝕之乙巳司空江

州刺史桂陽王休範進位太尉尚書令袁粲還

攝本任加號衞將軍癸亥立前建安王世子伯

融為始安縣王丙寅河南王遣使獻万物

二年春正月庚子以石光祿大夫張永為征北

將軍南兖州刺史三月己巳加護軍將軍褚淵

中軍將軍三月癸酉以左衞將軍王寬為南豫

州刺史夏四月癸亥詔曰頃列爵叙勳銓酬

義條流積廣又各淹關歲往事留理至通雍在

所參差多違甄賞饋賞未均洽每疚嚴心可悉依

舊准並下注職內外戒嚴加中領軍劉勔鎮陽

休範舉兵反庚寅

軍將軍加右衞將軍齊王平南將軍前鋒南討

史沈懷明戍石頭衞將軍褚淵

出屯新亭征北將軍張永屯白下前南兖州刺

入衞殿省壬辰賊奄至攻新亭壘齊王拒擊丁

破之越騎校尉張敬兒斬休範賊黨杜黑嫘丁

文豪分軍向朱雀航劉勔戰死之

右軍將軍王道隆奔走遇害張永潰於白下沈

懷明自石頭奔散戊午撫軍典籤茅恬開東府

納賊賊入屯中堂羽林監陳顯達擊大破之丙

申張敬兒等破賊於宣陽門莊嚴寺小市進平

東府城枭擄羣賊賞賜封爵各有差丁酉詔京
邑二縣理藏所殺賊并戰亡者復同京城是日
解嚴大赦天下文武賜位一等戊戌原除江州通
債其有課非常調役爲民蠹者悉皆蠲停詔
曰頌國賦多騫公儲窄給近治戎雖淺而軍費
已多廩藏虛罄難用駁逐宜矯革淫長務在
節儉其供奉服御悉就減撤雕文靡麗廢而勿
脩凡諸游費一皆禁斷外可詳爲科格荊州刺
史沈攸之南徐州刺史建平王景素郢州刺史晉
舉義立赴京師己亥以第七皇弟友爲江州刺
熙王燮湘州刺史王僧虔雍州刺史張興世並
史芮芮國遣使獻方物六月庚子以平南將軍
齊王爲中領軍鎮軍將軍南兗州刺史王敬卯
熙王燮遣輔師將軍剋尋陽江州平戊申以淮南太守
任農夫爲豫州刺史右將軍南豫州刺史王寬
進號平西將軍壬戌改輔師將軍還爲輔國
七月庚辰立第七皇弟友爲邵陵王辛巳以撫
軍司馬孟次陽爲兗州刺史乙酉鎮西將軍荊

州刺史沈攸之進號征西大將軍鎮北將軍徐
州刺史建平王景素進號征北將軍立開府儀
同三司征虜將軍湘州刺史王晉熙王燮進號安
西將軍前將軍郢州刺史劉延祖爲寧州刺
軍八月辛酉以征虜行參軍表蔡爲中書監即
史九月壬辰以游擊將軍呂安國爲兗州刺
丁酉以尚書令新除衛將軍褚淵
本號開府儀同三司領司徒加護軍將軍
尚書令撫軍將軍揚州刺史安成王進號車騎
將軍冬十月庚申以新除侍中王藴爲湘州刺
史甲子以游擊將軍陳顯達爲廣州刺史十一
月丙戌御加元服大赦天下賜民男子爵一級
爲父後及三老孝悌力田者爵二級鰥寡孤獨
篤癃不能自存者穀五斛季八十以上加帛一
匹大酺五日賜王公以下各有差十二月癸亥
立第八皇弟躋爲江夏王第九皇弟贊爲武陵王
三秊春正月辛巳車駕親祠南郊明堂三月丙
寅河南王遣使獻方物己巳以車騎將軍張敬

兒為雍州刺史其日京師大水遣尚書郎官長
檢行賑賜閏月戊戌詔曰頃民俗滋弊國度未
殷歲時屢舉簒編尸不給且邊虜尚警侵賈彌繁
永言夕惕蓄積興增疚思弘豐耗之制以悼約素
之風庶俟徔拯民以康沿道太官珍膳御府麗
服諸所供擬一皆減撤可詳為其格務徔簡衷
夏四月遣尚書郎到諸州檢括民尸窮老尤貧
者鐲除課調丁壯猶有生業隨宜寬申貲財足
以充限者督令洗畢丙戌車駕幸中堂聽訟六
月癸未北國使至兼司徒麥粲尚書令褚淵並
固讓秋七月庚戌以粲為尚書令壬戌以給事
黃門侍郎劉懷珍為豫州刺史八月庚子加護
軍將軍褚淵中書監九月丙辰征西大將軍河
南王吐谷渾拾寅進號車騎大將軍冬十月丙
戌高麗國遣使獻方物十二月乙丑以冠軍將
軍姚道和為司州刺史
四年春正月己亥車駕躬耕籍田大赦天下賜
力田爵一級給貧民糧種壬子以梁南秦二州刺史

王玄載為益州刺史二月壬戌以步兵校尉范
栢年為梁南秦二州刺史丁卯加金紫光祿大
夫王琨特進夏五月以寧朔將軍武都王楊文
度為比秦州刺史乙未尚書右丞虞玩之表陳
時事曰天府虛散垂三十年江荊諸州稅調本
少自頃以來軍募多之其穀帛所入折供衣衾
豫兗司徐開口待哺西北戎將所資唯有淮海民荒財
京都蓋為蕡薄天府所資引費四倍元嘉二衛臺坊
單不及襄曰而國度引費四倍元嘉二衛臺坊
人力五不餘一都水材官朽散十不兩存備豫都
庫栭竹俱盡東西二堛墫瓦雙匱敕令給賜悉
仰交市尚書省會日就傾頹第宅府署類多
穿毀視不遑救知不暇及尋所入定調用恒不
周既無儲畜理至空盡積弊累耗於今日昔
歲奉敕課以揚徐眾逋凡入米穀六十萬斛錢
五千餘萬布絹五萬四雜物在外賴此相贍故
得推移即今所懸轉多與用漸廣懼供奉頓
關軍器輟功將士飢怨百官簒祿署府謝雕麗

之器土木停緤紫之容罌戚無以贍勳求無以
給如愚嘗所慮不月則歲矢經國速謀臣所不
敢言朝夕祗勤心存於匪懈起伏震遠事屬冒
聞伏願陛下留須史之鑒垂永代之計發不世
之詔施行之典刈泯祗齊懼高甲同泰帝優
詔答之庚戌以驍騎將軍曹為徐州刺史六月
乙亥加鎮軍將軍齊王尚書左僕射秋七月辛
征北將軍南徐州刺史建平王景素據京城反
巳丑內外纂嚴遣驍騎將軍任農夫領軍將軍
黃回北討鎮軍將軍齊王惣統眾軍曲赦南徐
州始安王伯融都鄉矦伯猷賜死辛卯豫州刺
史殷佛榮統前鋒馬步眾軍甲午軍主左軍將
軍張保戰敗見殺黃回等至京城與景素諸軍
戰連破之乙未剋京城斬景素同逆皆伏誅其
日解嚴丙申大赦天下封賞各有差原京邑三
縣元年以前通調辛丑以武陵王贊為南徐州
剌史八月丁卯弟十皇弟覲為南陽王弟十一
皇弟嵩為新興王弟十二皇弟禧為始建王廣

午以給事黃門侍郎阮佃夫為南豫州刺史乙
酉以行青冀二州刺史劉善明為青冀二州刺
史九月丁亥割郢州之隨郡屬司州戊子驍騎
將軍高道慶有罪賜死巳丑車騎將軍揚州刺
史安成王進號驃騎大將軍開府儀同三司安西
將軍郢州刺史晉熙王燮進號鎮西將軍冬十
月辛酉以吏部尚書王僧虔為尚書右僕射宕
昌王梁彌機為安西將軍河涼二州刺史丙寅
中書監護軍將軍褚淵母憂去職十一月庚戌
詔攝本任
五年春二月壬申以建寧太守柳和為寧州刺
史四月甲戌豫州刺史阮佃夫步兵校尉申伯
宗朱幼謀廢立佃夫幼下獄死伯宗伏誅五月
巳亥以左軍將軍沈景德卒交州刺史驍騎將
軍全景文為南豫州刺史丙午以屯騎校尉孫
曇瓘為越州刺史六月甲戌誅司徒左長史沈
勃散騎常侍杜幼文游擊將軍孫超之長水校
尉杜叔文大赦天下七月戊子夜帝殂於仁壽

殿時年十五已丑皇太后令曰衛將軍領軍中
書監八座昱以家嫡嗣登皇統庶其體識日弘
社稷有寄豈意窮凶極悖自幼而長善無紀而
不違惡有大而必蹈前後訓誘常加隱蔽險戾
難移日月滋甚棄冠毀晃長襲戎衣犬馬是狎
鷹隼是愛皂歷軒殿之中轡緤宸扆之側至
乃單騎遠郊獨宿深野手揮矛鋋躬行剗削白
刃為弄器斬害為悅務捨交戰之衛委天畢之
儀趨步闇闈闐酣謼鑪肆宵遊忘反宴寢燈舍

宋書紀九　十三　徐中

奪人子女掠人財物方筴所不書振古所未聞
沈勃儒士孫超功臣幼文兄弟並豫勳效四人無
罪一朝同戮飛鏃鼓劍孩稚無遺屠裂肝腸以
為戲謔投骸江流以為懽笑又淫費無度帑藏
空竭橫賦關河專充別蓄黔庶嗷嗷曆生無
所五與其所生每厭以義方遂謀酖毒將凶
忿沈憂假日慮不終朝自昔辛癸及幽厲
之於此未譬萬分民怨旣深神怒已積七廟阽
危四海禓氣廢民立明前代令範況廼滅義友

道天人所棄豐深牧野理絕桐宮故竊令第蕭領
軍灃運明略幽顯協規普天同泰驃騎大將軍
安成王體自太宗天挺淹叡風神凝遠德映在
田地隆親茂皇曆攸歸億兆係心含生屬望宜
光奉祖宗臨享萬國便依舊典以時奉行未亡
人追往傷懷永言感絕太后又令曰昱窮凶極
暴自取灰滅難日罪招無傷悼棄同品庶
所不忍可特追封蒼梧郡王葬丹陽秣陵縣郊
壇西初昱在東宮年五六歲時始就書學字而惰

宋書紀九　十四　徐中

業好嬉戲主師不能禁好緣漆帳竿去地丈餘
如此者半食久乃下年漸長喜怒乖節左右有
失旨者輒手加撲打徒跣蹲踞以此為常主師
以白太宗上輒敕昱所生嚴加捶訓及嗣位內畏
太后外憚諸大臣猶未得肆志自加元服變態
轉興內外稍無以制三年秋冬間便好出遊行
太妃每乘青門䍐車隨相檢攝昱漸自放恣太妃
不復能禁宗單將左右棄部伍或十里二十里或
入市里或往營署日暮乃歸四年春夏此行彌

數自京城剋定意志轉驕於是無日不出與左
右人解僧智張五兒怕相馳逐夜出開承明門
夕去晨反晨出暮歸從者並執鋋矛行人男女
及犬馬牛驢值無免者民閒擾懼晝日不敢開
門道上行人殆絕常箸小袴褶未嘗服衣冠或
有忤意輒加以虐刑有白㯡數十枚各有名號
鋮椎鑿鋸之徒不離左右嘗以鐵椎椎人陰破
左右人見之有斂眉者輒大怒令此人袒胛正
立以矛刺胛洞過於耀靈殿上養驢數十頭所

三廿三　宋書紀九　十五　陳良

自乘馬養於御牀側先是民閒訛言謂太宗不
男陳太妃本李道兒妾道路之言或云道兒子
也昱每出入去來常自稱劉統或自號李將軍
與右衛翼輦營女子私通每從之遊持數千
錢供酒肉之費阮佃夫腹心人張羊爲佃夫所
委安信佃夫敗叛走後捕得昱自於承明門以
輦殺之杜延載沈勃杜幼文孫超皆躬運矛鋋
手自臠割執幼文兄叔文於玄武湖北昱馳馬
執稍自往刺之制露車一乘其上施蓬乘以出

入從者不過數十人羽儀追之恆不及又各慮
禍亦不敢追尋唯整部伍別在一處瞻望而已
凡諸鄙事過目則能鍛鍊金銀裁衣作帽莫不
精絕未嘗吹籥執管便韻天性好殺以此爲懽
一日無事輒慘慘不樂內外百司人不自保殿
省憂邊夕不及旦齊王順天人之心潛圖廢立
與直閤將軍王敬則謀之七月七日昱乘露車
從二百許人無復鹵簿羽儀往青園尼寺晚至
新安寺就曇度道人飲酒醉夕扶還於仁壽殿

三廿五　宋書紀九　十六　李忠

東阿氎幰中臥時昱出入無恆省內諸閤夜皆
不閉且羣下畏相逢值無敢出者宿衞並逃避
內外無相禁攝王敬則先結昱左右楊玉夫楊
萬年呂欣之湯成之陳奉伯張石留羅僧智鍾
千載嚴道育雷道賜戴昭祖許啓戚元寶盛
道泰鍾千秋王天寶公上延孫俞成錢道寶盛
敬之陳寶貞吳璥之劉印會唐天寶俞孫笠二
十五人謀共取昱其夕敬則出外玉夫見昱醉熟
無所知乃與萬年同入氎幰內以昱防身刀斬

之奉伯提昱首依常行法稱敕開承明門出以
首與敬則馳至領軍府以首呈齊王王刀戎服
率左右數十人稱行還開承明門入昱他夕每
開門門者震懾不敢視至是弗之疑齊王既入
曉乃奉太后令奉迎安成王

史臣曰喪國亡家之王雖適末同途發軔或異
也前廢帝甲遊豪辛比皆龍駕帝飾傳警言清路
蒼梧王則藏璽懷紱魚服忘反反危冠短服四
馬孤征至於殞身覆祚其理若一姬夏之隆質
文異尚亡國之道其亦然乎

宋書十

臣　沈　約　新撰

順帝

順皇帝諱準字仲謀小字智觀明帝第三子也
泰始五季七月癸丑生七季封安成王食邑三
千戶仍拜撫軍將軍置佐史廢帝即位為揚州
刺史元徽二季進號車騎將軍都督揚南豫二
州諸軍事給鼓吹一部刺史如故四季又進號
驃騎大將軍開府儀同三司班劍三十人都督
　　〔櫻柏山〕宋書本紀十　一
刺史如故元徽五季七月戊子夜廢帝殞奉迎王
入居朝堂壬辰即皇帝位昇明元季改元大赦
天下賜文武位二等甲午詔曰露臺惠光漢德
東城輔政作相丙申詔曰露臺惠光漢德
雄裘焚制事隆晉道故以檢奢軌化敦儉馭俗
頃旬服未靜師旅連季委荼囷屬空勞蔽莫偃而
丹腴之餝糜耗訾寶賂之費徵賦靡計全車
服儀制寔空約損使徵章有序勿得侈溢可罷
省御府二署凡工麗彫鑴傷風毀治一皆禁斷
平準署辛酉以宣城太守李靈謙為兗州刺史

癸亥司空袁粲鈔石頭丁卯原除元季以前通
調復郡縣祿田戊辰崇拜帝所生陳昭華為皇
太妃庚午司空長史謝朏衛軍長史江斆為皇
侍郎褚炫武陵王劉侯入直殿省參侍文
義齊王固讓司空庚辰以為驃騎大將軍開府
儀同三司九月己丑詔曰昔聖王比較奇才接軫
袞龜書永湮龍圖長祕故三代之末德刑相擾巳
世淪物競道陂人諛然猶正士比較政日晏忘疲永
朕襲運金樞纂靈瑤極負宸巡龍極負宸巡永
幽及標采鄉邑隨名薦上朕將親覽甄其茂異
庶野無遺彥永激邇芳己酉廬陵王昌蔍冬十
之品振雜務本存平得人今可宣下州郡捜揚
文布在方冊故元封典茂才之制地節朔獨行
言興贊望古盈慮姬夏典載猶傳緗帙漢魏餘

一月己酉倭國遣使獻方物丙午員外散騎侍
郎胡羡生行越州刺史以交州刺史沈景德為
廣州刺史十二月丁巳以驃騎將軍王廣之為
徐州刺史車騎大將軍荊州刺史沈攸之舉兵

反丁卯錄公齊王入守朝堂侍中蕭嶷鎮東府
戊辰內外纂嚴己巳以郢州刺史武陵王贊為
安西將軍荊州刺史征虜將軍雍州刺史張敬
兒進號鎮軍將軍右衛將軍黃回為平西將軍
郢州刺史督諸軍前鋒討征虜將軍呂安國
為湘州刺史齊王世子寬加平西將軍庚午
新除左衛將軍齊王燮鎮尋陽之盆城壬申以驃騎
州刺史晉熙王燮鎮尋陽之盆城壬申以驃騎
將軍周槃龍為廣州刺史是日司徒袁粲據石
頭反尚書令劉秉黃門侍郎劉述冠軍王蘊率
衆赴之黃回及輔國將軍孫曇瓘屯騎校尉王
空興輔國將軍任侯伯左軍將軍彭文之密相
響應中領軍劉韞直閤將軍卜伯興在殿內同
謀錄公齊王誅韞等於省內軍主蘇烈王天生
薛道淵戴僧靜等陷石頭斬粲於城內秉述溫
踰城走追擒之並伏誅其餘無所問豫州刺史
劉懷珍雍州刺史張敬兒廣州刺史陳顯達並
舉義兵司州刺史姚道和梁州刺史范栢季湘

州行事庚佩玉攬衆懷貳甲戌大赦天下乙亥

以尚書僕射王僧虔爲尚書左僕射新除中書

令王延之爲尚書右僕射吳郡太守劉遐騎校尉

友輔國將軍張瓖討斬之閏月辛巳屯騎校尉

王宜與有皐伏誅癸巳沈攸之攻圍郢城前軍

長史柳世隆固守收之弟登之作亂於吳興吳

興太守沈文季詩斬之巳內外戒嚴假錄公齊

齊王黃鉞辛丑寧朔將軍北秦州刺史武都王

楊文慶進號征西將軍乙巳錄公齊王出頓新亭

宋書本紀十　五　原何

二年春正月沈攸之遣將公孫方平據西陽辛

酉建寧太守張謨擊破之丁卯沈攸之自郢城

本散巳華容縣民斬送之左將軍豫州刺史

劉懷珍進號平南將軍辛未鎮軍將軍雍州刺

史張敬兒克江陵斬攸之子光珠荆州平同逆

皆伏誅丙子解嚴以新除侍中柳世隆爲尚書

右僕射是日錄公齊王旋鎮東府丁丑以江州

刺史邵陵王友爲安南將軍豫州刺史左衛將

軍齊王世子爲江州刺史侍中蕭嶷爲領軍鎮

軍將軍雍州刺史張敬兒進號鎮西將軍平西

將軍郢州刺史黃回進號鎮西將軍二月庚辰

以尚書左僕射王僧虔爲尚書令尚書右僕射

王延之爲尚書左僕射癸未錄公齊王加授太

尉衛將軍褚淵爲中書監司空甲申曲赦荆州

丙戌撫軍將軍揚州刺史晉熙王燮進號中軍

將軍開府儀同三司戊子巂雍州綠沔居民前

被水災者租布三年辛卯郢州刺史新除鎮南

將軍黃回爲鎮北將軍南兗州刺史南兗州刺

宋書本紀十　六　阿何

史李安民爲郢州刺史癸巳以山陰令傳琰爲

益州刺史丙申左軍將軍彭文之有皐下獄死

行湘州事任候伯殺前湘州行事庚佩玉傳首

京邑三月庚戌以廣州刺史周盤龍爲司州刺

史輔國將軍劉悛爲廣州刺史丙子給太尉齊

王羽葆鼓吹夏四月巳卯以游擊將軍垣崇祖

爲兗州刺史辛卯新除鎮北將軍

黃回有皐賜死甲午輔國將軍淮南宣城二郡

太守蕭映行南兗州刺史五月戊午倭國王武

遣使獻方物以武為安東大將軍輔國將軍行
湘州事任候伯有皐伏誅六月巳丑以前新會
太守趙超民為北秦州刺史武都王八月辛卯太尉齊
文弘為北秦州刺史武都王丁酉以輔國將軍楊
王表斷奇飾麗服凡十有四條乙未以江州刺
王齊王世子為領軍將軍撫軍將軍丙申以領
史齊王黃鉞都督中外諸軍事太傅領
軍蕭嶷為江州刺史九月乙巳朔日有餤之丙
午加太尉齊王劍履上殿入朝不趨贊拜不名置左右
揚州牧劍履上殿入朝不趨贊拜不名置左右

長史司馬從事中郎掾屬各四人中軍將軍揚
州刺史晉熙王燮為司徒戊申行南兗州刺史
蕭映為南兗州刺史甲寅給太傅齊王三望車
已未丙戌遣使獻方物癸酉武陵內史張澹
有皐下獄死冬十月丁丑寧朔將軍淮南宣城
二郡太守蕭晃為豫州刺史孫曇瓘先逃凸已
卯擒獲伏誅壬寅立皇后謝氏減死皐一等五
歲刑以下悉原十二月壬子立故武昌太守劉
琨息頒為南豐縣王癸亥臨澧侯劉晃謀及見

及黨與皆伏誅甲子改封南陽王翽為隨郡王
改隨陽郡十二月丙戌皇后見于太廟戊子高
麗國遣使獻方物
三年春正月甲辰以江州刺史蕭嶷為鎮西將
軍荊州刺史尚書左僕射王延之為安南將軍
江州刺史安西長史蕭順之為鄧州刺史乙卯
太傅齊王表諸負官物資役者悉原除辛亥以
驃騎將軍王玄邈為梁南秦二州刺史領軍將
軍撫軍將軍齊王世子加尚書僕射進號中軍

大將軍開府儀同三司丙辰加太傅齊王前部
羽葆鼓吹丁巳詔太傅府依舊辟召以征西將
軍雍州刺史尚書張敬兒為護軍將軍新除給事黃
門侍郎蕭譚為雍州刺史二月丙子安南將軍
南豫州刺史邵陵王友覺三月癸卯朔日有餤
之甲辰崇太傅為相國總百揆封十郡為齊公
備九錫之禮加璽綬遠游冠位在諸王上加相
國綠綟綬其驃騎大將軍揚州牧南徐州刺史
如故丙午以中軍大將軍譚為南豫州刺史齊

公世子副貳相國綠綟綬庚戌臨川王綽謀反

綽及黨與皆伏誅丁巳以齊國初建給錢五百

萬布五千四絹千匹夏四月壬申進齊公爵為

齊王增封十郡甲戌安西將軍武陵王贊薨丙

戌命齊王晃十有二旒建天子旌旗出警入蹕

乘金根車駕六馬備五時副車置旄頭雲罕樂

舞八佾設鐘虡宮縣進世子為太子王子王女

王孫爵命之號壹如舊儀辛卯天祿永終禪位

于齊壬辰帝遜位于東郊旣而遷居丹陽宮齊

王踐阼封帝為汝陰王待以不臣之禮行宋正

朔上書不爲表答表不爲詔建元元年五月巳

未祖于丹陽宮時年十三諡曰順帝六月乙酉

葬于遂寧陵

史臣曰聖王膺錄自非接亂承微則天曆不至

也自三五以來受命之主莫不乘淪亾之極然

後符樂推之運水德遷謝其來久矣豈止於區

律

志序

臣　沈約　撰

左史記言右史記事事則春秋是也言則尚書
是也至於楚書鄭志晉乘楚杌之篇皆所以照
述前史俾不泯於後司馬遷制一家之言始區
別名題至乎禮儀刑政有所不盡乃於紀傳之
外別立八書片文隻事鴻纖備舉班氏因之靡
違前式網羅一代條流遂廣律曆禮樂其名不
變以天官為天文改封禪為郊祀易貨殖平準
之稱革河渠溝洫之名綴孫卿之辭以述刑法
采孟軻之書用序食貨劉向鴻範始自春秋劉
歆七略儒墨異部朱贛博采風謠尤為詳洽
固並因仍以為三志而禮樂雖為該舉所漏者多
典章事數百不記一天文雖為該舉而不言
天形致使三天之說紛然莫辨是故蔡邕之後
朔方上書謂空載述者也漢興接阮儒之後

之後典墳殘缺者生碩老常以亡逸為慮劉歆
七略固之藝文蓋為此也河自龍門東注橫被
中國每漂決所漸寄重災深堤築之功勞役
天下且關洛高堙地少川源是故鎬鄠漆澅咸
命所祖國以為天溝洫志亦其宜也世殊事
入禮典漳滏鄴白之饒溝渠沾漑之利皆民
改於今可得而略竊以班氏律曆前事已詳目
楊偉改創景初而魏書闕志及元嘉重造新
法大明博議回改自魏至宋宜入今書班固禮
樂郊祀馬彪祭祀禮儀蔡邕朝會董巴輿服
並各立志夫禮之所苞其用非一郊祭朝饗匪
去別事旗章服物非禮而何今摠而裁之同謂
禮志刑法食貨前說已該隨流派別附之紀
傳樂經殘缺其來已遠至於八音眾樂並不
記馬彪後書又不備說續至於所述政抄舉
見書雖略見世本所關猶眾爰及雅鄭謳謠
之節一皆屏落曾無繫見郊廟樂及雅鄭謳謠
改雅聲舊典咸有遺文又案今鼓吹鐃哥雖

有章曲爲樂人傳習口相師祖所務者聲不先訓
以義今樂府鏡哥校漢魏舊曲曲名時同文
字永異尋文求義無一可了不知今之鏡章
何代曲也今志自郊廟以下凡諸樂章非淫
記錄何書自黃初之始徐志咸肇義熙之元今
哇之辭竝皆詳載天文五行自馬彪以後無復
以魏接漢氏遵何氏然則自漢高帝五年之首
冬覽宋順帝昇明二年之孟夏二辰六診甲子
無差聖帝哲王咸有瑞命之紀蓋所以神明寶
位幽贊禎符欲使逐鹿弭謀窺覦不作握河括
地綠文赤字之書言之詳矣爰逮道至天而甘
露下德洞地而醴泉出金芝玄秬之祥朱草白
烏之瑞斯固不可誣也若夫衰世德奘而嘉應
不息斯固天道茫昧難以數推亦由明主居上
而震蝕之災不弭百靈咸順而懸象之應獨違
今立符瑞志以補前史之闕地理參差事難該
辨魏晉以來遷徙百計一郡分爲四五一縣割
成兩三或昨屬荊豫今隸司兗朝爲零桂之士

夕爲廬九之民去來紛擾無暫息版籍爲之
渾淆職方所不能記自戎狄內侮有晉東遷中
土遺岷播徙江外幽并冀雍兗豫青越之境幽
淪寇逆自扶莫而襄足奉首免身於荊越之百
郡千城流寓比室人仵鴻鴈之哥士著懷本之
念莫不各樹邦邑思復舊井旣而民單戶約不
可獨建故魏邦而有韓邑齊縣而有趙民且省
置交加日回月徙寄寓遷流迄無定託邦名邑
號難或詳書大宋受命重啓邊隙淮北五州翦
爲寇境其或奔亡播遷復立郡縣斯則元嘉泰
始同名異實今以班固馬彪二志晉宋耙居凡
諸記註悉加推討隨條辨析使悉該詳百官置
省備有前說尋源討流於事爲易元嘉中東海
何承天受詔纂宋書其志十五篇以續馬漢
志其證引該博者即而因之亦由班固馬遷共
爲一家者也其有漏闕及何氏後事備加按采
隨就補綴焉淵流浩漫非孤學所盡足塞途遙
豈短策能運雖斟酌前史備觀妍蚩而愛奢

異情取捨殊意毋合毫握簡杼軸志食終不
足與班左馳騁董南齊變庶爲後之君子削葦
而巳焉

黃帝使伶倫自大夏之西阮隃之陰取竹之嶰
谷生其竅厚均者斷兩節間而吹之以爲黃鍾
之宮制十二管以聽鳳鳴以定律呂夫聲有清
濁故協以宮商形有長短故檢以丈尺器有大
小故定以斛斗質有輕重故平以鈞石故虞書
曰乃同律度量衡然則律呂宮商之所由生也

夫樂有器有文有情有官鐘鼓干戚樂之器也
屈伸舒疾樂之文也論倫無患樂之情也欣喜
歡愛樂之官也是以君子反情以和志廣樂以
成教故能情深而文明氣盛而化神和順積中
而英華發外故曰樂者心之動也聲者樂之象
也周禮曰乃奏黃鍾舞雲門以祀天
神乃奏太蔟哥應鐘舞咸池以祭地祇四望
山川先祖各有其樂又曰圜鍾爲宮黃鍾爲徵
姑洗爲羽雷鼓雷鼗孤竹之管雲和之琴瑟雲

門之舞冬日至於地上之圜丘奏之若樂六變
則天神皆降可得而禮矣地祇人鬼禮亦如之
其可以感物與化若此之深也道始於一生
二二生三三而九故黃鍾之數六分而爲雄
十二鐘鐘以三成故置一而三之凡積分十七
萬七千一百四十七爲黃鍾之實故黃鍾位子
主十一月下生林鐘林鍾之數五十四六月
上生太蔟太蔟之數七十二主正月下生南呂
南呂之數四十八主八月上生姑洗姑洗之數

六十四主三月下生應鐘應鐘之數四十三主
十月上生蕤賓蕤賓之數五十七主五月上生
大呂大呂之數七十六主十二月下生夷則夷
則之數五十主七月上生夾鐘夾鐘之數六十
七主二月下生無射無射之數四十五主九月
上生中呂中呂之數六十主四月極不生姑洗
洗姑洗生應鐘不比於正音故爲和應鐘生蕤
賓蕤賓生大呂大呂生夷則夷則生夾鐘夾鐘
生無射無射生中呂中呂上生執始執始下生
去滅上下相生終於南事六十音皆差之以爲

故爲繆繆音相干也周律故有繆
日冬至音比
林鍾浸以濁日夏至音比黃鍾浸以清以十二
月律應二十四時甲子中呂之徵也丙子夾鍾
之羽也戊子黃鍾之宮也庚子無射之商也壬
子夷則之角也古人爲度量輕重皆生乎天道
黃鍾之律長九寸物以三生三九三九二十
七故幅廣二尺七寸古之制也而爲桑有形即有聲
音之數五以五乘八五八四十尺爲四四者中

人長八尺尋自倍故八尺而爲丈八尺相生故
粟而當一寸律以當辰音以當日日之數十故
十寸而爲尺十尺爲丈其以爲重十二粟而當
定而禾執律之數十二故十二標而當一粟一（標禾穟也　穟）
人之度也一四爲制秋分而禾穟定
左右因而倍之故二十四銖而當一兩天有
四時以成一歲因而四之四十六故十六
兩而一斤三月而一時三十日一月故三十
斤而爲一鈞四時而一歲故四鈞而一石其

爲音也一律而生五音十二律而爲六十音因
而六之六三十六故三百六十音以當一歲
之日故律曆之數天地之道也下生者倍以三（律以當辰謂子爲黃鍾丑……律生於辰）
除之上生者四以三除之揚子雲曰聲生於日（謂甲已爲角乙庚爲商丙辛爲徵丁壬爲羽戊癸爲宮）
之屬　聲以情質（質行本情爲正……）
當以律管鍾均之聲　和其清濁之聲律相協而八音生　和宮商角
徵羽謂之五聲金石匏革絲竹土木謂之八音
和音諧具謂五樂夫陰陽和則景至律氣應

聲和音諧具謂五樂
則灰除是故天子常以冬夏至御前殿合八能
之士陳八音聽樂均度晷景候鍾律權土炭效
陰陽冬至陽氣應則樂均清景長極黃鍾通土
炭輕而衡仰夏至陰氣應則樂均濁景短極蕤
賓通土炭重而衡低進退於先後五日之中八
能各以候狀聞大史令封上效則和否則占候
氣之法爲室三重戶閉塗釁周密布緹縵室中
以木爲案每律各一內庳外高從其方位加律
其上以葭莩灰抑其內端案曆而候之氣至者

次去散人及風所動者其灰聚殿中候用玉律
十二唯二至乃候取弘農宜陽縣金門山竹
為灰三代陵遲音律失度漢興此平矣張著
始定律曆孝武之世置協律之官元帝時郎
中京房知五音六十律之數受學於小黃令焦
延壽其下生上生終於南事而六十律畢矣中
呂上生執始終於中呂而十二律畢矣夫
六十四也宓義作易紀陽氣之初以為律法建
矣夫十二律之變至於六十猶八卦之變至於

餘以次運行當日者各自為宮而商角徵羽以
類從焉禮運篇曰五聲六律十二管還相為宮
此之謂也以六十律分一朞之日黃鍾自冬至
變徵此聲氣之元五音之正也故各統一日其
角林鍾為徵南呂為羽應鍾為變宮蕤賓為
曰冬至之聲以黃鍾為宮太蔟為商姑洗為

律九寸中央一弦下有畫分寸以為六十律清
濁之節房言律詳其術施行於史官候部用
之續漢志具載其律準度數
漢章帝元和元年待詔候鍾律殷彤上言官
無曉六十律以準調音者故待詔嚴崇具以準
法教子男宣願召宣補學官主調樂器詔曰崇
子學審曉律別其族協其聲者審試不得依
託父學以聲為聽聲微妙獨非莫知是莫曉
以律錯吹能知十二律不失一乃為能傳崇

學耳試宣十二律其二中其四不中其六不知
何律宣遂罷自此律家莫能為準靈帝熹平
六年東觀召典律者太子舍人張光等問準意
光等不知歸閒開舊律藏乃得其器形制如房書猶
不能定其絃緩急音不可以書曉人知之者欲教
而無從心達者體知而無師故史官能辨清濁
者遂絕其可以相傳者唯候氣而已
房又曰竹聲不可以度調故作準以定數準之
始及冬至而復陰陽寒燠風雨之占於是生焉
狀如瑟長丈而十三弦隱間九尺以應黃鍾之

黃鍾九寸	舊律度	新律度
九寸	舊律分	新律分
	十七萬七千	十七萬七千一
		新律分十三分六

【宋書志一】

一𪏋彊

林鐘六寸　六寸𪏋　　　百四十七　百四十七

太簇八寸　八寸𪏋　　　九十八　百九六十五

南呂五寸二五寸三分六十萬四千九十萬五千...

姑洗七寸分七寸一分五𪏋彊少...

分三𪏋彊　𪏋少...

應鐘四寸七四寸七分九𪏋彊...

蕤賓六寸三六寸三分八十二...

分二𪏋少　𪏋少...

大呂八寸四分八寸四分九...

二𪏋彊大　𪏋大...

夷則五寸夯五寸七分...

一𪏋彊大　𪏋彊...

夾鐘七寸四七寸五分𪏋...

分九𪏋彊少...

黃鍾八寸八寸九寸...

分六𪏋彊半...

中呂六寸六寸七分七𪏋...

分六𪏋彊半...

無射四寸九四寸九分𪏋...

分九𪏋彊少...

分八𪏋弱...

【宋書志二】

論曰律呂相生皆三分而損益之先儒推十二律從

約之是為上生故漢志云三分損一下生林鐘三

分益一上生太簇無射既上生中呂則中呂又

子至亥每三之凡十七萬七千一百四十七而三

當上生黃鍾然後五聲六律十二管還相為宮

今上生不及黃鍾實二千三百八十四九約實

一千九百六十八為一分此則不周九寸之律又

一分有奇當得還為宮乎凡三分益一為上生

三分損一為下生此其大略猶周天斗分四分

之一耳京房不思此意比十二律微有所增方

引而伸之中呂上生執始執始下生去滅至于

南事爲六十律竟復不合彌益其踈班氏所志

未能通律呂本源徒訓角爲觸徵爲祉陽氣施

種於黃鍾如斯之屬空煩其文而爲辭費又推

九六欲符劉歆三統之數假託非類以飾其說

皆孟堅之妄矣

蔡邕從朔方上書云前漢志但載十律不及六

十六律尺寸相生司馬彪皆已志之漢末亡失

雅樂黃初中鑄正始玉巧有意思形器之中多

宋書志一 十三

所造作協律都尉杜夔令玉鑄鍾其聲清濁

多不如法數毀改作王甚猒之謂夔清濁任意更

相訴自於魏王魏王取玉所鑄鍾雜錯更試然後

知夔爲精於是罪玉及諸子皆爲養馬主晉太

始十年中書監荀勗中書令張華出御府銅

竹律二十五具部太樂郎劉秀等校試其三具

與杜夔及左延年律法同其二十二具視其銘

題尺寸是笛律也問協律中郎將列和辭音魏

明帝時令和承受笛聲以作此律欲使學者別

居一坊哥詠講習依此律調至於都合樂時但

識其尺寸之名則絲竹哥詠皆得均合哥聲濁者

用長笛長律哥聲清者用短笛短律比絲哥調

張清濁之制不依笛尺之則不可知也勖

等秦曰先王之作樂也以振風蕩俗饗神佐賢

必協律呂之和以節八音之用是故郊祀朝宴

用之有制哥奏分叙清濁有宜故曰五聲十二

宋書志一 十四

律還相爲宮此經傳記籍可得而知者也如和

對辭笛之長短無所象則率意而作不由曲度

哥詠從之爲正非所以稽古先哲垂憲于後者

依律是爲作笛無法而寫笛造律又令琴瑟

先師傳笛別其清濁直以長短工人裁制舊不

考以正律皆不相應吹其聲均多不諧合又辭

也謹條牒諸律問和意狀如左及依典制用十

二律造笛像十二枚聲均調和器用便利講肄

彈擊必合律呂況平宴饗萬國泰之廟堂者

哉雖伶夔曠遠至音難精猶宜形古昔以求厥

衷合于經禮於制爲詳若可施用請更部笛上

選竹造作太樂樂府施行平議諸杜夔左延年
律可皆留其御府笛正聲下徵各一具皆銘題
作者姓名其餘無所施用還付御府毀奏可勗
又問和作笛爲可依十二律作十二笛令一孔
依一律然後乃以爲樂不和辭太樂東廂長笛
正聲已長四尺二寸令當復取其下徵之聲於
法聲濁者笛當長計其尺寸乃五尺二寸有餘和昔
日作之不可吹也又笛諸孔雖不校試意謂不能
得一孔輒應一律也案太樂四尺二寸笛正聲

三百九四　宋志一　十五　就　贲

均應難賓以十二律還相爲宮推法下徵之孔
當應律大呂大呂笛長二尺六寸有奇不得長
五尺餘令大樂郎劉秀鄧昊等依律作大呂笛
以示和又吹七律一孔一校聲皆相應然後令
郝生鼓箏宋同吹笛以爲雜引相和諸曲和乃
辭曰自和父祖漢世以來笛家相傳不知此法
而令調均與律相應實非所及也郝生魯基種
整朱夏皆與和同又問和笛有六孔及其體中
之空爲七和爲能盡名其宮商角徵不孔調與

不調以何檢知和辭先師相傳吹笛但以作曲相
語爲某曲當與某指初不知七孔盡應何聲也
若當作笛其仰尚方笛工依案舊像訖但吹取
鳴者初不復校其諸孔調與不調也案周禮
調樂金石有一定之聲是故造鍾磬者先依律
調之然後施於廂懸作樂之時諸音皆受鍾磬
之均即爲悉應律也至於饗宴殿堂之上無
廂懸鍾磬以笛有一定調故諸絃歌皆從笛爲
正是爲笛猶鍾磬且必合於律呂如和所對直

三百九三　宋志一　十六　就　贲

輒部郎劉秀鄧昊王豔魏邵等共作
調與不調無以檢正唯取之鳴者爲無法制
下清濁之調當以何名之和辭每合樂時隨哥
均和協又問和若不知律呂之義作樂音均高
笛工人造其形律者定其聲然後器象有制音
以意造率短一寸七孔聲均不知其皆應何律
者聲之清濁用笛有長短假令聲濁者用三尺
二笛因名曰此三尺二調也聲清者用二尺九
笛因名曰此二尺九調也漢魏相傳施行皆然

案周禮奏六樂乃奏黃鍾哥大呂乃奏太蔟哥

應鍾皆以律呂之義紀哥奏清濁而和所稱以

二尺三尺為名雖漢魏用之俗而不典郎劉

秀鄧具等以律作笛三尺二寸者應無射

若宜用長笛執樂者曰請奏無射周語曰無射

所以宣布哲人之令德示民軌儀也二尺八寸

四分四氂應黃鍾之律若宜用短笛執樂者曰

請奏黃鍾周語曰黃鍾所以宣養六氣九德也

是則哥奏之義當合經禮考之古典於制為雅

書曰予欲聞六律五聲八音在治七始周禮載

六律六同禮記又曰五聲十二律還相為宮劉

歆班固蔡律曆志亦紀十二律維京房始創六

十律至章帝時其法已亡蔡邕雖追紀其言

亦曰今無能為者依案古典及今音家所用六

十律者無施於樂謹依典記以五聲十二律還

相為宮之法制十二笛象記立圖側如別省圖

不如視笛之了故復重作蕤賓伏孔笛其制云

黃鍾之笛正聲應黃鍾下徵應林鍾長二尺

八寸四分四氂有奇

調法黃鍾為宮

第一應鍾為變宮

第二南呂為羽

第三林鍾為徵

第四蕤賓為變徵

第五姑洗為角

大蔟為商

正聲調法黃鍾為宮

生徵黃鍾生林鍾也

生羽太蔟生南呂也

生商林鍾生太蔟也

羽生角南呂生姑洗也

角生變宮姑洗生應鍾也

變宮生變徵應鍾生蕤賓也

蕤賓也

下徵調法林鍾為宮 本正聲黃鍾之商今為下徵故曰黃鍾之商

應鍾為角 變宮今為下徵之角也本正聲黃鍾以為變徵及太蔟應鍾之聲則俱發黃鍾及太蔟之間俱發三孔而徵清則正聲黃鍾清矣諸笛下徵之調孔轉上轉清也

南呂為商 之羽今為下徵之商

黃鍾為變徵 之角今為下徵之變徵也本無大

太蔟為徵 笛後出孔本正聲黃鍾之商也然則清角之

蕤賓為變宮 第三孔本正聲黃鍾之羽今為下徵之變宮也本正聲黃鍾之變宮也假用之法當變宮之法林鍾下轉濁上轉清也

姑洗為羽 第二孔也本正聲黃鍾之徵今為下徵之羽也

調以沽洗為宮 即是笛體中翁聲也於正聲為角於下徵之變宮乃以為宮而哨吹令清故本正聲林鍾為角於下徵之調唯宮商又徵與律相應餘四聲調求變徵之法皆如此

蕤賓為商 非正也清角之調雅詩諸俗之曲不合於雅樂也

南呂為變徵 也正角

應鍾為徵 林鍾為羽非正也

林鍾為角 非正

太蔟為變宮 非正也清角之調非正者皆濁一律哨吹令清假而用之其例也

凡笛體用角律其長者八之 林鍾為羽

空中實容長者十六 十笛皆然短者四之餘其四角皆也短笛竹宜受八律之黍笛竹短大小不齊均取其聲均也

太蔟為變宮 此或器用不便聲之庳等均法度之庫上大下小不能均齊必不得已取其聲均也

伏孔四所以便事用也 一曰正角出於商上者也三 一曰倍角近笛下者也二

法或倍或半其使事用例皆一者也

【宋書志一】 十九 二十 二十一變也 三宮

南呂之笛正聲應南呂下徵應姑洗長三尺三

寸 周語曰夷則所以詠歌九州平民無貳也變宮之法亦如蕤賓體用四角故四分益之

夷則之笛正聲應夷則下徵應夾鍾長三尺六 周語曰四間林鍾和展百事俾莫不任肅純恪

七十九分七氂有奇

林鍾之笛正聲應林鍾下徵應太蔟長三尺 周語曰三間中

十三分三氂有奇

蕤賓之笛正聲應蕤賓下徵應大呂長三尺 周人卛義所以安靜神人獻酬交酢變宮近孔故

九十九分五氂有奇 陪半令下便於用也林鍾亦如之

姑洗之笛正聲應姑洗下徵應應鍾長二尺二 周語曰二間夾鍾出四隙之細也

十三分一氂有奇 金奏贊陽出滯也

夾鍾之笛正聲應夾鍾下徵應無射長二尺四寸

十六分三氂有奇 呂助宣物也

太蔟之笛正聲應太蔟下徵應南呂長二尺五 周語曰大蔟所以

十三分一氂有奇

大呂之笛正聲應大呂下徵應夷則長二尺六 周語曰元間大呂助宣物也

寸

【宋書志二】 二十

寸七分　周語曰五間南呂贊陽秀也

無射之笛正聲應無射下徵應中呂長三尺二寸　周語曰無射所以宣布哲人之令德示民軌儀也

應鐘之笛正聲應應鐘下徵應蕤賓長三尺九寸九分六氂有奇　周語曰六間應鐘均利器用伊應復也

勗又以魏杜夔所制律呂檢校太樂總章鼓吹八音與律乖錯始知後漢至魏尺度漸長於古四分有餘慶夔為律呂故致失韻及部佐著作即劉恭依周禮更積秦氂度以鑄新律既成慕

人縣鐸於牛其聲甚韻至是掘得此鐸以調律鐘以律命之不叩而自應初勗行道逢趙郡商求古器得周時五律比之不差毫氂又漢世故

晉武帝以勗律與周漢器合乃施用之散騎侍郎阮咸譏其聲高非興國之音咸以後掘地得古銅尺果長勗尺四分時人咸服其妙

元康中裴顏以為醫方民命之急而稱兩不與古同為害特重宜因此改治權衡不見省

呂焉

黃鐘箱笛晉時三尺八寸元嘉九年太樂令鐘宗之減為三尺七寸十四年治書令史奚縱又減五分為三尺六寸五分　列和云東箱長笛四尺二寸也　太簇箱笛晉時三尺七寸宗之減為三尺三寸七分縱又減一寸一分為三尺二寸宗之減為三尺時三尺五寸宗之減六分姑洗箱笛晉分為二尺九寸二分蕤賓箱笛晉時二尺九寸宗之減為二尺六寸縱又減二分為二尺五寸

八分

宋志第一　宋書十一

曆上

臣　沈　約　新撰

夫天地之所賾者生也萬物之所尊者人也役
智窮神無幽不察是以動作云為皆應天地之
象古先聖哲擬辰極制渾儀夫陰陽二氣陶育
羣品精象所寄是為日月羣生之性章為五才
五才之靈五星是也曆所以擬天行而序七耀
紀萬國而授人時黃帝使大撓造六甲容成制

曆象羲和占日常儀占月少昊氏有鳳鳥之瑞
以鳥名官而鳳鳥氏司曆顓頊之代南正重司
天北正黎司地堯復育重黎之後使治舊職分
命羲和欽若昊天故虞書曰朞三百有六旬六
日以閏月定四時成歲及其後授舜曰天之曆數
在爾躬舜亦以命禹爰及殷周二代皆胤業革
制而服色從之順其時氣以應天道萬物羣生
蒙其利澤三王既謝史職廢官故孔子正春秋
以明司曆之過秦兼天下自以為水德以十月

為正服色上黑漢興襲秦正朔北平侯張蒼首
言律曆之事以顓頊曆比於六曆所失差近太
用至武帝元封七年太中大夫公孫卿壺遂太
史令司馬遷等言曆紀廢壞宜改正朔易服色
所以明受之於天也乃詔遂等造漢曆選鄧平
長樂司馬可及人間治曆者二十餘人方士唐
都分天部落下閎運算轉曆其法積八十一寸
則一日之分也閎與鄧平所治同於是皆觀星
度日月行更以算推如閎平法一月之日二十

九日八十一分日之四十三詔遷用鄧平所造
八十一分律曆以平為太史丞至元鳳三年太
史令張壽王上書以為元曆使者鮮于妄人與
陽不調更曆之過詔下主曆使者鮮于妄人與
治曆大司農中丞麻光等二十餘人雜候晦朔
弦望二十四氣又詔丞相御史大將軍右將軍
史各一人雜候上林清臺課諸疏密凡十一家起
三年盡五年壽王課疏遠又漢元年不用黃帝
調曆效劾壽王逆天地大不敬詔勿劾復候盡

六年太初曆第一壽王曆乃太史官殷曆也壽
王再刻不服音下吏至孝成時劉向揔六曆列
是非作五紀論向子歆作三統曆以說春秋屬
辭比事雖盡精巧非其實也班固謂之密要故
漢曆志述之校之何承天等六家之曆雖六元
不同分章或異至今所羌或三日或二日數時
考其遠近率皆六國及素時人所造其術斗分
多上不可檢於春秋下不驗於漢魏雖復假稱
帝王祇足以惑時人耳

光武建武八年太僕朱浮上言曆紀不正宜當
改治時所羌尚微未達考正明帝永平中待詔
楊岑張盛景防等典治曆偧改易加時弦望未
能綜校曆元世至元和二年太初失天益遠未
度相覺浸多候者皆知日宿差五度冬至之
日在斗二十一度晦朔弦望先天一日章帝召
治曆編訢李梵等綜核意狀遂下詔書稱春秋
保乾圖曰三百年斗曆改憲史官用太初鄧平
術有餘分一在三百年之域行度轉羌浸以繆

錯琁機不正文象不稽冬至之日日在斗二十
二度先立春一日則四分之一立春日也而以折
獄斷大刑於氣已逆用望平和蓋亦遠矣今改
行四分以遵堯順孔奉天之文同心敬授僬獲
咸熙於是四分法施行黃帝以來諸曆以為冬
至在牽牛初者皆黜焉和帝永元十四年待詔
太史霍融上言官漏刻率九日增減一刻不與
天相應或時差至二刻半不如夏曆密其年十
一月甲寅詔曰漏所以節時分定昏明昏明長

短起於日去極遠近日道周圜不可以計率分
官漏九日增減一刻違失其實以昏景為刻
近有驗今下暴景漏列四十八箭其二十四氣
日所在并黃道去極晷景漏刻昏明中星並
列載于續漢律曆志安帝延光三年中謁者
亶誦上書三當用甲寅元河南梁豐云當復
用太初尚書郎張衡周興皆審曆數難誦豐
或不能對或云失誤衡等參案儀注考往校今
以為九道法最密詔下公卿詳議太尉愷等參

議太初過天一度月以晦見西方元和改從四
分四分雖密於太初復不正皆不可用甲寅元
與天相應合圖讖可施行議者不同尚書令忠
上奏天之曆數不可任從虛以非易是宣等
遂寢靈帝熹平四季五官郎中馮光沛相上計
掾陳晃等言曆元不正故盜賊為害曆當以甲
寅為元不用庚申乙本庚申元經緯明文詔下
三府與儒林明道術者詳議羣臣會司徒府集
議議郎蔡邕曰曆數精微術無常是漢興承秦
曆用顓頊元用乙卯百有二歲孝武皇帝始改
太初元用丁丑行之百八十九歲孝章帝改從
四分元用庚申今炎等以庚申為非甲寅為是
按曆法黃帝顓頊夏殷周魯各自有元炎所
援則殷曆元也昔始用太初丁丑之後六家紛
錯爭詔是非張壽王挾甲寅元以非漢曆雜侯
清臺課在下第太初效驗無所漏失是則雖非
圖讖之元而有效於前者也及用四分以來考
之行度密於太初是又新元有效於今者也故

延光中詹誦亦非四分言當用甲寅元公卿参
議竟不施行且三光之行遲速進退不必若一
故有古今之術今術之不能上通於古亦猶古
術不能下通於今也又炎以考靈耀元和二
季用至今九十二歲而光晃言陰陽不和姦臣
十八宿度數至日所在錯異不可參校元和二
者所能變易三公從邕議以光晃不敬正晃薪
盜賊皆元之咎元詔書文備義等非羣臣議
法詔書勿治皋
何承天曰夫曆數之術若心所不達雖復通人
前識無救其為敝也是以多歷季歲未能有定
四分於天出三百季而盈一日積代不悟徒云
建曆之本必先立元假言讖緯遂關治亂方於
為蔽亦已甚矣劉歆三統法尤復疏闊於四
分六千餘季又益一日揚雄心惑其說采為太
玄季始用三統曆施行百有餘季曾不憶劉歆
元季始著于漢志司彪因曰自太初
玄班固謂之最密著于漢志司彪因曰自太初
之生不逮太初二三君子言曆數乎不知而安

光和中穀城門候劉洪始悟四分於天疏闊更
以五百八十九為紀法百四十五為斗分造乾
象法又制遲疾曆以步月行方於太初四分轉
精微矣又魏文帝黃初中太史丞韓翊以為乾象
減斗分太過後當先天造黃初曆以四十八百
八十三為紀法一千二百五十五為斗分其後尚書

黃初之元以四分曆久遠疏闊大魏受命宜正
今陳羣奏以為曆數難明前代通儒多共紛爭
疑尺丈竟無時而決按三公議皆綜盡曲理殊
相參校曆三秊更相是非本即末爭長短而
曆明時韓翊首建黃初猶恐不審故以乾象互
失足定合於事宜奏可明帝時尚書郎楊偉制
塗同歸欲使效之璿機各盡其法一秊之閒得
景初曆施用至于晉宋古之為曆者鄧平能修
舊制新劉洪始減四分又定月行遲疾楊偉斟
酌兩端以立多少之衷因曆積分設差以推合
朔月蝕此三人漢魏之善曆者然而洪之遲疾

不可以檢春秋偉之五星大乖於後代斯則洪
用心尚疏偉拘於同出上元壬辰故也
魏明帝景初元秊改定曆數以建丑之月為正
改其秊三月為孟夏四月其孟仲季月雖與正
歲不同至於郊祀迎氣祭祠巡狩蒐田分
至啓閉班宣時令皆以建寅為正三秊正月帝
崩復用夏正楊偉表曰臣揽載籍斷考曆數
以紀農月以紀事其所由來遠而尚矣乃自少
昊則玄鳥司分顓頊帝嚳則重黎司天唐帝虞

舜則羲官掌日三代因之則世有日官日官司
曆則頒之諸侯諸侯受之則頒于境內夏后之
代羲和涒滘廢時亂日則書載胤征由此觀之
審農時而重人事者歷代然也逮至周室既衰
戰國橫騖告朔之羊廢而不紹登臺之禮滅而
不遵閏分乖次而不識孟陬失紀而莫悟大火
猶西流而怪蟄蟲之不藏也是時也天子不恤
時司曆不書日諸族不受職日御不分朔人事
不恤廢棄農時仲尼之撥亂於春秋託襄隉紀

正司曆失閏則識而書之登臺頒朔則謂之有
禮自此以降暨于秦漢乃復以孟冬為歲首閏
為後九月中節乖錯時月紕繆加時後天餁不
在朔累載相久而不革也至武帝元封七季始
乃需其緫需於是改正朔更曆數使大才通人
造太初曆校中朔所差以正閏分課中星得度
以考其疏密以建寅之月為正朔以黃鐘之月為
曆初其曆斗分太多後遂疏闊至元和二季復用
四分曆施而行之至于今日考察日餁率常在
晦是則斗分太多故先密後疏而不可用也是
以臣前以制典餘日推考天路楷之前典驗之
食朔詳而精之更建密歷則不先不後古今中
天以昔在唐帝協日正時允釐百工咸熙廢續
也欲使當今國之典禮凡百制度皆轢合往古
郁然備足乃改正朔更曆數以大呂之月為歲
首以建子之月為曆初臣以為昔在帝代則法
曰顓頊彙首軒轅則曆曰黃帝暨至漢之孝武
革正朔更曆數改元曰太初因名太初曆今改

九

元為景初宜曰景初曆臣之所建景初曆法數
則約要施用則近密治之則省功學之則易知
雖復使研桑心筭隸首運籌重黎司晷羲和察
景以考天路步驗日月究極精微盡術數之極
者皆未如臣如此之妙也是以累代曆數皆疏
而不密自黃帝以來改革不已
壬辰元以元至景初季丁巳歲積四千四十
六筭上此元以天正建子黃鐘之月為曆初元
首之歲夜半甲子朔旦冬至

元法萬一千五十八
紀法千八百四十三、
紀月二萬二千七百九十五
章歲十九
章月二百三十五
章閏七
通數十三萬四千六百三十
日法四千五百五十九
餘數九千六百七十

十

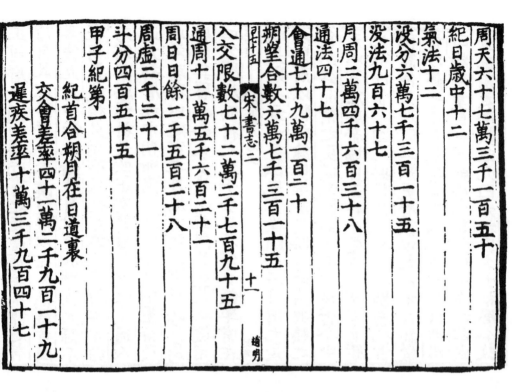

周天六十七萬三千一百五十

紀日歲中十二

氣法十二

沒法九百六十七

沒分六萬七千三百一十五

通法四十七

月周二萬四千六百三十八

會通七十九萬一千二十

朔望合數六萬七千三百一十五 己七十五

入交限數七十二萬二千七百九十五

通周十二萬五千六百二十一

周日日餘二千五百二十八

周虛二千五百三十一

斗分四百五十五

甲子紀第一

紀首合朔月在日道裏

交會差率四十一萬二千九百二十九

遲疾差率十萬三千九百四十七

趙明

甲戌紀第二

紀首合朔月在日道裏

交會差率五十一萬六千五百二十九

遲疾差率七萬三千七百六十七

甲申紀第三

紀首合朔月在日道裏

交會差率六十二萬三千二百三十九

遲疾差率四萬三千五百八十七

甲午紀第四

紀首合朔月在日道裏

交會差率七十二萬三千七百四十九

遲疾差率一萬三千四百七

甲辰紀第五

紀首合朔月在日道裏

交會差率十三萬七千二百四十九

遲疾差率十萬八千八百四十八

甲寅紀第六

紀首合朔月在日道裏

明趙

交會差率十四萬八千八百五十九

遲疾差率七萬八千六百六十八

交會紀差十萬三千六百二十求其數之所生
者置一紀積月以通數乘之會通去之所去之
餘紀差之數也以之轉加前紀則得後紀加之
未滿會通者則紀首之歲天正合朔月在日道
裏滿去之則月在日道表加表滿在裏加裏滿
在表

遲疾紀差三萬一百八十求其數之所置
一紀積月以通數乘之通周去之餘以減通
周所減之餘紀差之數也以之轉減前紀則得後
紀不足減者加通周

求次元紀差率轉減前元甲寅紀差率餘則
次元甲子紀差率也求次紀如上法

推朔積月術曰置壬辰元以來盡所求年外所
求以紀法除之所得筭外所入紀第也餘
紀年數以章月乘之如章歲而一為積月以
盡為閏餘閏餘十二以其年有閏閏月不

推朔術曰以通數乘積月為朔積分如日法而
一為積日不盡為小餘以六十去積日餘為大餘
大餘命以紀筭外所求天正十一月朔日也
求次月加大餘二十九小餘二千四百二十九小
餘滿日法從大餘命如前次月朔日也小餘二千
一百四十以上其月大也

推弦望加朔大餘七小餘千七百四十四小分一
小分滿二從小餘小餘滿日法從大餘大餘滿

六十去之餘命以紀筭外上弦日也又加得望
下弦後月朔其月蝕望者定小餘如所近中節
間限限數以下者筭上為日望在中節前後各
四日以還者視限數望在中節前後各五日以
上者視閒限

推二十四氣術曰置所入紀年外所求以餘數
乘之滿紀法為大餘不盡為小餘大餘滿六十
去之餘命以紀筭外天正十一月冬至日也
求次氣加大餘十五小餘四百二十一小分十一小

分滿氣法從小餘滿紀從大餘命如前次氣日也

推閏月術曰以閏餘減章歲餘以歲中乘之滿章閏得一月餘滿半法以上亦得一月數從天正十一月起筭外閏月也閏有進退以無中氣御之

大雪十一月節	限數千二百四十二	間限千二百四十八
冬至十一月中	限數千二百五十四	間限千二百四十五
小寒十二月節	限數千二百三十五	間限千二百二十四
大寒十二月中	限數千二百一十三	間限千一百九十二
立春正月節	限數千一百七十二	間限千一百三十七
雨水正月中	限數千一百一十二	間限千九十三
驚蟄二月節	限數千六十五	間限千二十五
春分二月中	限數千八	間限九百七十九
清明三月節	限數九百五十一	間限九百二十五
穀雨三月中	限數九百	間限八百七十九
立夏四月節	限數八百五十七	間限八百四十
小滿四月中	限數八百二十二	間限八百一十三

芒種五月節	限數八百	間限七百九十九
夏至五月中	限數七百九十八	間限八百
小暑六月節	限數八百五	間限八百一十五
大暑六月中	限數八百二十五	間限八百四十二
立秋七月節	限數八百五十九	間限八百八十三
處暑七月中	限數九百七	間限九百三十五
白露八月節	限數九百六十二	間限九百九十二
秋分八月中	限數千二十一	間限千五十一
寒露九月節	限數千八十	間限千一百七
霜降九月中	限數千一百三十三	間限一百五十七
立冬十月節	限數千一百八十	間限千一百九十八
小雪十月中	限數千二百一十五	間限千二百二十九

推沒滅術曰因冬至積日有小餘者加積一以沒分乘之以沒法除之所得爲大餘不盡爲小餘大餘滿六十去之餘命以紀筭外即去季冬至後沒日也

求次沒加大餘六十九小餘五百九十二小餘滿沒法得一從大餘命如前小餘盡爲滅也

推五行用事日立春立夏立秋立冬亥者即木火
金水始用事日也各減其大餘十八小餘四百八
十三小分六餘命以紀筭外各四立之前土用事
日也大餘不足減者加六十小餘不足減者減大
餘一加紀法小分不足減者減小餘一加氣法

推卦用事日因冬至大餘六其小餘坎卦用事
日也加小餘萬九千九十一滿元法從大餘即中孚
用事日也

求次卦各加大餘六小餘九百六十七其四正
名因其中日六其小餘

推日度術曰以紀法乘朔積日滿周天去之餘
以紀法除之所得爲度度從牛前
五起宿次除之所不滿爲宿則天正十一月朔夜半
日所在度及分也

一度

求次日日加一度分不加經斗除斗分分少退

推月度術曰以月周乘朔積日滿周天去之餘
以紀法除之所得爲度不盡爲分命如上法則

天正十一月朔夜半月所在度及分也

求次月小月加度二十二分八百六大月又加
一日度十三分六百七十九分滿紀法得一度
則次月朔夜半月所在度及分也其冬下旬夕
在張心署也

推合朔度術曰以章歲乘朔小餘滿紀法得大
分不盡爲小分以大分從朔夜半日度分滿紀
法從度度命如前則天正十一月合朔日月所共

合度也

求次月加度二十九大分九百七十七小分四
十二小分滿通法從大分大分滿紀法從度經
斗除其分則次月合朔日月所在度也

推弦望日所在度加合朔度分滿紀法從度命如前則上弦日所在
分十微分一微分滿二從小分小分滿通法從
大分大分滿紀法從度命如前則上弦日所在
度也又加得望下弦後月合也

推弦望月所在度加合朔度分滿九十八大分千二
百七十九小分三十四數滿命如前即上弦月

所在度也又加得望下弦後月合也

推日月昏明度術曰日以紀法月以月周乘所
近節氣夜漏二百而一爲明分日以減紀法月
以減月周餘爲昏分各以加夜半如法爲度

推合朔交會月蝕術曰置所入紀朔積分以所
入紀交會月差率之數加之以會通去之則所
求本天正十一月合朔去交度分也以通數加
之以會通去之餘則次月合朔去交度分也以
朔望合數各加其月合朔去交度分滿會通去
之餘則各其月望去交度分也朔望去交分加
朔望合數以下入交限數以上者朔則交會望
則月蝕

推合朔交會月蝕月在日道表裏術曰置所入
紀朔積分以所入紀下交會差率之數加之倍
會通去之餘不滿會通者紀首表天正合朔月
在表紀首裏天正合朔月在裏滿會通去之加
在裏裏在表

求次月以通數加之滿會通去之加裏滿在表

加表滿在裏先交會後月蝕者朔在表則望在
表朔在裏則望在裏先交會者看食日
朔在裏則望在表朔在表則望在裏交會月蝕
如朔望曹數以下則前交後會如入交限數以上
則前會後交其前交後會近於限數者則豫伺
之前月前會後交其前會後交近於限數者如

求去交度術曰其月望在前交後會者今去交度分如
日法而一所得則却去交度也其前會後交者
以去交度分減會通餘如日法而一所得則前
去交度餘皆以交度分也去交度十五以上雖交不
蝕也十以下是蝕十以上虧蝕微少光暈相及
而巳虧之多少以十五爲法

求日蝕虧起角術曰其月在外道先交後會者
虧蝕西南角起先會後交者虧蝕東南角起其
月在內道先交後會者虧食西北角起先會後
交者虧食東北角起虧食分多少如上以十五
爲法會交中者蝕盡月蝕在日之衝虧角與上
反也

月行遲疾度

日	月行度	損益率	盈縮積分	月行分
一日	十四度〈分十四〉	益三十六	盈初	二百八十
二日	十四度〈分十一〉	益二十三	盈積分十一萬八千五百三十四	二百八十
三日	十四度〈分八〉	益二十	盈積分二十二萬三千三百九十一	二百七十四
四日	十四度〈分五〉	益十七	盈積分三十一萬四千五百七十一	二百七十
五日	十四度〈分一〉	益十三	盈積分三十九萬二千七十四	二百六十七
六日	十三度〈分十四〉	益七	盈積分四十五萬二千三百四十一	二百六十一
七日	十三度〈分七〉	損	盈積分四十八萬三千二百五十四	二百五十四
八日	十三度〈分一〉	損六	盈積分四十八萬三千二百五十四	二百五十四
九日	十二度〈分十六〉	損十	盈積分四十五萬五千九百	二百四十八
十日	十二度〈分十三〉	損十三	盈積分四十一萬三千二百十	二百四十四
十一日	十二度〈分十一〉	損十五	盈積分三十五萬二千四百三十	二百四十一
十二日	十二度〈分八〉	損十八	盈積分二十八萬二千六百五十八	二百三十六

十三日　十二度〔分五〕　五百九十六　損二十一　盈積分二千萬

十四日　十二度〔分三〕　二百三十三　千八百五十七　損二十三　盈積分十萬四

十五日　十二度〔分五〕　二百三十一　損二十一　縮初

十六日　十二度〔分七〕　二百三十三　益十九　縮積分九萬五　千七百三十九

二十三

十七日　十二度〔分九〕　二百三十五　益十七　縮積分十八萬　二千三百六十

十八日　十二度〔分十二〕　二百三十七　益十四　縮積分二十五　萬九千八百六十三

十九日　十二度〔分十五〕　二百四十　益十一　縮積分三十二

二萬三千六百八十九　二百四十三

二十日　十二度〔分十六〕　七萬三千八百三十八　二百四十六　益八　縮積分三十

二十一日　一萬三百一十　二百五十

二十二日　十三度〔分七〕　二百五十　損　縮積分四十

二十四

二十三日　二萬八千五百四十六　二百五十四　損五　縮積分四十

一萬八千五百四十六

二十四日　十三度〔分十八〕　萬五千七百五十一　二百六十一　損十一　縮積分四十

二十五日　十四度〔分五〕　二百六十五　損十七　縮積分三十

五萬五千六百二
二百七十一
二十六日　十四度分十一　六百二十六　損二十三　縮積分二十
七萬八千六百九十
二百七十
二十六日　十四度分十一　有小分　損二十四　縮積分十七
七萬三千二百四十二
二百七十七
七十七日　十四度分十一　損二十五　百二十六　二十五
縮積分六萬三千八百二十六
二百七十八
周日　十四度　十三分有小　六百二十六　有小分六　百二十六
二百四十五

推合朔交會月蝕入遲疾曆術曰置所入紀朔
積分以所入紀下遲疾差率之數加之以通累
去之餘滿日法得一日不盡為日餘命日算外
則所求率天正十一月合朔入曆日也
求次月加一日餘四千四百五十日餘滿
日日餘三千四百八十九日餘滿日法成日日滿
二十七去之又除餘如周日餘日餘不足除者減

一日加周虛

推合朔交會月蝕定大小余以入曆日乘所入曆
損益率以損益盈縮積分為定積分以章歲減
所入曆月行分餘以除之所得以盈減縮加本小
交會加時在前月月蝕者隨定大小餘為日加時
餘加之滿日法者交會加時在後日減之不足者
入曆在周日者以周日日餘乘縮積分為定積分
以率以損乘入曆月日餘又以周日日餘乘之以周日
度小分并之以損定積分
餘分餘為後定積分以周日
二十六
減周日月行分餘以周日日餘乘之以周日度小分
并之以除後定積分
推加時以十二乘定小餘滿日法得一辰數從子起
筭外則朔望加時所在辰也有餘不盡者四之
如日法而一為少二為半三為太又有餘三之
如日法而一為強半以上排成之不滿半法廢弃
之以強并少為少強并半為半強并太為太強
得二強者為少弱以之并少弱以之并半
為大弱以之并太為一辰弱以所在辰命之則

各得其少太半及強弱也其月蝕望在中節前
後四日以還者視限數五日以上者視間限定小
餘如間限限數以下者以筭上為日

斗二十六 _{分四百五十五}

牛八

女十二

虛十

危十七

室十六

壁九

_{宋志二}

北方九十八度 _{分四百五十五} 二七

奎十六

婁十二

胃十四

昴十一

畢十六

觜二

參九

西方十度

井三十三

鬼四

柳十五

星七

張十八

翼十七

軫十七

_{宋書志二}

南方百一十二度 二十八

角十二

亢九

氐十五

房五

心五

尾十八

箕十一

東方七十五度

中節日所在度

節氣	日所在	日行黃道去極度	日中晷景	晝漏刻	夜漏刻	昏中星	明中星
冬至 十一月中	斗二十一少	百十五度	丈三尺	四十五	五十五	奎六 弱	元二 少強
小寒 十二月節	女二少	百十三 強	丈二尺三寸	四十五 分八	五十四 分二	婁五 強半	氐七 強半
大寒 十二月中	虛女半強	百十 弱大	丈一尺	四十六 分八	五十三 分二	胃十一 強大	心半
立春 正月節	危十太弱	百六 少弱	九尺六寸	四十八 分六	五十一 分四	畢五 弱少	尾七 弱半
雨水 正月中	室八太強	百 強					

斗十一弱

清明 三月節 胃一半

八十三 弱少

四尺寸 分五

五十八 分三

四十一 分七

星四 太

斗二十一半

穀雨 三月中 昴二大

七十七 彊大

六十 分五

三尺二寸

三十九 分五

張十七

牛六半

立夏 四月節 畢六太

七十三 弱少

二尺五寸 分二

七尺九寸 分五

五十分 八

四十九 分二

象六半 弱

箕弱

驚蟄 二月節 晷八彊

九十五 彊

六尺五寸

五十三 分三

四十六 分七

井十七 弱少

斗初少

春分 二月中 晷十四少彊

八十九 彊少

五尺二寸 分五

五十五 分八

四十四 分二

鬼四

六十二　四
三十七　六
翼十七　太
女十　弱少
小滿　四月中　參　四少弱
六十九　太
尺九寸　八
六十三　分九
三十六　分一
宋書志二
六十七　少弱
芒種　五月節　井　十半弱
危　弱太
角　弱太
尺六寸　分八
六十四　分九
三十五　分一
亢五　太
危十四　強

三十三

夏至　五月中　井　二　十五半強
六十七　強
尺五寸
六十五
三十五
氐十二　弱少
室十二　強
小暑　六月節　柳　三太強
六十七　強太
宋書志二
尺七寸
六十四　分七
三十五　分三
尾一　強太
奎二　強
大暑　六月中　星四強
七十
二尺
六十三　分八

三十四

三十六

尾十五半彊

婁三太

立秋七月節張 十二少

七十三彊

二尺五寸 太

六十二分三

三十七分七

箕九太彊

■宋書志二

胃九弱太

處暑七月中翼九半

七十八半彊

三尺三寸分三

六十分二

三十九分八

斗十少

畢三太

白露八月節軫六太

三十五

退弱

八十四彊少

四尺三寸分五

五十七分八

四十二分二

斗二十一彊

參五弱少

九十彊半

秋分八月中角五弱

五尺五寸分二

四十四分八

五十五分二

牛五少

井十六彊少

寒露九月節氐九半弱

九十六彊太

六尺八寸分五

五十二分六

四十七分四

大衍厤議三 宋書志二

三十六

一五六

女七太

㘇三少强　霜降九月中氐　十四少强

亘三弱

八尺四寸

平三分三

罕九分七

虚六太

星三太

▇宋志二

亥二十月節尾　四半强

三十七

百七少强

丈八寸分三

四十二分二

五十一分八

危八强

張十五强太

小雪十月中箕　一太强

百十一弱

右中節二十四氣如術求之得冬至十一月中也

加之得次月節加節得其月中中星以日所

求爲正置所求年二十四氣小餘四之如法得

一爲少不盡少三之如法爲强所以減其節氣

昏明中星各定

推五星術

丈一尺四寸

四十六分七

五十三分三

室三弱

翼十五太

大雪十一月節斗六

百千三强太

丈三尺五寸分六

四十五弱

▇宋志二

五十四分五

壁弱强半

軫十五弱少

三十八

五星者木曰歲星火曰熒惑土曰填星金曰太
白水曰辰星凡五星之行有遲有疾有逆
襄自開闢清濁始分則日月五星聚于星紀發
自星紀竝而行天遲疾靁逆互相逮及星與日
會同宿共度度則謂之合從合至合之日則謂之
終各以一終之日與一歲之日通分相約終而
率之歲數歲則謂之合終歲數歲終則謂之合
終合數二率既定則法數生焉以章歲乘
為合月法以紀法乘合數為日度法以章月乘
歲數為合月分如合月法為合月數合月之餘
為月餘以通數乘合月數如日法而一為大
以六十去大餘餘為星合朔大餘之餘為朔小
餘以通數乘月餘以合月法除之所得星合入月日
餘以通數乘月餘以合月法并之以
日法乘合月法約之為入月日以朔小餘減日法餘
以朔通法約之為入斗分乘合數為星度斗分木火
土各以合數減歲數餘以周天乘之如日度法
而一所得則行星度數也餘則度餘金水以周

天乘歲數如日度法而一所得則行星度數也
餘則度餘木合終歲數千二百五十五

合終合數千一百四十九

合月法二萬一千八百三十一

日度法二百一十一萬七千六百七

合月數十三

月餘萬一千一百二十二

朔大餘二十三

朔小餘四千九百十三　四十

入月日十五

日餘百九十一萬五千六百六十四

朔虛分四百六十

斗分五十二萬二千七百九十五

行星度三十三

度餘百四十七萬二千八百

火合終歲數五千一百五

合終合數二千五百八十八

合月法四萬五千三百七十二

日度法四百四十萬一千八百四十

合月數二十六

月餘二萬三

朔大餘四十七

朔小餘三千六百二十七

入月日十三

日餘三百五十八萬五千二百三十

朔虛分九百三十二

斗分百八萬六千五百四十

行星度五十

度餘百四十一萬二千一百五十

土合終歲數三千九百四十三

合終合數三千八百九

合月法七萬二千三百七十一

日度法七百一萬九千九百八十七

合月數十二

月餘五萬八千一百五十三

朔大餘五十四

朔小餘千六百七十四

入月日二十四

日餘六十七萬五千三百六十四

朔虛分二千八百八十五

斗分百七十三萬三千九十五

行星度十二

合終合數二千三百八十五

金合終歲數千九百七

度餘五百九十六萬二千二百五十六

合月法四萬五千三百一十五

日度法四百三十九萬五千五百五十五

合月數九

月餘四萬三百一十

朔大餘二十五

朔小餘三千五百三十五

入月日二十七

日餘十九萬四千九百九十

朔虛分千二十四

斗分百八萬五千一百七十五

行星度二百九十二

度餘十九萬四千九百九十

水合終歲數一千八百七十

合終合數萬一千七百八十

合月數一

日度法二十二萬三千九百九十一

合月法二千一百七十二萬七千一百二十七

月餘二十一萬五千四百五十九

【宋書志二】　四十三

朔大餘二十九

朔小餘二千四百一十九

入月日二十八

日餘二千三百四十萬二千六百一十

朔虛分二千一百四十

斗分五百三十六萬三千九百九十五

行星度五十七

度餘二千三十四萬四千二百六十一

推五星術曰置壬辰元以來盡所求秊以合終

合數乘之滿合終歲數得一名積合不盡名合

餘以合終歲數減合餘得二者星合往秊得二

者合前往秊無所得合其秊餘以減合數

為度分金水積合偶為晨奇為夕

推五星合月以月數乘餘各乘積合餘滿合月

得筭外所入紀月副以紀月除積月之

法從月得一為閏以減入紀月餘以歲中去之

餘為入歲月命以天正起筭外星合月也其在

閏交際以朔御之

推合月朔以通數乘月餘合月法得一為積

日不盡為小餘以六十去積日餘為大餘命以

日也不滿為日餘命日以朔筭外入月日也

推入月日以通數乘月餘合月法并

之通法約之所得滿日度法得一則星合入月

日也不滿為日餘命日以朔筭外入月日也

推星合度以周天乘度分滿日度法得一為度

不盡為餘命以牛前五度起筭外星所合度也

【宋書志二】　四十四

求合月以月數加入歲月以餘加月餘滿
合月法得一月月不滿歲中即在其季滿去之
有閏計焉餘爲後季再滿在後二季金水加晨
得夕加夕得晨也
月餘上成月者又加大餘二十九小餘一千四
百一十九小餘滿日法從大餘命如前法
求後合朔以朔大小餘數加合朔月大小餘其
滿日度法得一其前合朔小餘滿其虛分者去
求後入月日以月日餘加入月日及餘餘
求後合度以度數及分如前合宿次命之
九日不滿去三十日其餘則後合入月日命以朔
一日後小餘滿二千四百一十九以上去二十

木晨與日合伏順十六日九十九萬七千八百
三十二分行星二度百七十九萬五千二百三
十八分而晨見東方在日後順疾日行五十七
分之十一五十七日行十一度順遲日行九
五十七日行九度而留不行二十七日而旋逆
日行七分之一八十四日退十二度而復留二

十七日復遲日行九分五十七日行九度而復
順疾日行十一分五十七日行十一度在日前
夕伏西方順十六日九十九萬五千七百八十
二分行星二度百七十九萬五千二百三十八
分而與日合凡一終三百九十八日百九十
萬五千六百六十四分行星三十三度百四十
七萬二千八百六十九分
火晨與日合伏七十二日百七十九萬二千
百二十五分行星五十六度百二十四萬九千

三百四十五分而晨見東方在日後順日行二
十三分之十四百八十四日行百一十二度更
順遲日行十二分九十二日行四十八度而留
不行十一日而旋逆日行六十二分之十七六
十二日退十七度而復留不行十一日而復
順遲日行十二分九十二日行十度而復疾日行
二十三分之十四百八十四日行百一十二度在日前夕伏
西方順七十二日百七十九萬二千六百一十
五分行星五十六度百二十四萬九千三百四

十五分而與日合凡一終七百八十日三百五
十八萬五千二百三十分行星四百一十五度
二百四十九萬八千六百九十分
土晨與日合伏十九日三百八十四萬七千六
百七十五分半行星二度六百四十九萬七千六
一百二十一分半而晨見東方在日後順行百
七十二分之十三八十六日行六度半而留不
行三十二日半而旋逆日行十七分之一百二
日退六度而復留不行三十二日半後順日行
十三分八十六日行六度半在日前夕伏西方
順十九日三百八十四萬七千六百七十五分
半行星二度六百四十九萬二千一百二十一
分半而與日合凡一終三百七十八日六十七
萬五千三百六十四分行星十二度五百九十
六萬二千二百五十六分
金晨與日合伏六日逆四度而晨見東方在日
後而逆遲日行五分之三十日遲六度留不行
七日而旋順遲日行四十五分之三十三四

十五日行三十三度而順疾日行一度九十一分
之十四九十一日行百五度而順益疾日行一
度九十一分之二十九日行百一十二度在
日後而晨伏東方順日行十二度十九萬四千
百九十分行星五十二度十九萬四千九百
十分而與日合一合二百九十二日十九萬四
千九百九十分行星如之
金又與日合伏順四十二日十九萬四千九百九
十分行星五十二度十九萬四千九百九十
而夕見西方在日前順疾日行一度九十一分
之二十一九十一日行百二十二度而更順遲日
行一度十四分九十一日行百五度而順益遲
日行四十五分之三十四日行三十三度而順遲
度留不行七日而旋逆日行五分之三十日退六
度在日前夕伏西方逆六日退四度而與日合
凡再合一終五百八十四日三十八萬九千九百八
十分行星如之
水晨與日合伏十一日退七度而晨見東方在

盡半法以上亦得一而日加所行分分滿其母
得一度逆順順母不同以當行之母乘故
母而一當行分也留者承前逆則減之伏不書
度除斗分以行母為率分有損益前後相御
凡五星行天遲疾留逆難大率有遲疾況五星乎唯逆
順以術推月之行之行天猶有遲疾有常至犯守逆
日之行天有常進退有率不遲不疾不外不內
人君德也

求水合終歲數法以木日度法乘一木終之日

求木合終合數法以木日度法乘周天滿紀法
所得復以周天除之即得五星皆放此也
魏黃初元年十一月小己卯蔀首己亥歲十一
月己卯朔旦冬至臣偉上
劉氏在蜀不見改曆常是仍用漢四分法吳中
書令闞澤受劉洪乾象法於東兼徐岳字公河
故孫氏用乾象曆至于吳亡
晉武帝泰始元年有司奏王者祖氣而奉其

日後逆疾一日退一度而留不行一日而旋順
遲日行八分之七八日行七度而順疾日行一
度十八分之四十八日行二十二度在日後晨
伏東方順十八日二千三十四萬四千二百六
十一分行星三十六度二千三十四萬四千二
百六十一分而與日合凡一合五十七日二千
三十四萬四千二百四十二
水夕與日合伏十八日二千三十四萬四千二
百六十一分而夕見西方在日前順疾日
行一度十八分之四十八日行二十二度而遲
順遲日行八分之七八日行七度而留不行一
日而旋逆一日退一度在日前夕伏西方逆十
一日退七度而與日合凡再合一終百一十五
日千八百九十六萬一千三百九十五分行星如之

五星曆步術以法伏日度餘加星合日度餘滿
日度法得一從全命如之前得星見日及度餘
也以星行分母乘見度分如日度法得一分不

終晉於五行之次應尚金金生於巳事於酉終
於丑空祖以酉日臘以丑日改景初曆為泰始
曆泰可
史臣按鄒衍五德衍以相勝立體劉向以相生
不知周氏行運且周為火行衍生在周時不容
周之建國也周之火木其事易詳且五德更王
唯有二家之說鄒衍以相勝立體劉向以相生
為義據以為言不得出此二家者假使即劉向
之說周為木行秦氏代周改其行運若不相勝
則克木者金相生則木實生火秦氏乃稱水德
理非謬然斯則劉氏所證為不值矣臣以為張
蒼雖是漢臣生與周接司馬秦柱下備觀圖書且
秦雖滅學不廢術數則有周遺文雖不畢在據
漢水行事非虛作賈誼取秦云漢土勝秦以是
漢代秦詳論二說各有其義張蒼則以漢水以
周火廢秦五德賈誼則以漢土勝秦為一代論
秦漢雖殊而周為火一也然則相
勝之義於事為長若同蒼黜秦則漢水魏土晉

木宋金若同賈誼取秦則漢土魏木晉金宋火
也難者云漢高斷蛇而神母夜哭云赤帝子殺
火則當云赤帝不宜云赤帝子也白帝子又何
白帝子然則漢非火而何斯又不然矣漢若為
義況平蓋由漢是土德土生火秦是水德水生
乎金斯則漢以土為赤帝子秦以水德為曾帝
子也難者又曰向云五德相勝今復云土為赤
帝子何也若曰五行自有相勝今復云土為赤
義不得以相勝廢相生相勝相生者
以土勝水耳相生者首火子義當且相關崔寔四
人月令曰祖者道神黃帝之子曰累祖好遠遊
死道路故祀以為道神合祖賦序曰漢用丙午
魏用丁未晉用孟月之酉曰莫識祖之所由說
者云祈請道神謂之祖有事於道者君子行
役則列之於中路喪者之祖將遷則稱名於道
云百代遠祖名諡彫滅墳壠不復存於銘表游
魂不得託於廟祧故以初歲良辰建華蓋揚綵
旌將以招靈奕庶祖之來憩云尓

晉江左時侍中平原劉智推三百年斗曆
改憲以為四分法三百年而減一日以百五十
為度法三十七為斗分餰以浮說以扶其理
江左中領軍琅邪王朝之以其上元歲在甲子
善其術欲以九萬七千歲之甲子為開闢之始
何承天悼於此意者也景初中殷以用
晉江左以來更用乾象五星法以代之猶有前卻
漢四分法是以漸就乖差其推五星則甚踈闊
宋太祖頗好曆數太子率更令何承天私撰新

三百二十四　[宋書志二]　五十三　吳祥

法元嘉二十年上表曰臣授性頑惰少所關解自
昔幼年頗好曆數馳情注意迄于白首臣云
舅故祕書監徐廣素善其事有既往七曜曆
每記其得失自太和至泰元之末四十許年臣因
比歲考校至今凡四十載故其踈密差會皆可知
也夫圓極常動七曜運行離合去來雖有定勢以
新故相涉自然有毫末之差連日累歲積微成
著是以虞書著欽若之典周易明治曆之訓言當
順天以求合非為合以驗天也漢代雜候清臺以昏

明中星課日所在雖不可見月盈則蝕必當
其衝以月推日則躔次可知焉以捨易而不為
役心於難事此臣所不解也堯典云日永星火
以正仲夏今季夏則火中又宵中星虛以殷仲
秋今季秋則虛中尔來二千七百餘年以中星
檢之所差二十八度則堯冬至日在須女十
度左右也漢之太初曆冬至在牽牛初復
漢四分及魏景初法同在斗二十一臣以
月蝕檢之則景初今之冬至應在斗十七又

三百二十　[宋書志二]　五十四　吳祥

史官受詔以土圭測景考校二至差三日有餘
從來積歲及交州所上檢其增減亦相符驗然
則今之二至非天之二至也天之南日在斗十三四
矣此則十九年七閏數微多差復改法易章
則用筭滋繁宜當隨時遷革以取其合案
後漢志春分日長秋分日短差過半刻尋
二分在二至之間而有長短因識春分近夏至
故長秋分近冬至故短也楊偉不悟即用之
上曆表云自古及今凡諸曆

數晉未能並巳之妙何此不曉亦何以云是故

臣更建元嘉曆以六百八爲一紀半之爲度法

七十五爲室分以建寅之月爲歲首兩水爲氣

初以諸法閏餘一之歲爲章首冬至從上三日

蝕不在朝望亦非曆意也故元嘉皆以盈縮定

五時日之所在移舊四度又月有遲疾合朔月

其小餘以正朝望之日伏惟陛下允迪聖哲先

天不違劬勞庶政寅亮鴻業窮神知化罔不該

探妙旨於未聞窮神知化罔不該覽是以愚臣

備萬分詔曰何承天所陳殊有理據可付外詳

之太史令錢樂之兼丞嚴粲奏曰太子率更令

之國子博士何承天表更改元嘉曆法以月蝕

官考其踈密若謬有可採庶或補正闕謬以

遇盛明効其管穴伏願以臣所上元嘉法下史

領國子博士何承天以元嘉十一年被敕使

檢今冬至日在斗十七以土圭測影知冬至已

差三日詔使付外檢署以元嘉十一年被敕使

考月蝕土圭測影檢署由來用偉景初法冬

至之日日在斗二十一度少檢十一年七月十

六日望月蝕加時在卯到十五日四更二唱丑

初始蝕到四唱蝕既在營室十五度末景初其

日日在軫三度以月蝕所衝考之其日日應在

翼十五度半又到十三年十二月十六日望月

加時在酉到亥初始食到一更三唱蝕既在鬼

四度景初其日日在女三以衝考之其日日應

在牛六度半又到十四年十二月十六日望月

蝕加時在戌之半到二更四唱亥末始蝕到三

更一唱食既在井三十八度景初其日日在斗

應在井二十五以衝考之其日日應在斗二十二度半

到十五年五月十五日未二更一唱始蝕到

二十五以衝考之其日日應在斗二十二度半

月始生而巳蝕光巳生四分之一格在斗十六度

三唱蝕十五分之十二格在昴一度半景初其

許景初其日日在井二十四考取其衝其日日

加時在井子之少又到十七年九月十六日望月蝕

日在房二以衝考之則其日日在氐十三度半

凡此五蝕以月衝一百八十二度半考之各至

之日日並不在斗十二十度少並在斗十七度
半間悉如承天所上又去十一年起以土圭測
景其年景初法十一月七日冬至前後陰不見
影到十二年十一月十八日冬至其十五日影
極長到十三年十一月二十九日冬至其二十
六日影極長到十四年十一月十一日冬至其
前後並陰不見到十五年十一月二十一日冬
至十八日影極長到十六年十一月二日冬至
其十月二十九日影極長到十七年十一月十
三日冬至其十日影極長到十八年十一月二
十五日冬至其二十一日影極長到十九年十一
月六日冬至其三日影極長到二十年十一月
十六日冬至其前後陰不見影尋校前後以
差四度土圭測影冬至又差三日令之冬至乃
在斗十四間又如承天所上又承天法每月朔望
及弦皆定大小余以推交會時刻雖審皆用
盈縮則月有頻三大頻二小比舊法殊爲異舊

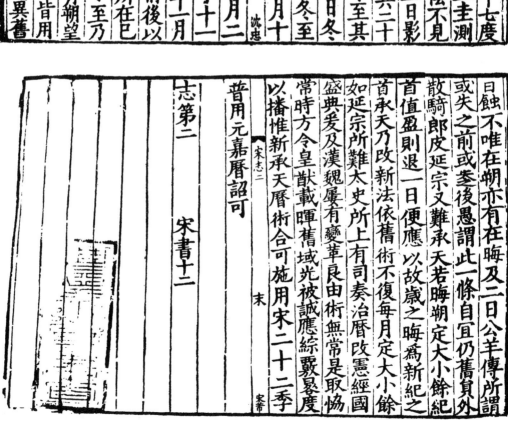

日蝕不唯在朔亦有在晦及二日公羊傳所謂
或失之前或參後愚謂此一條自宜仍舊貫外
散騎郎皮延宗又難承天若晦朔定大小餘紀
首值盈則退一日便應以故歲之晦爲新紀之
首承天乃改新法依舊術不復有司奏治曆改
如延宗所難新術無常是取恊
盛典爰及漢魏屢有變革暉暉域光被誠應綜覈晷度
常時方令皇猷載暉
以播惟新承天曆術合可施用宋二十二季
普用元嘉曆詔可

志第二

宋書十二

曆下

元嘉曆法

上元庚辰甲子紀首至太甲元年癸亥三千五
百二十三年至元嘉二十年癸未五千七百三
十年筭外

章歲十九　紀法六百八　章閏七　紀日二十二
元法三千六百四十八　紀月七千五百二十　章月二百三十五
氣法二十四　餘數千五百九十五　度法三百四
萬二千七十　度分七十五
歲中十二　日法七百五十二　沒餘三十六
沒法三百一十九
通數二萬二千二百七　通法四十七
月周四千六百四十四　周天十萬二千九百六十一　通法四十七
通周二萬七千七百二十一　周日日餘四百二十七
周虛三百三十五　會數一百六十

交限數八百五十九　會月九百二十九
朔望合數八十

甲子紀第一
　遲疾差一萬七千六百六十三
　交會差八百四十七
甲戌紀第二
　遲疾差三千四百四十三
　交會差二百七十九
甲申紀第三
　遲疾差九千二百二十
　交會差二百七十九
甲午紀第四
　遲疾差一萬五千一百二十
　交會差一百四十五
甲辰紀第五
　遲疾差六千二百二十
　交會差二百六十三
甲寅紀第六
　遲疾差六百七十
　交會差七百三十四

推入紀法置上元庚辰盡所求年以元法除之
餘不滿元法以紀法除之餘不滿紀法入紀年也
　入甲午紀壬辰歲來至今元嘉
　二十年歲在癸未二百三十一
推積月術置入紀年數筭外以章月乘之如
章歲為積月不盡為閏餘閏餘十二以上其
年閏

推朔術以通數乘積月分為朔積分滿日法為
積日不盡為小餘以六旬去積日不盡為大餘命
以紀筭外所求年正月朔日也

推二十四氣術，置入紀年筭外，以餘數乘之，滿度法三百四十為積沒，不盡為大餘，命以紀筭外，所求年雨水日也。求次氣：加大餘十五，小餘六十六，小分十一，小分滿氣法從小餘，小餘滿度法從大餘，次氣日也。（雨水在十六日以後者，如法減之，得立春。）

求次月，如大餘二十九，小餘三百九十九，小餘滿日法從大餘，即次月朔也。小餘三百五十三以上，其月大也。推弦望法，加朔大餘七，小餘二百八十七，小分三，小分滿四從小餘，小餘滿日法從大餘，命如前，上弦日也。又加之，得望。又如之，得下弦。

推閏月法，以閏餘減章歲，餘以歲中乘之，滿章閏得一數，從正月起，閏所在也。閏有進退，以無中氣御之。

節氣	限數	閒數
立春正月節	一百九十四	一百九十六
雨水正月中	一百八十二	一百八十六
驚蟄二月節	一百七十二	一百七十六
春分二月中	一百六十七	一百六十二
清明三月節	一百五十五	一百五十
穀雨三月中	一百四十五	一百四十二
立夏四月節	一百三十六	一百三十三
小滿四月中	一百三十一	一百三十二
芒種五月節	一百三十二	一百三十三
夏至五月中	一百三十二	一百三十一
小暑六月節	一百三十三	一百三十四
大暑六月中	一百三十六	一百三十九
立秋七月節	一百四十二	一百四十五
處暑七月中	一百五十	一百五十三
白露八月節	一百六十	一百六十三
秋分八月中	一百六十七	一百七十二
寒露九月節	一百八十	一百八十三
霜降九月中	一百九十	一百九十六
立冬十月節	二百	二百三
小雪十月中	二百九	二百一十四
大雪十一月節	二百一十六	二百一十七

冬至十一月中

小寒十二月節

大寒十二月中

推沒滅術因兩水積以沒餘乘之滿沒法爲大

餘不盡爲小餘如前兩水前沒法爲兩水前沒日也

求次沒加大餘六十九小餘一百九十六滿沒

法從大餘命如前兩水後沒日也

法滅大餘命如前兩水後沒日也（兩水前沒多在故歲常有五）

九以還兩水六旬後乃有推土用事法置立春

閏限數 一百九十七
閏限數 二百六
閏限數 二百一十五
限數 二百二十三
限數 二百二十五

五

君宅

大小餘小分之數減大餘十八小餘七十九小

分十八命以紀筭外立春前土用事日也大餘

不足加六十小餘一加度法而

後減之立夏立冬求土用事皆如上法

推日所在度法以度法乘朔積度不盡爲分命

度起室二次宿除之筭外正月朔夜半日在度

及分也求次日日加一度經室去度分

推月所在度法以月周乘朔積日周天去之餘

滿度法爲積度不盡爲分命度如前正月朔夜

半月所在及度分求次月小月加度二十二分

一百三十三大月加度三十五分二百四十五

分滿度法成一度命如前次月朔所在度及

入遲疾曆加之經室去度分

推合朔月食術置所求年積月以會數一百乘

之以所入交會紀筭二十加之滿會月去之餘

則其年正月朔去交分也求次月以會數加之

滿會月去之求望加合數朔望去交分如合數

以下交限數以上朔則交會望則月食

推入遲疾曆法置所求年朔積分所入遲疾差

一萬五千二百（一百四十五）

不盡爲日筭外所求年正月朔入曆日得一日

加之滿通周去之餘滿日法成一日滿二

十七去之除日餘如周日日餘不滿周日滿二

次月加一日日餘七百三十四求望加十四日

日餘五百七十五半餘滿日法成一日滿二

十七去之除日日餘如周日日餘不滿周日滿

加周虛（餘爲損周日滿去之爲入曆一日）

推合朔月食定大小餘法以入曆日餘乘入曆

六

沈約

下損益率〔一日益二是也〕以損益盈縮積分〔之值益則損之〕為定積分，以入曆日餘乘列差，滿日法為滿日法〔之值益則損之〕以損益盈縮積分〔之值益則損之〕為定差法，以除定積分所得減，盈減縮加差法為定差法，以除定積分所得減，加本朔望小餘〔縮值盈則減之〕為定小餘，加之滿日法而子起算外，則朔望加時所在辰也。有餘者四之，滿日法得一為少，二為半，三為太，半又有餘者，後減之則退一日〔值周日者用日日定數〕。

推加時以十二乘定小餘，滿日法得一辰數，從子起算外，則朔望加時所在辰也。有餘者四之，滿日法得一為少，二為半，三為太。半又有餘者，三之滿日法得一為強半，法以上排成一不滿，半法棄之，以強弁少為少強，弁半為半強，弁太為太強。得二者為小弱，弁少為半弱，弁太為太弱，以弁太為一辰弱，以所在辰名之。

推合朔月食加時滿刻法，各以百刻乘定小餘，如日法而一，不盡什之，求分也。晝漏盡又除夜漏在中節，畫漏加時刻及分也。晝漏盡又入夜漏在中節，前後四日以還者視限數在中節，前後五日以上者視闇限數，月食加時定小餘不滿數闇數。

者皆以算上為日

月行遲疾度

	月行度	盈縮積分	列差差法	損益率
盈二				
一日	十四度十三分			益二十五
二日	十四度十一分	盈萬八千八百二	二百六十	益二十三
三日	十四度八分	盈三萬六千九百九十六〔四分〕	二百五十八	益二十
四日	十四度〔四分〕	盈五萬一千三百二十六〔五〕	二百五十	益十六
五日	十三度十八分	盈六萬三千一百六十八〔五〕	二百五十五	益十一
六日	十三度十三分	盈七萬一千四百四十六	二百五十一	益六
七日	十三度〔七分〕	盈七萬五千九百五十二〔五〕	二百四十六	益
八日	十三度〔二分〕		二百四十一	損五

盈七萬五千九百五十二四　一百三十
九日十二度十七　損九
盈七萬二千一百九十二三　二百二十六
十日十二度十四分　損十二
盈六萬五千四百二十四三　二百二十三
十一日十二度十一分　損十五
盈五萬六千四百三　二百二十
十二日十二度八分　損十八
盈四萬五千一百二十二　二百一十七

十三日十二度六分　損二十
盈三萬一千五百八十四二　二百一十五
十四日十二度四分　損二十二
盈一萬六千五百四十四二　二百一十三
十五日十二度二分　益二十四
縮一　二百一十一
十六日十二度四分　益二十二
縮一萬八千四十八二　二百一十三
十七日十二度六分　益二十

縮三萬四千五百九十二三　二百一十五
十八日十二度九分　益十七
縮四萬九千六百三十二五　二百一十八
十九日十二度十四分　益十二
縮六萬二千四百一十六六　二百二十三
二十日十三度一分　益六
縮七萬一千四百四十六　二百二十九
二十一日十三度七分　益
縮七萬五千九百五十二五　二百三十五

二十二日十三度十二分　損五
縮七萬五千九百五十二四　二百四十
二十三日十三度十六分　損九
縮七萬二千一百九十二四　二百四十四
二十四日十四度一分　損十三
縮六萬五千四百二十四四　二百四十八
二十五日十四度五分　損十七
縮五萬五千六百四十八三　二百五十二
二十六日十四度八分　損二十

縮四萬二千八百六十四 三

二十七日十四度 分十一

縮二萬七千八百二十四 二

周日十四度 分一百二

縮一萬〇五百二十八 千四百六（定備九萬三）

二百五十五

損二十三

二百五十八

損二十五（定備差法二）

二百六十（定意差法二 / 三十四 / 二百九）

盡為小分以大分從朔夜半日日分滿通法為大分命如

推合朔度以章歲乘朔小餘滿通法為大分命如

前正月朔日月合朔所在共合度也

求次月加度二十九大分一百六十一小分

經室除度分求望加十四度大分二百三十

十四小分滿通法從大分大分滿度法從度

二小分三十半（求望月所在度加日度一百八十二分一百八十九小分一百）

二十三半

二十四氣日所度

日中晷影

晝漏刻

夜漏刻

昏中星

二十四氣	日所度	日中晷影	晝漏刻	夜漏刻	昏中星	明中星
雨水	室一大強	八尺二寸八分	四十九	五十	井二十九強半	尾十一強
驚蟄	壁一少	六尺七寸（分二）	五十二（分二九）	四十七（分一）	柳十二太	箕四弱
春分	奎七少強	五尺三寸（分九）	五十五（分五）	四十四	張十	斗四弱
清明	婁六	四尺二寸（分五）	五十八	四十二	翼十弱	斗十四半
穀雨	胃九大弱	三尺二寸（分五）	六十（分三）	三十九（分七）	軫十弱	斗二十五半
立夏	畢十五	二尺五寸	六十二（分三）	三十七（分七）	角十大弱	女三少
小滿	井九半強	一尺九寸（分七）	六十三（分九）	三十六（分一）	氐五弱	虛二弱
芒種	井二十三半弱	一尺六寸（分九）	六十四（分八）	三十五（分二）	氐五弱	危七弱
夏至	井二十九半	一尺五寸	六十五	三十五		室五強少

小暑 鬼一

房四 弱太

大暑 柳十二弱

尾八 弱太

立秋 張五 半弱

箕三

處暑 翼二 半

斗三 半

白露 翼十七 大弱

斗二十五 少

秋分 軫十 五

斗十四 弱半

畢十六 半弱

宋書志三
十三
朱玩

一尺六寸分九 六十四分八 三十五分二

壁六大 六十三分九 三十六分一

一尺九寸七分五 六十三分九 三十六分一

奎十二弱大 六十二分千 三十七分七

二尺五寸 六十二分千 三十七分七

胃二弱大 三尺二寸分五 六十分三 三十九分三

昴七弱大 四尺二寸分五 五十八 四十二

五尺三寸分九 五十五分五 四十四分五

井九少 五十三分五 四十四分五

六尺七寸分二 五十二分九 四十七分一

井二十九弱 五十二分九 四十七分一

八尺二寸分八 五十分五 四十九分五

柳十一強半 五十分五 四十九分五

九尺九寸分一 四十八分四 五十一分六

小雪 尾十二大強

危十二強半

大雪 箕

室九強半

冬至 斗十四強

壁八強大

小寒 牛三半強

奎十五少

大寒 女十半強

昴九少

立春 危四

胃四強半

推五星法

合歲　合數　日度法　室分

木三百四十四　三百三十五

火四百五十九　二百一十五

一丈尺寸分四 四十六分七 五十三分三

翼八大強

一丈二尺四分八 四十五分六 五十四

斗十

一丈三尺 四十五 五十五

軫八少

一丈三尺四分八 四十五分六 五十四分四

角七強少 四十五

一丈尺三寸分四 四十六分七 五十三分三

心四強

九尺六寸分一 四十八分四 五十一分六

氐十三大強

宋書志三
十四
蒼葉

二萬三千六百六十　九萬五千七百六十

二萬六千六百二十五　六萬五千三百六十

一萬六千一百二十五

土三百八十三

二萬七千七百五十

三百七十

十一萬二千四百八十

金二百六十七

一百六十七

五萬七百六十八

水七十九

一萬二千五百二十五

二百四十九

七萬五千六百九十六

木後元丙戌　晉咸和元年　至元嘉二十年

一萬八千六百七十五

癸未百十八年算上

火後元乙亥　元嘉十二年　至元嘉二十年

癸未十年算上

金後元甲申　晉太元九年　至元嘉二十年

癸未六十年算上

土後元甲戌　元嘉十一年　至元嘉二十年

水後元乙丑　元嘉二年　至元嘉二十年

癸未十九年算上

癸未九年算上

推五星法各設其元至所年算上以合數乘之

滿合歲為積合不盡曰合餘多者以合數除之

得一星合往年得二合前往年不滿合數其年（木土金則有徙年合水一年三合或四合也前徙年合水一年二合也）

以合餘減合數

為度分（歲則土之也　水星則右　滿合數）以周天千三百七十五（一萬二千三百七十五）以室度二算乘度分

滿日度為積度不盡曰度餘命度以室外星合所在度也以合數乘其年內兩水小餘

弇度餘為日餘滿日度法從積度為日命以水算外星合日也求星見日法以法伏日及餘

木算十六日（及金是也）加星合日及餘滿日度法成一日命如前星見日也求星見度法以法伏度及餘

外星合度及餘滿日度法成一度命如前所見日也以星行分母

加星合度及餘滿日度法成一度命乘見度

餘滿日度法得一分乃日加所行分

足減者破全度（行分各依室分去之　五星室分各異若在室分去之）

餘留者承前逆則減之伏不盡度經室去分不

滿其母成一度逆順母不同（木則二度餘是也）

木初與日合伏十六日日餘四萬一千七百八

十行二度餘七萬七千八百四十七半晨見東

去日十三（度半強）順日行二十三分之四一百二十

方

五日行二十六度留不行二十六日而逆日行七
分之一八十四日退十二度又留二十六日順
一百一十五日行二十度退十二度留不行十二日日順
初與日合一百二十度夕伏西方日度餘如
初與日合一終三百九十八日日餘八萬三千
五百六十行三十三度餘五萬九千四百三十五
火初與日合伏七十一日日餘二萬四千八百
一十半行五十四度餘四萬九千四百三十
晨見東方〔去日十七度半強〕順疾日行七分之五一百
八日半行七十七度半小遲日行七分之四一
百二十六日行七十二度而大遲日行七分之
二四十二日行十二度而遲日
行十分之三六十日退十八度又留十二日順
遲四十二日行十二度小疾一百二十六
度餘如初與日合一終七百七十九日日餘四萬

二度度餘四萬六千八百四十七半晨見東方
順日行十二分之一八十四日〔去日十七度半強〕
行三十六日而逆日行十二分之一八十四日退六
度又留三十六日而逆日
日度餘如初與日合一終三百七十八日日餘九萬
九百六十五行星十二度餘九萬三千六百
九十五
金初與日合伏四十一日日餘四萬九千六百八十
四半行五十一度餘四萬九千六百八十四
半見西方〔去日十度〕順疾日行一度十三分之九
十一日行一百一十二度而小遲日行十五分之十三
二十九日行一百二十五度又大遲日行十五分之十
一百四十五日行三十三度又留不行八日而遲日行
三分之二九日退六度伏西方日度餘如初與日合
與日合又留六日順四十五日行三十三度晨
度又留八日順四十五日行三十三度晨見東方日度餘如初與日合
伏東方日度餘如初與日合終五百八十三
土初與日合伏十八日日餘四千四百八十二半行
五百除一周定四十九度一萬七千三百七十五
九千六百二十五行星四百二十四度餘三萬三千
一日行一百五度大疾九十一日行百一十二度晨

日日餘四萬八千六百一除一周行星定二百
一十八度度餘三萬六千七十六一合二百九
十一日餘四萬九千六百八十四半行星如之
水初與日合伏十七日日餘七萬二千二百一
十半行三十四度度餘七萬一千二百一十半
見西方〔去日中七度〕順疾日行一度三分之一十八
二十四度而遲日行七分之五七日行五度留
不行四日而晨見東方留四日順遲
合又十一日退六度而晨見東方留四日順遲
〔三十五〕
七日行五度疾十八日行二十四度晨伏東方
日度餘如初與日合〔終二百二十五日日餘六萬〕
推卦因兩水大小餘加大餘六小餘三百二十
分日法除盈縮分以減度分盈加縮減
一千二百二十半行星亦如之盈如縮減十六除月行
六千七百二十五行星如之合五十七日日餘七萬
九小餘滿三千六百四十八成日日滿二十七
日餘不足加減不加周虛
元嘉二十年承天奏上尚書令旣改用元嘉曆

漏刻與先不同宜應改革按景初曆春分日長
秋分日短相承所用漏刻冬至後晝漏率長於
冬至前且長短增減進退無漸非唯先法不精
亦各傳寫謬誤今二至二分各據其正則至之
前後無復差異更增損舊漏刻參以晷影冊定為
經改用二十五箭請臺勒郎將考驗施用從
之前世諸儒依圖緯云月行有九道故晝為九
規更相交錯檢其行次遲疾換易不得順度劉
向論九道云青道二出黃道東白道二出黃道
〔三十六〕
西黑道二出比赤道二出南又云立春春分東
從青道立夏夏至南從赤道秋白冬黑各隨其
方按日行黃道陽路也月者陰精不由陽路故
或出其外或入其內出入去黃道〔不得過六度〕
八十三日而有奇而出出亦十三日有奇而入
二十七日而一入一出矣交於黃道之上與日
相掩則蝕焉漢世劉洪推撿月行作陰陽曆法
元嘉二十年太祖使著作令史吳癸依洪法制
新術令太史施用之

元嘉曆月行陰陽法

陰陽曆	損益率	兼數
一日	益十七	初
二日	益十六	十七
三日	益十五	三十三
四日	益十二	四十八
五日	益八	六十
六日	益四	六十八
七日	益一	七十二
八日	損二	七十三
九日	損六	七十一
十日	損十	六十五
十一日	損十三	五十五
十二日	損十五	四十二
十三日	損十六	二十七
半日	損十六大	二十七
分日	二千六百八十五半	

二日：前限餘六百六十五　微分二千七百二十

一日九十五

十三日：後限餘三十九　微分二千七十九

半日大者五千三百七十

分日：一分之三千三百七十　四百七十二十一　曆周五萬五千五百一十七

秀

差率一萬一百九十　微分法二千八百七十八

推入陰陽曆術日以會月去入紀積月餘以會
數乘之以所入紀交會差加之周天乘之滿微
分法為大分不盡為微分大分滿周天去之餘
不滿曆周者為入陽曆餘如月周得一日算
外所求年正月合朔入曆也不盡為日餘
求次月加二日日餘一千三百三十一微分一
千五百九十八如法成日日滿十三日去之除
餘如分日陰陽曆竟平入端入曆在前限餘前

後限餘後者月行中道
求朔弦望定數各置入遲疾曆盈縮定積分以
章歲乘之差法除之所得滿通法為大分不盡
以微分法乘之如法為微分盈減縮加陰陽日
餘盈不足以月周進退日而定以定日餘乘損
益兼數為時如定數
推夜半入曆以差率朔小餘如微分法得一以
減入曆餘不足加月周而減之郤一日郤得分
日如其分半微分為小即朔日夜半入曆曆餘

趙秀

小分也

求次日加一日餘十六小分三百二十小分如會

從餘餘滿月周去之又加一日曆竟下日餘滿分

日去之于入曆初也不滿分日者值之加餘一千

求夜半定日以朔小餘減入遲疾曆不

二百九十四小分七百八十九半為入交曆

定積分滿通法為大分不盡以會月乘之如

曆日及餘也以日餘乘損益率盈縮積分為

足一日却得周日加餘四日二十七即月夜入

退日而定也以定日餘乘損益率如月周以損

法為小分以盈加縮減入陰陽日餘盈不足進

益兼數為夜半定數

求昏明數以損益率乘所近節氣夜漏二百

而一為明以減損益率為昏而以損益夜半數

為昏明定數也

求月去黃道度置加時若昏明定數以十二除

之為度其餘三而一為少不盡為強二少弱也

所得為月去黃道度

大明六年南徐州從事史祖沖之上表曰古曆

踈舛頗不精密羣氏紛紛莫審其要何承天所

奏意存改革而置法簡略今已乖遠以臣校之

三觀厥謬日月所在差覺三度二至晷影久失

一日五星見伏至差四旬留逆進退或移兩宿

分至乖失則節閏非正宿度違天則伺察無準

臣生屬聖辰逮敢率愚瞽更叙新曆謹

舊法一章十九歲有七閏閏數為多經二百年

立改易之意有三設法之情有三改者其一以

輒差一日節閏既移則應改法曆紀屢遷宴由

此條今改章法三百九十一年有一百四十四

閏令卻合周漢則將來永用無復差動其二以

堯典云日短星昴以正仲冬以此推之唐代冬

至日今宿之左五十許度漢武改立太初曆冬

至日在牛初後漢四分法冬至日在斗二十二晉時

姜岌以月蝕檢日知冬至至在斗十七今參以中

星課以蝕望冬至之日在斗十一通而計之未

盈百載所差二度舊法並令冬至日有定處天
數既差則七曜宿度漸與曆舛謬既著輒應
改制僅合一時莫能通遠遷革不已又由此條
今令冬至所在歲歲微差卻檢漢注並皆審密
將來久用無煩屢改又設法者其一以子為辰
宿之中元氣肇初九斗氣之端虛為北方列
義今曆上元日度發自虛一其二以日辰之號
甲子為先曆法設元應在此歲而黃帝以來世
代所用凡十一曆上元之歲莫值此名今曆上
元歲在甲子其三以上元之歲曆中狼條並應
以此為始而景初曆交會遲疾亦置紀差截合
朔氣而已條序紛互不及古意今設法日月五
緯交會遲疾悉以上元歲首為始則合璧之曜
信而有徵連珠之暉於是乎在羣流共源旣精
古法若夫測以定形揆以實效縣象著明尺表
之驗可推動氣幽微寸管之候不忝今臣所立
易以取信但深練始終大存整密革新變舊有

約有繁用約之意顧非謬
然何者夫紀閏參差數各有分之為體非細
不密是用深惜豪氂以全求妙之準不辭積
累以成永定之制非為思而莫悟知而不改也
竊恐讚有然否每崇遠而隨近論有是非或貴
耳而遺目所以竭其管究俯洗同異之嫌披心
日月仰希蔡霍之照若臣所上萬一可采伏願
頒宣羣司賜垂詳究庶陳鍾銖少增盛典

曆法

上元甲子至宋大明七年癸卯五萬一千九百
三十九年算外　元法五十九萬二千三百六十
五　紀法三萬九千四百九十一
章歲三百九十一
章月四千八百三十六
閏法十二　　月法十一萬六千三百二十一
章閏一百四十四
日法三千九百三十九　　餘數二十萬七千四十四
歲餘九千五百八十九
沒分三百六十萬五千九百五十一

没法五萬一千七百六十一

周天一千四百四十二萬四千六百六十四

虛分萬四千四百四十九　行分法二十三

小分法一千一百十七

會周七十一萬七千七百七十七

通周七十二萬六千八百一十

通法二萬六千三百七十七　差率三十九

歲爲積月不盡爲閏餘閏餘二百四十七以上

推朔術置入上元年數算外以章月乘之滿章

其年有閏以月法乘積月滿日法爲積日不盡

爲小餘六旬去積日不盡爲大餘大餘命以甲

子算外所求年天正十一月朔也小餘千八百

四十九以上其月大

求次月加大餘二十九小餘二千九百餘滿日

法從大餘大餘滿六旬去之命如前次月朔

求弦望加朔大餘七小餘千五百七小分一小分

滿四從小餘小餘滿日法從大餘命如前上弦日也

也

又加得望又加得下弦又加得後月朔也

推閏術以閏餘減章歲餘滿閏法得一月命以

天正筭外閏所在也閏有進退以無中氣爲正

推二十四氣術置入上元年數筭外以餘數乘之

滿紀法爲積日不盡爲小餘六旬去積日不盡爲

大餘大餘命以甲子筭外天正十一月冬至日也

求次氣加大餘十五小餘八千六百二十六小

五小分滿六從小餘小餘滿紀法從大餘命如前

次氣日也

求土用事加冬至大餘二十七小餘萬五千五百

二十八季冬土用事日也又加大餘九十一小餘

萬二千二百七十次土用事日也

求沒術以九十乘冬至小餘以減沒分滿沒法

爲日不盡爲日餘命日以冬至筭外沒日也

求次沒加日六十九日餘三萬四千四百四十二

餘滿沒法從日次沒日也日餘盡爲減

推日所在度術以紀法乘朔積日爲度實滿周天

去之餘滿紀法爲積度不盡爲度餘命以虛一

次宿除之算外天正十一月朔夜半日所在度
也

求次大月加度三十小月加度二十九入虛
去度分

求行分以小分法除度餘所得為行分不盡為
小分小分滿法從行分行分滿法從度

求次日加一度入虛去行分六小分百四十七

推月所在度術以朔小餘乘百二十四為度餘

又以朔小餘乘八百六十為微分微分滿月法
從度度餘滿紀法為度以減朔夜半日所在則
月所在度

求次月大月加度三十五度餘三萬一千八百
三十四微分七萬七千九百六十七小月加度
二十二度餘萬七千二百六十一微分六萬三
千七百三十六入虛去度也

遲疾曆

日	月行度	損益率	盈縮積分	差法
一日	十四 行分十三	益七十	盈初	五千三百四
二日	十四 十	益六十五	盈 百八十四萬二千三百三十五	五千二百七十
三日	十四 八	益五十七	盈 三百五十五萬八千七百六	五千二百一十九
四日	十四 四	益四十七	盈 五百二十萬八千三百	五千一百五十一 九十一
五日	十三 二十	益三十四	盈 六百二十九萬七千八	五千六十六 百五十七
六日	十三 七	益二十二	盈 七百二十萬二千六百	四千九百八十一
七日	十三 一	益六	盈 七百七十七萬二千一	四千八百七十九 百二十一
八日	十三 五	損九	盈 七百九十四萬九百五	四千七百七十七 十二

九日十二二十　損二十四　　盈七百七十萬七千四百二十五

十日十二六　損三十九　四千六百七十五　盈七百七萬二千一百

十一日十二十　損五十二　四千五百七十三　盈六百三萬五千七

十二日十二八　損六十　四千五百八十八　盈四百六十六萬二千一百

十三日十二六　損六十五　四千四百三十七　盈三百九萬三千一百

十四日十二四　損七十　四千三百六十九　盈百三十八萬三千五百八十

十五日十二五　益六十七　四千四百三　縮四十五萬七千六百九

十六日十二七　益六十二　四千四百二十　縮二百二十三萬七百五十五

十七日十二十　益五十五　縮三百八十七萬五十四

十八日十二四十　益四十四　四千五百七十一　縮五百三十一萬九千三百八十五

十九日十二九　益三十二　四千五百三十九　縮六百四十八萬四百四

二十日十二二　益十九　四千六百二十四　縮七百三十一萬六千六百八

二十一日十二七　益四　四千八百二十一　縮七百八十一萬七千九百九十六

二十二日十二三十　損十一　四千八百二十一　縮七百九十一萬七千六百七

二十三日十二九十　損二十七　四千九百一十三

縮七百六十一萬五千四百四十

二十四日十四一　損三十九　五千十五
縮六百九十萬二千四百九十五

二十五日十四十六　損五十二　五千一百
縮五百八十七萬二千七百三十五

二十六日十四十二　損六十二　五千一百八十五
縮四百四十九萬九千一百五十九　三十三

二十七日十四二十　損六十七　五千二百五十三
縮二百八十五萬七千七百三十二

二十八日十四日十　損七十四　五千二百八十七
縮百八萬二千三百七十九
五千三百三十一

推入遲疾曆術以通法乘朔積日為通實通周

去之餘滿通法為日不盡為日餘命日筭外天

正十一月朔夜半入曆日也

求次月大月加二日小月加一日日餘皆萬一
千七百四十六曆滿二十七日日餘萬四千六
百三十一則去之

求次日加一日求日所在定度以盈

餘乘損益率以損益盈縮積分如差率而一所

得滿紀法為度度不盡為度餘以盈加縮減平行

度及餘為定度益之或滿法損之或不足以紀

加之虛去分如上法

法進退求度行分如上法求次日如所入遲疾

陰陽曆	損益率	兼數
一日	損益十六	初
二日	益十五	十六
三日	益十四	三十一
四日	益十二	四十五
五日	益九	五十七
六日	益五	六十六

日	益／損	
七日	益一	七十一
八日	損二	七十二
九日	損六	七十
十日	損十	六十四
十一日	損十三	五十四
十二日	損十五	四十一
十三日	損十六	二十六
十四日	損十六	十

推入陰陽曆術置通實以會周去之不滿交數

三十五萬八千八百八十八半爲朔入陽曆分
各去之爲朔入陰曆分各滿通法得一日不盡
爲日餘命日筭外天正十一月朔夜半入曆日也
求次月大月加二日小月加一日日餘皆二萬
七百七十九曆滿十三日日餘萬五千九百八
十七半則去之陽竟入陰陰竟入陽
求次日加一日求朔望差以二千二百二十九乘朔
小餘滿三百三爲日餘不盡倍之爲小分則朔
差數也加一十四日日餘二萬一百八十六小

分百二十五小分滿六百六從日餘日餘滿通
法爲日即望差數也又加之後月朔也
求合朔月食置朔望夜半入陰陽曆日及餘有
半者去之置小分三百三以差數加之小分滿
六百六從日餘日餘滿通法從日日滿一曆去
之命日筭外則朔望加時入曆也朔望加時入
曆一日日餘四千一百九十八小分四百二十
八以下十二日日餘萬二千一百七十八小分
四百八十一以上朔則交會望則月食

求合朔月食定大小餘令差數日餘加夜半入
遲疾曆餘日餘滿通法從日則朔望加時入曆
也以入曆餘乘損益率以損益盈縮積分如差
法而一以盈減縮加本朔望小餘爲定小餘益
之或滿法損之或不足以日法進退日
求合朔月食加時以十二乘定小餘滿日法得
一辰命以子筭外加時所在辰也有餘者四之
滿日法得一爲少二爲半三爲太又有餘者三
之滿日法得一爲強并少爲少強并半爲

半強并太爲太強得二者爲少弱以并太爲一辰弱以前辰名之

求月去日道度置入陰陽曆餘乘損益率如通法而一以損益兼數爲定數十二而一爲度不盡三而一爲少半太又不盡者一爲强二爲少弱則月去日道數也陽曆在表陰曆在裏

二十四氣　日中影　昏中星度　晝漏刻　明中星度　夜漏刻

宋書志三

二十四氣	日中影	昏中星度	晝漏刻	明中星度	夜漏刻
冬至	一丈三尺	四十五	五十五（八）	二百八十三	八十二（十一）
小寒	一丈二尺四寸	四十五（六）	五十四（分四）	二百八十六	八十四
大寒	一丈二寸	四十六（七）	五十三	二百八十六	八十六
立春	九尺八寸	四十八（四）	五十一（六）	二百七十七	八十九（三）
雨水	八尺一寸七分	五十（五）	四十九（五）	二百七十三（七）	九十三
驚蟄	六尺六寸七分	五十二（九）	四十七（一）	二百六十八（二十）	九十七
春分	五尺三寸七分	五十五（五）	四十四（五）	二百六十四	百二（三）
清明	四尺二寸五分	五十八（一）	四十一（九）	二百五十九（八）	百六（二十）
穀雨	三尺二寸六分	六十（四）	三十九（六）	二百五十四（四）	百十（三）
立夏	二尺五寸三分	六十二（四）	三十七（六）	二百五十	百十四（八）
小滿	一尺九寸九分	六十三（九）	三十六（一）	二百四十八	百十七（十）
芒種	一尺六寸九分	六十四（八）	三十五（二）	二百四十八	百十九（四）
夏至	一尺五寸	六十五	三十五	二百四十六	百十九（二十）
小暑	一尺六寸九分	六十四（八）	三十五（三）	二百四十七（二）	百十九（四）

宋書志三

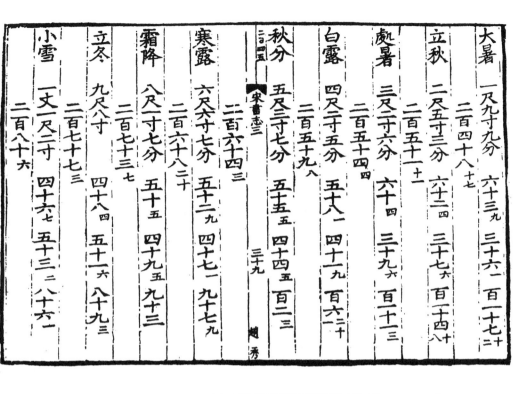

節氣	影長			
大暑	一尺九寸九分	六十三九	三十六二	百一十七二十
立秋	二尺五寸三分	六十二四	三十七六	百二十四八十
處暑	三尺二寸六分	二尺五十四	六十四	三十九六 百二十三
白露	四尺二寸五分	二百五十九八	五十八一	四十一九 百六二十
秋分	五尺三寸七分	二百六十四三	五十五	四十四五 百二十三
寒露	六尺六寸七分	二百六十七	五十二九	四十七一 九十七九
霜降	八尺一寸七分	二百七十三七	五十五	四十九五 九十三
立冬	九尺八寸	二百七十七三	四十八四	五十一六 八十九三
小雪	一丈一尺二寸	二百七十七三	四十六七	五十三二 八十六一

三三五 宋書志三 三十九 趙秀

大雪 一丈二尺四寸三分 四十五六 五十四四 八十四 二百八十二六

求昏明中星各以度數如夜半日所在則中星

度也

推五星術

金率二十三百六萬一十四

二〇四十 宋書志三 四十 趙秀

木率千五百七十五萬三千八百十二

火率三十八十萬四千一百九十六

土率千四百九十三萬三百五十四

水率四百五十七萬六千二百四

推五星術置度實各以率去之餘以減率其餘

如紀法而一為入歲日餘命以天正

如入歲日不盡為日餘命以天正

朔算外星合日

求星合度以入歲日及餘從天正朔日積度及

餘滿紀法從度滿三百六十餘度分則去之

以虛一筭外星合所在度也

求星見日以術伏日及餘加星合日及餘餘滿

紀法從日命如前見日也

宋書志三

求星見度以術伏度及餘加星合度及餘餘滿

紀法從度入虛去度分命如前星見度也

行五星法以小分法除度餘所得爲行分不盡

爲小分及日加所行分滿法從度留者因前逆

則減之伏不盡度從行入虛去行分六小分百

四十七逆行出虛則加之

木初與日合伏十六日餘萬七千八百三十二

行二度度餘三萬七千五百四晨見東方從日

行四分百一十二日〔度十九分〕度留二十八日逆

〔三〇分 宋書志三 四十一 趙秀〕

日行三分八十六日〔退一分〕又留二十八日從

日行四分百一十二日夕伏西方日度餘如初

火初與日合伏七十二日餘二萬五千二百一十五

四行三十三度度餘二萬五千六百二十五百五十

一終三百九十八日日餘三萬五千六百六十

五度度餘二萬八千八百六十五晨見東方從

疾日行十七分九十二日〔行六十度〕小遲日行十

四分九十二日〔行五十度〕大遲日行九分九十二

日行三十日〔行六度〕留十日逆日行六分六十四日〔度退十六〕

又留十日從遲日行九分九十二日小疾日行十四分九十

二日大疾日行十七分九十二日夕伏西方日度餘如初

一終七百八十日餘十二百一十六行四百一十四度度餘萬九千八百九

三萬二百五十八除一周定行四十九度度餘萬九千八百九十

留三十三日從日行二分八十四日夕伏西方日度餘

〔七分〕留三十三日行逆日行一分百一十日退四度〔七分〕

九千三百三十三晨見東方行順日行二分八十四日

土初與日合伏十七日餘千三百七十六行一度度餘萬

〔四十六 宋書志三 四十二 趙明〕

度度餘三萬二千七百九十八

金初與日合伏三十九日餘三萬八千一百二十六行

十九度度餘三萬八千一百二十六晨見東方逆日行

一度五分九十二日〔退六度〕大遲日行十七分四十五日

從日遲日行十七分四十五日夕伏西方逆日行

五日退五度而晨見東方逆日行十六分九日留九日

二日大疾日行一度五分九十二日晨伏東方日度餘如初

終五百八十三日日餘三萬六千七百六十一行星如

之除一周定行二百十八度度餘二萬六千三百十

二合二百九十一日日餘三萬八千二百二十六行星

亦如之

水初與日合伏十四日日餘三萬七千一百二十五行

三十度度餘三萬七千一百一十五夕見西方從疾

日行一度六分二十三日　二十度　遲日行二十分八日　退二十分　夕伏西

行六度　二分　留二日遲日行十一分二日　二分

方伏八日退八度而與日合又八日退八度晨見

東方逆日行十一分二日留二日從遲日行二十分

八日疾日行一度六分二十三日晨伏東方日度

餘如初　終一百十五日日餘三萬四千七百三十

九行星如之　二合二百五十七日日餘三萬七千一百十

五行星亦如之

上元之歲歲在甲子天正甲子朔夜半冬至日

月五星聚于虛度之初陰陽遲疾並自此始世

祖下之有司使內外博議時人少解曆數竟無

異同之辯唯太子旅賁中郎將戴法興議以

為三精數微五緯會始自非深推測窮識暴變

豈能刊古革今轉正圭宿案沖之所議每有違

舛竊以愚見隨事辨問案沖之新推曆術今冬

至所在歲歲微差臣法興議夫二至發斂南北之

極日有恒度而宿無改位古曆冬至皆在建星

戰國橫秦爛史官喪紀及漢初格候莫審後雜

覡知在南斗二十二度元和所用即與古曆相符

也遲至景初書日短星昴以正仲

冬直以月維四仲則中宿常在衛陽義和所以

正時取其萬世不易也沖之以為唐代冬至日在

今宿之左五十許度遂虛加度分空撤天路其

置法所在近違半次則四十五年九月率移一度

在詩七月流火此夏正建申之時也定之方中又

小雪之節也若冬至審差則豳公火流晷長一

尺五寸楚宮之作晝漏五十三刻此詭之甚也仲

尼曰丘聞之火伏而後蟄者畢今火猶西流司曆

過也就如沖之所誤則星無定次卦有差方名

號之正古今必殊典謬之音代不通軌堯之開闢

今成建除令之壽星乃周之鶉尾即時東壁巳
非玄武軫星頓屬蒼龍誣天背經乃至於此冲
之又改章法三百九十一年有一百四十四閏
臣法興議夫日有緩急故斗有闊狹古人制章
立為中格年積十九常有七閏繁或虛盈此不
可革冲之削閏壞章倍減餘數則一百三十九
聞時以作事事以厚生以此乃生人之大本曆
年二月於四分之一閏夫日少則先時閏失則事悖
一日七千四百二十九
數之所先愚恐非冲之淺慮妄可穿鑿冲之又
命上元日度發自虛一云虛為比方列宿之中
臣法興議夫之既云冬至歲差又謂虛為比中
舍形青影未足為迷何者凡在天非日不明居
地以斗而辨惜令冬至在虛則黃道彌遠東比
當為黃鐘之宮室壁應屬玄枵之位虛宿豈得
復為比中乎曲使分至屢遷而星次不改招搖
易繩而律呂仍往則七政不以璣衡致齊建時
亦非攝提所紀不知五行何居六屬安託冲之

又令上元年在甲子臣法興議夫置元設紀各
有所尚或據文於圖讖或取效於當時冲之云
羣氏糾紛莫審其會昔黃帝辛卯日月不過顓
項乙卯四時不忒景初壬辰晦無差元嘉庚
辰朔無錯景豈非承天者乎冲之苟存甲子可
謂為合以上元為始臣法興議夫交會之元則食
疾悉以上元為始凡夫所測昔賈逵略見其
既可求遲疾之際非臣法興議夫交會之元則
差劉洪桷筭其術至於疏密之數莫究其極且
五緯所居有時盈縮即如歲星在軫見超七晨
術家既追筭以會今則徃之與來斷可知矣景
初所以紀首置差元嘉兼又各設後元者其立
省功於實用不虛推以為煩也冲之既違天於
改易又設法以遂情愚謂此治曆之大過也臣
法興議日有八行各成一道月有一道離為九
行左交右疾倍半相違其一終之理日數宜同
冲之通同與會周相覺九千四十其陰陽七十
九周有奇遲疾不及二而此則當縮反盈應損

更益沖之隨法興所難辯折之曰臣少銳愚尚
專功數術搜練古今愽采沈與唐篇夏典莫不
挍量周正漢朔咸加該驗鏊策筭之思究疏密
之辨至若立貞舊誤張衡述而弗改漢時解錦
劉歆詭謬誤其數此則蔡氏之劇疵也乾象之弦
蕃劉徽綻綜數藝而每多疏舛臣昔以暇日撰
乘除翻謬斯又曆家之甚失也及鄭玄闞澤王
望定數景初之交度周日匪謂測候不精遂乃
正衆謬理據炳然易可詳密此臣以俯信偏識

不虛推古人者也按何承天曆二至先天閏移
一月五星見伏或違四旬列差妄設當益反損
皆前術之乖遠臣曆所改定也旣沿波以討其
源刪滯以暢其要能使躔次上通晷管下合反
以議訛不其惜平尋法興所議六條竝不造理
難之關楗謹陳其目其一日度歲差前法所略
以據經史辨正此數而法興設難微引詩書三
臣謬其二臣挍斟景改舊章法與立難不
事皆謬直其一日度歲差前法所略
能有詰直云恐非淺庸所可穿鑿其三次改方

移臣無此法求術意誤橫生嫌毗其四曆上元
年甲子術體明整則苟合或疑其五臣其六遷疾陰陽
咸始上元無隙可乘復云非凡所測其六遷疾陰陽
法興所未解誤謂兩率日數宜同凡此衆條或謹隨
詰議或空加抑絕未聞折正之談厭心之論也夫
二至發斂南北之極日有恆度而宿無改位故古曆
冬至皆在建星沖之曰周漢之際疇人喪業曲技競
設圖緯寔繁或借號帝王以崇其大或假名聖賢以

神其說是必讖記多虛桓譚知其矯妄古曆舛雜杜
預疑其非直按五紀論黃帝曆有四法顓頊夏周竝
有二術詭異紛然則乹識其正此古曆可疑之據一
也夏曆七曜西行特違衆法劉向以為後人所造此
可疑之據二也殷曆日法九百四十而乾鑿度云此可疑
曆以八十一為日法若易緯非差殷曆必妄此可疑
之據三也顓頊曆元歲在乙卯而命曆序云此術設
元歲在甲寅此顓頊曆元歲在乙卯春秋書食有日
朔者凡二十六其所據曆非周則魯以周曆考

之檢其朔日失二十五魯曆校之又失十三二曆
並乖則必有一偽此可疑之據五也古之六術並同
四分四分之法又則後天以食檢之經三百年輒差
一日古曆課今其甚踈者其作皆在漢初後天過二日有餘
以此推之古術之作皆在漢初周末理不得遠
斗牛之際度在建星其勢相隣自非帝者有造
且却校春秋朔並先天此則非三代以前之明徵
矣此可疑之據六也尋律曆志前漢冬至日在
則儀漏或闕豈能窮密盡微纖毫不失建星

宋書志三　四十九　壽列

之說未足證矣法興議曰戰國橫騖為史官喪紀
度元和所用即與古曆相符也遠至景初終無
毫惑沖之曰古術訛雜其詳闕闻乙卯之曆秦
代所用必有效於當時故其言可徵也漢武改
劉歆課詳備儀審漏事在前史測星辨度
理無乖遠今議者所是不實見所非徒為虛妄
辨彼駮此既非通談運今背古所誣誠多偏據
一說未若兼今之為長也景初之法寔錯五緯

今則在衝口至義已移日蓋略治朔整無事檢
候是以暴漏昏明並即元和二分異景尚不知革
日度微差宜其諜矣法興議曰書云日短星昴以
正仲冬直以月推四仲則中宿常在衛陽義和所
以正時取其萬代不易也沖之以為據人君南面
沖之曰書以四星昏中審分至者據唐代去日
在今宿之左五十許度遂虛加度分空撥天路
而言也且南北之正其詳易准流見之勢中天
為極先儒注述其義僉同而法興以為書說四

宋書志三　五十　陳壽列

星皆在衛陽之位自在巳地進失向方退非始見
迂迴經文以就所執違訓詭情此則甚矣捨午
稱巳午上非無星也必據中宿餘宿甚復不足
以正時君謂舉中語兼七列者胥參尚隱則不
得言昴星雖見當六伏矣奎婁已見復不得言
伏見　　不得以為辭則名將何附若中宿之
通非允當寔謹檢經旨直云星昴不自備陽衛
陽無自顯之義此談何因而立苟理無所依則
可愚辭成說曾泉桑野皆為明證分至之辨

竟在何日循復冊三覬深歎息法興議曰其置
法所在近違半次則四十五年九月率移一度此
沖之曰元和日度法興所是唯徵古曆在建星
以今考之臣法冬至亦在此宿斗二十二了無
顯證而虛賬臣曆垂差半次此愚情之所駁也
又年數之餘有十一月而議云九月涉數每乖
年十二月十六日中夜月蝕盡在鬼四度以衝
可辨請據效以課跡密按太史註記元嘉十三
皆此類也月盈則食必在日衝以撿日則宿度
衝計之日當在井三十依法興議日在柳二
年五月十五日丁夜月蝕盡在斗二十六度以
度以衝計之日當在角二依法興議日在角
又二十八年八月十五日丁夜月蝕在奎十一
十二又大明三年九月十五日乙夜月蝕盡在
日日在心二凡此四蝕皆與臣法符同纖毫不
胃宿之末以衝計之日當在氐十二依法興議
奕而法興所據頓差十度違衝移宿顯然易

觀故知天數漸差則當式遵以為典事驗昭晳
宣得信古而疑今法興議曰在詩七月流火此
夏正建申之時也定之方中又在詩七月流火若
冬至審差則豳公火流聚長一尺五寸楚宮之
作書漏五十三刻此詭之甚也沖之曰臣按此
議三條皆謬詩稱流火蓋略舉西移之中以為
驚寒之候流之為言非始動之辭也就如始說
冬至日度在斗二十二則火星之中當在大暑
之前宣瞞建申之限此專自攻糾非謂矯失夏
小正五月昏大火中此復在衝陽之地乎又謂
臣所立法楚宮之作在九月初按詩傳箋皆謂
定之方中者室壁昏中形四方也然則中天之
正當在室之八度臣曆推之元年立冬後四日
此度昏中乃自十月之初又非寒露之日也議
者之意蓋誤以周世為堯時度差五十故致此
諜小雪之節自信之談非有明文可據也法興
議曰仲尼曰丘聞之火伏而後蟄者畢今火猶
西流司曆過也就如沖之所誤則星無定次卦

有差方名號之正古今必殊典誥之音時不通
軌堯之開閉今成建除今之壽星乃周之鶉尾
也即娵東壁已非玄武軫星頓屬蒼龍詎天昔
經乃至於此沖之曰臣以為辰極居中而列曜
貞觀羣像殊體而陰陽區別故羽介咸陳則水
火有位蒼素齊設則東西可準非以日之所在
玄武七列虛當子位若圓儀辨方以日為主冬
至所舍當在玄枵而今之南極乃處東維違體
失中其義何附若南比以冬夏稟稱則卯酉以
生殺定號豈得春躔義方秋麗仁域名舜理平
若此之反哉因茲以言固知天以列宿分方而
不在於四時景緯環序日不獨守故轍矣至於
中星見伏記籍每以審時者蓋以曆數難詳而
天驗易顯各據一代所合以為簡易之政也亦
猶夏禮未通商典護容豈襲韶節誠天人之道
同差則藝之興因代而推移矣月位稱建諒以
氣之所本名隨實著非謂斗杓所指近校漢時

已差半次審斗節時其效安在或義非經訓依
以成說將緯候多詭偽辭間設乎次隨方名義
合宿體分至雖遷而厥位不改豈謂龍火貿厥
金水亂列名號乖殊之議抑未詳究至如壁非
玄武軫屬蒼龍瞻度察緯實咸然元嘉曆法
壽星之初亦在翼限參校晉注顯驗眾天數
差移百有餘議議者誠龍馳辭騁辯令南極非
冬至望不在衝則此談乃可守耳若使日遷次
留則無事屢嫌乃臣曆之良證非難者所宜列
也尋臣所執必據經史遠考唐典近徵漢籍識記
碎言不敢依述竊謂循經之論也月蝕檢日度事
驗昭著史注詳論文存禁閣斯又稽天之說也夫
典四星並在衛陽今之日度遠進元和詎皆之諸
人制章立為中格年積十九常有七閏晷或盈虛
此不可革沖之前閏壞章倍減餘數則一百三十
九年輒失一閏夫日少則先時閏失則事悖竊聞時
年二月於四分之料頓少一日七千四百二十九

以作事以厚生此乃生民之所本曆數之所先

愚恐非沖之淺慮妄可穿鑿沖之日按後漢書及

乾象說四分曆法雖分章設節捌自元和而晷儀

衆數定於嘉平三年四分志立冬中影應長一丈立

春中影九尺六寸尋冬至南極日晷最長二氣去

至日數既同則中影應等而前長後短頓差四寸

此曆景冬至後天之驗也二氣中影日差九分半

弱進退均調略無盈縮以率計之二氣各退二日

十二刻則晷影之數立亥更短立春更長竝差二

宋書志三　五十五　高晷

寸二氣中影俱長九尺八寸矣即立冬立春之正

日也以此推之曆置冬至後天亦二日十二刻也

嘉平三年時曆丁丑冬至加時正在日中以二日

十二刻減之天定以乙亥冬至加時在夜半後

三十八刻又臣測景歷紀躬辨分寸銅表堅剛

暴潤不動晷明潔纖毫懍然據大明五年十

月十日影一丈七寸一分太二十六日一丈七寸五分彊

一丈八寸一分太二十六日一丈七寸五分彊

折取其中則中天冬至應在十一月三日求其

蝕晚令後二日影相減則一日差率也倍之為法

前二日減以百刻乘之為實以法除實得冬至加

時在夜半後三十一刻在元嘉曆後一日天數之

正也量檢竟年數減均同異歲相推之刻如前寫

率臣因此驗考正章法今以曆推之如前應

謂至密求為定式尋古曆法並同四分四百之數

父則後天經三百年朔差一日是以漢載四百食

率在晦魏代已來遂革斯法世莫之非者誠有效

於天也章歲十九其疏尤甚同出前術非見經典

宋書志三　五六　高晷

而議云此法自古數不可移若古法雖疏永當循用

謬論誠立則法興復欲施四分於當今矢理容然乎

臣所未譬也若謂今所革翻違舛失衰者未聞顯

據有以矯奪臣法也元嘉曆術減閏餘二直以襲

舊分麤故進退未合至於棄盈求正非非為華理就

如議意率不可易則分無增損承天置法復為違

諛節氣蝕當循環景初二至差三日曾不覺其非

橫謂臣曆為失知日少之先時未悟增月之甚惑

也誠未親天驗豈測曆數之要生民之本諒非率

意所斷矣又法興始云窮識暑燮可以刊舊令
復謂暑數盈虛不可爲准乎自違伐罔識所依
若推步不得准天功絕於心目未詳歷紀何因
而立案春秋以來千有餘載以食檢朔曾無差
察毫微課驗以前合若符勢孟子以爲千歲
失此則日行有恒之明徵也且臣考影彌年窮
之日至可坐而知斯言實矣日有緩急未見其
證浮辭虛眹病非所懼法興議曰沖之既云冬
至歲差又謂虛爲比中拾形青影未足爲迷何
者凡在天非日不明居地以斗而辨借令冬至
在虛則黃道彌遠東北當爲黃鍾之宮室壁
應屬玄枵之位虛宿豈得復爲北中平曲使分
至屢遷而星次不改招搖易繩而律呂仍往則
七政不以機衡致齊建時亦非攝提所紀不知
五行何居六屬安託沖之曰此條所嫌前牒已
詳次改方移虛非中位繁辭廣證自構紛惑皆
議者所謬誤非臣法之違設也七政致齊實謂
天儀鄭王唱述厥訓明允雖有異說蓋非實義

法興議曰夫置元設紀各有所尚或據文於圖
識或取効於當時沖之云羣氏糾紛莫審其會
昔黃帝辛卯日月不過顓頊乙卯四時不忒景
初壬辰晦無差光元嘉庚辰朔無錯景豈非承
天者平沖之苟存甲子可謂爲合以求天也沖之
曰夫歷存効密不容殊尚合識珽說訓義非所
取雖驗當時不能通遠又臣所未安也元值始名
體明理正未詳辛卯之說也若以歷合一時
前牒溺名喪實殆非索隱之謂也依古術詭謀事在
理無父用元在所會非有定歲者今以効明之夏
殷以前載籍淪逸春秋漢史咸書月蝕正朔詳
審顯然可徵以臣歷檢之數皆協同誠無虛設
循密而至千載無殊則雖遠可知矣備閱羲法
疎越寔多或朔差三日氣後七晨未聞可以下
通於今者也元在乙丑前說以爲非正今值甲
子議者復疑其苟合無名之歲自昔無之則推
先者將何從乎歷紀之作幾於息矣夫爲合之
有不合願聞顯據以覈理實法興曰夫交會之

元則蝕既可求遲疾之際非凡夫所測昔曹逹
略見其差劉洪粗著其術至於踈密之數莫究
其極且五緯所居有時盈縮即如歲星在軫見
超七辰術家既追筭必會今則往之與來斷可
知矣景初所以紀首置差元嘉兼又各設後元
者其並省功於實用不虛推以爲煩也冲之既
違天於改易又設法以遂情愚謂此治曆之大
過也冲之曰遲疾之率非出神怪有形可檢有
數可推劉晉能述則可累功以求密矣議又云
五緯所居有時盈縮歲星在軫見超七辰謂應
年移一辰也案歲星之運年恒過次行天七帀
超一位代以來之曆凡十法並合一時此數咸
同史注所記天驗又符此則盈次之行自其定
准非爲衡度濫徙頓過其衝也若審由盈縮豈
得常疾無遲夫甄耀測象者必料分析度考往
驗來必實見據以經史曲辯辭說類多浮詭
甘石之書本爲矛楯今以一句之經誣一字之謬
堅執偏論以困正理此愚情之所未厭也筭自

近始衆法可同但景初之二差承天之元寔以
奇偶不恊故數無同盡爲遺前設後以從省易
夫建言倡論豈尚矯異蓋令實以文顯言勢可
極也稽元襄歲羣數咸始術體理不可容
識而識者以爲過謬之大者然則元嘉置元雖
七率舛陳而猶紀恊甲子氣朔俱終此又過謬
爲允衷之製乎設法情寔謂意之所安改易達
日避辰首閏餘朔分月緯七率並不得有盡乃
之小者也必當虛立上元假稱曆始歲違名初
天未觀理之識者也法興日日有八行合成一
道月有一道離爲九行左交右疾倍半相違其
一終之理日數宜同冲之通同與會周相覺九
千四十其陰陽七十九周有奇遲疾不及一帀
此則當縮反盈應損更益冲之曰此議雖游漫
無據然言迹可檢按以日八行壁言月九道此爲
月行之軌當循一轍環帀於天理無差動也然
則交會之際當有定所豈容或斗或牛同麗一
度去極應等安得南北無常若日月非例則八

行之說是衍文邪左交疾語甚未分為交與

疾對為舍交即疾若舍交即疾即交在平率入

曆七日及二十一日是也值交蝕既當在盈縮

之極豈得損益或多或少若交與疾對則在交

之衝當為遲疾之始豈得入曆或深或淺倍半

相違新故所同復摽此句欲以何明臣臨見曆書

古今略備至如此說所未前聞遠乖舊準近背

天數求之愚情竊所深惑尋遲疾陰陽不相生

故交會加時進退無常昔術箸之久矣前儒言

之詳矣而法興云日數同竊謂議者未曉此意

乖謬自箸無假驟辯既云盈縮失裹復不備記

其數或自嫌所執故況略其說乎又以全為率

當互因其分法興所列二數皆誤或以八十為

七十九當縮及盈應損更益此條之謂矣總檢

其議豈但臣曆不密又謂何承天法乖謬彌其

若臣曆宜棄則承天術益不可用法興所見既

審則應革翱至非景極望非曰衝凡諸新說必

有妙辯乎時法興為世祖所寵天下畏其權既

立異議論者皆附之唯中書舍人巢尚之是沖

之之術執據宜用上愛奇慕古欲用沖之新法

時大明八年也故須明年改元因此改曆未及

施用而宮車晏駕也

志第三

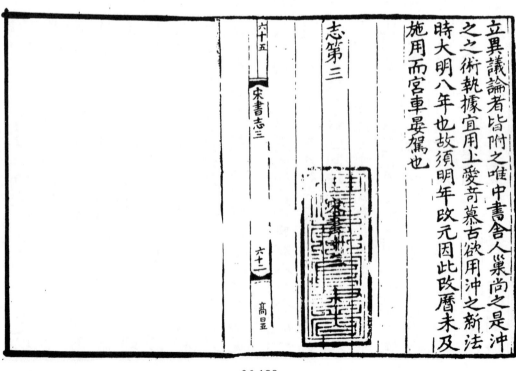

宋書十四

臣沈約　新撰

禮一

夫有國有家者禮儀之用尚矣然而歷代損益
每有不同非務相政隨時之宜故也漢文以人情
季薄國喪革三年之紀光武以中興崇儉七廟
有共堂之制魏祖以侈感宜矯終敬去襲稱之
數晉武以丘郊不異二至升南北之祀互相即襲
以訖于今豈三代之典不存哉取其應時之變
弘治四年【宋書志曰】　　　　一【監生李秘】
而已且閔子議古禮退而致事叔孫創漢制化
流後昆由此言之任已而不師古秦氏以之致亡
師古而不適用王莽所以身滅然則漢魏以來
各揆古今之中以通二代之儀司馬彪集後漢衆
注以為禮儀志校其行事已與前漢頗不同矣
況三國鼎峙歷晉至宋時代移改各隨事立自
漢末剝亂舊章乘弛魏初則王粲衛覬典定衆
儀蜀朝則孟光許慈創理制度晉始則荀顗鄭
沖詳定晉禮江左則荀崧刁協緝理乘條其間

魏氏以後經國誕章以備此志云
魏文帝雖受禪于漢而以夏數為得天故黃初
元年詔曰孔子稱行夏之時乘殷之輅服周之
冕樂則韶舞此聖人集羣代之美事為得天
法也傳曰夏數為得天朕承唐虞之後當於正
朝當依虞夏故事若殊徽號異器械制禮樂
易服色用牲幣自當隨土德之數每四時之季
月服五十八日臘以丑牲用白其飾旄旌自當
弘治四年【宋書志四】　　　　二【監生李秘】
赤但節幡黃耳其餘郊祀天地朝會四時之服
宜如漢制宗廟所服一如周禮尚書令桓階等
奏據三正周復之義國家承漢氏人正之後當
受之以地正犧牲宜用白今從漢十三月正則犧
牲不得獨改今新建皇統宜稽古典先代以從
天命而告朝犧牲壹皆不改非所以明革命之
義也詔曰服色如所奏其餘宜如虞承唐但臘
日用丑耳此亦聖人之制也明帝即位便有改正
朔之意朝議多異同故持疑不決久乃下詔

曰黃初以來諸儒共論正朔或以改之為宜或以不改為是意取駮異于今未決朕在東宮時聞之意常以為夫子作春秋通三統為後王法正朔各從色不同因襲自五帝三王以下或父子相繼同體異德或納太麓受終文祖或尋干戈從天行誅雖遭遇異時步驟不同然未有不改正朔用服色表明文物以章受命之符也由此言之何必以不改為是邪於是公卿以下博議侍中高堂隆議曰按自古有文章以來帝王之興受禪之與干戈皆改正朔所以明天道定民心也易曰革元亨利貞有孚改命吉湯武革命應乎天從乎人其義曰水火更用事猶王者必改正朔易服色也易通卦驗曰王者必改正朔易服色以應天地三氣三色書曰若稽古帝舜曰重華建皇授政改朔初高陽氏以十一月為正蒼玉以赤繢高辛氏以十三月為正蒼玉以白繢尚書傳曰舜定鐘石論人聲乃及鳥獸感變於前故更四時改堯正詩曰一之日觱發

二之日栗烈三之日于耜傳曰一之日周正月二之日殷正月三之日夏正月詩推度災曰如有繼周而王者雖百世可知以前檢後文質相因法度相改三而復百世可知以前檢後者文質也以前檢後謂軒轅高辛氏夏后氏漢皆以十三月為正高陽有虞有周皆以十一月為正後雖百世皆以前代三而復也少昊有唐有虞者皆以前代三而復者禮大傳曰聖人南面而治天下必正度量考文章改正朔易服色殊徽號樂稽曜嘉曰禹將受位天意大變迅風雷雨以明將去虞而適夏也是以舜禹雖繼平受禪猶制禮樂改正朔以應天從民夏以十三月為正法物之始其色尚黑殷以十二月為正法物之牙其色尚白周以十一月為正法物之萌其色尚赤能察其類能正其本則獄讼致雲雨四時和五稼成麟皇翔集春秋十七年夏六月甲子朔日有蝕之傳曰王者受命改是謂孟夏春秋元命苞曰王者受命昭然明於天地之理故必移居處更稱號改正朔易服色以

明天命聖人之寶賚文再而改窮明相承周則
復始正朔改則天命顯凡典籍所記不盡於此
略舉大較亦足以明也太尉司馬懿尚書僕射
衛臻尚書薛悌中書監劉放中書侍郎刁幹
博士秦靜散騎常侍王肅尚書郎魏衡太子舍人
黃以為不宜改青龍五年山茌縣言黃龍見
帝乃詔三公曰昔在庖犧繼天而王始據木德
為君代首自故以降服物氏號開元著統者既

讖受命曆數之期握皇靈遷興之運承天改
物序其綱紀雖炎黃少昊顓頊高辛唐虞夏
后世系相龍襲同氣共祖猶豫昭顯所受之運
等明天人去就之符無不革易制度更定禮
樂延羣后班瑞信使之煥炳可述于後也至于
正朔之事當明示變改以彰異代昌疑其不然
哉文皇帝踐阼之初庶事草創遂襲漢正不革
其統朕在東宮及臻在位每覽書籍之林揆公
卿之議夫言三統相變者有明文云虞夏相因

者無其言也曆志曰天統之正在子物萌而赤
地統之正在丑物化而白人統之正在寅物成而
黑但含生氣以微成著故太極運三辰五星於
上元氣轉三統五行於下登降周旋終則又始
言天地與人所以相通也仲尼以大聖之才祖述
堯舜範章文武制作春秋論究人事以貫百
王之則故述堯舜以論三正則其明義豈便近
在殷周而已乎朕以眇身繼承洪緒旣不能紹

上聖之遺風揚先帝之休德又使王教之弛者
張帝典之闕者未補豐豆之德不箸亦惡可
乎今推三統之次魏得地統當以建丑之
月為正考之羣藝厥義彰矣改青龍五年春三
月為景初元年孟夏四月服色尚黃犧牲用
白戎事乘黑首之白馬建太赤之旗朝會建大
白之旗春秋冬孟仲季月雖與歲不同至於郊
祀迎氣祠祀烝嘗巡狩蒐田分至啟閉班宣時
令中氣晚早敬授民事諸若此者皆以正歲斗

建為節此曆數之序乃上與先聖合符同契重
規疊矩者也今遵其義庶可以顯祖考大造之
基崇有魏惟新之命於戲天云群后百辟卿士
靖康厥職帥意無怠以承天休司徒露布咸
使聞知稱朕意焉案服色尚黃據土行也議
牲旈旗(用殷禮行殷之時故也周禮巾車職
大白朝大赤即戎也明帝又詔曰以建寅之月
朝以先代之旗即戎用殷禮變周之制故建
建大赤以朝大白以即戎此則周以正色之旗
色各從其正不隨所祀之陰陽也祭天不嫌
於用玄則祭地不得獨疑於用白也天地用牲
得無不宜異邪更議於是議者各有引據
無適可從又詔曰諸議所依據各參錯若陽
祀用騂陰祀用黝復去祭天用騂地用黃如
此用牲之義未為通也天地至尊用牲當同
以所尚之色不得專以陰陽為別也今□祭皇皇

為正者其牲用玄以建丑之月為正者其牲
用白以建子之月為正者其牲用騂此為牲
（宋書志四 七）

帝天皇皇后地天地郊明堂宗廟皆宜同
其別祭五郊各隨方色祭日月星辰之類用騂
社稷山川之屬用玄此則尊甲方色陰陽雜
義暢矣三年正月帝崩齊王即位定年十二
月尚書盧毓奏列祖明皇帝以今年正月棄
離萬國禮思日不樂甲乙日不樂甲乙之謂也烈祖明皇帝
建丑之月棄天下臣妾之情於此正日有甚
甲乙今若以建丑正朝四方會群臣設盛樂
不合於禮博士樂祥議正日日受朝貢群臣
（宋書志四 八）

奉賀後五日乃大宴會作樂太尉屬朱誕
議今因宜改之際還修舊則元首建寅於
制為便大將軍屬劉肇議宜過正一日乃
賀大會明令天下知朋亡之日不朝也詔曰省
奏事五內斷絶柰何烈祖明帝以正日棄
天下每與皇太后念此日至心有剝裂不可以
此日朝群辟受慶賀也月二日會曾非故也聽
當還夏正月雖違先帝通三統之義斯亦
子孫哀慘永懷又夏正朝得天數者其於建

天數者其以建寅之月為歲首

晉武帝太始二年九月羣公奏唐堯舜禹

不以易昨改制至於湯武各推行數宣尼答

為邦之問則曰行夏之時路晃之制通為百代

之言益期於從政濟治不繫於行運也今大

晉繼三皇之蹤踵舜禹之迹應天從民受禪

宜一用前代正朝服色皆如有虞遵唐

故事於義為弘奏可孫盛曰仍舊非也且晉

為金行服色尚赤考之天道其違甚矣及宋

受禪亦如魏晉故事

魏明帝初司空王朗議古者有年數無年號

漢初猶然或有世而政有中元後元改彌數

後之號不足故更假取美名非古也述春秋之

事曰隱公元年則簡而易智載漢世二事曰建

元年則後不見宜若古稱元而已明帝不從乃

詔曰先帝即位之元則有延康之號受禪之初

亦有黃初之稱今名年可也於是尚書奏易曰乾

道變化各正性命今名保合大和乃利貞省出庶物萬國

咸寧宜為大和元年詔

春秋左氏傳

周之五禮其五為嘉嘉

日晉候問襄公年李子武子對曰會于沙隨

之歲寡君以生晉候曰十二年矣是謂一終

一星終也國君十五而生子冠而生子禮也君

可以冠矣大夫盡為冠請及兄弟之國而

裸耳之禮行之以金石之樂節之以先君之桃以

處之今君在行未可具也請君冠必以

假備焉晉候許諾還及衛冠于成公之廟

假鐘磬焉禮也賈服說皆以為人君禮十二

而冠也古尚書說武王崩成王年十三推武

王以庚辰歲歲崩周公以壬午歲出居東以癸

未歲反禮周公冠成王命史祝辭告也是除

喪冠也周公居東未及成王冠弁以開金縢

之書時十六矣是成王年十五服除周公冠之

而後出也按禮傳之文則天子諸侯近十二

遠十五必冠矣周禮雖有服晃之數而無天

子冠文儀禮云公候之有冠禮夏末造之王

鄭皆以為夏末上下相亂篡弑由生故作公侯
冠禮則明無天子冠禮之審也大夫又無冠禮
古者五十而後爵何大夫冠禮之有周人年五
十而有賢才則試以大夫之事猶行士禮也故
士禮耳然漢氏以來天子諸侯頗采其議志
曰儀從冠禮是也漢順帝冠又兼用曹襄新禮
襄新禮全不存禮儀志又云乘輿初加緇布進
賢次爵弁武弁次通天皆於高廟王公以下初
加進賢而已按此文始冠緇布從古制也冠於
宗廟是也魏天子冠一加其說曰士禮三加加
有成也至於天子諸侯無加數之文者將以踐
阼臨民尊極德備豈得復與士同此言非也夫
以聖人之才猶三十而立況十二之年未及志
學便謂德成無所勸勉非理實也魏氏太子再
加皇子王公世子乃三加孫毓以為一加再加
皆非也禮詞曰令月吉日又以歲之正以月之
令魯襄公冠以冬漢惠帝冠以三月明無定月

也後漢以來帝加元服咸以正月晉咸寧二年
秋閏九月遣使冠汝南王柬此則晉禮亦有非
必以歲首也禮冠於廟魏以來不復在廟然晉
武
帝冠太子皆即廟見斯亦擬在廟之儀也晉穆
帝孝武將冠先以幣告廟訖又廟見也
晉惠帝之為太子將冠也武帝臨軒使兼司徒
高陽王珪加冠光祿勳屯騎校尉華廙贊冠
江左諸帝將冠金石宿設百僚陪位又豫於殿
上鋪大林御府令奉晃幘簪導襄服以授侍中
常侍太尉加幘太保加晃將加晃太尉跪讀祝
文曰令月吉日始加元服皇帝穆穆思弘衰職
欽若昊天六合是式率遵祖考永永無極眉壽
惟期介茲景福加晃訖侍中繫玄統侍中脫絳
紗服加袞服冠事畢太保率羣臣奉觴上壽王
公以下三稱萬歲乃退按儀注一加幘晃
而已
宋冠皇太子及蕃王亦一加也官有其注晉武
帝太始十年南宮王承年十五依舊應冠有司

議奏禮十五咸童國君十五而生子以明可冠
之宜又漢魏遣使冠諸王非古典於是制諸王
十五冠不復加元嘉十一年營道侯將冠詔
曰營道侯義慕可克日冠外許舊施行何禎冠
儀約制及王堪私撰冠儀亦皆家人之可遵用
者也

魏齊王正始四年立皇后甄氏其儀不存
晉武帝咸寧二年臨軒遣太尉賈充策立
后楊氏紳悼后也因大赦賜王公以下各
有差百僚上禮太康八年有司奏昏禮納
徵大昏用玄纁束帛加珪馬二駟王侯玄
纁束帛加璧乘馬大夫用玄纁束帛加羊
古者以皮馬為庭實天子加穀珪諸侯加
大璋可依周禮政璧用璋其羊鴈酒米玄
纁如故諸侯昏禮加納采吉期迎各帛五
匹及納徵馬四匹皆令夫家自備唯璋官
為具之尚書朱整議按魏氏故事唯王娶
妃公主嫁之禮天子諸侯以皮馬為庭實

天子加以穀珪諸侯加以大璋漢萬后制聘后
黃金二百斤馬十二匹夫人金五十斤馬四匹晉
魏聘后王娶妃公主嫁之禮用絹百九十四晉
與故事用絹三百四詔曰公主嫁由夫氏不宜
皆為備物賜錢使足而已唯給璋餘如故
成帝咸康二年臨軒遣使兼太保領軍將軍
諸葛恢兼太尉護軍將軍孔愉六禮備物拜
皇后杜氏即日入宮帝御太極殿羣臣畢賀
非禮也王者昏禮禮無其制春秋祭公逆
王后于紀穀梁左氏說與公羊又不同而
漢魏遺事闕略者眾晉武惠納后江左又
無復儀注故成帝將納杜后太常華恒始
與博士參定其儀據杜預左氏傳說主婚
是供其婚禮之幣而已又周靈王求婚於
齊齊侯問於晏桓子桓子對曰夫婦所生若
而人姑姊妹則稱先守某公之遺女若而人
此則天子之命自得下達臣下之答徑自上
通先儒以為丘明詳鍊其事蓋為王者婚

娶之禮也故成帝臨軒遣使稱制拜后然其
儀注又不具存康帝建元元年納后褚氏
而儀注陞者不設毛頭殿中御史奏今迎皇
后依昔成恭皇后入宮御物而儀注至尊奠
晃升殿毛頭不設求量處又案昔迎恭皇后
唯作青龍旂其餘皆即御物今當臨軒
遣使而立五牛旂毛頭畢罕並出即用
故至今闕詔曰所以正法服升太極者以敬其
始故備其禮也今云何更闕所重而撤法物邪

又恭后神主入廟先帝詔后禮宜有降不宜建
五牛旂而今猶復設之邪既不設五旂則毛頭畢
罕之器易具也又詔曰舊制既難準且於今而備
亦非宜府庫之備唯當以供軍國之費耳法
服儀飾粗令擧其餘兼副雜器停之及至
穆帝升平元年將納皇后何氏太常王彪
之始更大引經傳及諸故事以正其禮深
非公年婚禮不稱主人之義又曰王者之於
四海無非臣妾雖復父兄之親師友之賢

皆純臣也夫崇三綱之始以定乾坤之儀安有
天父之尊而稱臣下之命以納伉儷安有臣
下之甲而稱天父之名以行大禮遠尋古禮
無王者此制近求史籍無王者此比於情不
安於義不通案咸寧二年納悼皇后時弘
父兄主婚之文又考大晉已行之事咸寧故
事不稱父兄師友則咸康華恒所上合於舊
訓太后母臨天下而無命戚屬之臣為武皇
也臣愚謂今納后儀制宜一依咸康故事

於是從之華恒所定六禮云宜依漢舊及
大晉已行之制此恒猶識前事故王彪之
多從咸康由此也惟以取婦之家三日不舉
樂而咸康群臣賀為失禮故但依咸康
上禮不復賀也其告廟六禮版文等儀皆
虎之所定也詳推有典制其納采版文重
書曰皇帝咨前太尉參軍何琦渾元資
始肇經人倫爰及夫婦以奉天地宗廟社
稷謀于公卿咸以宜率由舊典今使使持

節太常彪之宗正綜以禮納采主人曰皇

帝嘉命訪婚陋族採擇臣從祖弟

故散騎侍郎準之遺女未闕敎訓衣履

若而人欽承舊章肅奉典制前太尉參

軍都卿侯冀土臣何琦稽首再拜承制

詔次問名版文曰皇帝曰咨某官某姓兩

儀配合承天統物正位于內必俟令族重章

舊典今使使持節太常某宗正某以禮

問名主人曰皇帝嘉命使者某到重宣

中詔問臣名族臣族女父母所生先臣故光祿

大夫雩妻矦禎之遺玄孫先臣故豫州刺

史闕中矦惲之曾孫先臣安豐太守闕中

矦散之孫先臣故散騎侍郎準之遺女外出自

先臣故尚書左丞曾之外曾孫先臣故侍中闕

內庶夷之外孫女年十七欽承舊章肅奉典制

次納吉版文曰皇帝曰咨某官某姓人謀龜

從僉曰貞吉敬從典禮今使使持節太常某宗

正某以禮納吉主人曰皇帝嘉命使者某重宣

中詔太卜元吉臣陋族甲憂懼不堪欽承舊

章肅奉典制次納徵版文皇帝曰咨某官某姓

之女有母儀之德窈窕之姿如山如河宜奉宗

廟永承天祚以玄纁皮帛馬羊錢璧以章典令

使使持節司徒某太常某以禮納徵主人曰皇帝

嘉命降婚甲陋崇以上公寵以典禮備物典策欽

承舊章肅奉典制次請期版文皇帝備物典策欽

某姓謀于公卿大筮元龜罔有不臧率遵典禮

今使使持節太常某宗正某以禮請期主人曰皇

帝嘉命使者某重宣中詔吉日惟某可迎臣欽承舊

章肅奉典制次迎版文皇帝曰咨某官某姓藏

吉月令吉日惟某率禮以迎今使使持節太保某

太尉某以吉日惟某率禮以迎上公宗卿兼至副介近臣百兩

令月吉辰備禮以迎上公宗卿兼至副介近臣百兩

臣螻蟻之族猥承大禮憂懼戰怵欽承舊章肅

奉典制其稽首承詔皆如初咨孝武納王皇

后其禮亦如之其納采問名納吉請期迎皆

用白鴈白羊各一頭酒米各十二斛唯納徵牢

一頭玄纁用帛三四絳二四繒二百四虎皮二
枚錢二百萬玉璧一枚馬六頭酒米各十二斛
鄭玄所謂五鴈六禮也其珪馬之制備物之數
校太康所奏又有不同官有其注古者昏冠皆
有醮鄭氏醮文三首具存宋文帝元嘉十五年
禮其月壬戌於太極殿西堂敘宴二宮隊主副
四月皇太子納妃六禮文與納后不異百官上
司徒征北鎮南三府佐揚兗江三州綱彭城江
夏南譙始興武陵廬陵南豐七國侍郎以上諸
二千石在都邑者並豫會又詔令小會可停妓
樂時有臨川曹太妃服明帝泰始五年十一月有司
奏按晉江左以來太子昏納徵禮用玉一虎皮二未
詳何所準況或者虎取其威猛有彬炳蔚熊羆
而有潤栗珪璋既玉之美者豹皮義兼炳蔚熊羆
亦昏禮吉徵以類取象亦宜並用未詳何以遺文
晉氏江左禮物多闕後代因龍衮未遑研考今法章微
儀方將大備宜憲範經籍稽諸舊典今皇太子昏
納徵禮合用珪璋豹皮熊罷皮與不下禮官詳依

經記更正若應用者爲各用一爲應用兩博
裴昭明議案周禮納徵女纁束帛儷皮鄭
玄注云束帛以儀注以虎皮二太元中公主納徵
以虎豹皮各一其豈謂婚禮不辨玉公之序故取
虎豹皮以賀革其事平虎豹雖美而徵禮或
所不用能吉祥而婚典所不又珪璋儲皇聘
納宜準經誥凡諸僻謬並宜詳裁雖禮不同
文質或異而鄭爲儒宗既有明說守文淺見
蓋有惟疑兼太常丞孫詵議以爲聘幣之
典實惟羨我歷代行事取制主婚符珪璋之
用實均璧品采豹之彰義齊虎文能羆表
祥繁衍收寄令儲后崇聘禮先訓遠皮玉
之美宜盡暉備禮稱束帛儷皮則珪璋數
合同璧熊羆熊文豹各應用二長兼國子博
士虞龢議案儀注納徵云玄纁束帛雜皮
而巳禮記郊特牲云虎豹皮展玉帛非虎作
也則虎豹之皮厚然用兩珪璧宜仍舊各

也參詳二議不異令加珪璋各一豹熊羆皮
各二以編議爲允詔可
晉武帝太始十年將聘拜三夫人九嬪有司
奏禮皇后聘以穀珪無妾媵禮贄之制詔曰
拜授可依魏氏故事於是臨軒使使持節策
太常拜夫人諫御史中丞拜九嬪
漢魏之禮公主居第尚公主者來第成婚司
空王朗以爲不可其後乃革
凡遣大使拜皇后皇太子及拜蕃王

帝皆臨軒其儀大樂令宿設金石四廂之樂
於殿前漏上三刻侍中侍臣冗從僕射中謁
者節騎郎虎賁前羽葆頭楯刻五牛旗皆入虎
賁中郎將羽林監分階端門內侍御史謁者
各一人監端門廷尉監平分陛車西中華門
漏上三刻殿中侍御史奏開殿之殿門南止
車門宣陽城門軍校侍中散騎常侍繪事
黃門侍郎散騎侍郎外殿夾御座尚書令
以下應階者以次入治禮引大鴻臚入陳九賓

漏上四刻侍中奏外辦皇帝服袞冕之服升太極
殿臨軒南面謁者前北面一拜跪奏大鴻臚臣某稽
首言群臣就位具侍中稱制曰可大鴻臚謁者引者積拜
在位皆再拜大鴻臚舉手同行事謁者引護當使者
中稱制曰可鴻臚舉手同行事謁者引護止禮畢
當拜者入就拜位四廂樂作拜畢
出官有其注舊時歲常設幕桃梗磔雞於
宮及百寺門以禳惡氣漢儀則仲夏之月設之有
桃卯無磔雞案明帝大備禳禮故何晏禳祭據

雞牲供禳舉舊之事磔雞宜起於魏也外本漢所
以輔邪金又宜魏所除也但未詳改中夏在歲
旦之所起耳宋之所省而諸郡縣此禮往往猶存上
代聘享之禮雖頗見經傳然此首尾不全叔孫
通傳載通所制漢元會儀綱紀粗舉施於今
又未周備也魏國初建事多兼闕故黃初三
年始奉璧朝賀何承天云魏元會儀無存者
案何禎許都賦曰元正大饗壇彼西南旗幕
峨峨橑宇弘深王沈正會賦又曰華幬映於飛

雲朱幕張于前庭綟青帷於兩階象紫極
之嶸嵂延百辟于和門等尊車而奉璋此則大
饗悉在城外不在宮內也臣案魏司空王即奏
事曰故事正月朔賀殿下設兩百華鐙對於二階月
之間端門設庭燎火炬端門外設五尺三尺鐙
照皇明雖夜猶晝火炬盡矣如此則不在城外也何王
賦又云朝四國於東巡亦賦時在許昌正會也晉
二賦本不在洛京何云許都賦時在許昌也王
武帝世更定元會注今有咸寧注是也傳玄

元會賦曰考夏后之遺訓綜殷周之典藝

採秦漢之舊儀定元正之嘉會此則兼採
代可知矣咸寧注先正一日守宮宿設王
眾公卿校便坐於端門外大樂鼓吹又宿
樂及牛馬帷閣於殿前夜漏未盡十刻群
臣集到庭燎起火上賀謁報又賀皇后還
從雲龍東中華門入謁詣東閤下便坐漏
未盡七刻群司乘車與百官及受賀郎
下至計吏皆入詣陛部立其陛衛者如臨

軒儀漏未盡五刻謁者僕射大鴻臚各奏群
臣就位定漏盡侍中奏皇帝出鍾鼓作
百官皆拜伏太常導皇帝外御座鍾鼓止百
官起大鴻臚跪奏請朝賀治禮郎讚皇帝
延王登大鴻臚跪讚蕃王臣某等奉白璧各
一再拜賀太常報王悉登謁者引上殿當御座
皇帝興賀太常報王再拜皇帝坐復前當御座
復再拜成禮訖謁者引下殿還故位治禮郎引

云特進匈奴南單于子入金紫將軍當大鴻臚

北面伏大鴻臚跪讚讚太尉中二千石等奉璧皮帛
西中二千石二千石千石六百石當大行令西皆
羔鷹雄再拜賀太常讚皇帝延君登禮郎引
公至金紫將軍上殿當御座皇帝典皆再拜
皇帝坐又再拜跪置璧皮帛御座前復再拜
成禮訖讚者引下殿還位王公置璧成禮時
大行令並讚殿下中二千石以下同成禮訖以贊
授贄郎郎以璧帛付謁者羔鷹雄付太官太
樂令跪奏雅樂以次作樂乘黃令乃出車皇帝

罷入百官皆坐畫漏上水六刻諸蠻夷胡客
以次入皆再拜訖坐御入三刻又出鐘鼓作謁者僕
射跪奏請群臣上御謁者引王公至三千石上殿千
石六百石停本位謁者引王詣尊酌壽尊跪授侍
中侍中跪奏置御座前王還自酌置壽酌謁者跪奏
藩王臣某等奉觴再拜上千萬歲萬歲壽侍中曰觴
巳上百官伏稱萬歲四廂樂作百官再拜曰飲
又冊拜謁者引諸王等還本位陛就席群
臣皆跪諸侍中中書令尚書令各於殿上

壽酒登歌樂外太官令又行御酒御酒外階太官
令跪授侍郎侍郎跪進御座前乃行百官酒
太樂令跪奏登歌三終乃降太官令跪請
御飯到陛群臣皆起太官令持羹跪授司
徒持飯跪授大司農尚食持案並授侍郎
侍郎跪侍御座前群臣就席太樂令跪奏
食舉樂太官行百官飯案遍食畢太樂
令跪奏請進僎僎以次作鼓吹令又前跪奏
請以次進衆伎乃召諸郡計吏前授敕

戒於階下宴樂畢謁者入跪奏請罷退鐘
鼓作群臣北面再拜出江左更隨事立位大體可知矣
亦無異也宋有天下多仍舊儀所損益可知矣
晉江左注皇太子出會者則在三恪下王公上
宋文帝元嘉十一年外在三恪上
魏制蕃王不得朝覲明帝時有朝者皆由特
恩不得以為常晉太始中有司奏諸侯之國其
王公以下入朝者四方各為二番三止歲而周
則更始若臨時有解却在明年來朝之後更蒲

三止歲乃復不得從本數朝禮執壁如舊朝
之制不朝之歲各遣卿奉聘奏可江左王
侯不之國其有授任居外則同方伯刺史三千
石之禮亦無朝聘之制此禮遂廢
正旦元會設白虎樽於殿庭樽蓋上施白虎
若有能獻直言者則發此樽飲酒案禮記
知悼子卒未葬平公飲酒師曠李調侍鼓鐘
杜蕢自外來聞鐘聲曰安在曰在寢杜蕢入
寢歷階而升酌曰曠飲斯又酌曰調飲

公乎而進之曰胥糵者爾心或開予是以不與
爾言爾飲曠何也曰予卯也子卯不樂知悼子在堂斯
其為子卯也夫曠何也曰予卯也太師也不以詔是以飲
之也爾飲調何也曰調也君之褻臣也曰胥糵也為一飲
[食志]君之疾也以飲之也爾飲何也曰胥糵也為一飲
謂侍者曰如我死則必無廢斯爵至于今旣畢
夫唯刀匕是供又飲寡人杜蕢洗而揚觶公
今亦有過焉斯以飲也平公

　　宋書志四　　二七七

獻斯揚觶謂之杜舉白虎樽蓋杜舉之遺
式也畫為虎宜是後代所加欲令言者猛如
虎無所忌憚也

漢以高帝十月定秦且為歲首至武帝雖
改用夏正然朝猶常饗會如元正之儀戚晉
則冬至日受萬國及百寮稱賀因小會皆其儀
亞於歲旦晉有其注宋永初元年八月詔曰
慶冬使或遣一役宜省令可悉停唯元大
慶不得廢耳郡縣遣冬使詣州及都督府

者亦宜同傳

孫權始都武昌及建業不立郊兆至末年太
元元年十月祭南郊其地今秣陵縣南十餘
里郊中是也晉氏南遷立南郊於已地非禮
所謂陽位之義也宋武大明三年九月尚書右
丞徐爰議郊祀之位遠古藐聞禮記燔柴於
大壇祭天也兆於南郊就陽位也漢初甘泉河
東禋埋易位終亦徙於長安南比光武紹祚
定二郊洛陽南比晉氏過江悉在北又郊兆之

　　宋書志四　　二七八

南驛開塗陽路脩遠謂宜郊正午以定天位
南已地創立二壇皇宋受命因而弗改且居民
之中非邑外之謂今聖圖重造摧舊章畢新
議紛然不一又南出道狹未議開闢遂於東
博士司馬興之傅郁太常丞陸澄並同爰
議乃移郊兆於秣陵牛頭山西正在宮之午地
世祖崩前廢帝即位以郊舊地為吉祥移還本
處比郊晉成帝世始立本在覆舟山南宋太
祖以其地為樂游苑移於山西比後以其地

為比湖移於湖塘西北其地甲下泥濕又移於
白邸東其地又以為湖乃移於鍾山北京道
西與南郊相對後罷白石東湖北郊還舊處
南郊皇帝散齋七日致齋三日官掌清者亦
如之致齋之朝御太極殿幄坐者絳紗襆黑介
幘通天金博山冠先郊日未晡五刻夕牲公卿
京兆尹衆官悉壇東就位太祝史牽牲入到
榜稟犧令跪白請省牲舉手曰腯太祝令繞
牲舉手曰充太祝令牽牲詣庖以二陶豆酌

毛血其一眞皇天神座前其一眞太祖神座前
郊之日未明八刻太祝令進饌郎施饌牲用蠒
栗二頭群神用牛一頭醴用秬藉用白茅
玄酒一器器用匏陶以瓦樽盛酒瓦坫酒壁
用蒼玉蕭席各二不設茵蓆古者席藁晉
江左用蒯車駕出百官應齋及從駕填街
先置者各隨申攝從事上水一刻御服龍袞
平天冠外金根車到壇東門外博士太常
引入到黑攅太祝令跪執匏陶酒以灌地皇

帝再拜與群臣皆再拜伏治禮曰與博士太
常引皇帝至南階脫舄升壇詣罷盥黃門
侍郎洗爵跪授皇帝執樽郎授爵詣秬罍
授皇帝跪奠皇天神座前執爵跪奠如皇天之禮次詣大
祖配天神座前執爵跪奠如皇天之禮南面
北向一拜伏太祝令各酌福酒一爵中跪
進皇帝再拜伏飲福酒訖博士太常引帝從
東階下還南階謁者引太常外壇亞獻謁者
又引光祿外壇終獻訖各降階還本位太祝

逩神跪執匏陶酒以灌地與直南行出壇門
治禮舉手曰群臣皆再拜伏皇帝盤治禮曰
與博士跪曰祠事畢就燎博士太常引皇帝
就燎位當壇東階皇帝南向立太祝令引皇帝
奉玉璧牲體爵酒黍飯諸饌物登柴壇施設
之治禮舉手曰可燎三人持火炬上火發太祝
令等各下壇壇東西各二十人以炬投壇火半
柴傾博士仰白事畢皇帝出便坐解嚴天子
有故則三公行事而太尉初獻其亞獻猶終獻

太常光祿勳也比郊齋夕牲進乾及乘輿百官
到壇三獻悉如南郊之禮唯事訖太祝令牲王
饌物詣增置牲上訖又以一牲覆其半博士仰
手曰可瘞二十人俱時下土填增欲半博士仰
事畢帝出自甕以來多使三公行事乘輿罕
出矢魏及晉初儀注雖不具存所損益漢制可
知也江左以後官有其注
魏文帝詔曰漢氏不拜日於東郊而旦夕常於
殿下東面拜日煩褻似家人之事非事天郊神
之道也黃初二年正月乙亥朝日于東門之外
按禮天子以春分朝日於東秋分夕月於西今
正月非其時也漢郊祀志帝郊太時平旦出竹
宮東向揖日其夕西向揖月此為即用郊日不
侯二分也明帝太和元年二月丁亥朔朝日于
東郊八月巳五夕月于西郊此古禮也白虎
通王者父天母地兄日姊月此其義也尚書
太傳迎日之詞曰維某年某月上日明光于
上下勤施于四方旁作穆穆維予一人其敬拜

迎日于郊吳時郎陳融奏東郊頌吳時亦行此
禮也晉武帝太康二年有司奏春分依舊車
駕朝日寒溫未適可不親出詔曰禮儀宜有
常如所奏與故大尉所撰不同復為無定制
間者方難未平故大尉所撰不同復為無定制
亦如致齋之日御大極幄坐著絳紗襮黑
殷祠皇帝散齋七日致齋三日百官清者
為大安此詔帝復為親朝日也此後廢
介幘通天金博山冠祠之日車駕出百官應

齋從駕留守填街先置者各依宣一攝從事
上永一刻皇帝著平晃龍袞之服升金根車
到廟比門訖治禮謁者各引大樂太常光
勳三公等皆入在位皇帝降車入廟脫舄盥
及洗晉尉訖升殿初獻奠罍酹樂奏太祝令跪
讀祝文訖進奠神座前皇帝還本位博士跪
引太尉亞獻訖謁者又引光祿勳終獻凡褅
袷大祭則神主悉出廟堂為昭穆以安坐不
復停室也晉氏又有陰室四殤治禮引陰室

以次奠爵于饌前其功臣配饗者設坐於庭

謁者奠爵于饌前皇帝不親祠則三公行事

而太尉初獻太常亞獻光祿勳終獻也四時

祭祀亦比日於將祭必先夕牲其儀如郊晉武帝

致敬宗廟之禮也於是實拜而還遂以為制

不拜詔問其故博士奏歷代相承如此帝曰非

太康中有司奏議七月一日合朔奠冬烝夕

牲同日可有司行事詔曰夕牲而令有司行事

非也改擇上旬他日案此則武帝夕牲必躬臨

拜而江左以來復止也晉元帝建武元年十月

辛卯即晉王位行天子殷祭之禮非常之事

也孝武太元十一年九月皇女三及應燕祠中

書侍郎范甯奏案喪服傳有死宮中者

三月不舉祭不別長幼之與貴賤也皇女雖

在嬰孩臣竊以為疑於是尚書奏使三公行

事昔漢靈帝世立春尚齋迎氣東郊尚書

左丞歐殺陌使於南書寺於是詔書曰議

郎蔡邕邕博士任敏問可齋祠不得無不宜邕等

對曰按上帝之祠一無所為廢宮室至大陌使至

微日又寬可齋無無疑審非不知有此議然不從

也魏及晉初祭儀雖不具存江左則備矣官有

祠大社帝太稷常以歲二月八月二社日祠之

太祝令夕牲進輓如郊廟儀司空太常大司

農三獻也官有其注周禮王親祭漢以來有

其注

司行事

漢安帝元初六年立宗祠於國西北城亥地祠

儀比泰社日月將交會太史上合朔尚書先

事三日宣攝內外戒嚴輦轝決疑曰凡救蝕

者皆著赤幘以助陽也日將蝕天子素服

避正殿內外嚴敬言太史登靈臺伺候日變

更伐鼓於門聞鼓晉侍臣比著赤幘帶劍入

侍三臺令史以上皆各持劍立其戶前衛

尉卿馳繞宮伺察守備周而復始日復常

乃皆罷魯昭公十七年六月朔日有蝕之祝

史請所由叔孫昭子曰有蝕天子不舉樂
伐鼓於社諸侯用幣於社伐鼓於朝禮也又以
赤絲為繩繫社祝史陳辭以責之社勾龍之
神天子之上公故責之合朔官有其注晉漢之
建安中將王會而太史上言正旦當日蝕朝士
疑會不共詣尚書令荀文若諮之時廣平
計史劉邵在坐曰梓慎禆竈古之良史猶
占水火錯失天時禮諸侯旅見天子入門不
得終禮者日蝕在□然則聖人垂制不為變
異豫廢朝禮者或災消異伏或推術謬誤
也文若及眾人咸喜而從之遂朝會如舊日
亦不蝕勁由此顯名魏美而書曰魏高貴
鄉公正元二年三月朔太史奏日蝕而不蝕晉
文王時為大將軍大推史官不驗之負史官
苔日合朔之時或有日掩月或有月掩日
掩日則薇障日體使光景有虧故謂之陰
蝕日掩月則日於月上過謂之陰不侵陽雖
交無變日月相掩必食之理無術以知是以

嘗禘郊社日蝕則接祭是亦前代史官不
能審蝕也自漢故事以為日蝕必當於交每
至其時申警百官以備日變故甲寅詔有備
蝕之制無考負之法古來黃帝顓頊夏殷
而已負坐之條由本無術可課非司事之罪
周魯六歷皆無推日蝕法晉元帝天興元年四
月合朔中書侍郎孔愉奏日春秋日有蝕
却元會改魏故事也晉元帝天興元年四
乃止晉武帝咸寧三年四月並以正旦合朔
之天子伐鼓于社攻諸陰也諸侯伐鼓於朝
臣自攻也寔尚書符若日有變便伐鼓於
諸門有違舊典詔所陳有正義輒敕外
改之至康帝建元元年太史上元日合朔朝
士復疑應却會與否庾冰輔政寫劉勁議
以示八坐于時有謂勁為不得禮意荀文
若從之是勝人之一失故蔡謨遂著議非之
日勁論災消異伏又以慎竈猶有錯失太史
上言亦不必審其理誠然也而去聖人垂制

不為變異豫廢朝禮此則謬矣災祥之發
所以譴告人君王者所重誠故素服廢樂
退避正寢百官降物用幣伐鼓躬親而救
之夫敬誠之事與其疑而廢之寧慎而行
之故孔子老聃助葬於巷黨以喪不見星
行故日蝕而止柩曰安知其不見星也今史
官言當蝕亦安知其不蝕乎夫子老聃豫
行見星之防而劭實人狀一聖賢之成規
也魯桓公壬申褻祭春秋譏

宋書志四　三十七　瞰聖生陳澤

之災事既過猶退懼未巳故廢宗廟之祭
祝聞天眚將至行慶樂之會於禮乘笑禮
記所云諸侯入門不得終禮者謂日官不豫言
諸侯既入見蝕乃知年非先聞當蝕而朝會不
廢也別此可謂失其義指劉劭所執者禮記
也夫子老聃巷黨之事亦禮記所言復遂而
反之進退無據荀令所善漢朝所從遂便
此言至今見稱莫知其謬後來君子將擬以
以為式故正之云爾於是冰從眾議遂以

却會至永和中殷浩輔政又欲從劉劭議不
却會王彪之據咸寧建元故事又曰禮六諸
侯旅見天子不得終禮而廢者四自謂卒暴
有之非為存其事而繳而又從彪之推術繆錯
故不豫廢朝禮也於是又從彪之及昭帝幼即
耕籍之禮尚矣漢文帝脩之及昭帝幼即
大位耕於下邳章帝元和三年正月北巡耕
東巡耕於下邳弄田帝永平十五年二月
於懷縣魏三祖皆親耕籍晉武帝太始四

　宋書志四　三十八

年有司奏始耕祠先農可有司行事詔曰
夫民之大事在祀與農是以古之聖王躬耕
帝籍以供郊廟之粢盛且以訓化天下近代
以來耕籍止於數步中空有慕古之名曾
無供祀訓農之實而有百官車徒之費今
脩千畝之制當與群公卿士躬稼穡之艱難
以帥天下主者詳具其制并下河南處田地
於東郊之南洛水之北平良中水者若無官田
隨宜便換不得侵民人也省此之後其事便

賀循等所上注及襄憲爲胡中所定儀又
未詳允元嘉二十年太祖將親耕以其久廢
使何承天撰定儀注史學生山謙之巳私鳩
集因以奏聞乃下詔曰國以民爲本民以食
爲天一夫輟耕饑者必及食廩既實禮節
以興自頃在斯貧耗家無宿積陰陽暫偏
則人懷愁墊年或不稔而病之比室誠由政
德未孚以臻斯弊抑亦耕桑未廣地利多

弘治四年 ▌宋書志四　三十九▐ 監生李子祇

遺宰守微化導之方萌庶忘勤分之義求
言弘濟明發載懷雖制令丞下終莫懲勸
而坐望滋殖庶可致乎有司其班宣舊條
務盡敦課遊食之徒咸令附業考舊勤惰
行其誅賞觀察能殿嚴加黜陟古者從時
脉土以訓農功躬耕帝籍敬供粢盛仰瞻
朕當親率百辟致禮郊甸庶幾誠素獎被
前王思遵令典便可量處千畝考上元辰
斯民於是斟酌衆條造定圖注先立春

九日尚書宣攝內外各使隨局從事司空太農
京尹令尉度宮之辰地八里之外整制千畝
開阡陌立先農壇於中阡西陌南御耕壇於
中阡東陌比將耕宿設青幕于耕壇之
上皇后帥六宮之人生種稑之種付籍田令耕
孟春之月擇上辛後吉亥日御乘耕根三蓋
日太祝以一大牢告祠先農悉如祠帝社之儀
袞帶佩蒼蒼玉蕃王以下至六百石皆青唯三
車駕黻駟蒼青旂著通天冠青幘朝服青

嘉靖十年刊 ▌宋書志四　四十▐

臺武衛不耕不改服章車駕出衆事如郊
廟之儀車駕至籍田侍中跪奏尊降車臨
壇天司農跪奏先豊宣享請皇帝親耕太
史令讚曰至帝親耕三推三反於是群臣以次
耕王公五等開國諸侯五推孤卿大夫七推
七反十九反推九反籍田命率其屬耕竟
灑種即穫禮畢魏氏雖天子耕籍其蕃鎮
諸侯並關百畝之禮晉武帝末有司奏古諸
侯耕籍百畝躬秉耒耜以奉社稷宗廟以

勸率農功今諸王治國宜脩耕耤之義然未
施行宋太祖東耕後乃班下州郡縣悉脩其
禮焉

周禮王后帥内外命婦蠶於北郊漢則東
郊非古也魏則北郊依周禮也晉則西郊宜
是與籍田對其方也魏文帝黃初七年正月
命中宮蠶于北郊按韋誕后蠶頌則于時
漢注巳亡更考撰其儀也及至晉氏先蠶多
采魏法晉武帝太康六年散騎常侍華嶠
奏先王之制天子諸侯親耕千畝后夫人躬蠶
桑今陛下以聖明至仁脩先王之緒皇后體資
生之德合乾之義而教道未先蠶禮尚闕
以為宜依古式備斯盛典詔曰古者天子親籍
以供粢盛后夫人躬蠶以備祭服所以事遵
孝敬明教示訓也今籍田有制而蠶禮不脩
間務多未暇崇備今天下無事宜脩蠶禮以示
四海其詳依古典及近代故事以參今宜明
年施行於是使侍中成㷍草定其儀皇后

采桑壇在蠶室西帷宮中門之外桑林在其
東先蠶壇在宮外門之外而東南取民妻六
人為蠶母蠶將生擇吉日皇后笄十二笄依
漢魏故事衣青衣乘油蓋雲母安車駕六馬
女尚書笄簪貂蟬佩璽陪乘載笄鉤公主三夫
人九嬪世婦諸太妃公太夫人公夫人及縣鄉
君郡公侯特進夫人世婦命婦皆步搖衣
青各載筐鉤從蠶桑前一日蠶官生蠶箸
薄上桑日太祝令以一大牢祠先蠶皇后至
西郊升壇公主以下陪列壇東皇后東面躬
桑采三條諸妃公主各采五條縣鄉君以下
各采九條悉以桑授蠶母還蠶室事訖皇后
還便坐公主以下以次就位設饗賜絹各有
差宋孝武大明四年又脩此禮

南魏文帝黃初五年立太學於洛陽齊王
正始中劉馥上疏曰黃初以來崇立大學二
漢獻帝建安二十二年魏國作泮宮于鄴城
十餘年而成者蓋寡由博士選輕諸生避役

高門子弟恥非其倫故學者雖有其名而無
其實雖設其教而無其功宜高選博士取行
為人表經任人師者掌教國子依遵古法使
二千石以上子孫年從十五皆入太學明制
黜陟陳榮辱之路不從晉武帝太始八年有
司奏太學生七千餘人才任四品聽留詔已
教者令入學咸寧二年起國子學蓋周禮國
之貴遊子弟所謂國子受教於師氏者也太

宋書志四 四十五 高

康五年修作明堂辟雍靈臺孫休永安元年
詔曰古者建國教學為先所以導世治性
為時養器也自建興以來時事多故吏民顧
以目前趨務棄本就末不循古道夫所尚不
淳則傷化敗俗其按舊置學官立五經博
士敷取應遴加其寵祿科見史之中及將
吏子弟有志好者各令就業一歲課試差其
品第加以位賞使見之者樂其榮聞之者羨
其譽以淳王化以隆風俗於是立學元帝為

晉王建武初驃騎將軍王導上疏夫治化
之本在於正人倫人倫之正存乎設庠序庠
序設而五教明則德化洽通彝倫攸叙有
恥且格也父子兄弟夫婦長幼之序順而
君臣之義固矣易所謂正家而天下定者
也故聖王蒙以養正少而教之使化沾肌
骨習以成性有若自然日遷善遠罪而不
自知行成德立然後裁之以位雖王之嫡子
猶與國子齒使知道而後貴其取才用士

宋書志四 三百十 四十四

咸先本之于學故周禮鄉大夫獻賢能之
書于王王拜而受之所以尊道而貴士也
人知士之所貴由乎道存則退而脩其身
脩其身以及其家正家以及於鄉學於鄉
以登於朝反本復始各求諸已敦素之業
箸浮偽之道息教使然也故以之事君則
忠用之莅下則仁即孟軻所謂未有仁而
遺其親義而後其君者也自頃皇綱失統
禮教陵替頌聲不興于今二紀傳曰三年

不為禮禮必壞三年不為樂樂必崩而況
如此其父者乎先進漸忘揖讓之容後生
唯聞金革之響干戈日尋俎豆不設先王
之道彌遠華僞之風遂滋非所以習民靖
俗端本抑末之謂也殿下以命世之資屬
當傾危之運禮樂征伐翼成中興將滌穢
蕩瑕撥亂反正誠宜經綸稽古建明學校
闡揚六藝以訓後生使文武之道墜而復
興方今小雅盡廢戎虜扇熾節義陵遲國
恥未雪忠臣義士所以扼腕拊心禮樂政
刑當竝陳以俱濟者也苟禮義膠固純風
而進則可朝服濟河使帝典闕而復補王
網弛而更張饕餮改情獸心革面揖讓而
載洽則化之所陶者廣而德之所被者大
義之所屬者深而威之所震者遠矣由斯
而天下從乎其道者豈難
也哉故有虞舞干戚而三苗化魯僖作泮
宮而淮夷平桓文之霸皆先教而後戰今
蠻夷服緩帶而

若丰遵前典興復教道使朝之子弟入
于學立德出身者咸習之而後通德路開
而偏塗塞則其化不肅而成不嚴而治矣
選明博脩禮之士以為之師隆教貴道化
成俗定莫高於斯也散騎常侍戴邈又上
表曰臣聞天道之所運莫大於陰陽帝王
之至務莫重於禮學學爲先國有明堂
辟雍之制鄉有庠序黌校之儀皆所以抽
導幽滯啓廣才思
蓋以六四有困蒙之吝君子大養正之功
也昔仲尼列國之大夫耳興禮脩學於洙
泗之間四方髦俊斐然向風受業身通者
七十餘人自茲以來千載寂漠豈天下
小於魯國賢哲乏於曩時厲與不屬故
也自頃遭無妄之禍社稷有綴旒之危寇
羯飲馬於長江凶狄虎步於萬里遂使
神州蕭條鞠爲茂草四海之內人跡不交
霸主有旰食之憂黎民懷荼毒之痛戎

首交弁于中原何遽籩豆之事哉然三
年不為禮禮必壞三年不為樂樂必崩
況曠載累紀如此之久邪今未進後生目
不覩揖讓升降之禮耳不聞鐘鼓管弦
之音文章散滅胡馬之足圖讖無復子
遺於世此蓋聖達之所深悼有識之所
咨嗟也夫治世尚文遭亂尚武文武迭
用久長之道譬之天地昏明之術自古以
來未有不由之者也今以天下未壹非興
禮學之時此言似是而非夫儒道深奧
不可倉卒而成古之俊乂必三年而通
一經比須寇賊清夷天下平泰然後脩
之則功成事定誰與制禮作樂者哉又
貴遊之子未必有斬將搴旗之才亦未
有從軍征戍之役不及盛年講肄道義
使明珠加瑩磨之功荊隨發采琭之美不
亦良乎愚以世喪道久民情玩於所習
純風日去華競日彰猶火之消膏而莫

之覺也今天地造始萬物權輿聖朝以神
武之德值革命之運蕩近世之流弊繼千
載之絕軌篤道崇儒創立天業明主唱之
於上宰輔篤之於下夫上之所好下必有過
之者焉是故雙劍之節崇而飛白之俗成
挾琴之容飾而作君子之德風
小人之德草實在所以感之而已臣以闇淺
不能遠識欲脩立學校唯周易王氏尚書鄭
太興初議脩立學校唯周易王氏尚書鄭
氏古文孔氏毛詩周官禮記論語孝經鄭
氏春秋左傳杜氏服氏各置博士人其儀
禮公羊穀梁及鄭易皆省不置博士太常
荀崧上疏曰臣聞孔子有云才難不其然乎
自喪亂以來經學尤寡有席上之珍
後能弘明道訓今劘學則闕朝廷之秀往
朝則廢儒學之美昔咸寧太康元康永嘉
之中侍中常侍黃門之深博道奧通洽
古今行為世表者領國子博士一則應對殿

堂奉酬顧問二則粲訓門子以弘儒學三
則祠儀二曹及太常之職以得藉用質疑
今皇朝中興美隆往初宜憲章令軌祖
述前典世祖武皇帝聖德欽明應運登禪
受終于魏崇儒興學治致升平經始明堂
營建辟雍告朔班政鄉飲大射西閤東序
圖書禁籍臺省有宗廟太府金墉故事
太學有石經古文先儒典訓賈馬鄭杜服
孔王何顏尹之徒章句傳注眾家之學置

弘治四年　宋書志四　四十九　監生李概

義乘自頃中夏殄瘁講誦過密斯文
之道將墜于地陛下聖挺龍飛闡弘祖烈
申命儒術恢崇道教樂正雅頌於是乎
教傳稱孔子沒而微言絕七十子終而大
猶是選張華劉寔居太常之官以重儒
博士十九人九州之中師徒相傳學士如林
在江揚二州先漸聲教學士遺文於今為
盛然方之疇昔猶千之一也臣學不章句
才不弘道階緣光寵遂忝非服方之華

寔儒風邈遠思竭駑駘庶增萬分顧斯道
隆於百代之上搢紳詠於千載之下伏聞節
省之制皆三分置二博士舊貟十有九人今
五經合九人準古計今猶未中半令省
外猶宜增四顧陛下萬機餘暇時垂省覽
周易一經有鄭玄注其書根源誠可深惜
宜為鄭易博士一人儀禮一經所謂曲禮鄭
玄於禮特明皆有證據宜置鄭儀禮博
士一人春秋公羊其書精隱明於斷獄宜置

弘治四年　宋書志四　五十　監生李概

博士二人穀梁簡約隱要宜存於世置
博士二人昔周之衰下陵上替臣弒其君子
弒其父上無天子下無方伯善者誰賞
惡者誰罰網紀亂矣孔子懼而作春秋
諸侯諱如懼犯時禁是以微辭妙旨義
不顯明故曰知我者其唯春秋罪我者其
唯春秋時左丘明子夏造膝親受無不
精究孔子既沒微言將絕於是丘明退撰
所聞而為之傳其書善禮多膏腴美

辭張本繼末以發明經意信多奇偉學
者好之儒者稱公羊高親受子夏立於漢
朝辭義清俊斷決明審多可採用董仲
舒之所善也穀梁亦師徒相傳暫立於
漢時劉向父子漢之名儒猶執一家莫肯
相從其書文清約諸所發明或是左氏公
羊所不載亦足有所訂正是以三傳並行
於先代通才未能廢今去聖久遠斯文將墜
與其過廢寧過而立也臣以為三傳雖同

春秋而發端異趣案如三家異同之說則
戰爭之場辭亦劍戟之鋒於理不可得共博
士宜各置一人以傳其學子元帝詔曰山松
如此皆經國大務而為治所由息馬投戈
猶可講藝令雖曰不暇給宜忘本而道存
邪可共博議之有司奏宜如松表詔曰穀
梁膚淺不足立博士餘如所奏會王敦之
難事不施行成帝咸康三年國子祭酒表
壞太常馮懷又上疏曰臣聞先王之教也

崇典訓明禮學以示後生道萬物之性暢
為善之道也宗周既興與文史載煥端委治
於南蠻頌聲逸於四海故延州入聘聞雅音
而嗟咨韓起適魯觀易象而歎息何者立
人之道於此為首也孔子恂恂道化洙泗盂
軻皇皇誨誘無倦是以仁義之聲于今猶
存禮讓之風千載未泯時昔陵替喪亂屢
臻儒林之教戮頹庠序之禮有闕國學索
然境卷莫啟有心之徒抱志無由昔魏武身

親今胄務在武功猶尚息鞏披覽授戈
吟詠以為世之所須者治之本宜崇況今
陛下以聖明臨朝百官以虔恭蒞事朝野
無虞江外靜謐如之何泱泱之風漠焉無聞
洋洋之美隆於聖世乎古人有言詩書
義之府禮樂德之則實宜留心經籍闡明
學義使諷頌之音盈於京室味道之賢
是則是詠豈不盛哉疏奏帝有感焉由是
議立國學徵集生徒而世尚莊老莫肯用心

儒訓穆帝永和八年殷浩西征以軍興罷遣由此遂廢征西將軍庾亮在武昌開置學官教曰人情重交而輕財好逸而惡勞學業致苦而祿薈未厚由捷徑者多故莫肯用心沬泗遑遠風雅彌替後生放任不復憲章典謨臨官宰政者務目前之治不仰瞻俯省能乃歎慨自胡夷交侵殆三十年矣而未革面嚮風者豈威武之用盡

抑文教未洽不足綏〈邪昔魯秉周禮齊不敢侮范會崇典晉國以治楚魏之君皆阻帶山河馮城據漢國富民殷而不能保其強大吳起屈完所以爲歎也由此言之禮義之固軌與金城湯池季路稱攝乎大國之間加之以師旅因之以饑饉爲之三年猶欲行其義方況今江表晏然王道隆盛而不能弘敷禮樂敦明庠序其何以訓茲粹倫而來遠人乎魏武帝於馳騖之時以馬上爲家

逮于建安之末風塵未弭然猶留心遠覽大學興業所謂顛沛必於是員通才也令使三時既務五教並脩正俎豆無廢出豆非兼善者哉便處分安學校處所籌量起立講舍參佐大將子弟悉令入學吾家子弟亦令受業四府博學識義通涉文學經綸者建儒林祭酒使班同三署厚其供給皆妙選邦彥必有其宜

學校可下聽之若非束脩之流禮教所不及而欲階緣免役者不得爲生明爲條制令法清而貴又繕造禮器俎豆之屬將行大射之禮亮尋薨又廢孝武帝太元元年尚書謝石又陳之曰立人之道曰仁與義翼善輔性唯禮與學雖理出自然必須誘導故沬泗闡弘道之風詩書垂軌教之典敦詩悅禮王化以斯而隆甄陶九流羣生於是乎穆世不常治道亦時云光武投戈而

習誦魏武息馬以脩學懼墜斯文若此之

至也大晉受命值世多　阻雖聖化日融而王

道未備庠序之業或　廢或興遂令陶鑄闕焉

日用之功民性靡素絲　之益疊疊文緒殞羽焉

莫抽臣所以遠尋伏念禰寐永歎者也今

皇威遐震戎車方靜將罷玄風於四區道

斯民於至德豈可不弘敷禮樂使煥乎可觀

請興復國學以訓胄子班下州郡普脩鄉

校雕琢琳琅和寶必至大啓群蒙茂茲成德

匪懈干事必申之以通則人競其業道隆學

備矣烈宗納其言甘年選公卿二千石子弟

為生增造廟屋二百五十五間而品課無章

士君子恥與其列國子祭酒殷茂言之曰

臣聞弘化正俗存乎禮敎輔性成德必資於

學先王所以陶鑄天下津染萬物開邪納

善吾潛被於日用者也故能疏通玄理窮綜

幽微一貫古今彌綸治化且夫子稱回以好學

為本十希仰以善　誘歸宗雅頌之音流詠

千載聖賢之淵範哲王所同風自大晉中

興肇基江左崇明學校脩建庠序公卿子

弟並入國學一思隆前美順通居方導物性

聖德玄　尋值多故訓業不終陞下以

興復儒肄僉就自學建彌年而功無可

偽難知聲實渾亂莫此之甚臣聞舊制

名憚業避役就存者無幾或假託親疾貞

國子生皆冠族華胄比列皇儲而中者混

雜蘭艾遂令人情恥之子貢去朝之餼羊

仲尼猶愛其禮況名實兼喪面牆一世者乎

若以當今急病未皇斯典權宜停廢有別

一理也若其不然宜依舊準竊謂羣臣內外

清官子姪普應入學制以程課令者見生或

年在扞格方圓殊趣宜聽其去就各從所安

所上謬合乞付外參議烈宗下詔裦納又不

施行朝廷及草萊之人有志於學者莫不

發憤歎息清河人李遼又上表曰臣聞敎

者治化之本人倫　之始所以誘達群方進

德興仁壁諸土石陶冶成器雖復百王殊禮質
文參差至於斯道其用不爽自中華淪沒闕里
荒毀先王之澤寢聖賢之風絕自此迄今將及
百年造化有靈否終以泰河濟夷從海岱清通
黎庶蒙蘇𡻗藻奮化而典訓弗敷雅頌寂寞久
凋之俗未改非演迪斯文緝熙宏猷將何
以光贊時邕克隆盛化哉事有如縣而急意此
之謂也亡父先臣回綏集邦邑歸誠本朝以太
元十年遣臣奉表路經闕里過觀孔廟庭宇傾

頓軌式頹弛萬世宗匠忽焉淪廢仰瞻俯慨不
覺涕流既達京輦表求興復聖祉俶建講學至
十四年十一月十七日奉被明詔采臣鄙議敕
下兗州曾郡準舊營飾故尚書令謝石令臣
所須列上又出家布薄助興立故鎮北將軍謙
王恬版臣行比魯縣令賜供遣二臣竟祖成
規不遂陛下體唐堯文思之美訪宣尼善誘之
勤矜荒餘之凋昧愍聲敎之未浹愚謂可重符
兗州刺史遂成舊廟𡈼復數戶以供掃灑升賜

給六經講立庫序延請宿學廣集後進使便油
然入道發剖琢之功運仁義以征伐敷道德
以服遠何招而不懷何柔而不從所為者微
所弘甚大臣自致身輦轂于今八稔違親轉
積晨夜匪寧振武將軍何澹之令震扞三齊
臣當隨反裝回天邑感戀罔極乞臣表付外
參議又不見省
宋高祖受命詔有司立學未就而崩太祖元嘉

二十年復立國子學二十七年廢
魏高貴鄉公甘露二年車駕親率羣司行養
老之禮於太學於是王祥為三老鄭小同為
五更今無其注然漢禮具存也
晉武帝太始六年十二月帝臨辟雍行鄉飲
酒之禮詔曰禮儀之廢久矣乃令復講肆舊
典賜太常絹百四丞博士及學生牛酒咸寧
三年惠帝元康九年復行其禮
齊王正始中齊王每講經使太常釋奠先
魏齊王正始
聖先師於辟雍弗躬親晉惠帝明帝之為太

子及愍懷太子講經竟並親釋奠於太學太
子進爵於先師中庶子進爵於顏淵元帝詔
曰吾識太子此事祠訖便請王公以下者昔
在洛時嘗豫清坐也成穆孝武三年亦皆親
釋奠孝武時以太學在水南縣遠有司議依
升平元年於中堂權立行太學手時無復國
子生有司奏應須二學生百二十人太學生
取見人六十國子生權銓大臣子孫六十人
事訖罷奏可釋奠禮畢會百官六品以上元

嘉二十二年大子釋奠采晉故事官有其注
兵者守國之備孔子曰以不教民戰是謂棄
祭畢太祖親臨學宴會太子以下悉豫
之兵凶事不可空設因蒐狩而習之而凡
師出曰治兵入曰振旅皆戰陳之辨鼓鐸
鐲鐃之用以教坐作進退疾徐疏數之節
遂以蒐田獻禽以祭社仲夏教茇舍如振
旅之陳遂以苗田如蒐之法獻禽以享礽
仲秋教治兵如振旅之陳以獮田如蒐之法

致禽以祀方仲冬教大閱遂以狩田獻禽以享
蒸蒐者蒐索取其不孕者也苗者為苗除
害而已獮者殺也從秋氣所殺多也狩者
冬物畢成獲則取之無所擇也漢儀立秋
日郊禮畢始揚威武斬牲於郊以蘬陵廟
名曰貙劉其儀乘輿御戎路白馬朱鬣躬
執弩射牲太宰令以獲車送陵廟於是乘
興還宮遣使以東帛賜武官肄孫吳兵
法戰陳之儀率以為常至獻帝建安二

十一年魏國有司奏古四時講武皆於農隙
漢西京承秦制三時不講雅十月都試兵
華末僵士民習素可無四時講武但以立
秋擇吉日大朝車騎號曰治兵上合禮名下
承漢制奏可是冬治兵魏王親金鼓以進
邊
延康元秊魏文帝為魏王是秊六月立秋治
兵于東郊公卿相儀王御華蓋親令金鼓
之節

太始四年九年咸寧元年太康四年六年
冬皆自臨宣武觀大閱軍然不自令進
退也自惠帝以後其禮遂廢
元帝太興四年詔左右衛及諸營教習依
大閱儀作鷹羽杖成帝咸和中詔內外諸
軍戲兵於南郊之場故其地因名鬬場自
後蕃鎮相承諸方伯往往閱習然朝廷無
事焉太祖在位依故事肄習衆軍兼用漢

三○九六　宋書志四　六十一

魏之禮其後以時講武於宣武堂元嘉二
十五年閏二月大蒐於宣武場主冑奉詔
列奏申攝克日校獵百官備辦設行宮殿
便坐武帳於幕府山南岡設王公百官便
坐幔省如常儀設南北左右四行旌門建
獲旗以表獲車殿中郎一人典獲車主者
二人牧禽吏二十四人配獲車備獲車十
二兩校獵之官箸袴褶有帶武冠者脫冠
者上纓二品以上橫刀備槊麾幡三品以

下帶刀皆騎乘將領部曲先獵一日遣屯
布圍領軍將軍一人督右甄護軍一人督
左甄大司馬一人居中董正諸軍悉受節
度殿中郎率獲車部曲在司馬之後尚書
僕射都官尚書五兵尚書左右丞都官諸
曹郎都令史都官令史幹蘭臺治書
侍御史令史諸曹令史幹督攝糺司校獵
非違至日會於宣武場列為重圍設留守
填街位於雲龍門外內官道南以西為上

二九五　宋書志四　六十二　谷忡

設從官位於雲龍門內大官階北小官階
南以西為上設先置官位於行止車門外
內官道西外官道東以北為上設先置官
還位於廣莫門外道之東西以南為上校
獵日平旦正直侍中嚴上水一刻奏搥一
鼓為一嚴上水二刻奏搥二鼓為再嚴殿
中侍御史奏開東中華雲龍門引仗為小
駕鹵簿百官非校獵之官箸朱服集列廣
莫門外應還省者還省留守填街後部從

官就位前部從官

水三刻奏搥三鼓為三嚴上水四刻奏外

辦正次直侍中散騎常侍黃門侍郎

軍校斂履進夾上閣正直侍中負璽通事

令史帶龜印中書之印上水五刻皇帝出

著黑介幘單衣乘輦正直侍中負璽陪乘

不帶劍介幘單衣乘輦正直侍

侍中次直黃門侍郎護駕在前又次直侍

中佩信璽行璽與正直黃門侍郎從護駕

在後不鳴鼓角不得諠譁以次引出警蹕

如常儀車駕出驂讚陛者冊拜皇太子入

守車駕將至威儀倡引先置前部從官就

位冊拜車駕至行殿前回輦正直侍中跪

奏降輦次直侍中稱制曰可正直侍中俛

伏起皇帝降輦登御坐侍臣升殿直衛報

戟虎賁毛頭文衣鶡尾以次列階正直侍

中奏解嚴先置從駕百官還便坐幔省帝

若躬親射禽變御戎服內外從官以及虎

貢悉變服如校獵儀報抽鞴以備武

衛黃麾內外從入圍裹列置部曲廣張

甄圍旗鼓相望衘枚而進甄周圍會督

甄令史騎號法施令春禽懷孕蒐而

不射鳥獸之肉不登於器不射皮革齒

牙骨角毛羽不登於俎不射甄會大司

馬鳴鼓蹙圍眾軍鼓譟警角至武場止

大司馬屯比旌門二甄帥屯左右旌門殿

中中郎率獲車部曲入次比旌門內之右

皇帝從南旌門入射禽謁者以獲車收載

還陳於獲旗比王公以下以次射禽各送詣

獲旗下付收禽主者事畢大司馬鳴鼓解圍

復屯殿中郎率其屬收禽以實獲車充庖

厨列言統曹正厨置尊酒俎肉于中遵以

犒饗校獵眾軍再蒱正直侍中量宜奏嚴

從官還著朱服鞲戟復鞴再嚴先置官先還

三嚴後二刻正直侍中奏外辦皇帝著黑介

幘單衣正次直侍中散騎常侍給事黃門

侍郎軍校進夾御坐正直侍中跪奏還官
次直侍郎稱制曰可正直侍中俛伏起乘
輿登輦還衛從如常儀大司馬鳴鼓散
屯以次就舍車駕將至威儀唱引留守填
街先置前部從官就位冊拜黃閣侍
前回輦正直侍中跪奏降輦次直侍中
稱制曰可正直侍中俛伏起乘輿入正
直次直侍中散騎常侍給事黃門侍郎
散騎侍郎軍校從至閤亦如常儀正直侍
中奏解嚴內外百官拜表問訊如常儀
訖罷

志第四　　　宋書十四

禮二

臣沈　約　新撰

宋書十五

古者天子巡狩之禮布在方策至秦漢巡幸或
以厭望氣之祥或以希神仙之應煩擾之役多
非舊典唯後漢諸帝頗有古禮焉魏文帝值
高年恤人疾苦或賜穀帛有古巡幸之風焉齊
參分初剗方隅事多皇輿呱動略無寧歲蓋廱
時之務又非舊章也明帝凡三東巡所過存問

〔二百七　宋書志五〕

王正始元年巡洛陽賜高年力田各有差晉武帝
太始四年詔刺史二千石長吏曰古之王者以歲
時巡狩方嶽其次則述職不然則行人巡省
擥人誦志故雖幽遐側微心無擁隔人情上通上
指遠喻至于鰥寡罔不得所用垂風遺烈休
聲猶存朕在位累載如臨深泉凤興夕惕明發
不寐坐而待旦思四方水旱災眚為之怛然勤
躬約已欲令事事當宜常恐眾吏用情誠心
未著萬機兼猥慮有不周政刑失謬而弗獲備

覽百姓有過在予一人惟歲之不易未違卜征
巡省之事人之未乂其何以恤之今使使持節侍
中副給事黃門侍郎銜命四出周行天下親見
刺史二千石長吏申人諭朕懇誠至意訪求得
失損益諸宜觀省政治問人間患苦周典有之曰
其萬人利害為一書其禮俗政事教治刑禁之
逆順為一書其悖逆暴亂作慝犯令為一書其
扎喪凶荒厄貧為一書其康樂和親安平為一
書每國辨異之以反命于王以周知天下之故斯

〔三百十四　宋書志五〕

舊章前訓今率由之還具條奏俾朕昭然臨
于幽遐若親行焉大夫君子其各悉乃心各敬
乃事嘉謀令圖苦言至戒與使者盡心之無所
隱諱方將虛心以俟其勉哉助之稱朕意焉
虞新禮議曰魏氏無巡狩故事新禮則巡狩方岳
柴望告至設壇宮如禮諸侯之觀者擯又執贄
皆如朝儀卲不建其旌旗臣虞案觀禮諸侯覲天子
各建其旗章所以殊爵命示等威詩稱君子至
正言觀其旂旗宜定新禮建旗如舊禮然後晉世

巡狩廢矣

宋武帝永初元年詔遣大使分行四方舉善旌

賢問其疾苦元嘉四年二月已卯太祖東巡丁

卯至丹徒已巳告觀園陵三月甲戌幸丹徒離

宮升京城北顧乙亥饗父老舊勳于丹徒行宮

加賜衣裳各有差蠲丹徒縣其年租布之半繫

囚見徒五歲刑以下悉皆原遣登城三戰及先

戰亡家不能自存者立隨宜隱恤二十六年二

大將軍幷貴泥關頭敗沒餘口老疾單孤又諸

會舊京故老萬餘人徙還饗勞孤疾勤勞之家

咸蒙邺賚發赦令蠲榷役其時皇太子監國有

月已亥上東巡辛丑辛亥謁二陵丁巳

司奏儀注

某曹關其事云被令儀宜如是請為歲如左

謹關

　　右署眾官如常儀

尚書僕射尚書左右丞其甲死罪死罪某事云

云參議以為宜如是事諾奉行某年月日某曹上

右戚儀準於啓事年月右方關門下

位及尚書官署其言選事者依舊不

經定官

尚書某曹

　　右符儀

太常主者寺押某署令某甲辭言其事云求

告報如所稱詳檢相應今聽如所上處事諾明

詳旨申勳依承不得有廞符到奉行年月日起

某曹關太常甲乙啓辭押某署令某甲上言其

事云云請臺告報如所稱主者詳檢相應請聽

如所上事諾別符申攝奉行謹關

年月日

右關事儀準於黃案年月日右方關

門下位年月下左方下附別尚書報

官署其尚書名下應云奏者今言關

餘皆如黃案式

某曹關司徒長史壬申啓辭押某州刺史丙丁

辭騰其郡縣令長李乙書言其事云云請臺告報

如所稱尚書其甲參議以為所改議正如令書報聽
如所上請為令書如左謹關

臺當告報

司徒長史壬申啓辭押其州刺史丙丁解騰其郡
縣令長李乙書言廿某事云云州府緣案允值請

右關門下位及尚書署如上儀

令曰下司徒報聽如其所上某宣攝行如故

宋書志第五

年月日尚書令其甲上

建康宮無令稱僕射

五

年月朔日子尚書令其甲下無令稱

事文書如千里驛行

僕射

司徒承書從事到上起其曹

右外上事內屬報下令書儀

其曹關其事云云如是請為令書如右謹關

右關署如前式

令司徒其事云云令如是其下所屬奉行如故事

文書如千里驛行

年月日子下起其曹

令書前其官其甲令以甲為其官如故事

右令書板文准於詔事板文

年月日侍御史某申受

尚書下六某奏行如故事

右以准尚書勅儀 起其曹

儀其經官臣者依臣禮

右並白紙書凡內外應關啟之事一准此為

二百四七

拜剌史二千石誡敕文曰制詔云其勳靜屬聞

右若拜詔書除者如舊文其拜令書除

者令代制詔餘如常儀辭關板文六其官

卷上臣其甲其官臨官稽首去其官某申冊拜辭制曰石除

冀土及稽首去其官某申冊拜辭辭以令曰

代制曰其官官者稱臣

皇太子夜開諸門墨令銀字榮傳令信

太史每歲上其年曆先立春立夏大暑立秋立

冬常讀五時令皇帝所服各隨五時之色帝外

沈

宋書志五

六

御坐尚書令以下就席位尚書三公郎以令著錄
案上奉以入就席伏讀訖賜酒厄官有其注博
咸曰立秋一日白路光於紫庭白旂陳於玉階然
則其日旂路皆白也
晉成帝咸和五年六月丁未有司奏讀秋令兼
侍中散騎侍郎荀弈兼黃門侍郎散騎侍郎
曹宇駮曰尚書三公曹奏讀秋令儀注新禮以來
舊典未備臣等參議光禄大夫臣華恒議武皇帝
以秋夏盛暑常闕不讀令在春冬不廢也先

——宋書志五——　七　元

王所以從時讀令者蓋後天而奉天時正服尊
嚴之所重全服章多闕如比蓺隆赫臣等謂可
如恒議依故事闕而不讀詔可六年三月有司
奏令月十六日立夏案五年六月三十日門下駮
依武皇夏闕讀令全正服漸備四時讀夏令是祇
述天和隆赫之道謂令故宜讀夏令奏可宋文
帝元嘉六年六月辛酉朔駙馬都尉奉朝讀徐
道娛上表曰謹案晉博士曹弘之議立秋御讀
令上應著者緗幘遂改用素相承至今臣淺學管

見竊有惟疑伏尋禮記月令王者四時之服正
駕君龍載赤旂衣白衣服黑王季夏則黃文
極於此無白冠則其履其馬也且幘又非古服
出自後代上附於冠下不屬衣冠固不革而幘
宣容異色愚謂應恉與冠同色不恒隨節變緣
上令在近謹以上聞如或可採乞付外詳議太學
博士荀萬秋議伏尋幘非古者冠冕之服禮無
其文案蔡邕獨斷云幘是古卑賤供事不冠人
所服又董仲舒止雨書曰其執事皆赤幘知蓝

——宋書志五——　八　宋

不冠之服也漢元始用眾臣率從故司馬彪輿服
志曰尚書幘名曰納言迎氣五郊各如其色從
章服也自茲相承迄于有晉大宋受命禮制因
循斯既歷代成準謂宜仍舊有司奏謹案道
娛啟事以士令之文變萬秋雖云幘
宜仍舊而不明無讀但見讀春夏秋冬四時令至
魏臺雜訪曰前後無讀士令之文書舊事于左
於服黃之時獨闕不讀令不解其故
魏明帝景初元年十二月二十一日散騎常侍領

太史令高堂隆上言曰黃於五行中央土也王四
季各十八日土生於火故於火用事之末服黃
三季則否其令隨四時不以五行為分也是
以服黃無令其後太祖常謂太令二公郎是
時令皇帝臨軒百僚備位多震悚失常儀宋
唯世祖世劉黯太宗謝緯為三公郎善於其
事人主及公卿並屬目稱歎黯見宗室傳緯謝
綜弟也舊說後漢有郭虞者有三女以三月
上辰產二女上巳產一女三日之中而三女並已

俗以為大忌至此月此日不敢止家皆於東流
水上為祈禳自潔濯謂之禊祠分流行觴遂成
水之上招魂續魄秉蘭草拂不祥此則其來
曲水史臣案周禮女巫掌歲時祓除釁浴如
今三月上巳如水上之類也豐浴謂以香薰草
藥沐浴也韓詩曰鄭國之俗三月上巳之溱洧
春天子始乘舟蔡邕章句曰陽氣和暖鮪魚
甚文非起郭虞之遺風令世之度水也月令暮
時至將取以薦寢廟故因是乘舟橈於名川也

論語暮春浴乎沂自上及下古有此禮今三月
上巳祓於水濱蓋出此也邕之言然張衡南都
賦袚於陽濱又是也或用秋漢書八月祓除
上劉禎都賦素秋二七天漢指隅人脊祓除
國子水嬉又是用七月十四日也自魏以後但用
三日不以巳也
魏明帝天淵池南設流杯石溝燕群且晉海西
鍾山後流杯曲水延〈百僚皆其事也官人循之
至今

漢文帝始革三年喪制臨終詔曰天下吏民臨
三日皆釋服無禁取婦嫁女祠祀飲酒食肉其
當給喪事者無踰跣絰帶無過三寸當臨者皆旦
自是之後天下遵令無復三年之禮案尸子禹
多各十五舉音服大紅十五日小紅十四日纖七
日而釋服文帝以乙亥崩乙巳葬其間凡七日
治水為喪法曰毀必杖哀必三年是則水不救
也故使死於陵者葬於陵死於澤者葬於澤桐
棺三寸制喪三日然則聖人之於急病必為權

制也但漢文治致外平四海寧晏廢禮開薄非
也宣帝地節四年詔曰今百姓或遭喪紀凶災
而吏俛事不得葬傷孝子心自今諸有大父母
父母喪者勿俛事得收歛送終既葬三十
帝時丞相翟方進事父母喪謹母終既葬三十
典章然而原涉行父喪三年顯名天下河間惠
王行母喪三年詔書襃稱以為宗室儀表薛
六日除服視事自以為身備漢相不敢踰國家
僔服母喪三年而兄宣曰人少能行之遂兄弟不

三十四切

十一

宣卒以此獲譏於世是則喪禮見貴常存矣
至漢平帝崩王莽欲眩惑天下示忠孝使六百
石以上皆服喪三年及莽母死但服天子弔諸
侯之服一朞再會而已而令子新都侯宇服喪
三年及元后崩恭乃自服三年之禮事皆姦妄
天下疾之漢安帝初長吏多避事棄官乃令自
非父母服不得去職是後吏又奪職居官不行三
年喪服其後又開長吏以下告寧三言事者或以
為剌史二千石宜同此制帝從之建元元年尚書

付

孟布奏宜復如建武永平故事絕剌史二千石
告寧及父母喪服又從之至桓帝永興二年復
令剌史二千石行三年服至延熹元年又皆絕之
侍以下行三年服至延熹二年又使中常
後漢世諸帝不豫立告泰山弘農廬江常山潁
川南陽河東郡廣陵太守橋玄岳四瀆山潁
司徒分詣郊廟社稷武臨終遺令曰天下當
未安定未得遵古百官臨殿中者不得離部舉哀
畢便除服其將兵屯戌者不得離部舉音葬

三十四切

十二

庚子崩辛丑即殯是月丁卯葬葬畢及生臣
為不踰月也諸葛亮受劉備遺詔既崩群臣
發喪滿三日除服到葬復如禮其郡國太守相
尉縣令長三日便除服此則魏蜀喪制又異
於漢也孫權諸君任遭三年之喪皆須交代
乃去然多犯者嘉禾六年又使群臣議立制胡綜
以為宜定大辟之科又使代未至不得告告者
抵罪顧雍等同綜議從之其後吳令孟仁聞喪
輒去陸遜陳其素得減死一等自此遂絕晉宣帝

崩文景並從權制及文帝崩國內行服三旬武帝
亦遵漢魏之典既葬除喪然猶深衣素冠降席
撤膳太宰司馬孚太傳鄭沖太保王祥太尉何
曾司徒領中領軍司馬望司空荀顗車騎將軍
賈充尚書令裴秀尚書僕射武陔都護大將軍
郭建侍中郭綏中書監荀勖中軍將軍羊祜等
奏曰臣聞禮典軌度豐殺隨時虞夏商周咸不
相襲蓋有由也大晉紹承漢魏有革有因期於
足以興化致治而已故未皆得返情素同規上古
也陛下既已俯遵漢魏降喪之典以濟時務而
躬蹈大孝情過乎哀素冠深衣降席撤膳雖武
丁行之於殷世曾閔復之於衰布衣未足以踰力全
荊蠻未夷庶政未乂萬機事殷動勞神庸豈
遑全遂旨以從至情加歲時蠲易期運忽
過山陵彌遠攀慕永絕臣等以陛下宜回慮
割情以康時濟治輒御府易服內省改坐太官
復膳諸所施行皆如舊制詔曰每感念幽冥而不
得終喪經於草土以存此痛況嘗食稻衣錦誠

佁然激切其心非所以相解也吾本諸生家傳
禮來久何心一旦使易此情於所天相從已多
可試省孔子答宰我之言無事紛紜也言及
悲剝奈何奈何孚等重奏伏讀明詔感以悲
懷輒思仲尼所以抑我上問聖思所以不能
已巳甚深篤然今水干戈未戢武事未偃
萬機至重天下至眾陛下以萬乘之尊履布衣
之禮服糜席葉水飲疏食殷憂內盈毀悴外
表而躬勤萬機坐而待旦降心接下及不遑食
所以勞力者如斯之甚是以臣等慄息不寧誠
懼神氣用損以疚大事輒敕有司改坐復常率
由舊典惟陛下察納愚款以慰皇太后之心又詔
曰重覽奏議益以悲剝不能自勝奈何奈何三
年之喪自古達禮誠聖人稱心立表明恕而行
也神靈日遠無所告訴雖薄於情食旨服美
朕更所不堪也不宜反覆重傷其心言用繼絕
奈何奈何帝遂以此禮終三年後居太后之喪
亦如之

泰始二年八月詔書曰此上旬先帝棄天下日
也便以周年五日縗縗當後何時壹得敘人子情
邪思慕煩毒欲詣陵瞻侍以盡哀憤主者奉行
備太宰司馬孚尚書令裴秀尚書僕射武陔等
奏陛下至孝蒸蒸哀思罔極哀麻雖除毀頓過
禮疏食饘服有損神和今雖秋節尚有餘暑謁
見山陵悲感摧傷群下竊用悚息平議以為宜
月已周痛慕摧感永無逮及欲奉瞻山陵以敘
惟遠體降抑聖情以慰萬國詔曰孤焭忽爾日
哀債體氣自佳其又已涼便當行不得如所奏也
主者便具行備又詔曰昔者及適三十日便為
梓宮所棄遂離衰經痛豈可勝言顧漢文
不使天下盡哀亦先帝至謙之志是以自割不
以副諸君子有三年之愛而身行不得如所奏見
山陵何心而無服其以衰經行受等重奏臣聞
上古喪期無數後世乃乃有年月之漸漢文帝隨
時之義制為短喪傳之千後陛下以社稷宗廟
之重萬乃億兆之故既從權制釋降衰麻群臣

十五

麻僚吉服今者謁陵以敘哀慕若加衰經近臣
期服當復受制進退無當不敢奉詔曰亦知
不在此麻布耳然人子情思為欲令哀喪之物
在身蓋近情也群臣自當案舊制期服之義
非先帝意也孚等又奏臣聞聖人制作必從文
臣故五帝殊樂三王異禮此古今所以不同質文
所以迭用也陛下隨時之宜既降心克已俯就
權制既除衰麻而行心喪之禮今復制服義無
所依若君服而臣不服雖先帝厚恩亦未之敢
安也參量平議宜如前奏臣等敢固以請詔曰
患情不能企及耳衰服何在諸君勤勤之至豈
苟相違
泰始四年皇太后崩有司奏前代故事倚廬中
施白縑帳蓐素牀以布巾裹由草輤輂輿
細犢車皆施縑裏詔不聽但令以布衣車而已
其餘居喪之制一如禮文有司又奏大行皇太后
當以四月二十五日安厝故事虞著衰服既虞
而除其內外官僚皆就朝晡臨位御除服訖各

十六

還所次除喪服詔曰夫三年之喪天下之達禮
也受終身之愛而無數年之報奈何葬而便即
吉情所不忍也有司又奏世有險易道有汙隆
所遇之時異誠有由然非忽禮也方今戎馬未散
王事至毅更須聽斷以熙庶績昔周康王始登
翌室猶戴冕臨朝降於漢魏既葬除釋諒闇之
禮自遠代而廢矣唯陛下割當時之宜敢固以請詔曰攬省奏事益增感剝夫三
年之喪所以盡情致禮葬已便除所不堪也當
叙吾哀懷言用斷絕奈何奈何有司又固請詔

曰不能篤孝勿以毀傷為憂也誠知衣服末事
耳然今思存草土率常以吉奪之乃所以重傷
至心非見念也每存禮典質文皆不同此身何為
限以近制使遠達喪關然平群臣又固請帝流涕
之乃許文帝崇陽陵先開一日遣侍臣侍梓宮
又遣將軍校尉當直尉中監各一人將殿中
將軍以下及先帝時左右常給使詣陵宿
衛文明皇后崩及武元楊后崩天下將吏發哀

三日止
泰始元年詔諸將吏二千石以下遭三年喪聽歸
終寧庶人復除傜役
太康七年大鴻臚鄭默母喪既葬當依舊攝
職固陳不起於是始制大臣得終喪三年然元
中陳準傳咸之徒猶以權奪不得終禮自茲至
今往往以為成比也晉文帝之崩也羊祐謂
立曰三年之喪自天子達禮喪禮傷義
今上有曾閔之性實行喪禮喪禮實行何為除

服若囚此守先王之法不亦善乎玄曰漢文以來
世淺薄不能復行國君之喪故因之數百
年一旦復古恐難行也祐曰且使主上遂服猶
為善乎立曰君上不除而臣下除此為但為父子
無復君臣三綱之道虧矣冒鑒齒曰玄知無
且漢廢君臣之傷教而不知兼無父子為重豈不敢哉
莫不盡情於其親三綱之道二服恫用於私室
西聖者獨盡靈廢之堂所以孝治天下平詩云猷

之未其傳之謂也

泰始十年武元楊皇后崩博士張請議太子宜依漢文權制割情除服博士陳逵議太子宜令服重尚書僕射庾欽尚書魏舒杜預奏諒闇之制乃因自古是必高宗無服喪之文唯稱不言而已漢文限三十六日魏氏以既虞卒哭為斷皇太子與國為體理宜釋服博士段暢承述旨推引禮傳以成其說既卒哭太子及三夫人以下皆隨御除服自漢文用權禮無復　　禁歷代遵用之

至晉孝武崩太傅錄尚書會稽王道子議山陵之後通婚嫁不得作樂以一碁為限宋高祖崩葬畢吏民至于宮掖悉通樂唯殿內禁制二十七月而終學者多云得禮晉初用王肅議

宋武帝永初元年黃門侍郎準之議鄭玄喪江左以來唯晉朝施用摛

祥禫種共月遂以為制鄭之議

紳之士猶多遵立議宜使朝野一禮詔可

晉惠帝永康元年愍懷太子薨帝依禮服長

子三年群目服齊衰朞

晉孝武太元二十一年孝武帝崩李太后制三年之制

宋武帝永初三年武帝崩蕭太后制三年之服

晉惠帝太安元年三月皇太孫尚薨有司奏為諸侯服齊衰朞詔通議散騎常侍謝衡以為諸侯之太子摛言與未摛言尊卑體殊喪服亡為嫡子之太子摛言與未摛言尊卑體殊喪服亡為嫡子長殤謂未摛言也故已尊卑不待命摛言若行議已誓曰太子始生故已尊重不待命摛言也中書令下粹不殤則元服之子當斬衰三年未摛言而殤則雖

十九當大功九月誓與未摛言其為升降也微斬與大功嫌其為輕重也遠而令注云諸侯不降嫡殤重嫌於無以大功為重嫡之服則雖有三年之理明矣男能奉衛社稷女能奉婦道各以成之年而已成之事故可無殤非孩齔之謂也謂殤後者尊之如父猶無所加而止殤服恐以天子之尊為無服之殤行成人之制邪凡諸且重之殤皆士大夫不加服而令至尊獨居其重未之前聞也博士蔡克同粹

祕書監摯虞議太子初生舉以成人之禮則無
殯理矣太孫亦體君重由位成而服全非以
年也天子無服殯之儀絶朞故也於是御史以
上皆服齊衰
晉康帝建元元年正月晦晡成恭社皇后周恩
有司奏至尊朞年應改服詔曰君親名教之重
也權制出於近代耳於是素服如舊非漢魏之典
晉孝武太元元年崇憲太后褚氏崩后於帝為
從嫂或疑其服太學博士徐恭議資父事君而

宋書志五　光一

敬同又禮傳其夫屬乎父道者妻皆母道也則
夫屬君道妻亦后道矣服后宜以資母之義睿
議逆祀以明尊尊全上躬奉康穆哀皇及靖后
之祀致敬同於所天豈可敬之以君道而服廢於
本親謂應服齊衰朞於是帝制朞服
晉安帝隆安四年太皇太后李氏崩尚書祠部
郎徐廣議太皇太后名位允正體同皇極理制備
盡情禮彌申陽秋之義母以子貴既稱夫人禮
服從正故成風顯夫人之號昭公服三年之喪子於

父之所生體尊義重且禮祖不厭孫宜遂服無
屈而緣情立制若嫌明文不存則疑斯從重謂應
同於為祖母後齊衰朞永安皇后無服但一舉
哀百官亦一朞詔可
宋文帝元嘉十七年七月壬子元皇后崩兼司
徒給事中劉溫持節監護神虎門設凶門柏歷
至西上閤皇太子於東宮崇正殿及永福省並
設廬諸皇子未有府第者於西廨設廬
元嘉十七年元皇后崩皇太子心喪三年禮心

宋書志五　三十一

喪者有禪無禪禮無成文世或兩行皇太子心
喪畢詔使博議有司奏喪有禪以祥變有
漸不宜便即言故其聞服以縓縞也心喪已經
十三月大祥十五月禪禫除禮畢餘一朞不應
復有禪宣下以為永制詔可
孝武孝建三年三月有司奏故散騎常侍右光
祿大夫開府儀同三司義陽王師王偃喪逝至
尊為服總三月成服仍即公除至三月竟未祥
當除服與不又皇后依朝制服心喪行喪三十

日公除至祖葬曰臨喪當者何服又舊事皇后
心喪服終除之日更還著者未公除時服然後
就除未詳今皇后除心制日當依舊服更服為但
釋心制中所著布素而已勒禮官處正太學博
士王應之議尊甲殊制輕重有級五服雖同降
厭則異禮天子止降旁親外易總麻本在服例
但衰經不可以臨朝饗故有公除之議雖釋衰
襲晃尚有總月之制愚謂至尊服三月既竟
猶安除釋又議吉凶異容情禮相稱皇后一月
之限雖過二功之服已釋哀喪所極莫深於尸
柩親見之重不可以無服案周禮為兄弟既除
喪以及其葬也及服其服輕喪雖除猶魚衰以
臨葬舉輕明重則其理可知也愚謂王右光禄
祖葬之日皇后宜反齊衰又議喪禮即遠變除
漸輕情與日殺服隨時改權禮既行派制已變
豈容終除之日而更重服平棠晉太始三年武
帝以昏除之月欲反重服拜陵頻詔勤勤思申
棘心于時朝議謇執亦遂不果愚謂皇后終除

之日不宜還著重服直當釋除布素而已太常
丞朱膺之議凡云公除非全除之稱今朝臣私服
亦有公除猶自窮其本制膺之晉武拜陵不遂
服以申是權制既除衰麻不可以重制耳與蘇
不同愚謂是時制日膺之議國子助教蘇璋
服以申創巨之情餘同膺之議凡諸公除之
生議案三日成服即除及皇后行喪三十日禮無
其文若近謂之公服葬及祥除皆宜反服
設蓋以王制奪禮葬及祥除皆宜反服未有服
宜反服齊衰常書令中軍將軍建平王宏議
月服竟故膺依禮除釋皇后臨祖及一周祥除近
喪之公除斬衰奪當豈可遂以即吉邪愚謂至尊三
謂至尊總制終止舉哀而已不須釋服餘同朱
膺之議前祠部郎中周景遠議權事變禮五
服俱革總麻輕制不容獨異謂至尊既已公
除至三月竟不復有除釋之義其餘同朱膺之義
重加研詳以宏議為允詔可

大明二年正月有司奏故右光祿大夫王偃喪
依格皇后服朞心喪三年應再周來二月晦撤
元嘉十九年舊事武康公主再周孝建二年五月心
制終盡從禮即吉晋國哀再周孝建二年二月
其月末諸公主制終則應從吉于時猶心禮素
衣二十七月乃除二事不同領曹郎朱膺之議
詳尋禮文心喪不應有禪皇代考驗已爲定制
元嘉季年禍難深酷聖心天至喪紀過言哀是以
出適公主還同在室即情變禮非革舊章今
皇后二月晦宜依元嘉十九年制釋素即吉以
文帝元嘉十五年皇太子妃祖父右光祿大夫
殷和喪變除之禮儀同皇后
晋孝武太元十五年淑媛陳氏卒皇太子所生
也有司參詳母以子貴贈淑媛爲夫人置家令
典喪事太子前衛率徐邈議喪服傳稱與尊
者爲體則不服其私親又君父所不服子亦不
敢服故王公妾子服其所生母練冠麻衣既葬
而除非五服之常則謂之無服從之

宋孝武大明五年閏月皇太子妃薨樟木爲
櫬號曰樟宮載以龍輴造於龍山置大匠卿
斷草司空告后土謂葬曰山塋祔文元皇后廟
之陰室在正堂後壁之外北向御服大功九月設
位太極東宮堂殿中監黃門侍郎僕射並從服
從服者御服裹乃從服他日則否宮臣服齋衰
三月其居宮者處寧假
大明五年閏月有司奏依禮皇太后服太子妃
小功五月皇后大功九月右丞徐爰參議宮人
從服者若二御哭臨應著衰時從服者悉著
衰非其日如常儀太子既有妃甚服詔見之日
還著公服若至尊非哭臨日幸東宮太子見
亦如之宮臣見至尊皆著朱衣
大明五年閏月皇太子妃薨至尊皇
后並服大功九月皇太后小功五月未詳二御
何當得作鼓吹及樂博士司馬興之議棻禮齋
衰大功之喪三月不從政今臨軒拜授則人君
之大典今古旣異賒促不同愚謂皇太子妃祔

廟之後便可臨軒作樂及鼓吹右丞徐爰議皇
太子妃雖未山陵臨軒拜官舊不為礙擇棺在
殯應縣而不作祔後三御樂宜使學官擬禮上
與又議寡禮大功至則辟琴瑟誠無自奏之理
但王者體大理絕凡庶故漢文既葬悉皆復吉
唯縣而不樂以此表言人君之盛典當陽之禮蕭
下流大功不容撤樂終夫金石賓饗之禮固亦

管懸言涂之備寔人君之盛典當陽之威飾固亦
不可久廢於朝又禮無天王服媦婦之文直後學
以覲崇家正摽明禮歸矣爰參議皇太子甚服

推貴嫡之義耳既已制服成月虛懸終变亦足
內不合作樂及鼓吹
明帝泰始中陳貴妃父金寶卒貴妃制服三
十日滿公除晉穆帝時東海國言哀王薨踰年
嗣王乃來繼不復追服群臣皆已反吉國妃亦
宜同除詔曰朝廷所以從權制者以王事奪之
非為變禮也婦人傳重義大若從權制義將安
託於是國妃終三年之制孫盛曰廢三年之禮

開偷薄之源漢魏失之大者也今若以文夫宜
奪以王事婦人可終本服是為吉凶之儀雜陳
於宮寢綠素之制乖異於內外無乃情禮俱遣
哀樂失所千蕃國事務宜如聖典可無疑矣
宋文帝元嘉四年八月大傅長沙景王神主隨
子南兗州刺史義興鎮廣陵備所加殊禮下舡
及至入行廟大司馬臨川烈武王神主隨子
荊州刺史義慶江陵亦如之

元嘉二十三年七月白衣領御史中丞何承天
奏尚書刺海鹽公主所生母蔣美人喪海鹽公
主先離婚今應成服撰儀注參詳宜下二學禮
官博士議公主所服輕重太學博士顧雅議今
既咸用士禮便宜同齋衰削杖布帶疏屨甚禮

畢心喪三年博士周野王議又云諸王公主咸
用士禮謙王衡陽王為所生太妃皆居重服則
公主情禮亦宜家中甚服為充其博士更逐之
顏測殷明王淵之四人同雅議何悆王羅雲二
同野王議如所上喜堂案今之諸王雖行士禮是施

於傍親及自已以下至於為帝王所厭猶一依古
典又永初三年九月符脩儀亡廣德三主以餘尊
所厭猶服大功海鹽公主儀自宸極當上厭至
尊當得遂服臺據經傳正文并引事例依源
貴失而博士顧雅周野王等捍不肯帖方稱自
有宋以來皇子蕃王皆無厭降同之士禮著於
故事總功之服不廢於未戚顧歝獨歝於所生身申
其所輕奪其所重當豈緣情之謂臺
伏尋聖朝受終于晉凡所施行莫不稽禮文

兼用晉事又太元中晉恭帝時為皇子服其
所生陳氏練冠線緣此則前代施行故事謹依禮
皇子不服曹嫄好止於麻衣此厭平至尊者也
功此先君乃餘尊之所廢者也元嘉十三年第七
文者也又廣德三公主為所生母符脩儀服大
博士既不據古又不依今皆違施行見事而多

作浮辭自儒乃云五帝之時三王之季又言長子
去斬衰除禫杖皆見古禮不少今世博士雖復
引此諸條無救於失又詰臺云蕃國得遂其私

情此義出何經記臣案南謙衡陽太妃誼受朝
命為國小君是以二王得遂其服豈可為美人
比例尋蕃王得遂者聖朝之所許也皇子公主
不得申者由有厭而然也臺登重更責失制不
尊厭況在王室而欲同之士庶此之僻謬不侯言
而顯太常統寺曾不研却所謂同平失者亦未得之

辭雖理屈事窮猶聞義耻服臣聞喪紀有制禮
之大經降殺收宜家國舊典古之諸侯眾子猶以
得過十日而復不訓若既被催攝三日甫輸忙

宜加裁正弘明國典謹案太學博士顧雅國子助
教周野王博士王羅雲顏測皷明何惔王淵之前
博士還貞外散騎侍郎庾遂之等咸蒙抽飾備
位前疑既不謹守舊文又不審據前准遂上背
叔位居宗伯問禮所司騰述往反了無研却混同
茲矣亦宜及咎請以見事並免今所居官解野
王領國子助教雅野王初立議乖舛中執捍愆矣

未違十日之限雖起一事合成三愆羅雲掌

如奏

元嘉二十九年南平王鑠所生母吳淑儀薨依禮無服麻衣練冠旣葬而除有司奏古者與尊者爲體不得服其私親而此世諸侯咸用士禮五服之內悉皆成服於其所生反不得遂於是皇子皆申母服

孝武帝孝建元年六月己巳有司奏故第十六皇弟休倩薨天年始又殤追贈謚東平沖王服

宋書志五　三十一　沈

制未有成准輒下禮官詳議太學博士陸澄議案禮有成人道則不爲殤今旣追胙士宇遠崇封秩圭黻備典成執大焉典文昭殤名去矣夫典文垂式元服表身猶以免孺子之制全丈夫之義安有名頒爵首而可服以殤禮有司尋議澄議無明證却使秉正更上澄重議竊謂贈之爲義所可追加名器故贈公者便成公贈卿者便成卿贈之以王得不爲王然則有在生而封或旣没而爵俱受帝命不爲吉凶殊典同備文物豈

以存亡異數今璽策羣臣咸是成人之禮羣后臨哀非下殤之制若喪用成人親以殤服末學含疑未之或辨敢求詳更如所稱左丞臣羊希參議尋澄議旣無畫然前例不合准據案禮子不殤父臣不殤君君父至尊臣子恩重不得以幼年而降又曰尊同則服其親服推此文者旁親自宜服殤所不殤者唯施臣子而已詔可

閏六月二十八日薨未詳周忌當在六月爲取七孝建元年六月湘東國刺稱國太妃以去三十年

宋書志五　三十二

月勒禮官議正博士丘邁之議案吳商議閏月亡者應以本正之月爲忌謂正閏論各有所執商議爲兄且以今六月爲忌左僕射建平王宏謂邁之議不可准據案晉及皇代以來閏月亡者以閏之後月祥宜以七月爲祥忌及大明元年二月有司又奏太常鄱陽哀王去年閏三月十八日薨今爲何月末祥除下禮官議正博士傅休議尋三禮喪遇閏月數者數閏歲數者没閏閏在朞內故也鄱陽哀王去年

閏三月覲月次節物則定是四月之分應以今
年四月末為祥晉元明二帝竝以閏二月崩以閏
後月祥先代成准則是今此太常丞庾蔚之議
禮正月存親故有忌日之感四時既已變人情亦
已衰故有二祥之殺是則祥忌皆以同月為議
而閏云者明年必無其月不可以無其月而不
祥忌故必宜用閏所附之正月閏月附正公羊明
議故班固以閏九月為後月則春夏永革節候
時亦不異若用閏之後月名既不殊天

示舜設有人以閏臘月云者若用閏後月為祥
忌則祥忌應在後年正月祥涉三載既失周基
之議冬三而春忌又乖致感之本譬人年末三
十日明年末月小若必去年二十九日親尚
大明五年七月有司奏故永陽縣開國侯劉叔
知也通關竝同蔚之議三月末祥
存則應用後年正朝為忌此必不然則閏云可
子夭喪年始四歲傍親服制有疑太學博士虞
縣領軍長史周景遠司馬朱膺之前太常丞

庾蔚之等議竝云宜同成人之服東平沖王服殤
宴由追贈異於已受茅土博士司馬興之議應
同東平殤服左丞荀萬秋等參議南面君國繼
體承家雖約佩觿未關成人得君父名也不容服
殤故云臣不殤君子不殤父推此則知傍親故依殤
制東平沖王已經前議若外仕朝則為失成故都陽衰
王追贈太常親戚不降愚謂下殤以上身居封
爵宜同成人年在無服之殤以登官為斷今永
陽國臣自應全服王於傍親宜從殤禮詔應

遠議為允
後廢帝元徽二年七月有司奏第七皇弟訓養母
鄭脩容喪未詳服制下禮官正議太學博士周
山文議案庶母慈巳者小功五月鄭玄云其使
養之命不為母子亦服庶母慈巳之服愚謂第
七皇第且從小功之制參議竝同漢魏廢帝喪
親三年之制而魏世或以為舊君服三年者至晉
泰始四年尚書何禎奏故辟舉綱紀吏不計違適
皆反服舊君齊衰三月於是詔書下其奏所

魏武以正月崩魏文以其年七月設伎樂百戲
是魏不以喪廢樂也晉武帝以來國有大喪未
除正會亦廢樂大安元年太子喪未除正會亦
廢樂穆帝永和中爲中原山陵未修復頻年會又
輒廢樂是時太后臨朝后父褚襄薨元會又廢
樂

大喪則廢樂

宋世孝武太元六年爲皇后王氏喪亦廢樂宋

二○九十 【宋書志五】 三十五 荒

漢獻帝建安末魏武帝作終令曰古之葬者必
在瘠薄之地其規西原上爲壽陵因高爲基不
封不樹周禮冢人掌公墓之地凡諸侯居左右
以前卿大夫居後漢制亦謂之陪陵其公卿大
臣列將有功者宜陪壽陵其廣爲兆域使足相
容魏武以送終制衣服四篋題識其上春冬
夏日有不諱隨時以斂金珥珠玉銅鐵之物一
不得遷文帝遵奉無所增加及受禪金璽追
加尊號不敢開埏乃爲石室藏璽埏首示陵中

無金銀諸物也漢禮明器甚多自是皆省矣
文帝黃初三年又自作終制國君即位爲椑
存不忘亡也壽陵因山爲禮無封無樹無立寢
殿造園邑通神道夫葬者藏也欲人之不能見
也禮不墓祭欲存亡之不黷也皇后及貴人以
下不隨王之國者有終沒皆葬澗西前又已表
其處矣此詔藏之宗廟副在尚書祕書三府明
帝亦遵奉之明帝性雖崇奢然未遽營陵墓也
晉宣帝豫自於首陽山爲土藏不墳不樹作顧

三○ 【宋書志五】 二十六 荒

命終制斂以時服不設明器文景皆謹奉成命
無所加焉
景帝崩喪事制度又依宣帝故事武帝泰始四
年文明王皇后崩將合葬開崇陽陵使太尉司
馬望奉祭進皇帝璽綬於便房神坐魏氏金
璽此又儉矣
泰始二年詔曰昔舜葬蒼梧農不易畝禹葬會
稽市不改肆上惟祖考清簡之旨外欲移陵十
里內居人一切僑之江左元明崇儉且百度草

成帝咸康七年杜后崩詔外官五日一入臨內官
旦一入而已過葬虞歿示禮畢止有司奏大行皇
后陵所作凶門柏歷門號顯陽端門詔曰門如何
處凶門柏歷大為煩費傅之寀蔡謨說以三石
器盛死者之祭繫於木表以葦席置於庭中
近南名為重今之凶門是其象也禮既虞而作
主今未葬未有主故以重當之禮稱為主道
此其義也范堅又曰凶門非古有懸重形似
凶門後人出之門外以表喪俗遂行之薄帳即古
弔幕之類也是時又詔曰重壞之下豈宜崇飾
無用陵中唯潔掃而已有司又奏依舊選公卿
以下六品子弟六十人為挽郎詔又停之
孝武帝太元四年九月皇后王氏崩詔曰終事
唯從儉速又詔遠近不得遣山陵使有司奏選
挽郎二十四人詔傅
宋文帝元喜加十七年元皇后崩詔亦停選挽
郎漢儀五供畢則上陵歲歲以為常魏則無

宋書志五　三十七　李正

定禮齊王在位九載始一謁高平陵而曹爽誅
其後遂廢終魏世
晉宣帝遺詔子弟群官皆不得謁陵於是景文
遵旨至武帝猶再謁崇陽陵一謁峻平陵然遂
不敢謁高原陵至惠帝後止也逮江左初元帝
崩後諸公始有謁陵辭陵之事蓋由卷同友執
率情而舉非洛京之舊也成帝時中宮亦年年
拜陵議者以為非禮於是遂止以為永制至穆
帝時諸大后臨朝又拜陵帝幼故也至孝武崩
驃騎將軍司馬道子命曰今雖權制釋服至於
朔望諸節自應展情陵所以一周為斷於是至
陵變服單衣幞煩潰無準非禮意也至安帝元
興元年尚書左僕射相謙奏曰百僚拜陵起於
中興非晉舊典積習生常遂為近法尋武皇帝
詔乃不使人主諸王拜陵豈唯百僚謂宜遵奉
於是施行及義熙初又復江左之舊
宋明帝又斷群臣初拜謁陵而辭如故自元嘉
以來每歲正月輿駕必謁初堂陵復漢儀也世祖

宋書志五　三十八　三十九　出明

太宗亦毎歲拜初寧長寧陵

漢以後天下送死奢靡多作石室石獸碑銘等
物建安十年魏武帝以天下雕弊下令不得厚
葬又禁立碑魏高貴公甘露二年大將軍
參軍太原王倫卒倫兄俊作表德論以述倫遺
美云祗畏王典不得爲銘乃撰錄行事就刊於
墓之陰云爾此則碑禁尚嚴也此後復弛替
晉武帝咸寧四年又詔曰此石獸碑表旣私褻
美興長虛僞傷財害人莫大於此一禁斷之其
犯者雖會赦令皆當毀壞至元帝大興元年有
司奏故驃騎府主簿故恩營葬舊君顧榮求
立碑詔特聽立自是後禁又漸頹大臣長吏人
皆私立義熙中尚書祠部郎中裴松之又議禁
斷於是至今

順帝昇明三年四月壬辰御臨軒遣使奉璽綬
禪位於齊王懸而不樂

宋明帝泰始二年九月有司奏皇太子所生陳
貴妃禮秩旣同儲宮未詳宮臣及朝臣並有敬

不妃王在內相見又應何儀博士王慶緒議百僚
內外禮敬貴妃應與皇太子同其東朝臣隸理
歸臣節太常丞虞願等同慶緒尚書貴令建安
王休仁議稱禮云妾旣不得體君班秩視子爲序
母以子貴經著明丈內外致敬貴妃誠如慶緒
議天子姬嬪不容通音介於外雖義可致虔不
應有牋表參詳休仁議爲允詔可
泰豫元年後廢帝即位崇所生陳貴妃爲皇太
妃有司奏皇太妃位亞尊極未詳國親與三哀格

當一同皇太后爲有降異又於本親碁以下當
猶服與不前曹郎王燮之議喪服傳妾服君
之黨得與女君同如此皇太妃服宗與太后無
異但太后旣以尊降無服太妃儀不應殊故悉
不服也計本情舉哀其禮不異又禮諸侯謂本親
皇太后雖云不居尊極不容輕於諸侯謂本親
碁以下一無所服有慘自宜舉哀親疎二儀進之
太后兼太常丞司馬燮之議禮妾服君之庶子
又女君之黨皆謂大夫士耳妾名雖摠而班有

貴賤三夫人九嬪位視公卿大夫猶有貴妾
而況天子諸侯之妾爲他妾及女君餘親況不服
他妾之子豈容服君及女君餘親況皇太后
妃貴亞相極禮絕群后崇輝盛典有蹈東儲
國親無服故宜縁情爲諸王公主於至尊旣暮
服者反其太妃王妃三夫人九嬪各舉哀
之儀宜仰則太后參議以燧之議爲允太妃於
尚不服幕太妃豈應有異若本親有慘舉哀

宋孝武帝孝建三年八月戊子有司奏雲杜

國解稱國子檀和之所生親王求除太夫人檢
無國子除太夫人先例法又無科下禮官議正
太學博士孫豁之議春秋母以子貴王雖爲
妾是和之所生案五等之例鄭伯許男同號夫
人國子體例王合如國所生太常丞蔚之議
母以子貴雖春秋明義古今異制因革不同
自頃代以來所生蒙榮唯有諸王旣是王者
之嬪御故宜見尊於蕃國若功勳重列爲
公侯亦有拜太夫人之禮凡此皆朝恩曲降非國

之所求子男妾母未有前比祠部郎中朱膺之
議以爲子不得爵父母而春秋有母以子貴當
謂傳國君母本先公嬪媵所因藉有由故也始
封之身所不得同若殊績重勳恩所特錫時或有
之不由司存所議參議以蔚之爲允詔可

大明二年六月有司奏凡侯伯子男世子喪無
嗣求進次息爲太子檢無其例下禮官議正博
士孫武議案晉濟北侯荀勖長子連卒以次子
輯拜世子先代成準宜爲今例博士傅郁議禮

嗣未育非孫之謂愚以爲次子有子自宜紹
爲世孫若其未也無容遠搜輕屬承綱繼體
傳之有由父在立子允稱情典曹郎諸葛雅之
議案春秋傳去世子死有母弟則弟無則立長
年均擇賢義均則卜古之制也今長子旣卒無
嗣進立次息以爲世子取諸左氏理義無違又孫
武所據晉濟北侯荀勖長子卒立次子亦近代

記微子立衍商禮斯行仲子舍孫姬典攸歷
代遵循靡替于舊今胙土之君在而世子卒

成例依文採比竊所允安謂宜開許以為永制

參議為允詔可

袤悠孫毋王氏應除太夫人檢無國子

大明十二年十一月有司奏興平國解稱國子

人例下禮官議正太學博士司馬興之議案禮

之母不容獨異博士程彥議以為五等雖差而

下國卿大夫之妻皆命天子以斯而推則子男

承家事等公侯之母崇號得崇子男於親尊

秩宜顯故春秋之義毋以子貴固知從子算與

三月　宋書志五　四十三　限三

國均也彥參議以興之議為允除王氏為興平

縣開國子太夫人詔可

大明四年九月有司奏陳留國王曹虔季長兄

虔嗣早卒季龍嗣封之後生子銑以繼虔嗣今

依例應拜世子未詳應以銑為應立

次子錯太學博士王溫之江長議並為應立

正嗣太常陸澄議立錯右丞徐爰議謂禮後大

宗以其不可乏祀諸侯世及春秋成義虔嗣承家

傅爵身為國王雖薨沒無子猶列昭穆立後之

曰便應即纂國統干時既無承繼虔嗣以次龍裝

紹虔嗣既列廟饗故自與出數而遷豈容蒸嘗

無關橫取他子為嗣為人胤嗣又應恭祀先父案

禮文公子不得禰諸侯虔嗣無緣降廟既寢銑

本長息宜還為虔季世子詔如爰議

宋文帝元嘉十三年七月有司奏御史中丞

劉式之議毋至出行未知制與何官分道應有

舊科法唯稱中丞專道傳詔荷信詔喚眾官

應詔者行得制令之文既無盡然

二曰九　宋書志五　四十四　限三

定則準承有疑謂皇太子正議東儲不宜與

衆同例中丞應與分道揚州刺史丹楊尹建康

令並是京輦土地之主或檢校非違或赴救水

火事應神速不宜稽駐亦合分道又尋六門則

為行馬之內且禁衛非違並由二衛及領軍未詳

京尹建康令門內之徒及公事亦得與中丞分

道與有其准參舊儀告報參詳所宜分道聽

如臺所上其六門內既非州郡縣部界則不合

依門外其尚書令二僕射所應分道亦悉與中

06-243

孝武帝大明六年五月詔立凌室藏冰有司奏
季冬之月冰壯之時凌室長率山虞及輿隸取
冰於深山窮谷涸陰沍寒之處以納于凌陰務
令周密無泄其氣先以黑牡秬黍祭司寒於凌
室之北中春之月春分之日以黑羔秬黍祭司
寒啟冰室先薦寢廟二廟夏祠用鑑藏冰室一
鑑以禦溫氣蠅蚋三御殿及太官膳羞並以鑑
供冰自春分立秋有臣妾喪詔贈祕器自立夏
至立秋不限稱數以周喪事繕制夷盤隨冰借
給凌室在樂游苑內置長一人保舉吏二人三
公黃閤前史無其義史臣按禮記士韠與天子
同公侯大夫則異鄭玄注士賤與君同不嫌也
夫朱門洞啟當陽之正色也三公之與天子禮
秩相亞故黃其閤以示謙不敢斥天子蓋是漢
來制也張超與陳公牋拜黃閤卅有日月是也
史臣按全朝士詣三公尚書丞郎詣令僕射尚
書並門外下車履度門閾乃納履漢世朝臣見

三公詣拜丞郎見八座皆持板揖事在漢儀及
漢舊儀然則亦有敬也陳蕃爲光祿勳范滂
爲主事以公儀詣蕃執板入閤至坐蕃不奪滂
板滂投板振衣而去郭泰責蕃曰以階級言之
滂宜有敬以類數推之至閤冥省然後歠止在閤
其來久矣

志第五

宋書十六

臣沈　約　新撰

禮三

國之大事在祀與戎自書契經典咸崇其義而
聖人之德莫大於嚴父者也故司馬遷著封禪
書班固備郊祀志上紀皇王正祀下錄郡國百
神司馬彪又箸祭祀志以續終漢中興以後其
舊制誕章粲然弘備自茲以降又有異同故復
撰次云爾

漢獻帝延康元年十一月巳丑詔公卿告祠高
廟道兼御史大夫張音奉皇帝璽綬策書禪帝
位于魏是時魏文帝繼王位南巡在潁陰有司
乃為壇於潁陰之繁陽故城庚午登壇魏相國
華歆跪受璽綬以進於王既受畢降壇視燎成
祀而返未有祖配之事魏文帝黃初二年正月
郊祀天地明堂是時魏都洛京而神祇兆域明
堂靈臺畧皆因漢舊事四年七月帝將東巡以大
軍當出使太常以一特牛告祠南郊自後以為

常及文帝崩太尉鍾繇告謚南郊皆是有事於
郊也

明帝太和元年正月丁未郊祀武皇帝以配天
宗祀文皇帝於明堂以配上帝是時二漢郊禮
之制具存魏所損益可知也

四年八月帝東巡過繁昌使執金吾臧霸行太
尉事以特牛祠受禪壇衆漢紀章帝詔高邑
尉即壇非壇此雖前代巳行之事然為壇以祀天
而壇非神也今無事於上帝而致祀於虛壇未
詳所據也

景初元年十月乙卯始營洛陽南委粟山為圓
立詔曰蓋帝王受命莫不恭承天地以彰神明
尊祀世統以昭功德故先代之典旣著則禘郊
祖宗之制備也昔漢氏之初承秦滅學之後
採撫殘缺以備郊祀自甘泉后土雍宮五時神
祇兆位多不經見並以興廢無常彼此四百
餘年廢無禘禮古代之所更立者遂有闕焉醫
氏世系出自有虞氏今祀圓丘以始祖帝舜配

號圓丘曰皇皇帝天方丘所祭曰皇皇后地以
舜妃伊氏配天郊所祭曰皇天之神以太祖武
皇帝配地郊所祭曰皇地之祇以武宣皇后配
宗祀皇考高祖文皇帝於明堂以配上帝十二
月壬子冬至始祀皇皇帝天于圓丘以始祖有
虞帝舜配自正始以後終魏世不復郊祀
孫權初稱尊號於武昌祭南郊告皇皇后帝漢饗國二十
臣孫權敢用玄牡昭告皇皇后帝漢文曰皇帝
有四世歷年四百三十行氣數終祿祚運盡普
天祚絕率土分崩尊臣曹丕遂奉神器玉子叡
繼世作愿竊名亂制權生於東郊遭值期運承
乾秉戎志在拯世奉辭行罰舉足爲民羣臣將
相州郡百城執事之人咸以爲天意已去於漢
漢氏已終於天皇帝位虛郊祀無主休徵嘉瑞
前後雜沓曆數在躬不得不受權畏天命敢不
敬從謹擇元日登壇柴燎即皇帝位唯爾有神
饗之左右有吳永綏天極其後自以居非其中土
不復修設中年羣臣奏議宜修郊祀權曰郊祀

當於中土今非其所重奏曰普天之下莫非王
土王者以天下爲家昔周文武郊於酆鎬非必
中土權曰武王伐紂即昨於鎬京而郊其所也
文王未爲天子立郊於酆見何經典復奏曰伏
見漢書郊祀志匡衡奏從甘泉河東郊於長安
言文王郊於酆權曰文王德性謙讓處諸侯之
位明未郊也經傳無明文王德性謙讓處諸侯之
典籍正義不可用也虞喜志林曰吳主紇駁郊
祀追諡匡衡凡在見者莫不慨然稱善也何承
天曰案權建號繼天而郊之禮亨有關固非世末年
雖一南郊而遂無北郊之禮還氏吳紀權思崇
嚴父配天之義追追上父堅尊號爲吳始祖如此
說則權末年所郊堅配天也權卒後三嗣主終
吳世不郊祀則權不享配帝之禮矣
劉備章武元年即皇帝位設壇建安二十六年
夏四月丙午皇帝臣備敢用玄牡昭告皇皇天上
帝后土神祇漢有天下曆數無疆襄者王莽篡
盜光武皇帝土神祇漢震怒致誅杜稷復享今曹操阻兵

安忍子丕載其凶逆竊居神器羣臣將士以為
社稷隳廢備宜修之嗣武二祖龔行天罰備惟
否德懼忝帝位詢于庶民外及蠻夷君長僉曰
天命不可以不荅祖業不可以久替四海不可以
無主率土謹擇元日與百寮登壇受皇帝璽綬
修燔瘞告類于大神惟大神尚饗祚于漢家永
將湮于地謹擇元日與百寮登壇受皇帝璽綬
綏四海

章武二年十月詔丞相諸葛亮營南北郊于
成都

魏元帝咸熙二年十二月甲子使持節侍中太
保鄭沖兼太尉司隸校尉李喜奉皇帝璽綬
策書禪帝位于晉丙寅設壇場于南郊柴燔
告類未有祖配其文曰皇帝臣炎敢用玄牡
告于皇皇后帝魏帝稽協皇運紹天明命以命
炎曰昔者唐堯禪位虞舜舜又以禪禹邁德
垂訓多歷年載既覽唐德禹揖讓之德
濟民扶翼異劉氏又用受禪于漢爰在魏室仍世

多故幾於顚隮寔賴有晉匡拯之德用獲保厥
肆祀弘濟于艱難此則乃之有大造于魏也誕
惟四方之民罔不祗順開國建侯宣禮明刑廓
清梁崏苞懷揚越函夏與仁八絋同軌逖通馳
義祥瑞屢臻天人協應德不嗣辭不獲肆
后用集大命于茲炎惟德不嗣辭不獲命於是
羣公卿士百辟庶僚陪隸暨千百蠻羣君長
僉曰皇天監下求民之瘼既有成命固非克讓
所得距違天序不可以無統人神不可以曠主
炎虔奉皇運畏天之威敢不欽承休命敬簡元
辰升壇受禪告類上帝以永答民望敷佑萬國
惟明德是饗

泰始二年正月詔曰有司前奏郊祀權用魏禮
朕不慮改作之難令便為永制衆議紛互遂不
時定不得以時供饗神祀配以祖考日夕歎企
聚食忘安其便郊祀時羣臣又議五帝即天也
王氣時異故其號雖名有五其實一神明堂
南郊宜除五帝之坐五郊改五精之號皆同稱

昊天上帝各設坐而已比郊又除先后配祀帝
悉從之三月丁丑郊祀宣皇帝以配天宗祀
文皇帝於明堂以配上帝是年十月有司
又議奏古者立郊不異宜并圜丘方於南郊
一如宣帝所用王肅議也是月庚寅冬至
更修治壇兆其二至之祀合於二郊帝又從之
帝親祠圓丘於南郊自是後圜丘方澤不
別立至今矣太康十年十月乃更詔曰孝經

■宋志六

郊祀后稷以配天宗祀文王於明堂以配上
而周官云祀天旅上帝又曰祀地旅四望
四望非地則明堂則天地旅四望（七）
衆議除明堂五帝位考之禮文正經不通
且詩敘曰文武之功起於后稷故推以配天
焉宣帝以神武剙業既已配天復以先帝
配天於義亦不安其復明堂及南郊五帝位
晉武帝太康三年正月帝親郊祀皇太子
皇弟皇子悉侍祠非前典也
愍帝都長安未及立郊廟而敗

元帝中興江南太興元年始更立郊兆其制
度皆太常賀循依據漢晉之舊也三月辛卯
帝親郊祀饗配之禮一依武帝始郊故事初
尚書令刁協國子祭酒杜夷議宜須旋都洛
邑乃修之司徒荀組據漢獻帝居許都
立郊自宜於此修奉驃騎王導僕射荀崧
太常華恒中書侍郎庚亮皆同組議事遂施
行按元帝紹命中興依漢氏故事宜享明堂
宗祀之禮江左不立明堂故闕焉

■宋志六

明帝太寧三年七月始詔立比郊未及建而帝
崩故成帝咸和八年正月追述前旨於覆舟山
南立之是月辛未祀比郊始以宣穆皇后
配地魏氏故事非晉舊也
康帝建元元年正月將祀於二郊之月古無
和表曰太始中合三至之祀於此有疑議太常顧
明文或以夏至或同用陽復漢光武青辛未
始建比郊此則與南郊同月及中興草剏百度
從簡令七郊於一丘憲章未備權用斯禮蓋

（八）

時宜也至咸和中議別立北郊同用正月魏承

後漢正月祭天以地配而稱周禮三王之郊一用

夏正於是從和議是月辛未南郊辛巳北郊帝

皆親奉

安帝元興三年三月宋高祖討桓玄走之巳卯

告義功于南郊是年帝蒙塵江陵未返其明

年應郊朝議以爲依周禮宗伯攝職三公行事

嘗書左丞王納之獨曰既殯郊祀自是天子當

陽有君存焉禀命而行何所辨也齊之興否當

宋書志六　九　陸昌

如今日之比平議者又云今宜郊故是承制所

得命三公行事又郊天極尊唯一而已故非天子

不祀也庶人以上莫不烝嘗嫡子居外庶子執

事禮文炳然未有不親受命而可祭天者又武

皇受禪用二月郊元帝中興以三月郊今郊時

未過日望輿駕用無爲欲速而無據使皇輿旋返

晉恭帝元興二年五月遣使奉策禪帝位于宋

更不得親奉遂從納之議

永初元年六月丁卯設壇南郊受皇帝璽綬柴

燎告類策曰皇帝臣諱敢用玄牡昭告皇皇后

帝晉帝以卜世告終曆數有歸欽若昊運以命

于諱夫樹君司民天下爲公德充帝王樂推收

集越叔唐虞降暨漢魏靡不以上哲格文祖元

勳陟帝位故能大拯黔黎垂訓無窮至自東遷

四維弗樹宰輔焉依曰巳久難辣隆安禍成

元興遂至帝王遷播宗祀湮滅諱雖地非齊晉

衆無一旅仰憤時難俯悼橫流投袂麾則皇

祚剋復及危而能持顛而能扶姦先其殲僭僞

宋書志六　十　沈璋

必滅誠否終必泰興廢有期至於撥亂濟民大

造晉室因藉時運以尸其勞加以殊俗慕義重

譯來款正朔所曁咸服聲教至乃三靈垂象山

川告祥人神和恊歲月兹著是以羣公卿士億

兆夷人僉曰皇靈隆鑒於上晉朝款誠於下天

命不可以久淹宸極不可以暫曠遂逼羣議恭

茲大禮微以寡德託于兆民之上雖仰畏天威

略是小節顧深永懷祗懼若屬卹簡元日升壇

受禪告類上帝酬於萬國之嘉垺王克隆天保永

袷于有宋惟明靈是饗

永初元年皇太子拜告南北郊

永初二年正月上辛上親郊祀

文帝元嘉三年車駕西征謝晦幣告三郊

孝武帝孝建元年六月癸巳八座奏劉義宣

質干時犯順滔天作戾連結淮岱謀危宗社

質反之始戒嚴之日二郊廟社皆巳遍告陳其義

宜為逆始未經同告輿駕將發醲徒冰消頃旣梟

懸義當具矣獲二寇俱殄並宣昭呂檢元嘉三年

討謝晦之始普告三郊太廟賊旣平蕩唯告太

廟太社不告三郊禮官博議太學博士徐宏孫

勃陸澄議禮無不報始既遍告今賊巳禽不應

不同國子助教蘇瑋生議安主制天子巡狩歸

假于祖禰又曾子問諸侯適天子巳告于祖奠于

禰命祝史告于社袝宗廟山川告用牲幣反亦

如之諸侯相見反必告于祖禰乃命祝史告至

于前所告者又云天子諸侯將出必以幣帛皮

圭告于祖禰及必告尋天子諸侯雖事有小大

其禮略鈞告出告至理不得殊鄭云出入禮同其

義甚明天子出征類于上帝推前所告者歸必

告至則宜告郊不復容疑元嘉三年唯告廟社

未詳其義或當以禮記云歸假祖禰而無告

郊之辭果立此義彌所未達夫禮記殘缺之書

本無備體折簡敗字多所闕略正應推倒求意

不可動必徵文天子反行告社亦無成記何故

告歸為義本非獻捷之禮今與駕竟莫出宮

告郊獨當致嫌但出入必告蓋孝敬之心旣以

無容有告至之文若陳告不行之禮則為未有

前准愚謂祝史致辭以昭誠信苟其義舛於禮

自可從實而闕臣等參議以應告為允宜並用

牲告南北二郊太廟太社依舊員公卿行事詔可

孝建二年正月庚寅有司奏今月十五日南郊

尋舊儀廟祠至尊親奉以太尉亞獻南郊親

奉以太常亞獻又廟祠行事之始以酒灌地送

神則不灌而郊初灌同之於廟送神又灌議儀

不同於事有疑輒下禮官詳正太學博士王祀

之議案周禮大宗伯佐王保國以吉禮事鬼神
祇禋祀昊天則令太常是也以郊天太常亞獻
又周禮外宗云王后不與祭則贊宗伯鄭玄云
不與祭宗伯攝其事又說云君執圭瓚祼尸大
宗伯執璋瓚亞獻以來后不廟祭則應依
禮大宗伯攝亞獻也而令以太常亞獻鄭注禮
月令云三王右司馬無太尉太常奏官也蓋世
代彌久宗廟常敬攝后事重故以上公亞獻又
議履時之思情深於霜露室戶之感有懷於容
聲不知神之所在求之不以一處鄭注儀禮有
司云天子諸侯祭於祊而繹繹祭也令廟祠
關送神之祼將移祭於祊繹明在於留神未得
而殺禮郊廟祭殊故灌送有異太常丞朱膺之
議案周禮大宗伯使掌典禮以事神爲上職之
揔祭祀而昊天爲首令太常即宗伯也又尋表
山松漢百官志云郊祀之事太尉掌亞獻光祿
掌三獻漢太常每祭祀先奏其禮儀及行事掌
贊天子無掌獻事如儀志漢亞獻之事專由上

可不由秩宗貴官也令宗廟太尉亞獻光祿三
獻則漢儀也又賀循制太尉由東南道升壇明
此官預郊祭古禮雖由示伯然世有因革且
司亞獻漢儀所行思謂郊祀禮重宜同宗廟且
太常既掌贊天子事不容兼又尋灌事禮記曰
祭求諸陰陽之義也殷人先求諸陽樂三闋然
後迎牲則殷人後灌也周人先求諸陰灌用鬯
達於淵泉既灌然後迎牲則周人先灌也此謂
廟祭非謂郊祠案周禮天官凡祭祀贊玉祼將
之事鄭注云祼者灌也唯人道宗廟有灌天
地大神至尊不灌而郊未始有灌於禮未詳
淵儒注義炳然明審謂今之有灌相承爲失則
宜無灌通關八座丞郎博士立同膺之議尚書
令建平王宏重參議謂膺之議爲允詔可
大明二年正月丙午朔有司奏今月六日南郊
輿駕親奉至時或兩魏世值兩高堂隆謂應更
用後辛晉時既出遇兩顧和亦云宜更告徐禪
云晉武之世或用丙或用巳或用庚使禮官議

正并詳若得遷日應更告廟與不博士王愛之議稱遇雨遷郊則先代成議禮傳所記辛日有徵郊特牲曰郊之用辛也周之始郊日以至鄭玄注曰三王之郊一用夏正用辛者取其齋戒自新也又令曰乃擇元日祈穀于上帝注曰元日謂上辛郊祭天也又春秋載郊有二成十七年九月辛丑郊公羊曰郊用正月上辛哀元年四月辛巳郊穀梁曰自正月至于三月郊之時也以十二月下辛卜正月上辛如不從以

三四　▲宋志六　十五　陸春

正月下辛卜二月上辛如不從以二月下辛卜三月上辛以斯明之則郊祭之禮未有不用辛日者也晉氏或丙或巳或庚竝有別議武帝以十二月丙寅南郊受禪斯則不得用辛也又太始一年十一月己卯始并圓丘方澤二至之祀合於二郊三年十一月庚寅冬至祠天郊于圓丘是猶用圓丘之禮非專祈穀之祭故又不得用辛也今之郊饗既行夏時雖得遷却謂宜猶必用辛也徐禪所據或為未直又案郊特牲曰受

命于祖廟作龜于禰宮鄭玄注曰受命謂告退而卜也則告義在郊非為告義有遷而郊禮不異愚謂不宜重告曹郎朱膺之議案先儒論郊其議不一周禮有冬至日圓丘之祭月令孟春有祈穀于上帝鄭氏說圓丘祀昊天上帝以帝嚳配所謂郊也祈穀祀五精之帝以后稷配所謂郊也二祭異時其神不同諸儒云圓丘之祭以后稷配取其所在名之曰郊以形體言之謂之圓丘名雖有二其實一祭晉武捨鄭

三四　▲宋志六　十六　陸春

而從諸儒是以郊用冬至日既以至日理無常辛然則晉代中原不用辛日郊如徐禪議也江左以來皆用正月當以傳云三王之郊各以其正晉不改正朔行夏之時故因以首歲不以冬日皆用上辛近代成典也夫祭之禮過時不舉今在孟春郊時未過值雨遷日於禮無違既已告日而以事不從禮重敬謂宜更告高堂隆云九日南郊十日北郊是為比郊可不以辛也尚書何偃議鄭玄注禮記引易說三王之郊

一用夏正周禮凡國大事多用正歲左傳又啓
蟄而郊則鄭之此說誠有據矣衆家異議或云
三王各用其正郊天此蓋曲學之舜於禮無取
固知毅梁三春皆可郊之月真所謂膚淺也然
用辛之說莫不必參郊庚已參之以受命作龜
愚謂宜從晉遷郊依禮用辛爰之以受命作龜
禮不應重告愚情所同尋告郊魁辰於全宜改
用辛有礙遷日禮官祠曹考詳已備何偃籍
知告不在日學之密也右永徐爰議以為郊禮
三月謂毛豆告牷之後雖有事礙便應有司行
告事而已次辛十日居然襄齋養牲在滌無緣
事不容遷郊衆議不同參議宜依經遇遇雨則用
後辛不重告若殺牲薦血之後值雨則有司行
事詔可
明帝泰始二年十一月辛酉詔曰朕載新寶命仍
離多難戎車遽駕經略務殷禮吕雖備弗獲
親禮令九服旣康曰祀咸秩宜聿遵前典郊調
上帝有司奏檢未有先准黃門侍郎徐爰議真

稱肆類殷述昭告蓋以創世成功德盛業秉遠開
統肇基必享上帝漢魏以來事遵斯典與高祖武
皇帝克伐偽楚上晉安帝尚在江陵即於京師告
義功于郊兆伏惟太始應符神武英斷王赫出
討戎淹時雖司奉弗虧親謁尚闕護靃尋晉
武郊以二月晉元禮以三月有非常之慶必有非
常之典不得拘以常祀限以正月上辛愚謂宜
下史官考擇十一月嘉壬車駕親郊奉謁昊天
上帝高祖武皇帝配饗其餘祫食不關今祭尚
書令建安王休仁等同爰議參議為允詔可
泰始六年五月乙亥詔曰古禮王者每歲郊事
爰及明堂自貫以來間年一郊明堂同日質文
詳略疎數有分自今可間二年一郊間歲一明堂
外可詳議有司奏前兼曹郎虞愿議郊祭宗
祀俱主天神而同日殷薦於義為黷明詔使圓
丘報功三載一享明堂配帝間歲昭薦詳酌
夷寔允愜心典緣談參議並同曹郎王延秀重議
改革之宜實如聖旨前虞愿議蓋是仰述而

巳未顯後例謹尋自初郊間二載明堂閒一年

第二郊與第三明堂還
以後宜各間二年以斯相推長得異歲通閱八
座同延秀議後廢帝元徽二年十月丁巳有司

奏郊祀明堂還復同日閒年一修

漢文帝初祭地祇於渭陽以高帝配武帝立后
土社祠於汾陰亦以高帝配漢氏以太祖兼配
天地則未以后配地也王莽作相引周禮事先
姓為配北郊夏至祭后土以高后配自此始也

光武建武中不立北郊故后地之祇常配食天
壇山川羣望皆在營內凡一千五百一十四神
中元年建北郊使司空馮魴告高廟以薄后
代呂后配地地江左初未立北壇地祇衆神共在
天郊也晉成帝立二郊天郊則六十二神五帝
之佐日月五星二十八宿文昌北斗十三台司命
軒轅風伯老人六十二神也地郊則四十四神
司空四望四海四瀆五湖五帝之佐沂山嶽山
五藏

白山霍山蹙無閒山蔣山松江會稽山錢唐江

先農凡四十四也江南諸小山蓋江左所立猶
如漢西京關中小水皆有祭秩也二郊所秩官
有其注

宋武帝永初三年九月司空羨之尚書令其等
奏曰臣聞崇德明祀百王之令典憲章天人自
昔之所同雖因革殊時質文異世所以本情篤
教其揆一也伏惟高祖武皇帝允協靈祇有命
自天弘日靜之勤正蒸民之極帝遷明德光宅

八表太和宣被玄化遐通陛下以聖哲嗣徽道
孚萬國祭禮久廢思光鴻烈饗帝嚴親今寶宜
之高祖武皇帝宜配天郊至於地祇之配雖禮
無明文先代舊章每所因循魏晉故事足為前
式謂武敬皇后宜配北郊蓋述懷以道孝蹟聖
敬於無窮對越兩儀允洽幽顯者也明年孟春
有事於二郊請宣攝內外詳依舊典詔可
晉武帝太康二年冬有司奏三年正月立春祠
時日尚寒可有司行事詔郊祀禮典所重中

閒以軍國多事臨時有所妨廢故每從奏可自
今方外事簡雖此為大親本禮其固常典也
成帝循南郊遇兩停中顧和啟宜還更刻日詔可
漢明帝據月令有五郊迎之氣服色之禮因採元
始中故事兆五郊于洛陽祭其帝與神車服各
順方色魏晉依之江左以來未遑修建

宋孝武大明五年四月庚子詔曰昔文德在周
明堂崇祀高烈惟漢汶邑斯尊所以職祭罔墬善
氣令斯正鴻名稱首濟世飛聲朕皇考太祖文

三百卅　宋書志六　二十二　孫毓

皇帝功燿洞元聖靈耶俗內穆四門仁濟羣品
外薄八荒咸憺殊俗南腦勁越西隨剛戎裁禮
興孩牆之根張厲樂恊四氣之紀匡飾墻序引無
題之外雄延鑽臣盡盛德之範訓深劭典展政
高刑曆萬物隸通百神薦祉動協天度下汯
地德故精緯上靈動殖下瑞諸侯軌道河濂海
夷朕仰憑洪烈八子萬姓皇天降祐訖將一紀
思奉揚休德永播無窮便可詳考姬典經始明
堂崇祀先靈式配上帝誠薇克展幽顯咸秩惟

懷永遠感慕崩忩有司奏伏尋明堂辟雍制
無定文經記參差傳說乖舛名儒通哲各事
所見或以為名異實同或以為名實皆異自漢
暨晉莫之能辨周書云清廟明堂路寢同制鄭
玄注禮義生於斯諸儒又云明堂在國之陽丙
巳之地三里之內至於宮寢戶牖達向世
代湮綿難得該詳晉侍中裴頠西都碩學考詳
之制理據未能制定以為殿以尊嚴紀其餘雜碎
前載未能制定以為尊祖配天其義明著廟宇

三百卅四　宋書志六　二十二

竊謂可安國學之南地宮丙巳爽塏平暢足以
營建其墻宇規範宜擬則太廟唯十有二閒以
應基數依漢汶上圖儀設五帝伍太祖文皇帝
對饗祭皇天上帝雖爲差降至於三載恭祀理
不容異自郊宮亦宜共日禮記郊以特牲詩
稱明堂羊牛吉蠲則鼎俎籩簋一依廟禮班行
堂無禮燎則鼎俎籩簋一依廟禮班行百司搜
材簡工權置起部尚書將作大匠量物商程尅

今秋繕立乃依顧議但作大殿屋壁畫而已無

世祖親奉明堂祠祭五時之帝以文皇帝配是
用鄭玄議也官有其注

大明五年九月甲子有司奏南郊祭用二牛廟
四時祠六室用二牛明堂肇建祠五帝太祖文
皇帝配未詳祭用幾牛大學博士司馬興之議
案鄭玄注禮記大傳稱孝經郊祀后稷以配天
配靈威仰也宗祀文王於明堂以配上帝五

二十二　宋書禮志六　童過　二十三

帝也夫五帝司方位殊功一牲牛之用理無差
降太祖文皇帝躬成天地則道兼覆載左右
羣生則化洽四氣祖宗之稱不足彰無窮之美
金石之音未能播勳烈之盛故明堂事修聖忠
所以昭玄極況配宗廟先儒所以得禮情愚管
所見謂宜用六牛博士虞蘇議祀帝之名雖五
而所生之實常一五德之帝送有休王各有所
司故有五室宗祀所主要隨其王而饗焉一一
配合用二牛祠部郎顏奐議祀之為義並五

帝以為言帝雖云五牲牛之用謂不應過郊祭
廟祀宜用二牛

明帝泰始七年十月庚子有司奏來年正月十
八日祠明堂尋舊南郊與明堂同日並告太廟
鄭玄云郊者天之別名上帝天之別名也神
無二主故明堂異巂以避后稷謹尋郊宗二祀
既名殊實同至於應告有異守尚書令表
粢盛等並同延秀議

三百　宋書志六　二十四

魏明帝世中護軍蔣濟奏曰夫帝王大禮巡狩
為先昭祖揚禰封禪為首是以自古革命受符
未有不蹈梁父登泰山刊無貢之名紀天人之
際者也故司馬相如謂有文以來七十二君或
從所緣於前謹遺跡於後太史公曰主上有聖
明而不宣布有司遺跡此過也然則元功懿德不刊
山梁之石無以顯帝王之功布生民不朽之觀
也語曰當君先舜之美臂言猶子對厥所
生譽他人之父令大魏振百王之弊亂拯流道

06-256

之覬危接千載之裏繼百世之廢治貝武文至
干聖躬所以參成天地之道綱維人神之化上
天報應嘉瑞顯祥以比往古其優行豐隆無
所取喻至於歷世迄今未發大禮雖志在掃盡
江海大舜當廢東巡之儀徐夷跳梁於淮泗周
殘盜蕩滌餘穢未遑斯事若齫三苗堀殖於
茲尾蜀賊於隴右其震蕩內潰在不復澆就當
成當止代山獄之禮也且世歲破吳虜男於汪漢今
探其窟穴無界於封禪之事也此儀久廢非倉
卒所定且公卿廣慕其禮千年考時昭告上
帝以副天下之望臣拌罪軍旅不勝大願冒死
以聞記曰聞濟斯言使吾汗出流足自開闢以
來封禪者七十餘君爾故太史公曰雖有受命
之君而功有不洽是以中間曠遠者千有餘年
近數百載其儀闕不可得記吾何德之修敢庶
茲平濟豈謂世無管仲以吾有桓公登泰山之
志平吾不敢欺天也濟之所三言華則華矣非助
我者也公卿侍中尚書常侍省之而已勿復有

所議亦不須吾詔也帝雖把濟議而實使高
堂隆草封禪之儀以天下未一不欲便行大禮
會隆卒故不行
晉武帝平吳混一區宇太康元年九月庚寅尚
書令衛瓘尚書左僕射山濤奇尚書劉寔廙尚
華等奏曰聖德隆茂光被四表諸夏又清幽荒
卒從神策廟筭席卷吳越孫皓稽顙六合為
家山魏廟之功格千天地宜同古典勒封東嶽告
三府太常為儀制璽等又奏臣聞圖璧自生民則
有后屏載祀之數莫之能紀五德滅世揮揚仁
風以登封泰山者七十有四家其謚號可知者
十有四焉沈淪寂寞曰無遺聲者不可勝記
黃帝以前古傳昧略唐虞以來典謨炳著三王
代興體業繼龍襲周道既沒秦氏承之至于漢魏
而質文未復大晉之德始自重藜承佐頹項至
干夏商世序天地其在干周不失其緒金德將
外世濟明聖外平蜀漢海內歸心武功之盛實
由文德至于陛下受命踐阼弘建大業華生仰

流唯獨江湖沉湘之表凶桀負固歷代不賓神
謀獨斷命將出討兵威斬加數旬蕩定羈其
鯨鯢赦其罪逆雲覆雨施八方來同聲教所
被達于四極雖黃軒之征大禹遠略周之奕世
言以事告河圖洛書之徵不是過也加以驅虞
麟趾衆瑞竝臻昔夏殷以不崇爲祥周武以鳥
魚爲美咸曰休哉然符瑞之應備物之盛未有
若今之富者也宜宣大典禮中嶽封泰山禪梁

父發德號明至尊享天休篤黎庶勸千載之
表播流後之聲俾百代之下莫不興起斯帝王
之盛業夫人之至望也詔曰今逋寇雖殄外則
障塞有警內則民黎未康此盛德之事所未
議也瑾等又奏今東漸于海西被流沙大漠
之陰曰南北戶莫不通屬茫茫禹跡今實過
之則天人之道已周魏魏之功已著宜有事梁父
修禮地祇登封泰山致誠上帝以荅人神之願乞
如前奏詔曰今陰陽未和政刑未當百姓未得

其所豈可以勒功告成邪瑾又奏臣聞虛帝王
之位者必有曆運之期天命之應濟生民之大
功者必有盛德之容告成之典無不不
可讓自古道也而明詔謙沖屢辭其禮雖盛
德攸在推而未居夫三公職典天地寔惟辜民物國
事臣等前奏蓋陳祖考之功天命又應陛下之
之大事取議於此漢氏封禪非是官也不在其
德合同四海

月須五府上議然後奏聞請寫詔及奏如前下
議詔曰雖蕩清江表皆臨事者之勞何足以告
成方望羣后思隆大化以寧區夏百姓獲乂與
之休息斯朕日夜之望無所復下諸府矣勿復
爲煩瑾等又奏臣聞唐志虞二代濟世弘之
君莫不仰荅天心俯愜民志登外丘履梁父未
有辭焉者蓋不可讓也今陛下勳高百王德未
無與二茂績宏規魏魏之業固非臣等所能究
論而聖旨勞謙屢自抑損時至弗應推美不
居闕皇代之上儀塞神祇之款望使大晉之典

謨不同風於三五臣等誠不敢奉詔請如前奏
施行詔曰方當共弘治道以康庶績且俟他年
無復紛紜也
太康元年冬王公有司又奏自古聖明光宅四
海封禪名山著於史籍作者七十四君矣舜禹
之有天下巡狩四嶽躬行其道易著觀民省
策文王為西伯以服事周公以魯蕃列于諸
侯或事于岐山或有事泰山徒以聖德猶得為
方禮有外中于天詩頌陟其高山皆載在方
海內有截世宗景皇帝濟以大功輯寧區夏太
號諡不泯以至于今況高祖宣皇帝肇開王業
其事自是以來功薄而僭其義者不可勝言
祖文皇帝受命造晉盪定蜀漢陛下應期龍興
混壹六合澤被羣生威震無外昔漢氏失統吳
蜀鼎峙兵興以來近將百年地險俗殊民望絕
塞以為分外其日久矣大業之隆重光四葉不
巍巍魏其有成劬若茲者歟臣等幸以千載得遭
翦之寇二世而平非聰明神武先天弗違孰能

運會親奉大化目觀太平至公之美誰與為讓
宜祖述先朝憲章古昔勒功代山藏登封告成弘
禮樂之制正三雍之典楊名萬世以顯祖宗是
以不勝大願敢昧死以聞請告太常具禮儀上
復詔曰所議誠前烈之盛事也方今未可以爾
便報絕之
宋太祖在位長久有意封禪遣使履行泰山
舊道詔學士山謙之草封禪儀注其後索虜
南寇六州荒毀其意乃息
世祖大明元年十一月戊申太宰江夏王義恭
表曰惟皇天崇稱大道始行揖讓遠于有晉雖
聿修前緒而跡淪言廢蓋記於竹素者焉可單
書紹乾維建徽號流風聲被絲管自無懷以來
可傳而不朽者七十有四君罔仁厚而道滅鮮
義澆而德宣鍾律之先曠世綿絕難得而聞丘
索著明者尚有遺炳故易稱先天弗違後天奉
時蓋陶唐姚姒商姬之主莫不由斯道也是以
風化大洽光熙千後炎漢二帝亦踵襲則因百

姓之心聽輿人之頌龍駕爲帝服冕鏤
玉梁甫昌言

明稱告成上靈況大宋表祥唐虞受終素德山
龍啓符金玉顯瑞異采騰於軫墟此煙譎於邦
甸錫晃兆九五之徵文豹赴天曆之會誠二祖
之幽慶聖后之寔休道冠軒堯惠深亭毒而
猶執沖約末言封禪之事四海竊以爲臣聞
惟皇配極惟帝祀天故能上稽乾式照臨黔首
協和穹具八膺兹多福高祖武皇帝明普月光
振八區拯已溺之晉淪橫流之世撥亂寧民應

宋書志六 三一 三十一 昌命 平

天受命鴻微洽乎海表威稜震乎沙外太祖文
皇帝體聖履仁述業與禮正樂頌作纂厤達
通於神祇玄澤被乎上下仁孝命世歛武英挺
遭運屯否三千湮滅洒龍飛五洲鳳翔九江身
先八百之期斷出人鬼之表慶煙應高牙之建
風燿符發迹之辰親翦凶逆躬清民壝天地革
始夫婦更造當頭彼承業繼緒拓復禹跡車一
其軌書囧異文者同年而議或哭之龍麟已至鳳
皇巳儀比本巳實靈芽巳茂雕氣降雰於宮

樹珍露呈味於茶林真朱積穗於殿覺連理含
榦於園德皆耀賀離宮植根蘭圃至夫霜毫
立文素顑羽泉河嶽之瑞草木金石之祥
方幾憬涂之謁抗驛絶祖之奏彪炳雜沓罔不
可勝言太平之應兹焉富矣宜其從天人之誠
遵先王之則備萬乘駕修封泰山廛玉
伐岨延喬松於東序詔韓岐於西厢廛天閟使
啓關謁紫宮朝太一奏鈞天詠雲門贊揚幽奧超
聲前古豈不盛哉伏願時命宗伯具茲典度詔

宋書志六 三八 三十二 施昌

曰太宰表如此昔之盛王永保鴻名常爲稱首
由斯道矣朕遭家多難入纂絶孝德薄勳淺
鑒昧朋愧頃麟鳳表禎芽未兼瑞雖符祥顯
見恧平猶深庶仰述失志拯中寓禮祇謁神
朕將試哉四年四月辛亥有司奏曰臣聞崇號
建極必觀俗以樹教正位居體必採世以立言
是以重代列聖感由厥道玄動上烈融章未分
鳴光委緒歆而閟藏若其顯謚騰軌則糸繼
聲采徵畯曰聞爰洎姬漢風流尚存遺芳餘榮

綿映紀緯雖年絕世祀代華精華可得騰金綵
奏玉潤鏤迹以爀兮鑴德以麗遠而四望埋禋
歌之禮日觀莅莅修封之容豈非神明之業難崇
功基之禮易泯自茲以降訖于季末莫不欲英
弘微位詳固洪聲豈徒深黙修文淵幽膺復
已諒以縢非虛奏書匪妄埋擊雨恕神淳麍復
樹安得紫壇蕭祇竹宮載竚散火投郊流星奔
座靈緯初基厭靈命曆德振弛維功濟淪象
玄浸紛流華液幽潤規存永馭思詳樹遠太祖

丈皇帝以啟邁泰運景望震凝采樂調風集
禮宣度祖宗相映軌迹重暉聖上韞籙蕃河竚
翔衡漢金波掩照華耀停明運動時來躍飛
風擧澄氣分海代開景中區歇神還靈穎天重
耀儲正凝位於兼明袞嶽蕃華於元列故以祥
昌基載發篆素重以班朝待典飾令詳儀
映昌基載發篆素重以班朝待典飾令詳儀
篹綜淪無搜騰委逸奏玉郊宮禋珪玄時景集
天廟脉壤祥農節至昕陽川丘鳳禮綱威巡駈
表綏中甸史流其詠民挹其風於是涵迹視陰

振聲威響歷代之渠沈
望內安侯之長賢王
入侍殊生詭氣奉俗還鄉羽族卉儀懷音崇丘
邊帛絕書權光弛燭天代幽發靈宗河開寶崇丘
淪鼎振采泗淵雲皇王嶽摛藻　漢并角即音
栖翔禁籥衮甲霜眛翽舞川肆縈泉流鏡後昭
河源故以波沸外關雲燕內澤若其雪趾青毛毛
玄文朱綵日月郊佪擇木弄音重以縈露騰軒蕭
雲掩閣鎬穎蟄萌移華淵禁山團竚衡雲鵜
速翼海鮢泳流江茅吐薩校書之列仰筆以飾

辭濟代之蕃獻邑以待禮豈非神颺氣昌物瑞
雲昭浦軒龜軫　泉淳芳太宰江夏王臣義
恭咀道遵英栖奇麗古該潤圖史施闕載表
以功林往初德耀炎昊外文中代登髁天關耀
冠榮名摛振聲號而道謙稱首禮以虛挹將使
玄祇缺觀幽瑞乖期梁甫無盛德之容介丘靡
外聞之響晉加窮泉之野獻八代之駟木之鄉
篹絕金之桔肅靈重表珍符兼覬伏惟陛下謨
詳淵載衍屬休章依徵聖靈潤色　聲業諫辰

稽古蕭齊肇警列儒俗展采禮官相儀懸綵動
音洪鍾竦節陽路整衛正途清禁於是績環珮
端王藻鳴鳳趿律騰駕流文間綵比象之容昭
明紀數之服徽焯天陣容藻神行翠盡懷陰羽
華列照乃詔聯事掌祭賓安贄儀金支宿縣

三十六　宋志六　三十五　李廞

鏞石潤饗命五神以灑路霞凝生關煙起成官
臺冠丹光壇浮素霨爾乃臨中壇備盛禮天
兵而開雲先雨祇以瀍路霞凝生關音傳稱響旨然後辨
降祥錫壽固皇根谷動神音山傳稱響旨然後辨
年間老陳詩觀俗歸薦告神奉遺清廟光美之
盛彭乎萬古淵祥之烈溢乎無窮豈不盛歟臣
等生接昌辰肅懋明世束教管聞未足言道且
章志湮微代往淪絕拘採遺文辯明訓詁
遘訪鄰魯草縢書壇玉之禮具竦石繩金
之儀和芝潤瑛雊鼉乾封懼弗軏屬上徽輝
當王則謹奉儀注以聞詔曰天生神物昔王稱
愧況在寡德敢當鴻貺今文軏未可停此奏
漢獻靈帝建安十八年五月以河北十郡封魏武

帝為魏公是年七月始建宗廟于鄴自以諸侯
禮立五廟世雖進爵為王無所改易延康元
年文帝繼王位七月追尊皇祖為大王丁夫人
曰大王后黃初元年十一月受禪又追尊大王曰
大皇帝皇考武皇帝曰武皇帝明帝太和三年六
月又追尊高祖大長秋曰高皇帝夫人吳氏曰高
皇后立在鄴廟所祠則文帝之高祖處士曾
祖高皇祖太皇帝共一廟考太祖武皇帝特一
廟百世不毀夾則所祠止於親廟四室也至明

三十六　宋志六　三十五

帝大和三年十一月洛京廟成則以親盡遷處士
主置園邑使令丞奉薦而使行太傅太常韓暨
行太廟宗正曹恪持節迎高皇以下神主共一廟
猶為四室而已至景初元年六月羣公有司始
更奏定七廟之制曰大魏三聖相承以成帝業
武皇帝肇建洪基撥亂夷險為魏高祖文皇
帝繼天革命應期受禪為魏烈祖上集成大命清
定華夏興制禮樂宜為魏烈祖更於太祖廟北
為二祧其左為文帝廟號曰高祖昭祧其右擬

吳祐

明帝號曰烈祖穆祧三祖之廟萬世不毀其餘
四廟親盡迭遷○如周后稷文武廟祧之禮孫
盛魏氏春秋曰夫謚以表行廟以存容皆於既殺
然後著焉所以原始要終以示百世不容止也未有
當年而遞制祖宗未終而豫自尊顯昔華樂以
厚斂致譏周人以豫凶達禮魏之羣司不亦有
失正矣文帝甄后賜死故不列廟明帝即位有
司奏請追論曰文昭皇后使司空王朗持節奉
策告祠于陵三公又奏曰自古周人歸祖后稷
又特立廟以祀姜嫄今文昭皇后之於後嗣聖
德至化豈有量哉夫以皇家世妃之尊神靈遷
化而無寢廟以承享祀非以報顯德昭孝敬也
稽之古制宜依周禮先妣別立寢廟奏可以太
和元年二月立廟于鄴四月洛邑初營宗廟掘
地得玉璽方一寸九分其文曰天子羨思慈親
明帝為之故谷以太牢告廟至景初元年十二
月巳未有司又奏文昭至后廟京師永傳享祀
樂舞與祖廟同廢鄴廟

魏文帝黃初二年六月以洛京宗廟未成乃祠
武帝於建始殿親執饋奠如家人禮何承天曰
案禮將營宮室宗廟為先庶人無廟故祭於寢
帝者行之非禮甚矣
漢獻帝延康元年七月魏文帝幸譙親祠譙陵
此漢禮也漢氏諸陵皆有園寢者承秦所為也
說者以為古前廟後寢以象人君前有朝後有
寢也廟以藏主四時祭祀寢有衣冠象生之具
以薦新秦始出寢起於墓側漢因弗改陵上稱
寢殿象生之具古寢之意也又魏武帝葬高陵
有司依漢立陵上祭殿至文帝黃初三年乃詔
曰先帝躬履節儉遺詔省約子以述父為忠臣
以繼事為孝古不墓祭比設於廟高陵上殿屋
皆毀壞車馬還廄衣服藏府以從先帝儉德之
志及文帝自作終制又曰壽陵無立寢殿造園
邑自後至今陵寢遂絕
孫權不立七廟父堅嘗為長沙太守長沙臨
湘縣立堅王廟而已權既不親祠直是依後漢奉

南頓故事使太守祠也堅廟又見尊曰始祖廟
而不在京師又以民人所發吳為家材為屋未
之前聞也於建鄴立兄長沙桓王策廟也〔橋南權疾太子所禱即策〕權卒子亮代立
明年正月於宮東立權廟既不在宮
南又無昭穆之序及孫皓初立追尊父和曰文
皇帝皓先封烏程侯即改葬和於烏程西山號
曰明陵置園邑二百家於烏程立陵寢使縣令
丞四時奉祠寶鼎元年遂於烏程分置吳興郡
使太守執事有司尋又言宜立廟京邑寶鼎二
年遂更營建號曰清廟遣守丞相孟仁太常姚
信等備官僚中軍步騎以靈輿法駕迎神主於
明陵親引仁拜送於庭比仁還中吏手詔日夜
相繼奉問神靈起居動止巫覡言見和被服顏
色如平日皓悲喜悉召公卿尚書詣闕下受賜
靈輿當至使丞相陸凱奉三牲祭於近郊皓於
金城外露宿明日望拜於東門之外又拜廟薦
饗比七日三祭倡伎晝夜娛樂有司奏祭不欲

宋書曰志六　三十九　朱長二

數數則黷宜以禮斷情然後止
劉備章武元年四月建尊號於成都是月立宗
廟祫祭高祖已下備紹世而起亦未辦繼何帝
為禰亦無祖宗之號劉禪面縛北地王諶哭於
昭烈之廟此則備廟別立也
魏元帝咸熙元年增封晉文帝進爵為王追命
舞陽宣文侯為晉宣王忠武侯為晉景王是年
八月文帝崩諡曰文王武帝太始元年十二月
丙寅受禪丁卯追尊皇祖宣王為宣皇帝伯考
景王為景皇帝考文王為文皇帝宣王妃張氏
為宣穆皇后景王夫人羊氏為景皇后二年正
月有司奏天子七廟宜如禮營建帝重其役詔
權立一廟於是羣臣奏議上古清廟一宮尊
宜神祇遠至周室制為七廟以辨宗祧聖旨深
遠跡昔舜承堯禪受終文祖遂陟帝位蓋三
之尊遠遵遠昔舜承堯禪受終文祖遂陟帝位
弘遠跡昔舜承堯禪受終文祖遂陟帝位蓋三
十載正月元日又格于文祖此則虞氏故事即
廟因仍舊宮可依有虞氏故事即用魏廟奏可

宋書曰志六　四十　朱長三

於是追祭征西將軍豫章府君穎川府君京兆
府君與宣皇帝景皇帝文皇帝為三昭三穆為是
時宣皇未升太祖虛位所以祠六世與景帝為七
廟其禮則據王肅說也七月又詔曰主者前奏
就魏舊廟誠亦有準然於祇奉神明情猶未
安宜更營造崇正永制於是改創宗廟十一月
追尊景帝夫人夏侯氏為景懷皇后
太康元年靈壽公主修麗祔于太廟周漢未有
其準魏明帝則別立廟晉又異魏也六月因廟
陷當改治羣臣又議奏曰古者七廟異所自宜
如禮詔又曰古雖七廟自近代以來皆一廟七室
於禮無廢於情為叙亦隨時之宜也其便仍舊
至十年乃更改築於宣陽門內窮壯極麗然坎
位之制猶如初爾廟成帝率百官遷神主于新
廟自征西以下車服導從皆如帝者之儀摯虞
之議也至世祖武皇帝崩則遷征西及惠帝崩
又遷豫章而惠帝世歐懷太子太子二子及太
孫臧沖大孫尚並祔廟元帝世懷帝殤太子又

祗廟號為陰室四殤懷帝初受策論武帝揚后
曰武悼皇后改葬峻陽陵側別立弘訓宮不列
於廟元帝既即尊位上繼武帝於禮為禰如漢
光武上繼元帝故事也是時西京神主埋滅虜
庭江左建廟皆更新造尋以發愍帝之主乃
穎川位雖七室其實臣員五世蓋從刀愶以兄弟為
世數故也于時百度草創舊禮未備三祖毀
主權居別室太興三年將祭愍帝之主於是乃
定更制還復豫章穎川二主千昭穆之位以同
惠帝嗣武帝故事而惠愍二帝自從春秋尊
尊之義在廟不祧也至元帝崩則豫章復遷然
元帝神位猶在歐帝之下故有坎室者十也至
明帝崩而穎川又遷十室也于時續廣太廟
故三遷主並還西儲名之曰祧以准遠廟成帝
咸和三年蘇峻等入伐立行廟毀
棄三正汙辱海內臣亮等手刃戎首龔行天罰
於白石告元帝先后曰逆臣蘇峻傾覆社稷毀
惟中宗元皇帝　肅祖明皇帝穆皇后之靈降

鑒有罪剿絕其命剗此輩兇以安宗廟臣等雖
隕首攘軀猶生之年咸康七年五月始作武悼皇
后神主祔于廟配饗世祖成帝崩而康帝承統
以兄第一世故不遷京兆十一室也康帝崩京
兆遷入西儲同謂之祧如前三祖遷主之禮故正
室猶十一也穆帝崩哀帝海西並為兄弟無
所登降咸安之初簡文帝上繼元皇帝世
登進於是潁川京兆二主復還昭穆之位至簡
文崩潁川又遷孝武皇帝太元十六年改作太
廟殿正室十六間東西儲各一間合十八間棟
高八丈四尺堂基長三十九丈一尺廣十丈尺
征西至京兆四主及太子太孫各用其位之儀
堂集方石庭以塼尊備法駕遷神主于行廟既
服四主不從帝者之儀是與太康異也諸主
入廟設脯醢醴酒之奠及新廟成帝主還室又設脯
醢之奠十九年二月追尊簡文母會稽太妃鄭
氏為簡文皇帝宣太后立廟太廟道西又孝武
崩京兆又遷如穆帝之世四祧故事安帝隆安

四年以孝武母簡文李太后帝母宣德陳太后
祔于宣鄭太后之廟
元興三年三月宗廟神主在尋陽已立新主于
太廟權告義事四月輔國將軍何無忌奉送神
主還丙子百官拜迎于石頭代寅入廟安帝崩
未及禘而天祿終焉
宋武帝初受晉命為宋王建宗廟於彭城依魏
晉故事立一廟初祔高祖開封府君曾祖武原
府君皇祖東安府君皇考處士府君武敬后
比平府君六世相國掾府君為七廟永初初追
從諸侯五廟之禮也既即尊位乃增祔七世祖
尊皇考處士為孝穆皇帝姚趙氏為穆皇
后猶從昭穆之序如晉初之因魏也文帝元嘉初追
殿亦不改構又如晉初之制虛太祖之位也廟
廟所生胡婕妤為章皇太后立廟西晉宣太后
尊孝武昭太后明帝宣太后並祔章太后廟
地孝武昭太后明帝宣太后並祔章太后廟
晉元帝大興三年正月乙卯詔曰吾雖上繼世祖

然於懷愍皇帝皆北面稱臣今祠太廟不親執
觴酌而令有司行事於情禮不安可依禮更處
太常華恒議今聖上繼武皇帝宜準漢世祖故
事不親執觴爵又曰今上承繼武帝而廟之昭
穆四世而已前太常賀循博士傅純以為惠懷
及愍宜別立廟然臣愚謂廟室當以客主為限
無拘常數殷世有二祖二宗若拘七室則當祭
禰而已推此論之宜還復豫章潁川全祠七廟
之禮驃騎長史溫嶠議凡言兄弟不相入廟既

非禮文且光武奮劍振起不策名於孝平豫神
其事以應九世之諱又古不共廟故別立焉今上
以策名而言殊於光武之事躬奉丞嘗於經既
正於情又安矣大常恒欲還三府君以全七世
嶠謂是宜驃騎將軍王導從嶠議議又曰其
非子者可直言皇帝敢生其某皇帝又若以二帝
為二世則不祭禰反不及庶人於是帝從嶠議
悉施用之雖繼君位不以後尊降廢前敬昔魯僖上嗣
也雖繼君位不以後尊降廢前敬昔魯僖上嗣

莊公以夭干長刼而外之為逆準之古義明詔
是也
穆帝永和二年七月有司奏十月殷祭京兆府
君當遷祧室晉征西豫章潁川三府君毀主中
興之初權居祧室天府在廟門之西咸康中太常馮
懷表續奉還於西儲夾室謂之為祧疑亦非禮
今京兆遷入是為四世遠祖長在太祖之上昔
周室太祖世遠故遷有所歸今晉廟宜皇為主
而四祖居之是屈祖就孫也殷祐在上是代太祖

也領司徒蔡謨議四府君宜改築別室若未展
者當入就太廟之室人莫敢甲其祖文武之先
不窋殷祭之日征西東面廢宜皇主之上其後遷
廟之主藏於西夾祧祭無廟者為壇以祭可別立室
懷表議禮無廟者為壇以祭不絕護軍將軍馮
殷祫則祭干壇也輔國將軍譙王司馬無忌
等議諸儒謂大王季王遷主藏於文武之祧如
此府君遷主宜在宣皇帝廟中秋冬今無寢室
變通而改築文殷祐太廟征西東高尚書郎孫

綝與無忌議同曰太祖雖位始九五而道以從暢
競人爵之尊篤天倫之道所以成教本而光百
代也尚書郎徐禪議禮去祧爲壇去壇爲壝歲
祫則禘之今四祖遷主可藏之石室有禱則祭
於壇壝又遣禪至會稽訪處士虞喜喜曰漢
世卒女成等以毀主藏之禮益明魏朝議者云漢
兩階之間其神主本在太廟古今別室而祭則
不如永藏又四君無追號之禮埋而無
祭於是撫軍將軍會稽王司馬昱尚書劉劭等
奏四祖同居西祧藏主石室禘祫乃祭如先朝
舊儀時陳留范宣兄子問此禮宣答曰舜所
祭皆是庶人甚後世遠而毀不居舜上不序昭
穆今四君號猶依本非以功德致禮也若依虞
主之座則猶藏子孫之所若依夏主之埋則又
非本廟之階宜思其變別築室親未盡則禘
祫處宣帝之上親盡則無緣不就子孫之列其
後太常劉遐等同蔡謨議博士張憑議或疑
陳於太祖者此且其後毀主憑案古義無別前後

之文也禹不先緣則遷主居太祖之上亦可無疑矣
安帝義熙九年四月將殺祭詔博議遷毀之禮
大司馬琅邪王司馬德文議太始之初虛太祖
之位而緣情流遠上及征西故世盡則宜毀而
宣皇帝正太祖之位又漢光武帝移十一帝主
於洛邑則毀主不設理可推矣宜從范宣之言
築別室以居四府君之主求藏而不祀大司
農徐廣議四府君嘗處廟室之首歆率土之祭
若霾之幽壤於情理未必咸盡可遷藏西儲
以爲遠祧而禘饗未絕也太尉咨議參軍袁豹
議仍舊無革祫祠猶及四府君情理爲允祠部
郎臧燾議四府君之主享祀禮廢則亦神所不
依宜同虞主之瘞霾矣時高祖輔晉與大司馬
議同須後殺祀行事改制
晉孝武帝太元十二年五月壬戌詔曰昔建太
廟每事從儉約思與率土致力備禮又太祖虛
位明堂未建郊祀國之大事而稽古之制闕然
便可詳議祠部郎徐邈議圓丘郊祀經典無二

宣皇帝嘗辨斯義而檢以聖典要及中興備加

研極以定南北二郊誠非異學所可輕改也謂

仍舊為安寔皇帝建廟六世三昭三穆宣皇帝

剙基之主寔惟太祖親則王考四廟在上未及

遷世故權虛東向之位也兄弟相及義非二世

胤授位則親近必復京兆府君於今六世宜復

故當今廟祀世數未足而欲太祖正位則違事

七之義矣又禮曰厭子王禘祖立廟蓋謂支

之名不謂可降尊就甲也太子太孫陰室四主

猶弗及何者傳稱毀圭升合乎太祖升者自下

儲嗣之重升祔皇祖所配之廟世遠應遷然後

從食之孫與之俱毀明堂圓方之制綱領已舉不

宜闕配帝之祀且王者以天下為家未必一邦故

周平光武無歷於三京也周公宗祀文王漢明配

以世祖自非惟新之考乃配上帝邈又曰明堂

所祀之神積疑莫辨按易載薦上帝以配祖考

【宋書志六】 三卅 四十九

祖考同配則上帝亦為天而嚴父之義顯周禮

旅上帝者有故告天與郊祀常禮同用四圭故

並言之若上帝者五帝經文何不言祀天旅五

帝祀地旅四望乎人帝之與天帝雖天人之通

謂然五方不可言上帝諸侯不可言大君也書

無全證而義容彼此故太始太康二紀之間興

廢送用矣侍中車胤議又曰明堂之制既其難

詳且樂主於和禮主於敬故質文不同音器亦

殊既茅茨廣夏不其度何必守其形範而不

孔注議太始開元所以上祭四府君誠以世數尚

辟雍可崇而修之中書令王珉意與胤同太常

知弘本順民平九服咸寧河朔無塵然後明堂

知既毀之後在七世之外自當不祭此四王推此

京兆爾時在七世之外則殷禘所絕矣吏部郎王忱議明

近可得饗祠非若殷周先世王迹所因也向使

之驃騎將軍會稽王司馬道子尚書令謝石

同忱議於是奉行一無所改

宋書志六 三卅 五十 五十一

晉安帝義熙二年六月白衣領尚書左僕射孔
安國啟云元興三年夏應殷祠昔年三月皇興
旋轅其年四月便應殷而太常祠博士徐乾等議
云應用孟秋殷尋校自泰和四年相承皆用冬
夏乾等既議伏應孟冬回復追明孟秋非失御史
中丞范泰議今雖既祔之後得以烝嘗而無殷
薦之比太元二十一年十月應殷烈宗以其年
九月崩至隆安三年國家大吉乃修殷事又禮
有喪則廢吉祭新主於寢今不設別寢既祔
祭於廟故四時烝嘗以寄追遠之思三年一禘以
習昭穆之序義本各異三年喪畢則合食太祖
遇時則無取於限三十月也當是內臺常以
限月成舊就如所言有喪可殷隆安之初果以
喪而廢矣月數少多復遲速失中至於應殷而
修意所未譬安國又啟范泰云今既祔遂祭於
廟故四時烝嘗如泰此言殷與烝嘗其本不同
既祔之後可親烝嘗而不得親殷也太常劉瑾
云章后喪未一周不應祭臣尋外平五年五月

三一二　宋書志六　五十一　王信

穆皇帝崩其年七月山陵十月殷興寧三年二
月哀皇帝崩泰和元年五月海西夫人庾氏薨
時為皇帝崩后七月葬十月殷此在哀皇再周
庚夫人既葬之後二殷策文見在廟又文皇太
后以隆安四年七月崩陛下追遠先旨躬服重
制五年十月殷再周之內不以廢事今以小君
之哀而泰更謂不得行大禮臣尋永和十年至
今五十餘載用三十月輒殷皆見於注記是依
禮五年再殷而泰所言非其真難臣乃以聖朝
用遲速失中泰為憲司自應明審是非君臣
所啟不允即當責失奏彈而保言應稽停遂非
忘舊請免泰瑾官丁巳詔皆白衣領職於是博
士徐乾皆免官初元興三年四月不得殷若更起端
十月計常限則義熙三年冬又當殷祠
則應用來年四月領司徒王謐丹陽尹孟昶議
有非常之慶必有非常之禮殷祭舊准不差蓋
施於經常爾至於義熙之慶經古莫二雖曰旋
幸理同受命愚謂理運惟新於是乎始宜用四

三九　宋書志六　五十二　王信

月中領軍謝混太常劉瑾議祫無定日考時致
敬且禮意尚簡云年十月祠雖於日有差而情典
允備宜仍以為正太學博士徐乾議三年一祫五
年一禘經傳記籍不見補祫之文員外散騎侍
郎領著作郎徐廣議尋先事海西公泰和六年
十月祫祠孝武皇帝寧康二年十月祫祠若依
常去前三十月則應用四月也于時蓋當有故
而遷在冬但未詳其事太元元年十月祫祠依
常三十月則應用二年四月也是追計平未歲

宋書志六　五十三　王信　三光四

十月來合六十月而再祫何邵甫注公羊傳云
祫從先君來積數為限自僖八年至文二年知
為祫祭如此履端居始承源成流領會之節遠
因宗本也昔年有故推遷非其常度寧康太元
前事可依雖年有曠近之異然追計之理同矣
愚謂從復次者以推歸正之道也左丞劉潤
之等議從泰元元年四月應祫而禮官隨失建用
十月本非正期不應即以失為始也以反初
四月為始當用三年十月尚書奏從王諡議以

元年十月為始也

宋孝武帝孝建元年十二月戊子有司奏依舊
今元年十月是殷祠之月領曹郎范泰參議依永
初三年例須再周之外殷祭尋祭再周來二年
三月若以四月殷則猶在禫內下禮官議正國子
助教蘇瑋生議案禮三年喪畢然後祫於太
祖又云三年不祭唯天地社稷越紼行事且不
禫即祭見譏春秋求之古禮喪服未終固無
祼享之義自漢文以來一從權制宗廟朝聘莫

宋書志六　五十四　王信　三元八

不皆吉雖祥禫空存無綖縞之變烝嘗薦祀
不異平日殷祠禮既弗殊豈獨以心憂為礙太
學博士徐宏議三年之喪雖從權制再祥周變
猶殷服縞素未為純吉無容以祭謂來四月未宜
便殷十月則允太常丞臣朱膺之議虞禮云中
月而禫是月也吉祭猶未配謂二十七月既禫
祭當四時之祭日則未以其如配哀未恐也推
此而言未禫不得祭也又春秋閔公二年吉禘
于莊公鄭玄云閔公心懼於難務自尊成以厭

其禍凡二十二月而除喪又不禫云又不禫明
禫內不得禫也案王肅等言於魏朝云今權
宜存古禮俟畢三年舊說三年喪畢遇禫則
禘遇祫則祫以鄭玄云祫以孟夏祫以孟秋今相
承用十月如宏所上公羊之文如為有疑亦以
魯閔設服因言喪之紀制豄何必全許素冠可
吉禘縱公羊異說官以禮為正亦求量宜耶中
周景遠參議永初三年九月十日奏傳寬議權
制即吉御世宜兩宗廟大禮宜依古典則是皇
宋開代成準謂博士徐宏太常丞朱膺之議用
來年十月殷祠為允詔可
宋殷祭皆即吉乃行大明七年二月辛亥有司
奏四月應殷祠若事中未得為得用孟秋與
不領軍長史周景遠議案禮記云天子祫禘
祫嘗貢祫依如禮文則夏秋冬三時皆殷不唯
用冬夏也晉義熙初僕射孔安國啟議曰泰和
四年相承殷祭皆用冬夏安國又啟永和十年
至今五十餘年用三十月輒殷祠博士徐乾據

禮難安國乾又引晉咸康六年七月殷祠是不
專用冬夏于時晉雖不從乾議然乾據禮有證謂
及咸康故事安國無以奪之今若來四月未得
殷祠遷用孟秋於禮無違參議據禮有證謂
用孟秋為允詔可
晉武帝咸寧五年十月己酉弘訓羊太后崩
宗廟廢一時之祀天地明堂去樂且不上胙升
平十五年十月己卯殷祠以穆帝崩後不作樂初
永嘉中散騎常侍江統議曰陽秋之義去樂卒
事畢爲吉祭有廢樂也故升平末行之其後太
常江逌表穆帝山陵之後十月殷祭從太常
別既入廟吉禘何疑於樂
立夷等議撤樂迫壽詳今行漢制無特祠之
史臣曰聞樂不怡故申情於過密至於諒闇
奉服慮政事之荒廢是以乘權通以設變量
輕重而降屈若夫奏音之與寢聲非有損益
於機務縱復回疑於兩端固宜緣恩而從戚矣
宋世國有故廟祠皆懸而不樂

宋文帝元嘉三年五月庚午以誅徐羨之等僭
恥已雪幣告太廟

元嘉三年十二月甲寅西征謝晦告太廟太社
晦平車駕旋軫又告

元嘉六年七月太學博士徐道娛上議曰伏見
太廟朔望薦儀注皇帝行事畢出便坐三公已上
獻太祝送神于門然後至尊還拜百官贊拜乃
退謹尋清廟之道所以肅安神也禮曰廟者貌
也神靈所馮依也事亡如存若常在也既不應
有送神之文自陳豆薦俎車駕至止立弗奉迎
夫不迎而送辭闔短之情實用未達按
時人私祠誠皆迎送由於無廟庶感降來格因
心立意非王者之禮也儀禮雖太祝迎尸于門
此乃延尸之儀豈是敬神之典恐於禮有疑謹
以議上有司奏下禮官詳判博士江邃議在始

不迎明在廟也卒事而送節孝思也若不送而
辭是舍親也辭而後送是遣神也故孝子不忍
違其親又不忍遣神是以祝史送神以成柔嗜
之義博士賀道期議樂以迎祝來哀以送往神之
迎牲而不迎尸詩云鐘鼓送尸鄭云送神之
義古之事尸與今之事神其義一也周禮尸出
送于廟門拜尸不顧詩云鐘鼓送尸則送神之
義其來久矣記曰迎牲而不迎尸別嫌也尸在
門外則疑於臣入廟中則全於君君在門外則
疑於君入廟則全於臣是故不出者明君臣之
義邃等三人謂舊儀爲是唯博士陳珉同道娛
議邃等議雖未盡然皆依擬經禮道娛
所據難從今眾議不一空遵舊體詔可

元嘉六年九月太學博士徐道娛上議曰祠部
下十月三日殷祠謹按禘祫之禮
三年一五年再公羊所謂五年再殷祭也在四
時之間周禮所謂凡四時之間禮也蓋歷歲節

月無定天子諸侯先後弗同禮稱天子祫嘗諸
侯祫祐有田則祭無田則薦鄭注天子先祫然後時
祭諸侯先時祭然後祫有田者既祭又薦新祭
以首時薦以仲月然則大祭四祀其月各異天
子以孟月殷仲月烝諸侯孟月嘗仲月祫也春
秋傳公八年秋七月禘文公二年八月大事于
太廟穀梁傳曰嘗祫嘗也昭公十五年二月有
事手武宮左傳曰禮也又周禮仲冬享烝月令
季秋嘗稻昔春丞曲沃齊十月嘗太公此並孟
仲區別不共之明文矣凡祭必先卜日用丁巳
如不從進上速日卜未吉豈容二事推期而往
理尤可知尋嚴蒸祀重祭薦禮輕輕尚異月重
寧反同且祭不欲數數則瀆今隔旬頻享恐於
禮為煩自經緯境誥都無一月兩獻先儒舊說
皆云殊朔晉代相承未審其原國事之重莫大
乎祀愚管膚淺竊稿以惟疑請詳告下議寢不報
元嘉七年四月乙丑有司奏曰禮喪服傳云有
死於宮中者則為之三月不舉祭今禮祀既戒

而擯庭有故下太常依禮詳正太學博士江邃
袁朗徐道娛陳珉等議參互不同殿中曹郎中
領祠部謝元議以為遵依禮傳使有司行事於
義為安輒重參詳宗廟敬重饗祀精明雖聖情
周極必在親奉然苟曰有疑則情以禮屈无所
稱述於義有據請聽如元所上詔可
元嘉十年十二月癸酉太祝令徐閏刺署典宗
廟社稷祠祀薦五牲牛羊豕雞並用雄雞其一種
市買由來送雌竊聞周景王時賓起見雄雞自
斷其尾曰雞憚犧牲不祥令何以用雌求下禮官
詳正勒太學依禮詳據博士徐道娛等議稱案
禮孟春之月是月也犧牲無用牝如此是春月
不用雌爾秋冬無禁雄雞斷尾自可是春月太
常丞司馬操議尋月令孟春命祀山林川澤犧
牲無用牝若如學議春祠三牲以下便應一時
俱改以從月令何以偏在一雞重更勒太學議
若博士徐道娛等又議稱凡宗祀牲牝不一前
惟月令不用牝者蓋明在春必雄秋冬可雌非

以山林同宗廟也四牲不改在雖偏異相承來
父義或有由誠非末學所能詳究求詳議告報
如所稱令參詳闕所稱粗有證據宜如所上自
今改用雄雜

孝武帝孝建三年五月丁巳詔以第四皇子出
紹江夏王太子劭為後有司奏皇子出後檢未
有告廟先例輒勒二學禮官議正應告與不告
者為告幾室太學博士傳休議禮無皇子出告
告廟明文晉太康四年封比海王寔紹廣漢殤
〔宋書志七〕〔五〕
王後告于太廟漢初帝各異廟故告不必同自
漢明帝以來乃共堂各室晉依之今既共堂
若獨告一室而闕諸室則於情未安太常更
亮之議葉禮大事則告祖禰小事則特告禰今
皇子出嗣宜告禰廟祠部朱膺之議以為有事
告廟蓋國之常典今皇子出紹繼一室是也既皆
為宜告賀循去古禮異廟唯謁一室以為允以
共廟而闕於諸帝於情未安謂循言為允宜在
皆告兼右丞殿中郎徐爰議以為國之大事必

告祖禰皇子出嗣不得謂小昔第五皇子承統
盧陵備告七廟參議以爰議為允詔可
大明元年六月巳卯朔詔以前太子步兵校尉
祇男歆紹南豐王朗有司奏朗先嗣營陽告廟
臨軒檢繼體為崔祟告廟臨軒下禮官議正太
學博士王燮之議南豐昔別開土宇以紹營陽
義同始封故有臨軒告廟今歆奉詔出嗣
則成繼體先爵猶存事是傳襲不應告廟臨軒
祠部郎朱膺之議南豐王嗣爵封已絕聖恩垂
〔宋書志七〕〔六〕
矜特詔繼茅土復申義同始封為之告廟臨軒
殿中郎徐爰議營陽繼體皇曽孫亡封絕詔
追封錫以一城既啟建茅土故宜臨軒告廟
今歆繼後南豐彼此俱為列國長沙南豐自應
各告其祖豈關太廟事非始封不合臨軒告廟
士王爰之議參詳爰議為允詔可
大明三年六月乙丑有司奏來七月十五日當
祠太廟章皇太后興駕親奉而乘輿辭廟親
戎太子合親祠與不且今月二十四日第八皇

女天寒禮宜中有故三月不舉祭皇太子入住上宮於事有疑下禮官議正太學博士司馬興之議竊惟國之大事在祀與戎皇太子有撫軍之道而無專御之義戎既如之祀亦宜然案祭統夫祭之道孫為王父尸又祭有昭穆所以別父子太子監國雖不攝至於宗廟則昭穆實存謂事不可亂又云有故則使人准此二三太子無奉祀之道又皇女天札則實同宮一體之哀理不得異設令得祀令猶無親奉之義博士郁議案春秋太子奉社稷之粢盛長子主哭出可寸宗廟以為祭主易豪明文監國之重居然親祭皇女天札時既同宮三月廢祭於禮宜傳二議不同尚書參議宜以郁議為允詔可

大明三年十一月乙丑朔有司奏四時廟祠吉日已定遇雨及舉哀舊俱親奉以有司行事先下使禮官博議於禮為得遷日與不博士江長議禮記祭統君之祭也有故則使人而君不失其儀鄭玄云君雖不親祭宗禮無關君德不損愚

以為有故則必使人者明無遷移之文苟有司充事謂不宜改曰太常水陸澄議案周禮宗伯之職若王不與祭祀則攝位鄭君曰王有故行其祭事也臣以為此謂在致齊祭事盡備神不可瀆齊不可久而王有他故則使有司攝焉晉太始七年四月世祖將親祠于太廟庚戌車駕夕牲辛亥雨有司行事此雖非人故甚亦天硋世求之古禮未乖周制案禮記孔子苔曾子當祭而日蝕太廟火如牲至未殺則廢然則祭非無可廢之道也但權所為之輕重耳曰日蝕廟火變多甚者故乃牲至尚猶可廢推此而降可以理尋今散齊之內未及致齊而有輕哀甚雨時展事可以延祚不衍義情無傷正典改擇令日夫何以疑愚謂散齊而有舉哀若雨可更遷日唯入致齋及日月逼晚者乃出遇雨宜遷耳又前代司空顧和啟南郊車駕已出遇雨猶以日更代事見施用郊之與廟其殊可均至日蝕大廟遷況散齊邪殿中郎盱淡議嘗子問日蝕大廟

火牲未殺則廢縱有故則使人清廟敬重郊禮
禮大故廟栥日蝕許以可遷輕衆微故事不合
改是以隳聞食牛改上非禮晉世祖有司行事
顧司空之改郊月既不見其當時之宜此不足
爲准恩謂月蝕廟火天譴之憂迺可遷日至於
舉衆小故不宜改衆議不同參議既有理據
且晉氏遷郊宋初遷祠立有成准謂孟月散齊
之中遇雨及舉輕衆宜擇吉更遷無定限數唯
入致齊及後仲月節者使有司行事詔可
大明五年十月甲寅有司奏今月八日烝祠二
廟公卿行事有皇太子獻妃服前太常丞庚蔚
之議禮所以有喪廢祭由祭必有樂皇太子以
之比卿卒猶不繹況於太子妃平博士司馬興
愚謂不應祭有故三公行事是得祭之辰非今
元嫡之重故主上服妃不以尊降既正服大功
之議夫總則不祭禮之大經卿卒不繹春秋明
義又彝魏代平原公主薨高堂隆議不應三月
廢祠而猶去殯羣并之間權廢事改吉克公馥草祠

有故使人可者謂於禮應祭君不得承祭不可
夫以尊貴降絕及其有服不容復異祭統云君
行事右永徐爰議以爲禮緦不祭蓋惟通議大
之服於禮不得親奉非有故之謂亦不使公卿
山坐未從權制則應俟禮廢永堂皇尊以大功
不祭大功廢祠理不俟言今皇太子故妃既未
准前代不得丞祠領軍長史周景遠議案禮緦
廢況皇太子妃及大功未祔者邪上尋禮文下
尋此語意非使有司無服之喪尚以未葬并爲
關故使臣下攝奉不謂君不應祭有司行事也
晉咸寧四年景獻皇后崩晉武帝伯母宗廟廢
一時之祀雖名號尊粗可依准今太子妃至
尊正服大功非有故之比未山坐謂丞祠宜
廢尋葬蔚之等議祖歸不殊闕丞要光過卒哭祔
廟一依常典詔可
大明七年二月內辰有司奏蠻興巡蒐江左講
武校獵獲囚先薦太廟章太后廟并設醮酒公
卿行事及獻妃陰室室長行事太學博士虞龢

議檢周禮四時講武獻牲各有所施振旅春蒐
則以祭社茇舍夏苗則以享礿治兵秋獮則以
祀方大閱冬狩則以享烝蕓漢祭祀志唯立秋
之日白郊事車始揚威武名曰獵劉乘輿八圍
躬執弩以射牲以鹿麀太宰令謁者各一人載
獲車馳送陵廟然則春田薦廟未有先准兼太
久廢今時蘇表晏講武較人又虞供乾豆先薦
常丞庚尉之議蘇所言是蒐狩不失其時此禮

二廟禮情俱允社王土神司空土官故祭社使
異議禮有損益時代不同今既無復四方之祭
司空行事太廟宜使上公參議蒐狩之禮四時
三殺之儀曠廢來久禽獲牲物面傷割毛未成
禽不獻太宰令謁者擇上殺奉送先薦廟社二
廟依舊以太尉行事詔可

明帝泰豫元年七月庚申有司奏七月嘗礿至
尊諒闇之內為親奉與不使下禮官通議伏尋
三年之制自天子達漢文愍秦餘之弊於是制
為權典魏晉以來卒哭而祔則就吉案禮記王

宋書志七　十二　許茂

制三年不祭唯祭天地社稷為越紼而行事鄭
玄云唯不敢以甲廢尊也范宣難杜預段暢所
以關宗廟祭者皆人理所奉烝嘗之情同於生
者誰周祭志稱禮身有喪則不祭吉祭總麻之
喪於有服者則亦不祭祭三月有喪不饗不或
非若三年之內必須在無服者則應祔序昭穆而
中有故雖在無服者則廢祭三月有喪如或
今必須免喪然後禘祫故知未祭之意當似可
思起居注至武有二喪兩朞之中誣不自祔亦

近代前事也伏惟至尊孝越娥文情深明發公
服雖釋絕哀內纏推訪典例則未應親奉有司
祇應祭不為曠仰思從敬竊謂為允臣等參議
甚有明證宜如所上詔可

後廢帝元徽二年十月丙寅有司奏至尊親祔
太廟文皇帝太后之日孝武皇帝及昭穆太后
雖親非正統而嘗經此面未詳應親執爵與不
下禮官議太學博士周山文議案禮尊者尊統
上卑者尊統下孝武皇帝於至尊雖親非正統

宋書志七　十二　許茂

而祖宗之號列于七廟恩謂親奉之曰應執鬯

爵昭皇太后既親非禮正室使三公行事博士

顏竣等四人同山文兼太常丞韓貴議晉景帝

之於世祖輔祖之於至尊親惟伯父傍尊也祖宗奉祠杓

今孝武皇帝於昭皇太后於主上親無名秩

之日謂空親執按昭皇太后於主上親執鬯

情則疏遠廢母在我猶子祭孫止況伯父之庶

母愚謂昭后鬯爵可付之有司前左丞孫緬議

晉世祖宗祠顯宗烈宗肅祖立是晉帝之伯今

朝明準而初無有司行事之禮愚謂主上親執

孝武皇帝鬯爵有懷情敬昭皇太后君母之賢

見尊一時而與章宣二廟同饗閟宮非唯不躬

奉迺宜議其毀䘏請且依舊三公行事詔緬議

為允

宋孝武帝孝建元年十月戊辰有司奏章皇太

后廟毀置之禮二品官議者六百六十三人太

傅江夏王義恭以為經籍殘偏訓傳異門諒言

之者閟一故求之者眇究是以六宗之辯舛於

應毀之於義為長所據公羊祇足堅秉安可以

祔晉氏明規咸留爲祀遠考史策近因闇見未

彌重人極之貴其數持中且漢代鴻風遂登配

祭則親執虔祀事異前志將由大君之空其職

爰及慈母置有所施穀梁於孫止別主祭

是傍紀傳知一奕二莫竊乎按禮記不代祭

葉垂則宣得降伴通倫及導常典夫議者盛疑

禮備中興慶流胙濔德炎義遠空長代崇枌弈

兼儒迭毀之論亂於臺學章皇太后誕神啟聖

貴等帝王祭從士庶緣情訪制顏越滋甚謂應

同七廟六代乃毀六百三十六人議應毀議

散騎侍郎王法施等二十七人議應毀領曹郎

中周景遠重參議義恭等不毀議為允

大明二年二月庚寅有司奏皇代殷祭無事於

章后廟高堂隆議魏文思后依周姜嫄廟禘祫

及徐爰答晉宣太后般祭爲舊事使禮官議正博

士孫武議按禮記祭法置都立邑設廟祧壇墠

而祭之乃爲親疏多少之數是故王立七廟遠

廟爲祧鄭云天子遷廟之主昭穆合藏於祧中
祫乃祭之王制曰祫禘鄭云祫合也合先君之
主於祖廟而祭之謂之祫禘三年而夏禘五年而
秋祫謂之五年再殷祭也春秋文公
二年太事于太廟傳曰毀廟之主陳于太祖未
毀廟之主皆外合食太廟以食序以
昭穆祭統曰有事于太廟則羣昭羣穆咸在不
失其倫今殷祫是合食太祖而序昭穆章太后
既屈於上不列正廟若迎主入太廟既不敢配

列於正序又未聞於昭穆之外別立爲位若徐
邈議今殷祠就別廟奉薦則平禘祫大祭合食
序昭穆之義邈云陰室四殤不同祫就祭此亦
其義也喪服小記殤與無後從祖祔食祭法王
下祭殤鄭玄云祭適殤於廟之奧謂之陰厭既
從祖食於廟奧有位於奧非就祭別宫之
謂今章太后廟四時饗薦雖不於孫止若太廟
禘祫獨祭別宫與四時丞嘗不異則非禘大祭
之義又無取於祫合食之文謂不安與太廟同

殷祭之禮高堂隆答魏文思后依姜嫄廟禘祫
又不辨祫之義而改祫大饗蓋有由而然耳守
文淺學懼乖禮東博士王㦿之爲名雖在
禮無正文求之情例如有推尋祫之議按禘小祫大
合食而祭典之重於此爲大夫以孝饗豈有事於
同極因殷薦太祖亦致盛祀於小廟壁豈有事於
尊者可以及甲故高堂隆所謂獨以祫不序於太
之也是以魏之文思晉之宣后雖並不序於祫
廟而猶均禘於姜嫄其意如此又徐邈所引四

殤不祫就而祭之以爲別饗之例斯其證矣愚
謂章皇太后廟亦宜殷薦太常丞孫綽議以爲
祫祭之名義在合食守經據古孫武爲詳竊尋
小廟之禮肇自近魏晉之所行足爲前準高堂
隆以祫而祭有附情敬徐邈引就祭四殤以證
別饗孫武據殤祔於祖謂廟有殤位尋事雖同
廟而祭非合食且七廟同宫始自後漢禮之祭
殤各祔厭祖既豫祫則必異廟而祭愚謂章廟
殷薦推此可知祠部朱膺之議閟宫之祀高堂

則奉薦名儒達禮無相譏非不憚不忘率由舊

章惠意同王肅之孫緬議詔曰尊皇太后追尊

極號禮同七廟豈容獨闕服薦隔茲盛祠闕官

遂祐既行有周魏晉從饗式範無殽宜述附前

典以宣悖敬

明帝泰始二年正月孝武昭太后崩五月甲寅

有司奏晉太元中始正太后尊號徐邈議廟制

自是以來筭為通典今昭皇太后於至尊無親

三十　宋書志七　十七　列一

正惰制義服祔廟之禮宜下禮官詳議博士王

略太常丞虞愿議正名存義有國之徽典臣子

一例史傳之明文今昭皇太后正位母儀尊號

允筭祔廟之禮且備舉母以子貴事炳聖文

孝武之祀既百代不毀則昭后之祔無緣有闕

愚謂神主應入章后廟又宜依晉元皇帝之於

愍帝安帝之於永安后祭祀之日不親執饌爵

使有司行事時太宗宣太后已祔章太后廟

襄儀曹郎虞蘇議以為春秋之義庶母雖名同

崇號而實異正嫡是以猶考別別宮而公子主其

祀今昭皇太后既非所生益無親奉之理周禮

宗伯職云若王不與祭則攝位祭則宜使有司行

其禮事文婦人無常秩各以夫氏為定夫亡以

子為次昭皇太后即正位在前宣太后追尊在

後以從序而三廟宜躋新祔于上參詳蘇議為允

詔可

泰始二年六月丁丑有司奏來七月嘗祀二廟

三十一　宋書志七　十八　列一

依舊車駕親奉孝武皇至尊親進觴爵及拜

后今月二十五日虔見於禰拜孝武皇帝昭皇

伏今昭皇太后室應拜及祝文稱皇帝諱又皇

太后並無明文下禮官議正太學博士劉緄議

尋晉元比面稱臣於愍帝亦使有司

行事且兄弟不相為後者於魯史以此而推孝

武之室至尊無容親進觴爵拜伏其日親進章

皇太后廟經昭昭皇太后室過前議既使有司

車詔不應進拜皇太后室正號久定益列廟祀

詳尋祝文宜稱皇帝諱案禮婦無見兄之典昭

后位居傍尊致虔之儀理不容備孝武昭后二
室牲薦宜闕太常丞虞願議夫丞嘗之禮事存
繼嗣故傍尊雖近弟姪弗祀君道雖臣無祭
典按晉景帝屬居伯父武帝至祭之
祀則下凡在神祇尚或致恭況昭太后毋臨四
進拜而已觴爵令上既纂祠文皇於孝武室謂宜
稱皇帝諱尋皇后廟見之禮本脩虔為義今於
海至尊親曾北面兄毋有敬謂昭太后二室並
敬謁之道久已前備愚謂孝武昭太后二室並
相見之義又皇后登御之初昭后猶正位在宮
孝武論其嫂叔則無通問之典語其尊卑亦無

後廢帝元徽二年十月壬寅有司奏昭太后廟
毀置下禮官詳議太常丞韓貪議袚君毋之尊
義發春秋無後饗薦無開周典七廟承統猶親
盡則毀況伯之所生二而無服代祭稽之前代未
見其准都令史殷匪子議昭皇太后不係於祖
不復為告參議以愿議為允詔可

宗進退宜毀議者云妾祔於妾祖姑祔既必告
毀不容異應告章皇太后一室按記云妾妾祔於
妾祖姑無妾祖姑則易牲而祔於女君可也始
章太后於昭太后論昭穆而言則非妾祖姑又
非女君於義不當伏尋昭太后名位允極昔初
祔之始自上祔於趙后即安于西廟班皆敬告
諸室古者大事必告又云每事必告禮官雜
用檢魏晉以來豆有不同元嘉十六年下禮官
辨正太學博士殷靈祚議稱吉事用牲凶事用
幣自茲而後吉凶為判已是一代之成典今事
雖不全凶亦未近吉故宜依舊以幣編告二廟
又尋昭太后毀主無義陳列於太祖博士欲依
虞主藏於廟兩階之間按階開本以藏告幣藏
虞主之所昔虞喜云依五經典議以毀主祔於
虞主藏於廟之北牆最為可據昭太后神主毀
之韠之後上室不可不虛置太后神主上下外
之旣外之頃又應設脯醢以安神今禮官所議
謬略未周遷毀事大請廣詳訪左僕射劉康等

廟釐毀殷主於北牆宣太后上室仍設脯臨以
安神匜子議爲允詔可
魏明帝太和三年詔曰禮王后無嗣擇建支子
以繼太宗則當篡正統而奉公義何得顧私親
哉漢宣繼昭帝後加悼考以皇號哀帝以外藩
援立而董宏等稱引亡秦或誤朝議遂尊恭皇
立廟京師又寵蕃妾使比長信僭差無禮人神
弗佑非皇師丹忠正之諫用致丁傅焚如之禍

【宋書志卷第七】 二十 王

自是之後相踵行之其令公卿有司深以前代
爲誡後嗣萬一有由諸矦入奉大統則當明爲
人後之義敢爲佞邪導諛君上妄建非正之號
立者爲皇稱姚爲后則股肱大臣誅之無赦其
書令策藏之宗廟著于令典是後高貴常道接
立皆不外尊也晉愍帝建興四年司徒梁芬議
追尊之禮帝既不從而左僕射索綝等亦稱引
魏制以爲不可故追贈吳王爲太保而已元帝
太興二年有司言琅邪恭王宜稱皇考賀循議

云禮典之義子不敢以己爵加其父號帝又從
之二漢此典棄矣
魏明帝有愛女曰淑涉三月而夭帝痛之甚追
封謚爲平原懿公主葬於南陵立廟京師無前
典非禮也
宋孝武帝孝建元年七月辛酉有司奏東平沖
王年稚無後唯殤服五月雖不殤君應有主祭
而國是追贈又無其臣未詳毀立廟爲當宅
祔與不輒下禮官詳議太學博士臣徐宏議王

【宋書志卷第七】 二十二 王

既無後追贈無臣殤服既覓靈優合毀記曰殤
與無後者從祖祔食又曰士大夫不得祔於諸
矦祔於祖之爲士大夫者按諸矦不得祔於天
于沖王則宜祔諸祖之廟爲王者應祔長沙景
王廟詔可
大明四年十已有司奏安陸國土雖建而奠酹
之所未及營立四時爲饗故祔江夏之廟先王
所生夫人當應祠不太學博士傳郁議應廢祭
右丞徐爰議按禮慈母妾母不代祭鄭玄注以

其非正故傳曰子祭孫止又云爲慈母後者爲
祖庶母可也注稱緣爲慈母後之義父妾無子
亦可命已庶子爲之後也若尋斯義父母妾之
祭不必唯子江夏宣王太子體自元宰道戚之
胤遭時不幸聖上矜悼降出皇愛嗣承微緒光
啓大蕃屬國爲祖始王夫人載育明懿則一國
之正上無所厭哀敬得申旣未獲祔享江夏又
不從祭安陸即事求情愚以爲宜依祖母有爲
後之義謂合列祀于廟二議不同參議以愛議
爲允詔可

大明六年十月丙寅有司奏故晉陵孝王子雲
未有嗣安廟後三日國臣從權制除而釋朔望周
已應還臨與不祭之日誰爲主太常丞庾蔚之
議旣葬三日國臣從權制除而釋靈筵猶存之
望及其忌諸臣宜還臨哭變服衣幘使上卿主
祭王旣未有後又無三年服者甚親服除之而
國尚存僾宜立廟爲國之始祖服除之日神主
暫祔食祖廟諸王不得祖天子宜祔從祖國廟

還居新廟之室未有嗣之前四時饗薦常使上
卿主之左丞徐爰參議以蔚之議爲允詔可

大明七年正月庚子有司奏故宣貴妃加殊禮
未詳應立廟與不太學博士虞龢議曲禮云天
子有后有夫人然則三夫人之從
昏義云后立六宮有三夫人然則三妃即三
夫人也后之立三妃猶天子之有三公也按周
禮三公八命諸侯七命三公既尊於列國諸侯
三妃亦貴於庶邦夫人據春秋傳仲子非魯惠

元嫡尚得考彼別宮今貴妃是秩天之崇班理
應立此新廟左丞徐爰議宣貴妃旣加殊禮宜
絕五宮考之古典顯有成據廟堂克構宜選將
作大匠參詳以穌爰議爲允詔可

大明七年三月戊戌有司奏新安王服宣貴妃
年未詳宣貴妃祔廟應在何時入廟者在先
饗禫朞十一月練十三月縞十五月祥心喪三
年服未詳宣貴妃祔廟應在何時及禫中入廟當先

有祔但入新廟而已若在大祥及禫中入廟者
遇四時僾祭不祔新安王在心制中得親奉祭不

太學博士虞龢議春秋傳云祫而作主烝嘗禘
於廟嘗為吉祭之名大祥及禫未得入廟應在
禫除之後也新安王心喪之內若遇時節復應
吉祭於廟親奉亦在無嫌祫之為言以後亡者
祔於先廟也小記云諸侯不得祔於天子今貴
妃爵視諸侯居然不得祔於先后又別考新宮
以禮有損益古今異儀雖云之後益無祔理左丞徐爰議
無所宜祔且卒哭而祔衣繰緣革服於
主時之諸族皆禮終入廟且麻

元嘉苫經變除申情於皇宋沉宣貴妃誕育叡
蕃幹加殊禮靈筵廬位皆主之哲王考宮荊祀
不得闕之朝廷謂貴妃上厭皇姑下絕列國無
若有故三卿行事貴妃之後宜親執奠爵之禮
所應祔參議僉議大體與爰不異宜以爰議為
允詔可

大明七年十一月癸未有司奏晉陵國剌孝王
廟依廬陵平王等國例一歲五祭二國以王三
卿主祭應同有服之例與不博士顏曾道議禮

記云所祭者亡服則不祭今晉陵王於衡陽小
功宜依二國同廢太常丞庾蔚之議總不祭者
據主為言也晉陵雖未有嗣安依有嗣致服依
丞徐爰議嗣王未立將來承統未知疏近豈宜
闕祭之限衡陽為族伯總麻則應祭三月兼左
空計服屬以虧祭敬參議以爰議為允詔可

大明八年正月壬辰有司奏晉陵孝王羽
來立後未詳復應作立廟為須有後之日未
立廟者為於何處祭祀游擊將軍徐羽議將
國無後於制除罷始封之君是存承嗣皇子追
贈則為始祖臣不殤君事箸前準山豈容虛闕燕
嘗以侯有後謂立廟作主三卿主祭依舊通關
博議以爰議為允令復立廟廟成作主依晉陵
王近例先暫祔廬陵考獻王廟祭竟神主即還
新廟未立後之前常使國上卿主祭

禮云共工氏之霸九州其子曰句龍日后土能平
九土故土以為社周以甲日祭之用日之始也
社所以神地之道地載萬物天垂象取財於地

取法於天是以尊天而親地教人美報爲家主
中霤而國主社示本也故言報本反始烈山氏
之有天下其子曰農能殖百穀其裔曰柱佐顓
頊爲稷官主農事周棄繼之法施於人故祀以
爲稷禮王爲羣姓立社曰太社王自爲立社曰
王社故國有二社而稷亦有二也漢魏則有宮
社無稷故常二社一稷也晉初仍魏無所增損
至太康九年改建宗廟而社稷壇與廟俱徙乃
詔曰社實一神其并二社之禮於是車騎司馬

三州九 ■宋書志卷第七 二十七 五

傳咸表曰祭法二社各有其義天子尊事郊廟
故晃而躬耕也者所以重耒耟之㮣盛致殷焉
於上帝也穀梁傳曰天子親耕以供粢盛親耕
謂自報目爲立社者爲耤而報也國以人爲本
人以穀爲命故又爲百姓立社而祈報爲事異
報殊此社之所以有二也其論太社則曰王者
謂春祈耤田秋而報之也王景庤之論王社亦
布下圻内爲百姓而立之謂之太社不自立之於
京師也景庤此論據祭法大夫以下成羣立社

日置社景庤解曰今之里爲社是也景庤解祭法
則以置社爲人閒之社矣而別論復以太社爲
人閒之社未曉此旨也太社天子爲人而祀故
稱天子社郊特牲曰天子太社必受霜露風雨
夫以羣姓之衆王者通爲立社故稱太社若夫
置社其數不一蓋以里所爲名旣已不稱太社若
立之社是也人閒之社旣已不稱太社若復不
七祀自爲立七祀其文正等說
立京都當安所立平祭法云
姓者爲羣姓而祀也太社與七祀其也
者窮此因云擅籍但有五祀無七祀被祭五
祀國之大祀七者小祀周禮所云祭凡小祀則
墨晁之屬也景庤解大屬曰如周杜伯鬼有所
歸乃不爲屬今云無二社者稱景庤祭法不謂
無二則曰口傳無其文也大夫以景庤之明擬議
而後爲解而欲以口論除明文如此非但二社
當是惟景庤之後解亦未易除也前被敕尚
書召諸社于新邑唯一大牢不二社之明義也

三州女 ■宋書志卷第七 二十八 兩

按郊特牲曰社稷太牢必援一牢之文以明社
之無二則稷無牲矣說者則曰舉社以明稷何
獨不可舉一以明二國之大事在祀與戎若有
過而除之不若過而存之況存之有義而除之
無據乎周禮封人掌設社壝無稷字今帝社無
稷蓋出於此然國主社稷故經傳動稱社稷周
禮王祭稷則絺冕此王社有稷之文也封人設
壝之無稷字說者以為略文從可知也謂空仍
舊立二社而加立帝社之稷時成粲議稱景羲
論太社不立京都欲破鄭氏學咸重表以為如
粲之論景羲之解文以此壞大雅云乃立冢土
毛公解曰冢土太社也景羲解詩即用此說禹
貢惟土五色景羲解曰主者取五色土為太社
封四方諸矦各割其方色王者覆四方也如此
太社復為立京都也不知此論從何出而與解
乖上違經記明文下壞景羲之解臣雖頑蔽少
長學問不能默已謹復續上劉寔是與咸同詔曰
社實一神而相襲二位眾議不同何必改作其

使仍舊一如魏制至元帝建武元年又依洛京
立二社一稷太社之祝曰地德普施惠存無
疆乃建太社保佑萬邦悠悠四海咸賴嘉祥其
帝社之祝曰坤德厚載王畿是保乃建帝社以
神地道明祝惟辰景福來造禮在宗廟右社稷
歷代遵之故洛京社稷在廟之右而江左又然
也吳時宮東門雲門疑吳社亦在宮東與其廟
同所也宋仍舊無所改作
魏氏三祖皆親耕耤此則先農無廢尊也其
無異聞宜從漢儀執事告祠以太牢晉武宣帝
並欲耕耤田而不遂儀注亦闕略
宋文帝元嘉二十一年春親耕乃立先農壇
於耤田中阡西陌南高四尺方二丈為四出
陛陛廣五尺外加堳去阡陌各二十丈車駕
未到司之大司農率太祝令及眾執事質明
以一太牢告祠農器用祭社稷器祠畢班餘
胙於奉祠者舊典先農又常列於郊祭云漢
儀皇后親桑東郊苑中蠶室祭蠶神曰苑窳

婦人寓民公主祠用少牢晉武帝太康九年揚
皇后躬桑于西郊祀先蠶蠶壇壇高一丈方二丈為四出陛陛廣五尺在採桑壇東南帷宮之外去
惟宮十丈皇后未到大祝令質明以一太牢告祠謁者一人監祠畢徹饌班餘胙於從桑及奉
祠者
魏文帝黃初二年六月庚子初禮五嶽四瀆咸秩著祀座沈珪璋六年七月帝以舟軍入淮九月壬戌遣使者沈璧于淮禮也

三五　宋書志七　三十一　李仲

魏明帝太和四年八月帝東巡遣使者以特牛祠中嶽禮也
魏元帝咸熙元年帝行辛長安遣使者以璧幣禮華山禮也
晉穆帝升平中何琦論修五嶽祠曰唐虞之制天子五載一巡狩省時之方柴燎五嶽望于山川徧于羣神故日因名山升中于天所以昭告神祇饗報功德是以災厲不作而風雨寒暑以時降逮遂三代年數雖殊而其禮不易五嶽視三

公四瀆視諸侯著在經記所謂有其舉之莫敢廢也及秦漢都西京涇渭長水雖不在祀典以近咸陽故盡得比大川之祠而正立之禮可以
天柱在王略之內舊曰臺選百石吏卒以奉其職中興之際未有官守盧江郡常遣大吏兼假四時禱賽春秋釋奠而冬請冰咸和迄今已復隨蠲計今非典之祠可謂非一考其正名則淫昏之鬼推其糜費則四人之臺而山川大神更為簡

三六　宋書志七　三十二　仲

關禮俗頹紊秀人神雜擾公以奔竸漸以滋繁良由項國家多難日不暇給草建廢滯事有未遑今元憝已殲宜修舊典宜崇峻之域風教所被蘇之人咸蒙德澤而神祇禮未之或甄巡狩柴燎其廢尚矣崇明前典將俟皇輿北旋稽古憲章草大饔制度其五嶽四瀆宜遵修之處但豆牲牢祝蝦文辭舊章歷記可令禮官作式歸諸誠簡以達明德馨香如斯而已其諸妖孽可
但依法令先去其其俾邪正不瀆不見省

宋孝武帝大明七年六月丙辰有司奏詔奠祭
霍山未審應奉使何官用何牲饌進奠之日又
用何器殿中郎丘景先議脩祀川嶽道光列代
羞秩珪璋義昭睹冊但業曠中葉儀漏典文尋
姬典事繼宗伯漢載持節侍祠血祭霾沈經垂
明範酒脯牢具悉有詳例又名山箸珪幣之異
大家有嘗禾之加山海祠霍山以太牢告玉此
準酌記傳其可言者也今皇風緬暢輝祀通嶽
愚謂宜使以太常持節牲以太牢之具羞用酒
脯時穀禮以赤璋纁幣又㢰人之職凡山川四
方用服則盛酒當以蠡桮其餘器用無所取說
按郊望山瀆以質表誠器尚陶匏籍以茅席近
可依準山川以兆宜爲壇域參議景先議爲允
令以兼太常持節奉使牲用太牢加以璋幣器
用陶匏時不復用服宜同郊祀以爵獻凡有饌
種數一依社祭爲允詔可
晉武帝咸寧二年春久旱四月丁巳詔曰諸旱
處廣加祈請五月庚午始祈雨于社稷山川六

三三　宋書志卷第七　五　三三

月戊子獲澍雨此雩禜舊典也
太康三年四月十日二月又如之是後脩之至
今
魏文帝黃初二年正月詔曰昔仲尼資大聖之
才懷帝王之器當衰周之末無受命之運乃退
考五代之禮脩素王之事因魯史而制春秋就
太師而正雅頌俾千載之後莫不宗其文以述
作仰其聖以成謀茲可謂命世大聖億載之師
表者也以遭天下大亂百祀墮廢舊居之廟毀
而不脩褒成之後絕而莫繼闕里不聞講頌之
聲四時不覩烝嘗之位斯豈所謂崇化報功盛
德百代必祀者哉其以議郎孔羨爲宗聖侯邑
百戶奉孔子祀命魯郡脩舊廟置百戶吏卒以
守衞之
晉武帝太始三年十一月改封宗聖侯孔震爲
奉聖亭侯又詔太學及魯國四時備三牲以祀
孔子
明帝大寧三年詔給事奉聖亭侯孔亭四時祠

三八十　宋書志卷第七　五　三四

孔子祭直如太始故事亭五代孫繼之博塞無
度常以祭直顧進犧慢不祀宋文帝元嘉八年
有司奏奪爵至十九年又授以孔隱之兄子熙先
謀逆又失爵二十八年雲以孔惠雲為奉聖庶
後有重疾失爵孝武大明二年又以孔邁為奉
聖庶邁萃子㳿嗣有㫮失爵
魏齊王正始二年三月帝講論語通五年五月
講尚書通七年十二月講禮通並使太常釋奠
以太牢祀孔子於辟雍以顏淵配
晉武帝太始七年皇太子講孝經通咸寧三年
講詩通太康三年講論語通元帝大興三年皇
太子講論語通太子並親講釋奠以大牢祠孔子
以顏淵配成帝咸康元年帝講詩通穆帝升平
元年三月帝講孝經通並釋奠如武帝咸寧三年
講孝經通並釋奠如故事
穆帝孝武並權以中堂為太學
宋文帝元嘉二十二年四月皇太子講孝經通
釋奠國子學如晉故事

漢東海王恭薨明帝出幸津門亭發哀魏時會
喪及使者弔祭用博士杜希議皆去玄冠加以
布巾
魏武帝少時漢太尉橋玄獨先禮異焉故建安
中遣使祠以大牢
文帝黃初六年十二月過梁郡又以大牢祠之
黃初二年正月帝校獵至原陵遣使者以大牢
祠漢世祖
宋文帝元嘉二十五年四月丙辰車駕行幸江
寧經司徒劉穆之墓遣使致祭焉
孝武帝大明三年二月戊申行幸藉田經左光
禄大夫表湛墓遣使致祭
大明五年庚午車駕行幸經司空殷景仁墓遣
便致祭
大明七年十一月南巡乙酉遣使祭晉司馬桓
溫征西將軍毛璩墓
劉禪景耀六年詔為丞相諸葛亮立廟於沔陽
先是所居各請立廟不許百姓遂私祭之而言

事者或以為可立於京師乃從人意皆不納步
兵校尉習隆中書侍郎向允等言於禪曰昔周
人懷邵伯之美甘棠為之不伐越王思范蠡之
功鑄金以存其象自漢興已來小善小德而圖
形立廟者多矣況亮德範遐邇動蓋季世典
王室之不壞實斯人是賴而丞嘗止於私門廟
象闕而莫立百姓巷祭戎夷野祀非所以存德
念功述追在昔也今若盡從人心則瀆而無典
建之京師又逼宗廟此聖懷所以惟疑也愚以
正禮於是從之何承天日周禮凡有功者祭於
凡其故臣欲奉祠者皆限至廟斷其私祀以崇
為宜因近其墓立之於沛陽使屬所以時賜祭
漢時城陽國人以劉章有功於漢為之立祠青
禪又從之並非禮也
大孫故後代遵之以元勳配饗允等曾不是武
州諸郡轉相放效濟南尤盛至魏武帝為濟南
相皆毀絕之及秉大政普加除翦世之淫祀遂
絕至文帝黃初五年十一月詔曰先王制祀所

以昭孝事祖大則郊社其次宗廟三神五行名
山川澤非此族也不在祀典代衰亂崇信巫
史至乃宮殿之內戶牖之間無不沃酹其
感也自今其敢設非禮之祭巫祝之言皆以執
左道論著于令明帝青龍元年又詔郡國山川
不在祀典者勿祠
晉武帝太始元年十二月詔答聖帝明王脩五
嶽四瀆名山山川澤各有定制所以報陰陽之功
而當幽明之道故也然以道莅天下者其鬼不
神其神不傷人也故史蕉而無媿詞是以其人
敬慎幽冥而淫祀不作末代信道不篤僑禮瀆
神縱欲祈請曾不敬而遠之徒偷以其幸妖妄
相扇舍正為邪故魏朝疾之其按舊禮具為之
制使功箸於人者必有其報而妖淫之鬼不亂
其間二年正月有司奏春分祠屬殃及禳祠詔
曰不在祀典除之
宋武帝永初二年普禁淫祀由是蔣子文祠以
下普皆毀絕孝武孝建初變脩起蔣山祠所在

山川漸皆脩復明帝立九州廟於雞籠山大聚

羣神蔣侯宋代稍加爵位至相國大都督中

外諸軍事加殊禮鍾山王蘇侯驃騎大將軍四

方諸神咸加爵秩

漢安帝元初四年詔曰月令仲秋養衰老授几

杖行糜鬻方今八月按比方時郡縣多不奉行

雖有糜鬻秔泥土相和半不可飲食按此詔

漢時猶依月令施政事也

志卷第七

禮五

秦滅禮學事多違古漢初崇簡不存改作車
服之儀多因秦舊至明帝始乃修復先典司小
輿服志詳之矣魏代唯作指南車其餘雖馬
有改易不足相變晉立服制令辨定眾儀徐廣
車服注略明事昔並行於今者也故復敘列以
通數代典事

上古聖人見轉蓬始為輪輪何可載因為輿任
重致遠流運無極後代聖人觀北斗魁方杓曲
攜龍角為帝車曲其輈以便駕系本云奚仲
始作車案庖羲畫八卦而為大輿服牛乘馬以
利天下奚仲乃夏之車正安得始造乎系本之
言非也車服以庸著在唐典夏建旌旗以表貴
賤周有六職百工居其一焉一器而聚工致其巧
車最居多明堂記曰鸞車有虞氏之路也大路
殷路也乘路周路也殷有山車之瑞謂桑根車

船人制為大路禮緯曰山車垂句曲也言不採
治而自曲也周之五路則有玉金象革木五者
之飾備於考工記輿方法地蓋員象天輈以象
日月二十八弓以象列宿玉金象者飾車諸末
因為名也革車者漆革木者漆木也玉路建太
以祀金路建太旂以賓象路建太赤以朝革路
建大白以戎木路建大麾以田黑色夏所尚也
秦關三代之車獨取殷制古曰桑根車秦之
根車也漢氏因秦之舊亦為乘輿所謂乘殷

之路者也禮論輿駕議曰周則玉輅最尊漢之
金根亦周之玉路也漢制乘輿金根車輪皆朱斑
輪以赤油為之廣八寸長注地繫軸頭謂之飛鉤也
重轂兩轄飛輈飛轂其外復有轂施轄其設
轄施銅貫其中東京賦曰重輪貳轄疏轂飛
金薄鏐為之廣八寸長注地繫軸頭謂之飛輈也
箱也文畫虎伏軾龍首銜軛蟉以翠立衡櫜文畫蘇翠
羽蓋黃裏所謂黃屋也金華施橑求建太常十
二旒畫日月升龍駕六黑馬施十二鑾金為叉聂

插以翟尾又加翟牛尾大如斗置左騑馬軛上所
謂左纛纛輿也路如周王路之制應劭漢官鹵簿
圖乘輿乃大駕則御鳳皇車以金根為副又五色
安車五色立車各五色建龍旂駕四馬施八鸞
餘如金根安車俗謂為五帝車也其車江左則闕矣白馬
者朱其轙安車者坐乘又有建華蓋九重甘
泉鹵簿者道車五乘游車九乘在乘輿車前
又有象車最在前試橋道晉江左駕猶有之凡

宋書志八　三　三

婦人車皆坐乘故周禮王后有安車而王無也漢
制乘輿乃有之天子所御駕六其餘副車皆駕
四棻書稱朽索御六馬逸禮王度記曰天子駕
六諸侯駕五卿駕四大夫三士二庶人一楚平王
儀周禮四馬為乘毛詩天子至大夫同駕四士駕
二秦益諫漢文馳六飛魏時天子亦駕六晉先
蠻蟲儀皇后安車駕六以兩轅安車駕五為副
江左以來相承無六駕四而已宋孝大明三年

使尚書左丞荀萬秋造五路禮圖王路通赤旂無
蓋改造依擬金根而赤漆據畫王飾諸末建青
旂十有二旒駕四馬立施羽葆蓋以杞即以金
根為金路建大青旂十有二旒駕玄馬四羽葆
蓋以賓象革木駕官服志禮圖並不載其
形段並依擬王路漆橫畫羽葆蓋象飾諸末建
立赤旂十有二旒以視朝革路建赤旂十有二
以即戎木路建赤麾以田象革駕玄木駕赤四
馬舊有大事法駕出五路各有所主不俱出也

宋書志八　四

大明中始制五路俱出親耕籍田乘三蓋車一名
女車又名耕根車置秉耜於載上戎車立乘
夏曰鉤車殷曰寅車周曰元戎建牙麾俗邪注之
載金鼓羽幢置甲弩於載上
獵車襲輪畫繢龍繞之一名蹋豬車魏文
帝改曰躡虎車
指南車其始周公所作以送荒外遠使地域平
漫迷於東西造立此車使常知南北鬼谷子云鄭
人取玉必載司南為其不惑也至于秦漢其制

06-294

無聞後漢張衡始復創造漢末喪亂其器不存
魏高堂隆泰朗皆博聞之士爭論於朝云無指
南車記者虛說明帝青龍中令博士馬鈞更
造之而車成晉亂復亡石虎使解飛姚興使令
狐生又造為安帝義熙十三年宋武帝平長安
始得此車其制如鼓車設木人於車上舉手指
南車雖回轉所指不移大駕鹵簿最先啟行
此車戎狄所制機數不精雖曰指南多不審正
回曲步驟猶須人功正之范陽人祖沖之有巧思
常謂宜更構造宋順帝昇明末齊王為相命
造之焉車成使撫軍丹陽尹王僧虔御史中丞劉
休試之其制甚精百屈千回未嘗移變晉又
有指南舟索虜拓跋燾使工人郭善明造指
南車彌年不就扶風人馬岳又造垂成善明酖
殺之
記里車未詳所由來亦高祖定三秦所獲制如
指南其上有鼓車行一里木人輒擊一槌大駕
鹵簿以次指南

輦車周禮王后五路之車者也后宮中從容所
乘非王車也漢制乘輿或使人輓或駕果
下馬漢成帝欲與班婕妤同輦是也後漢陰就
外戚驕貴亦輦井丹譏之曰昔桀乘人車當此
邪然則輦夏后氏末代所造也井丹譏陰多乘輿
人而不云僭上豈貴臣亦得乘之乎未知何代去
其輪傳玄子曰夏曰余車殷曰胡奴周曰輴車
輴車即輦也魏晉御小出常乘馬亦多乘輿
車與車今之小輿
犢車軺車之流也漢諸侯貧者乃乘之其後
轉見貴孫權云車中八牛即犢車也江左御出
又載儲偫之物漢代賤軺車而貴輴魏晉賤
輴而貴軺車又有追鋒車去小車蓋加通幔
如軺車而駕馬又以雲母飾犢車謂之雲母車
臣下不得乘時以賜王公晉氏又有四望車今制
亦存又漢制唯賈人不得乘馬車其餘皆乘之
矣除吏亦蓋杠餘則青蓋云
周禮王后亦有五路重翟厭翟安車翟車輦

重翟羽蓋金根車駕青交路青帷裳樷畫轙黃
金塗五末蓋爪施金華駕三馬左右騑其法駕
則紫罽軿車按字林軿車有衣蔽無後轅其有
後轅者謂之輜軿幼漢官明帝永平七年光烈
陰皇后葬魂車鸞路青羽蓋駕駟馬所以塗前
有方相鳳皇車鸞路大將軍妻參乘太僕妻御女騎
夾轂此前漢舊制也

晉先蠶儀注皇后乘油畫雲母安車駕六騜馬
主油畫安車駕三三夫人青交路安車駕五騜馬為副
以紫絳罽軿車駕三為副九嬪次婦輧車駕二
宮人輧車駕一王妃公矦特進夫人封君皁交
路安車駕三

漢制貴人公主王妃封君油軿皆駕二右騑而
已漢制太子皇子皆安車朱斑輪倚虎較伏鹿
軾黑櫨文畫蕃青蓋金華施撩末黑櫨文畫轙
金塗五末皇子為王錫以此乘故曰王青蓋車

三十二 【宋書志卷第八】 七 孫

皆左右騑駕五旂旂九塗畫降龍皇孫乘綠車
亦駕三魏晉之制太子及諸王皆駕四
晉元帝大興三年太子釋奠詔曰未有高車可
乘安車高車即立乘車也公及列矦安車朱斑
輪倚鹿較伏熊載黑蕃者謂之軒皁繒蓋駕二
右騑王公矦八塗矦七塗卿五塗皆降龍公卿
中二千石二千石郊陵法駕出皆大車立乘駕
四後導從大車駕二右騑也出乘安車其去位
致仕皆賜安車駕四馬中二千石皆皁蓋朱蕃銅
五末駕二右騑晉令王公之太子攝命治國者
安車駕三祸七塗其矦太子五塗
傳賜故事三公安車駕三特進駕二卿一漢制
公列矦中二千石二千石夫人會廟及賚蠶各乘
其夫之安車右騑加皁交路帷裳非公會則乘
漆布輧車銅五末晉武帝太康四年詔依漢故
事給九卿朝車駕及安車各一乘傳賜故事尚
書令軺車黑耳後戶僕射但後戶無耳中書監
令如僕射

三十一 【宋書志卷第八】 八

漢制乘輿御大駕公卿奉引大僕大將軍參乘
備千乘萬騎屬車八十一乘古者諸侯貳車
九乘秦滅九國兼其車服故八十一乘也漢遵
弗改漢都長安時祠天於甘泉用之都洛陽上
原陵又用之大喪又用之法駕則河南尹洛陽令
奉引奉車郎御侍中參乘屬車三十六乘凡
屬車皆皂蓋赤裏後漢祠天郊祀用法駕祠
宗廟用小駕小駕減損副車也前驅有九游雲
罕皮軒鸞旗車皆大夫載之旗者編羽旄列

繫幢傍也金鉦黃鉞黃門鼓車乘輿之後有
屬車尚書御史載之最後一車懸豹尾豹尾
以前比於省中每出警蹕清道建五旗大僕奉
駕條上鹵簿尚書郎侍御史令史皆執以督
整車騎所謂護駕也春秋上陵尤省於小駕
事尚書一人從其餘令史以下此皆從行所謂先
置也薛綜東京賦注以雲罕為旌旗別名
亦不辨其形案魏命晉王建天子旌旗置旄頭
雲罕是知雲罕非旌旗也徐廣車服注以為九

游游車九乘雲罕疑是罕詩彼旟旐曰齊侯田
獵罕也百姓苦之罕空本施游獵遂為行飾
平潘岳藉田賦先駈五路九旗次言瓊罕若
空為旗則岳不應頻句於九旗之下又以其物
匹鈒戟宜是今罕網明矣此說為得又以制虎
皮為軒也徐又引淮南子軍正執豹尾亦其義
眾禮記前有士師則載虎皮乘輿豹尾即禮記
類平五旗者五色各一旗以木牛承其下徐又云
木牛蓋取其負重而安穩也五旗繼罕即禮記

德車結旌不盡飾也戎事乃散之又武車綏旌
舒之也史臣案今結綏綏同而德車武車之
垂建文木牛之義亦未灼然可曉又案周禮
所不載法物莫不詳究然而無相風罕網之屬
此非古制明矣何承天謂戰國並爭師旅數出懸
烏之設務察風擾宜是秦矣晉武當問侍臣
旄頭何義彭推對曰秦國有奇怪觸山截水
無不崩潰唯畏旄頭故虎士服之則秦制也張
華曰有是言而事不經臣謂壯士之怒髮踴衝

冠義取於此摯虞決疑無所是非也徐爰曰

彭張之說各言意義義無所承據案天文畢

昂之中謂之天街故車駕以畢罕前引畢方

昂負因其象星經昂一名旄頭故使執之者

[冠皮毛之冠也]

輕車古之戰車也輪輿洞朱不巾不蓋建矛戰

幢麾置弩於軾上駕二射聲校尉司馬吏士

載以次屬車

漢儀曰出稱警入稱蹕說者云車駕出則應稱

驚言則應稱蹕也而今俱唱之史臣以為警者警以

戒也蹕者止行也今從乘輿而出者並警戒以

備非常也從外而入乘輿相干者蹕而止之也董

巴司馬彪云諸侯王遮迾出入稱警設蹕

武剛車有巾有蓋在前為先驅又在輕車之後

為殿也駕一史記衛主父征匈奴以武剛車為營

是也

漢制大行載輼輬車四輪其飾如金根加施組

連壁交路四角金龍首銜壁垂五采析羽流蘇

宋書志八 十一 徐中

前後雲氣畫帷裳橫文畫曲蕃長與車等夫

僕御駕六白駱馬以黑藥灼其身為虎文謂之

布施馬既下馬斫賣車藏城比祕宮今則馬不

虎文不斫賣車則毀也自漢霍光晉安平獻

王賈充王導謝安宋江夏王葬以殊禮者皆

大駕黃屋載輼輬車

晉令曰乘傳出使遭喪以上即自表聞聽得白

服乘縣車到副使攝事徐廣車服注傳聞縣

車者犢車裝而馬車轅也又車無蓋者名曰科車

晉武帝時護軍將軍羊琇乘羊車司隸校尉

劉毅奏彈之詔曰羊車雖無制猶非素者所

服江左廢絕宋孝武大明中修復

於殿庭張衡東京賦云大會陳乘輿車輦車旌鼓

舊有充庭之制臨軒大會則乘輿御車羞車旌蓋

晉江左廢絕宋孝武大明中修復

上古寢皮毛未有制度後代聖人見鳥獸毛

羽及其文章與草木華采之色因染絲綵以作

衣裳袞為玄黃之服以法乾坤上下之儀觀鳥獸

宋書志八 十二 徐中

冠胡之形制冠晃纓綦之飾虞氏作繢采章彌
文夏后崇約猶美綦冕必縣陳蕙則稱五服
五章皆後王所不得異也周監二代典制詳密故
升師掌六晃司服掌六服設擬等差各有其序
禮記冠義曰冠者禮之始事之重者也太古布
冠齊則緇之夏曰毋追殷曰甫周曰委貌此
皆三代常所

周之祭晃纁采備飾故夫子
位滅去古制郊祭之服皆以袀玄至秦以戰國即天子
曰服周之晃以盡美稱之至秦以戰國明帝始採
周官禮記尚書諸儒說還備袞晃之服魏明
帝以公卿袞衣蟒黻之文擬於至尊復損略之
晉以來無致更也天子禮之郊廟則黑介幘平晃
今所謂平天冠也皂表朱裏廣七寸長尺二
寸垂珠十二旒以組為纓裏廣七寸長尺二
後四幅衣畫而裳繡為日月星辰山龍華蟲藻
火粉米黼黻之象凡十二章也素帶廣四寸朱
裏以朱綠裨飾其側中衣以絳緣其領袖朱皮
蔽膝蔽膝古之韠也絳袴絳襪赤舄朱元服

者空頂介幘其釋奠先聖則皂紗袍絳中衣
絳袴襪黑舄其臨軒亦袞冕也其朝服通天
冠高九寸金博山顏黑介幘絳紗袍皂緣中衣
其拜陵黑介幘五色紗裙五梁進賢冠遠遊冠平
緗黑色介幘五色紗裙五梁進賢冠遠遊冠平
上幘武冠其素服白幘單衣漢儀立秋日獵服
緗幘晉哀帝初博士曹弘之等議立秋御讀
緗幘晉求改用素詔從之宋文帝元嘉六年
令不應緗幘求改用素幘詔門下詳議
奉朝請徐道娛表不應素幘

常執宜如舊遂不改
進賢冠前高七寸後高三寸長八寸梁數隨貴
賤古之緇布冠也文儒者之所服上公卿初祭於
郊廟皆平晃王公八旒卿七旒以組為纓色如
其綬王公山龍以下九章也卿衣華蟲以下七
章也行鄉射禮則公卿委貌冠以皂絹為之形
如覆杯與皮弁同制長七寸高四寸衣黑而裳素
其中衣以皂緣領袖其執事之人皮弁以鹿皮
為之

武冠皆惠文冠本趙服也一名大冠凡侍臣則
加貂蟬應劭漢官曰說者以金取堅剛百錬不
耗蟬居髙食絜目在腋下貂內勁悍而外溫潤
此因物生義非其實也其實趙武靈王變胡
而秦滅趙以其君冠賜侍臣故秦漢以來侍臣
有貂蟬也徐廣車服注稱其意曰北土寒凉本
以貂皮暖額附施於冠巨遂變成首飾平侍中
左貂常侍右貂

法冠本楚服也一名柱後一名獬豸說者云獬豸
冠賜法官
豸獸知曲直以角觸不正者也秦滅楚以其君
謁者髙山冠本齊服也一名側注冠秦滅齊
以其君冠賜謁者魏明帝以其形似通天遂遊
乃毀變之
樊噲冠廣九寸制似平晃殿門衛士服之漢將
樊噲常持鐵盾鴻門之會項羽欲害漢王乃
裂裳以苞盾戴入見羽漢承秦制冠有十三
種魏晉以夾不盡施用今志其施用者也

幘者古賤人不冠者之服也漢元帝額有壯髮
始引幘服之王莽頂秃又加屋也漢注曰幘
進賢者宜長耳今介幘也冠惠文者宜短耳
今平巾幘也知時各隨所宜後逐因冠為別介
幘服文吏平上服武官也童子幘無屋者示未
成人也又有納言幘後收又一重方三寸又有赤
幘騎吏乘輿鼓吹所服救日蝕文武官皆
免冠著赤幘對朝服示威武也宋乘輿鼓吹
幘武冠

漢制祀事五郊天子與執事所服各如方色百
官不執事者自服常服以從常服絳衣也
魏祕書監秦靜曰漢氏承秦改六冕之制俱玄
冠絳衣而已晉名曰五時朝服有四時朝服又有
朝服
凡兵事緫謂之戎尚書云一戎衣而天下定周禮
革路以即戎又曰兵事韋弁服以韎韋為弁又
以為衣裳春秋左傳戎服將事又云晉卻至衣
韎韋之跗注先儒云韎絳色今時伍伯衣說者

去五霸兵戰猶有綬紱冠纓漫胡則戎服非袴
褶之制未詳所起近代車駕親戎中外戒嚴之
服無定色冠黑帽綴紫標標以爲之長四寸
廣一寸腰有絡帶以代鞶革中官紫標外官
絳標又有箅嚴戎服而六綴標行留文武官
同其敗獮巡幸則唯從官戎服帶鞶革文官
不下纓武官脫冠宋文帝元嘉中巡幸蒐狩
皆如之救宮廟水火亦如之

漢制太后入廟祭神服紺上皁下親蠶青上標
下皆深衣深衣即單衣也首飾剪氂幗
漢制皇后謁廟服紺袿襡大衣謂之褘衣公主
首飾假髻步搖八雀九華加以翡翠晉先蠶蠶
儀注皇后十二鎮步搖大手髺衣純青之衣帶
綬佩今皇后謁廟服袿襡大衣謂之褘衣公主
三夫人大手髺七鎮蔽髻九嬪及公夫人五鎮世婦
三鎮公主會見大手髺其長公主得有步搖公
主封君以上皆帶綬以采爲縌帶各如其綬色
公特進列侯夫人卿校世婦二千石命婦年長者

十七

應德

紺繒佐祭則皁繒上下助蠶則青繒上下自皇
后至二千石命婦皆以蠶衣爲朝服
劉向曰古者天子至于士王后至于命婦必佩
玉尊卑各有其制禮記曰天子佩白玉而玄組
綬公疾山玄玉而朱組綬卿大夫水蒼玉而緇
組綬士佩瓀玟而縕組綬縕赤黃色綬者所貫
佩相承受也上下施韍如韍貴賤亦各有殊
五霸之後戰兵不息佩非兵器韍非戰儀於是
解去佩韍留其繫襚而已秦乃以采組連結於
襚逆轉相結受謂之綬漢承用之至明帝始復制
佩而漢末又亡絕魏侍中王粲識其形乃復造
焉今之佩粲所制也皇后至命婦所佩古制不
存今與外同制秦組綬仍又施之
漢制自天子至于百官無不佩刀司馬彪志具
有其制漢高祖爲泗水亭長拔劍斬白蛇雋不
疑云劍者君子武備張衡東京賦紆黃組腰干
粹然則自人君至士人又帶劍也自晉代以來
始以木劍代刃劍

十八

乘輿六璽秦制也漢舊儀曰皇帝行璽皇帝
帝之璽皇帝信璽天子行璽天子之璽天
子信璽此則漢遵秦也初高祖入關得秦始
皇藍田玉璽螭虎紐文曰受天之命皇帝壽
昌高祖佩之後代名曰傳國璽與斬白蛇劍俱
為乘輿所寶傳國璽魏晉至今不廢斬白蛇
劍晉惠帝武庫火燒之今亡晉懷帝沒胡傳
國璽沒於劉聰後又屬石勒及石勒死胡
亂晉穆帝代乃還天府虞喜志林曰傳國璽
自在六璽之外天子凡七璽也漢注曰璽者印也
秦以前臣下皆以金玉為印龍虎紐唯所好奉
以來以璽為稱又獨以玉臣下莫得用漢制皇
帝黃赤綬四采黃赤縹紺皇后金璽綬亦如
之於禮士綬之色如此後代變古也吳無刻玉工
以金為璽孫皓造金璽六枚是也又有麟鳳
龜龍璽馳馬鴨頭雜印令代則闕也
皇太子金璽龜紐綬四采赤黃縹紺朱綬五
時朝服遠遊冠亦有三梁進賢冠佩瑜玉

諸王金璽龜紐纁朱綬四采赤黃縹紺綬五時
朝服遠遊冠亦有三梁進賢冠佩山玄玉
郡公金章玄朱綬五時朝服進賢三梁冠
佩山玄玉大宰太傅太保丞相司徒司空金章
紫綬給五時朝服進賢三梁冠佩山玄玉相國
則綠綟綬三采綠紫紺草名也其色綠大司
馬大將軍太尉凡將軍位從公者金章紫綬
給五時朝服武冠佩山玄玉郡侯金章青朱
綬給五時朝服進賢三梁冠佩水蒼玉
輔國龍驤將軍金章紫綬給五時朝服武
中軍鎮軍撫軍前左右後將軍征虜冠軍
章紫綬佩于寘玉
驃騎車騎將軍凡諸將軍加大者征鎮安平
冠水蒼玉
貴嬪夫人貴人金章文曰貴嬪夫人貴人之
章紫綬佩于寘玉
淑妃淑媛淑儀脩華脩容脩儀婕妤容華充
華銀印文曰淑妃淑媛淑儀脩華脩容修儀婕妤容華充
容華充華之印青綬佩五采瓊玉

皇太子妃金璽龜紐纁朱綬佩瑜玉

諸王太妃諸長公主公主封君金印紫綬佩山玄玉

諸王太子金印紫綬五時朝服進賢兩梁冠佩

山玄玉

郡公侯太夫人銀印青綬佩山玄玉

郡公侯太子銀印青綬五時朝服進賢兩梁

冠佩水蒼玉

侍中散騎常侍及中常侍繪五時朝服武冠

貂蟬侍中左右常侍皆佩水蒼玉

尚書令僕射銅印墨綬給五時朝服納言幘進

賢兩梁冠佩水蒼玉

尚書給五時朝服納言幘進賢兩梁冠佩水

蒼玉

中書監令祕書監銅印黑綬給五時朝服進

賢兩梁冠佩水蒼玉

光祿大夫卿尹太子保傅大長秋太子詹事銀章

青綬給五時朝服進賢兩梁冠佩水蒼玉

衞尉則武冠衞尉江左不置宋孝武孝建初

始置不檢晉服制止以九卿皆文冠及進賢兩

梁冠非舊也

司隸校尉武冠左右衞中堅中壘曉騎游

擊前軍左軍右軍後軍寧朔建威振威

奮威揚威廣威建武振武奮武揚武廣

武左右積弩彊弩諸將軍監軍銀章青

綬給五時朝服武冠佩水蒼玉

領軍護軍城門五營校尉南東西北中

郎將銀印青綬給五時朝服武冠佩水

蒼玉

梁冠

鷹揚折衝輕車揚烈威遠寧遠虎威村

縣鄉亭侯金印紫綬朝服進賢三

官伏波凌江諸將軍銀章青綬給五時朝

服武冠

奮武護軍安夷撫軍護軍軍州郡國都

尉奉車駙馬都尉諸護軍將兵助郡都

尉水衡典虞牧官典牧都尉度支中郎將校

尉都尉司監都尉村官校尉王國中尉宜和

伊吾都尉監淮南津都尉銀印青綬給五時朝

服武冠

州刺史銅印墨綬給絳朝服進賢兩梁冠

御史中丞都水使者銅印墨綬給五時朝服進

賢兩梁冠佩水蒼玉

謁者僕射銅印墨綬給四時朝服高山冠佩水

蒼玉

諸軍司馬銀章青綬朝服武冠

給事中黃門侍郎散騎侍郎太子中庶子庶

子給五時朝服武冠

中書侍郎給五時朝服進賢一梁冠

宂從僕射太子衛率銅印墨綬給五時朝服

武冠

虎賁中郎將羽林監銅印墨綬給四時朝服

武冠其在陛列及備鹵簿鶡尾絳紗穀單

衣鶡鳥似雉出上黨為鳥彊猛鬭不死不止

復著鶡尾

北軍中候殿中監銅印墨綬給四時朝服武冠

護匈奴中郎將護羌夷戎蠻越烏丸西域戊巳

校尉銅印青綬朝服武冠

郡國太守相內史銀章青綬朝服進賢兩梁冠

牙門將銀章青綬朝服武冠

江左止單衣幘其加中二千石者依卿尹

騎都督銀印青綬朝服武冠

尚書左右丞祕書丞銅印黃綬朝服進賢一

梁冠

尚書左右丞祕書承銅印黃綬朝服進賢一

尚書祕書郎太子中舍人洗馬舍人朝服進

賢一梁冠

黃沙治書侍御史銀印墨綬朝服法冠

侍御史朝服法冠

關內關中名號侯金印紫綬朝服進賢兩梁

諸博士給皁朝服進賢兩梁冠佩水蒼玉

公府長史諸卿尹丞諸縣署令秩千石者銅印

墨綬朝服進賢兩梁冠江左公府長史盡朝服

縣令止單衣幘宋後廢帝元徽四年司徒右

長史王儉議公府長史應服朝服曰春秋國
語云兒者情之華服者心之文嚴廊盛禮衣
冠爲大是故軍國異容內外殊序而自頃承
用每有乖違府職掌人教四方是則臣居毗
佐志在當官永言先典載懷夕惕按晉令公
府長史官品第六銅印墨綬朝服進賢兩梁
冠掾屬官品第七朝服進賢一梁冠晉官表
注亦與令同而今長史掾屬但著朱服而已
此則公違明文積習成謬謂宜依舊制長史
兩梁冠掾屬一梁冠並同備朝服中單韋曶
率由舊章若所上蒙允并請班司徒二府及
諸儀同三府通爲永準又尋舊事司徒公府
領步兵者職僚悉同降朝不領兵者主簿祭
酒中單韋曶並備令史以下唯著玄衣爲官
既開公謹遵此制其或有署臺位者玄服爲
疑按令稱諸有兼官皆從重官之服不在玄
爲重其署臺位者悉宜著位之服不在玄服
之例若署諸卿寺位兼府職者雖三品而卿

寺爲卑則宜依公府玄衣之制服章事重禮
義所先請臺詳服議曹郎中沈俁之議曰制
珪象德損益替因時裁服象功施用隨代車旗
變於商周冠佩革於秦漢豈必襲容改
尚公物哉夫邊貂假幸侍之首賤情登尊極
之顏一適時用便隆後制況朱裳以朝緇傾
百祀韋曶不加浩然惟舊服爲定章事成永
益何事棄會盛宋之興法追往晉之頹典變改
則其儉之所秉會非古訓青素相因代有損
空煩謂不宜革儉又上議曰自頃服章多闕
有違前準近議依令文被報不宜改革又稱
左丞劉議按令文凡有朝服令多闕亡然則
文存服損非唯鈇鋮佐用捨既久即爲舊章如
下旨伏尋皇宋受終每因晉舊制律令條章
同規在替若事有宜必合懲改則當上關詔
書下由朝議縣諸日月垂則後昆豈得因外
府之乖謬以爲盛宋之典用晉氏之律令而
謂其儀爲積法哉順違從失非所望於高議申明

舊典何改革之可論又左丞引令史之闕服
以爲鈴佐之明此夫名位不同禮數異等令史
從省或有權宜達官簡略爲失彌重又主簿
祭酒備服於王庭長史掾屬朱衣以就列於是
倫比自成矛盾此而可忍孰不可安將引令以
遵舊臺據失以爲例研詳符上旨良所未譬
變豆獨大宋造命必咸仍於晉舊哉夫宗社
又議雲火從物泷損異儀帝樂五殊王禮三
當官而行何彌之有制令昭然守以無貳俟之
疑文庭廟闕典或上降制書下協朝議何乃
鈴府佐屬裳巖稍改白虎之詔斷宣室之疇
咎平又許令史之從省各達官之簡略律苟
可遵固無辨於貴賤規若必等烏何關於
權宜一用一舍彌增甚滯且佐非韋烏之職
吏本朝服之官凡在班列罔不如一此蓋前令
違而遂改全制允而長用也爵異服殊寧會
尹盾之辟討論疑制焉取彊弱之辨府執
既革之餘文臺據求行之成典良有期於無

固非所望於行迷泰詳並同僉議遂寢
諸軍長史諸卿尹丞獄丞太子保傅詹事丞
郡國太守相內史丞長史諸縣署令長掾關谷
長王公侯諸署令長司理治書公王家銅印
墨綬朝服進賢一梁冠江左太子保傅卿尹詹
事丞早朝服郡丞縣令長止單衣幘
公車司馬太史賢太官御府內省令太子諸
署令僕門大夫陵令僕銅印墨綬朝服進賢一梁冠
太子率更家令僕銅印墨綬給五時朝服進賢
兩梁冠
黃門諸署令僕長銅印墨綬四時朝服進賢一
梁冠
黃門宂從僕射監太子寺人監銅印墨綬給四
時朝服武冠
公府司馬諸軍城門五營校尉司馬護匈奴中
郎將護羌戎夷蠻越烏九戊巳校尉長史司
馬銅印墨綬朝服武冠江左公府司馬無朝服
餘止單衣幘

廷尉正監平銅印墨綬給阜零辟朝服法冠
王郡公矦郎中令大農銅印青綬朝服進賢
兩梁冠
北軍中候丞銅印黃綬朝服進賢一梁冠
太子常從虎賁督督校督司馬虎賁督銅印
墨綬朝服武冠
殿中將軍銀章青綬四時朝服武冠宋末不
復給章綬水衡典虞牧官典牧村官州郡國
都尉司馬銅印墨綬朝服武冠
諸謁者朝服高山冠
門下中書通事舍人令史門下主事令史給
四時朝服武冠
尚書典事都水使者參事散騎集書中書尚
書令史門下散騎中書尚書令史錄尚書
書監令僕省事史祕書著作治書主書主璽
主譜令史蘭臺殿中蘭臺謁者都水使者令
史書令史朝服進賢一梁冠江左凡令史無
朝服

節騎郎朝服武冠其在陛列及備鹵簿著幘
尾綘紗縠單衣
殿中中郎中郎將校尉都尉殿
中太醫校尉都尉銀印青綬朝服進賢兩梁冠
左右都矦閭閻司馬城門矦銅印墨綬朝服
關外矦銀印青綬朝服
部曲督護司馬史部曲將銅印朝服武冠司
武冠
馬史假墨綬
王郡公矦中尉銅印墨綬朝服武冠
太中中散諫議大夫議郎郎中舍人朝服進
賢二梁冠秩千石者兩梁
城門令史朝服武冠江左凡令史無朝服
諸門僕射佐史東宮門吏阜零辟朝服僕射
東宮門吏郤非冠佐史進賢冠
宮內游繳亭長阜零辟朝服武冠
太醫校尉都尉總章協律中郎將校尉都尉
銀印青綬朝服武冠

小黃門給四時朝服武冠

黃門謁者給四時朝服進賢一梁冠朝賀通謁

時箸高山冠

黃門諸署史給四時朝服進賢一梁冠

中黃門黃門諸署從官寺人給四時科單衣武
冠

殿中司馬及守陵者殿中太醫司馬銅印墨綬

給四時朝服武冠

太醫司馬銅印朝服武冠

總章監鼓吹監司律司馬銅印墨綬朝服鼓吹

監總章協律司馬武冠總章監司律司馬進賢
一梁冠

諸縣署丞太子諸署丞王公侯諸署及公主家

丞銅印黃綬朝服進賢一梁冠

太醫丞銅印朝服進賢一梁冠

黃門諸署丞銅印黃綬給四時朝服進賢一梁
冠

黃門稱長園監銅印黃綬朝服武冠

諸縣尉關谷塞護道尉銅印黃綬朝服武冠江

左止單衣幘

洛陽卿有秩十銅印青綬朝服進賢一梁冠

宣威將軍以下至裨將軍銅印朝服武冠其以

此官為刺史郡守若萬人司馬虎賁督以

司馬史者皆假青綬

平虜武猛中郎將都尉銀印朝服武冠其以

此官為千人司馬虎賁督以上及司馬史者皆

假青綬

別部司馬軍假司馬銀印朝服武冠

圖像都匠行水中郎將校尉都尉銀印青綬朝

服武冠若非以工伎巧能特加此官者羽林長

郎佩武猛都尉以上印者假青綬別部司馬以

下假墨綬朝服武冠其長郎壯士武弁冠在陛

列及園簿服絳單衣

陛下甲僕射主事吏將騎廷上五牛旗假使虎

賁在陛列及備園簿服錦文衣武冠鶡尾陛長

假銅印墨綬殳旄頭

羽林在陛列及備園簿服絳科單衣上箸韋畫

要襦假旄頭

舉輦跡禽前驅田基彊弩司馬守陵虎賁佩武

猛都尉以上印者假青綬別部司馬以下假墨

綬守陵虎賁給絳科單衣武冠

殿中宂從虎賁殿中虎賁及守陵者持鈹戟宂

從虎賁佩武猛都尉以下印者假青綬別部司

馬以下假墨綬絳科單衣武冠

持推斧武騎虎賁五騎傳詔虎賁殿中羽林及

賁佩武猛都尉以上印者假青綬別部司馬以

下假墨綬給絳科單衣冠其在陛列及備鹵簿

五騎虎賁服錦文衣鶡尾宰人服離支衣

黃門鼓吹及鈙官僕射黃門鼓吹史主事諸

官鼓吹尚書廊下都坐門下守閤殿中威儀

驂虎賁常直殿黃雲龍門者門下左右部虎

賁羽林驂給傳事者諸導驂門下中書守閤

給絳褠武冠南書門下虎賁羽林驂蘭臺五

曹節藏射廊下守閤威儀錄符驂都水使者黃

沙廊下守閤謁者錄事威儀驂河隄謁者

驂諸官謁者驂絳褠武冠給其衣服自如故事

大誰士卓科單衣樊噲冠衛士墨布褠卻

敵冠凡此前衆職江左多不備又多闕服

諸應給朝服佩玉而不在京都者朝服非護

烏丸羌夷戎蠻諸校尉以上及刺史西域戊已

校尉皆不給佩玉其來朝會權時假給會罷

輸還凡應朝服者而官不給槃囊者得自具之諸假

印綬而官不給槃囊者得自具作其但假

印不假綬者不得佩綬

盤䩞古制也漢代著槃囊者側在腰間或

謂之傍囊或謂之綬囊然則以此囊盛也

或盛或散各有其時乎

朝服一具冠幘各一絳緋袍皁緣中單衣領

袖各一領革帶袷袴各一舄袜各一量簪導

飾自副四時朝服者加絳絹黃緋青縹

袍單衣各一領五時朝服者加給白絹袍單衣

一領

諸受朝服單衣七丈二尺科單衣及褠五丈
二尺中衣絹五丈綠皀一丈八尺領袖練一
四一尺絹七尺五寸給袴練一丈四尺練二
丈袜布三尺絹五尺單衣及褠裌帶縑各一
尺江左止給絹各有差宋元嘉末斷不復裌
至今山鹿狗柱狗白狗施毛狐白領黃豹斑
白麗子渠捿裘步搖八鑷敝結多服蟬明中
權白又諸織成衣帽錦帳純金銀器雲母從
廣一寸以上物者皆爲禁物

卅五何

諸在官品令第二品以上其非禁物皆得服
之第三品以下加不得服三鑷以上蔽結爵
又假真珠翡翠校飾纓佩雜采衣栝文綺齊
繡黼鑷雜袿袍第六品以下加不得服金鑷
綾錦錦繡七綠綺貂狗裘金又鑷鉺及以金
校飾器物張絳帳第八品以下加不得服羅
紈綺縠雜色真文騎士卒百工人加不得服
大絳紫襈假結真珠瑠珥犀瑇瑁越疊以銀
飾器物張帳乘犢車履色無過綠青白奴婢

衣食客加不得服白幘箐絳金黃銀又鑷鈴
鑷鉺履色無過純青諸去官及覺卒不祿物
故家人所服皆得從故官之例諸王皆不得
私作禁物及翡碧校牽珠玉金銀錯刻鏤彫
飾無用之物

天子坐漆牀居朱屋史臣按左傳丹相宮之
楹何休注公羊亦有朱屋以居所從來久矣
漆牀亦當是漢代舊儀而漢儀不載尋所以
必朱必漆者其理有可言焉夫珍木嘉樹其

三之二

品非一莫不植根深岨致之未易藉地廣之
資因人多之力則役苦費深爲儉約是以
上古聖王采椽不斲斷之則懼刻桷彫楹莫
知其限也哲人縣鑑微遠杜漸防萌知采椽
不愜後代之心不斷不爲將來之用故加朱
施漆以傳厭後散木凡材皆可入用遠探幽
旨將在斯乎
殿屋之爲員淵方井兼植荷華者以厭火祥也
古者貴賤皆執笏其有事則摺之於腰帶所

三十六

戊寅

謂搢紳之士者搢笏而垂紳帶也紳垂三尺

笏者有事則書之故常簪筆今之白筆是

其遺象三臺五省二品文官簪之王公侯伯

子男卿尹及武官不簪加內侍位者乃簪之手

板則古笏矣尚書令僕射尚書手板頭復有

白筆以紫皮裹之名曰笏朝服肩上有紫生袷

囊綴之朝服外俗呼曰紫荷或云漢代以盛奏

事負荷以行未詳也

魏文帝黃初三年詔賜漢太尉楊彪几杖待

以客禮延請之日使挾杖入朝又令著鹿皮冠

彪辭讓不聽乃使服布單衣皮弁以見傅玄

子曰漢末王公名士多委王服以幅巾為雅是

以袁紹崔鈞之徒雖為將帥皆著幓巾

魏武以天下凶荒資財之匱擬古皮弁裁縑

帛以為帢合乎簡易隨時之義以色別其

貴賤本施軍飾非為國容也徐爰曰俗說

幗本末有歧苟文若巾之行觸樹枝成歧謂

之為善因而弗改通以為慶弔服巾以萬為

之形如帢而橫著之古尊卑其服也故漢末

妖賊以黃為巾時謂之黃巾賊今國子太學

生冠之服單衣以為朝服執一卷經以代手

板居士野人皆服巾焉

徐爰曰帽猶冠也義取於蒙覆其首其

本纙也古者有冠無幘冠下有纙以繒為

之後世施幘於冠因裁纙為帽自乘輿宴

居下至庶人無爵者皆服之史臣案晉成帝

咸和九年制聽尚書八座丞郎門下三省侍

郎乘車白帢低幘出入掖門又二宮直官著

烏紗帢然則士人宴居皆著帢矣而江左時

野人已著帽士人亦往往而然但其頂圓耳

後乃高其屋云

古者人君有朝服有祭服有宴服有弔服弔

服皮弁疑衰今以單衣黑幘為宴會服拜

陵亦如之以單衣幓為弔服脩敬尊秩亦服

之也單衣古之深衣也全單衣裁製與深衣

同唯絹帶為異深衣絹帽以居喪單衣素帢

晉武帝太始三年詔太宰安平王孚服侍中
之服賜大司馬義陽王望袞冕之服四年又
詔趙樂安燕王服散騎常侍之服十年賜彭
城王袞冕之服

僞楚桓玄篡位亦加安帝母弟太宰琅邪王
袞冕服宋興以來王公貴臣加侍中散騎常
侍乃得服貂璫也宋孝武帝建元年丞相南
郡王義宣二年離州刺史武昌王渾又有異

圖世祖嫌疾王彊盛欲加減削其年十月已
傳上因諷有司更增廣條目奏曰車服以庸
誕表改革諸王車服制度凡九條表在義恭
虞書茂典名器慎假春秋明誠是以尚方所
制禁嚴漢律諸疾竊服雖親必皋自頃以來
下僭彌盛器服裝飾樂舞音容通玩王公達于
衆庶上下無辨人志靡一今表之所陳寔允禮
度九條之格猶有未盡謹共附益凡二十四條

聽事不得南向坐施帳弁幨蕃國官正冬不
得跣登國殿及夾侍國師傅令及油戟公主
王妃傳令不得朱服輿不得重杠郭扇不得
雜尾劍不得鹿盧形槊耗不得孔雀白鷺夾
轂隊不得綵襈平乘誕馬不得過二匹胡伎
不得綵衣舞伎正冬著袿衣不得雅面敷花
正冬會不得鍾舞杯柈舞長嶠伎趨舒丸
翦博山伎緣大樿伎五案伎自非正冬會奏舞
曲不得舞諸妃主不得著袞帶信幡非喜堂

省官悉用絳郡縣內史相及封內官長於其
封君既非在三罷官則不復追敬不合稱臣
正旦上下官敬而已諸鎮常行車前後不得
過六隊白直夾轂不在其限刀不得過三銅爲
裝諸王女封縣主諸王子孫襲封王王之妃及
封侯者夫人行並不得國簿諸王繼體爲王
者婚姻吉凶悉依諸國公侯之禮不得同皇弟
皇子車輿不得油幢輂車不在其限平乘帖
皆平兩頭作露平形不得擬像龍舟悉不得

朱油帳鞲不得作五花及叚畫筒形若先有器物
者悉輸送臺減書到後二十日期若有竊玩犯
禁者及統司無舉糾並臨時議罪詔可
車前五百者卿行旅從五百人爲一旅漢氏一統
故去其人留其名也
宋孝武孝建二年十一月乙巳有司奏侍中
祭酒何偃議自今臨軒乘輿法服翿華蓋登
殿宜依廟所以夾御侍中常侍夾扶上殿及應
爲王公興又夾扶畢還本位求詳議曹郎中徐

宋志八 四

爰參議宜如省所稱以爲永淮詔可

孝建三年五月壬戌有司奏案漢胡廣蔡邕
並云古者諸侯貳車九乘秦滅六國兼其車
服故王者大駕屬車八十一乘尚書御史乘之
最後一車懸豹尾法駕則三十六乘檢晉江左
逮至于今乘輿出行副車相承五乘尚書令
建平王宏參議八十一乘義兼九國三十六乘
無所准並不出經典自己廣傳說又是從官所
乘非帝者副車正數江左五乘儉不中禮業

方中

周官云上公九命貳車九乘侯伯七命車七乘
子男五命車五乘然則帝王十二乘詔可
大明元年九月丁未朔有司奏未有皇太后出
行副車定數下禮官議正博士王燮之議周禮
后六服五路之數悉與王同則副車之制不應獨
異又記云古者后立六宮三夫人九嬪二十七世
婦八十一御妻以聽天下之內治天子立六官三
公九卿二十七大夫八十一元士以聽天下之外治
鄭注云后象王立六宮而居之亦正寢燕寢

宋志八 四二

五推所立每與王同禮無降亦明矣皇太后
既禮均至極彌不應殊謂並應同十二乘通
關爲允詔可

大明四年正月戊辰尚書左丞荀萬秋奏藉田
儀注皇帝冠通天冠朱紘青介幘衣青紗褧
侍中陪乘奉車郎秉轡案漢輿服志曰通天
冠乘輿常服也若斯豈可以常服降千畝邪禮
記曰昔者天子爲藉千畝冕而朱紘躬秉耒耜

鄭玄注周官司服曰六服同冕尊故也時服雖

方中

變冕制不改又藩岳耤田賦云常伯陪乘太
僕乘鑾推此輿駕耤田宜冠冕璪十二塗朱
紘黑介幘衣青紗褻常伯陪乘太僕秉鑾宜
皇帝初著平天冠火龍黼黻之服還變通天
冠絳紗褻廟親奉舊儀皇帝初服與郊不
異而還變著黑介幘單衣即事乘體謂同
郊還亦變著通天冠絳紗褻又舊儀乘金根

改儀注一遵二禮以爲定儀詔可
太明四年正月已卯有司奏南郊親奉儀注
臨時配衣至尊乘玉路以金路象路革路木
路小輦輪御輅衣書等車爲副其餘並如常
爲從序今改祠廟爲法駕鹵簿其軍幢多少

車令五路既備依禮玉路以祀亦宜改金根
車爲玉路詔可
大明六年八月壬戌有司奏漢注儀大駕鹵簿
公卿奉引大將軍參乘太僕卿御法駕侍中參
乘奉車郎御晉氏江左大駕未立故郊祀用法
駕宗廟以小駕至於儀服二駕不異拜陵御服
單衣幘百官陪從朱衣而已亦謂之小駕名實
乖舛考尋前記大駕郊祀法駕祠廟小駕上陵如
天有降宜以大駕郊祀法駕祠廟小駕上陵如

儀詔可
大明七年二月甲寅輿駕巡南豫兗二州晃服
御玉路辭二廟改服通天冠御木路建大麾備
春蒐之典
明帝泰始四年五月甲戌尚書令建安王休
仁參議天子之子與士齒讓達於辟雍無生

而貴者也既命而尊禮同上公周制五等車服
相涉公降王者一等而巳王以金路賜同姓諸
矦象及革木以賜異姓矦伯在朝卿士亦進斯
禮按如此制則東宮應乘金路自晉武過江禮
儀疏舛王公以下車服里雜唯有東宮禮秩崇
異上次辰極下絕矦王而皇太子乘石山安車
義不見經事無所出禮所謂金玉路者正以金
玉飾輅諸末耳在右前後同以漆畫素改周輅
制爲金根通以金薄周匝四面漢魏二晉因

循莫改逮于大明始備五輅金玉三制並類金根
造次瞻觀殆無差別若錫之東儲於禮嫌重非
所以崇峻陛級表示等威且春秋之義降下以
兩臣子之義宜從謙約謂東宮車服宜降天子
二等驂駕四馬乘象輅降龍碧旂九葉進天子
斤尊退不逼下泝古時於禮為衷詔可
修成六服泝時變禮所施之事各有條敘便可
故盛皇留範列聖垂制朕近政定五路酌古今
泰始四年八月甲寅詔曰車服之飾象數是遵

裳乘人金路祀太廟元正大會諸侯又以飾冠晃
玉輅郊祀天宗祀明堂又以法晃五綵縹玄衣絳
付外載之典章朕以大晃純王縹玄衣黄裳乘
四綵縹紫衣紅裳乘象輅小會宴饗餐送
諸侯臨會軒會王公又以肅晃三綵縹朱衣裳乘
革路征伐不賓講武校獵又以宏晃二綵繪青
衣裳乘木輅耕稼饗國子又以通天冠朱紗
衰為聽政之服
泰始六年正月戊辰有司奏被敕皇太子正朝

駕合著衰晃九章衣不儀曹郎丘仲起議案
周禮公自衰晃以下鄭注衰晃以至卿大夫之
玄晃皆其朝聘天子之服也伏尋古之上公尚得
服衰以朝皇太子以儲副之尊率土瞻仰愚謂
宜式遵盛典服衰晃九旒以朝賀兼左丞陸澄
議服晃以朝實著經典泰除六晃之制至漢明
帝始與諸儒還備古章自魏晉以來宗廟行
禮之外不欲令臣下服衰晃故位公者每加侍
官今皇太子承乾作副禮絕羣后宜遵聖王

之盛典革近代之〈陋制臣等參議依禮皇太子
元正朝賀應服衰晃九章衣以仲起議為允
撰載儀注詔可
後廢帝即位尊所生陳貴妃為皇太妃興服
一如晉孝武太妃故事唯省五牛旗及赤旂

宋書志卷第八

宋書十八

宋書十九

臣沈約　新撰

樂一

易曰先王作樂崇德殷之上帝以配祖考自黃
帝至于三代名稱不同周衰凋缺又為鄭衛所
亂魏文侯雖好古然猶昏睡於古樂於是淫聲
熾而雅音廢矣及秦焚典籍樂經用亡漢興樂
家有制氏但能記其鏗鏘鼓舞而不能言其義
周存六代之樂至秦唯餘韶武而已始皇改周
舞曰五行漢高祖改韶舞曰文始以示不相襲
也又造武德舞舞人悉執干戚以象天下樂已
行武以除亂也故高祖廟奏武德文始五行之
舞周又有房中之樂秦改曰壽人其聲楚聲也
漢高好之孝惠改曰安世高祖又作昭容樂禮
容生於武德昭容禮容生於文始五行也漢
之樂昭容生於武德禮容生於文始也漢
初又有嘉至樂叔孫通因秦樂人制宗廟迎神
之樂也文帝文自造四時舞以明天下之安和
蓋樂先王之樂者明有法也樂已所自作者明

有制也孝景采武德舞作昭德舞薦之太宗之
廟孝宣采昭德舞為盛德舞薦之世宗之廟漢
諸帝廟各奏文始五行之舞焉武帝時河間獻
王與毛生等共采周官及諸子言樂事者以著
樂記獻八佾之舞與制氏不相殊其內史丞
王定傳之以授常山王禹成帝時為謁者數
言其義獻記二十四卷劉向校書得二十三篇
然竟不用也至明帝初東平憲王蒼總定公卿
之議曰宗廟宜各奏樂不應相襲所以明功德
也承文始五行武德為大武之舞又制舞哥一
章薦之光武之廟漢末大亂眾樂淪缺魏武平
荊州獲杜夔善八音常為漢雅樂郎尤悉樂事
於是以為軍謀祭酒使刱定雅樂時又有鄧靜
尹商善訓雅樂哥師尹胡能哥宗廟郊祀之曲
舞師馮肅服養曉知先代諸舞夔悉總領之遠
考經籍近采故事魏復先代古樂自夔始也而
在延年等妙善鄭聲惟夔好古存正焉文帝黃
初二年改漢巴渝舞曰昭武舞改宗廟安世樂

曰正世樂嘉至樂曰迎靈樂武德樂曰武頌樂
昭容樂曰昭業樂曰雲翹舞曰鳳翔舞曰育命舞曰
靈應舞樂武德舞曰武頌舞文始舞曰大韶舞五
行舞曰大武舞其衆哥詩多即前代之舊唯魏
國初建使王粲改作登哥及安世巴渝詩而巳
明帝太和初詔曰禮樂之作所以類物表庸而
不忘其本者也凡音樂以舞為主自黃帝雲門
以下至於周大武皆以舞為名也然則其所司
之官皆曰太樂所以總領諸物不可以一物名

三一

武皇帝廟樂未稱其議定廟樂及舞者所執
綴兆之制聲哥之詩務令詳備樂官自如故為
太樂太樂漢舊名後漢依讖改太予樂官至是
改復舊於是公卿奏曰臣聞德盛而化隆者則
樂舞足以象其形容音聲足以發其哥詠故薦
之郊廟而鬼神享其和用之朝廷則君臣樂其
度使四海之內徧知至德之盛而光輝日新者
禮樂之謂也故先王殷薦上帝以配祖考益當
其時而制之矣周之末世上去唐虞幾二千年

韶箾南籥武象之樂風聲遺烈皆可得而論也
由斯言之禮樂之事弗可以巳今太祖武皇帝
樂宜曰武始之樂武神武也武又跡也言神武
之始又王跡所起也高祖文皇帝樂宜曰咸熙
之舞咸皆也熙興也言應受命之運天下由之
皆興也至於羣臣述德論功建定烈之稱而
象事於文武哥以詠德紀功夫哥以詠德章以
未制樂舞非所以昭德兼秉文武聖德所以章明
也臣等謹制樂舞名章斌之舞昔簫韶九奏親

四一

於虞帝之庭武象大武亦振於文武之作特以
顯其德教著其成功被服天下以光輝習其
風聲者也自漢高祖文帝各遠其時而為武德
四時之舞上考前代制作之宜以當今成業之
美播揚弘烈莫盛於章賦焉樂志曰鐘磬干戚
所以祭先王之廟又所以獻酬酳酢也在宗廟
之中君臣莫不致敬族長之中長幼無不從和
改仲尼矣賓牟賈之間曰周道四達禮樂交通
傳云魯有禘樂賓祭用之此皆祭禮大享通用

四一

盛樂之明文也今有事於天地宗廟則此三舞
宜並以為薦享及臨朝大享亦宜舞之然後乃
合古制事神訓民之道關於萬世其宜其義益明又
臣等思惟三舞宜有摠名可名大鈞之樂鈞平
也言大魏三世同功以至于隆平也於名為美於
義為當尚書奏宜如所上帝初不許制章斌之
樂三請乃許之於是尚書又奏祀圓丘以下武
始舞者平晃黑介幘玄衣裳白領袖絳領袖中
衣絳合幅袴絳袜黑韋鞸咸熙舞者冠委貌其
餘服如前章斌舞者與武始咸熙舞者同服奏
於朝庭則武始舞者武冠赤介幘生絳袍單衣
絳領袖皂領袖中衣虎文畫合幅袴白布袜黑
韋鞮咸熙舞者進賢冠黑介幘生黃袍單衣白
合幅袴其餘服如前奏可史臣案武始咸熙二
舞冠制不同而云章斌與武始咸熙同服不知
何冠也侍中繆襲又奏安世哥本漢時哥名
今詩哥非往詩之文則宜變改案周禮注去安
世樂猶周房中之樂也是以往昔議者以房中

宋書志九 五 千

哥后妃之德所以風天下正夫婦宜改安世之
名曰正始之樂自魏國初建故以思詠神靈又
登哥安世詩專以思詠漢安世哥詠神靈亦說
意龍襲後又依哥省讀漢侍中王粲所
縣神來燕享喜怒鷹令儀承受厥福無有二南
妃風化天下之言今思惟往者謂房中為后妃
之哥者恐失其意方祭祀娛神登堂哥先祖功
德下堂詠燕享無事哥后妃之化也自宜依
其事以名其哥可改安世哥曰享神哥奏可案
文帝已改安世為正始而龍襲至是又改安世為
享神未詳其義王粲所造安世詩今七龍襲又奏
曰文昭皇后廟置四縣之樂當銘顯其均奏
第依太祖廟之名號曰昭廟之樂尚書奏曰
禮婦人繼夫之爵同牢配食者樂哭異文昭皇
后今雖別廟至於宮縣樂哭音均宜如龍襲議奏
可散騎常侍王肅議曰王者各以其禮制事天
地今說者擴周官單文為經國大體懼其局而
不知引也漢武帝東巡封禪還祠太一于甘泉

宋書志九 六 千

祭后土于汾陰皆盡用其樂言盡用者為盡用
官縣之樂也天地之性貴賤者蓋謂其器之不
爾不謂庶物當復減之也禮天子宮縣舞八
文今祀員丘方澤宜以天子制設宮縣之樂八
俏之舞備臻縟襲左傳等咸同肅議奏可肅
皆作備樂左傳王子積耳五大夫樂及徧武六
舞咸池宗廟唯舞大武似失其義矣周禮賓客
又議曰說者以為周家祀天唯舞雲門祭地唯
代之樂也然則一會之日具作六代樂矣天地

宗廟事之大者賓客燕會比之為細王制曰庶
羞不踰牲燕衣不踰祭服可以燕樂而踰天地
宗廟之樂平周官以六律六呂五聲八音六舞
大合樂以致鬼神以和邦國以諧萬民以安賓
客以說遠人夫六律六呂五聲八音皆一時而
作之至於六舞獨分擘而周之所以不愿人心
也又周官韎師掌教韎樂祭祀則帥其屬而舞
之大享亦如之韎東夷之樂也又鞮鞻氏掌四
夷之樂與其聲哥祭祀則次而哥之燕亦如之

四夷之樂乃入宗廟先代之典獨不得用大享
及燕日如之者明古今夷夏之樂皆主之於宗
廟而後播及其餘者也夫作先王樂者及貴能包而
用之納四夷之樂者美德廣之所及也高皇大
皇帝太祖高祖文昭廟皆宜兼用先代及武始
祀高皇帝配食樂奏青陽朱明西皓玄冥雲翹
廟哥其樂舞亦仍舊也漢光武二年改制郊
詩頌十二篇不被哥奏宜如肅議奏可肅私造宗廟
大鈞之舞有司奏宜如肅議奏可肅私造郊
氣五郊春哥青陽夏哥朱明並舞雲翹之舞秋
育命之舞比之及祀明堂亞奏樂如南郊迎時
哥西皓冬哥玄冥並舞育命之舞李夏哥朱明
兼舞二舞章帝元和二年宗廟樂故事食舉有
鹿鳴承元氣二曲三年自作詩四篇一曰思齊
皇姚二曰六騏驎三曰竭肅雜四曰陟叱根合
前六曲以為宗廟食舉加宗廟食舉重來上陵
二曲合八曲為上陵食舉減宗廟食舉承元氣
一曲加惟天之命天之曆數二曲合七曲為殷

中御食飯舉又漢太樂食舉十三曲一曰鹿鳴二
曰重來三曰初造四曰俠安五曰歸來六曰遠
期七曰有所思八曰明星九曰清凉十曰涉大
海十一曰大置酒十二曰承元氣十三曰海淡
淡魏氏及晉荀勗傅玄並為哥辭魏時以遠期
承元氣海淡淡三曲多不通利省之魏雅樂四
曲一曰鹿鳴後改曰於赫詠武帝二曰騶虞後
改曰魏魏詠文帝驒虞伐檀後省除四曰文王
後改曰洋洋詠明帝驒虞伐檀文王並左延年
改其聲正旦大會太尉奉璧群后行禮東箱雅
樂郎作者是也今謂之行禮曲姑洗箱所奏按
鹿鳴本以宴樂為體無當於朝享燕時之失也
晉武太始五年尚書奏使太僕傅玄中書監荀
勗黃門侍郎張華各造正旦行禮及王公上壽
酒食舉樂哥詩詔又使中書郎成公綏亦作張
華表曰按魏上壽食舉詩及漢氏所施用其文
句長短不齊未皆合古益以依詠弦節本有因
循而識樂知音足以制聲度曲法用率非凡近

所能改二代三京襲而不變雖詩章詞異興廢
隨時至其韻逗曲折皆繫於舊有由然也是以
一皆因就不敢有所改易荀勗則曰魏氏哥詩
或二言或三言或四言或五言與古詩不類以
問司律中郎將陳頎頎曰被之金石未必皆當
故勗造晉哥皆為四言唯王公上壽酒一篇為
三言五言此則華勗所明異旨也九年荀勗遂
典知樂事使郭夏宋識等造正德大豫之舞而
勗及傅玄張華又各造此舞哥詩勗作新律笛
十二枚散騎常侍阮咸譏新律聲高高近哀思
不合中和勗以其異已出咸為始平相晉又改
魏昭武舞曰宣武舞羽籥舞曰宣文舞咸寧元
年詔定祖宗之號而廟樂同用正德大豫之舞
至江左初立宗廟尚書下太常祭祀所用樂名
未審大晉樂名所以為異遭離喪亂舊典不存
然此諸樂皆和之以鐘律文之以五聲詠之於
哥詞陳之於舞列宮縣在下琴瑟在堂八音迭

奏雅樂並作登哥下管各有常詠周人之舊也
自漢氏以來依放此禮自造新詩而已舊京荒
廢今既散亡音韻曲折又無識者則於今難以
意言干時以登哥食舉之樂猶有未備明帝太寧
是後頗得登哥食舉及伶人省太樂并鼓吹令
末又詔阮孚等增益之成帝咸和中乃復置太
樂官鳩習遺逸而尚未有金石也初荀勗既以
新律造二舞又更修正鍾磬事未竟而勗薨惠
帝元康三年詔其子黃門侍郎藩修定金石以
施郊廟尋值喪亂遺聲舊制莫有記者庾亮為
荊州與謝尚共為朝廷修雅樂亮尋薨庾翼相
溫專事軍旅樂器在庫遂至朽壞焉晉氏之亂
也樂人悉沒戎虜及胡亡鄴下樂人頗有來者
謝尚時為尚書僕射因之以具鍾磬之功太元中破
符堅又獲樂工揚蜀等閑練舊樂於是四箱
金石始備焉宋文帝元嘉九年大樂令鍾宗
之更調金石十四年治書令史奚縱又改之語
在律曆志晉世荀勗瞂王珣等亦增造宗廟哥詩

然郊祀遂不設樂何承天曰世傳吳朝無雅
樂案孫皓迎父喪明陵唯云今夜畫夜不息則
氏以為宗廟登哥可知矣史臣案陸機孫權誄肆夏
無金石登哥也史臣案天曰或云今之神絃孫
世上鼓吹鐃哥十二曲表曰當付樂官善哥者
習哥然則吳朝非無樂官善哥者乃能以哥辭
被絲管寧容止以神絃為廟樂而已乎宋武帝
永初元年七月有司奏皇朝肇建廟祀雅
樂太常鄭鮮之等八十八人各撰立新哥黃門
侍郎王韶之所撰哥辭七首並合施用詔可十
二月有司又奏依舊正旦設樂衆詳屬三省改
太樂諸哥舞詩黃門侍郎王韶之立三十二章
合用教試日近宜迅誦習輒申攝施行詔可又
改正德舞曰前舞大豫舞曰後舞元嘉十八年
九月有司奏二郊宜奏登哥又議宗廟舞事錄
尚書江夏王義恭等十二人立議同未及列奏
值軍興事寢二十二年南郊始設登哥詔御史

中丞顏延之造哥詩廟舞猶闕孝建二年九月
甲午有司奏前殿中曹郎荀萬秋議按禮祭天
地有樂者為降神也故易曰雷出地奮豫先王
以作樂崇德殷薦之上帝以配祖考周官曰作
樂於圜丘之上天神皆降祭天地其來尚矣今
祇皆出又曰乃奏黃鐘哥大呂舞雲門以祀天
神乃奏大簇哥應鐘舞咸池以祀地祇由斯而
言以樂祭天地其來尚矣今郊其闕樂竊以為
疑祭統曰夫祭有三重焉獻屬莫重於裸聲其

重於升哥舞莫重於武宿夜此周道也至於秦
奏五行魏舞咸熙皆以用享逮晉氏泰始之
初傅玄作晉郊廟哥詩三十二篇元康中荀蕃
受詔成父勖業金石四縣用之郊廟是則承郊
廟有樂之證也今廟祠登哥雖奏而象舞未陳
懼闕備禮夫聖王經世異代同風雖損益或殊
降殺送運未嘗不執古御今同規合矩方茲休
明在辰文物大備禮儀遺逸問不具舉而況出
祇降神報樂於郊祭昭德舞功有闕於廟享謂

郊廟宜設備樂於是使內外博議驃騎大將軍
竟陵王誕等五十一人並同萬秋議尚書左僕
射建平王宏議以為聖王之德雖同制之禮
或異樂不相沿禮無因襲自寶命開基皇符在
運業富前王風通振古朝儀國章並循先代自
於樂號廟禮未該往正今帝德冊昌大孝御寓
後晉東遷日不暇給雖大典略備遺闕尚多至
周樂太武秦革五行著夫天祖有功而宗有德故

宜討定禮本以昭來葉尋舜樂稱韶漢改文始
二舞依據昔代義件乖今宜鑾改權稱以凱
漢高祖廟樂稱武德太宗廟樂曰昭德魏制武
始舞武廟咸熙舞文廟則祖宗之廟別有樂
名晉氏之樂正德大豫及宋不更名直為前後
容為韶舞宣烈為武舞祖宗廟樂總以德為名
若廟非不毀則樂無別稱猶漢高文咸有嘉
號惠景二主樂無餘名章皇太后廟依諸儒議
唯奏文樂何休杜預范甯注初獻六羽並不言
佾者佾則干在其中明婦人無武事也郊祀之

樂無復別名仍同宗廟而已尋諸漢志永至等

樂各有義況宜仍舊不改宋及東晉太祝唯送

神而不迎議者或以去廟以居神恒如在也

不應有迎送之事意以為並乖其哀立廟居靈

四時致享以申孝思之〈情夫神外降無常何必

恬安所處祭義去樂以迎來哀以送往鄭注

去迎來而樂送往而哀哀其享否不

可知也尚書有神天又詩云神保遹歸注曰歸

於天地也此並言神有去來則有送迎明矣即

十五 　十

周肆夏之名備迎送之樂古以尸象神故儀禮

祝有迎尸送尸近代雖無尸豈可闕迎送之禮

又傳〔立有迎神送神哥辭明江左不迎非舊典

也散騎常侍丹陽尹建城縣開國侯顏竣議以

為德業殊稱則干羽異容時無公制故物有損

益至於禮失道僾稱習忘反中興蹔運視聽所

革先代緜章宜見刊正郊之有樂蓋生周易周

宜歷代著議莫不援准夫掃地而祭噐用陶匏

唯質與誠以章夫德文物之備理固不然周官

曰國有故則旅上帝及四望又曰四圭有邸以

祀天旅上帝兩圭有邸以祀地旅四望四望非

地則知上帝非天孝經云郊祀后稷以配天宗

祀文王於明堂以配上帝則豫之作樂非郊天

地大司樂職奏黃鍾哥大呂舞雲門以祀天神

鄭注天神五帝及日月星辰也王者以夏正月

祀其所受命之帝於南郊則二至之祀又非天地

考之眾經郊祀有樂未見明證宗廟之禮事

炳載籍爰自漢元迄乎有晉雖時或更制大抵

十六 　十

相因為不襲名號而已今樂曲淪滅知音世希

改作之事臣聞其語正德大豫禮容具存宜殊

其徽號飾而用之以正德為宣化之〈舞大豫為

興和之舞庶足以光表世烈悅被後昆前漢

宗廟處各異主名既革舞號亦殊令七廟合食

庭殿共所舞蹈之容不得廟有別制後漢東平

王蒼已議之矣又王肅韓祇以王者德廣無外

六代四夷之舞金石絲竹之樂宜備奏宗廟愚

謂蒼肅祇議合於典禮適於當今左僕射建平

王宏又議竝據周禮孝經天與上帝連文重出
故謂上帝非天則易之作樂非為祭天也按易
稱先王以作樂崇德殷薦之上帝以配祖考尚
書云肆類于上帝春秋傳曰告昊天上帝凡上
帝之言無非天也天尊不可以一稱故或謂昊
天或謂上帝或謂昊天上帝不得以天有數稱
也旅上帝者有故而祭也孝經稱嚴父莫大於
配天故云郊祀后稷以配天宗祀文王於明堂
以配上帝既天為議則上帝猶天益明也不欲
以知禮天旅上帝同是祭天言禮天者謂常祀
便謂上帝非天徐邈推周禮國有故則旅上帝
竣又云二至之祀又非天未知天地竟應以
故鄭注以前天神為五帝後冬至所祭為昊天
使二天之同故變上帝關周禮祀天之言冊見
何時致尊記云埽地而祭器用陶匏旨明所用
質素無害以樂降神萬秋謂郊祀別廟有樂事有典
據竣又云東平王蒼以為前漢諸祖別廟是以
祖宗之一廟可得各有舞樂至於祫祭始祖之一廟

則專用始祖之舞故謂後漢諸祖共廟同庭雖
有祖宗不宜入別廟舞此誠一家之意而未統適
時之變也後漢從儉故諸祖共廟猶以異室存
別室之禮晉氏以來登哥誦美諸室繼作至於
眾議竝同宏祠南郊迎神奏肆夏皇帝初登壇
庭亦非嫌也魏三祖各有舞樂豈復是異廟邪
祖宗樂舞何猶不可迭奏苟所詠者殊雖復共
廟迎神奏肆夏皇帝入廟門奏永至皇帝詣東
壁奏登哥初獻奏凱容宣烈之舞送神奏肆夏祠
送神奏肆夏詔可孝建二年十月辛未有司又
奏郊廟舞樂皇帝親奉初登壇及入廟詣東壁
並奏登哥舞不及三公行事左僕射建平王宏重
參議公卿行事亦宜奏登哥有司奏元會及
二廟晉祠登哥伎襡並於殿庭設作尋廟祠依
新儀注登哥哥人上殿弦管在下今元會登祠人
亦上殿弦管在下並詔可文帝章太后廟未有
樂章孝武大明中使尚書左丞殷淡造新哥明

帝又自造昭太后宣太后哥詩

後漢正月旦天子臨德陽殿受朝賀含利從西方來戲於殿前激水化成比目魚跳躍嗽水作霧翳日畢又文化成黃龍長八九丈出水遊戲炫燿日光以兩大絲繩繫兩柱頭相去數丈兩倡女對舞行於繩上相逢切肩而不傾

魏晉訖江左猶有夏育扛鼎巨象行乳神龜抃舞背負靈岳桂樹白雪畫地成川之樂焉

晉成帝咸康七年散騎侍郎顧臻表曰臣聞聖王制樂贊揚治道養以仁義防其邪淫上享宗廟下訓黎民體五行之正音協八風以陶氣以宮聲正方而好義角聲哀齊而率禮弦哥鐘鼓金石之作備矣故通神至化有率舞之感移風改俗致和樂之極末世之伎設禮之觀逆行連倒頭入筥之屬皮膚外剝肝心內摧敦彼行葦猶謂勿踐列伊生民而不側愴加以四海朝觀言觀帝庭耳聆雅頌之聲目覩威儀之序足以蹋天頭以履地反兩儀之順傷彝倫之大

方今夷狄對岸外御為急兵食七升忘身赴難過泰之戲曰稟五斗方埽神州經略中甸若此之事不可示遠宜下太常纂備雅樂簫韶九成惟新於盛運功德頌聲永箸于來葉此乃詩所以燕及皇天克昌後者也雜伎而傷人者皆宜除之流簡儉之德邁康哉之詠清風既行民應如草此之謂也愚管之誠唯垂采察於是除高絙紫鹿跂行鱉食及齊王捲衣笮兒等樂又減其稟其後復高絙紫鹿焉

宋文帝元嘉十三年司徒彭城王義康於東府正會依舊給伎總章工馮大列相承給諸王伎十四種其舞伎三十六人太常傅隆以為未詳此人數所由唯杜預注左傳俳舞雲諸侯六六三十六人常以為非夫舞者所以節八音者也八音克諧然後成樂故必以八八為例自天子至士降殺以兩兩者減其二列爾預以為一列又減二人至士止餘四人豈復成樂按服虔注傳云天子八八諸侯六八大夫四八士二八其義甚

允今諸王不復舞俗其揔章舞佾即古之女樂
也殿庭八八諸王則應六八理例坦然又春秋鄭
伯納晉悼公女樂二八晉以一八賜魏絳此樂
以八人為列之證也若如議者唯天子八則鄭
應納晉二六晉應則絳一六也自天子至士其
二列又列輒減二人近降太半非唯八音不具
文物典章算軍差級莫不以兩未有諸侯既降
於兩義亦乖杜氏之謬可見矣國典事大宜令
詳正事不施行

三十二　【宋志九】　三十　王戒

民之生莫有知其始也含靈抱智以生天地之
間夫喜怒哀樂之情好得惡失之性不學而能
不知所以然而然者也怒則動闕喜則詠夫
哥者固樂之始也詠哥不足乃手之舞之足之
蹈之然則舞又哥之次也詠哥舞蹈所以宣其
喜心喜而無節則流淫莫反故聖人以五聲和
其性以八音節其流而故謂之樂能移風易俗
平心正體焉昔有娥氏有二女居九成之臺天
帝使鸝夜往二女覆以玉筐既而發視之鸝遺

二卵五色比飛不反二女作哥始為北音禹省
南土鈆山之女令其妻候禹於鈆山之陽女乃
作哥始為南音夏后孔甲田於東陽萯山天大
風晦冥迷入民室主人方乳或曰后來是良日
也必大吉或曰不勝之子必有殃后取以歸
曰以為余子誰敢殃之後析橑斧之哥始為東音周
昭王南征殞於漢中王右辛餘靡長旦多力振
甲曰嗚呼有命矣乃作破斧之哥始為東音周
王北濟周公乃封之西翟徙宅西河追思故處

三二十　【宋書志卷第九】　三十二　安

作哥始為西音比蓋四方之哥也黃帝帝堯之
世王化下洽民樂無事故因擊壤之歡慶雲之
瑞民因以作哥其後風衰雅缺而妖淫靡漫之
聲起周衰有秦青者善謳而薛談學謳於秦青
未窮青之伎而辭歸青餞之於郊乃撫節悲歌
聲震林木響過行雲薛談遂留不去以卒其業
又有韓娥者東之齊至雍門貲糧乃鬻哥假食
既而去餘響繞梁三日不絕左右謂其人不去
也過逆旅逆旅人辱之韓娥因曼聲哀哭一里

老幼悲愁垂涕相對三日不食遽而追之韓娥
還復爲曼聲長哥一里老幼喜躍抃舞不能自
禁志向之悲也乃厚賂遣之故雍門之人善哥
哭效韓娥之遺聲衛人王豹處淇川善謳河西
之民皆化之齊人綿駒居高唐善哥齊之右地
亦傳其業前漢有虞公者善哥能令梁上塵起
古詞今之存者並漢世街陌謠謳江南可采蓮
烏生十五子白頭吟之屬是也吳哥雜曲並出
江東晉宋以來稍有增廣
子夜哥者有女子名子夜造此聲晉孝武太元
中琅邪王軻之家有鬼哥子夜殷允爲豫章時
豫章僑人庾僧度家亦有鬼哥子夜殷允爲豫
章亦是太元中則子夜是此時以前人也
鳳將雛者舊曲也應璩百一詩云爲作陌上
桑反言鳳將雛然則鳳將雛其來久矣將由謠
變以至於此
前溪哥者晉車騎將軍沈玩所制

阿子及歡聞哥者晉穆帝升平初哥畢輒呼阿
子汝聞哥不語在五行志後人演其聲以爲二曲
團扇哥者晉中書令王珉與嫂婢有情愛好甚
篤婢捶撻婢過苦婢素善哥而珉好捉白團扇
故制此哥
督護哥者彭城內史徐逵之爲魯軌所殺宋高
祖使府內直督護丁旿收斂殯埋之逵之妻高
祖長女也呼旿至閤下自問殮送之事每問輒
歎息曰丁督護其聲哀切後人因其聲廣其曲焉
懊憹哥者晉隆安初民間謠謠之曲語在五行
志宋少帝更制新哥太祖常謂之中朝曲
六變諸曲皆因事制哥
長史變者司徒左長史王廞臨敗所制
讀曲哥者民間爲彭城王義唐所作也其哥云
死皇帝劉領軍誤殺劉第四是也凡此諸曲始皆
徒哥既而被之弦管又有因弦管金石造哥以
被之魏世三調哥詞之類是也
古者天子聽政使公卿大夫獻詩耆女修之而後

王齣酌之爲秦漢關采詩之官哥詠多因前代與時事既不相應且無以垂示後昆漢武帝雖頗造新哥然不以光揚祖考崇述正德爲先但多詠祭祀見事及其祥瑞而已商周雅頌之體闕焉鞞舞未詳所起然漢代已施於燕亨矣傅毅張衡所賦皆其事也曹植鞞舞哥序曰漢靈帝西園鼓吹有李堅者能鞞舞遭亂西隨段煨先帝聞其舊有技召之堅既中廢兼古曲多謬誤異代之文未必相襲故依前曲改作新哥五篇不敢充之黃門近以成下國之陋樂正爲晉鞞舞哥亦五篇又鐸舞哥一篇幡舞哥一篇鼓舞伎六曲並陳於元會今鐸舞幡鼓哥猶存舞並闕鞞舞即今之鞞舞也又云晉初有杯槃舞公莫舞史臣按柸槃今之齊世寧也張衡舞賦云歷七槃而縱躡王粲七釋云七槃陳於廣庭近世文士顏延之云遞閒關於柸槃鮑昭云七槃起長袖皆以七槃爲舞也搜神記云晉太康中天下爲晉世寧舞矜手以接柸枰反覆之此則漢世

唯有柸舞而晉加之以柸槃反覆之也公莫舞今之巾舞也相傳云項莊劍舞項伯以袖隔之使不得害漢高祖且語莊云公莫古人相呼曰公言公莫害漢王也今之用巾蓋像項伯衣袖之遺式按琴操有公莫渡河曲然則其聲所從來已久俗云項伯非也江左初又有拂舞拂舞吳舞檢其哥非吳詞也皆陳於殿庭揚泓拂舞序曰自到江南見白符舞或言白鳧鳩舞云有此來數十年察其詞旨乃是吳人患孫皓虐政思屬晉也又有白紵舞按舞詞有巾袍之言紵本吳地所出宜是吳舞也晉俳哥又云皎皎白緒節節爲雙吳音呼緒爲紵疑白緒即白紵鞞舞故二八相對玄將八佾相承並不復革即真太樂遣衆伎尚書殿中郎表明子啓增滿八佾宋明帝自改舞曲哥詞并詔近臣虞龢造襄陽樂南平穆王爲豫州造壽陽樂隨王誕在襄陽造襄陽樂又有西傖羌胡諸雜舞荊州刺史沈攸之又造西烏飛哥曲並列於樂

前世樂飲酒酣必起自舞詩云屢舞僊僊是也

宴樂必舞但不宜屢爾議在屢舞不議舞也漢

武帝樂飲長沙定王舞又是也魏晉巳來尤重

以舞相屬所屬者代起舞猶若飲酒以柏相屬

也謝安舞以屬桓嗣是也近世以來此風絕矣

孝武大明中以鞞拂雜舞合之鐘石施於殿庭

順帝昇明二年尚書令王僧虔上表言之并論

三調哥曰臣聞風雅之作由來尚矣大者繫乎

【宋書志卷第九 廿七】

興衰其次者著於率舞在於心而木石感鏗鏘

奏而國俗移故鄭相出郊辯聲知戚延陵入聘

觀樂知風是則音不妄啓曲豈徒奏哥倡設

休戚巳徵清濁是均山琴自應斯乃天地之靈

和升降之明節今帝道四達禮樂交通誠非寡

陋所敢裁酌伏以三古鉃聞六代潛響舞詠與

日月偕運精靈與風雲俱滅追餘操而長懷撫

遺器而太息此則然矣夫鐘縣之器以雅為用

凱容之制八佾為體故羽籥擊拊以相諧應季

氏獲詞將在於此今總章舊伎二八之流袿服

既殊曲律亦異推今校古皎然可知又哥鐘一

肆克諧女樂以哥為稱非雅器也大明中即以

宮縣合和鞞拂節數雖會應乖雅體將來知音

或譏聖世若謂鐘舞巳諧不欲廢罷別立哥鐘

以調羽佾止於別宴不關朝享四縣所奏謹依

雅則斯則舊樂前典不墜於地臣昔巳制哥磬

猶在樂官具以副鐘配成一部即義沿理如或

可安又令之清商實猶銅雀魏氏三祖風流可

【宋書志卷第九 廿八】

自頌家競新哇人尚謠俗務在噍危不顧宮紀

斯而情變聽改稍復零落十數年間亡者將半

懷京洛相高江左彌諒以金縣千戚事絕於

流宕無涯未知所極排斥典正崇長煩手紀有

等差無故不可以去禮樂有倫序長幼以

共聞故諠醜之製日盛於廛里風味之韻獨盡

於衣冠夫川震社亡同靈畢戎哀思靡漫異世

齊驅名徵不殊而欣畏並用竊所未諳言也今塵

靜織中波恬海外雅頌得所是在辰臣以為宜命

典司務勤課習緝理舊聲迭相開曉凡所遺
漏悉使補拾曲全者祿厚藝敏者位優利以動
之則人自勸風以靡之可不訓自革反本還
源庶可踐踟曰僧虔表如此夫鍾鼓既陳雅頌
斯辨所以憤感人祇化動翔冰頌自金鑾弛韻
羽佾未凝正俗移風良在茲日昔阮咸清識王

度昭奇樂緒增修異世同功矣便可付外遵詳
樂器凡八音曰金曰石曰土曰革曰絲曰木曰
匏曰竹八音一曰金金曰鍾也鏄也鐲也鐃
也鐸也鍾者世本云黃帝工人垂所造爾雅云
大鍾曰鏞書曰笙鏞以間是也中者曰剽剽音
飄小者曰棧棧音醆晉江左初所得棧鍾是也
縣鍾磬者曰筍虡橫曰筍從曰虡蔡邕曰虡爲鳥
獸之形大聲有力者以爲鍾虡鳴者清聲無力者以
爲磬虡擊其所縣知由其虡鳴焉爲鏄如鍾而大
史臣案前代有大鍾若周之無射非一皆謂之
鍾鏄之言近代無聞焉
鏄鐸于也圜如碓頭大上小下今民間猶時有

二十九

其哭器周禮以金錞和鼓
錞鉦也形如小鍾軍行鳴之以爲鼓節周禮以
金錞節鼓
鐲如鈴而無舌有柄執而鳴之周禮以金鐲止
鼓漢鼓吹曲曰鐃哥

鐸大鈴也周禮以金鐸通鼓

八音二曰石石磬也世本云無姁所造詠何代
人爾雅曰形似犁錧以玉爲之大曰䂂䂂音矍
八音三曰土土塤也世本云暴新所造亦不知

何代人也周戴內有暴國豈其時人平燒土爲
之大如鵝卵銳上平底形似稱鍾六孔爾雅云大
者曰㙂㙂音叫小者如鷄子
八音四曰革革鼓也鼗也大曰鼓小曰鼗
又曰應鼙勄風俗通曰不知誰所造以桴擊之
曰鼓以手搖之曰鼗鼓及鼗之八面者曰
雷鼗六面者曰靈鼓靈鼗四面者曰路鼓路鼗
周禮以雷鼓祀天神以靈鼓社祭以路鼓
鬼享鼓長八尺者曰鼖鼓以鼓軍事長丈二尺者

三一

曰鼓鼙鼓凡守備及役事則鼓之今世謂之下鼓鼙
鼙鼙周禮音戚今世音切鼓反長六尺六寸者曰
晉鼓金奏則鼓之應鼓在大鼓側詩云應鞞懸
鼓是也小鼓有柄曰鞞大鞉謂之鞉月令仲夏
脩鞉鞞是也然則鞉鞞即鞉類也又有鼙鼓焉
節不知誰所造傅玄賦云黃鍾唱哥九韶興
舞曰非節也詠手非節不拊此則所從來亦遠矣
八音五曰絲絲也琴瑟也筑也箏也琵琶空侯也

琴馬融笛賦云箴造琴世本云神農所造爾
琴賦世云燋尾是也伯喈琴伯喈傳亦云傳
氏言之則非伯喈也

雅大琴曰離二十絃今無其器隗相曰號鍾楚
莊曰繞梁相如曰燋尾伯喈曰綠綺事出傅玄

雅云瑟二十七絃者曰灑今無其器

筑不知誰所造史籍唯云高漸離善擊筑

瑟馬融笛賦云神農造瑟世本亦義所造爾

箏秦聲也傅玄箏賦序曰以為蒙恬所造今
觀其體合法度節究哀樂乃仁智之器豈亡國

之臣所能關思哉風俗通則曰筑身而瑟絃不
知誰所改作也

琵琶傅玄琵琶賦曰漢遣烏孫公主嫁昆彌念
其行道思慕故使工人裁箏筑為馬上之樂欲
從方俗語故名曰琵琶取其易傳於外國也風
俗通云以手琵琶因以為名杜摯云長城之役
弦蕎而鼓之並未詳孰寶其器不列四廂

空侯初名坎侯漢武帝賽滅南越祠太一后土
用樂令樂人侯暉依琴作坎侯言其坎坎應節
也侯者因工人姓爾後言空音訛也古施於
廟雅樂近世來專用於楚聲宋孝武帝大明中
吳興沈懷遠被徙廣州造繞梁其哭與空侯相
似懷遠後亡其器亦絕

八音六曰木木祝也敔也並不知誰所造樂記
曰聖人作為鞉楬塤篪所起亦遠矣祝如漆角
方二尺四寸深尺八寸中有椎柄連底挏之令
左右擊

敔狀如虎並背上有二十七鉏鋙以竹長尺名曰

止橫搊之以節樂終也

八音七曰匏匏匏笙也竽也笙頭所造不知何代

人列管匏內施簧管端管管在中央三十六簧

曰竽宮管在左傍十九簧至十三簧曰笙其它

管相似也竽今亡大笙謂之簧小者謂之和其

笙中之簧女媧所造也詩傳云吹笙鼓簧矣

笙中之簧也爾雅曰笙十九簧者曰巢漢章

帝時零陵文學奚景於舜祠得笙白玉管後世

易之以竹平

八音八曰竹竹律也呂也簫也管也箎也箋也

笛也律呂在律呂志

簫世本云舜所造爾雅曰編二十三管尺四寸

者曰言十六管長尺二寸者葵簑音又凡簫一

名籟前世有洞簫其器今亡蔡邕曰簫編竹有

底然則邕時無洞簫矣

管爾雅曰長尺圍寸併漆之有底大者曰喬喬

音驕中者曰箹箹音妙古者以玉為

管舜時西王母獻白玉琯是也月令以琴瑟

管簫蔡邕章句曰管者形長尺圍寸有孔無底

其器今亡

第虎世本云暴新公所造舊志云一曰管史臣案

非也雖不知暴新公何代人而非舜前人明矣

舜時西王母獻管則是已有其器而非舜安得造

箎虎乎爾雅曰箎大者尺四寸圍三寸曰沂沂音

銀一名翹小者尺二寸今有胡箎出於胡吹非

雅器也

箋不知誰所造周禮有箋師掌教國子秋冬吹

短小爾雅云七孔大者曰產中者曰仲小者曰

手執箋右手秉翟者也爾雅云箋如笛三孔而

箹箹音握

籥今凱容宣烈舞所執羽籥是也蓋詩所云左

笛案馬融長笛賦此器起近世出於羌中京房

備其五音又稱丘仲造笛武帝時人其後更有羌竹笛爾

通則曰丘仲造笛言仲所造風俗

三說不同未詳執實

篴篴杜摯笛賦云本子伯陽入西戎所造漢舊註曰

簫鐃曰吹鞭晉先驚注車駕佳吹小簫發吹大
簫即篍也又有胡笳漢舊箏笛錄有其曲不
記所出本末
鼓吹蓋短簫鐃哥蔡邕曰軍樂也黃帝岐伯所
作以揚德建武勸士諷敵也周官曰師有功則
愷樂左傳曰晉文公勝楚振旅凱而入司馬法
曰得意則愷樂愷哥雍門周說孟嘗君鼓吹于
不測之淵說者云鼓自一物吹自竽籟之屬非
簫鼓合奏別為一樂之名也然則短簫鐃哥
簫即笳不云鼓吹矣應劭漢鹵簿圖唯有騎執簫
此時未名鼓吹矣而漢世有黃門鼓吹漢享宴
食舉樂十三曲與魏世鼓吹長簫同長簫短簫
伎錄並云絲竹合作執節者哥又建初錄云務
成苗爵玄壺遠期皆騎吹曲非鼓吹曲此則列
於殿庭者為鼓吹今之從行鼓吹為騎吹二曲
異也又孫權觀魏武軍作鼓吹而還此又應是
今之鼓吹魏晉世又假諸將帥及於門曲蓋鼓
吹斯則其時謂之鼓吹矣魏晉世給鼓吹其輕

牙門督將五校悉有鼓吹晉江左初臨川太守
謝攬每寢輒聞鼓吹有人為其占之曰君不
得生鼓吹當得死鼓吹爾攬擊杜弢戰沒追贈
長水校尉冀葬給死鼓吹爾攬與尚射曰卿若破
西將軍庾翼於武昌咨事冀與尚射曰卿若破
的當以鼓吹相賞尚射破的便以其副鼓吹給
之今則甚重矣
雅籟自是簫之一名耳詩云坎其擊缶毛傳曰
角書記所不載或云出羌胡以驚中國馬或云
出吳越舊云古樂有籟缶今並無史臣按傳曰
盎謂之缶
築城相杵者出自梁孝王孝王築睢陽城方十
二里造倡聲以小鼓為節築者下杵以和之後
世謂之此聲為睢陽曲至今傳之
魏晉之世有孫氏善弘舊曲宋識善擊節倡和
陳左善清哥列和善吹笛郝索善彈箏朱生
善琵琶尤發新聲傳玄箏書曰人若欽所聞
而忽所見不亦惑乎設此六人生於上世越古

今而無儷何但言婴牙同製裁纂此說則自茲以
後皆孫朱等之遺則也

蔡邕論叙漢樂曰一曰郊廟神靈二曰天子享
宴三日大射辟雍四日短簫鐃歌

晉郊祀歌五篇　傅玄造

祗事上靈　進夕其牲
於鑠靈牡　崇德作樂
天命有晉　穆穆明明　我其鳳夜
享福無疆　常于時假　遹用有成
嘉樂防釀　靈祁景祥　神祇隆假
鳳夜匪康　光天之命　上帝是皇
宣文烝哉　日靖四方　永言保之

右祠天地五郊夕牲歌一篇

神祇是聽

右祠天地五郊迎送神歌一篇

天祚有晉　其命惟新　受終于親
奄有兆民　燕及皇天　懷柔百神

宋書志十　一

不顯遺烈　之德之紐　享其女壯
式用肇禋　神祇來格　福祿是臻
時邁其猷　吴天子之　祐享有晉
兆民戴之　畏天之威　敬授民時
不顯不承　於禋繹思　皇極斯建
庶績咸熙　於乎緝熙　惟晉之祺
宣文惟后　克配彼天　撫寧四海
保有康年　庶幾鳳夜　爰修禮紀
爰立典制　　　　　　作民之極
莫匪貞始　克昌厥後　永言保之

右饗天地五郊歌三篇

前所作天地郊明堂歌五篇　傅玄造

皇矣有晉　時邁其德　受終于天
虔于郊祀　萬國玩光　神定嚴祥
百祿是臻　祗事上皇
嘉牲匪歆　魏魏祖考　克配彼天
神和四暢　德馨惟饗　受天之祚

宋書志十　三

右天地郊明堂夕牲歌

祖考是皇　克昌厥後　保祚無疆
郊祀配享　禮樂孔章　神祇嘉饗
宣茲重光　我皇受命　奄有萬方
於赫大晉　膺天景祥　二帝邁德

右天地郊明堂降神歌

神之體　靡象形　曠無方　幽以清
蘊朱火　燎芳新　紫煙游　冠青雲
整泰壇　祀皇神　精氣感　百靈賓
神之來　光景照　聽無聞　視無兆
神之至　舉歆歌　靈爽愒　動余心
神之坐　同歡娛　澤雲翔　化風舒
嘉樂奏　文中聲　八音諧　神是聽
咸潔齋　並芬芳　烹牷牷　享玉觴
神說饗　歆禋祀　祐大晉　降繁祉
胙京邑　行四海　保天年　窮地紀
整泰祈

右天郊饗神歌

族皇祇　眾神感　羣靈儀

陰祀設　吉禮施　夜將極　時未移
祇之體　無形象　潛泰幽　洞忽荒
祇之出　菱若有　靈無遂　天下母
祇之來　遺光景　照若存　終冥冥
祇之至　舉歆欣　舞象德　歌成文
祇之坐　同歡豫　澤雨施　化雲布
樂八變　聲教敷　物咸享　祇是娛
齋既潔　侍者肅　玉觴進　咸穆穆
饗嘉慶　歆德馨　胙有晉　暨羣生
溢九壤　格天庭　保萬壽　延億齡

右地郊饗神歌

經始明堂　享祀匪懈　於皇烈考
光配上帝　赫赫上帝　既高既崇
聖考是配　明德顯融　率土敬崇
萬方來祭　常于時假　保祚承世

右明堂饗神歌

宋南郊雅樂登歌三篇　顏延之造

寅威寶命　嚴恭帝祖　表海炳代

象唐冒楚　靈鑑濬文
奄受敷錫　宅中拓宇
鼇天作主　亘地稱皇
月窟來賓　日際奉土
開元首正　禮交樂舉
九官列序　六典聯事
以篲王哀　以答神祐
有牷在滌　有潔在俎
民屬叡武　地區謐

右天地郊夕牲歌

維聖纘帝　維孝饗親
有事上春　禮行宗祀
　　　　　敬達郊禋
　　　　　皇平備矣

金枝中樹　廣樂四陳　陝配在京
降德在民　奔精照夜　高燎煬晨
陰明浮爍　沈崇深淪　告成大報
受釐元神　月御桉節　星驅扶輪
遙興遠駕　燿燿振振

右天地郊迎送神歌

營泰時　定天衷　思心叡　謀笙從
建表絕　設郊宮　田燭置　權火通
曆元旬　律首吉　飾紫壇　坎列室

中星兆　六宗秩　乾宇晏　地區謐
大孝昭　祭禮供　牲日展　盛自躬
具陳器　備禮容　形舞綴　被歌鐘
望帝閽　聲神蹕　靈之來　辰光溢
潔粢酌　娛太一　明煇夜　華皙日
祼既始　獻又終　煙鬱邑　報清穹
饗宋德　胙王功　休命永　福履充

右天地饗神歌

地紐謐　乾樞回　華蓋動　紫微開
旌蔽日　車若雲　駕六氣　乘細縕
暉帝京　煇天邑　聖祖降　五靈集
構瑤圮　聳珠簾　漢拂幰　月棲櫩
舞綴賜　鐘戞融　駐飛景　鬱行風
懸粲盛　潔牲牷　百禮肅　羣司虔
皇德遠　大孝昌　貫九幽　洞三光
神之安　解玉鑾　景福至　萬寓歡

右迎神歌詩　依漢郊祀迎神三言四句一轉韻

雖臺辨湖　澤官練辰　潔火夕照
明水朝陳　六瑚薦室　八羽華庭
昭事先聖　懷濡上靈　肆夏戒敬
升歌發德　求固鴻基　以綏萬國

　右登歌詞　儁四言

重簷結風　刮楹接綺　達嚮承虹
萬宮仰蓋　日館希疏　複殿留景
綴璽下國　内靈八輔　外光四瀛
維天為大　維聖祖是言　辰居萬寓
設業設虡　在王庭　肇禋祀
克配平靈　我將我享　維孟之春
以孝以敬　以立我烝民

　右歌太祖文皇帝詞　依周頌體

參映夕　駟照晨　靈乘震　司青春
鴈將向　桐始華　柔風舞　瞳光遲
萌動達　萬品新　潤無際　澤無垠

　右歌青帝詞　三言依木數

龍精初見大火中　朱光比至圭景同

帝在在離寔司衡　　水雨方降木槿榮
庶物盛長咸殿阜　　恩覃四賓被九有

　右歌赤帝辭　七言依火數

履建宅中寓　司繩御四方　裁化遍寒煥
布政周炎涼　景麗條可結　霜明冰可折
凱風扇朱辰　白雲流素節　分至乘結昜
啓閉集恒度　帝運輝萬有　皇靈燈國步
庶類收成歲功行欲寧
木葉初下洞庭始揚波　夜光徹地飜霜照懸河
百川如鏡天地爽且明　雲沖氣整德盛在素

　右歌黃帝辭　五言依土數

歲月既晏方馳　靈乘坎德司規
玄雲合晦鳥路　白雲敷亘天涯
雷在地時未光　飭國典閟關梁
四節遍萬物殿　福九域祚八鄉

　右歌白帝辭　九言依金數

晨晷促夕編延　大陰極微陽宣
鵲將巢冰己解　氣濡水風動泉

右歌黑帝辭　六言依水數

蘊禮容　餘樂度　靈方留　景欲慕
開九重　蕭五達　鳳參差　龍巳沫
雲既動　河既梁　萬里照　四空香
神之車　歸清都　琰庭寂　玉殿虛
睿化凝　孝風熾　顧靈心　結皇思

右送神歌辭　漢郊祀送神亦三言

右天郊饗神歌

〔宋書志十〕　〔九〕　〔華〕

魏俞兒舞歌四篇　魏國初建所用舞於太祖廟並作之後　王粲造

漢初建國家　匡九州　蠻荊震服
五刃三革休　安不忘備武樂脩
宜我賓師　邵用御天　永樂無憂
子孫受百福　常與松喬遊　蒸庶德
莫不咸歡柔

右矛俞新福歌

村官選士　劍弩錯陳　應枹蹈節　篤我厚仁
俯仰若神　綏我武烈
自東自西　莫不來賓

右弩俞新福歌

我功既定　庶士咸綏　樂陳我廣庭
武宴賓與師　昭文德　宣武威
平九有　撫民黎　荷天寵
延壽尸　千載莫我違

右安臺新福歌曲

神武用師士素厲　仁恩廣與復　猛節橫逝
自古立功　莫我弘大　桓桓征四國
愛及海裔　漢國保長慶　垂祚延萬世

〔宋書志十〕　〔十一〕　〔王〕

右行辭新福歌曲

晉宣武舞歌四篇　傅玄造

惟聖皇篇

惟聖皇德
文武為表裏　乃作巴俞
劍弩齊列　戈矛為之始
龍戰而豹起　肆舞士
離合有統紀　進退英鷹鶻
如亂不可亂　禮樂猶形影

短兵篇

動作順其理　巍巍光四海

矛俞第一

劍俞第二

劍爲短兵　其勢險危　疾蹭飛電

回旋應規　電發星驚

武節齊聲　或合或離　若景若差

軍容是儀

兵法攸象

軍鎭篇　　弩俞第三

銳精分鏄　射遠中微　弩俞之樂

體難動往必速　重而不遲

弩爲遠兵軍之鎭　其發有機

壹何奇　變多姿　退若激　進若飛

五聲協　八音諧　宜武象　讚天威

宋書志十　十一

窮武篇　　安臺行亂第四

窮武者斃　何但敗北　柔弱三戰

竊武亦廢　秦始徐偃　旣已作戒前世

國家亦廢　修文整武藝　文武足相濟

先王鑒其機

然後得光大　亂曰

滿則盈　元必危　盈必傾　高則元

守以平　沖則久　濁能清　混文武

順天經

晉宣文舞歌二篇　傅玄造

羽籥篇舞歌

義皇皇之初　天地開元　囷昂禽獸

羣黎以安　神農毅耕　創業誠難

萬品造其端　澹然無所患　黃帝始征伐

民得粒食　軍駕無常居　是曰軒轅

軒轅旣勤止　堯舜匪荒寧　夏禹治水

湯武又用兵　孰能保安逸　坐致太平

聖皇邁乾乾　天下興頌聲　穆穆且明明

惟聖皇　道化彰　澂四海　清三光

萬機理　庶事康　潛龍升　儀鳳翔

風雨時　物繁昌　却走馬　降瑞祥

揚波陋　簡忠良　百禄是荷　眉壽無疆

羽鐸舞歌

昔在渾成時　兩儀尚未分　陽升垂淸景

陰降興浮雲　中和含氣氳　萬物名異羣

人倫得其序　衆生樂聖君　三統繼五行

然後有賁文　皇王殊運代　治亂亦繽紛

宋書志十　十二

伊大晉　德兼往古　越犧農　邈舜禹
參天地　陵三五　禮唐周　樂韶武
豈唯簫韶　六代具舉　澤霑地境
化充天寓　聖明臨朝　元凱作輔
普天同樂胥　浩浩元氣　退哉大清
五行派邁　日月代征　隨時變化
庶物乃成　聖皇繼天　光濟羣生
化之以道　萬國咸寧　受茲介福
延于億齡

晉宗廟歌十一篇　傅玄造
我夕我牲　猗歟敬止　嘉薦孔時
供茲事祀　神鑒厥誠　博碩斯歆
　右祠廟夕牲歌
祖考降饗　以虞孝孫之心
嗚呼悠哉　日鑒在茲　以時享祀
神明降之　神明斯降　既祐饗之
祚我無疆　受天之祐　赫赫太上
巍巍聖祖　明明烈考　玉承繼序

　右祠廟迎送神歌
經始宗廟　神明戾止　申錫無疆
祗承享祀　假哉皇祖　綏于孫子
燕及後昆　錫茲繁祉
　右祠征西將軍登歌
嘉樂肆庭　薦祀在堂　皇皇宗廟
乃祖先皇　濟濟辟公　相子丞嘗
享祀不忒　降福穰穰
　右祠豫章府君登歌
於邈先后　實司于天　顯矣皇祖
帝祉肇臻　本支克昌　資始開元
惠我無疆　享祀永年
　右祠潁川府君登歌
於惟曾皇　顯顯令德　高明清亮
匪競柔克　保乂命祐　基命惟則
篤生聖祖　光濟四國
　右祠京兆府君登歌
於鑠皇祖　聖德欽明　勤施四方

夙夜敬止　載敶文教　載揚武烈
臣定社稷　龔行天討　經始大業
造創帝基　畏天之命　于時保之
惟祗惟畏　篡宣之緒　者定厥功
執競景皇　　　　　　旁作穆穆
登此舊乂　糾彼羣凶　業業在位
帝既勤止　維天之命　於穆不已

右祠宣皇帝登歌

右祠景皇帝登歌

於皇時晉　允文文皇　聰明叡智
聖敬神武　萬機莫綜　柔遠能邇
虎兒放命　皇斯清之　勳格皇天
簡授英賢　創業垂統

右祠文皇帝登歌

日晉是常　亨祀時序　宗廟致敬
禮樂具舉　惟其來祭　普天率土
犧樽既質　清酤既載　亦有和羹
慶著斯備　蒸蒸永墓　感時興恩

登歌奏舞　神樂其和　祖考來格
祐我邦家　戴天之下　罔不休嘉
蕭蕭在位　濟濟臣工　四海來格
禮儀有容　鍾鼓振　　管絃理
肅肅在位　歌永始　　神胥樂兮
舞開元　　臣工濟濟　小大咸敬
舞象德　　理管絃　　神胥樂兮
上下有禮　振鼓鍾
歌詠功　　穆穆天子
肅肅在位　有來雍雍

相惟碩公　禮有儀　　樂有則

右祠廟饗神歌二篇

晉江左宗廟歌十三篇　王珣造

曹毗造十一首
王珣造二首

於赫高祖　德協靈符　動格宇宙　化動八區　應運撥亂

歌高祖宣皇帝　曹毗造

蕭必典刑　整整天衢　陶以玄珠　神石吐瑞

靈芝自敷　　肇基天命　　道均唐虞

歌世宗景皇帝

景皇承運　　纂隆洪緒　　皇維重抗

天暉再舉　　蠢矢二寇　　擾我揚楚

乃整元戎　　以貫齊斧　　盍覃神筭

赫赫王旅　　鯨鯢既平　　功冠帝宇

歌太祖文皇帝

太祖齊聖　　王猷誕融　　仁教四塞

天基累崇　　皇室多難　　嚴清紫宮

威厲秋霜　　惠過春風　　平蜀夷楚

以文以戎　　奄有參墟　　聲流無窮

歌世祖武皇帝

於穆武皇　　允龔欽明　　應期登禪

龍飛紫庭　　百揆時序　　聽斷以情

殊域旣賓　　僑吳亦平　　晨流甘露

宵映卽星　　野有擊壤　　路垂頌聲

歌中宗元皇帝

運屯百六　　天羅解貫　　元皇勃典

網籠江漢　　仰齊七政　　俯平禍亂

化若風行　　澤猶雨散　　淪光更耀

金輝復煥　　德冠千載　　蔚有餘鑠

歌肅祖明皇帝

明暉肅祖　　闓弘帝胙　　英風鳳發

清暉載路　　姦逆縱惑　　閭武皇度

躬振朱旗　　遂豁天步　　宏猷淵塞

高羅雲布　　品物感寧　　洪基永固

歌顯宗成皇帝

於休顯宗　　道澤玄播　　式宣德音

暢物以和　　邁德蹈仁　　匪神弗過

敷以純風　　灌以清波　　連理映阜

鳴鳳棲柯　　同規放勛　　義蓋山河

歌康皇帝

康皇穆穆　　仰嗣洪德　　爲而不宰

雅音四塞　　閑邪以誠　　鎮物以黙

威靜區宇　　道宣邦國

歌孝宗穆皇帝

孝宗鳳哲，休音允藏，如彼晨離。
煇景扶桑，垂訓華幃，流潤八荒。
幽賛玄妙，爰該典章，西平僭蜀。
比靜舊疆，高猷達暢，朝有遺芳。
徽音彌闡，憒憒雲韶，盡美盡善。

歌哀皇帝　王珣造

於穆哀皇，聖心虛遠，雅好玄古。
大庭是踐，道尚無爲，治存易簡。
化若風行，民猶草偃，雖日登遐。

歌太宗簡文皇帝　王珣造

於昭于天，靈明若神。
周淡如淵，沖應其來，實與其遷。
娓娓心化，日用不言，易而有親。
觀流彌遠，求本愈玄。
簡而可傳。

歌烈宗孝武皇帝　王珣造

天鑑有晉，欽哉烈宗，同規文考。
玄默允襲，威而不猛，約而能通。
神鉦一震，九域來同，道積淮海。

雅頌自東，氣陶淳露，化協時雍。
蕭蕭清廟，巍巍聖功，萬國來賓。

四時祠祀歌　曹毗造

宣兆祚，武開基。
鍾鼓振，金石熙。
禮儀有容，肅肅清廟。
理管絃，吐清歌。
有來斯和，詵功德。
神斯樂兮。
洋洋玄化，道無不往。
潤被九壤，民無不悅。
神斯樂兮。
禮有儀，樂有式。
詠九功，神斯樂兮。
永無極，神斯樂兮。

宋宗廟登歌八篇　王韶之造

綿綿遐緒，昭明載融。
於穆皇祖，堯有遺風。
漢德未遂，永世克隆。
本枝惟慶，貽厥靡窮。
乃立清廟，清廟肅肅。
乃備禮容，禮容穆穆。

右祠北平府君登歌

顯允皇祖，昭是嗣服。
錫茲繁祉，聿懷多福。

右祠相國掾府君登歌

四縣既序　簫管既舉　堂獻六瑚
庭萬八羽　先王有典　克禋皇祖
不顯洪烈　求介休祐

右祠開封府君登歌

鐘鼓喤喤　威儀將將　溫恭禮樂
敬享曾皇　邁德垂仁　係軌重光
天命純嘏　惠我無疆

右祠武原府君登歌

鏘矣皇祖　帝度其心　永言配命
播茲徽音　思我茂猷　如玉如金
有命旣集　是鑑是歆

右祠東安府君登歌

丞哉孝皇　齊聖廣淵　發祥誕慶
景胙自天　德敷金石　道被管弦
徽風永宣

右祠孝皇帝登歌

惟天有命　眷求上哲　赫矣聖武

撫運相撥　道均汝墳
止戈曰武　經緯稱文　鳥龍失紀
雲火代名　受終政物　作我宋京
至道惟王　大業有勛　降德兆民
升歌清廟

右祠高祖武皇帝登歌

弈弈寢廟　奉璋在庭　笙簫旣列
犧象旣盈　黍稷匪芳　明祀惟馨
樂具禮充　潔羞蠲誠　神之格思
介以休禎　濟濟羣辟　永觀厥成

右祠七廟亨神登歌（并以歌章　太后篇）

世祖孝武皇帝歌　謝莊造

帝錫二祖　長世多祐　於穆叡考
襲聖承矩　玄極弛馭　乾細隆緒
闢我皇維　締我宋宇　刱定四海
肇構神京　復禮輯樂　散馬隳城
澤牣九有　化浮八瀛　慶雲承掖
甘露飛凝　蕭蕭清廟　徽徽閟宮

舞蹈象德

明德惟崇　神祇歆止

宣皇太后廟歌

笙磬陳風　黍稷非盛　降福無窮

晉四箱樂歌三首　傅玄造

朱紘玉篚　式載瓊芳

思媚周姜　母臨萬寓　訓誨紫房

稟祥月輝　毓德軒光　嗣徽嬌汭

天鑒有晉

鍾鼓斯震　九賓備禮

朝此萬方其　世祚聖皇　時齊七政　二十三

寔麗于天　君后是象　儀形聖皇

正位在朝　穆穆濟濟其二　煌煌三辰　威儀孔虔其

率禮無愆　莫匪邁德

萬邦惟則其四

右天臨四章章四句正旦大會行禮歌

於赫明明　聖德龍興　三朝獻酒

萬壽是膺　敷佑四方　如日之外

自天降祚　元吉有徵

右於赫一章八句上壽酒歌

天命大晉　載育羣生　於穆上德

隨時化成　自祖配命　皇皇后辟

繼天創業　宣文之績其二　丕顯宣文

先知稼穡　克恭克儉　足教足食其三

既教食之　弘濟艱難　上帝是祐

下民所安　天祐聖皇　萬邦來賀

雖安勿安其四　乾乾匪暇其五　光宅天下其六

乃定家社　庚廩作宗　爰奏食舉

惟敬朝饗　亦有麷墳其八　盡禮供御

琴瑟齊列　樹羽設業其七　乃正丘郊

鏘鏘磬管　八音克諧　載夷載簡其九

既夷既簡　其大不禦　風化潛興

如雲如雨其十　笙鏞以間　嘆嘆鼓鍾

聲教所曁　無思不順其十一　如雲之覆

樂以和之　和而養之　時惟邑熙其十二

禮慎其儀　樂節其聲　於鑠皇猷

既和且平其十三　　　　　二十四

右天命十三章章四句食舉東西箱歌

晉正德大豫二舞歌二篇　傅玄造

天命有晉　光濟萬國　穆穆聖皇

文武惟則　在天斯正　在地成德

載韜政刑　載崇禮教　我敷玄化

臻于中道

右正德舞歌

世德惟聖　嘉樂大豫　保祐萬姓

於鑠皇晉　配天受命　熙帝之光

淵兮不竭　沖而用之　先天弗違

虔奉天時

右大豫舞歌

晉四箱樂歌十七篇

正旦大會行禮歌四篇

於皇元首　群生資始　履端大事

敬御璧祉　肆覲羣后　爰及卿士

欽順則元　允也天子

於皇一章八句　當於赫

明明天子　臨下有赫　四表宅心

惠浹荒貊　柔遠能邇　孔淑不逆

來格祁祁　邦家是若

明明一章八句　當巍巍

光光邦國　天篤其祐　丕顯哲命

顒柔三祖　世德作求　奄有九土

思我皇度　彝倫攸序

邦國一章八句　當洋洋

惟祖惟宗　高朗緝熙　對越在天

駿惠在玆　聿求厥成　我皇崇之

式固其猷　往敬用治

祖宗一章八句　當鹿鳴

正旦大會王公上壽酒歌一篇

踐元辰　延顯融　獻羽觴

祁令終　我皇壽而隆　我皇茂而嵩

本枝舊百世　休祚鍾聖躬

踐元辰一章八句　當觴行

食舉樂東西箱歌十二篇

煌煌七燿　重明交暢　我有嘉賓

是應是覛　邦政既圖　威而不猛

人之好我　式遵德讓　接以大饗

煌煌一章八句　當鹿鳴

賓之初筵　藹藹濟濟　既朝乃宴

以洽百禮　頒以位叙　或廷或陛

登饗台笑　亦有兄弟　肴羞陪寮

憲茲度楷　觀顧養正　降福孔偕

賓之初筵一章十二句　當於穆

答我三后　大業是維　今我聖皇

煌煌前暉　亦世重規　明照九織

思輯用光　時罔有違　陟禹之跡

莫不來威　天被顯禄　福履是綏

三后一章十二句　當昭昭

赫矣太祖　克廣明德　廓開寓宙

正世立則　變化不經　民無瑕慝

翔業垂統　北我晉國

赫矣一章八句　當華華

烈文伯考　時惟帝景　夷險平亂

威而不猛　御衡不迷　皇塗煥炳

七德咸宣　其寧惟永

烈文一章八句　當朝宴

狷嫩盛歟　先皇聖文　則天作乎

大哉爲君　愷徹五典　帝載是勳

文武發揮　茂建嘉勳　修已濟治

民用寧劭　懷遠燭幽　玄教气氫

善世不伐　服事參分　德博化隆

道冒無垠

狷嫩一章十六句　當盛德

隆化洋洋　帝命溥將　登我晉道

越惟聖皇　龍飛革運　臨壹燕八荒

叡哲欽明　配蹤虞唐　封建歐福

其藏惟何　三朝君吉　然然允藏

駿發其祥　惚彼萬方　元族列辟

四嶽蕃王　時見世亭　率兹有常

旅揖在庭　嘉客在堂　宋衛既臻

陳留山陽，貢賢納計，獻璧奉璋，申錫無疆，我有賓使，觀國之光。
隆化一章二十八句〔當綏萬邦〕

振鷺于飛，鴻漸其翼，京邑穆穆，王綱允敕，無競惟人，四方是式，言觀其極，君子來朝。
振鷺一章八句〔當朝朝〕

翼翼大君，民之攸暨，信理天工，惠康不匱，將遠不仁，訓以淳粹，幽明有倫，俊乂在位，九族既睦，庶邦順比，開元布憲，四海鱗萃，愒時正統，殊塗同致，厚德載物，靈心隆貴，敷奏讜言，納以無諱，樹之典象，誨之義類，上教如風，下應如卉，一人有慶，群萌以遂，我后宴喜，今聞不隆。
翼翼一章二十六句〔當順天〕

既宴既喜，翁是萬邦，禮儀卒度，物有其物，捎捎庭燎，喤喤鼓鐘，笙磬詠德，萬舞象功，八音克諧，俗易化從，其和如樂，庶品時邕。
既宴一章十二句〔當陟天庭〕

時邕份份，六合同塵，首定荊楚，往我祖寅，威靜如鄰，邁德流仁，爰造草昧，姪姪文皇，蠻裔重譯，玄齒文身，應乾順民，靈瑞告符，休徵饗震，扶南效珍，韓濊進藥，均協清鈞，其會是寶，西旅獻獒，肅慎率職，栝矢來陳，天地弗違，以和神人，既戢庸蜀，我皇撫之，景命惟新，恬恬嘉會，有聞無聲，清酤既奠，邊豆既馨，禮充樂備，簫韶九成，愷樂飲酒，酣而不盈，率土歡豫。
時邕一章二十六句〔當參兩儀〕

邦國以寧　王猷允塞　萬載無傾

晉正德大豫二舞歌一篇　荀勗造

人文垂則　盛德有容　聲以依詠

舞以象功　干戚發揮　節以笙鏞

羽籥雲會　翾宣令蹤　數美畫善

允協時邕　煥炳其章　光平萬邦

萬邦洋洋　承我皆道　配天作享

元命有造　上化如風　民應如草

宋書志十一　三十二

慶流四表　無競維烈　永世是紹

穆穆斌斌　形于緝兆　文武旁作

正德舞歌

豫順以動　大哉惟時　時邁其仁

世載邕熙　兆我區夏　宣文是基

大業惟新　我皇降之　重光累曜

欽明文恩　迄用有成　惟晉之祺

穆穆聖皇　受命既固　品物感寧

芳烈雲布　文教旁通　篤以淳素

文化洽暢　被之暇豫　作樂崇德

同美韶護　潛逸幽遐　式遵王度

晉四廂樂歌十六篇　張華造

右大豫舞歌

稱元慶　奉壽觴　后皇延遐祚

安樂撫萬方

右王公上壽詩一章

明明在上　不顯厥緒　翼翼三壽

蕃后惟休　輦生漸德　六合承流

宋書志十　三十二

濟濟朝位　言觀其光　儀序既以時

禮文煥以彰　思皇寀多祐　嘉樂永無央

八荒觀殊類　黻冕充廣庭　鳴玉盈朝位

三正元辰　朝慶鱗萃　華夏奉職貢

九賓在庭　鑪讚既通　升瑞薦贄

刀族刀公　穆穆天尊　隆禮動容

履端承元吉　介福御萬邦

朝享　上下咸雍　崇多儀

舞盛德　歌九功　揚芳烈　繁禮容

播休蹤

皇化洽　洞幽明　懷柔百神　輔祥禎

潛龍躍　雕虎仁　儀鳳鳥　屆游麟

枯龜榮　竭泉流　菌芝茂　枳棘柔

和氣應　休徵紛　協靈符　彰帝期

綏宇宙　萬國和　昊天成命　養皇家

養皇家

世資聖哲　率土謳吟　欣戴千時

隆王基　三后在天　啓鴻烈　啓鴻烈

恆文示象　代氣著期

泰始開元　龍躬在位　四隩同風

憂寧珠類　五嶽來備　嘉生以遂

疑庶績　臻大康　申錫繁祉

淯無疆　本枝百世　繼緒不忘

繼緒不忘　休有烈光　永言配命

惟晉之祥　休有烈光

聖明統世　篤皇仁　廣大配天地

順動若陶鈞　文化參自然　至德通神明

清風暢八極　流澤被無垠

揚榮

於皇時晉　弈世齊聖　惟天降眩

神祇保定　弘濟區夏　允集大命

有命旣集　光帝猷　大明重耀

鑑六幽　聲教洋溢　惠滂流

惠滂流　移風俗　多士盈朝

賢俊比屋　敦世心　斷彫反素樸

反素樸　懷庶方　干戚舞階庭

疏狄說遐荒　扶南假重譯　蕭慎襲衣裳

雲覆雨施　德洽無疆　旁作穆穆

仁化翔　朝元日　賓王庭　承宸極　當盛明

衍和樂　竭祇誠　仰嘉惠　懷德馨

游淳風　泳淑清　協億兆　同歡榮

建皇極　統天位　運陰陽　御六氣

人倫序　成性類　王道浹　治功成

殷羣生　俗化清　虞明祀　祇三靈

崇禮樂　式儀形

慶元吉　宴三朝　播金石　詠泠蕭

林

奏九夏　　舞雲韶　邁德音　流英聲

八紘一　六合寧　六合寧
王澤洽　道登隆　承聖明

崇夷簡　尚敦德　弘王慶
齊德教　混殊風　康萬國
綏函夏　攬華戎
混殊風　表退則

於赫皇祖　迪哲齊聖　經緯大業
基天之命　誕篤天慶

右食舉東西箱樂詩十一章

仰齊七政

列列景皇　克明克聰　靜封略
定動功　成民立政　儀形萬邦
武固崇軌　光紹前蹤
允文烈考　藩哲應期　參德天地
比功四時　大亨以正　庶績咸熙
肇啓晉宇　遂登皇基
明明我后　立德通神　受終正位
協應天人　容民厚下　育物流仁
蹕我王道　暉光日新

右雅樂正旦大會行禮詩四章

晉正德大豫二舞歌二篇　張華造

正德舞歌詩

日皇上天　玄鑒惟光　神器周回
五德代章　祚命于晉　世有哲王
弘濟區夏　甄陶萬方　大明垂曜
旁燭無疆　蚩蚩庶類　風德永康
皇道惟清　禮樂斯經　金石在縣
萬舞在庭　象容表慶　協律被聲

軼武超濩　取節六英　同進退讓　通于幽冥
化漸無形　太和宣洽

大豫舞歌詩

惟天之命　符運有歸　赫赫大晉
三后重暉　繼明昭世　光撫九圍
我皇紹期　遂登璿璣　羣生屬命
奮有庶邦　愼徽五典　玄教遐通
萬方同軌　率土咸雍　爰制大豫
宣德舞功　淳化飜穆　王道協隆

仁及草木　惠加昆蟲　億兆夷人

說仰皇風　丕顯大業　永世彌崇

晉四箱歌十六篇　成公綏造

莫匪俊德　流化罔極　王猷允塞

穆穆天子　光臨萬國　多士盈朝

上壽酒　樂未央　大晉應天慶

皇帝永無疆　羿旄燿辰極

嘉會置酒　嘉賓充庭

右詩一章王公上壽酒所用

濟濟鏘鏘　金振玉聲

鐘鼓振奏清　百辟朝三朝　或明儀形

禮樂具　宴嘉賓　眉壽胙聖皇

景福惟日新　羣后咸止　有來雝雝

獻酬納贄　崇此禮容　豐肴萬姐

旨酒千鍾　嘉樂盡樂宴　福祿咸收同

樂哉　天下安寧　道化行

風俗清　簫韶作　詠九成

年豐穰　世泰平　至治哉

樂無窮　元首聰明　股肱忠

澍豐澤　揚清風

嘉瑞出　靈應彰　麒麟見

鳳皇翔　醴泉涌　流中唐

嘉禾生　德盈箱　降繁祉

胙聖皇　肇啓晉邦　流胙無疆

宣開洪業　景克昌　文欽明

受命應期　授聖德　四世重光

德彌彰　承天位　統萬國

泰始建元　鳳皇龍興　龍興伊何

亨胙萬乘　奄有八荒　化育黎蒸

圖書煥炳　金石有徵　德光大

道熙隆　被四表　格皇穹

弈弈萬嗣　明明顯融

高朗令終　保茲永胙　與天比崇

聖皇君四海　順人應天期　三葉合重光

泰始開洪基　明燿參日月　功化伴四時

宇宙清且泰　黎庶咸雖熙　善哉雖熙

惟天降命
翼仁祐聖　於穆三皇
載德彌盛
總齊璿璣　光統七政
百揆時序
化若神聖　四海同風
興至仁
濟民育物　擬陶鈞
擬陶鈞
垂惠潤　皇皇群賢
峨峨英儁
德化宣　芬芳播來儀
皇極闢四門
垂後昆　清廟何穆穆
播來儀
皇極闢四門　萬機無不綜
娓娓翼翼
樂不及荒　饑不遑食

二十四　宋書志卷第十　三九　茂叔

大禮既行　樂無極
登崑崙　上增城　乘飛龍
冠日月　佩五星　外泰清
披慶雲　蔭繁榮　揚虹蜺　建彗旌
順天地　和陰陽　覽八極　游天庭
張景網　正皇綱　序四氣　燿三光
邁洪化　振靈威　播仁風　流惠康
朝閶闔　宴紫微　懷萬方　納九夷
建五旗　羅鐘虡　列四縣　奏韶武

鏗金石
揚雄羽　縱八佾　巴渝舞
詠雅頌
和律呂　于胥樂　樂聖主
化蕩滌
清風泄　總英雄　御俊傑
開宇宙
塤四裔　光緝熙　美聖哲
超百代
揚休烈　流景胙　顯萬世
皇皇顯祖
翼世佐時　寧濟六合
受命應期
神武鷹揚　大化咸熙
廓開皇衢
用成帝基
光光景皇
無競維烈
匡時拯俗

二十　榮書志卷第十　四十　志

休功蓋世　宇宙既康　九域有截
天命降鑑　啟胙明哲　與靈合契
穆穆烈考　克明克儁　實天生德
誕膺靈運　肇建帝業　開國有晉
載德弈世　垂慶洪胤　龍飛在天
明明聖帝　仰化清雲　俯育重淵
通德幽玄　於萬斯年
受靈之祐
右雅樂正旦大會行禮詩十五章

宋四箱樂歌五篇　王韶之造

於鑠我皇　禮仁包元　齊明日月
比旦重乾坤　陶甄百王　稽則黃軒
訏謨定命　辰告四蕃
將將蕃后　翼翼羣僚　盛服待晨
明發來朝　饗以八珍　樂以九韶
仰祗天顏　厭飫孔昭
法章既設　初筵長舒　濟濟列辟
端委皇除　飲和無盈　威儀有餘

宋書志十　四十二　余貫

溫恭在位　敬紉如初
九功既歌　六代惟時　被德在樂
宣道以詩　穆矣大和　品物咸熙
慶積自遠　告成在茲

右肆夏樂歌四章　客入於鑠曲皇於鑠曲皇帝振作
四箱振作將將曲皇帝入變服四箱振
作於鑠將將二曲又黃鐘太簇二箱作

法章九
功二二曲

大哉皇宋　長發其祥　篡系在漢
統源伊唐　德之克明　休有烈光

配天作極　辰居四方
皇矣我后　聖德通靈　有命自天
誕授休禎　龍飛紫極　造我宋京
光宅宇宙　赫赫明明

右大會行禮歌二章　姑洗箱作
慶聖皇　靈祚窮二儀

休明等三光　獻壽爵

右王公上壽歌一章　黃鐘箱作
縉熙皇道　則天垂化

明明大宋

宋書志十　四十二　余貫

光定天保　天保既定　肆覲萬方
禮繁樂富　穆穆皇皇
沔彼流水　朝宗天池　洋洋貢職
抑抑威儀　既習威儀　亦閒禮容
一人有則　作孚萬邦
丞哉我皇　固天誕聖　履端惟始
對越休慶　如天斯久　如日斯盛
介茲景福　永固駿命

右殿前登歌三章別有金石

06-355

晨羲載耀　萬物咸覩
禮樂備舉　嘉慶三朝
萬方畢來賀　華裔充皇庭　多士盈九位
俯仰觀玉聲　載爛其輝　恂恂俯仰
鼓鐘震天區　禮容塞皇闈　思樂窮休慶
福履同所歸
元首納嘉禮　萬邦同歡顧　休哉
鳴玉華殿　皇皇聖后　降禮南面
五玉既獻　三帛是蒙　爾公爾侯

元正肇始　典章暉明

君臣嘉燕　建五旗　列四縣
禮無倦　融皇風
樂有文　感陰陽　德無不柔
窮一變
體至和　瑞徽璧　應嘉鐘　景星見
玄化洽　仁澤敷　極禎瑞
甘露墜　木連理　未同穗
窮靈符

懷荒裔　綏黎民　荷天祐
靡不賓　長世弘盛
昭明有融　蘩嘉慶　蒼生欣戴
熙帝載　合氣成和
三靈協瑞　惟新皇代
王道四達　流仁布德　窮理詠乾元
垂訓順帝則　靈化俾四時　幽誠通玄默
德澤被八紘　乾寧軫萬國
皇猷緝　咸熙泰　禮儀煥帝庭
要荒服退外　被髮襲纓免　在袵回衿帶
天覆地載　流澤汪濊　聲教布護

開元辰　鳴珩佩　陶盛化　惟永初　尋倫序　樹聲教
畢來王　觀典章　游太康　德五顯　洪化闡　明皇紀
奉貢職　樂王度　玉昭明　齊七政　王澤流　和靈祇
朝戶皇　說徽芳　永克昌　敷五典　太平始　恭明祀

衍景祚　膺嘉祉

禮有容　樂有儀　金石陳　牙羽施
邁武護　均咸池　歌南風　舞德稱
丈武煥　頌聲興
王道純　德彌淑　寧八表　康九服
道禮讓　移風俗　移風俗　永克融
歌盛美　造成功　詠微烈　邈無窮

右食舉樂歌十章〔黃鍾大簇二箱更作／黃鍾作晨犧羲體至和〕

〔王道開元辰禮有容五曲大簇作五五／懷荒肅邕緝惟永初王道純王曲〕

王渙

宋前舞後舞歌二篇　王韶之造

於赫景明　天監是臨　樂來伊陽　　王韶之造
禮作惟陰　歌自德富　儛由功深
道志和聲　德音孔宣　光我帝基
笙磬諧音　簫韶雖古　九成在今
庭列宮縣　陛羅瑟琴　翽籥簫會
禮作惟陰　儀形六合　化穆自然
協靈配乾　德音孔宣
如彼雲漢　為章于天　昭熙萬類
陶和當年　擊于轊中部　永世弗騫

右前舞歌一章〔晉正德之舞　樊寶箱作〕

寔天誕德　積美自中
王猷四塞　龍飛在天　儀形萬國
欽明惟神　臨朝淵默　不言之化
品物咸德　告成于天　銘勳是勤
翼翼嚴猷　娥娥其仁　順命荊制
因定和神　海外有截　九圍無塵
晃燿司契　垂拱臨民　乃舞大豫
欽若天人　純嘏孔休　萬載彌新

右後舞歌一章〔晉大豫之舞　樊寶箱作〕

假樂聖后　寔天誕德

章廟舞樂歌詞〔雜歌卷同用／詞惟三后別撰〕太廟

實出入秦蕭成樂歌詞二章　　　　殷淡造

舉本考典　恭事嚴重
分枝颷烈　鰪構周張　司儀具序　決天奉賁
酌珍充庭　珮縣凝會　助寶英軒　羽容鳳彰
先期選禮　肅若有承　消朱竚聲
皇慶昭膺　祇對靈祉

尊事威儀　暉容昭敷

梁盛牲俎　肅肅嚴宮　謁謁崇基
皇靈降祉　百祇具司　戒誠望夜
端列承祀　依微昭旦　物色輕宵
鴻慶遐邕　嘉薦天令芳　翊帝明德
永胙流光

牲出入引牲樂歌詞

敬滌犧牲　駈蘭在薆　載溢載豐
維誠潔饗　敬芬秦稷
維孝奠靈

以承宗祀　神監孔昭　嘉是柔牷
以肅皇東
蕭芳四舉

藻蒙豆呈毛血奏嘉薦寮樂歌詞
華火周傳

肇禋戒祀　禮容咸舉　六典飾文
九司昭序　牲柔既昭　儀剛既陳　加邊再御
恭滌惟清　敬事惟神　節動軒越　聲流金縣
兼俎重薦
弈弈閟幃　娓娓嚴闈　潔誠夕鑑
端服晨暉　聖靈庥止　翊我皇則

上綏四寓　孝饗有容　儐僚賛列　下洋萬國　永言孝饗

迎神奏韶夏樂歌詞

右夕牲歌詞

閟宮黝黝　復殿微微　璚除肅炤
缸碧彤輝　黼帝神凝　玉堂嚴馨
園火夕燿　方水朝清　華漢浮天　金枝委樹
翠鎗竚縣　涥波澄宿　仰降皇靈
恭事既風

俯寧休胙

皇帝入廟北門奏永至樂歌詞

皇明凫矣　孝容以昭　鑾華羽迾
拂漢涵灝　行金景送　步玉風韶　翊翊休朝

太祝祼地奏登歌樂詞二章
肅對裡桃　師承祀則　蕭倡函音
帝容承祀　練時消日　九重徹闈　庶旄委佾
四靈賓室

休靈告饗　　嘉薦尚芬
桂籩昭陳　　王瑚飾列
祼崇祀典　　翼翼振振
酬恭孝時　　禮無爽物
信糜媿詞　　精華孚鬯　　誠監昭通
外歌翊節　　下管調風　　皇心履變
敬明尊親　　大哉孝德　　至矣交神

章皇太后神室奏章德凱容之樂舞歌詞

幽瑞浚靈　　表彰媲聖　　翊載徽文
敷光崇慶　　上緯纏祥　　中維飾詠

昭皇太后神室奏昭德凱容之樂舞歌詞

永屬燀猷　　聯昌景命

明帝造

具司選禮

繢儀緯風

登瑞紫宮　　訓形霄宇　　武彰宸宮

騰芬金會　　寫德聲容

表靈躔象　　膺華丹燿

宣皇太后神室奏宣德凱容之樂舞歌詞

明帝造

天樞凝燿　　地紐儷燿　　聯光騰世

炳慶翔機　　薰誦中寓　　景緯上微
玉頌鏵德　　金蕤嗣傳徽

皇帝還東壁受福酒奏嘉時之樂舞詞

禮藝冢洽　　福時昌　　皇聖膺嘉祐
帝業凝休祥　　居極乘景運　　宅德瑞中王
澄明臨四表　　精華延八鄉　　洞海周聲惠
徽寓麗乾光　　靈慶纏世祉　　鴻烈永無疆

送神奏昭夏之樂舞歌詞二章

大孝備　　盛禮豐　　神安留　　嘉樂充
旋駕聳　　汎青雲　　延八虛　　闡四空
藹流景　　蕭行風
昭融教　　緝風度　　戀皇靈　　結深慕
解羽縣　　輟華樹　　背璿除　　端玉輅
流汪濊　　慶國步

皇帝詣便殿奏休成之樂歌詞

醴醑具登　　嘉俎咸薦　　饗洽誠陳
禮周樂徧　　祝詞罷祼　　序容輟縣
蹕動端庭　　靈回嚴殿　　神儀駐景

華漢亭虛　　八靈案衛　　三祇解途

翠蓋耀澄　　畢弈疑震　　王鑣息節

金輅懷音　　式誠遠孝　　底心肅感

追馮皇鑒　　思承淵範　　神錫崇祉

四緯昭明　　仰福帝徽　　俯齊庶生

宋書志第十　　　宋書二十

宋書二十一

臣沈約新撰

樂三

但歌四曲出自漢世無弦節作伎最先一人倡
三人和魏武帝尤好之時有宋容華者清澈好
聲善倡此曲當時特妙自晉以來不復傳遂絕
相和漢舊歌也絲竹更相和執節者歌本一部
魏明帝分為二聲遞夜宿本十七曲朱生宋識
削和等復合之為十三曲

相和

駕六龍　氣出倡　武帝詞

駕六龍乘風而行行四海外路下之八邦歷
登高山臨谿谷乘雲而行行四海外東到泰
山仙人玉女下來翺游驂駕六龍飲玉漿河
水盡不東流解愁腹飲玉漿奉持行東到蓬
萊山上至天之門王關下引見得入赤松相
對四面顧望視正焜煌開玉心正興其氣百
道至傳告無窮閉其口但當愛氣壽萬年東

到海與天連神仙之道出窈入冥常當專之心
怡憺無所惕欲閉門坐自守天與期氣願得神
之人乘駕雲車驂駕白鹿上到天之門來賜神
之藥跪受之敬神齊當如此道自來出
自以為大高百丈浮雲為之蓋仙人欲來出
隨風削之雨我洞簫鼓瑟琴何閒闇酒與
歌戲今日相樂誠為樂玉女起起儛移數時
鼓吹一何嘈嘈從西北來時仙道多駕煙乘
雲駕龍鬱何務荔遨游八極乃到崑崙之山

西王母側神仙金止玉亭來者為誰赤松王
喬乃德旋之門樂共飲食到黃昏多駕合坐
母臺金階玉為堂芝草生殿旁東西廂客滿
萬歲長宜子孫
游君山甚為真礴碨砑碢爾自為神乃到王
堂主人當行觴坐者長壽遽何央央長樂甫始
宜孫子常願主人增年與天相守

宜子孫

精剬　武帝詞

厥初生

厥初生造化之陶物莫不有終期莫不有終期

聖賢不能免何為懷此憂願螭龍之駕思
想崑崙居思想崑崙居見期於迂怪志意在
蓬萊志意在蓬萊周孔聖徂落會稽以墳立會稽以墳
丘陶陶誰能度君子以弗憂年之暮奈何過
時時來微

度關山　　武帝辭

天地間

天地間人為貴立君牧民為之軌則車轍馬迹
經緯四極黜陟幽明黎庶繁息於鑠賢聖總
統邦域封建五爵井田刑獄有燔丹書無普赦
贖皇陶甫刑何有失職嗟哉後世政制易律勞
民為君役賦其力舜漆食器畔者十國不及唐
堯採椽不斲世歎伯夷欲以厲俗儉惡之大儉
為恭德許由推讓豈有訟曲兼愛尚同疏者
為戚

江南可採蓮

江南　　古辭

江南可採蓮蓮葉何田田魚戲蓮葉間魚戲蓮葉
蓮葉東魚戲蓮葉西魚戲蓮葉南魚戲蓮葉北

東光乎　　東光乎　　古辭

東光乎倉梧何不平倉梧多腐粟無益諸軍糧
諸軍游蕩子蜑行多悲傷

登山有遠望　　　　　文帝詞

登山而遠望谿谷多所有榤枏千餘尺眾草之
盛茂華葉燿人目五色難可紀雌雄山雞鳴虎
嘯谷風起號罷當我道狂顧動牙齒

　　　　十五

薤露　　　武帝詞

惟漢二十二世

惟漢二十二世所任誠不良沐猴而冠帶智小
而謀強猶豫不敢斷因狩執君王白虹為貫日
已亦先受殃賊臣持國柄殺主滅宇京蕩覆帝
基業宗廟以燔喪播越西遷移號泣而且行瞻
彼洛城郭微子為哀傷

關東有義士

蒿里行　　武帝詞

關東有義士興兵討群凶初期會孟津乃心在
咸陽軍合力不齊躊躇而雁行勢利使人爭嗣
還自相戕淮南弟稱號刻璽於北方鎧甲生蟣
蝨萬姓以死亡白骨露於野千里無雞鳴生民
百遺一念之絕人腸

對酒歌太平時　對酒　武帝詞

對酒歌太平時吏不呼門王者賢且明宰相股
肱皆忠良咸禮讓民無所爭訟三年耕有九年
儲倉穀滿盈斑白不負戴雨澤如此五穀用成
郤走馬以糞其上田爵公侯伯子男咸愛其民
以黜陟幽明子養有若父與兄犯禮法輕重隨
其刑路無拾遺之私圖空虛冬節不斷人毫
犛耆皆得以壽終恩德廣及草木昆蟲

雞鳴高樹顛　雞鳴　古詞　五

〔二〕宋書志十一

雞鳴高樹顛狗吠深宮中蕩子何所之天下方
太平刑法非有貸柔協正亂名黃金為君門璧
玉為軒闌堂上有雙尊酒作使邯鄲倡劉王碧
青覺後出郭門王舍後有方池池中雙鴛鴦鴛
鴦七十二羅削自成行鳴聲何噭噭聞我殿東
箱兄弟四五人皆為侍中郎五日一時來觀者
滿道傍黃金絡馬頭熲何煌煌桃生露井上
李樹生桃傍蟲來齧桃根李樹代桃僵樹木身
相代兄弟還相忘

烏生八九子　烏生　古詞

烏生八九子端坐秦氏桂樹間唶我秦氏家有
游遨蕩子工用睢陽彊蘇合彈左手持彊彈兩
丸出入烏東西唶我一丸即發中烏身烏死魂
魄飛揚上天阿母生烏子時乃在南山巖石間
唶我人民安知烏子蹊徑窈窕安從通白鹿乃
在上林西苑中射工尚復得白鹿脯哺唶我
黃鵠摩天極高飛後宮尚復得身價之鯉魚乃
在洛水深淵中釣鉤尚得鯉魚口唶我人民生

〔三〕宋書志十一

各各有壽命死生何須復道前後　平陵　古詞　六

平陵東　文帝詞

平陵東松栢桐不知何人劫義公劫義公在高
堂下交錢百萬兩走馬兩走馬亦誠難顧見追
吏心中惻心中惻血出漉歸告我家賣黃犢

陌上桑　文帝詞

棄故鄉　亦在楚調　陌上桑

棄故鄉離室宅遠從軍旅萬里客披荆棘求阡
陌側足獨窘步路局笮虎豹嗥動雞驚禽失羣
鳴相索登南山奈何蹋殽石樹木叢生鬱差錯

僂高草陰柏濤泣兩面霑枕席伴旅單稍稍
日零落惆悵竊自憐相痛惜

今有人

陌上桑　楚詞鈔

今有人山之阿被服薜荔帶女蘿既含睇又宜
笑子戀慕子善窈窕乘赤豹從文貍辛夷車駕
結桂旗被石蘭帶杜衡折芳拔荃遺所思處幽
室終不見天路險艱獨後來表獨立山之上雲
容容而在下杳冥冥羌晝晦東風飄颻神靈
雨風瑟瑟木搔搔思念公子徒以憂

何容容而在下杳冥冥羌晝晦東風飄颻神靈

駕虹蜺　武帝詞

駕虹蜺乘赤雲登彼九疑歷玉門濟天漢至崑崙見
西王母謌東君交赤松及羨門受祕道愛精神食
芝英飲醴泉桂杖桂枝佩秋蘭絕人事游渾元冬疾
風游欻飄飄景未移行數千壽如南山不忘愆

清商三調歌詩
　　荀勗撰舊詞施用者

平調

短歌行　武帝詞　解六

周西
周西伯昌懷此聖德參分天下而有其二脩奉

貢獻臣節不墜崇疾讒之是以拘繫　解一　後見赦
原賜之斧鉞得使征伐為仲尼所稱達及德行
猶奉事殷論叙其美　解二　齊桓之功為霸之首九
合諸疾一匡天下不以兵車正而不
論其德傳稱　解三　孔子所歎并稱夷吾民受其恩
賜與廟胙命無下拜小白不敢爾天威在顏咫
尺　解四　晉文亦霸躬奉天王受賜珪瓚秬鬯彤弓
盧弓矢千虎賁三百人　解五　威服諸疾師之者尊
八方聞之名亞齊桓河陽之會詐稱周王是以

其名紛葩　解六

燕歌行　文帝詞　解七

秋風　解一
秋風蕭瑟天氣涼草木搖落露為霜　解二　羣燕辭
歸鵠南翔念君客游多思腸　解三　慊慊思歸戀故鄉
君何淹留寄它方　解四　賤妾煢煢守空房憂來思
君不敢忘　解五　不覺淚下霑衣裳援瑟鳴弦發清
商　解六　短歌微吟不能長明月皎皎照我牀　解七　星
漢西流夜未央牽牛織女遙相望爾獨何辜限

河梁　解七

仰瞻　　　短歌行　文帝詞解八

仰瞻帷幕術察几筵其物如故其人不存解一神
靈悷忽棄我遄遷靡瞻靡恃泣涕連連解二咽咽
游鹿銜草鳴麌翩翩飛鳥挾子巢棲解三我獨孤
煢煢此百離憂心孔疚莫我能知解四人亦有言
憂令人老嗟我白髮生一何早解五長吟永歎懷
我聖考曰仁曰壽胡不是保解六

別日　　　　燕歌行　文帝詞解六

別日何易會日難山川悠遠路漫漫解一鬱陶思
君未敢言寄書浮雲往不還解二涕零雨面毀形
顏誰能懷憂獨不歎解三耿耿伏枕不能眠披衣
出戶步東西解四展詩清歌聊自寬樂往哀來摧
心肝悲風清厲秋氣寒羅帷徐動經秦軒解五仰
戴星月觀雲間飛鳥晨鳴聲氣可憐蜀連顧懷
不自存解六

對酒　　　　短歌行　武帝詞解六

對酒當歌人生幾何譬如朝露去日苦多解一慨
當以忼憂思難忘以何解愁唯有杜康解二青青

子衿悠悠我心但為君故沈吟至今解三明明如
月何時可輟憂從中來不可斷絕解四咽咽鹿鳴
食野之苹我有嘉賓鼓瑟吹笙解五山不厭高水
不厭深周公吐哺天下歸心解六

清調

晨上　　　　秋胡行　武帝詞

晨上散關山此道當何難晨上散關山此道當
何難牛頓不起車墮谷間坐磐石之上彈五弦
之琴作為清角韻意中述煩歌以言志晨上散
關山解一有何三老公卒來在我傍有何三老公
卒來在我傍負揜被裘似非恆人謂卿云何因
苦以自怨徨徨所欲來到此間歌以言志有何
三老公解二我居崑崙山所謂者真人道深有可得
山所謂者真人道深有可得名山歷觀遨游八
極枕石漱流飲泉沈吟不決遂上升天歌以言
志我居崑崙山解三去去不可追長恨相牽攀去
去不可追長恨相牽攀夜夜安得寐惆悵以自
憐正而不譎辭賦依因經傳所過西來所傳歌以

06-365

言志去去不可追〔四解〕

又本晨上散關山此道當何〔限〕山坂〔移來〕山〔所謂〕在

北上
北上太行山艱哉何巍巍羊腸坂詰屈車輪為之摧
樹木何蕭瑟北風聲正悲熊羆對我蹲虎豹夾道啼
谿谷少人民雪落何霏霏〔霏〕延頸長歎息遠行多所懷〔解〕
我心何怫鬱〔佛〕

苦寒行 武帝詞〔解六〕

道正徘徊〔解四〕迷惑失徑路無所
宿棲〔解〕行行日以遠人馬同時饑〔僭〕
囊行取薪斧冰持作糜〔麋〕
悲彼東山詩悠悠使我哀〔解六〕

東歸
東歸水深橋梁絕中

顧登
顧登泰華山神人共遠

秋胡行 武帝詞〔解五〕

武帝詞〔解五〕

顧游
顧游經歷崑崙山到蓬萊飄颻八極與神人俱
思得神藥萬歲為期歌以言志顧登泰華山〔解一〕

〔三十四〕〔宋書志十一〕 十一 孫

天地何長久人道居之
短世言伯陽殊不知老赤松王喬亦云得道
得之未聞庶以壽考歌以言志天地何長父〔解〕
明明日月光何所不光〔昭〕
昭昭二儀合聖化貴者獨人不萬國率土莫非
王臣仁義為名禮樂為榮歌以言志明明日月〔解〕
光四時更逝去晝夜以〔解〕
歲歲大人先天而天弗違不戚年往世逝
不治存亡有命慮之為蚩歌以言志四時更逝去〔解四〕
所之盛壯智惠殊不再來愛時進趣將以
惠誰泛泛放逸亦同何為歌以言志戚戚欲何〔解五〕
念
念 上謁

上謁
上謁從高山山頭危嶮大難遇望五嶽端
吾欲上謁從高山山頭危嶮天難遇望五嶽端

董桃行 古詞〔解五〕

古詞〔解五〕

黃金為關班璘但見芝草葉落紛紛〔解一〕百鳥集
來如煙山獸紛綸麟辟邪其端鵾雞聲鳴但見
山獸援戲相拘攀〔解二〕小復前行玉堂未心懷流

〔三十〕〔宋書志十二〕 十二 孫

還傳教出門來門外人何求所言欲從聖道求

一得命延壽教敕凡吏受言米取神藥若水端

白兔長跪擣藥蝦蟆丸奉上陛下一玉杯服此

藥可得卽仙服爾神藥無不歡喜陛下長生

老壽四面肅肅稽首天神擁護左右陛下長與

天相保守〔解五〕

蒲生〔塘上行　武帝詞　解五〕

蒲生二我二池二中二其葉二何離離傍能行

儀儀莫能縷自知衆口鑠黃金使君生別離〔解一〕

念二君二去二我二時二獨愁常苦悲想見君

顏色感結傷心脾今悉夜夜愁不寐〔解二〕

豪二賢二故二棄捐素所愛莫用魚肉貴〔解二〕

捐薏與蕪菁莫用麻枲賤棄菅與蒯〔解三倍二恩〕

二者二苦二楛蹀船常苦沒教君安息定〔解四〕

莫致倉卒念與君一共離別亦當何時共坐復

相對二亦二復二苦二愁二入亦復苦愁

邊地多悲風樹木何蕭二今日樂相樂延年壽

千秋〔解五〕

三八　〔宋書志十一〕　十三　孫

悠悠〔苦寒行　明帝詞　解五〕

悠二悠二發二洛二都二幷二我二征二東二征行

彌二旬二屯二吹二隴二陂二城〔解〕顧觀故壘處二皇二祖

之二所二營二屋室若平昔棟宇無邪傾〔解〕奈何我

皇二祖二隆二德二隱二聖二形二雖二沒二而二不二朽二書二貴

垂二休二名〔解三〕光二先二我二皇二祖二軒二耀二同二其二榮

遺二化二布二四二海二八二表二以二肅二清〔解四〕雖二有二吳二蜀二寇

春二秋二足二光二耀二兵二徒二悲二我二皇二祖二不二永二享二百二齡

賦詩以寫懷伏軾淚霑纓〔解五〕

瑟調

朝日〔善哉行　文帝詞　解五〕

朝二日二樂二相二樂二酣二歌二不二知二醉二悲二弦二激二新二聲二長二當二吐

清二氣二弦二歌二感二人二腸二四二坐二皆二歡二說二寥二寥二高二堂二上

涼二風二入二我二室二〔解〕持二滿二如二不二盈二有二得二者二能二卒二君二子

多二苦二心二所二愁二不二但二一〔解〕慷二慷二下二白二屋二吐二不二可

失二衆二寶二飽二滿二蒲二歸二主二人二苦二不二悉〔解四〕比二翼二翔二雲二漢二羅

者二安二所二羈二沖二靜二得二自二然二榮二華二何二足二爲〔解五〕

上山〔善哉行　文帝詞　解六〕

三六　〔宋書志十一〕　十四　孫

06-367

上山采薇薄暮苦饑溪谷多風霜露沾衣〔解一〕野
雉羣雛猿猴相追還望故鄉鬱何壘壘〔解二〕高山
有崖林木有支憂來無方人莫之知〔解三〕人生若
寄多憂何爲今我不樂歲月其馳〔解四〕湯湯川流
中有行舟隨波轉薄有似客游〔解五〕策我良馬被
我輕裘載馳載驅聊以忘憂〔解六〕

朝游　　　文帝詞〔解五〕　　孫

朝游高臺觀夕宴華池陰大酋奉甘醴狩人獻
嘉禽一齊倡發東舞秦箏西音奏有客從南來〔解一〕
〔二十〕〔宋書志十一〕

爲我彈清琴〔解二〕五音紛繁會拊者激微吟淫魚乘
波聽躊躍自浮沈〔解三〕飛鳥翻翔舞悲鳴集北林
樂極哀情來懷亮摧肝心〔解四〕清角豈不妙德薄
所不任大哉子野言弭弦且自禁〔解五〕

古公　　　善哉行　　武帝詞〔解七〕　　孫

古公亶甫積德垂仁思弘一道哲王於豳〔解一〕太
伯仲雝王德之仁行施百世斷髮文身〔解二〕伯夷
叔齊古之遺賢讓國不用餓殂首山〔解三〕智哉山
甫相彼宣王何用杜伯累我聖賢〔解四〕齊桓之霸

賴得仲父後任豎刁蟲流出戶〔解五〕晏子平仲積
德兼仁與世沈德未必思命〔解六〕仲尼之世王國
爲君隨制飲酒揚波使官〔解七〕

　　　善哉行　　武帝詞〔解六〕　　孫

自惜
自惜身薄祜凤賊罹孤苦既無三徙教不聞過〔解一〕
於悲夫乞活安能覩我願於天窮琅邪傾側〔解三〕
左雖欲竭忠誠欣公歸其楚〔解四〕快人日爲歡抱
庭語〔解一〕其窮如抽裂自以思所怙雖懷一个志
是時其能與〔解二〕守窮者貧賤惋悢涕如雨泣涕
〔三八〕〔宋書志十〕

情不得叙顯行天教人誰知莫不緒〔解五〕我願何
時隨此歎亦難勦令我將何照於光耀釋銜不〔解六〕
如雨〔解六〕

我徂
我徂我征伐彼虜虜練師簡辛戔正其旅〔解一〕輕
舟竟川初鴻依浦柏柏猛毅如羆如虎〔解二〕發袍
若雷吐氣成雨旌指麾進退應矩〔解三〕百馬齊
鬣御由造父休休六軍咸同斯武〔解四〕兼塗星邁

　　　善哉行　　明帝詞〔解八〕　　孫

亮茲行阻行行日遠西背京許〔解五〕游弗淹旬遂

届揚土奔寇震懾莫敢當御〔解六〕虎臣列將怫鬱
免怒淮泗蕭肅清舊揚揚微所〔解七〕運德燿威惟鎮惟
撫反旆言歸告入皇祖〔解八〕

赫赫

赫赫大魏王師祖征冒暑討亂振燿威靈〔解二〕氾
舟黃河隨波潏漫通渠田越行路綿綿〔解二〕采旄
蔽日旗旒翳天淫魚瀺灂游戲深淵〔解三〕唯塘泊
從如流不為單握揚楚心惆悵歌采薇心綿綿
在淮肥願君速捷蚤旋歸〔解四〕

善哉行　明帝詞〔解四〕

来日　善哉行　古詞〔解六〕孫

来日大難口燥脣乾今日相樂皆當喜歡〔解一〕經
歷名山芝草翻翻仙人王喬奉藥一丸〔解二〕自惜
袖短內手知寒慙無靈輒以報趙宣〔解三〕月沒參
戚日苦多以何忘憂彈箏酒歌〔解四〕歡日尚少　淮南八公要
橫北斗闌干親交在門饑不及餐〔解五〕

東門　東門行　古詞〔解四〕
大曲
道不煩參駕六龍游戲雲端〔解六〕

出東門不顧歸来入門悵欲悲盎中無斗儲還
視桁上無縣衣解一拔劍出門去兒女牽衣啼它
家但願富貴賤妾與君共餔糜解二共餔糜上用
倉浪天故下為哉口小兒今時清廉難犯教言解二君復
自愛莫為非行吾去為遲平慎行望吾歸解二
西山
西山一何高高珠無極上有兩仙僮
不食與我一丸藥光耀有五色解一服藥四五日

折楊柳行　文帝詞〔解四〕

身體生羽翼輕舉乘浮雲倏忽行萬億流覽觀
四海苕苕非所識解二彭祖攝七百悠悠安可原
老聘適西戎于今竟不還王喬假虛詞赤松垂
空言解三達人識真偽愚夫好妄傳追念往古事
憒憒千萬端百家多迂怪聖道我所觀解四

羅敷

羅敷　豔歌羅敷行　古詞〔解三〕

日出東南隅照我秦氏樓秦氏有好女自名為
羅敷羅敷喜蠶桑采桑城南隅青絲為籠係桂
枝為籠鉤頭上倭墮髻耳中明月珠緗綺為下

帬紫綺為上襦行者見羅敷下擔捋髭須少年
見羅敷脫帽著帩頭耕者忘其犁鋤者忘其鋤
來歸相怒怨但坐觀羅敷〔解一〕使君從南來五馬
立踟躕使君遣吏往問是誰家姝秦氏有好女
自名為羅敷羅敷年幾何二十尚不足十五頗〔解〕
有餘使君謝羅敷寧可共載不羅敷前置詞使〔二〕
君一何愚使君自有婦羅敷自有夫〔解二〕東方千
餘騎夫壻居上頭何用識夫壻白馬從驪駒青
絲繫馬尾黃金絡馬頭腰中鹿盧劒可直千萬
餘十五府小史二十朝大夫三十侍中郎四十
專城居為人潔白皙鬑鬑頗有須盈盈公府步
冉冉府中趨坐中數千人皆言夫壻殊〔三解 有艷詞〕

〔曲後有趨〕

西門

古詞〔解六〕

出西門步念之今日不作樂當待何時〔解一〕夫為
樂為樂當及時何能坐愁怫鬱當復來茲〔解二〕飲
醇酒炙肥牛請呼心所歡可用解愁憂〔解三〕人生
不滿百常懷千歲憂晝短而夜長何不秉燭游

〔解四〕自非仙人王子喬計會壽命難與期
命可期貪財愛惜費但為後世嗤〔解五〕人壽非金石年
〔去之如雲除弊卑羸馬為自
推無自非以下四十八字〕〔六解 一本〕

折楊柳行

古詞〔解四〕

默默施行違厭罰隨軍來末喜殺龍逢桀放於
鳴條伊言不用紂頭縣白旄指鹿用為馬〔解〕
胡亥以喪軀〔解二〕夫差臨命絕乃云負子胥戎王
納女樂以亡其由余璧馬禍及虢二國俱為墟〔解三〕
三夫成市虎慈母投杼趨下和之刖足接子〔解三〕
歸草盧〔解四〕

園桃　煌煌京洛行

文帝詞〔解五〕

園桃無子空長虛美難假偏輪不行〔解一〕淮
陰五行鳥得弓藏保身全名獨有子房大憤不〔解二〕蘇秦之說
收裹衣無帶多言寡誠祇令事敗〔解二〕蘇秦之說
六國以亡傾側賣主車裂固當賢矣陳軫忠而
有謀楚懷不從禍卒不救〔解三〕禍夫吳起智小謀
大西河何健伏尸何勞〔解四〕嗟彼郭生古之雅人

氣肅清敏霜霏霜鷗雁晨鳴鴻雁南飛蟄鳥

智美燕照可謂得臣我我仲連齊之高士北辭
千金東蹢滄海 解五

白鵠　豔歌阿嘗鵠行 一曰飛　古詞 解四

飛來雙白鵠乃從西北來十十五五羅列成行
一解

妻卒被病行不能相隨五里一反顧六里一
解二

吾欲銜汝去口噤不能開吾欲負汝去
毛羽何摧頹
解三

樂哉新相知憂來生別離躑躅
顧羣侶淚下不自知念與君離別氣結不能
解四

言各各重自愛道遠歸還難妾當守空房閉門

下重關若生當相見亡者會黃泉今日樂相樂
延年萬歲期
念與下為　趙曲前有

步出夏門行　武帝詞 解四

雲行雨步越九江之皋臨觀異同心意懷游豫不
知當後何從經過至我碣石心惆悵我東海
為臨此　至魋

碣石
東臨碣石以觀滄海水何淡淡山島疏峙
行

樹木叢生百草豐茂秋風蕭瑟洪濤湧起日月
之行若出其中星漢粲爛若出其裏幸甚至
哉歌以言志觀滄海 解　孟冬十月北風裴回天

孫

潛藏熊羆窟樓錢鑄傳置農牧積場逆旅正設
以通賈商幸甚至哉歌以詠志冬十月 解二　鄉土不

同河朔隆寒流澌浮漂舟船行難雖男俠輕非心
深奧永竭不流水堅可蹈士隱者貧勇俠輕非心
常歎怨戚戚多悲幸甚至哉歌以詠志河朔寒 解三

神龜雖壽猶有音時騰蛇未霧終為土灰驥老
伏歷志在千里烈士暮年壯心不已盈縮之期不
但在天養怡之福可得永年幸甚至哉歌以詠
志神龜雖壽 解四

何嘗　豔歌何嘗行　古辭 解五

何嘗快獨無憂但當飲醇酒炙肥牛 解一　長兄為

二千石中兄被貂裘 解二　小弟雖無官爵鞍馬駃
駃往來王侯長者遊 解三　但當在王侯殿上快 獨

攋蒲六博對坐彈碁 解四　男兒居世各當努力蹋
迫日暮殊不久留 解五　少小相觸抵寒苦常相隨
志安足諍吾中道與卿共別離約身奉事君禮
斯不可虧上慊滄浪之夫下顧黃只小兒奈何復

朱文

老心皇皇獨悲誰能知少小下爲趨

置酒

野田黃雀行 用此曲亦 東阿王詞 解四
空族引亦

置酒高殿上親交從我游中廚辦豐膳亨羊宰

肥牛秦筝何慷慨齊瑟和且柔 一陽阿奏奇舞

京洛出名謳樂飲過三爵緩帶傾庶羞 主稱和

秦洛歸山丘先民誰不死知命復何憂 解四

我適二驚風飄白日光景馳西流生存華屋處

謙謙君子德磬折欲何求盛時不再來百年忽

金壽實奉萬年酬 解二久要不可忘薄終義所尤

爲樂

滿歌行 解四

三百二十八 宋書志十一 二十三 孫

爲樂未幾時遭世險巇逢此百離伶丁荼毒悲

懍難支遙望辰極天曉月移憂來閶心誰當我

知 解一戚戚多思慮耿耿不寧禍福無形唯念古

人遜位躬耕遂我所願以茲自寧自鄙山棲守

此一榮 解二莫秋削風起西踰滄海心不能安攬

衣起瞻夜此斗闌干星漢照我去去自無它奉

事二親勞心可言 解三窮達天所爲智者不愁多

爲少憂安貧樂正道 師彼莊周遺名者貴子熙

同戲往者二賢名壺千秋 解四 飲酒歌舞不樂何

須善哉照觀日月日月馳驅輾軻世間何有何

無貪財惜費此一何愚命如鑒石見火居世竟

能幾時但當歡樂自娛盡心極所興怡安善養

君德性百年保此期顧 解二 君

夏門

步出夏門行 西行 一日隴 明帝詞

步出夏門東登首陽山譫哉夷叔仲尼稱賢君

子退讓小人爭先惟斯二子于今稱傳林鐘受

謝節改時遷日月不居誰得久存善哉殊復善

三百二十 宋書志十一 二十四 孫

弦歌樂情 解一 商風夕起悲彼秋蟬變形易色隨

風東西乃着西顧雲霧相連丹霞蔽日采虹帶

天弱水潺潺落葉翩翩孤禽失羣悲鳴其間善

哉殊復善悲鳴在其間 解二 朝游清冷日莫譫

歸 朝游上 爲趨 蹶迫日莫烏鵲南飛繞樹三匝何枝

可依卒逢風雨樹折枝摧雄來驚雌雄獨秋棲

夜失羣侶悲鳴襄回芃芃荊棘葛生綿綿感彼

風人惆悵自憐月盈則沖華不再繁古來之說

譬哉一言 爲趨 職迫下

06-372

王者布大化　權歌行　明帝詞解二

王者布大化配乾稽右祇陽育則陰殺景應
度解一文德以時振武功伐不隨重華儷千歲有
苗服從嬌解二蠢爾吳蜀虜馮江棲山阻哀王
移解發我許昌宮列舟于長浦解翌日乘波揚棹歌
悲且涼大常拂白日旗幟紛設張解五將抗旌與
戝耀威於彼方伐辠以弔民清我東南疆為趨

洛陽行 三百三十 鴈門太守行
二十五　古詞解八　孫

孝和帝在時洛陽令王君本自益州廣漢民小
行官學通五綸論解一明知法令歷世衣冠從溫
補洛陽令治行致賢攦護百姓子養萬民解二外
行猛政內懷慈仁文武甫具料民富貧移惡子
姓名五篇箸里端解三傷殺人比任同辜對門禁
鎘矛八尺捕輕薄少年加笞決辠詣市論解四
無妄發賦念在理寃教吏不得苟煩財用
錢三十買緪禮竿解五賢哉賢哉我縣王君臣吏
衣冠表事皇帝切曹主簿臣得其人解六臨部居

職不敢行恩清身苦體風夜勞勤治有能名遠
近所聞解七天年不遂蚤就奄昏為君作祠安陽
亭西欲令後世莫不稱傳解八

白頭吟　與權歌同調　古詞解五

晴如山上雲皎若雲間月聞君有兩意故來相
決絕解一平生共城中何嘗斗酒會今日斗酒會
明旦溝水頭躞蹀御溝上溝水東西流解二郭東
亦有樵郭西亦有樵兩樵相推與無親為誰驕

凄凄重凄凄嫁娶亦不啼願得一心人白頭
不相離竹竿何嫋嫋魚尾何離筷解三男兒欲相知
何用錢刀為齷如五馬噉其川上高士嬉今日

楚調怨詩

相篸樂延年萬歲期紫羅咄咄秦何

明月　　明月

明月照高樓流光正裵徊上有愁思婦悲歎有
餘哀解一借問歎者誰自云客子妻夫行踰十載
賤妾常獨棲解二念君過於渴恩君劇於飢君為

東阿王詞解七

高山柏妾為濁水泥解三北風行蕭蕭烈入吾

耳心中念故人淚墮懷不能止解四沈浮各異路會
合當何諧願作東北風吹我入君懷解五君懷常
不開賤妾當何依恩情中道絶流止仕東西解六
我欲竟此曲此曲悲且長今日樂相樂別後莫
相忘解七

志第十一

宋書三十一

樂四

漢鞞舞歌五篇
　關東有賢女
　章和二年中
　樂久長
　四方皇
　殿前生桂樹

一八一　宋書志十二

魏鞞舞歌五篇
　明明魏皇帝
　太和有聖帝
　魏歷長
　天生丞民
　為君既不易

魏陳思王鞞舞歌五篇
　聖皇篇　　當章和二年中
　聖皇應曆數　　正康帝道休

孫

九州咸寶服
三公奏諸公
蕃位任至重
侍臣省文奏
沈吟有愛戀
迫有官典憲
諸王當就國
優時舍外殿
主上增顧念

一八五　宋書志十二

威德洞八幽
不得久淹留
舊章咸率由
陛下體仁慈
不忍聽可之
不得顧恩私
重綬何累纕
宮省寂無人
皇母懷苦辛

何以為贈賜
文錢百億萬
乘輿服御物
龍旗垂九旒
諸王自計念
思一效筋力
鴻臚擁節衛
貴戚並出送
車服齊整設

傾府竭寶珍
采帛若煙雲
錦羅與金銀
羽益象班輪
無功荷厚德
麋軀以報國
副使隨經營
夾道交輜軿
鞶辇華耀天精

孫

武騎備前後
鼓吹簫笳聲
祖道魏東門
涙下露冠纓
扳益因内顧
倪仰慕同生
行行將日莫
何時還關庭
車輪爲裵囬
四馬躊躇鳴
路人尚酸鼻
何況骨肉情

靈芝篇

當殿前生桂樹

靈芝生玉地
朱草被洛濱
榮華相晃耀
光采曄若神
古時有虞舜
父母頑且嚚
盡孝於田隴
烝烝不違仁
伯瑜年七十
采衣以娛親
慈母笞不痛
歔欷涕沾巾
丁蘭少失母
自傷蚤孤煢
刻木當嚴親
朝夕致三牲
暴子見陵侮
犯罪以亡形
犬人爲泣血
免戾全其名
董永遭家貧
父老財無遺

舉假以供養
傭作致甘肥
責家填門至
不知何用歸
天靈感至德
神女爲秉機
歲月不安居
烏乎我皇考
生我既已晚
棄我何期蚤
蓼莪誰所興
念之令人老
退詠南風詩
灑涙滿褘抱

亂曰

聖皇君四海
德教朝夕宣
萬國咸禮讓
百姓家蕭虞
庠序不失儀
孝悌處中田
戸有曾閔子
比屋皆仁賢
髧亂無夭齒
黃髮盡其年
陛下三萬歲
慈母亦優然

大魏篇

當漢吉昌

大魏應靈符
天祿方甫始
聖德致泰和
神明爲驅使
左右空供養
中殿空皇子

陛下長壽考　羣臣拜賀咸說喜
積善有餘慶　榮祿固天常
眾善填門至　臣子蒙福祥
無惡及陽遂　輔翼我聖皇
眾吉咸集會　山邪姦惡並滅亡
黃鵠游殿前　神鼎周四阿
王馬充乘輿　芝蓋樹九華
白虎戲西除　含利從辟邪
騏驎躍足舞　鳳凰挾翼歌

豐年大置酒　王尊列廣庭
樂飲過三爵　朱顏暴已形
式宴不違禮　君臣歌鹿鳴
樂人舞聲鼓　百官霑赧贊若驚
儲禮如江海　積善若陵山
皇嗣繁且熾　孫子列曾玄
羣臣咸稱萬歲　陛下長樂壽年
御酒停未飲　貴戚跪東廂
侍人承顏色　奉進金玉觴

此酒亦真酒　福祿當聖皇
陛下臨軒笑　左右咸歡康
栖來一何遲　羣僚以次行
賞賜累千億　百官並富昌

精微篇

精微爛金石　至心動神明
杞妻哭死夫　梁山為之傾
子丹西質秦　烏日白角生
鄒衍囚燕市　繁霜為下零
關東有賢女　自字蘇來卿
壯年報父仇　身沒垂功名
女休逢赦書　自刃幾在頸
俱上列仙籍　去死獨就生
大倉令有辠　遠徵當就拘
自悲居無男　禍至無與俱
緹縈痛父言　何僭西上書
縶桓北闕下　泣涙何漣如
乞得并姊弟　沒身贖父軀

漢文感其義　　肉刑法用除

其父得以免　　辯義在列圖
多男亦何為　　一女足成居
簡子南渡河　　津吏艤舟舶
執法將加刑　　女娟擁權前
妾父聞君來　　將涉不測淵
畏懼風波起　　禱祝祭名川
備禮饗神祇　　為君求福先
不勝醽祀誠　　至令伯罰艱

君必欲加誅　　气使知罪雖言
妾願以身代　　至誠感蒼天
國君高其義　　其父用赦原
河激秦中流　　簡子知其賢
歸娉為夫人　　榮寵超後先
辯女卹父命　　何況健少年
黃初發和氣　　明堂德教施
治道致太平　　禮樂風俗移
刑錯民無枉　　怨女復何為

孟冬篇　　當狡兔

孟冬十月　　武官誠田
講旅統兵　　陰氣厲清
蟲尤蹕路　　元龜襲吉
虎賁來騎　　元光箸明
繽管嘈喝　　乘輿啟行
鐘鼓鏗鏘　　飛象珥鶡
千乘等益　　萬騎齊鑣
夷山填谷　　平林滌藪
張羅萬里　　翟翟狡兔
盡其飛走

揚白跳翰　　獵以青骹　　掩以脩竿
韓盧宋鵲　　呈才騁足
牽麋搤鹿　　噬不盡繼
都盧尋高　　魏氏發機
蹻谷超巒　　授索猴猨
頓熊扼虎　　張目決眥
負象而趨　　髮怒穿冠
罷役解徒　　慶忌孟賁
大饗離宮　　養基撫弦
亂曰　　　　蹴豹搏貙
　　　　　　氣有餘勢
　　　　　　獲車既盈
　　　　　　日側樂終

孫

聖皇臨飛軒　論功校獵徒
死禽積如京　流血成溝渠
明詔大勞賜　大官供有無
走馬行酒醴　驅車布肉魚
鳴鼓舉觴爵　鐘磬位無餘
絕網縱驍麗　弛罦出鳳雛
收功在羽校　威靈振鬼區
陸下長懽樂　永世合天符

晉鼙舞歌五篇

洪業篇　鼙鼓歌當魏曲明明魏皇帝
古曲關東有賢女
宣文翔洪業　盛德在泰和
聖皇應靈符　受命君四海
萬國何所樂　上有明天子
唐堯禪帝位　虞舜惟恭己
恭己正南面　道化與時移
大赦盪萌漸　文教被黃支
象天則地　體無為

聰明配日月　神聖參兩儀
雖有三凶類　靜言無所施
象天則地　體無為
稷契登朝肆　伊呂升王臣
蘭茝登朝肆　下無失宿民
聲發響自應　表立景來附
虎虎從羈制　潛龍升天路
備物立成器　變通極其數
百事以時敘　萬機有常度
訓之以克讓　納之以忠恕
羣下仰清風　海外同懽慕
象天則地　化雲布
昔日貴雕飾　今尚儉與素
昔日多纖介　今去情與故
象天則地　化雲希
濟濟大朝士　鳳夜綜萬機
萬機無廢理　明明降曠咎
臣壁言列星景　君配朝日暉

事業竝通濟　功烈何巍巍
五帝繼三皇　三王世所歸
聖德應期運　天地不能違
仰之彌已高　猶天不可階
將復御龍氏　鳳皇在庭棲

天命篇　輦舞歌當魏曲大和有聖帝

古曲章和二年中

聖祖受天命　應期輔魏皇

當　宋書志十二　十一　龐知慕

入則綜萬機　出則征四方
朝廷無遺理　方表寧且康
道隆舜臣堯　積德踰大王
孟度阻窮險　造亂天一隅
神兵出不意　奉命致天誅
赦善裁有罪　元惡宗爲虛
威風震勁蜀　武烈憺亂吳
諸葛不知命　肆逆亂天常
擁徒十餘萬　數來寇邊疆
我皇邁神武　秉鉞鎮雍涼

亮乃畏天威　未戰先仆僵
盈虛自然運　時變固多難
東征陵海表　萬里鳥泉淵
受遺齊七政　曹爽文滔天
羣凶受誅殛　百祿咸來臻
黃華應福始　王凌爲禍先

景皇帝　輦舞歌當魏曲歷長　古曲樂父長

聰明命世生　盛德參天地

帝王道　創基既已難　繼世亦未易

亂帝紀

外則頁庚玄　內則張與李　三凶稱逆
過將御其漸　潛謀不得起　窮其姦宄

李　宋書志十二　十二　龐世升

罪人咸伏辜　威風震萬里
平衡綜萬機　萬機無不理
召陵柏不君　內外何紛紛
衆小便成羣　蒙昧恣心
治亂不分　叡聖獨斷
濟武常必文　從天惟廢立

掃霓披浮雲　雲霓既已闢
清和未幾間　羽檝首尾至
變起東南蕃　儉欽為長蛇
外則馮吳蠻　萬國紛騷擾
威戚天下懼不安　神武御六軍
我皇秉鉞征　儉欽起壽春
前鋒誠難御　敵退計無施
奇兵誠難支　廟勝實難支　出其不意　立縱奇兵
兩軍不期遇

虎騎惟武進　大戰沙陽陂
欽乃亡魂走　奔虜若雲披
天恩赦有皋　東土放鯨鯢
大晉篇　鼙舞歌當魏曲天生烝民古曲四方皇
赫赫大晉　於穆文皇
道邁陶唐　世稱三臺吾帝　及今重其光
九德克明　文既顯武章　恩弘六合
兼濟萬方　內舉元凱　朝政以綱
外簡虎臣　時惟鷹揚　靡從不懷

十三　林叔

逆命斯亡　仁配春日　威踰秋霜
濟濟多士　同茲蘭芳　唐虞至治
四凶淘天　致討儉欽　罔不薾虔
化感海外　海外來賓　獻其聲樂
命將致討　西蜀猾夏　僭號方域
立稱妾臣　委國稽服　吳人放命　響應來同
馮海阻江　飛書告諭　亡秦壞諸夷
先王建萬國　歷代不能復　九服為蕃衛　忽踰五百歲
序胙不二世

我皇邁聖德　應期荊典制　分土五等
蕃國正封界　莘莘文武佐　千秋邁嘉會
洪業溢區內　仁風翔海外
古曲殿前生桂樹
明君御四海　聽鑑盡物情　顧望有讜詞
明君篇　鼙舞歌當魏曲為君既不易
竭忠身必榮　蘭崔出荒野　萬里并紫庭
茨草機堂階　堨截不得生　能否莫想家
百官正其名　恭己慎有為　有為無不成

十四

闇君不自信　羣下執異端　正直權諧潤
姦臣奪其權
雖欲盡忠誠　結舌不敢言
結舌亦何憚　盡忠為身惠　清流豈不潔
飛塵濁其源　歧路令人迷　未遠勝不還
忠臣立君朝　正色不顧身　邪正各異津
忠臣遇明君　乾乾惟日新　羣目統在綱
壁喜君胡與秦　秦胡有合時
邪正不並存　眾星拱此辰　設令遭闇主
斥退為凡民
雖薄共時用　白茅猶可珍　冰霜晝夜結
蘭桂摧為新　邪臣多端變　用心何委曲
便辟從情指　動隨君所欲　偷安樂目前
不問清與濁　積偽罔時主　養交以持祿
言行恒相違　難厭其欲谷　昧死射乾沒
覺露則滅族

右五篇鞞舞歌行

鐸舞歌詩二篇

聖人制禮樂篇

昔皇文武邪　彌彌含善　誰吾時吾

行許帝道　衍來治路萬邪　治路萬邪
赫赫　意黃運道吾
善道明邪金邪　善道　治路金邪帝邪
近帝武武金邪　明邪金邪帝邪
聖皇八音　烏及來義邪　偶邪尊來
善草供國吾　明邪金邪帝邪
近帝武邪武邪　聖皇八音　烏及來義邪
善草供國吾　咄等邪烏　近帝邪武邪
應節合用　酒期義邪同邪
近帝武邪武邪　武邪尊邪
善草供國吾　咄等邪烏　酒期義邪
應節合用
應眾義邪
近帝武武邪邪　下音足木　上為鼓義邪
樂邪邪延否　已邪烏已禮祥
咄等邪烏
素女有絕其聖烏烏武邪
鐸舞歌行當魏太和時
雲門篇
黃雲門　唐咸池　虞韶武
夏韺濩　刑伐有五　振鐸鳴金
近大武　清歌發倡　刑為主
聲和八音　協律呂　身不虛動
手不徒舉　應節含度　周其叔

時奏宮商　雜之以徵羽　不厭衆目

上從鐘鼓　樂以移風　與德禮相輔

安有失其所

右二篇鐸舞歌行

拂舞歌詩五篇

白鳩篇

翩翩白鳩　再飛再鳴　懷我君德　素羽明鮮　交交鳴鳩

翔庭舞翼　以應仁乾

來集君庭　白雀呈瑞

一八十一　宋書志十二　十七　实

或丹或黃　樂我君惠　振羽來翔

東壁餘光　魚在江湖　惠而不費

敬我微軀　策我良駟　習我驅馳

與君周旋　樂道亡餘　我心虛靜

我志霑濡　彈琴鼓瑟　聊以自娛

陵雲登臺　浮游太清　扳龍附鳳

日望身輕

濟濟篇

賜飛賜舞　氣流芳　追念三五

大綺黃　去失有　時可行

去來同時　此未央　時舟舟

近桑榆　但當飲酒　爲歡娛

衰老逝　淵池廣　魚獨希

內懷思　衆所依　恩感人

願得黃浦　悲歌具舞　無極巳

世無比

獨祿篇

獨祿獨祿　水深泥濁　泥濁尚可

一九十　宋書志十二　十八

水深殺我　離離雙雁　游戲田畔

我欲射雁　念子孤散　翩翩浮萍

得風遙輕　我心何合　與之同井

空牀低帷　誰知無人　夜衣錦繡

誰別僞眞　刀鳴削中　倚牀無施

父寃不報　欲活何爲　猛虎班班

游戲山間　虎欲囓人　不避豪賢

碣石篇

東臨碣石　以觀滄海　水何澹澹

山島竦峙　樹木叢生　百草豐茂
秋風蕭瑟　洪波湧起　日月之行
若出其中　星漢粲爛　若出其裏
幸甚至哉　歌以詠志　觀滄海
孟冬十月　北風裴回　天氣肅清
繁霜霏霏　鵾鷄晨鳴　鴈過南飛
蟄鳥潛藏　熊羆窟棲　錢鏄停置
農收積場　逆旅整設　以通賈商
幸甚至哉　歌以詠志　冬十月

九　王粲

鄉土不同　河朔隆寒　流澌浮漂
舟舩難行　錐不入地　豐籟深奧
水竭不流　冰堅可蹈　士隱者貧
勇俠輕非　心常歎怨　戚戚多悲
幸甚至哉　歌以詠志　土不同
神龜雖壽　猶有音時　騰蛇乘霧
終爲土灰　老驥伏櫪　志在千里
烈士莫年　壯心不已　盈縮之期
不但在天　養怡之福　可得永年

幸甚至哉　歌以詠志　龜雖壽
淮南王篇
淮南王　　　白言　百尺高樓與天連
後園鑿井銀作牀　金瓶素綆汲寒漿
汲寒漿　飲少年　少年窈窕何能賢
揚聲悲歌音絕天　我欲度河河無梁
願化雙黃鵠　還故鄉　還故鄉
入故里　徘徊故鄉　身不已
繁舞寄聲無不泰　徘徊桑梓遊天外

二十　陸

右五篇拌舞行
柜槃舞歌詩一篇
晉世寧　四海平　天下歡
四海安　天下歡　樂治興隆舞柜槃
舞柜槃　何翩翩　舉坐翻覆壽萬年
天與日　終與一　左回右轉不相失
筆笛悲　酒舞疲　心中慷慨可健見
樽酒甘　絲竹清　願令諸君醉復醒
醉復醒　時合同　四坐歡樂皆言工

絲竹音

自相當　可不聽　亦舞此槃左右輕

當結友　合坐歡樂人命長　人命長

千秋萬歲皆老壽

右杯槃舞歌行

巾舞歌詩一篇

吾不見公莫時吾何嬰公來嬰姑時吾哺聲何
為茂時為來嬰當思吾明月之上轉起吾何嬰
主來嬰轉去吾哺聲何為上轉南來嬰當去吾
城上羊下食草吾何嬰下來吾食草弄哺聲汝何

三言八十四　宋書志十二　二十二　毛文

三年針縮何來嬰洙下吾老吾亦老吾平平門謠洙下吾何
嬰何來嬰洙下吾哺聲昔結吾吾嬰馬容來嬰吾當
行吾度四州洛四海吾何嬰何來嬰海何來
嬰四海吾哺聲媧西馬頭香來嬰吾洛道吾洛冶
五大度汲水吾噫邪哺誰當求兒毋何意零邪
錢健夯哺誰當吾求兒毋何吾哺聲三針一發
交時還弩兮心善意何零意怒兮選來嬰弩心哺聲
復相頭巾意何零何邪相哺頭巾相哺巾
毋何何吾復來推排意何零相哺推相來嬰推

非母何吾復車輪意何零子以邪相哺轉輪吾
來嬰轉母何吾使君去時母何吾思君去時吾
去時使來嬰去時母何吾思君去時君去時以
邪思君去時思來嬰吾去時母何何吾吾
右公莫巾舞歌行

白紵舞歌詩三篇

高舉兩手白鵠翔　輕軀徐起何洋洋
凝停善睞容儀光　宛若龍轉乍低昂
隨世而變誠無方　如推若引留且行
宋世方昌樂未央　舞以盡神安可忘
愛之遺誰贈佳人　質如輕雲色如銀
袍以光軀巾拂塵　制以為袍餘作巾
四坐歡樂胡可陳　清歌徐舞降祇神

右一篇

大二十四十一　宋書志十二　二十二

雙袂齊舉鸞鳳翔　羅裾飄飄昭儀光
趨步生姿進流芳　鳴弦清歌及三陽
人生世間如電過　樂時毋少苦日多
幸及良辰曜春花　齊倡獻舞趙女歌

羲和馳景逝不傳　春露未晞嚴霜零
百草凋索花落英　蟋蟀吟牖寒蟬鳴
百年之命忽若傾　蚤知迅速秉燭行
東造扶桑游紫庭　西至崐崘戲曾城
右一篇
轉眄遺精豔煇光　將流將引雙雁翔
清歌流響繞鳳梁　如矜若思凝且翔
聲發金石媚笙簧　羅袿徙轉紅袖揚
陽春白日風花香　趨步明王舞瑤瓃
右一篇
歡來何晚意何長　明君御世永歌倡

〔宋書志十二　二十三〕

右一篇白紵舊新合三篇
宋泰始歌舞曲詞　明帝造
皇業頌〔歌自堯至楚元王高祖世世載聖德〕
皇業頌
皇業沿德建　帝運資勳融
胤唐重盛軌　胄楚載休風
堯舜兆深祥　元王衍遐慶
積善傳上業　胙福啟聖聖
衰數隨金祿　登曆昌水命

維宋來光烈　世美流舞咏
聖祖頌
聖祖惟高德　積勳代晉曆
永建享鴻基　萬古盛音冊
叡文纘宸馭　廣運崇帝聲
衍德被仁祉　醻化洽民靈
孝建締孝業　允愜天人謀
宇內齊政軌　宙表燭威流
鐘管騰列聖　蘂銘貫重猷

〔宋書志十二　二十四〕

明君大雅　虞歈造
明君應乾數　撥亂紐穨基
民慶來蘇日　國頌薰風詩
天步或暫難　列番扇迷慝
廟勝敷九代　神謨洞七德
文教洗昏俗　武誠清禋焬
英勳冠帝則　萬壽永衍天
通國風　明帝造
開寶業　資賢昌　謨明盛

中虛巾拂　四表靜塵

白紵篇大雅　　明帝造

在心曰志發言詩　聲成于文被管絲
手舞足蹈欣泰時　移風易俗王化基
琴角揮韻白雲舒　簫韶協音神鳳來
拊擊和節詠在初　章曲乍畢情有餘
文同軌壹道德行　國靖民和禮樂成
四縣庭響美勳英　八列陛倡貴入聲
舞飾羅華樂容工　羅裳皎日袂隨風
金翠列煇蕙廧豐　叔安委體允帝衷

二寸廿三　【宋書志十二】　二十七　漢

漢鼓吹鐃歌十八曲
朱鷺曲
朱鷺魚以烏路訾邪鷺何食食茄下不之食不
以吐將以問誅諫者
思悲翁曲
思悲翁唐思奪我美人侵以遇悲翁也但我思
蓬首（一作狗）逐狡兔食交君梟子五梟母六拉
皆高飛莫安宿
艾如張曲

艾而張羅夷於何行成之四時和山出黃雀亦
有羅雀以高飛柰何為此倚欲誰肯礦室
上之回曲
上之回所中益夏將至行將北以承甘泉宮寒
暑德游石關望諸國月支臣匈奴服令從百官
疾驅馳千秋萬歲樂無極
翁離曲
擁離趾中可築室何用葺之蕙用蘭擁離趾中
戰城南曲
戰城南死郭北野死不葬烏可食為我謂烏且
為客豪野死諒不葬腐肉安能去子逃水深激
激蒲葦冥冥梟騎戰鬭死駑馬裵回鳴梁築室
何以南梁何北禾黍而穫君何食願為忠臣安
可得思子良臣良臣誠可思朝行出攻莫不夜
歸
巫山高曲
巫山高高以大淮水深難以逝我欲東歸害梁
不為我集無高曳水何梁湯湯回回臨水遠望

二寸廿五　【宋書志十二】　二十八　孟康

泣下霑衣遠道之人心思歸謂之何

上陵曲

上陵何美美下津風以寒問客從何來言從水
中央桂樹為君船青絲為君筰木蘭為君權黃
金錯其間滄海之崔赤翅鴻白鴈隨山林乍開
乍合曾不知日月明醴泉之水光澤何蔚蔚芝
為車龍為馬覽遨游四海外甘露初二年芝生
銅池中仙人下來飲延壽千萬歲

將進酒曲

將進酒乘太白辨加哉詩審搏放故歌心所作
同陰氣詩悉索使禹良工觀者苦

君馬黃歌

君馬黃臣馬蒼三馬同逐臣馬良易之有驪蔡
有赭美人歸以南駕車馳馬美人傷我心佳人
歸以北駕車馳馬佳人安終極

芳樹曲

芳樹日月君亂如於風芳樹不上無心溫而鵠
三而為行臨蘭池心　中懷我悵心不可匡目不

可顧妬人之子愁殺人君有佗心樂不可禁王
將何似如孫如魚乎悲矣

有所思曲

有所思乃在大海南何用問遺君雙珠瑇瑁簪
用玉紹繚之聞君有佗心拉雜摧燒之摧燒之
當風揚其灰從今以往勿復相思相思與君絕
雞鳴狗吠兄嫂當知之妃呼狶秋風肅肅晨風
颸東方須史高知之

雉子曲

雉子班如此之于雉梁無以吾翁孺雉子知得
雉子高飛止黃鵠蜚之以重王可思雄來蜚從
雌視子趨一雉雉子車大駕馬滕被王送行所
中堯羊蜚從王孫行

聖人出曲

聖人出陰陽和美人出游九河佳人來騑驪哉
何駕六飛龍四時和君之臣明護不道美人哉
空天子兔甘星登樂甫始美人子含四海

上邪曲

上邪我欲與君相知長命無絕衰山無陵江水

為竭冬雷震震夏雨雪天地合乃敢與君絕

臨高臺曲

臨高臺以軒下有清水清且寒江有香草目以蘭

黃鵠高飛離哉翻關弓射鵠令我主壽萬年收

中吾

遠如期曲

遠如期益如壽處天左側大樂萬歲與天無極

雅樂陳佳哉紛單于自歸動如驚心虞心大佳

萬人還來謁有引鄉殿陳累世未嘗聞之增壽

萬年亦誠哉

石留曲

石留涼陽涼石水流為沙錫以微河為香向始興

冷將風陽北近肯無敢與干揚心邪懷蘭志金安

薄北方開留蘭

魏鼓吹曲十二篇　　　　綴龍篇造

漢第一曲朱鷺今第一曲初之平魏也

初之平　　義兵征　神武奮　金鼓鳴

三十三　金

蔑武德　揚洪名　社稷傾　漢室微

皇道失　桓與靈　閹官熾　群雄爭

邊韓起　亂金城　中國擾　無紀經

赫武皇　起雄旗　麾天下　天下平

濟九州　九州寧　翦武功　武功成

越五帝　趙三王　興禮樂　定紀綱

晉日月　齊暉光

右初之平曲凡三十句句三字

漢第二曲思悲翁今第二曲戰榮陽言曹公也

戰榮陽　汴水陂　戎士憤怒　貫甲馳

陳未成　退徐榮　二萬騎　塹壘平

戎馬傷　六軍驚　勢不集　眾幾傾

白日沒　時晦冥　顧中牟　心屏營

同盟疑　計無成　賴我武皇　萬國寧

右戰榮陽曲凡二十句其十八句句三
字二句句四字

漢第三曲艾如張今第三曲獲呂布言曹公東
圍臨淮生擒呂布也

獲呂布　殺陳宮　艾夷鯨鯢　驅騁羣雄

囊括天下　運掌中

右獲呂布曲凡六句其三句句三字三

漢第四曲上之回今第四曲克官渡言曹公與

袁紹戰破之於官渡也

句句四字

克紹官渡　由白馬　僵屍流血　被原野

賊眾犬羊　王師尚寡　沙場傷　風飛揚

轉戰不利　士卒傷　今日不勝　後何望

屠城破邑　神武遂章

土山地道　不可當　卒勝大捷　震其方

右克官度曲凡十八句其八句句四字

一句句五字九句句三字

漢第五曲翁離令第五曲舊邦言曹公勝袁紹

於官度還譙收藏士卒死亡也

舊邦蕭條　心傷悲　孤魂翩翩　當何依

游言戀故　涕如摧　兵起事大　今願達

傳求親戚　在者誰　宗廟置後　魂來歸

右舊邦曲凡十二句其六句句三字六

漢第六曲戰城南今第六曲定武功言曹公初

破鄴武功之定武始乎此也

句句四字

定武功　濟黃河　河水湯湯　旦莫有横波

袁氏欲襄　兄弟尋戈　決漳水　水流湯沱

譬城中如魚　誰龍復顧蒙　計窮慮盡　求來連和

和不時　心中憂戚　賊眾內潰　君臣本北

技鄴城　奮有魏國　王業艱難　覽觀古今

可為長歎

右定武功曲凡二十一句其五句句三

字三句句六字十二句句四字一句吾

漢第七曲巫山高今第七曲屠柳城言曹公越

北塞歷白檀破三郡烏桓於柳城也

屠柳城　功誠難　越度隴塞　路漫漫

北踰岡平　僵聞悲風正酸　蹋頓授首　遂登白狼山

神武熱海外　永無北顧患

右屠柳城曲凡十句其三句句三字三

句句四字三句句五字一句六字

荊州也

漢第八曲上陵今第八曲平南荊言曹公南平

南荊何遼遼　　江漢濁不清　菁茅久不貢

王師赫南征　劉琮據襄揚　賊備屯樊城

六軍廬新野　金鼓震天庭　劉子面縛至

武皇許其成　許與其成　撫其民

陶陶江漢間　普爲大魏臣　大魏臣

向風思自新　思自新　齊功古人

三十五　立

在昔虞與唐　大魏得與均　多選忠義士

爲喉脣　天下一定　萬世無風塵

右平南荊曲凡二十四句其十七句

五字四句句三字三句句四字

漢第九曲將進酒今第九曲平關中言曹公征

馬超定關中也

平關中　　路向潼　濟濁水　立高墉

關韓馬　離羣凶　選驍騎　縱兩翼

虜崩潰　級萬億

右平關中曲凡十句句三字

漢第十曲有所思今第十曲應帝期言曹文帝

以聖德受命應運期也

應帝期　　於昭我文皇　曆數承天序

龍飛自許昌　聰明昭四表　恩德動遐方

星辰爲垂耀　日月爲重光　河洛吐符瑞

草木挺嘉祥　麟麟步郊野　黃龍游津梁

白虎依山林　鳳凰鳴高岡　考圖定篇籍

功配上古羲皇　羲皇無遺文　仁聖相因循

三十六　立

大魏興盛　　與之爲鄰

萬國皆附親　四門爲穆穆　教化常如神

期運三千歲　一生聖明君　堯亦授舜國

右應帝期曲凡二十二句其一句三字

二句四字二十六句句五字一句六字

漢第十一曲芳樹今第十一曲邕熙言魏氏臨

其國君臣邕穆庶績咸熙也

邕熙　　君臣念德　天下治

登帝道　獲瑞寶　頌聲立作

洋洋浩浩　吉日臨高堂　置酒列名倡

歌聲何紆餘　雜笙簧　八音諧

有紀綱

　　子孫永建萬國　壽考樂無央

右邑熙曲凡十五句其六句句三字三
句句四字一句二字三句句五字二句

句六字

惟太和元年　皇帝踐阼　聖且仁　三十七

繼體承統太和改元德澤流布

漢第十二曲上邪今第十二曲太和言魏明帝

德澤為流布　災蝗一時為絶息

上天時雨露　五穀溢田疇

四民相率遵軌度　事務徵清

天下獄訟察以情　元首明

魏家如此　那得不太平

右太和曲凡十三句其二句句三字五
句句五字三句句四字三句句七字

晉鼓吹歌曲二十二篇　傅玄作

靈之祥　古朱鷺行

靈之祥言宣皇帝之佐魏猶虞舜之事堯也既

有石瑞之徵又能用武以誅孟度之逆命也

天命降　石瑞章　出西方

授宣皇　應期運　時龍驤

繼大舜　佐陶唐　贊武文　建帝綱

孟氏叛　據南疆　追有扈　亂五帝

吳寇勁　蜀虜彊　交誓盟　連遐荒

宣赫怒　奮鷹揚　震乾威　燿電光

陵九天　陷石城　梟逆命　拯有生

萬國安　四海寧

宣受命　古思悲翁行

宣受命言宣皇帝禦諸葛亮養威重運神兵亮

震怖而死

宣受命　應天機　風雲時動　神龍飛

務節事　鎮雕涼　邊境安　民夷康

禦葛亮　勤定傾　覽英雄　保持盈

淵穆穆　赫明明　沖而泰　天之經

養威重　運神兵　亮方震駭　天下寧

征遼東　古艾而張行

征遼東言宣皇帝陵大海之表討滅公孫淵而梟其首也

征遼東　敵大據　威靈邁日域　淵既授首

羣逆破膽　咸震怖　朔北響應　海表景附

武功赫赫　德雲布

宣輔政　古上之回行

宣輔政言宣皇帝聖道深遠撥亂反正網羅文
武之才以定二儀之序也

宣皇輔正　聖烈深　撥亂反正　從天心

二四一【宋書志十二】　三十九

網羅文武才　慎厥所生　所生賢　遺教施

安上治民　化風移　肇荆帝基　洪業垂

於鑠明明　時赫戲　功濟萬世　定二儀

定二儀　靈澤雨施　海外風馳

時運多　古攡離行

時運多難　道教痛　天地變化　有盈虛

時運多難言宣皇帝致討吳方有征無戰也

蠢爾吳蠻　虎視江湖　我皇赫斯　致天誅

有征無戰　弭其圖　天威橫被　震東隅

景龍飛　古戰城南行

景龍飛言景皇帝克明威教賞從夷逆胙隆無疆
崇此洪基也

景龍飛　御天威　聰鑑玄發　武功巍

從之者顯　逆之者滅夷　文教敷　動與神明協機

普被四海　萬邦懷風　莫不來綏　聖德潛斷

先天弗違　弗違祥　享世永長　猛以致寬

道化光　赫明明　胙隆無疆　帝績惟期

有命既集　崇此洪基

二四二【宋書志十二】　四十

平玉衡　古巫山高行

平玉衡言景皇帝一萬國之殊風齊四海之乖
心禮賢養士而纂洪業也

平玉衡　糾姦回　萬國殊風　四海乖

禮賢養士　羈御英雄思心齊　篡戎洪業

崇皇階　品物咸亨　聖敬日蹟　聰鑑盡下情

明明綜天機　古上陵行

文皇統百揆

文皇統百揆言文皇帝始統百揆用人有序以敷泰丑之

五

化也

文皇統百揆　繼天理萬方　武皇鎮四隅

英佐盈朝堂　謀言恊秋蘭　清風發其芳

洪澤所漸潤　礪石為珪璋　大道伴五帝

盛德踰三王　咸光大　上參天與地

大晉德斯邁　鎮征及諸州　為蕃傗

並康乂　遘茲嘉會　在旦義與農

至化無內外　無內外　六合盡康乂

功濟四海　洪烈流萬世　〔宋書志十二　四十一〕

因時運　古將進酒行　〔四十一〕

因時運言文皇帝因時運變聖謀潛施解長蛇

之交離羣雄之黨以武濟文審其大計以邁其

德也

因時運　聖筴施　長蛇交解

勢窮奔吳　虎騎厲　惟武進

時邁其德　清一世　羣桀離

惟庸蜀　　古有所恩行　審大計

惟庸蜀言文皇帝既平萬乘之蜀封建萬國復

五等之爵也

惟庸蜀　僭號天一隅　劉備逆帝命

禪亮承其餘　擁眾數十萬　關隙乘我虛

驛騎進羽檄　天下不遑居　姜維屢寇邊

隴上為荒墟　文皇愍斯民　歷世受辜辛

外謀蕃屏臣　內謀蕃良士夫　爪牙應指授

腹心同獻良圖　良圖　大興百萬軍

雷鼓震地起　猛勢陵浮雲　逋虜畏天誅

面縛造壘門　萬里同風教　逆命稱姜臣

才也

天序　　　紀綱天人　〔宋書志十二　四十二〕

天序　　　〔古芳樹行〕

天序言聖皇應曆受禪弘濟大化用入各盡其

光建五等　古芳樹行

天序　　應曆受禪　承靈祐

御羣龍　　勒螭虎　弘濟大化

英儁作輔　明明統萬機　赫赫鎮四方

爰畧穆契之疇　協簡芳　禮王臣

覆兆民　　化之如天與地　誰敢愛其身

大晉承運期　古上邪行

大晉承運期言聖皇應籙受圖化象神明也

金靈運

福胙盈無疆

百寮股肱並忠良　民大康

化行象神明　至誠道隆虞與唐　元首敷洪化

白日邪光　應籙圖陟帝位　繼天正玉衡　時清晏

大晉承運期　德隆聖皇　隆隆赫赫

靈運言聖皇踐祚致敬宗廟而孝道施於天下也

金靈運　天符發　聖徵見　參日月　惟我皇

體神聖　受魏禪　應天命　皇之興　靈有徵

登大麓　御萬乘　皇之輔　若虓虎　爪牙奮

莫之禦　皇之佐　贊清化　百事理　萬邦賀

神祇應　嘉瑞章　恭亨祀　薦先祖　樂時奏

磬管鏘　鼓淵淵　鍾嘒嘒　箕尊俎　實時觴

神歆饗　咸說康　宴孫子　祐無疆　大孝烝烝

德教被萬方

於穆我皇　　　古雉子行

（宋書志十二　四十三　李之）

於穆言聖皇受命德合神明也

於穆我皇　盛德聖且明　受禪君世

充濟羣生　普天率土　莫不來庭

顯顯六合內　望風仰泰清　萬國離離

興頌聲　大化洽　地平而天成

七政齊　玉衡平　峨峨佐命

濟濟羣英　鳳夜乾乾　萬機是經

雖治興　匪荒寧　謙道光

沖不盈　天地合德　日月同榮

於顯天垂景星　龍鳳臻　甘露宵零

赫赫煌煌　燿幽冥　三光克從

肅神祇　祇上靈　萬物欣戴

自天效其成

蕭神祇

仲春振旅　大致民　武教於時日新

仲春言大晉申文武之教田獵以時也　古聖人出行

仲春振旅

師靱視　工靱鼓　坐作從

節有序　盛羹允文允武　蒐田表禰

（宋書志十二　四十四）

申法晳　遂圍禁　獻社祭
允矢時明國制　文武並用　禮之經
列車如戰　大教明　　古今誰能去兵
大晉繼天　濟羣生
夏苗田　　古臨高臺行
苗田言大晉田狩從時為苗除害也
夏苗田　運將徂　軍國異容
文武殊　乃命羣吏　撰車徒
辯其名號　贊契書　王軍啓八門

二五十二　甲五

行同上帝居　時路建大麾　雲旗曜紫虛
百官象其事　疾則夾徐則徐　回衡旋軫
罷陳敕車　獻禽享祠　丞丞配有虞
惟大晉　德參兩儀　化雲敷
仲秋獮田　　古遠期行
仲秋言大晉雖有文德不廢武事從時以殺伐也
仲秋獮田　金德常剛　涼風清且厲
凝露結為霜　白虎司辰　蒼隼時鷹揚
鷹揚猶周尚父　從天以殺伐　春秋時鷹叙

雷庭震威耀　進退由鉦鼓　致禽祀祊
羽毛之用充軍府　赫赫大晉德　芬烈陵三五
敷化以文　雖治不廢武　光宅四海
求享天之祐
從天道
從天道言仲冬大閱用武脩文大晉之德配天也
從天道　握神契　三時亦講武事
鳴鍚振鼓鐘　旌旗象虹蜺　文制其中　冬大閱
禮成而義舉　三驅以宗仁　武不窮武
動車誓泉　進止不失其序　古石雷行

二五十八　四六

兵卒練　將如虎　氣陵青雲
解圍三面　殺不殄羣　惟貙虎　班六軍
獻享烝　脩典文　偃旌麾　德配天
祿報功　爵侯賢　饗燕樂　受茲百祿
嘉萬年
唐堯　古曲也
唐堯言聖皇陛帝位德化光四表也　古務成行
唐堯咨務成　謙謙德所興　積漸終光大
履霜致堅冰　神明道自然　河海猶可凝

舜禹統百揆　元凱以次升　禪讓應天曆
睿聖世相承　我皇陟帝位　平衡正準繩
德化四表　祥氣見其徵　興王坐侯旦
亡生恬自矜　致遠由近始　覆覆黃成山陵
披圖按先籍　有其證靈
玄雲　　　古玄雲行
玄雲言聖皇用人各盡其材也
玄雲起山嶽　祥氣萬里會　龍飛何蜿蜒
親遊方國　昔在唐虞朝　時見青雲際
鳳翔何巘巘　　（宋書志）（十二）
今親遊方國　流光溢天外　（四十七）（先万五）
清香隨風過　成湯隆顯命　鶴鳴在後園
周文獵渭濱　遂載呂望歸　伊摰來如飛
先天天弗違　轇轕綱時綱　符合如影響
元功配二主　芬藹世所稀　我當殺羣才　解褐袧天維
洪烈何巍巍　桓桓征四表　濟濟理萬機
神化感無方　髦才盈帝畿　丕顯惟昧旦
日新孔所客　茂哉聖明德　日月同光輝
伯益　　　古黃爵行　古曲亡

伯益言赤烏銜書有周公興今聖皇受命神雀
來也
伯益佐舜禹　職掌周與川　德侔十六相
思心入無間　智理周萬物　下知眾鳥言
黃雀應清化　翔集何翩翩　和鳴樓庭樹
徘徊雲日間　夏桀為無道　密網施山阿
酷祝振纖綱　當奈黃雀何　殷湯崇天德
去其三面羅　逍遙羣飛來　鳴聲乃復和
朱雀作南宿　鳳皇統羽羣　赤烏銜書至
天命瑞周文　神雀今來遊　為我受命君
真祥致天和　膏澤降青雲　蘭風發芳氣
闔世同其芬　　（大石宗九）（宋垂志）（十二）（四十八）（先万五）
釣竿　　古釣竿行　漢鏡歌二十　二無釣竿
釣竿言聖皇德配堯舜又有呂望之佐以濟天功
治太平也
釣竿何冊冊　甘餌芳且鮮　臨川運思心
微綸沈九淵　太公寶此術　乃在靈秘篇
機變隨物移　精妙貫未然　游魚驚著釣

06-398

潛龍飛戾天
戾天安所至　撫翼翔太清
太清一何異　兩儀出渾成　玉衡正三辰
造化賦羣形　退願輔聖君　與神合其靈
我君弘遠略　天人不足幷　天人初幷時
昧昧何茫茫　日月有徵兆　文象與三皇
魚尤亂生民　黃帝用兵征萬方

雍不肅　庶事康
羿九　黑熊

庶事康
穆穆明明　荷百祿
保無極　永泰平

吳鼓吹曲十二篇　章邺造

炎精缺者言漢室衰武烈皇帝奮迅猛志念在
匡救然而王迹始乎此也漢曲有朱鷺此篇當
之第一

炎精缺　漢道微　皇綱弛　政德違
衆姦熾　民周依　赫武烈　越龍飛
陝天衢　燿靈威　鳴靈鼓　杭電尾

撫乾衡　鎮地機　厲虎旅　騁熊羆
發神聽　吐英奇　張角破　邊韓羈
死穎平　南土綏　神武章　渥澤施
金聲震　仁風馳　顯高門　啓皇基
統罔極　垂將來

右炎精缺曲凡三十句句三字

漢之季者武烈皇帝悼漢之微痛卓之亂興兵
舊擊功蓋海內也漢曲有思悲翁此篇當之第二

漢之季　董卓亂　桓桓武烈　應時運

義兵興　雲旗建　厲六師　羅八陳
飛鳴鏑　接白刃　輕騎發　刦漢主　遷西館
醜虜震　使衆散　元惡懼　赫赫皇祖　功名聞
雄豪怒

右漢之季曲凡二十句其十八句
三字二句句四字

攦武師者言大皇帝卒武烈之業而奮征也漢
曲有艾如張此篇當之第三

攦武師　斬黃祖　蕭夷凶族　革平西夏

右擁武師曲凡六句其三句句三字

三句四字

烏林者言曹操既破荊州從流東下欲來爭鋒
大皇帝命將周瑜逆擊之於烏林而破走也漢
曲有上之回此篇當之第四

曹操北伐　拔柳城　秉勝席卷　遂南征
劉氏不睦　八郡震驚　眾既降　操屠荊
舟車十萬　揚風聲　議者狐疑　慮無成
破操烏林　顯章功名
賴我大皇　發聖明　虎臣雄烈　周與程

（二卅一　宋書志二　卅一　朱）

右伐烏林曲凡十八句其十句句四
字八句句三字

秋風者言大皇帝說以使民民忘其死漢曲有
擁離此篇當之第五

秋風揚沙塵　寒露霑衣裳　角弓持弦急
鳩鳥化為鷹　邊來飛羽檄　寇賊侵界疆
跨馬披介冑　忼慨懷悲傷　辭親向長路

安知存與亡　窮達固有分　志士思立功
邀之戰場　身逸獲高賞　身沒有遺封

右秋風曲凡十五句其十四句句五
字一句四字

克皖城者言曹操志圖并兼而令朱光為廬江
太守上親征光破之於皖城也漢曲有戰城南
此篇當之第六

克滅皖城　過寇賊　惡此凶孽　阻姦慝
王師赫征　眾傾覆　除穢去暴　戰兵革
民得就農　邊境息　誅君弔臣　昭至德

右克皖城曲凡十二句其六句句三
字六句句四字

（二卅五　宋書志二　五十二　朱）

關背德者言蜀將關羽背葉吳德心懷不軌大
皇帝引師浮江而禽之也漢曲有巫山高此篇
當之第七

關背德　作鴟張　割我邑城　圖不祥
稱兵北伐　圍樊襄陽　譬臂咋臂　將受其殃
巍巍聖主　歡德與玄通　與玄通　親辭呂蒙

泛舟洪氾池　濟涉長江　神武一何桓桓

聲烈正與風翔　歷撫淫安城　大據郢邦

虜羽掃首　百蠻感來同　盛哉　三比隆

右閔背德曲凡二十一句　其八句句四字　二句句六字七句句五字四句句三字

當之第八

其詐乃大治兵終復初好也漢曲有上陵此篇

自失之愆戎蠻樂亂生蹙作德蜀疑其眩吳惡

通謂荆門者言大皇帝與蜀交好齊盟中有閔羽

荆門限巫山　高峻與雲連　蠻夷阻其險

歷世懷不賓　漢王據蜀郡　崇好結和親

申微中情疑　讒夫亂其間　大皇赫斯怒

虎臣勇氣震　蕩滌幽藪　討不恭

觀兵揚火燿　厲鋒整封疆　整封疆

闡揚威武容　功赫戲　洪烈炳章

遄矣帝皇世　聖吳同厥風　荒喬望清化

化恢弘　煌煌大吳　延胙永未央

右通荆門曲凡二十四句其十七句

五十三　朱

漢曲有將進酒此篇當之第九

章洪德者言大皇帝章其大德而遠方來附也

章洪德　邁威神　感殊風

平南裔　齊海濱　越裳貢　懷遠鄰

珍貨充庭　所見日新　扶南臣

右章洪德曲凡十句其八句句三字二句

句五字四句句三字二句句四字

從曆數者言大皇帝從錄圖之符而建大號也

從曆數　於穆我皇帝　聖哲受之天

神明東奇異　建號翔皇基　聰叡協神思

陰陽稱至治　由角步郊畛　鳳凰棲靈囿

德澤浸及昆蟲　浩蕩越前代　三光顯精燿

神龜游沼池　圖讖摹文字　黃龍觀麟

符祥日月記　覽往以察今　我皇多嘉事

上歆具天象　下副萬姓意　光被彌蒼生

家戶蒙意賚　風教蕭以平　頌聲章嘉喜

漢曲有有所思此篇當之第十

句四字

五十四

承天命者言上以聖德踐位道化至德盛也漢
曲有芳樹此篇當之第十一

承天命　於昭聖德

右從曆數曲凡二十六句其一句句三字三
句句四字二十二句句五字一句六字

躬淳懿　體玄嘿
鳳興臨朝　勞謙日昃

二百五十五　宋書志十二

興人歌　億夫歎息
超龍升　襲帝服

巨石立　九穗植
龍金其鱗　烏赤其色

三精粲象　符靈表德
五十五　吳

易簡以崇仁　放遠諛與諂　舉賢才　親近有德
均田疇　茂稼穡　審法令　定品式
考功能　明黜陟　人思自盡　惟心與力
家國治　王道直　思我帝皇　壽萬億
長保天祿　胙無極

右承天命曲凡三十四句其十九句
句三字二句句五字十三句句四字

玄化者言上脩文訓武則天而行仁澤流洽天
下喜樂也漢曲有上邪此篇當之第十二

玄化象以天　陛下聖真　張皇綱
率道以安民　惠澤宣流而雲布　上下睦親
君臣酣宴樂　激發弦歌揚妙新　脩文黌廟勝
須時備駕熊洛津　康哉泰　四海歡忻

越與三五鄰

右玄化曲凡十三句其五句句五字
二句句三字三句四字三句句七字

二百七十五　宋書志十二

大竭夜烏自云何來堂吾來聲烏奚姑悟姑尊盧
今鼓吹鐃歌詞（樂人以音聲相傳訛誤不可復解）
應龍夜烏由道何來直子為烏奚如悟姑尊盧
聖子黃尊來雙清要烏白日為隨來郭吾微令吾
雞子聽烏虎行為來明吾微令吾
詩則夜烏道祿何來黑洛道烏奚悟如尊爾尊
盧起黃華烏若邂為國日忠雨雨令吾
伯遼夜烏若國何來日忠雨雨烏奚如悟姑尊盧
面道康尊錄龍永烏赫赫福胙夜音微令吾

五十六

幾令吾幾令諸韓亂發正令吾

右四解上邪曲

幾令吾諸韓從聽心令吾若里洛何來韓微令

吾尊盧思盧文盧子路子路為路雜如文烱

鳥諸胙微令吾

幾令諸韓或公隨令吾

絕令吾幾諸或言隨令吾黑洛何來諸韓微令

吾尊盧安成隨來免路路子為吾路奚如文盧

烱鳥諸胙微令吾

右九解晚芝田漢曲有遠
期疑是

幾令吾呼曆舍居朝來隨咄武子邪令烏銜

二百三十二　宋書志十二

五十七　吳

相風其右其右

幾令吾呼羣議破胡朝來隨吾咄武子邪令烏

今烏今脆入海相風及後

幾令吾呼無公赫吾朝來隨吾咄武子邪令烏

右三解艾張曲

無公赫吾娟立諸布始布

鼓吹鐃歌十五篇
何承天義熙中私造

朱路篇

朱路揚和鸞　翠蓋燿金華　玄牡飾樊纓

流旌拂飛霞　雄戰闢曠塗　班劍翼高車

三軍且莫喧　聽我奏鐃歌　清鞞亮短篇

朗鼓節鳴筎　人心惟愷豫　茲音亮且和

輕風起紅塵　淳瀾發微波　逸韻騰天路

續響曾結城阿　仁聲被八表　威震振九遐

譽聲介冑士　勖哉念皇家

思悲公篇

思悲公　懷褒衣　東國何悲　公西歸

公西歸　流二叔　幼主既悟　偃禾後

二百三十三　宋書志十二

五十八

偃禾後　聖志申　譽都新邑　從斯民

從斯民　德惟明　制禮作樂　興頌聲

興頌聲　致嘉祥　鳴鳳爰集　萬國康

萬國康　猶弗已　握髮吐餐　下羣士

惟我君　繼伊周　親覲盛世　復何求

雖士多離心　荊民懷怨情　二凶不量德

雖離篇

構難稱其兵　王人銜朝命　正辭糾不庭

上宰宣九伐　萬里舉長旗　樓船掩江濆

四介飛重英　歸德戒後夫　賈勇尚先鳴

逆徒既不濟　愚智亦相傾　霜鋒未及染

隕郢忽已清　西川無潜鱗　北渚有奔鯨

凌威致天府　一戰夷三城　江漢被美化

宇宙歌太平　惟我東郡民　曾是深推誠

戰城南篇

伏大從　應三靈　義之所感　士忘生

勒獻猛　戎馬駿　橫陳亘野　若屯雲

戰城南　衡黃塵　丹旌電炫　鼓靈震

長劍擊　繁弱鳴　飛鏑炫晃　亂奔星

虎騎躍　華眊旋　朱火延起　騰飛煙

驍雄斬　高旗騫　長角浮叫　響清天

夷屬寇　殪逆徒　餘黎霑惠　詠來蘇

泰愷樂　歸皇都　班爵獻俘　邦國娛

巫山高篇

巫山高　三峽峻　青壁千尋

深谷萬仞　崇巖冠靈　林冥冥

山禽夜響　晨猿相和鳴　洪波迅渡

載迺載停　懷懷商旅之客　懷苦情

在昔陽九　皇綱微　李氏竊命

宣武燿靈威　蠢爾逆縱

王旅薄伐　傳首來至京師　古之為國

惟德是貴　力戰而虛民　鮮不顛墜

矧乃叛戾　伊胡能逐　浴爾巴子

無放肆

上陵者篇

上陵者　相追攀　被服纖麗　振綺紈

攜童幼　升崇巒　南望城闕　鬱槃桓

王公第　通衢端　高甍華屋　列朱軒

臨澗谷　掇秋蘭　士女悠奕　映隰原

指營丘　感牛山　爽氣既沒　景君歎

誉歲聿　游不還　志氣衰沮　玄鬢班

野莽宿　墳土乾　顧此眾泉　中心酸

生必死　亦何怨　取樂今日　展情懽

將進酒篇

將進酒　慶三朝　備繁禮　薦嘉肴

君馬篇

榮枯換　霜霧交　緩春帶　命朋僚
車等旗　馬齊鑣　懷溫克　樂林濠
士失志　慍情勞　思旨酒　寄游遨
敗德人　甘醇醪　耽長夜　或淫妖
興屢舞　屬哇謠　形僬僥　謷號咷
首既濡　志亦荒　性命夭　國家凶
謄後生　節酣觴　匪酒辜　覭爲殃

君馬麗且閑　揚鑣騰逸姿

二百一　宋書志十二　六十一

駿足躡流景　高步追輕飛
冉冉六轡柔　奕奕金華暉
輕霄翼羽蓋　長風靡淑旂
願爲范氏驅　雖容步中畿
豈效詭遇子　馳騁趣危機
鉛陵策良駟　造父爲之悲
不怨吳坂峻　但恨伯樂稀
赦彼岐山盜　實濟韓原師
柰何漢魏主　縱情營所私

疲民甘藜藿　廄馬患盈肥
人畜貿厥養　蒼生將焉歸

芳樹篇

芳樹生北庭　豐隆正裊佪
翠穎陵冬秀　紅葩迎春開
佳人閑幽室　惠心婉以諧
蘭房掩綺幌　綠草被長階
日夕游雲際　歸禽命同樓
皓月盈素景　涼風拂中閨

□子州　宋書志十二　六十二　古賢

豈怨嘉時莫　徒惜良願乖

有所思篇

嘯歌流激楚　傷此碩人懷
梁塵集丹帷　微飈揚羅袿
哀弦理虛堂　要妙清且悽

有思思人　舊閭子善養親　和顏奉晨昏　至誠蒸乿乿
通明鄭孟軻　爲齊鄰　稱身受祿　不貪榮道不用　獨櫝櫨
三延麑譯禮義明　飛鳥集　猛獸附　珍羞事畢　乃娶妻　哀我生
溝旻夏幼羅荼毒　備罌斈慈顏絕　見無因　長懷惠　託立贄

雜

子游原澤篇

子游原澤　幼懷耿介心　飲啄雖勤苦
不願棲園林　古有避世士　抗志清霄岑
浩然寄卜肆　揮權通川陰　消搖風塵外
散髮撫鳴琴　卿相非所眄　何況於千金
功名豈不美　寵辱亦相尋　冰炭結六府
憂虞纏胸襟　當世須大度　量已不克任
三俊泉流誠　自驚良已深

上邪篇

宋書志十二　卒三王

上邪下難正　泉枉不可矯　音和響必清
端影緣直表　大化揚仁風　齊人猶偃草
聖王既已沒　誰能弘至道　開春湛柔露
代終蕭嚴霜　承平貴孔孟　政敝矣申商
孝公明賞罰　六世猶克昌　李斯肆濫刑
秦氏所以凶　漢宣隆中興　魏祖寧三方
譬彼針與石　效疾故稱良　行葦非不厚
悠悠何詎央　琴瑟時未調　改弦當變張
矧乃治天下　此要安可忘

臨高臺篇

臨高臺　望天衢　飄然輕舉　陵太虛
超帝鄉　雲衣兩帶　乘風翔
蕭龍駕　曾瑤臺　清暉浮景　濟西海
濯洧盤　佇立雲岳　結幽蘭
傾霄蓋　靡電旌　降彼天塗　頹勿冥
辭仙族　歸人羣　懷忠抱義　奉明君
任窮達　隨所遭　何為遠想　念心勞

宋志十二　六田

遠期篇

大子十二

遠期千里客　蕭駕候良辰　近命城郭友
具爾惟懿親　高門啟雙闕　長筵列嘉賓
中唐儼六佾　三廂羅樂人　簫管激悲音
羽毛揚華文　金石響高宇　絃歌動梁塵
俯標多巧捷　九劍亦入神　遷善自雅調
成化由清均　主人垂隆慶　羣士樂亡身

石流篇

願我聖明君　遍期保萬春

石上流水　潺潺其波　發源幽岫

永歸長河　瞻彼逝者　歲月其俳

子在川上　惟以增懷　嗟我殷憂

載勞寢痲　遵此百罹　有志不遂

行年倏忽　長勤是嬰　永言沒世

悼茲無成　幸遇開泰　沐浴嘉運

緩帶安寢　亦又何慍　古之為仁

自求諸己　虛情遙篆　終於徒己

聖人制禮樂一篇巾舞歌一篇按景袑

廣樂記言字訛謬聲辭雜書宋鼓吹

鏡歌辭四篇舊史言詁不可解漢鼓

吹鏡歌十八篇按古今樂錄皆聲辭艷

相雜不復可分

天文一

言天者有三家一曰宣夜二曰蓋天三曰渾天
而天之正體經無前說馬書班志又闕其文漢
靈帝議郎蔡邕於朔方上書曰論天體者三家
宣帝之學絕無師法周髀術數具存考驗天狀
多所達失惟渾天僅得其情今史官所用候臺
銅儀則其法也立八尺圓體而具天地之形以

正黄道占察發斂以行日月以步五緯精微深
妙百世不易之道也官有器而無本書前志亦
闕而不論本欲覆伏儀下思惟微意按度成數
以箸篇章臯惡無狀投年有比灰滅雨絕勢路
無由宜閑羣臣下及嚴宂知渾天之意者使述
其義時闇官用事邕議不行漢末吳人陸績善
天文始推渾天意王蕃者廬江人吳時爲中常
侍善數術傳劉洪乾象曆依乾象法而制渾儀
立論考度曰前儒舊說天地之體狀如鳥卵天

包地外猶殼之裹黄也周旋無端其形渾渾然
故曰渾天也周天三百六十五度五百八十九
分度之百四十五半露地上半在地下其二極
謂之南極北極北極出地三十六度南極入地
亦三十六度兩極相去一百八十二度半強繞
北極徑七十二度常見不隱謂之上規繞南極
七十二度常隱不見謂之下規赤道帶天之絲
去兩極各九十一度少強黄道日之所行也半
在赤道外半在赤道內與赤道東交於角五弱

三四卅

西交於奎十四少強其出赤道外極遠者去赤
道二十四度斗二十一度是也其入赤道內極
者亦二十四度井二十五度是也日南至在斗
二十一度去極百一十五度少強是也日最南
去極最遠故景最長黄道斗二十一度出辰入
申故日亦出辰入申日晝行地上百四十六度
強故日短夜行地下二百一十九度少弱故夜
長自南至之後日去極稍近故景稍短日晝行
地上度稍多故日稍長夜行地下度稍少故夜

稍短日所在度稍北故日稍北以至於夏至日在井二十五度去極六十七度少強是日最北去極最近景最短黃道井二十五度出寅入戌故日亦出寅入戌日晝行地上二百一十九度少弱故日長夜行地下百四十六度強故夜短自夏至之後日去極稍遠故景稍長日所在度稍南故日出入稍南以至於南至而復初焉斗二十一井二十五南北相覺四十八度春分日在奎十四少強秋分日在角五少弱此黃赤二道之交中也去極俱九十一度少強南北處斗二十一井二十五之中故景居二至長短之中奎十四角五出卯入酉故日亦出卯入酉日晝行地上夜行地下俱百八十度半強故日見之漏五十刻不見之漏五十刻謂之晝夜同夫天之晝夜以日出入為分人之晝夜以昏明為限日未出二刻半而明日未入二刻半而昏故損夜五刻以益晝是以春秋分之漏

晝五十五刻三光之行不必有常術家以筭求之各有同異故諸家曆法參差不齊洛書甄曜度春秋考異郗萌皆云周天一百七萬一千一度為二千九百三十二里七十一步二尺七寸四分四百八十七分分之三百六十二陸績云天東西南北徑三十五萬七千里此言周三徑一也考之徑一不帀周三率周百四十二而徑四十五則天徑三十二萬九千四百一十二步二尺二寸一分分之十周禮日至之景尺有五寸謂之地中鄭衆說土圭之長尺有五寸以夏至之日立八尺之表其景與土圭等謂之地中今潁川陽城地也鄭玄云凡日景於地千里而差一寸景尺有五寸者南戴日下萬五千里也以此推之日當去其下地八萬里矣日邪射陽城則天徑之半也天體圓如彈丸地處天之半而陽城為中則日春秋冬夏昏明晝夜去陽城皆等無盈縮矣故知從日邪射陽城為天徑之半也以句股法言之傍萬

五千里句也立八萬里股也從日邪射陽城弦
也以句股求弦法入之得八萬一千三百九十
四里三十步五尺三寸六分天徑之半而地上
去天之數也倍之得十六萬二千七百八十
里六十一步四尺七寸二分天徑之數也以周
率乘之徑之率約之得五十一萬二千六百八十
七里六十八步一尺八寸二分周天之數也以減
甄耀度考異郵五十五萬七千三百一十二里
有奇一度凡千四百六里百二十四步六寸四
分千萬七千五百六十五分分之萬九千三十
九減舊度千五百二十五里二百五十六步三
尺三寸二十一萬五千一百三十分分之十六
萬七百三十分黃赤二道相與交錯其間相去
二十四度以兩儀推之二道俱三百六十五度
有奇是以知天體員如彈九而陸績造渾象其
形如鳥卵然則黃道應長於赤道矣績云天東
西南北徑三十五萬七千里然則績亦以天形
正員也而渾象為鳥外則為自相違背古舊渾

象以二分為一度凡周天七尺三寸半分張衡更
制以四分為一度凡周一丈四尺六寸番以古
制局小星辰稠概衡器傷大難可轉移更制渾
象以三分為一度凡周天一丈九尺五分四分
分之三也御史中丞何承天論渾象體目詳尋
前說因觀渾儀研求其意有以悟天形正員而
水周其下言四方者東陽谷日之所出西至蒙
汜日之所入莊子又云比泥之魚化而為鵬將
徙於南溟斯亦古之遺記四方皆水證也四方
皆水謂之四海凡五行相生於金是故百川發
源皆自山出由高趣下歸於注海日為陽精光
燿炎熾一夜入水所經燋竭百川歸注足於補
復故旦不為減浸不為益徑天之數蓋近之
太中大夫徐爰曰渾儀之制未詳厥始王番言
虞書稱在璇璣玉衡以齊七政則今渾天儀曰
月五星是也鄭玄說動運為機持正為衡皆以
玉為之視其行度觀受璣是非也渾儀義和氏
之舊器歷代相傳謂之機衡其所由來有原統

矢而斯器設在候臺史官禁密學者罕得聞
見穿鑿之徒不解機衡之意見有七政之言因
以為比斗七星構造虛文託之讖緯史遷班固
猶尚惑之鄭玄有瞻雅高遠之才沈靜精妙之
思超然獨見改正其說聖人復出不易斯言矣
蕃之所云如此夫候審七曜當以運行為體設
器擬象焉得定其盈縮推斯而言未為通論設
使唐虞之世已有渾儀涉歷三代以為定準後
世事遵執敢非革而三天之儀紛然莫辯至揚
雄方難蓋通渾張衡為太史令力鑄銅制籠衡
傳云其六作渾天儀考步陰陽最為詳密故知自
衡以前未有斯儀矣蕃又云渾天儀遭秦之亂師
徒喪絕而失其文惟渾天儀尚在候臺案既非
舜之璇玉又不載令儀所造以緯書為穿鑿鄭
玄為博實偏信無據未可承用夫璇玉真美之
名機衡詳細之目所以先儒以為比斗七星天
綱運轉聖人仰觀俯察以審時變焉為史臣案
設器象定其恒度合之則吉失之則凶以之占

察有何不可渾文廢絕故有宣蓋之論其術並
疎故後人莫述揚雄法言云或人問渾天於雄
雄曰落下閎營之鮮于妄人度之耿中丞象之
幾幾乎莫之違也若問天形定體渾儀疎密則雄
應以渾義答之而舉此三人以對者則知此三人
制造渾儀以圖畫緯間者蓋渾儀之疎密非問
渾儀之淺深也以此而推則西漢長安已有其
器矣將由喪亂亡失故衡復鑄之乎王蕃又記
古渾儀尺度并張衡改制之文則知斯器非衡
始造明矣衡所造渾儀傳至魏晉中華覆敗
沈沒戎虜績蕃舊器亦不復存晉安帝義熙
十四年高祖平長安得衡舊器儀狀雖舉木緻
經星七曜文帝元嘉十三年詔太史令錢樂之
更鑄渾儀徑六尺八分少周一丈八尺二寸六分
少地在天內立黃赤二道南北二極規二十八
宿比斗極星五分為一度置日月五星於黃道
之上置立漏刻以水轉儀昏明中星與天相應
十七年又作小渾天徑二尺二寸周六尺六寸

以分爲一度安二十八宿中外官以白黑珠及黄三色爲三家星日月五星悉居黄道蓋天之術云出周公旦說之殷商蓋假託之說也其書號曰周髀髀者表也周天之數也其術云天如覆蓋蓋地如覆盆地中高而四隤日月隨天轉運隱地之高以爲晝夜也天地相去凡八萬里天地之中高於外衡六萬里地上之高高於天之外衡二萬里也或問蓋天於揚雄揚雄曰蓋天之蓋哉難其八事鄭玄又難其二事爲蓋天之學者不能通也劉向五紀說夏曆以爲列宿日月皆西移列宿疾而日次之月宿遲故日與列星昏俱入西方後九十一日是宿在此方又九十一日是宿在東方九十一日在南方此明日行遲於列宿也月生三日日入而月見西方至十五日日入而月見東方將晦日未出乃見東方以此明月行之遲於日而皆西行也向難之以鴻範傳曰晦而月見西方謂之朓朓疾也朔而月見東方謂之側匿側匿遲不敢進也星辰西行史官謂之逆

行此三說夏歷皆違之迹其意好異者之所作也晉成帝咸康中會稽虞喜造安天論以爲天有常安之形論其大體當相覆冒方則俱方圓則俱圓不同之義也喜族祖河間太守聳又立穹天論云天形穹隆當如鷄子幕其際周接四海之表浮平元氣之上而吳太常姚信造昕天論曰當覽漢書云冬至日在牽牛去極遠夏至日在東井去極近欲以推日之長短信以太極處二十八宿之中央雖有遠近不能相倍今昕天之說以爲冬至天之運近南故日去人遠而斗去人近北天氣至故冰寒也夏至極起而天運近北斗去人遠日去人近南天氣至故炎熱也極之立時日行地中淺故夜短天去地高故晝長也極之低時日行地中深故夜長天去地下淺故晝短也然則天行地中寒依於渾夏依於蓋也按此說應作軒昂之軒而作昕所未詳也凡三說皆好異之談失之遠矣凡天文經星常

黃初四年十一月月軍北斗占曰有大喪赦天
吳將張霸
太守文聘固守得全大將軍司馬懿救襄陽斬
五月文帝崩八月吳遂圍江夏寇襄陽魏江夏
小國強是時孫權又魏爵號而稱兵距守七年
則晝見其占為兵為喪為不臣為更王強國弱
不得專行故以巳未為界不得經天而行經天
卯太白又晝見案劉向五紀論曰太白少陰弱
黃初四年六月甲申太白晝見五年十一月辛
五月文帝崩
月又犯心大星占曰心為天王王者惡之七年
黃初四年二月癸卯月犯心大星十二月丙子
有征役七年五月文帝崩
命帝自南征立前驅臨江破其將呂範等是後累
門內占曰客星出太微國有兵喪十月孫權叛
魏文帝黃初三年九月甲辰客星見太微左掖
星孛為天文志以續司馬彪云
宿中外官前史已詳今惟記魏文帝黃初以來

黃初六年十月乙未有星孛于少微歷軒轅
也案三國史並無熒惑守心之文此入太微
文往熒惑守心而文皇帝崩吳蜀無事此其徵
帝問黃權曰天下鼎立何地為正對曰當驗天
征南大將軍夏侯尚薨五月文帝崩蜀記稱明
鑒薨七年正月驃騎將軍曹洪免為庶人四月
曰執法者誅金火尤甚十一月皇子東陽武王
有大憂又日月五星犯左右執法大臣有憂一
七日癸酉刀出占曰從後入三十日以上人主
十六日壬申與歲星相及俱犯右執法至二十
黃初六年五月十六日壬戌熒惑入太微至
帝即位大赦天下
人主有大憂一日有赦至七年五月文帝崩明
日刀出占曰五星入太微從右入三十日以上
黃初五年十月歲星入太微逆從積百三十九
下七年五月文帝崩明帝即位大赦天下

案占亭彗異狀其殃一也為兵喪除舊布新之
象餘災不盡為旱凶飢暴疾長大見久災深短

小見速災淺，是時帝軍廣陵，辛丑，親御甲冑，跨馬觀兵，明年五月文帝崩。

魏明帝太和四年十一月壬戌，太白犯歲星，占曰歲星為小兵，犯別宿為小兵。五年三月，諸葛亮以大眾寇天水，遣大將軍司馬懿距。

薨

大和五年月，熒惑犯房，占曰房四星股肱臣將相位也，月五星犯守之將相有憂，七月車騎將軍張郃追諸葛亮為其所害，十二月太尉華歆。

太和五年十一月乙酉月犯軒轅大星，占曰女主憂。十二月甲辰月犯鎮星，占曰女主當之。六年三月乙亥月又犯軒轅大星，青龍二年十一月乙丑月又犯鎮星，三年正月太后郭氏崩。

大和六年十一月丙寅太白晝見南斗，遝歷八十餘日恒見，占曰吳有兵，明年孫權遣張彌等將兵萬人錫授公孫淵為燕王，淵斬彌等虜其眾。

太和六年十一月丙寅有星孛于翼，近太微上將星，占曰為兵喪，甘氏曰孛彗所當之國是受

其殃，翼又楚分孫權封略也，明年權有遼東之敗，權又自向合肥新城，遣全琮征六安皆不克，克又明年諸葛亮入秦川據渭南，司馬懿距之。孫權遣陸議諸葛瑾等屯江夏口，孫韶張承等向廣陵淮陽，權以大眾圍新城以應亮，於是帝自東征，權及諸將乃退。太和六年十二月陳王植薨，青龍元年夏北海王蕤薨，三年正月太后郭氏崩。

明帝青龍二年二月已未太白犯熒惑，占曰大兵起有大戰，是年四月諸葛亮據渭南，吳亦起兵應之，魏東西奔命，九月亮卒軍退，將帥分爭為魏所破。案占太白所犯在南，南國敗在此，北國敗此宜在熒惑南也。

青龍二年三月辛卯月犯輿鬼，輿鬼主斬殺，占曰民多病國有憂，又有大臣憂，是年夏太妃冬又大病，至三年春乃止，正月太后郭氏崩，四年五月司徒董昭薨。

青龍二年五月丁亥太白晝見，積三十餘日以

暨度推之非秦魏則楚也是時諸葛亮擾渭南

司馬懿與相持孫權寇合肥又遣陸議孫韶等

入淮沔帝親東征蜀本秦地則為秦晉及楚兵

悉起占

為火災三年七月崇華殿災景初三年正月明

帝崩

青龍二年七月己巳月犯權閉占曰天子崩又

青龍二年十月戊寅月犯太白占曰人君死又

為兵景初元年七月公孫淵叛二年正月明

馬懿討之三年正月明帝崩

蜀後主建興十二年諸葛亮帥大眾伐魏屯于

渭南有長星赤而芒角自東北西南流投亮營

三投再還往大還小占曰兩軍相當有大流星

來走軍上及墜軍中者皆破敗之徵也九月亮

卒于軍營而退羣帥交惡多相誅殘

魏明帝青龍三年六月丁未鎮星犯井鉞四年閏

四月乙巳復犯戊戌太白又犯占曰凡月五星犯

井鉞巻為兵起一曰斧鉞用大臣誅景初元年

元年公孫淵叛司馬懿討滅之

青龍三年七月己丑鎮星犯東井四年三月癸

卯在參又還犯之占曰星入井大人憂行近

距為行陰其占大水五穀不成景初元年夏大

水傷五穀九月皇后毛氏崩三年正月明帝崩

青龍三年十月壬申太白晝見在尾歷二百餘

日恆見占曰尾為燕燕臣強有兵

青龍四年三月己巳太白與月俱加丙晝見

犯太白

景初元年七月辛卯太白又晝見積二百八十

餘日占悉同上是時公孫淵自立為燕王署置

百官發兵距守遣司馬懿討滅之

青龍三年十二月戊辰月犯鉤鈐占曰王者憂

青龍三年正月明帝崩

景初三年正月明帝崩

青龍四年五月壬寅太白犯畢左股第一星占

曰畢為邊兵又主刑罰九月涼州塞外胡阿畢

師侵犯諸國西域校尉張就討之斬首捕虜萬

許人

青龍四年七月甲寅太白犯軒轅大星占曰女
主憂景初元年皇后毛氏崩

青龍四年十月甲申有星孛于大辰長三尺乙
酉又孛于東方十一月己亥彗星見犯宦者天
紀星占曰大辰為天王天下有喪劉向五紀論
曰春秋星孛于東方不言宿者不加宿也宦者
在天市為中外有兵天紀為地震主兵喪

景初元年六月地震九月吳將朱然圍江夏荊
州刺史胡質擊走之皇后毛氏崩二年正月討

公孫淵三年正月明帝崩

魏明帝景初元年二月乙酉月犯房第二星占
曰將相有憂七月司徒陳矯薨二年四月司徒
韓暨薨

景初元年十月丁未月犯熒惑占曰貴人死二
年四月司徒韓暨薨八月公孫淵滅

景初二年二月己丑月犯心中央星又犯中央
星五月己亥又犯心距星及中央大星閏月癸
丑月又犯心中央大星按占大星為天王前為

太子後為皇子犯大星王者惡之犯前星太子
有憂犯後星庶子有憂三年正月帝崩太子立
卒見廢為齊王正始四年秦王詢薨

景初二年八月彗星見張長三尺逆西行四十
日滅占曰為兵喪張周分野洛邑惡之其十
月斬公孫淵明年正月明帝崩

景初二年十月甲午月犯箕占曰軍將死正始
元年四月車騎將軍黃權薨

景初二年司馬懿圍公孫淵於襄平八月丙寅

夜有大流星長數十丈色白有芒氣從首山北
流墜襄平城東南占曰圍城而有流星來走城
上及墜城中者破又曰星墜當其下有戰場又
曰凡星所墜國易姓九月淵突圍走至星墜所
被斬屠城阬其衆

景初二年十月癸巳客星見危遊行在離宮北
騰蛇南甲辰犯宗星己酉滅占曰客星所出有
兵喪虛危為宗廟又為墳墓客星近離宮則宮
中將有大喪就先君於宗廟皆王者崩殂之象

正始二年五月吳將朱然圍樊城司馬懿率眾

距郤之

魏齊王正始元年四月戊午月犯昂東頭第一

星其年十月庚寅月又犯昂北頭第四星占曰

犯昂胡不安二年六月鮮卑阿妙兒等寇西方

燉煌太守王延斬之并二千餘級三年又斬鮮

甲大帥及千餘級

正始元年十月乙酉彗星見西方在尾長三丈

▌宋書志十三　　　十九

搞牽牛犯太白十一月甲子進犯羽林占曰尾

為燃又為吳牛亦吳之分太白為上將羽林

中軍兵吳越有兵喪中軍兵動二年五月吳將

全琮寇芍陂朱然圍樊城諸葛瑾入沮中吳太

子登卒六月司馬懿討諸葛恪於皖恪焚積聚

棄城走三年太尉滿寵薨

正始二年九月癸酉月犯輿鬼西北星西北星

主金三年二月丁未又犯西南星西南星主布

昂占曰有錢令一日大臣憂三年三月太尉滿

寵薨四年正月帝加元服賜羣臣幣各有差

正始四年十月十一月再犯井鉞是月司馬

懿討諸葛恪棄城走五年三月曹爽征蜀

正始五年十一月癸巳鎮星犯亢距星占曰諸

侯有失國者嘉平元年曹爽兄弟誅

正始六年八月戊午彗星見七星長二尺色白

進至張積二十三日減七年十一月癸亥又見

軫長一尺積百五十六日減九年三月又見昂

長六尺色青白芒西南指七月又見翼長二尺

▌宋書志十三　　　二十

進至軫積四十二日減按占七星張周分野翼

軫為楚昂為趙魏基所以除舊布新主兵喪也

嘉平元年司馬懿誅曹爽兄弟及其黨與皆夷

族京師嚴兵實始翦魏三年誅楚王彪又襲王

凌於淮南淮南東楚也幽魏諸王于鄴

正始七年七月丁丑月犯左角占曰天下有兵

將軍死九年正月辛亥月犯亢南星占曰兵起

一曰軍將死七月乙亥熒惑犯畢距星占曰有

邊兵一曰刑罰用嘉平元年曹爽等誅三年王

凌等又誅

正始元年七月癸丑鎮星犯楗閉占曰王者不
宜出宮下殿明年車駕謁陵司馬懿奏誅曹爽
等天子野宿於是失勢

魏齊王嘉平元年六月壬戌太白犯東井距星
占曰國失政大臣為亂四
月辛巳太白犯與鬼占曰大臣誅一曰兵起三
年七月王淩與楚王彪有謀皆伏誅人主遂甲

吳主孫權赤烏十三年五月日比至熒惑逆行

入南斗七月犯魁第二星而東漢晉春秋云逆
行按占熒惑入南斗三月吳王死一曰熒惑逆
行其地有死君太元二年權竟是其應也故國
志書於吳而不書於魏也是時王淩謀立楚王
彪謂卅中有星當有暴貴者以問知星人浩詳
詳疑有故欲說其意不言吳有死喪而言淮南
楚分吳楚同占當有王者興故淩計遂定

魏齊王嘉平二年十月丙申月犯與鬼占曰國
有憂二曰大臣憂三年四月戊寅月犯東井占

日軍將死一曰國有憂五月王淩楚王彪等誅
七月皇后甄氏崩

嘉平三年五月甲寅月犯距星占曰將軍死一
曰為兵是月王淩誅四年三月吳將朱然卒為
寇鎮東將軍諸葛誕破走之

四年十一月丁未又犯與鬼積尸五年七月丙午月
又犯鬼西比星占曰國有憂正元元年李豐等
誅皇后張氏廢九月帝廢為齊王

齊王嘉平三年十月癸未熒惑犯亢南星占曰
大臣有亂正元元年二月李豐等謀誅

嘉平三年十一月癸未有星孛于營室西行積
日滅占曰有兵喪室為後宮旦有亂四年二月
丁酉彗星見西方在胃昴畢色白芒南指貫參
十日滅五年十一月彗星又見軫長五丈色二

西東南指積百九十日滅按占胃昴畢兗州之
分參白虎
主兵太微天子廷執法為執政孛彗為兵除舊布新
之象正元元年二月李豐豐弟兗州刺史翼后父光

禄大夫張緝等謀亂皆誅皇后亦廢九月帝廢

爲齊王高貴公代立

嘉平五年六月庚辰月犯箕占曰軍將死正元

元年正月鎮東將軍毋丘儉反兵敗死

嘉平五年六月戊午太白犯占曰羣臣謀不

嘉平五年十一月癸酉月犯東井距星占曰軍

成正元元年李豐等謀泄悉誅

嘉平五年七月月犯井鉞正元年二月李豐

等誅蜀將姜維攻隴西軍騎將軍郭淮討破之

前將軍揚州刺史文欽反被誅

魏高貴公正元元年十一月有白氣出斗側廣

數丈長竟天王肅曰蚩尤之旗也旗東南其有亂

壬二年正月毋丘儉等據淮南以叛大將軍司

馬師討平之案占无旗見王者征伐四方自

後又征淮南西平巴蜀是歲吳王孫亮五鳳元

年斗牛吳越分案占有兵喪除舊布新之象也

太平三年孫綝盛兵圍宮廢其爲會稽王孫休

代立是其應也故國志又書於吳由是淮南江

東同揚州地故于時變見吳楚之分則魏之淮

南多與吳同災是以毋丘儉以李爲已應遂起

兵而敗又其應也後三年即魏甘露二年諸葛

誕又反淮南吳遺朱異救之及城陷誕衆吳兵

死沒各數萬人猶前長星之應也

高貴公正元二年二月戊午熒惑犯東井比轄

西頭第一星占曰羣臣有家坐罪者甘露元年

諸葛誕族滅

事也

魏高貴公甘露元年七月乙卯熒惑犯井鉞壬

戌月又犯鉞星二年八月壬子歲星犯井鉞九

月庚寅歲星又逆行乘鉞星三年諸葛誕夷滅

明年諸葛誕反又明年孫琳廢亮吳魏並有兵

所書也占曰太白犯斗國有兵大臣有反者其

吳孫亮太平元年九月壬辰太白犯南斗吳志

甘露元年八月辛亥月犯箕占曰軍將死九月

丁巳月犯東井占曰軍將死二年諸葛誕誅

甘露二年六月己酉月犯心中央大星景元
年五月高貴公敗

甘露二年十月丙寅太白犯亢距星占曰廷臣
為亂人君憂景元元年有成濟之變

甘露二年十一月彗星見角色白占曰彗星見
角間色白者軍起不戰邦有大喪景元元年高
貴公帥左右兵襲賈充壬未交戰爲成濟所害

甘露三年三月庚子太白犯東井占曰國失政
大臣爲亂是夜歲星又犯東井占曰兵起至景
元元年高貴公敗

甘露三年八月壬辰歲星犯輿鬼躓星占曰斧
質用大臣誅甘露四年四月甲申歲星又犯輿
鬼東南星占曰鬼東南星主兵木入鬼大臣誅
景元元年高貴公敗殺尚書王經

甘露四年十月丁丑客星見太微中輔東南行
歷軫宿積七日滅占曰客星出太微有兵喪景
元元年高貴公被害

魏陳留王景元元年二月月犯建星案占月五

星犯建星大臣相譖是後鍾會鄧艾破蜀會譖
艾遂皆夷滅

景元二年四月熒惑入太微犯右執法占曰人
主有大憂又曰大臣憂後四年鄧艾鍾會皆夷
滅五年帝遜位

景元三年十一月壬寅彗星見亢色白長五寸
轉北行積四十五日滅占曰爲兵喪一曰彗見亢
天子失德四年鍾會鄧艾伐蜀克之會艾反亂
皆誅魏遂遜天下

景元四年六月大流星二並如斗見西方分流
南北光照隆隆有聲案占流星爲貴使大者使
大是年鍾會鄧克蜀二星蓋二帥之象二帥相背
又分流南北之應鍾會既叛三軍憤怒隆隆有
聲兵將怒之徵也

景元四年十月歲星守房占曰將相有憂一曰
有大赦明年正月大尉鄧艾司徒鍾會並誅滅
特赦益土成熙二年秋又大赦

陳留王咸熙二年五月彗星見王良長丈餘色

白東南指積十二日滅占曰王良天子御駟彗
星橋之禪代之表除舊布新之象白色為喪王
良在東辟宿又弁州之分也八月晉文王薨十
二月帝遜位于晉

晉武帝太始四年正月丙戌彗星見軫又楚
西北行又轉行占曰彗星見軫青白色
皇太后王氏崩十月吳將施績寇江夏萬或寇
襄陽後將軍田璋荊州刺史胡烈等破卻之

太始四年七月星隕如雨皆西流占曰星隕為
太始五年九月有星孛于紫宮占如上紫宮天
秀率部曲二千餘人來降
民牧西流吳民歸晉之象也二年吳夏口督孫
軫又楚分也咸寧二年六月星孛于氐占曰天
太始十年十二月有星孛于軫占曰天下兵起
子內宮十年武元楊皇后崩
子失德易政氏又兗州分七月星孛大角大角
為帝坐六月星孛太微至翼北斗十三台占曰太
微天子廷大人惡之一日有俠王翼又楚分也

宋志十三　　三十七　　軫

二十七

北斗主殺罰云台為三公三年星孛于胃胃徐
州分四月星孛女御女御為後宮五月年又孛于
東方七月星孛紫宮占曰天下易主五年三月
星孛于柳占曰外臣陵主柳又三河分也大角
太微紫宮女御並為王者明年吳亡是其應也
于吳兵喪征吳之役三河徐兗之兵悉出交戰
於吳楚之地吳丞相都督以下梟戮十數偏裨
行陣之徒馘斬萬計皆其徵也春秋星孛北則
齊魯晉鄭陳宋莒之君並受殺亂之禍孛于東

宋志十三　　二十八　　蚩

方則楚滅陳三家田氏分簟齊晉漢文帝末星
項先主命故也吳晉之時天下橫分大角孛而
吳亡是與項民同事後學皆以咸寧災為晉室
吳昔漢三年星孛大角項籍以亡漢氏無事此
災異數見而晉民隆盛吳實滅天憂在吳可知
孛西方後吳楚七國誅滅案太始末至太康初
非也
晉武帝咸寧四年四月蚩尤旗見案星傳蚩尤
旗類彗而後曲象旗漢武帝時見長賣天獻帝

時又見長十餘丈皆長星也魏高貴時則為白
氣案校衆記是歲無長星亘又是異氣後二年
傾三方伐吳是其應至武帝崩天下兵又起遂

巳諸夏

咸寧四年九月太白當見不見占曰是謂失舍
不有破軍必有死王之墓又有亡國是時羊祜
表求伐吳上許之五年十一月兵出太白始夕
見西方太康元年三月大破吳軍孫晧面縛請

死吳國遂亡

晉武帝太康二年八月有星孛于張占曰為兵
喪周分野災在洛邑十一月星孛軒轅占曰後
宮當之四年三月戊申星孛于西南四年三月
癸丑琅邪王伷薨四月戊寅城王陵薨五月巳
亥琅邪王伷薨十一月戊午新都王該薨

元年四月乙酉武帝崩
太康八年三月癸惑守心占曰王者惡之太熙
太康八年九月星孛于南斗長數十丈十餘日
滅占曰斗王爵祿國有大憂一曰孛于斗王者

疾病臣誅其父天下易政大亂兵起太熙元年
四月客星在紫宮占曰為兵喪太康末武帝耽
宴遊多疾病是月乙酉帝崩永平元年賈后誅
楊駿及其黨與皆夷三族楊太后亦見殺是年又
誅汝南王亮太保衛瓘楚王瑋王室兵喪之應

志第十三　　　　宋書二十三

天文二

晉惠帝元康二年二月天西北大裂按劉向說
天裂陽不足地動陰有餘是時人主拱默婦后
專制

元康三年四月熒惑守太微六十日占曰諸侯三公
謀其上必有斬臣一曰天子巳國是春太白守
畢至巳足百餘日占曰有急令之憂一日相巳又
上皇天下從此遘亂連禍

為邊境不安是年鎮星太白三星聚于畢昴
占曰為兵喪畢昴趙地也後賈后陷殺太子趙
王廢后又殺之斬張華裴頠遂簒位廢帝為太

元康五年四月有星孛于奎至軒轅太微經三
台大陵占曰奎為魯又為庫兵軒轅為後宮太
微天子廷三台為三司大陵有積屍死喪之事
明年武庫火西羌反後五年司空張華遇禍賈
后廢死魯公賈謐誅又明年趙王倫簒位於是

宋志十四　一　沈文

三王興兵討倫士民戰死十餘萬人
元康六年六月丙午夜有枉矢自斗魁東南行
按占曰以亂伐亂北斗主執殺出斗魁居中執
殺者不直象也十月太白晝見後趙王殺張
裴廢賈后以理太子之冤因自簒盜以至屠滅
以亂伐亂兵喪臣彊之應也

元康九年二月熒惑守心占曰王者惡之八月熒
惑入羽林占曰禁兵大起後二年惠帝見廢為
太上皇俄而三王起兵討倫倫悉遣中軍兵相
距累月

晉惠帝永康元年三月妖星見南方中台星
坼太白晝見占曰妖星出天下大兵將起台星
失常三公憂太白晝見為不臣是月賈后殺
太子趙王倫尋廢殺后及司空張華又廢帝
自立於是三王並起迭捴天權
永康元年五月熒惑入南斗占曰宰相死兵火
起斗又吳分也是時趙王倫為相明年簒位三
王興師誅之太安二年石冰破揚州

宋志十四　二　沈文

永康元年八月熒惑入箕占曰人主失位兵起

十二月彗出牽牛之西指天市占曰牛者七政

始彗出之改元易號之象也天市一名府一名天

子祺帝座在其中明年趙王篡位改元壽為

大兵所滅

永康二年二月太白出西方逆行入東井占曰國

失政臣為亂四月彗星見齊分占曰齊有兵喪

是時齊王冏起兵討趙王倫倫滅冏擁兵不朝

專權淫奢明年誅死

晉惠帝永寧元年自正月至于閏月五星互

經天星傳曰日陽君道也星陰臣道也日出則

星云臣不得專也晝星見午上者為經天其

占為不臣為更王今五星悉經天天變所未有

一石氏說曰辰星晝見其國不亡則大亂是後皆

方伯互秉大權二帝流亡遂至六夷彊迭據華

夏亦載籍所未有也

永寧二年五月太白晝見占同前條七月歲星

守虛危占曰水守虛危有兵憂一曰守虛飢守

危徭役煩下屈竭辰星入太微占曰為內亂一

曰羣臣相殺太白守右掖門占曰為兵為亂賊

八月戊午鎮星犯左執法又犯上相占曰上相憂

熒惑守昴占曰趙魏有災辰星守輿鬼占曰秦

有災九月丁未月犯左角占曰人主憂一曰左將

軍死天下有兵

二年四月癸酉歲星晝見占曰為彊十月熒

惑太白鬭于虛危占曰大兵起破軍殺將虛危

又齊分也十二月熒惑襲太白于營室占曰天

下兵起亡君之戒一曰易相初齊王冏定京都

因留輔政遂專懷無君是月成都河間檄長沙

王又討之冏又交戰攻焚宮闕冏兵敗夷滅又

殺其兄上軍將軍定以下二十餘人太安二年

成都攻長沙於是公私飢困百姓力屈

晉惠帝太安二年二月太白入昴占曰天下擾

兵大起三月彗星見東方指三台占曰兵起國

象三台為三公七月熒惑入東井占曰兵起國

亂是秋太白守太微上將占曰上將將以兵亡是

年冬成都河閒攻洛陽三年正月東海王越執

長沙王又張方又殺之

太安三年八月長沙王奉帝出距二王庚午舍

于玄武館是日天中裂為二有聲如雷三占同

元康臣下專僭之象也是時長沙王擅權後成

都河閒東海又迭專威命是其應也

太安三年十一月辛巳有星晝隕中天此下有聲

如雷按占名曰焚首焚首所在下有大兵流血

明年劉淵石勒攻略幷州多所殘滅王浚起燕

代引鮮卑攻掠鄴中百姓塗地有聲如雷怒之

象也

盜賊羣起張昌尤盛後二年惠帝出崩

晉惠帝永興元年五月客星守畢占曰天子絕

嗣一曰大臣有誅七月庚申太白犯角元經房心

歷尾箕九月入南斗占曰犯角天下大戰犯元

有大兵人君憂入房心為兵喪犯尾將軍與民

人為變箕女主憂一曰天下亂入南斗有兵喪

一曰將軍為亂其所犯守又占曰天下兵喪陳

刺史和演攻鄴鄴潰於是兗豫幽冀揚州之

分也是年七月有蕩陰之役九月王浚殺幽州

州郡皇后羊氏數被幽廢光熙元年惠帝崩終

敏又亂楊士劉淵石勒李雄等並起微賤跨有

無繼嗣

永興元年七月乙丑星隕有聲二年十月星又隕

有聲按劉向說民去其土之象也是後遂亡申夏

永興元年十二月壬寅夜赤氣亘天砰隱有聲

二年十月丁丑赤氣見在北方東西竟天占曰

並為大兵砰隱有聲怒之象也是後四海雲擾

九服交兵

永興二年四月丙子太白犯狼星占曰大兵起

九月歲星守東井占曰有兵井又秦分也是年

苟晞破公師蕃張方破范陽王虓關西諸將攻

河間王顒顒奔走東海王迎殺之

又趙魏分也十月丁丑有星孛于斗占曰瑃

永興二年八月星孛于昴畢占曰為兵喪昴畢

璿更授天子出走又曰彊國發兵諸侯爭權是

後皆有其應明年惠帝崩

晉惠帝光熙元年四月太白失行自翼入尾箕

占曰太白失行而北是謂返生不有破軍必有

屠城五月汲桑攻鄴魏郡太守馮嵩出戰大敗

桑遂害東燕王騰殺萬餘人焚燒魏時宮室皆盡

光熙元年五月柱矢西南流占曰以亂伐亂之

象也是時司馬越西破河間王迎大駕尋收繆

徹何綏等肆其無君之心天下惡之死而石勒

焚其屍柩是其應也

光熙元年九月丁未熒惑守心占曰王者惡之

己亥填星守房心又犯歲星占曰土守房多禍

喪守心國內亂天下赦又曰填星與歲合為內亂

是時司馬越秉權終以無禮破滅內亂之應也

十一月惠帝崩懷帝即位大赦天下

光熙元年十二月癸未太白犯填星占曰為內兵

有大戰是後河間王為東海王越所殺明年正

月東海王越殺諸葛玫等五月汲桑破馮嵩殺

東燕王八月苟晞大破汲桑

光熙元年十二月甲申有白氣若虹中天北下

至地夜見五日乃滅占曰大兵起明年王彌青

徐汲桑亂河北毒流天下

孝懷帝永嘉元年九月平卯有大星自西南

流于東北小者如外相隨天盡赤聲如雷占曰

流星為貴使是年五月汲桑殺東燕王騰遂據

河北十一月始遣和郁樂陵於是以甄為征北將軍鎮鄴而田甄

等大破汲桑斬千樂陵於是以甄為征北將軍鎮鄴而田甄

蘭鉅鹿太守小星相隨小將別帥之象也司馬

越忿魏郡以東平原以南皆當黨於汲桑悉以賞甄

等於是侵略赤地有聲如雷怒之象也

永嘉元年十二月丁亥星流震散案劉向說天
官列宿在位之象小星無名者庶民之類此百
官庶民將流散之象也是後天下大亂百官萬
民流移轉死矣

永嘉二年正月庚午太白伏不見二月庚子始
晨見東方是謂當見不見占同上條其後破軍
殺將不可勝數帝崩虜庭中夏淪覆

永嘉三年正月庚子熒惑犯紫微占曰當有野
死之王又為火燒宮是時太史令高堂沖奏乘
輿宜遷率不然必無洛陽五年六月劉曜王彌
入京都燒宮廟帝崩于平陽

永嘉三年鎮星久守南斗占曰鎮星所居者其
國有福是時安東琅邪王始有揚土其其年十一
月地動陳卓以為是地動應也

永嘉三年十二月乙亥有白氣如帶出東南北
方各二起地至天貫參代占曰天下大兵起四年
三月司馬越收繆胤繆播等又三方雲擾攻戰
不休五年三月司馬越死於甯平城石勒攻破

其眾死者十餘萬人六月京都蝗滅帝劫虜庭

永嘉五年十月熒惑守心後二年帝崩于虜庭

永嘉六年七月熒惑歲星鎮星太白聚牛女之
間襄回進邊按占曰牛揚州分是後兩都傾覆

愍帝建武元年五月癸未太白熒惑合於東井
占曰金火合同燦為喪是時帝雖劫于平陽天
下猶未敢居其虛位災在帝也六月丁卯太白
犯太微占曰兵入天子廷王者惡之七月愍帝
崩于寇庭天下行服大臨

晉元帝大興元年七月太白犯南斗占曰吳越
有兵大人憂二年二月甲申熒惑犯東井占曰
兵起貴臣相戮八月己卯太白犯軒轅大星占
曰後宮憂乙未太白犯歲星在翼占曰為兵亂
三年四月壬辰枉矢出虛危沒翼軫占曰枉矢
所觸天下之所伐翼軫荊州之分也五月戊子
太白入太微又犯上將占曰天子自將上將誅六
月丙辰太白與歲星合于房占曰為兵饑九月太

白犯南斗占同元年十月巳亥熒惑在東井居
五諸侯南跏蹢留止積三十日占日熒惑守井二
十日以上大人憂守五諸侯諸侯有誅者十二
月巳未太白夏守在斗郭景純日屬坎陰府
中自毀其法也四年十二月丁亥月犯歲星在
法家也太白金行而來犯之天意若曰刑理失
房占日其國兵飢民流亡
永昌元年三月王敦率江荊之衆來攻京都六
軍距戰敗績於是殺護軍將軍周顗尚書令刁

協驃騎將軍劉隗出奔四月又殺湘州刺史譙
王承鎮南將軍甘卓閏十二月元帝崩間一年
敦亦臬夷柱矢觸翼之應也十月石他入豫州
略城父鉅二縣民以比刺史祖約遣軍追之為
其所沒遂退守壽春
明帝大寧三年正月熒惑逆行入太微占日為
兵喪王者惡之閏八月帝崩咸和二年蘇峻反
攻宮室太后以憂逼崩天子幽劫于石頭遠近
兵亂至四年乃息

成帝咸和四年七月有星孛于西北二十三日
滅占日為兵亂十二月郭黙殺江州刺史劉胤
荊州刺史陶侃討黙明年斬之是時石勒又始
僭號
咸和六年正月丙辰月入南斗占日有兵日有
大赦是月胡賊殺略襄武進二縣民於是遣戍
中洲明年胡賊攻略南沙海虞民是年正月大
赦代淮南討襄陽平之
咸和六年十一月熒惑守胃昴占日趙魏有兵

八年七月石勒死石虎自立多所殘滅是時雖
勒虎僭號而其疆弱常占於昴不關太微紫
宮也
咸和八年三月巳巳月入南斗與六年占同其
年七月石勒死彭彪以謙石生以長安耶權以
秦州並歸從於是遣督護高球率衆救虎虎
敗球退又石虎石斌攻滅生權咸康元年正月
大赦
咸和八年七月熒惑入昴占日胡王死石虎多所

攻滅八月月犯昴占曰胡不安九年六月月又犯昴是時石弘雖襲勒位而石虎擅威專橫于月廢弘自立遂幽殺之

咸和九年三月己亥熒惑入輿鬼犯積屍占曰兵在西北有沒軍死將四月鎮西將軍雍州刺史郭權始以秦州歸從尋爲石斌所滅徙其衆於青徐

晉成帝咸康元年二月己亥太白犯昴占曰兵起歲大旱四月石虎掠騎至歷陽朝廷慮其衆也加司徒王道守大司馬治兵動衆又遣慈湖牛渚蕪湖三戍五月乃罷是時胡賊又圍襄陽征西將軍庾亮遣寧距退之六月旱

咸康元年八月戊辰熒惑入東井占曰無兵起有兵止是年夏發衆列戍加王道大司馬以備胡賊

咸康元年三月丙戌月入昴占曰胡王死十一月月犯昴二年八月月又犯昴占同咸和三年石虎發衆七萬四年二月自龍隄遠子薊遼奔

敗又攻慕容皝於棘城不剋引退皝追之殺數百人虎留其將麻秋令支皝破秋并虜遼殺之

咸康二年正月辛巳彗星夕見西方在奎占曰奎爲兵喪奎又爲邊兵四年石虎伐慕容皝不剋皝追擊之又破麻秋時皝稱蕃邊兵之應也

咸康二年正月辛卯月犯房南第二星占曰將相有憂五年七月丞相王導薨八月太尉郗鑒薨六年正月征西大將軍庾亮薨

咸康二年九月庚寅太白犯南斗因晝見占曰斗爲宰相又揚州分金犯之死喪象晝見爲不臣又爲兵喪三年石虎僭稱天王四年虎滅段遼而敗於慕容皝皝國蕃臣五年王道薨

咸康三年六月辛未有流星大如二斗魁色青赤光耀地出奎中沒婁妻奎占爲飢五穀不藏是月大旱

咸康三年八月甲戌月犯東井距星占曰國有憂將死

三年八月熒惑入輿鬼犯積屍占曰貴人憂

三年九月戊子月犯建星占曰易相一曰大將死

五年丞相王導薨冤庚氷代輔政太尉郗鑒征
西大將軍庾亮薨

咸康三年十一月乙丑太白犯歲星占曰為兵飢
四年二月石虎破幽州遷其八萬餘家李壽殺
李期五年胡衆五萬寇沔南略七千餘家而去
又騎二萬圍陷邾城殺略五千餘人

咸康四年四月己巳太白晝見在柳占曰為兵為
不臣七月乙巳月掩太白占曰王者亡地大兵起
明年胡賊大寇沔南陷豫州刺史毛寶西
陽太守樊峻皆棄城投江死於是内外戒嚴左
衞桓監臣術等諸軍五千武昌乃退七年慕容皝
自稱為燕王

咸康四年五月戊午熒惑犯右執法占曰大臣死
執政者憂九月太白犯右執法案占五星災同
金火尤甚十一月戊子太白犯房上星占曰上相
憂五年七月己酉月犯房上星亦同占是月庚
申丞相王導薨

咸康五年四月辛未月犯歲星在甲占曰國飢

民流乙未月犯畢距星占曰兵起是夜月又犯
歲星在甲及冬有沔南邾城之敗百姓流亡萬
餘家

咸康六年二月庚午朔流星大如斗光耀地出天
市西行入太微占曰大人當之乙未太白入月占
曰人主死四月甲子月犯太白占曰人主惡之六年
六月成帝崩

咸康六年三月甲寅熒惑從行犯太微上將星
占曰上將憂四月丁丑熒惑犯右執法占曰執法
者憂六月乙亥月犯牽牛中央星占曰大將憂
是時尚書令何充為執法有譴欲避其咎明年
求為中書令建元二年庚氷薨比旦大將執政之
應也是歲正月征西將軍庾亮薨三月而熒惑
犯上將九月石虎大將夔安死庚氷後積年方薨
豈氷能修德移禍於夔安乎

咸康六年四月丙午太白犯畢距星占曰兵革起
一曰女主憂六月乙卯太白犯軒轅大星占曰女

咸康七年三月皇后杜氏崩

咸康七年三月壬午月犯房占曰將相憂八年
六月熒惑犯房上第二星占曰次相憂建元二
年車騎將軍江州刺史庾冰薨是時驃騎將
軍何充居內冰爲次相也
咸康七年四月巳丑太白入輿鬼占曰兵革起
五月太白晝見以晷度推之非秦魏則楚也占
曰爲臣彊爲有兵八月辛丑月犯輿鬼占曰人主
憂八年六月成帝崩
咸康八年八月壬寅月犯畢赤星占曰下犯上
兵革起十月月又掩畢赤星占同巳酉太白犯
熒惑占曰大兵起其後庾翼大發兵謀伐胡
專制上流朝廷憚之
康帝建元元年正月壬午太白入昂占曰趙地有
兵又曰天下兵起四月乙酉太白晝見八月丁未
太白犯歲星占曰有大兵是年石虎殺其太子
遂及其妻子徒屬二百餘人又遣將劉寧寇
沒狄道又使將張羆將萬餘人屯薊東謀慕容皝
建元元年十一月六日彗星見充長七尺尾白色

占曰九爲朝廷主兵兵喪二年九月康帝崩
建元元年歲星犯天關安西將軍庾翼與兄冰
書曰歲星犯天關占云關梁當澀比來江東無
他故江道亦不艱難而石虎頻年再閉關不
通信使此復是天公憒憒無皂白之徵也
建元二年閏月乙酉太白犯斗占曰爲喪天下
受爵祿九月康帝崩太子立大赦賜爵也
晉穆帝永和元帝正月丁丑月入畢占曰兵大
起戊寅月犯天關占曰有亂臣更天子之法五
月辛巳太白晝見在東井占曰爲臣彊秦有
兵六月辛丑入太微犯屏西南占曰輔臣有
免罷者七八月皆犯畢占同正月巳未月犯
輿鬼占曰大臣有誅九月庚戌月又犯畢是年
初庾翼在襄陽七月翼疾將終薦以子爰之爲
荊州刺史代巳任爰之尋被廢明年桓溫又輔
率衆代蜀執李勢遂送至京都蜀本秦地也
永和二年二月壬子月犯房上星四月丙戌月
又犯房上星占同前八月壬申太白犯左執法

是歲司徒蔡謨被廢

永和三年正月壬午月犯南斗第五星占曰將
軍死近臣去五月壬申月犯南斗第四星因入
魁占曰有兵一曰有大赦六月月犯東井距星
占曰將死國有憂戌月犯左執法甲寅月犯房
兵四年七月丙申太白犯南斗第五星占曰喪
有誅九月庚寅太白犯南斗第五諸侯占曰諸侯
丁巳月入南斗第二星乙丑太白月犯左執法
占悉同上十月甲戌月犯亢占曰兵起軍將死
十一月戊戌月犯上將星三年六月大赦是月陳
達征壽春敗而還七月氐蜀餘寇反亂益土九
月石虎伐涼州不克

永和四年四月太白入昴五月熒惑入妻犯鎮
星七月太白犯軒轅占在趙及爲兵喪女主憂
其年八月石虎太子宣殺弟韜宣亦死五年正
月石虎僭稱皇帝尋病死是年褚裒北代喪衆
又尋薨太后素服六年正月朝會廢樂

永和五年四月丁未太白犯東井占曰秦有兵

九月戊戌太白犯左角占曰爲兵十月月犯昴
占曰朝廷有憂軍將死十一月乙卯彗星見于
六芒西向白長一丈占曰爲兵喪是年八月褚
裒北征兵敗十月關中二十餘叛舉兵歸從石
遇攻没南陽十一月卅閔殺石遵父晝殺胡十
餘萬人於足中土大亂十二月褚裒復憂三月戊
顯符健慕容俊並僭號殷浩北代敗見廢

永和六年二月辛酉月犯心大星占曰大人憂
人豫州分也丁丑月犯房占曰將相憂三月戊
戌熒惑犯歲星占曰爲戰六月已丑月犯昴占
同上乙未月犯五諸侯占同三年七月壬寅月
始出西方犯左角占曰大將軍死

兵丁未月犯箕占曰軍將死丙寅熒惑犯鉞星
占曰大臣有誅八月辛卯月犯左角太白晝見
在南斗月犯右執法占並同上七年二月太白
犯昴占同上乙卯熒惑犯輿鬼犯積尸占曰貴人
憂五月乙未熒惑犯軒轅太白占曰女主憂太
白入畢口犯左股占曰將相當之六月乙亥月

犯箕丙子月犯斗丁丑熒惑入太微犯右執

八月庚午太白犯軒轅戊子太白犯右執法占

悉同上七年劉顯殺石衹及諸胡帥中土大亂

戎晉十萬數各還舊土豆相侵略及疾疫死亡

能達者十二三是年相溫輒以大衆求浮江入

淮北伐朝廷震懼八年豫州刺史謝尚討張遇

爲苻雄所敗殷浩北伐敗被廢十年相溫伐苻

健不克而還

永和八年三月戊戌月犯軒轅大星癸丑月入南

宋書志十四

二十一

斗犯第二星五月月犯心星四月癸酉月犯房

六月辛巳日未入有流星如三斗魁從辰巳上

東南行暨度推之在箕斗之間蓋燕分也案占

爲營首營首之下流血滂沱七月壬子歲星犯

東井距星占曰內亂兵起八月戊戌熒惑入輿

鬼占曰忠臣戮死丙辰太白入南斗犯第四星

占曰將爲亂一曰丞相免九年二月乙巳入南斗

犯第三星三月戊辰月犯房八月歲星犯輿鬼

東南星占曰東南星主兵兵起十二月月在東

井犯歲星占曰秦飢民流是時帝王幼沖母后

稱制將相有隙兵董連起慕容儁僭稱大燕攻

伐無已故災數見殷浩見廢也

永和十年正月乙卯月食昴占曰趙魏有兵癸

酉填星奄鈇星占曰斧鈇用二月甲申月犯心

大星占曰王者惡之四月癸未流星大如斗色

赤黃出織女沒造父有聲如雷占曰燕燕有兵

民流戊午月犯心大星七月庚午太白晝見暴

慶推之災在秦鄭九月辛酉太白犯左執法十

宋書志十四

二十二

一月奄填星在輿鬼占曰秦有兵十一年三月

辛亥月奄軒轅占上四月庚寅月犯牛宿南

星占曰國有憂八月己未太白犯天江占曰河

津不通十二年六月庚子太白晝見在東井占

如上己未月犯鈇星七月丁卯太白犯填星在

柳占曰周地有大兵八月癸酉月奄建星九月

戊寅熒惑犯太微犯西蕃上將星十一月丁丑熒

惑犯太微熒惑入太微犯西蕃上相十年四月相溫伐苻健破

其堯柳衆軍健壁長安溫退十二月慕容恪

攻齊十二年八月桓溫破姚襄於伊水定周地
十一月齊城陷執段龕殺三千餘人永和末
甲侵略河黃外平元年慕容俊遂據臨漳盡有
幽并青冀之地緣河諸將漸奔散河津隔絕矣
三年會稽王以郗曇謝萬敗績求自貶三等是
時權在方伯九服交兵故譴象仍見
晉穆帝外平元年四月壬子太白入輿鬼丁亥月
奄東井南轅西頭第二星占曰秦地有兵一日
將死六月戊戌太白晝見在軫占同上軫楚分
也壬子月犯畢占曰為邊兵七月辛巳熒惑犯
天江占曰河津不通十一月歲星犯房壬午月
奄歲星在房占曰民飢一日豫州有災二年二
月辛卯填星犯軒轅大星甲午月犯東井閏月
乙亥月犯歲星在房占悉同上五月丁亥彗出
天船在胃度中彗為兵喪除舊布新出天船外
夷侵一日為大水六月辛酉月犯房八月戊午
熒惑犯填星在張占曰兵大起張三河分十月
巳未太白犯哭星十二月枉矢自東南流于西

北其長半天三年正月壬辰熒惑犯輿鬼占
人王憂三月乙酉熒惑逆行犯鉤鈐案占王者
惡之月犯太白在昴占曰人君死一日趙地有
兵朝廷不安六月太白犯東井七月乙酉熒惑
犯天江丙戌太白犯輿鬼占悉同上戊子月犯
畢大星占曰為邊兵一日下犯上庚午太白犯
牽牛中央大星占曰牽牛天將世犯中央星大
將軍死八月丁未太白犯軒轅大星甲子月犯
填星在太微中占曰王者惡之二年五月閏中
氐帥殺苻生立堅十二月慕容俊入屯鄴八月
安西將軍豫州刺史謝弈薨三年十月諸葛攸
舟軍入河敗績豫州刺史謝萬入攝衆潰而歸
除名為民十一月司徒會稽王以二鎮敗求自貶
三等四年正月慕容俊死子煒代立慕容殺其
尚書令陽鶩等五月天下大水五月穆帝崩
外平四年正月乙亥月犯牽牛中央大星占曰
大將死六月辛亥辰星犯軒轅占曰女主憂巳
未太白入太微右掖門出占曰貴奪勢

一曰有兵又曰出端門臣不臣八月戊申太白犯

氐占曰國有憂丙辰熒惑犯太微上將九月

壬午太白入南斗口犯第四星占曰為喪有赦

天下受爵禄十月庚戌天狗見西占曰有大兵

流血十二月甲寅熒惑犯房丙寅太白晝見庚寅

天下民靡散三月丁未月犯填星在軫占曰為

月犯捷開占曰人君惡之五年正月乙巳填星

逆行犯太微乙丑辰時月在危宿奄太白占曰

大喪五月壬寅月犯太微庚戌月犯建星占曰大

於野王拔之護奔滎陽是時桓溫以大眾次死

賜爵褚后失勢七月慕容恪攻冀州刺史呂護

月北中郎將郗曇薨五月穆帝崩哀帝立大赦

臣相謙辛亥月犯牽牛宿占曰國有憂五年正

閩護敗乃退

外平五年六月癸酉月奄氐東北星占曰大將

當之九月乙酉奄畢占曰有邊兵十月丁卯熒

惑犯歲星在營室占曰大臣有匿謀一曰衞地

有兵丁未月犯畢赤星占曰下犯上又曰有邊

兵八月范汪廢隆和元年慕容煒遣傳末波寇

河陰陳祐兔逼

晉哀帝興寧元年八月星孛大角九入天市按

占為兵喪三年正月皇后王氏崩二月哀帝崩

三月慕容恪攻洛陽沈勁等戰死

溫傾揚州資實討鮮卑敗績死亡太半及征袁

下民靡散一曰灾在揚州洛陽沒其後相

興寧元年十月丙戌月奄太白在須女占曰天

真淮南殘破後氐及東胡侵逼兵役無已

刺史司馬勳入益州以叛朱序率衆助刺史周

也六月鎮西將軍益州刺史周撫薨十月梁州

興寧三年正月乙卯月奄歲星在參參益州分

楚討平之

興寧三年七月庚戌月犯南斗占曰女主憂歲

星犯興鬼占曰人君憂十月太白晝見在亢占

曰亢為朝廷有兵喪為臣彊哀帝是年二月崩

其灾皆在海西也明年五月皇后庚氏崩

晉海西太和元年二月丙子月奄熒惑在參占

曰為內亂一曰參魏地二年正月太白入昴五年
慕容煒為苻堅所滅司冀幽幷四州並屬氐
太和二年八月戊午太白犯歲星在太微三年
六月甲寅太白奄熒惑在太微端門中六年海

西公廢

太和口年口月客星見紫宮西垣至七月乃滅
占曰客星守紫宮臣殺主閏月乙亥月暈軒復
有白暈貫月比畢斗柄三星占曰王者惡之六
年桓溫廢帝

之象也

太和四年十月壬申有大流星西下聲如雷案占
流星為貴使星大者使大明年遣使免表眞為
庶人桓溫征壽春眞病死息瑾代立求救於苻
堅溫破氐軍六年壽春城陷聲如雷將士怒
太和六年閏月熒惑守太微端門占曰天子亡
國又曰諸侯三公謀其上一曰有斬臣辛卯月
犯心大星占曰王者惡之十一月桓溫廢帝并
奏誅武陵王簡文不許溫乃徙之

臣沈　約　新撰

徐伯祖

天文三

晉簡文咸安元年十二月辛卯熒惑逆行入
太微二年三月猶不退占曰國不安有憂是時
帝有桓溫之逼恒懷憂慘七月帝崩

咸安二年正月巳酉歲星犯填星在須女占曰
為內亂五月歲星形色如太白占曰進退如度
姧邪息變色亂行主無福歲星四於仲夏當

細小而明此其失常也又為臣強六月太白晝見
在七星乙酉太白犯輿鬼占曰國有憂七月帝
疾甚詔桓溫曰少子可輔者輔之如不可君自
取之賴侍中王坦之毀手詔改使如王導輔政
故事溫聞之大怒將誅坦之等內亂之應也是
月帝崩

咸安二年五月丁未太白犯天關占曰兵起六月
庚希入京城十一月盧悚入宮並誅滅

晉孝武寧康元年正月戊申月奄心大星案占

宋書志十五　二　二百五十四

災在王者則在豫州一日主命惡之三月丙午
月奄南斗第五星占曰大臣有憂憂死亡一曰
將軍死七月桓溫薨

寧康二年正月巳巳有星孛于女虛經氐元
角軫翼張九月丁丑有星孛于天市十一月癸
酉太白奄熒惑在營室占曰金火合為爍此災

月氐破涼州虜張天錫十一月桓沖發三州軍
皆為兵喪太元元年五月氐賊符堅伐涼州七
軍淮泗桓豁亦遺軍備境上

寧康二年閏月巳未月奄牽牛南星占曰左
將軍死三年五月北中郎將王坦之薨

寧康三年六月辛卯太白犯東井占曰秦地有
兵九月戊申熒惑奄左執法占曰執法者死太

元元年符堅破涼州十月尚書令王彪之卒

晉孝武太元元年四月丙戌熒惑犯南斗第三
星丙申又奄第四星占曰兵犬起中國飢一曰有
赦八月癸酉太白晝見在氐氐益州分野九月
熒惑犯哭泣星遂入羽林占曰天子有哭泣事

宋書志十五　三　三百五

中軍兵起十一月己未月奄左角占曰天子有

兵一曰國有憂三年六月熒惑守羽林占曰

禁兵大起九月壬午太白晝見在角兗州分元

年五月大赦三年八月氐賊韋鍾入漢中東下符

融寇樊鄧慕容煒圍襄陽氐兗州刺史彭超

圍彭城四年二月襄陽城陷賊獲朱序彭超捨

彭城獲吉掃彭超等聚廣陵三河衆五萬於

是征虜謝石次除中右衞毛安之游擊河間王

曇之等次堂邑發舟陽民丁使尹張泜屯衞

萬人成夏口

走是時中外連兵比年荒儉是年又發揚州

京都六月兗州刺史謝玄討賊大破之餘爐皆

太元四年十一月丁巳太白犯哭星占曰天子有哭

泣事五年七月丙子辰星犯軒轅占曰女主當

之九月癸未皇后王氏崩

太元六年十月乙卯有奔星東南經翼軫聲如

雷星說曰光迹相連日流絕迹而去曰奔星占

楚地有兵一曰軍破民流十二月氐荊州刺史梁

成襄陽太守閭震率衆伐竟陵栢石虔繫大破

之生禽震斬首七千獲生萬人聲如雷將帥怒

之象也七年九月朱綽擊襄陽拔將六百餘家

而還

太元七年十一月太白晝見在斗占曰吳有兵

喪八年四月甲子太白又晝見在參占曰魏有

兵喪是月桓沖征沔漢楊亮伐蜀並拔城略地

八月符堅自將號百萬九月攻沒壽陽十月劉

牢之破堅將梁成斬之殺獲萬餘人謝玄等又

破堅於淝水斬其弟融堅大衆奔潰九年六月

皇太后褚氏崩八月謝玄出屯彭城經略中州

十年八月符堅爲其將姚萇所殺

太元十年十二月己丑太白犯歲星占曰爲兵

饑是時河朔未一兵連在外冬大饑

太元十一年二月戊申太白晝見在東井占曰

奉有兵臣彊十二月慕容垂寇東阿翟遼寇河上

有兵臣彊六月甲午歲星晝見在胃占曰魯

姚萇假號安定符登自立隴上呂光竊據涼土

太元十一年三月客星在南斗至六月乃没占
曰有兵一曰有赦是後司雍兗冀慕常有兵役十
二年正月大赦八月又赦

太元十二年二月戊寅熒惑入月占曰有亂臣
相若有戮者一曰女親為敗天下亂是時琅邪王
輔政王妃從兄國寶以姻昵受寵又陳郡人袁悅
昧私苟進交遘主相扇揚朋黨十二年帝殺
於是主相有隙亂階興矣

太元十二年十月庚午太白晝見在斗十三年

閏月戊辰天狗東北下有聲十二月戊子辰星
入月在危占曰賊臣欲殺主不出三年必有内惡
是月熒惑在角凡形色猛盛曰熒惑大其常
吏且棄其法諸侯亂其政自是後慕容垂慕容
姚萇苻登慕容永並阻兵爭疆十四年正月彭
城妖賊又稱號於皇丘劉牢之破滅之三月張道
破合鄉圜大山向欽之擊走之是年翟遼又
汲榮陽侵略陳頴于時政事多繆治道陵遲矣
太元十四年十二月熒惑入羽林乙未月犯歲

星占並同上十五年翟遼陸掠司兗衆軍累討
弗克鮮卑又跨略并冀七月旱八月諸郡大水
兗州又蝗

太元十五年七月壬申有星孛于北河戒經太
微三台文昌入北斗長十餘丈八月戊戌入紫
微乃滅占曰比河戒一名胡門胡門有兵喪掃
太微入紫微王者當之三台為三公文昌為將
相三公有灾入北斗彊國發兵諸侯爭權

大夫憂十一月太白入羽林占曰天子為軍自
守有及臣二十一月九月孝武帝崩隆安元年
王恭殺仲堪桓玄等並發兵表誅王國寶朝廷
從而殺之并斬其從弟緒司馬道子由是失勢
禍亂成矣

太元十六年十一月癸巳月奄心前星占曰太子
憂是時太子常有篤疾

太元十七年九月丁丑歲星熒惑填星同在元
氐占曰三星合是謂驚位絕行内外有兵喪與
飢改立王公

八年正月乙酉熒惑八月占曰憂在宮中非
賊乃盜也一曰有亂臣若有戮者二十一年九月
帝暴崩內殿兆庶宣言夫人張氏潛行大逆干
時朝政闇緩不加顯戮但默責而已丞相王國寶
邪狡卒伏其辜

太元十八年二月有客星在尾中至九月乃滅
占曰燕有兵喪十九年四月己巳月奄歲星在
尾占曰為飢燕國亡二十年慕容垂遣息寶代
什圭為圭所破死者數萬二十一年垂死國遂

衰亡

太元十九年十月癸丑太白犯歲星在斗占曰
為飢為內兵斗吳越分至隆安元年王恭等舉
兵顯王國寶之罪朝廷赦之是後連歲水旱民飢
太元二十年六月熒惑入天囷占曰天下飢七月
丁亥太白入太微占曰太白入太微國有憂晝
見為兵喪九月有蓬星如粉絮東南行歷女虛
至哭星占曰蓬星見不出三年必有亂臣戮死
於市十二月己巳月犯樓閣及東西咸占曰樓閣

司心腸喉舌東西咸主陰謀是時王國寶交構
朝政二十一年九月帝崩隆安元年王恭等舉
兵而朝廷戮王國寶王緒又連歲水旱兼三方
動象民飢
太元二十一年三月太白連晝見在羽林占曰有
強臣有兵喪中軍兵起四月壬午太白入天囷
占曰為飢六月歲星犯哭星占曰有哭泣事是
年九月孝武帝崩隆安元年王恭舉兵脅朝廷
於是中外戒嚴戮王國寶以謝之

晉安帝隆安元年正月癸亥熒惑犯哭星占曰
有哭事二月歲星熒惑皆入羽林占曰軍兵起
四月丁丑太白晝見在東井秦有兵喪是月王
恭舉兵內外戒嚴尋殺王國寶等六月荒賊攻
洛陽都恢遣兵救之姚萇死子略代立什圭自
號於中山
隆安元年六月乙酉月庚午月奄歲星在太微端門外
占曰國受兵八月熒惑守井鉞占曰大臣有誅二
衛地有兵八月癸酉月奄歲星在東壁占曰為飢

年六月戊辰攝提移戾失常歲星晝見在胃

胃兗州分是年六月郗恢遣鄧方等以萬人

殘虜於滑臺滑臺衛地也啟方等敗而還九月

王恭庾楷殺仲堪桓玄等並舉兵誅王愉司

馬尚之兄弟於是內外戒嚴大發民眾仲堪軍

至尋陽禽江州刺史王愉楷將段方攻尚之於

楊湖為所敗方死王恭司馬劉牢之反恭敗

桓玄至白石亦奔退仲堪還江陵三年冬荊州

刺史殷仲堪為桓玄所殺

隆安二年閏月太白晝見在羽林丁丑月犯東

上相辛未辰星犯軒轅星占悉同上是年正月

楊佺期破郗恢奪其任殺仲堪又殺之六月鮮

甲攻沒青州十月羌賊攻沒洛陽桓玄破荊雍

殺殷仲堪楊佺期孫恩聚眾攻沒會稽殺內史

王疑之劉牢之東討走之四年七月太皇太后李

氏崩

隆安四年正月乙亥月犯填星在牽牛占曰吳

越有兵喪女主憂二月己丑有星孛于奎長三

文上至閣道紫宮西蕃東斗魁至三台太微帝

座端門占曰彗孛拂天子廷閣易主之象經三台

入北斗占同上條六月己未月又犯填星在牽牛

辛酉又犯哭星十月奄歲星在斗河占曰為飢

十二月戊寅有星孛于畢索天市天津占曰

貴臣獄死內外有兵喪天津為賊斷王道天下

不通十二月太白在斗晝見至五年正月乙卯

案占災在吳越三月甲寅流星亦色眾多西行

經牽牛虛危天津閣道貫太微紫宮占曰星

者庶民類眾多西流之象經行天子庭主弱臣

彊諸侯兵不制七月癸亥天角星散搖五色占

曰王者流散丁卯月犯天關占曰王者憂九月

庚子熒惑犯少微又守之占曰處士誅十月戊子

月犯東蕃次相四年五月孫恩復破會稽殺內

史謝琰遣高雅之等討之七月太皇太后李氏

崩十月妖賊大破高雅之於餘姚死者十七八

五年二月孫恩攻句章高祖拒之五月吳郡內

史袁山松出戰為所殺死者數千人六月孫恩

至京口高祖擊破之恩軍蒲州於是內外戒
嚴營陣屯守柵斷淮口恩遣別將攻廣陵殺三
千餘人恩遁據郁州是月高祖又追破之九月
桓玄表至逆旨陵上十月司馬元顯大治水軍
帝之見殺遣將丁卯桓玄至姑熟破歷陽司馬
征虜將軍領其餘眾略有永嘉晉安之地二月
在臨海人眾饑死散亡恩亦投水死盧循自稱
將以代立元興元年正月桓玄東下是月孫恩
尚之見殺遣將劉牢之降于玄三月玄剋京都殺大

司馬元顯放太傅道子七月大飢人相食浙江
東餓死流三十六七吳郡吳興戶口減半又流
晉安帝元興元年二月戊子太白犯五諸侯因
晝見四月平丑月奄辰星七月戊寅熒惑在東
奔而西者萬計十月桓玄遣將擊劉軌破走
奔青州四年玄遂簒位遷帝尋陽
歲星在上將東南占楚兵飢一日炎在上將丙
井熒惑犯與鬼積尸占並同上八月庚子太白犯
寅太白奄右執法九月癸未太白犯進賢占曰

宋書志十五

賢者誅十月客星色白如粉絮在太微西至十
二月入太微占曰兵入天子庭二年二月歲星犯
西上將六月甲辰奄斗第四星占曰大臣誅不
出三年八月癸丑太白犯房北第二星九月巳
丑歲星犯進賢熒惑犯西上將辛巳月犯太白
犯泣星十一月乙巳奄軒轅第二星占悉同上元
年冬熒惑索頭破羌軍二年十二月桓玄簒位放遷
帝右於尋陽以永安何皇后為零陵君三年
二月高祖盡誅桓氏

元興三年正月戊戌熒惑逆行犯太微西上相
占曰天子戰於野上相死二月甲辰月奄軒轅第
於左角占曰兵起丙辰熒惑逆行在左執
法西北占曰執法者憂四月甲午月奄軒轅第
二星填星入羽林十二月熒惑太白比犯羽林占
同上是年二月丙辰高祖殺桓脩等三月巳未
破走桓玄遣軍西討辛巳誅左僕射王愉及子
荊州刺史綏桓玄劫帝如江陵五月玄下至峥

宋書志十五

06-442

嶸州義軍破滅之桓振又攻沒江陵幽劫天子
明年正月衆軍攻之振走乘輿乃旋七月永安
何皇后崩三月桓振又龍襲江陵荆州刺史司馬
休之敗走是月劉懷肅蕭擊振滅之其年二月
巴西人譙縱殺益州刺史毛璩及璩弟西夷校
尉瑾跨有西土自號蜀王
晉安帝義熙元年三月壬辰月奄左執法占同
上丁酉月奄前星占曰豫州有災太白犯東
井占曰秦有兵四月己卯月犯填星在東壁占

三百五　宋書志十五　十三

曰其地亡國一日貴人死七月庚辰太白比晝見
在翼軫占曰為臣強荆州有兵襄巳未月奄填
星在東壁占曰其國以伐二一曰民流八月丁巳
月犯斗第一星占曰天下有兵一曰大臣憂案
江左來南斗有災則吳越會稽丹陽豫章
廬江各隨其星應之淮南失土殆不占耳史
闕其說故不列焉
九月戊子熒惑犯少微占曰處士誅庚寅熒
惑犯右執法癸卯　熒惑犯左執法占並同上十月

丁巳月奄填星營室占同七月十一月丙戌太
白奄鉤鈐占曰喉舌臣憂十二月巳卯歲星犯
天江占曰有兵亂河津不通是年六月索頭寇
沛土使偽豫州刺史索度真戍相縣太傅長沙
景王討破走之十一月荆州刺史魏詠之薨二年
二月司馬國璠等攻沒弋陽四月羌代仇池仇池
公楊盛擊走之九月益州刺史司馬榮期為
其參軍楊承祖所害時文處茂討屢有功
會榮期死三年十二月司徒揚州刺史王

三州三　宋書志十五　十四

謚薨四年正月太保武陵王遵薨三月左僕射
孔安國卒五年高祖討鮮甲弁定舊兗之地
義熙二年二月巳丑月犯心後星占曰豫州有災
占曰左將軍死天下有兵壬寅熒惑犯氐占曰
巳丑歲星犯天江占曰悉同上五月癸未月犯左角
四月癸丑月犯太微西將星犯房南第二星
民為宿宮人主憂六月庚午熒惑犯房北第
二星八月癸亥熒惑犯斗第五星丁巳犯建星
九月壬午熒惑犯哭星又犯泣星占悉同上十

二月丙午月奄太白在危占曰齊亡國一曰彊
國君死丁未熒惑太白皆入羽林是年二月甲
戌司馬國璠等攻没弋陽三年正月鮮卑寇北
徐州至下邳八月遣劉敬宣伐蜀十二月司徒
王謐薨四年正月武陵王遵薨五年鮮卑復寇
淮北四月高祖大軍討之六月大戰臨胊城進
圍廣固十月什圭為其子儀阮斬其衆三千餘人
義熙三年正月丙子太白晝見在奎二月庚寅

三卅　〔宋書志十五〕　十五　陳

月奄心後星占悉同上癸亥熒惑填星太白辰
星聚於奎妻從填星也其說見上九月五月己
丑太白晝見在參占曰益州有兵喪臣彊八月
辛卯熒惑犯辰星翼占曰天下兵起八月己卯
太白奄熒惑犯辰法占曰奄熒惑有大兵
辛卯熒惑犯左執法九月壬子熒惑犯進賢是
年正月丁巳鮮卑寇北徐至下邳八月劉敬宣
伐蜀不克而旋四年三月左僕射孔安國卒七
月司馬叔璠等攻没鄒山魯郡太守徐邕破

走之姚略遣衆征佛佛太為所破五年高祖討
鮮卑六年三月妖賊徐道覆殺鎮南將軍江州
刺史何無忌於豫章四月妖賊盧循寇湘中巴
陵五月丙子循道覆敗撫軍將軍豫州刺史劉
毅於桑落洲毅僅以身免丁丑循等奔蔡洲遣別
將焚京口庚辰賊攻焚杏浦戍將距戰不利
高祖遣軍渡淮擊大破之司馬國璠寇礓山竺
藝討破之七月妖賊南走據尋陽高祖遣劉

宋志十五　十六　魯襄秋

鍾等追之八月孫季高乘海代廣州謙之
以蜀衆聚枝江盧循將苟林略華容相去百
里臨川烈武王討謙之又討林林退走鄱陽太
守虞丘延破賊別帥於上饒九月烈武王使劉
遵擊苟林於巴陵斬之桓道見率蔡猛南薄
又遣劉鍾苟基討之斬猛十月高祖以舟師南征是
時徐道覆率二萬餘人攻荆州烈武王距之戰
於江津大破之梟殄其十八九道覆戰船走十一
月劉鍾破賊軍於南陵癸丑益州刺史鮑陋卒
于白帝譙道福攻没其衆庚戌孫季高襲廣州

剋之十二月高祖在大雷與賊交戰大破之賊
走左里進擊又破死者十八九賊還廣州劉蕃
等追之七年二月蕃拔始興城斬徐道覆盧循
還番禺攻圍孫季高不能剋走交州刺史
杜慧度斬之四月
義熙四年正月庚子燄惑犯天江占同五月丁
未月奄斗第二星占同上壬子填星犯天廩占
己卯又犯左執法十月戊子燄惑惑入羽林占悉
曰天下飢倉粟少六月巳丑大白犯太微西上將

同上五年高祖討鮮甲六年左僕射孟昶仰藥
辛是後南北軍旅運轉不息
義熙五年二月甲子月犯昴占曰胡不安天子
破匈奴四月甲戌燄惑犯辰星在東井占同三
年五月戊戌歲星入羽林占同上九月壬寅月犯
昴占同二月十月燄惑犯氐占同二年閏月丁
酉月犯昴卯占同二月辛亥月犯歲星占同
元年十二月辛丑大白犯歲星在奎占曰大兵起
魯有兵巳酉月奄犬星占曰王者惡之是年

四月高祖討鮮甲什圭為其子所殺十一月西
虜攻安定姚略自以大衆救之六年二月鮮甲滅
皆胡不安之應也是時鮮甲跨魯地又魯曾有
兵亡之應也五月盧循逼逼郊甸宮衞被甲
在次相巳巳又奄斗第五星占曰斗主兵占曰災
義熙六年三月丁卯月奄房南第二星占曰災
子月奄斗第五星占同三月巳亥月奄昌占曰
曰將軍死太白犯五諸侯占曰諸侯有誅五月甲
國有憂一曰有白衣之會六月巳丑月犯房南第

二星甲午太白晝見占並同七月巳亥月犯輿
鬼占白太白晝見占曰秦有兵六月壬午太白犯軒
轅大星甲申月犯心前星占曰前星灾在豫州丙戌月犯
斗第五星占悉同上五月丁亥月奄牛宿南星
占曰天下有大誅乙未太白犯少微丙午太白在
太微而晝見九月甲寅太白犯左執法丁丑填
星犯畢占曰有邊兵是年三月始興太守徐道
覆反江州刺史何無己討之大敗於豫章無己
死之四月盧循寇湘中沒巴陵五月循等大破

豫州刺史劉毅僅以身免循率衆逼京識

是月左僕射孟昶懼王威不振仰藥自殺七年

二月劉蕃東徐道覆首杜慧度斬盧循並

傳首京都八年六月臨川烈武王道規薨死時為

豫州八月皇后王氏崩九月兗州刺史劉蕃尚書

僕射謝混伏誅高祖西討劉毅斬之十二月遣

益州刺史朱齡石代蜀九年諸葛長民伏誅林

邑王范胡達將萬餘人寇九具九具太守杜慧

期距破之七月朱齡石滅蜀

三百十七　宋書志十五　十九　六

義熙七年四月辛丑熒惑入輿鬼占曰秦有兵

一曰雍州有災六月太白晝見在翼占同元年

己亥填星犯天關占曰臣謀主庚子月犯歲星

在畢占貝有邊兵宜飢七月丁卯歲星在參占

曰歲填合為內亂一曰益州戰不勝亡地五虹見

在參占曰益州兵飢太白出八月乙未月犯歲星

東方占曰天子黜聖人出八月乙未月犯歲星十一

月丙午太白犯哭泣星占悉同上七月朱齡石剋

蜀蜀民尋又反又討滅之八年誅劉蕃謝混滅

劉毅皇后王氏崩九年誅諸葛長民十一年

討荊州刺史司馬休之雍州刺史魯宗之破之也

義熙八年正月庚戌月犯歲星在畢占同七

月癸亥月奄房北第二星占同上甲申太白犯

填星在東井占曰秦有大兵巳未夏十二

八月戊申月犯井鉞十月辛亥月犯井鉞

有兵十月丁丑填星泣井占曰秦有大人憂十二

月癸卯填星犯井鉞是年八月皇后王氏崩九

月誅劉蕃謝混滅劉毅九年三月誅諸葛長

民西虜攻羌安定戎剋之十二月朱齡石代蜀

三百十五　宋書志十五　二十

九年七月朱齡石滅蜀

義熙九年二月丙午熒惑填星比曰犯東井占曰

秦有兵全辰歲星熒惑填星太白聚于東井

從歲星也熒惑入輿鬼太白犯河南初義熙三年

四星聚奎奎妻徐州分是時慕容超僭號於齊

侵略徐兗奎連歲寇抄至于淮泗姚興譙縱僭

僞秦蜀盧循木末南北交侵五年高祖北殄鮮

甲是四星聚奎之應也九年又聚東井東井

秦分十三年高祖定關中又其應也而縱循羣

凶之徒皆已剪滅於是天人歸望國籌興徐元

熙二年受終納禪皆其徵也星傳曰四星若合

是謂太陽其國兵喪並起君子憂小人流五星

若合是謂易行有德受慶攻立王者奮有四

方無德受罰離其國家滅其宗廟今案遺

文所存五星聚者有二周漢以王齊以霸

五星聚房廉桓將霸齊五星聚
箕婁高入　秦五星聚東井

之事是則五星聚有不易行者矣四星聚者

有九漢光武晉元帝並中興而魏宋並更紀是

則四星聚有以易行者矣晉漢平帝元始四年

四星聚柳張各五日柳張三河分後有王莽赤

眉之亂而光武復有於洛晉懷帝永嘉六年四

星聚牛女後有劉聰石勒之亂而元皇興復楊

士漢獻帝初平元年四星聚心豫州

分後有董卓李傕暴亂黃巾黑山熾擾而魏武

迎帝都許遂以充豫定是其應也一曰心為天王

大兵外殿天下大亂之兆也韓馥以為尾箕燕

左百夫小二五　宋書志十五　二十一　呂祥　周將伐殷

興之祥故奉幽州牧劉虞虞既距之又尋滅亡固

已非矣尾為燕又為吳此非公孫度則孫權也度

偏據僻陋然亦郊祀備物皆為改漢矣建安

二十二年四星又聚二十五年而魏文受禪此

為四星三聚而易行矣蜀亦引後聚為劉

備之應案太元十九年義熙三年九月四星各

一聚而宋有天下與魏同也魚為吳巽

方而魏有天下熒惑入輿鬼占曰兵喪太白犯

南河占曰兵起後皆有應

五月壬辰太白犯右執法晝見占同上七月庚

午月奄鉤鈐占曰喉舌臣憂九月庚午歲星犯

軒轅大星巳丑月犯左角十年正月丁卯月犯

軒轅大星五月壬寅月犯氐十二月丙申月奄氐占曰

畢占曰將相有以家坐罪者二月巳酉月犯房

北星五月壬寅月犯軒牛南星占丑歲星犯

軒轅大星占悉同上六月丙申月奄氐占曰

將死之國有誅者七月庚辰月犯天關占曰

兵起熒惑犯井鈇填犯與鬼遂守之占曰大

人憂宗廟改八月丁酉月奄軒牛南星占同

三十　宋書志十五　二十二　亮

上九月填星犯輿鬼占曰人主憂丁巳太白入
羽林十二月己酉月犯西咸占曰有陰謀十一年
二月丁巳月入畢占曰天下兵起一日有邊兵已
卯填星入輿鬼閏月丙午填星又入輿鬼占曰為
旱為疫為亂臣宋五月甲申彗星出天市掃帝
座在房心房宋之分野案占得彗柄者與
除舊布新宋興之象癸卯熒惑從行入太微
甲辰犯右執法六月己未太白犯東井占曰秦
有兵戊寅犯輿鬼占曰國有憂七月辛丑月犯
財寶出一日暈有赦十二年五月甲申月犯
歲星在左角占曰為飢留房心之間宋之分野
行從右披門入太微丁卯奄左執法十一月癸亥
月入畢占同上乙未月入輿鬼而暈占曰主憂
與武王伐紂同得歲者王壬時晉始封高祖為
宋公六月壬子太白從行入太微右披門己巳月犯
畢占同上七月月犯牛宿占曰天下有大誅十
月丙戌月入畢占同上十三年五月丙子月犯

三卅七

二十三

軒轅丁亥犯牽牛癸巳熒惑犯右執法八月己
酉月犯牽牛丁卯月犯太微占曰人君憂九月
壬辰熒惑犯軒轅十月戊申月犯畢占悉同上
月犯箕占曰國有憂甲寅月犯畢占同上乙卯
填星犯太微占曰留積七十餘日占曰亡君之戒壬
戌月犯太微占同上十一月於太微奄填星
占曰王者惡之十四年三月癸丑太白犯五諸
侯占同上四月壬申月犯填星占於張占曰天下
有大喪五月庚子月犯太微占同上壬子有星
李于比斗魁中占曰有聖人受命七月甲辰熒
惑犯輿鬼占曰秦有兵丁巳月犯東井占曰軍
將死癸亥彗星出太微西柄起上相星下芒漸
長至十餘丈進歸北斗紫微中台占曰彗出太
微社稷亡天下易王入比斗紫微帝宮空一日
天下得聖主八月甲子太白犯軒轅癸酉填星
入太微犯右執法因留太微中積二百餘日乃
去占曰填星守太微亡君之戒有徙王九月乙
未太白入太微犯左執法丁巳月入太微占曰

三卅二

二十四

大人憂十月癸巳熒惑入太微犯西蕃上將仍
從行至左掖門內留二十日乃逆行元年三月
五日出西蕃上將西三尺許又從還入太微時
日丙戌從端門出占曰熒惑與填星鉤巳天下
填星在太微繞填星成鉤巳其年四月二十七
交州交州刺史杜慧度距戰于九真大爲所敗
討司馬休之魯宗之等潰奔長安五月林邑寇
更紀甲申月入太微占同上十一年正月高祖
十三年七月高祖伐羌十月前驅定陝洛十三
年三月索頭大衆緣河爲寇高祖討之奔還其
別帥托跋嵩交戰又大破之嵩衆殲焉進復攻
關八月掄姚泓司兗秦雖悉平索頭宽懼十四
年高祖還彭城受宋公十一月左僕射前將軍
劉穆之卒明年西虜寇長安雖州刺史朱齡石
諸軍陷沒官軍舍而東十二月安帝崩母弟琅
邪王踐阼是曰恭帝
晉恭帝元熙元年正月丙午三月壬寅月犯太
微占悉同上乙卯辰星犯軒轅六月庚辰太白

犯太微七月月犯歲星巳卯月犯太微太白晝
見占悉同上自義熙元年至是太白經天者九
日有餽從上始華代更王臣民失君之象也是
夜太白犯哭星十二月丁巳月太白俱入羽林
二年二月庚午填星犯太微占悉同上元年十
月高祖受宋王三年六月晉帝遜位高祖入宮

志第十五

宋書二十五

天文四

臣沈約　新撰

宋武帝永初元年十月辛丑熒惑犯進賢占曰
進賢官誅十一月乙卯熒惑犯填星於角占曰
為喪大人惡之一曰兵起十二月庚子月犯熒
惑於亢占曰為內亂一曰貴人憂角為天門九
為朝廷三年五月宮車晏駕七月太傅長沙
景王道憐薨索頭攻略青司兗三州於是禁兵

（大三六九　宋書志十六　一　應德）

大出是後司徒徐羨之尚書令傅亮領軍謝晦
等廢少帝內亂之應也
永初元年十二月甲辰月犯南斗占曰大臣憂
三年七月長沙王薨索虜寇青司二州大軍出救
永初二年六月甲申太白晝見占為兵喪為臣
彊三年五月宮車晏駕尋遣兵出救青司其後
徐羨之等秉權臣彊之應也
永初二年六月乙酉熒惑犯氐乙巳又犯房占曰
氐為宿官房為明堂人主有憂房又為將相將

相有憂氐房又兗豫分三年五月宮車晏駕七
月長沙王薨王領兗州也景平元年廬陵王義
真廢王領豫州也
永初二年十月丁卯太白犯填星於亢亢兗州分
又為鄭占曰大星有大兵金土合為內兵三年
索頭攻略青冀兗三州禁兵大出兗州失
守虎牢沒
永初三年正月丁卯月犯南斗占同元年一曰女
主當之二月辛卯有星孛于虛危向河津埽河

（三百九十五　宋書志十六　二　末天府）

鼓占曰為兵喪五月宮車晏駕明年遣軍救青
司二月太后蕭氏崩
永初三年二月壬辰填星犯亢占曰諸侯有失國
者民多流亡一曰廷臣為亂兗州為鄭其
年索頭攻圍守兗州刺史徐琰委守奔敗兗州
刺史毛德祖距守陷沒緣河吏民多被侵略
永初三年三月壬戌月犯南斗占同正月五月
丙午犯軒轅占曰女主當之六月辛巳月犯房
占曰將相有憂豫州有災癸巳犯歲星於昴占

曰趙魏兵飢其年虜攻略青兗司三州盧陵王

義真廢王領豫州也二月太后蕭氏崩元嘉三

年司徒徐羨之等伏誅

永初三年九月癸卯熒惑經太微犯左執法己

未犯右執法占占悉同上十月癸酉太白犯南斗

占曰國有兵事大臣有反者辛巳熒惑犯進賢

占曰進賢官誅明年師出救青司景平二年徐

羨之等廢帝徙王元嘉三年羨之及傳亮謝晦

悉誅

永初三年十月戊午有星孛于室壁占曰為

兵喪明年兵救青司二月太后蕭氏崩營室內

宮象也

永初三年十一月癸亥月犯亢氏占曰國有憂

一月戊戌熒惑犯房房為明堂王者惡之一曰

將相憂景平二年羨之等廢帝因害之元嘉三

年羨之等伏誅

少帝景平元年正月乙卯有星孛于東壁南白

色長二丈餘拂天苑二十日滅二月太后蕭氏

崩十月戊午有星孛于氏北尾長四丈西北指

貫攝提向大角東行日長六七尺十餘日滅明

年五月羨之等廢帝文帝元嘉元年十月熒惑

犯心元嘉三年正月甲寅夜天東南有黑氣廣

一丈長十餘丈元嘉六年五月太白晝見經天元

嘉七年三月太白晝見於奎六月熒惑犯東

井輿鬼入軒轅月犯歲星十一月癸未西南有氣

上下赤中央黑廣三尺長三十餘丈狀如旌旗十

月丙戌有流星頭如甖尾長二十餘丈大如數十

斛船赤色有光照入面從西行經奎北大星南過

至東壁止其年索虜寇青司殺刺史掠居民遣

征南大將軍檀道濟討伐經歲乃歸

元嘉八年四月辛未太白晝見在胃五月犯天

關東井六月庚子熒惑入東井七月壬戌夜白

虹見東方丁丑太白犯上將八月癸未太白入太

微石掖門內犯左執法乙未熒惑犯積尸九月

丙寅流星大如斗赤色發太微西蕃北行末至

北斗沒餘光長三丈許十月丙辰金土相犯在

須女月奄天關東井十二月月犯房鉤鈐十年仇

池氏寇漢中梁州失戍

元嘉九年正月庚午熒惑入輿鬼三月月犯軒轅

四月犯左角歲星入羽林月犯房鉤鈐己丑太白入積尸五月犯軒轅月掩南斗第六星辛酉

熒惑入太微右掖門犯右執法七月丙午月蝕左角八月癸未太白犯心前星犯心明堂

星元嘉十年十月有流星大如雞尾長二十餘丈元嘉十一年二月庚子月犯畢入畢口而出

見在參閏月戊寅太白犯五諸侯巳丑月入東因暈昴畢西及五車東及參三月丙辰太白晝

井犯太白于時司徒彭城王義康專權

熒惑犯積尸月奄上將十月丙午月犯右執法十二月甲申太白犯羽林十七年上將執法皆被誅

月甲申太白犯羽林十七年上將執法皆被誅

熒惑犯積尸上將十月丙午月犯右執法十二月壬戌月犯右執法七月壬戌

元嘉十二年五月壬戌月犯右執法七月壬戌

微東蕃第一星十一月辛亥歲星犯積尸十二

元嘉十三年正月庚午月犯熒惑二月月犯太

月戊子熒惑入羽林後年廢大將軍彭城王

義康及其黨與凡所收掩皆羽林兵出

元嘉十四年正月有星晡前晝見東北維在

井左右黃赤色大如橘月犯東井四月丁未太白犯輿鬼五月丙午太白晝見在太微七月辛

卯歲星入軒轅八月庚申熒惑犯上將九月丙戌熒惑犯左執法其後皇后袁氏崩丹陽

尹劉湛誅尚書僕射殷景仁薨

大如鴨子出文昌入紫宮聲如雷十一月癸未熒惑入羽林月丁未月犯東井鈇星其後誅

丹陽尹劉湛等

元嘉十六年二月歲星逆行犯左執法五月丁卯太白晝見昴胃間月入羽林太白犯畢

歲星左執法七月月會填星八月太白犯軒轅明年皇后袁氏崩熒惑犯太微西上將太

白晝見在翼九月熒惑同入太微相犯太白犯左執法熒惑犯右執法十月歲星熒惑相

犯在亢十一月熒惑犯房北第一星明年大

將軍義康出徙豫章誅其黨與尚書僕
射楊州刺史殷景仁薨
元嘉十九年九月客星見北斗漸為彗星至
天苑末滅元嘉二十年二月二十四日乙未有
流星大如桃出天津入紫宮須臾有細流星或
五或三相續又有一大流星從紫宮出入北斗魁
須臾又大流星出貫索中經天市垣諸流星並向
北行至曉不可稱數流星占云天子之使各
庶民惟星星流民散之象至二十七年索虜

殘破青冀徐兗南兗豫六州民死太半
元嘉二十二年二月金火木合東井四月月犯
心太白入軒轅七月太白晝見其冬太子詹事
范曅謀反伏誅
元嘉二十三年正月金火相爍其月索虜寇青
州驅略民戶
元嘉二十四年正月月犯心大星天星並西流
多細大不過如雞子尾有長短當有數百至旦
日光定乃止有入此斗紫宮者占流星群趨所

之者兵聚其下有大急又占眾星並流將軍並
舉兵隨星所之以應天氣又占流星入紫宮有
喪水旱不調又占流星入北斗大臣有繫者又
占流星為民大星天臣流小星小民流四月太
白晝見八月征北大將軍衡陽王義季薨豫章
民胡誕世率其宗族破郡縣殺太守及縣令
元嘉二十五年正月火水入羽林月犯歲星太
白晝見經天元嘉二十六年十月彗星入太微
十一月白氣貫彗北斗二十七年夏太白晝見經

天九月太白犯歲星十月熒惑入太微　元嘉二
十八年五月彗星見卷舌入太微逼帝座犯上
相拂屏出端門滅翼軫翼軫荊州分太白晝見奎
星三十年太子巫蠱呪詛事覺遂殺害朝臣孝
建元年荊江二州反皆夷滅卷舌呪詛之象彗
之所起是其應也
弑逆
元嘉二十九年正月太白晝見經天明年東宮
孝武孝建元年二月有流星大如月西行其年

豫州刺史魯爽反誅

孝建元年九月壬寅熒惑犯左執法尚書左僕

射建平王宏表解職不許

孝建元年十月乙丑熒惑犯進賢星吏部尚書

謝莊表解職

孝建二年五月乙未熒惑入南斗十月甲辰又

入南斗大明元年夏京師疾疫

孝建三年四月戊戌太白犯輿鬼占曰民多疾

明年夏京邑疫疾

孝建三年八月甲午太白入心占曰後九年大

飢至大明八年東土大飢民死十二三

大明元年三月癸亥太白在奎南犯歲星占曰

有滅諸族三年司空竟陵王誕反誅

大明元年六月丙申月在東辟熒惑占曰將

軍有憂期不出三年至三年司空竟陵王誕反

大明二年三月辛未熒惑入東井四月己亥熒

惑在東井犯北軒轅第二星井雍州分其年四

月海陵王休茂為雍州刺史五年休茂反誅

大明二年七月已巳月掩軒轅第二星十月辛

卯月掩軒轅十一月丙戌月又掩軒轅軒轅女

主時民間喧言人主帷薄不脩

大明二年十一月庚戌熒惑犯房及鉤鈐壬子

熒惑又犯鉤鈐占曰有兵其年索虜寇歷下遣

羽林軍討破之

大明三年春正月夜通天薄雲四刃生赤氣長

三四尺乍沒乍見彗星皆消滅占名隊星曰刀

星天下有兵鬪流血月入太微犯次將占曰

有反臣月死將軍誅

人主惡之將軍死三月土守牽牛占曰人憂

疾占兵起大赦姦臣賊子謀欲殺主四月犯五諸

族占曰諸族誅金水合西方占曰兵起五月歲

星犯東井鉞占曰斧鉞用大臣誅六月入南

斗占曰大臣大將軍誅南兗州刺史竟陵王誕

尋據廣陵反遣車騎大將軍沈慶之領羽林勁

兵及豫州刺史宗慤徐州刺史劉道隆衆軍攻

戰及屠城城內男女道俗臬斬歷遺將軍宗

越偏用虐刑先剝腸決眼或笞面鞭腹苦酒灌
剗然後方加以刀鋸大兵之應也八月月犯太白
太白犯房占曰人君有憂天子惡之熒惑守畢
臣有反者九月月在胃而蝕既又於昴犯熒惑
占曰萬民饑有大兵九月太白犯南斗占曰大
占曰兵起女主當之人主惡之一曰女主憂國王
死民饑十月太白犯哭星占曰人主有哭泣
聲自後六宮多喪公主薨亡天子舉哀相係
歲大旱民饑

大明四年正月月奄氐占曰太將死又犯房北
第二星占曰有亂臣謀其主二月有赤氣長一
尺餘在太白帝坐北占曰兵起臣欲謀其君五
月月入太微占曰有反臣大臣死六月太白犯
井鉞占曰兵起斧鉞用大臣誅月犯心前星
占曰有亂臣太子惡之月入南斗魁中占曰大
人憂女主惡之七月歲星犯積尸占曰大臣誅
十二月月犯心中央大星占曰大人憂十二月
通天有雲西及東北並生合八所並長四尺乃沒

下見壽消盡占曰天下有兵十二月月犯箕東
北星女主惡之明年雍州刺史海陵王休茂反
太白犯東井雍州兵亂之應也
大明五年正月歲星犯輿鬼積尸占曰大臣誅
主有蔁財寶散月入南斗魁中占曰大人憂天
下有兵災土同在須女占曰女主惡之三月月
掩軒轅占曰女主惡之有流星數千萬或長或
短或大或小並西行至曉而止占曰大臣為亂
民流亡四月太白犯東井比轅占曰大臣為亂

炎斧鉞用太白犯輿鬼占曰大臣誅斧鉞用人主
憂六月有流星白色大如甌出王良西南行沒
天市中尾長數十丈沒後餘光良久占曰天下
亂八月熒惑入東井占曰大臣當之十月歲星
犯太微上將星太白入亢犯南第二星占曰上
將有憂輔臣有誅者人君惡之十月太白入氐
中熒惑入井中占曰王者亡地大赦兵起為飢
月入太微掩西蕃上將犯歲星占曰有反臣死
大星大如斗出柳北行尾十餘丈入紫宮沒尾

後餘光久乃滅占曰天下凶有兵喪天子惡
之十一月月掩心前星又犯大星占曰大人惡
兵起大旱十二月太白犯西建中央星占曰六
臣相譖月犯左角占曰天子惡之後三年孝武
帝文穆皇后相係崩嗣主即位一年誅滅宰輔
將相虐殺朝臣禍及宗室因自受害
大明六年正月月在張犯歲星占曰民飢流亡
月犯後星占曰庶子惡之二月月掩左角占
曰天子惡之三月熒惑入輿鬼占曰有兵大臣
誅天下多疾疫五月月在張又入太微犯熒
占曰國主不安女主憂火犯木翼占曰為飢為
旱近臣大臣謀主有星前赤後白大如甌尾長
十餘丈出東辟北西行没天市啾啾有聲占曰
其下有兵天下亂月掩昴七星占曰貴臣誅天
子破匈奴胡主死歲星犯上將占曰輔臣誅上
將憂六月月入太微犯右執法占曰人主不安
天下大驚主不吉執法誅月犯心後星占曰庶
子惡之七月月犯箕占曰女主惡之八月月入

南斗魁中占曰大臣誅斧鉞用吳越有憂明年
揚南徐州大旱田穀不收民流死亡自後三年
帝后仍凶宰輔及尚書令僕誅戮索虜羽林兵
安王兄弟受害司徒豫章王子尚薨羽林兵入
三吳討叛逆
白色長三三丈乍見乍没名刀星占曰天下有
兵三月月犯心後星占曰庶子惡之四月火犯金
大明七年正月乍夜通天薄雲四方合有八氣蒼
在妻占曰有喪有兵大戰六月月犯箕占曰女
主惡之太白入東井占曰大臣當之太白犯東
井占曰大臣為亂齊鉞用七月熒惑入東井占
曰兵起大將當之月入南斗魁犯第二星占曰
大人憂吳郡當之太白犯輿鬼占曰兵起大將
誅人主憂吳財帛出八月月入哭星中間太白犯
軒轅少民星占曰人主憂哭泣之聲民飢流亡
太白入太微占曰近臣起兵國不安熒惑犯鬼
太白犯右執法占曰大臣誅十月金水相犯占
日天下飢熒惑守軒轅第二星占曰宮中憂有

哀十一月歲星入氐占曰諸侯人君有入宮者
十二月月犯五車占曰天庫兵動後二年帝后
崩大臣將相誅滅皇子被害皇太后崩四方兵
起分遣諸軍推鋒外討
大明八年正月月掩輿鬼占曰大臣誅月入南
斗魁中掩第二星占曰大人憂女主惡之二月
月犯南斗第四星入魁中占曰大人有憂女主惡
之豫章受災四月月入南斗魁中犯第三星占
曰大人有憂女主惡之舟楊當之太白入東井
赤色有光照見人面尾長一丈餘從參北東行
六月歲星犯氐占曰歲大飢有流星大如五斗
入太微犯執法占曰執法誅近臣起兵國不安
月歲星入氐十月太白守房占曰有兵大喪月
直下經東井過南河没占曰民飢吳越有兵乇
掩食房占曰有喪大飢此後國仍有大喪舟楊
尸顏師伯豫章王子尚死明年昭太后崩四方
賊起王師水陸征代義興晉陵縣大戰殺傷子計
前廢帝永光元年正月丁酉太白掩牽牛牽牛

越分其月庚申月在虛犯太白虛齊地二月甲
申月入南斗南斗揚州分野又為貴臣三月庚
入輿鬼犯南斗積尸輿鬼主斬殺六月庚午月
東井雝州分其壬午有大流星前赤後白入紫
十月熒惑入太微犯西上將十一月丁未太白犯哭
景和元年九月丁酉熒惑入軒轅在女主大星北
星其月乙卯月犯心為天王其年大宰江夏王
義恭尚書令柳元景尚書僕射顏師伯等並
誅太尉沈慶之薨廬陵王敬先南平王敬猷南安侯
敬淵並賜死廢帝殂明年會稽太守尋陽王房
廣州刺史表雲遠雝州刺史表顗青州刺史沈
文秀並反昭太后崩明帝泰始元年十二月己巳太
白入羽林占曰羽林兵動乙亥白氣入紫宮占曰有
喪事明年羽林兵出討昭太后崩
泰始二年正月甲午熒惑逆行在屏西南
占曰有兵在中其月丙申月暈五車通軍
昂占曰女主惡之其月庚子月犯輿鬼占
曰將軍死其月甲寅流星從五車出至紫

宮西蕃沒占曰有兵其月丙辰黑氣貫宿

占曰王疾有歸骨者三月乙未有流星大

小西行不可稱數至曉乃息占曰民流之象

四月壬午熒惑入太微犯右執法月在丙子

歲星晝見南斗度中占曰其國有軍容大

敗其月已卯竟夜有流星百餘西南行一

兵其月壬午太白在月南並出東方為犯

大如甌尾長丈餘黑色從河鼓出又曰有

占曰有破軍死將王者亡地七月甲午月

犯心為宋地其月丙午月犯南斗占曰大

臣誅其月乙卯熒惑犯氐兗州分野十月

辛巳太白入氐占曰春穀貴十一月癸巳太

白犯房占曰牛多死其年四方反叛內兵

大出六師親戎昭太右崩大將殺孝祖為南

賊所殺尚書右僕射蔡興宗以熒惑犯右

執法自解不許九月諸方反者皆平多有

歸降者後失淮北四州地彭城兗州並為

州沒民流之驗也彭城宋分也是春穀貴民

飢明年牛多疾死詔太官傳宰牛

泰始三年六月甲辰月犯東井占曰軍將死熒

惑犯輿鬼占曰金錢散又曰不出六十日必大

赦八月癸卯天子以皇后六宮衣服金釵雜物

賜北征將士明年二月護軍王玄謨薨

泰始四年六月壬寅太白犯輿鬼占曰民大疾

死不收其年普天大疫

泰始五年二月丙戌月犯建星占曰三年天子

惡之三月庚申月犯建星占曰易相十月壬午

月犯畢占曰天子用法誅罰急貴人有死者其

月丙申太白犯輿鬼占曰收歛國兵以備北方其

年冬建安王休仁解揚州桂陽王休範為揚

平王休祐建安王休仁並見殺時失淮北立戌

揚州牧前後常宰相居之易相之驗也七年晉

以備防北虜後三年官車晏駕

泰始六年正月辛巳月犯左角同前占八月壬

辰熒惑犯南斗南斗吳分十一月乙亥月犯東

北轅占曰大人當之又曰太臣有誅者二年殺

揚州剌史王景文宮車晏駕

後廢帝元徽三年七月丙申太白入角犯歲星占
曰角為天門國將有兵事占於角太白與木星
會殺軍在外破軍殺將其月丁巳太白入氐氐為
天子宿宮太白兵凶之星八月己巳太白犯房北
頭第二星占曰王失德九月癸卯太白犯南斗
第三星占曰大人當之國易政十月丙戌歲星
入氐占曰諸侯入君有來入宮者失執四年七
月入太微奄屏西南星占曰貴者失執四年七
月建平王景素據京口反時廢主凶應無度五
年七月殞安成王入篡奉皇祚三年齊受禪
元徽四年三月乙巳朔月犯房北頭第一星進犯鍵
閉星占曰有謀伏甲兵在宗廟中天子不可出
宮下堂多暴事九月甲辰填星犯太微西蕃
占曰立王一曰徙王又曰大人憂時廢帝出入
無度辛以此殞安成王立
元徽五年正月戊申月犯南斗第五星與前
同占四月丁巳熒惑犯輿鬼西北星占曰大人

憂近期六十日遠期六月日又曰入君惡之其月
丙子太白犯輿鬼西北星占曰大赦五月戊申太
白晝見午上光明異常占曰更姓六月壬戌月犯鉤
鈐星占曰有大令其月乙丑月犯南斗第四星
與前同占七月廢帝殞大赦天下後二年齊
受禪
順帝昇明元年八月庚申月入南斗犯第三星
與前同占九月丁亥太白在翼晝見經天占
曰變姓閏十二月癸卯夜月奄南斗第四星

與前同占

志第十六

宋書第二十六

符瑞上

臣沈約　新撰

陳新

夫體睿窮幾合靈獨秀謂之聖人所以能君四
海而役萬物使動植之類莫不各得其所百姓
仰之懽若親戚芬若椒蘭故爲旗章輿服以崇
之五爾黃屋以尊之以神器之重推之於兆民
之上自中智以降則萬物之爲役者也性識殊
品蓋有愚暴之理存焉見聖人則之利天下謂
可以爲利見萬物之歸聖人謂之利萬物力爭
之徒至以逐鹿方之亂臣賊子所以多於世也
夫龍飛九五配天光宅有受命之符天人之應
易曰河出圖洛出書而聖人則之符瑞之義
大矣
赫胥燧人之前無聞焉
太昊帝宓犧氏母曰華胥燧人之世有大迹出
雷澤華胥履之而生伏犧於成紀蛇身人首有
聖德燧人氏没宓犧代之受龍圖畫八卦所謂

河出圖洛出書者也有景龍之瑞
炎帝神農氏母曰女登遊於華陽有神龍首感
女登於常羊山生炎帝人身牛首有聖德致大
火之瑞嘉禾生醴泉出
黃帝軒轅氏母曰附寶見大電光繞北斗樞星
照郊野感而孕二十五月而生黃帝於壽丘弱
而能言龍顏有聖德劾百神朝而使之應龍攻
蚩尤戰虎豹熊羆四獸有屈軼之草生於
下既定聖德光被羣瑞畢臻
庭佞人入朝則草指之是以佞人不敢進有景
雲之瑞有赤方氣與青方氣相連赤方中有兩
星青方中有一星凡三星皆黃色以天清明時
見於攝提名曰景星黃帝黃服齋于中宮坐于
立扈洛水之上有鳳皇集不食生蟲不履生草
或止帝之東園或巢于阿閣或鳴於庭其雄自
歌其雌自舞麒麟在囿神鳥來儀有大螻如羊
大蟆如虹黃帝以土氣勝遂以土德王五十年
秋七月庚申天霧三日三夜晝昏民目黃帝以問天

老力牧容成曰於公何如天老曰臣聞之國安
其主好文則鳳皇居之國亂其主好武則鳳皇
去之今鳳皇翔於東郊而樂之其鳴音中夷則
與天相副以是觀之天必降嚴教以賜帝帝勿犯
也乃召史卜之龜燋史曰臣不能占也其問之
聖人帝曰已問天老力牧容成矣史北面再拜
曰龜不違聖智故燋霧除遊于洛水之上見大
魚殺五牲以醮之天乃甚雨七日七夜魚流於
海得圖書焉龍圖出河龜書出洛赤文篆字以

授軒轅軒轅接萬神於明庭今寒門谷口是也
帝摯少昊氏母曰女節見星如虹下流華渚既
而夢接意感生少昊登帝位有鳳皇之瑞
帝顓頊高陽氏母曰女樞見瑤光之星貫月如
虹感已於幽房之宮生顓頊於若水首戴干戈
有聖德生十年而佐少昊氏二十而登帝位
帝嚳高辛氏生而駢齒有聖德代高陽氏王天
下使鼓人柎鞞鼓擊鍾磬鳳皇鼓翼而舞
帝堯之母曰慶都生於斗維之野常有黃雲覆

覆其上及長觀于三河常有龍隨之一旦龍負
圖而至其文要曰亦受天祐眉八彩鬢髮長七
尺二寸面銳上豐下足履翼宿既而陰風四合
赤龍感之孕十四月而生堯於丹陵其狀如圖
及長身長十尺有聖德封於唐夢攀天而上高
辛氏衰天下歸之在帝位七十年景星出翼軫
皇在庭朱草生嘉禾秀甘露潤醴泉出日月如
合璧五星如連珠廚中自生肉其薄如箑搖動
則風生食物寒而不臭名曰箑脯又有草莢階

而生月朔始生一莢月半則生十五莢十六日
以後日落一莢及晦而盡月小則一莢焦而不
落名曰蓂莢一曰曆莢歸功於舜將禪
之乃潔齋脩壇場於河雒擇良日率舜等升首
山遵河渚有五老游焉蓋五星之精也相謂曰
河圖將來告帝以期知我者重瞳黃姚五老因
飛為流星上入昴二月辛丑昧明禮備至於日
稷榮光出河休氣四塞白雲起回風搖乃有龍
馬銜甲赤文綠色臨壇而止吐甲圖而去甲似

龜背廣九尺其圖以白玉為檢赤玉為泥以廣
金約以青繩檢文曰闓色授帝舜言虞夏敦
周秦漢當授天命帝乃寫其言藏于東序後
二年二月仲辛率群臣沈璧于洛禮畢退俟
至于下昊赤光起玄龜負書而出背甲赤文
成字止于壇其書言當禪舜遂讓舜帝有
虞氏毋曰握登見大虹意感而生舜於姚墟目
重瞳子故名重華龍顏大口黑色身長六尺
一寸舜父母憎舜使其塗廩自下焚之舜服
鳥工衣服飛去又使浚井自上填之以石舜服
龍工衣自傍而出耕於歷夢眉長與䰄等及
即帝位莫萊生於階鳳皇巢於庭擊石拊石
百獸率舞景星出房地出乘黃之馬西王
毋獻白環玉玦舜在位十有四年秦鐘石笙筦
未罷而天大雷雨疾風發屋拔木桴鼓播地
鐘磬亂行舞人頓伏樂正狂走舜乃擁琴持
衡而笑曰明哉夫天下非一人之天下也亦乃
見于鐘石笙筦乎乃薦禹於天使行天子事

于時和氣普應慶雲興焉若煙非煙若雲非
雲郁郁紛紛蕭索輪囷百工相和而歌慶雲帝
乃倡之曰慶雲爛兮禮縵縵兮日月光華旦
或旦兮群臣咸進稽首曰明明上天爛然星陳
日月光華弘予一人帝乃再歌曰日月有常星
辰有行四時從經萬姓允誠於予論樂配天
之靈遷于聖賢莫不咸聽襲乎鼓之軒乎舞
之精華以竭襃裳去之於是八風脩通慶雲
叢聚蟠龍奮迅於其藏蛟魚踴躍於其淵
龜鼈咸出其穴遷虞而事夏舜乃設壇於河
依堯故事至于下昊榮光休氣至黃龍負圖
長三十二尺廣九尺出于壇畔赤文綠錯其文
言當禪禹
帝禹有夏氏毋曰脩己出行見流星貫昴夢
接意感既而吞神珠薏苡已背剖而生禹於石紐
虎鼻口兩耳參鏤首戴鉤鈐胸有玉斗足文履
已故名文命長有聖德長九尺九寸夢自洗
於河以手取水飲之又有白狐九尾之瑞當堯

之世舜舉之禹觀於河有長人白面魚身出
曰吾河精也呼禹曰文命治滛言授禹河圖
言治水之事乃還入于淵禹治水既畢天錫玄
珪以告成功夏道將興草木暢茂青龍止於郊
祝融之神降于崇山乃受舜禪即天子之位洛出
龜書六十五字是為洪範此謂洛出書者也
南巡狩濟江中流有二黃龍負舟舟人皆懼禹笑
曰吾受命於天屈力以養人生性也死命也奕
憂龍哉龍於是曳尾而逃

七旬

高辛氏之世妃曰簡狄以春分玄鳥至之日從
帝祀郊禖與其妹浴於玄丘之水有玄鳥衘
卵而墜之五色甚好二人競取覆以玉筐簡狄
先得而吞之遂孕胸剖而生契長為堯司徒成
功於民受封于商後十三世生主癸主癸之妃
曰扶都見白氣貫月意感以乙日生湯號天乙
臂有四肘是曰殷湯湯在亳能脩其德伊
摯將應湯命夢乘船過日月之傍湯乃東至

三〇廿

千洛觀帝堯之壇沈璧退立黃魚雙踊黑鳥隨魚
止于壇化為黑玉又有黑龜並赤文成字言夏桀無
道湯當代之檣枊之神見于邳山有神牽白狼衘
入商朝金德將盛銀自山溢湯將奉天命放桀夢
及天而舐之遂有天下商人之後改天下之號曰殷
高辛氏之世妃曰姜嫄助祭郊禖見大人迹履之
不祥棄之阨巷羊牛避而不踐又送之山林之
中會林者薦覆之又取而置寒冰上大鳥
當時歆如有人道感己遂有身而生男以為

八旬

來以一翼藉覆之姜嫄以為異乃收養焉名
之曰棄枝頎有異相長為堯稷官有功於民
后稷之孫曰公劉有德諸侯皆以天子之禮
待之初黃帝之世讖言曰西北為王期在甲子
昌制命發行誅旦行道及公劉之後十三世
而生季歷之十季飛龍盈於殷之姬曰
野此益聖人在下位將起之符也季歷之妃曰
大任夢長人感己交于豕牢而生昌是為周
文王龍顏虎肩身長十尺胸有四乳大王曰

吾世當有興者其在昌乎季歷之兄曰太伯知天
命在昌適越終身不反弟仲雝從之故季歷為
嗣以及昌昌為西北作邑于豐文王之妃曰大
姒夢商庭生棘太子發植梓樹於闕間化為松
栢棫柞以告文王文王幣告羣臣與發立拜告夢
季秋之甲子赤爵衝書及豐止于昌戶昌拜受之
其文要曰姬昌蒼帝子亡殷者紂王將畋史編卜之
曰將大獲非熊非羆天遺汝師以佐昌臣太祖史
疇為禹畋得皋陶其兆如此王至于磻谿之水曰
尚鈞於渭王下趨拜曰望公七年乃今見光景
于斯尚立讖名答曰望釣得玉璜其文要曰
姬受命昌來提爾雒鈴報在齊尚出游
見赤人自雒出授尚書曰命曰呂佐昌者子文
王夢日月著其身又獵驚鴛鳴於岐山孟春六旬
五緯聚房後有鳳皇銜書游文王之都書又曰
殷帝無道虐亂天下皇命已移不得復久靈祗
遠離百神吹去五星聚房昭理四海文王既沒太子
發代立是為武王武王駢齒望羊將伐紂至于

孟津八百諸矦不期而會咸曰紂可伐矣武王
不從及紂殺比干囚箕子微子去之乃伐紂度
孟津中流白魚躍入王舟王俯取魚長三尺目
下有赤文成字言紂可伐王寫以世字魚文消
燔魚以告天有火自天止于王屋流為赤烏烏
銜穀焉穀者紀后稷之德火者燔魚以告天天
火流下應以吉也遂東伐紂勝於牧野兵不血
刃而天下歸之乃封呂望於齊周德既隆草木
茂盛蒿堪為宮室因名蒿宮武王沒成王少周
公旦攝政七年制禮作樂神鳥鳳皇見嘗葜生
乃與成王觀于河洛沈璧禮畢王退矦至于日
昧榮光出幕河青雲浮至青龍臨壇銜玄甲
之圖坐之而去禮于洛亦如之玄龜青龍蒼光
止于壇背甲刻書赤文成字周公援筆以世文
寫之書成文消龜隨甲而去其言自周公訖于
秦漢盛義之符麒麟遊苑鳳皇翔庭成王援琴
而歌曰鳳皇翔兮於紫庭余何德兮以感靈賴
先王兮恩澤湊于君樂兮民以寧

魯哀公十四年孔子夜夢三槐之間豐沛之邦
有赤煙氣起乃呼顏淵子夏往視之驅車到楚西北
范氏街見芻兒摘麟傷其左前足薪而覆之孔
子曰兒來汝姓為赤誦名子喬字受紀孔子曰汝
豈有所見邪兒曰見禽巨如羔羊頭上有角其
末有肉孔子曰天下已有主也為赤劉陳項為輔
五星入井從歲星發新下麟示孔子孔子趨
而往麟蒙其耳吐三卷圖廣三寸長八寸每卷二
十四字其言赤劉當起曰周亡赤氣起大燿

興玄丘制命帝卯金孔子作春秋制孝經既成
使七十二弟子向北辰星磬折而立使曾子抱
河洛事北向孔子齋戒向北辰拜告備于天
曰孝經四卷春秋河洛凡八十一卷謹已備天
乃洪鬱起白霧摩地赤虹自上下化為黃玉長
三尺上有刻文孔子跪受而讀之曰寶文出劉
季握卯金刀在軫北字禾子天下服
漢高帝父曰劉執嘉執嘉之母夢赤鳥若龍
戲巳而生執嘉是為太上皇毋名含始是為昭靈

后昭靈后游於洛池有玉雞銜赤珠刻曰玉英吞
此者王昭靈后取而吞之文寢於大澤夢與神遇
是時雷電晦冥太上皇視之見蛟龍在其上遂有
身而生季是為高帝隆準而龍顏美須
頷左股有七十二黑子微時數從王媼武負貰
酒醉臥上常有光怪每雷飲售輒數倍武負
之輒折其券單父呂公好相人見高帝謂曰
臣少好相人相人多矣無如季相願季自愛
有息女願為箕箒妾呂公妻媼怒呂公曰公

常奇此女欲為貴人沛令善公求不與何安許
劉季公曰此非女子所知卒與高帝生惠帝魯
元公主呂后嘗與兩子居田中有一老公過請
飲呂后因餽之食老父相呂后曰夫人天下貴
人也令相二子見惠帝曰夫人所以貴者乃此
男相魯元公主亦貴老父已去高帝適從夫
舍來呂后具言之高帝追問老父老父曰鄉者夫
人兒子之貴皆以君相君相貴不可言高帝被
飲夜行徑澤中前人反曰有大蛇當道願還高

帝醉曰壯士行何畏乃前拔劍斬蛇分為兩
道開而過後人來者見老嫗守蛇曰向者赤帝
子過殺之見者疑嫗為詐欲笞之忽然不見具
以狀告高帝帝心喜秦始皇帝曰東南有天子
氣於是東遊以厭之高帝隱於芒碭山澤之間
呂后常知其處高帝怪問之對曰季所居上常
有雲氣故知之高帝為沛公入秦五星聚于東
井歲星先至而四星從之占曰以義取天下初
張良遊於下邳沂水之上有老父來直至良前
而隨其後復顧謂良曰孺子下取履良愕然欲歐
之以其老乃下取履進父以足受笑而去良殊
大驚隨去里所復還曰孺子可教也後五日平
明與我會此良怪之跪應曰諾五日良往父已
先來怒曰何與長者期而後也五日更早會
此凡三期而良前至老父喜曰不當如是邪即
出懷中一卷書與之曰讀之此為王者師後十
三年孺子見我濟北穀城山下黃石即我也旦
視其書乃太公兵法良以黃石篇為作人說皆

不省唯高帝說焉為良曰此殆天所授矣五年而
成帝業後十三年張良果得穀城山下黃石寶
而祠之死與合葬
文帝之母薄姬魏豹於是背漢漢高帝擊虜
之當生天子魏王豹魏王納之後宮歲餘
而薄姬輸織室高帝見而美之內於後宮
乃得幸將見幸薄姬言妾昨夢青龍據妾心
高帝曰我是也吾為爾成之一御而生文帝
景帝王皇后初嫁為金王孫妻母臧兒卜筮曰
當貴乃奪金氏而內太子宮生男男方在身
夢日入其懷以告太子太子曰是貴徵也生男
是為武帝
武帝趙婕妤家在河間生而兩手皆拳不可開武
帝巡守過河間望氣者言此有奇女天子氣召而
見之武帝自披其手即時申得一玉鉤由是見幸
號曰拳夫人進為婕妤居鉤弋宮大有寵
十四月生男是為昭帝號曰鉤弋子武帝曰
聞昔堯十四月而生今鉤弋子亦然乃名其門

昭帝元鳳二年正月太山萊蕪山南民夜聞訩

訩有數千人聲晨往視之見大石自立高丈五

尺大三十八圍入地八尺三石為足立後白烏

數千集其旁又上林苑中柳樹斷臥地一朝自

起生枝葉蟲蝕其葉成文曰公孫病巳立陳留

襄邑王社忽移至長安博士眭孟占之曰石陰

類太山岱宗王者禪代之處將有廢故之家姓

公孫名病巳從白衣為天子者時昭帝幼少霍

光立宣帝武帝曾孫本名病巳在民間白衣三

世如孟言焉

二九十七　宋書志十七　十五　葉未

光輔政以孟妖言誅之及昭帝崩昌邑王又廢

元帝王皇后齊田氏之苗裔祖父翁孺自東平

陵徙元城元城建公曰昔春秋沙鹿崩晉史卜

之陰為陽雄土火相乘故沙鹿崩後六百四十

五年宜有聖女興其齊田乎今翁孺之徙正值

其地日月當之元城郭東有五鹿之墟即沙鹿

地後八十年當有貴女興天下公翁孺生禁禁妻

李氏方任身夢月入其懷生女是為元后母許

嫁未行所許者輒死卜相者云當大貴遂為元

帝皇后生成帝

初秦始皇世有長人十二身長五丈足跡六尺

見於臨洮前史以為秦亡之徵史臣以為

漢興之符也自高帝至于平帝十二主焉

光武皇帝父為濟陽令濟陽有武帝行宮常封

閉哀帝建平元年十二月甲子夜光武將產乃

開而居之時有赤光室中盡明皇考異焉使卜

者王長卜之長辟左右曰此善事不可言是歲

界大豐故名光武曰秀時又有鳳皇集濟陽於

是晝宮為鳳皇之象明年方士有夏賀良者上

言哀帝云漢家歷運中衰當再受命於是改號

為太初元年號將稱陳聖劉太平皇帝以厭勝

之王莽時善鹽氣者蘇伯阿望光武所居縣春

陵城郭唶曰氣佳哉欝欝蔥蔥然恭巳惡漢

而錢文有金乃改鑄貨泉以易之既而光武起

三十　宋書志十七　十六　范華

於春陵之白水鄉貨泉之文爲白水真人也初
起兵望見家南有火光以爲人持火呼之而光
遂盛莽然上屬天有頃不見及在河北爲王郎
所逼將南濟滹沱河導吏還去河水流漸無船
可渡帝馳進還以實對謼衆乃謀云冰堅可
渡乘車未畢而冰陷前至下博城西疑所之有
吏言霸廬還以實對謼衆乃謀云冰堅可
一白衣老公在道旁曰努力信都爲長安城守
去此八十里耳言畢失所在遂至信都太守
任光初光武微時穰人蔡少公曰讖言劉秀發
兵捕不道卯金脩德爲天子國師公劉子駿名
秀少公曰國師公是也光武笑曰何用知非僕
道士西門君惠等並去劉秀當爲天子光武
定河北還至中山將軍萬脩得赤伏符言光武
當受命羣臣上尊號光武辭前至鄗縣諸生彊
華又自長安詣鄗上赤伏符文與脩合羣下又
請曰受命之符人應爲大光武又夢乘赤龍登

三頁二　宋書志七十七　十七

天乃即位都洛陽營宮闕一夕有門枑自至是
時琅邪開陽縣城門一夕無故自亡檢所得枑
即是也遂名其門曰開陽門先是秦穆公時陳
倉人掘地得物若羊非羊若豬非豬怪將獻之
道逢二童子謂之曰子知彼平名爲猾常在地
下食死人腦若欲殺之以栢東南枝指之則死
矣猾因言曰此二童子名爲寶得其雄者王得
其雌者霸於是陳倉人逐棄猾而逐二童子
二童子化爲雉飛入林陳倉人以告穆公穆公
發徒大獵得其雌者化而爲石置之汧渭之間
至文公爲之立祠名曰陳寶祠雄南飛集南陽
縣其後光武興於南陽光武之初興也隈囂
擁衆隴右招集英雄而公孫述稱帝於蜀天下
雲擾大者連州郡小者據縣邑囂問扶風人班
彪曰往者周亡戰國並爭天下分裂數世然後
定縱橫之事復起於今平將承運迭興在於一
人也願先生論之對曰周之廢興與漢異世周
立爵五等諸侯從政本根既微枝葉彊大故其

三頁二　宋書志七十七　十八

06-468

末流有縱橫之事其勢然也漢家承秦之制郡
縣治民主有專已之威臣無百年之柄至於成
帝假借外家哀平短祚國嗣三絕禍自上起傷
不及下故王氏之貴傾擅朝廷能竊號而不
極於民是以即真之貴之後天下莫不引領而歎十
餘年閒中外騷擾遠近俱發假號雲合咸稱劉
氏不謀而同辭方今雄桀帶州域者皆無七國
世業之資詩云皇天上帝臨下有赫臨鑒觀四方
求民之瘼今民皆謳吟思漢向仰劉氏已可知
矣魄魏曰先生言周漢之勢可也至於但見愚
失其鹿劉季逐之時民復知漢乎彭寵既感
民習識劉氏姓號之故而謂漢復興踈矣昔秦
頭言又愍狂狡之不息乃著王命論以救時難
辭曰昔在帝堯之禪曰咨爾舜天之曆數在爾
躬舜亦以命禹洎于襃契咸佐唐虞光濟四海
奕世載德至于湯武而有天下雖其遭遇異時
禪代不同至于應天從民其揆一焉是故劉氏
承堯之祚氏族之世著于春秋言據火德而漢

紹之始起沛澤則神母夜號以章赤帝之符由
是言之帝王之祚必有明聖顯懿之德豐功厚
利積累之業然後精誠通于神明流澤加於生
民故能為鬼神所福饗天下所歸往未見運世
無本功德不紀而得堀起在此位者也世俗見
高祖興於布衣不達其故以為適遭暴亂得之
其劍游說之士至比天下於逐鹿幸捷而得之
不知神器有命不可以智力求也悲夫此世之
所以多亂臣賊子者也若然者瞠徒閒於天道
哉又不觀之於人事矣夫餓饉流隸饑寒道路
思有裋褐之襲擔石之畜所願不過一金然終
於轉死溝壑何則貧窮亦有命也況乎天子之
貴四海之富神明之祚可得而妄據哉故雖遭
罹阸會竊其權柄勇如信布彊如梁籍成如王
莽然卒潤鑊伏鑕耳泜分裂又況么麼不及數子
而欲闇干天位者乎是故駑蹇之乘不騁千里
之塗鷰雀之儔不奮六翮之用楶梲之材不荷
棟梁之任斗筲之子不秉帝王之重易曰鼎折

足覆公餗不勝其任也當秦之末豪桀共推陳
嬰而王之嬰母止嬰曰自吾為子家婦而世貧
賤卒富貴不祥不如以兵屬人事成少受其利
不成禍有所歸嬰從其言而陳氏以寧王陵之
母亦見項氏之必亡而劉氏之將興也是時陵
為漢將而母獲於楚有漢使來陵母見之謂曰
願告吾子漢王長者必得天下子謹事之無有
二心遂對漢使伏劒而死以固勉陵其後果定
於漢陵為宰相封侯夫以匹婦之明猶能推事
理之致探禍福之機全宗祀於無窮垂冊書於
春秋而況大丈夫之事乎是故窮達有命吉凶由
人嬰母知廢陵母知興審此二者帝王之分決
矣蓋在高祖其興也有五一曰帝堯之苗裔二
曰體貌多奇異三曰神武有徵應四曰寬明而
仁恕五曰知人善任使加之以信誠好謀達於
聽受見善如不及用人如由己從諫如從流趨
時如嚮赴當食吐哺納子房之冊拔足揮洗揖
酈生之說寢戉卒之言斷懷土之情高四皓之

名割肌膚之愛舉韓信於行陳收陳平於亡命
英雄陳力羣士畢舉此高祖之大略所以成帝
業也若乃靈瑞符應又可略聞矣初劉媼任高
祖而夢與神遇震雷晦冥有龍蛇之怪及長多
靈異有殊於衆是以王武感物而折契呂公覩
貌而進女秦皇東遊以厭其氣呂后望雲而知
所處始受命則白蛇分西入關則五星聚故取
陰留族謂之天授非人力也歷考古今五者之得失驗
行事之成敗稽帝王之世運考五者之所謂取
知覺寢畏若禍戒超然遠覽臨淵識深識收陵嬰
之明分絕信布之覬覦距逐鹿之贅說審神器
之有授無貪不可幾為二母之所笑則福祚流
于子孫天祿其永終矣隗囂不納果敗
失大年之壽遇折足之凶伏鈇鉞之誅英雄誠
父妄據外不量力內不知命則必喪保家之主
舍不厭斯位符應不同斯度而欲昧於權利越
漢元成世道士言讖者玄赤厄三七三七二百
二十年有外戚之篡祚極三六當有龍飛之秀

興復祖宗及荓篡漢漢二百一十年矣荓十八
年而敗光武興焉

明帝初生豐下兌上赤色似堯終登帝位

和帝鄧皇后祖父禹佐命光武常曰我將百萬
人未嘗妄殺一人子孫當大興后少時相者蘇
大見后仰咒曰此成湯之骨法也貴不可言后嘗夢
登梯以手捫天天體蕩蕩正青而滑有若鍾乳
者后仰吮之以訊之占夢者曰堯攀天
湯夢及天而咄之此皆非常夢也既而入宮遂登貴位

安帝未即大位在邸數有神光赤蛇嘉應照曜
室內磐紆殿屋棟第之間後遂入承大統

初桓帝之世有黃星見於楚宋之分遼東殷馗
曰後五十年當有真人起於譙沛之間其鋒不
可當靈帝熹平五年黃龍見譙光祿大夫喬玄
問太史令單颺曰此何祥也颺曰其國後當有
王者興不及五十年亦當復見天事恒象此其
徵也內黃殷登默記之其後曹操起於譙是為
魏武帝建安五年於黃星見之歲五十年矣而

武帝破袁紹天下莫敵

春秋讖曰代漢者當塗高也漢有周舒者善內
學人或問之舒曰當塗高者魏也舒既沒譙周
又問術士杜瓊曰周徵君以為當塗高魏也其
義何在瓊曰魏闕名也當塗而高聖人以類言
耳又問周曰寧復有所怪邪周曰未達也瓊曰
古者名官職不言曹自漢以來名官盡言曹吏
言屬曹卒言侍曹此殆天意也周曰魏者大也
曹者眾也眾而且大天下之所歸乎建安十八
年武帝為公又進爵為王二十五年武帝薨太
子丕嗣為魏王是為文帝文帝始生有雲青色
負如車蓋當其上終日望氣者以為至貴之祥
非人臣之氣善相者高元呂曰其實不可言延
康元年三月黃龍又見譙殷登猶存歎曰黃龍
見於熹平也單颺云不及五十年亦當復見今
四十五年矣颺之言其驗茲乎平十月亦當復見今
虎見八月石邑言鳳凰集又有麒麟見十月漢
帝禪位於魏魏王辭讓不受博士蘇林董巴上

言臣聞天之去就固有常分聖人當之昭然不疑故堯捐骨肉而禪有虞終無吝齊發璽堀而居天下若固有之其相授間不稽漏刻天下巳傳矣所以急天命明天下不可一日無君今漢期運巳終妖異絶之巳審陛下受天之命符瑞告徵丁寧詳悉反覆備至雖言語相諭無以代此今旣發詔書璽綬未御固朝謙讓上稽天命下違民情臣謹按古之典籍參以圖緯魏之行運及天道所在即尊之驗在於今年此月

昭晢分明謹條奏如左唯陛下迅思易慮以時即位顯告上帝布詔天下然後改正朔易服色正大號天下幸甚其所陳事曰天有十二次以爲分野王公之國各有所屬周在鶉火魏在大梁歲星行歷凡十二次所在國天子受命諸族以封周文王始受命歲星在鶉火至武王伐紂十三年歲星復在鶉火故春秋傳曰武王伐紂歲在鶉火又曰歲之所在則我有周之分野也首光和十七年歲在大梁武王始受命爲將

討黃巾是歲改年爲中平元年建安元年歲後在大梁始拜大將軍十三年後在大梁始拜丞相今二十五年歲後在大梁陛下受命此魏得歲與周文武受命相應今年青龍在庚子詩推慶炎曰庚者更也子治也此言聖人制法天下治與詩協矣德於子治成於丑此言今年天更命聖人制法天下布德於民也魏以政制天下與詩協春秋傳曰命歲在家韋衛居其地亦在豕韋故春秋傳曰衛顓頊之墟也今十月斗之所建則顓頊受命之分

也魏以十月受禪此同符始祖受命之驗也魏之民族出自顓頊與舜同祖見于春秋世家舜以土德承堯之火今魏亦以土德承漢之火其於行運合於堯舜授受之次魏猶未許太史丞許芝又上天文祥瑞自建安三年十二月戊辰有新天子氣見於東南到今積二十三年建安十年蔎星出庫樓歷犯氐房宿北入天市犯比斗紫微氏爲天子宿宮路寢所止房爲天子明堂政教之首比斗七星主尊輔象近臣紫微

者北極最尊此除埽漢家之大異也建安十八
年秋歲星鎮星熒惑俱入太微逆行雷守帝坐
百有餘日歲星入太微人主改姓鎮星入太微内
有兵亂人主以弱三者漢改姓易代之異也建安
十九年正月白虹貫日易傳曰后妃擅國白虹貫
日建安二十一年五月朔巳亥日蝕建安二十三
年三月彗星晨見東方二十餘日乃出西方犯
歷五車東井五諸侯文昌軒轅太微鋒炎剌帝
坐彗者除舊布新亡惡興聖之異也建安二十

四年二月晦壬子日蝕日者陽精月為庶王而
以亥子日蝕皆水滅火之異也延康元年九月
十日黃昏時月蝕熒惑過人定時熒惑出營室
宿羽林月為大臣疾王之象熒惑火精漢氏之
行占曰漢家以兵亡延康元年九月二十日剝卦
天子氣不見皆崩亡之異也熒惑火精行縮日
一度有餘故也太史令王晃以為漢家衰亡之極
熒惑大而赤赤色光不明赤而小與小星無別皆
赤家衰亡之異也易傳曰上下流通聖賢昌厥

九

應帝德鳳皇翔萬民喜樂無咎殃易傳又曰
聖人受命厥應鳳皇下天子虜易傳又曰黃龍
見天災將至天子絀聖人出黃龍以戊巳日見
五色文章皆具聖人得天受命黃龍以戊寅見
此帝王受命之符瑞最著明者也易傳又曰聖
人清靜行中正賢人至民從命厥應麒麟來春
秋玉讖曰代漢者當塗高者魏公子春秋佐助期曰漢
以許昌失天下故白馬令甘陵李雲上事言許
昌氣見當塗高巳萌欲使漢家防絕萌牙今漢

都許曰以微弱當居許昌以失天下當塗高者
魏也魏者象魏兩闕之名當道而高大者也魏
當代漢如李雲之言也春秋佐助期又曰漢以
蒙孫亡說者以蒙孫直漢二十四帝童蒙愚惑
以弱巳漢帝少時名為董矦名不正蒙荒惑
其子孫以弱巳也孝經中黃讖曰日載東紀火
光不橫一聖明聰四百之外易姓而王天下歸功
致太平此魏王之姓諱箸見圖讖也易運期曰
言居東西有午兩日並光日居下其為主及為

九

輔五八四十黃氣受真人出言午許字兩日昌
字漢當以許凶魏當以許昌今際會之期在許
是其大效也易運期又曰兕在山禾女運王天
下於是魏王受漢禪紫於蘩陽有黃鳥銜書
集于尚書臺於是改元爲黃初漢中平二年洛
陽民謠言虎賁寺有黃人觀者日數萬道路斷
絕中平元年黃巾賊起云蒼天已死黃天當立
此魏氏依劉向自云土德之符也先是周敬王之
四十七年宋景公問大夫邢史子臣天道何祥
對曰後五年五月丁亥臣將死死後五年五月
丁卯吳將亡亡後五年君將終終後四百年邾
王天下皆如其言邾王天下益謂魏國之後言四
百年則錯疑年代久遠傳記者謬誤
高貴公初生有光氣照耀室屋其後即大位
劉備身長七尺七寸垂手過膝顧自見耳洛書甄
耀度曰赤三德昌九世會備合帝際洛書寶予
命曰天度帝道備稱皇以統握栔百成不敗洛
書錄運期曰九侯七傑爭民命炊骸道路誰

使主者玄且來備字玄德故云玄且來也孝經
鉤命決曰帝三建九會備先是術士周羣言西
南數有黃氣直立數丈如此積年每有景雲祥
風從璿璣下應之建安二十二年中屢有氣如旗
從西竟東中天而行圖書曰必有天子出其方
赤水日乃去關羽在襄陽男子張嘉王休獻之
太白熒惑鎮星從歲星又黃龍見犍爲武陽之
璽備後稱帝於蜀
孫堅之祖名鐘家在吳郡富春獨與母居性至
孝遭歲荒以種瓜爲業忽有三少年詣鐘乞瓜
鐘厚待之三人謂鐘曰此山下善可作冢葬之
當出天子君可下山百步許顧見我去即可葬
也鐘去三十步僾反顧見三人並乘白鶴飛去
鐘死即葬其地地在縣城東冢上數有光怪雲
氣五色上屬天衍數里父老相謂此非凡氣孫
氏其興矣堅母任堅夢腸出繞吳昌門以告鄰
母鄰母曰安知非吉祥也昌門吳郭門也堅生
而容貌奇異堅妻吳氏初任子策夢月入其

懷後孕子權又夢日入懷告堅曰昔住策夢月
入懷今又夢日入懷何也堅曰日月陰陽之精
極貴之象吾子孫其興乎權方頤大口紫髯長
上短下澶世有劉琬者能相人見權兄弟曰孫氏
兄弟雖各才智明達然祿祚不終唯中弟孝廉
形貌奇偉骨體不恆有大貴之表季又最壽爾
地有王者之勢於是秦始皇乃改金陵曰秣陵
云五百年後江東有天子氣出於吳而金陵之
其識之權時爲孝廉初秦始皇東巡濟江望氣者
鑒北山以絕其勢至吳又令四徒十餘萬人掘汙
其地表以惡名故曰四卷縣今嘉興縣也漢世術
士言黃旗紫蓋見於斗牛之間江東有天子氣
獻帝興平中吳中謠言黃金車斑闌耳開昌門
出天子魏文帝黃初三年舉口武昌立言黃龍
鳳皇見其年權稱尊號年至七十一而薨權子
休初封琅邪王夢乘龍上天顧不見尾後得大
位其子被廢
漢元成之世先識之士有言曰魏年有和當有

開石於西三十餘里繫五馬文曰討曹及魏之
初興也張掖刪丹縣金山柳谷有石生焉周圍
尋中高一仞著質素章有五馬麟鹿鳳皇仙人
之象始見於建安形成於黃初文備於太和至
青三年柳谷之玄川溢漏石形改易狀似雲龍
廣一丈七尺一寸圍五丈八寸上千川西有石馬
十二其一仙人騎之其五成形又有一牛八卦劉宿彗星之象
有玉匣開蓋於前有王玦二王璜一又有麒麟
疋中正大吉關壽此馬甲寅述之水凡三十五字
王述大會討大曹金石中大金馬一
鳳皇白虎馬牛於中布劉有文字曰上上三天
惡其文有討曹鑒去爲計以著石塞之宿嘗而
白石滿焉馬當時稱爲祥瑞斑下天下處士張
曰夫神兆未然不追惟事此蓋將來之休徵當
全之怪異也既而晉以司馬氏受禪太尉屬程
猗說曰夫人者盛之極也金者晉之行也中者物

06-475

之會也吉者福之始也此言司馬氏之王天下感
德而生應正吉而王之符也猶又為贊曰皇德
遷通實降嘉靈乾生其象坤育其形玄石既表
素文以成瑞虎合仁白麟耀精神馬自圖金言
其形體正而王中允克明開壽無疆於萬斯齡
宣帝嘗夢顧之相能使面正向後而身形不異魏
武帝嘗夢有三四馬在一槽中共食其後宣帝
及景文相像為宰相遂傾曹氏文帝懼不立以相
有意於齊獻王攸武帝時為中撫軍懼不立以世子

三百□ ▌宋書志十七 三十三 周鼎

負示襄秀言於文帝曰中撫軍振聲籍地垂
手過膝天表如此非人臣之相也由是得立及
嗣晉位其月襄武獻言有大人相長三丈餘足
跡三尺一寸白髮黃單衣黃巾柱杖呼民王始
語云今當太平頌之受魏禪
武帝咸寧元年大風吹帝社樹折有青氣出社
中占者以為東莞有天子氣時琅邪武王伷封
東莞伷元帝祖也元帝以咸寧二季夜生有光
照室室內盡明有白毛生於日角之左眼有精

光耀隨惠帝幸鄴成都王穎殺東安王繇繇元
帝叔父也帝懼欲出奔而月明邀候急四衢斷
絕不得去有頃天陰風雨大至候者皆休乃得
去初武帝伐吳琅邪武王伷率衆出塗中而王
渾逼歷陽王濬已次近路孫皓聆欷降送天子璽
綬遍越二將而遠送詣伷諧者咸怪之吳之未
亡也吳郡臨平湖一旦自開湖邊得石函中有
小青石刻作皇帝字舊言臨平湖塞天下亂開
則天下太平吳入以為美祥俄而吳滅後元帝

三百□ ▌宋書志十七 三十四 周

興於江左吳凶後將山上常有紫雲數術者亦
云江東猶有帝王氣又謠言曰五馬游渡江一
馬化為龍元帝與西陽汝南南頓彭城五王過
江而元帝升天位讖書曰銅馬入海建業期元
帝小字銅環永嘉初元帝以安東將軍鎮建業
時歲鎮星辰太白四星聚於牛女之間常爽回
進遲愍帝建興四年晉陵武進人陳龍在田中
得銅鐸五枚柄口皆有龍虎形又有將雛雞雀
集其前皆驅去復還至于弉三又有鵝三四頭

高飛且鳴回東西晝夜不下如此者六七日會

稽剡縣陳清又於井中得椷鐘長七寸二分口

徑四寸其器雖小形制甚精上有古文書十八

字其四字可識云會稽徵命豫章有大樟樹大

三十五圍枯死積父永嘉中忽更榮茂景純

言是元帝中興之應初武帝太康三年建鄴有

寇餘姚人伍振笙之應初武帝太康中忽更榮茂景純

帝有寵將牛金屢有功宣帝作兩口檻一口盛

毒酒一口盛善酒自飲善酒毒酒與金金飲之

即斃景帝曰金名將可大用云何害之宣帝曰

汝忘石瑞後有牛乎元帝母夏侯妃與琅邪

國小史姓牛私通而生元帝愍帝之立也改邺

陵為晉陵時元帝始霸江揚而戎翟稱制西都

微弱千寶以為晉將滅於西而興於東之符也

宋武帝居在册徒始生之夜有神光照室其又

甘露降于墓樹皇考以高祖生有奇異名為奇

奴皇妣既殂養於舅氏改為寄奴焉少時誕節

嗜酒自京都還息於逆旅逆嫗曰室內有酒

自入取之帝入室飲於盎側醉臥地時司徒王

謐有門生居在册徒還家亦至此逆旅逆嫗

曰劉郎在室內可入共飲酒此門生入室驚出

謂嫗曰室內那得此異物嫗遽入之見帝已覺

矣嫗問向何所見門生曰見有一物五采如

蛟龍非劉郎門生還以白謐謐戒使勿言而與

結厚帝嘗行至下邳遇一沙門沙門曰江表尋

當喪亂拯之必君也帝患手創積年沙門出懷

中黃散一裹與帝曰此創難治非此藥不能瘳

也傅之忽不見沙門所在以散傅創即愈餘散

寶錄之後征伐屢被傷通中者數矣以散傅之

無不立愈自少至長目中常見二龍在前始尚

小及貴轉大晉陵人車歡善相人相帝曰君貴

不可言願無相忘晉安帝義熙初帝始康晉亂

而興霸業焉盧江霍山常有鐘聲十二帝將征

關洛霍山崩有六鐘出制度精奇上有古文書

一百六十字冀州有沙門法稱將死語其弟

子普嚴曰嵩皇神告我云江東有劉將軍是漢
家苗裔當受天命吾以三十二璧鎮金一餅與
將軍爲信三十二璧者劉氏卜世之數也普嚴
以告同學法義法義以十三季七月於嵩高廟
石壇下得玉璧三十二枚黃金一餅漢中城固
縣民宋耀得嘉禾九穗後二年而受晉禪孔
鞏河雄識曰二口建戈不能方兩金相刻發神
鋒空宂無主奇入中爲女子獨立又爲雙二口建
戈劉字也晉氏金行劉姓又有金故曰兩金相
刻空宂無主奇入中爲寄字女子獨立又爲雙
奴字晉旣禪宋太史令駱達奏陳天文符讖曰
去義熙元牢至元熙元年十月太白星晝見經
天凡七占曰天下革民夏王異姓興義熙元年
至元熙元年十一月朔日有蝕之凡四皆蝕從
上始臣民失君之象也義熙十一年五月三日
彗星出天市其芒埽帝坐天市在房心之北宋
之分野得彗柄者興此除舊布新之徵義熙七

季七月二十五日五虹見于東方占曰五虹見
天子黜聖人出義熙七年八月十一日新天子氣
見東南十二年北定中原崇進宋公歲星襄回
房心之間大火宋之分野與武王克殷同得歲
星之分野者應王也宋之十一年以來至元熙元年
行失道恒北入太微中占月入太微廷王入爲
主十三季十月鎮星入太微積雷七十餘日到
十四年八月十日又入太微不去到元熙元年
積二百餘日占曰彗守太微亡君之戒有立王
有徙王十四年五月十七日彗星出北斗魁中
占曰彗星茀北斗中聖人受命十四年七月二十
九日彗星出太微中彗柄起上相星下芒漸
長至十餘丈進埽北斗及紫微中占曰彗星出
太微社稷亡天下易政入北斗帝宮空一占天
下得召人召入聖主也一曰彗字紫微天下易
主十四年十月一日熒惑從入太微鉤巳至元
年四月二十七日從端門出積屍雷二百六日
繞鎮星熒惑與鎮星鉤巳天廷天下夏紀十四

年十二月歲太白辰襄回居斗牛之間經旬斗
牛曆數之起占曰三星合是謂改立元熙元年
十二月二十四日四黑龍登天易傳曰冬龍見
天子凶社稷大人應天命之符金雌詩云大火有
心水抱之悠悠百年是其時火宋之分野水宋
之德也金雌詩又曰云何所唯有隱巖殖朱黍
何乃相岨交哉亂也當何云玄字也短者云胙短也
西南之朋困桓父兩云則聖諱炳明也
易曰西南得朋故能困桓父也劉向讖曰上五
盡寄句致太平草付合成集羣英前句則墜下小
諱後句則太子諱也十一年五月西明門地陷
水涌出毀門扉闔西者金鄉之門為水所毀此
金德將衰水德方興之象也太興中民於井中
得棧鐘上有古文十八字晉自宣帝至今數滿
十八年義熙八年太社生桑明尤著者也夫六
亢位也漢建安二十五年一百九十六年而禪
魏魏自黃初至咸熙二年三十六年而禪晉晉

自太始至今元熙二年一百五十六年三代數
窮咸以六年少帝即位景平三年四月有五色
雲見西方時文帝為荊州刺史鎮江陵尋即大
位文帝元嘉中謠言錢唐當出天子乃於錢唐
置戍軍以防之其後孝武帝即大位於新亭寺
之禪堂禪之與錢音相近也太宗為徐州刺史
出鎮彭城昭太后前廢帝永光初又讖言湘
服占者以為嘉祥賜以大珠鹿盧劍此劍是御
州出天子幼主欲南幸湘川以厭之既而湘東
王即尊位是為明帝
史臣謹按冀州道人法稱所云玉璧三十二枚
宋氏卜世之數者益卜年之數也謂卜世者謬
其言耳三十二者二三十則六十矣宋氏受命
至於禪齊凡六十年云

志第十七

宋書二十七

符瑞中

臣沈 約 新撰

宋書二十

麒麟者仁獸也牡曰麒牝曰麟不剖胎剖卵則
至厲身而牛尾狼項而一角黃色而馬足含仁
而戴義音中鍾呂步中規矩不踐生虫不折生
草不食不義不飲洿池不入坑穽不行羅網明
王動靜有儀則見牡鳴曰逝聖牝鳴曰歸和春
鳴曰扶幼夏鳴曰養綏

漢武帝元狩元年十月行幸雍祠五時獲白麟
漢武帝太始二年三月獲白麟
漢章帝元和二年以來至章和元年凡三年麒
麟五十一見郡國

漢安帝延光三年七月麒麟見潁川陽翟
延光三年八月戊子麒麟見潁川陽翟
延光四年正月壬午麒麟見東郡濮陽
漢獻帝延康元年麒麟十見郡國
吳孫權赤烏元年八月武昌言麒麟見又白麟

見建業

晉武帝泰始元年十二月麒麟見南郡枝江
晉武帝咸寧五年二月甲午白麟見平原鬲縣
咸寧五年九月甲午麒麟見河南陽城
晉武帝太康元年四月白麟見頓丘
晉愍帝建興二年九月丙戌麒麟見襄平州刺
史崔悲以聞

晉元帝大興元年正月戊子麒麟見豫章
晉成帝咸和八年五月己巳麒麟見遼東

鳳凰者仁鳥也不剖胎剖卵則至或翔或集雄
曰鳳雌曰凰蛇頭燕頷龜背鱉腹鶴頸雞喙
鴻前魚尾青首駢翼鷥立而駕鴦思首戴德
而背負仁項義而膺抱信足履正而尾繫
武小音中鍾大音中鼓延頸奮翼五光備舉
興八風降時雨食有節飲有儀往有文來有
嘉遊必擇地飲不妄下其鳴雄曰節節雌曰足
足晨鳴曰發明晝鳴曰保長其樂也徘徊徊雍雍喈
日固常夜鳴曰歸昌昏鳴

唯鳳皇為能究萬物通天祉象百狀達王道
率五音成九德備文武正下國故得鳳之象一
則過之二則翔之三則集之四則春秋居之五
則終身居之
漢昭帝始元三年十月鳳皇集東海遣使祠其處
漢宣帝太始元年五月鳳皇集膠東
太始四年五月鳳皇集北海
漢宣帝地節二年四月鳳皇集魯羣鳥從之
漢宣帝元康元年三月鳳皇集泰山陳留

元康四年南郡復威鳳
漢宣帝神雀二年二月鳳皇集京師羣鳥從之
以萬數
神雀四年春鳳皇集京師
神雀四年十月鳳皇十一集杜陵
神雀四年十二月鳳皇集上林
漢宣帝甘露三年二月鳳皇集新蔡羣鳥四面
行列皆向鳳皇立以萬數
漢光武建武十七年十月鳳皇五高八九尺毛

羽五采集潁川郡羣鳥並從行列蓋地數頃留
十七日乃去
漢章帝元和二年以來至章和元年凡三年鳳
皇三十九見郡國
漢安帝延光三年二月車駕東巡其月戊子鳳
皇集濟南臺縣丞霍收舍樹上賜臺長錢帛十
五四收二十四尉半之吏卒人三四鳳皇所過
亭部無出今年田租賜男子爵人二級
延光三年十月壬午鳳皇集京兆新豐西界槐樹
漢桓帝元嘉元年十一月鳳皇見濟陰巳氏
漢靈帝光和四年秋五色大鳥見新城羣鳥隨
之民皆謂之鳳皇
漢獻帝延康元年八月石邑縣言鳳皇集又郡
國十三言鳳皇見
吳孫權黃武五年七月蒼梧言鳳皇見
吳孫權黃龍元年四月羣口武昌並言鳳皇見
孫亮建興二年十一月大鳥五見于春申
吳孫皓寶鼎四年正月西苑言鳳皇集

晉武帝泰始元年十二月鳳皇見上黨高都

泰始元年十二月鳳皇二見河南山陽

泰始元年十二月鳳皇三見馮翊下邽

晉穆帝升平四年二月辛亥鳳皇將九子見鄸

鄉之豐城十二月甲子又見豐城衆鳥隨從

升平五年四月巳未鳳皇集沔北至于辛酉百

姓聚觀之

宋武帝永初元年七月戊戌鳳皇見會稽山陰

文帝元嘉十四年三月丙申大鳥二集秣陵民

宋書志十八　五

王顗園中李樹上大如孔雀頭足小高毛羽鮮

明文采五色聲音諧從衆鳥如山雞者隨之如

行三十步頃東南飛去揚州刺史彭城王義康

以聞攺鳥所集昌里曰鳳皇里

孝武帝孝建元年正月庚申鳳皇見丹徒慨賢

亭雙蠲焉引衆鳥陪從征虜將軍武昌王渾以聞

神鳥者赤神之精也知音聲清濁和調者也雖

赤色而備五采雞身鳴中五音肅肅雝雝喜則

鳴舞樂處幽隱風俗從則至

漢宣帝五鳳三年三月辛丑神鳥集長樂宮東

闕樹上又飛下地五朵炳發留十餘刻

漢章帝元和中神鳥見郡國

黃龍者四龍之長也不漉池而漁德至淵泉則

黃龍游於池能高能下能細能大能幽能冥能

短能長乍存乍亡

赤龍河圖者地之符也王者德至淵泉則河出

龍圖

漢惠帝二年正月癸酉兩龍見蘭陵人家井中

宋書志十八　六

漢文帝十五年春黃龍見成紀

漢宣帝甘露元年四月黃龍見新豐

漢成帝鴻嘉元年冬黃龍見眞定

漢成帝永始二年癸未黃龍見東萊

漢光武建武十二年六月黃龍見東阿

漢章帝元年以來至章和元年凡三年黃龍四

十四見郡國

元和中青龍見郡國

元和中白龍見郡國

漢安帝延光元年八月辛卯黃龍見九真

延光三年九月辛亥黃龍見濟南歷城

延光三年九月辛亥黃龍見琅邪諸縣

延光四年正月壬午黃龍二見東郡濮陽

漢桓帝建和元年二月黃龍見沛國譙

漢桓帝元嘉二年八月黃龍見濟陰句陽又見

漢桓帝永興元年八月黃龍見巴郡

漢獻帝延康元年三月黃龍見譙又郡國十三

見蜀

魏明帝景初元年二月壬辰山荏縣言黃八龍

言黃龍見

金城允街

魏明帝青龍元年正月甲申青龍見郟之摩陂

而不見

魏帝親與羣臣共觀之既而詔畫工圖寫龍潛

井

魏少帝正元元年十月戊戌黃龍見鄴井中

魏少帝甘露元年正月辛丑青龍見軹縣井中

凡二

甘露元年六月青龍見元城縣界井中

甘露二年二月青龍見溫縣井中

甘露三年八月甲戌黃龍青龍仍見頓丘冠軍

陽夏縣井中

甘露四年正月黃龍二見寧陵縣井中

魏元帝景元元年十二月甲申黃龍見莘縣

井中

景元三年二月青龍見軹縣井中

劉備未即位前黃龍見武陽赤水九日乃去

吳孫權黃武元年三月鄱陽言黃龍見

吳孫權黃武元年四月舉口武昌並言黃龍見

權因此改元作黃龍牙常在軍中進退視其所

向命胡綜為賦

吳孫權赤烏五年三月海鹽縣言黃龍見縣井

中二

赤烏十一年雲陽言黃龍見黃龍二又見武陵

吳壽兌色炫燿

吳孫休永安四年九月市山言白龍見

凡二

永安五年七月始新言黃龍見

永安六年四月泉陵言黃龍見

晉武帝泰始元年十二月青龍二見濟陰定陶

泰始元年十二月青龍見魏郡湯陰

泰始元年十二月黃龍見河南洛陽洛濱

泰始元年十二月白龍二見太原祁

泰始二年七月壬午黃龍見巴西閬中

泰始三年四月戊午有司奏張掖太守焦勝言

玄池縣大柳谷口青龍見

晉武帝咸寧二年六月丙申白龍二見于新興

九原居民井中

咸寧二年十月庚午黃龍二見于漢嘉靈關

咸寧二年十一月癸巳白龍二見須度支部

咸寧五年十一月甲寅青龍見京兆霸城

晉武帝太康元年八月白龍三見

太康三年閏月己丑白龍二見濟南歷城

太康五年正月癸卯青龍二見武庫井中帝親

往觀之

太康六年九月白龍見京兆陰槃

太康九年十二月戊申青龍一見魯國公丘居

民井中

晉惠帝元康七年三月己酉朔成皋縣獄有

龍昇天

宋武帝永初元年七月青龍見義興陽羨

永初元年八月青龍二見南郡江陵

文帝元嘉十三年九月己酉會稽郡西南向曉

忽大光明有青龍騰躍凌雲久而後滅吳興諸

暨並以其日同見光景揚州刺史彭城王義康

以聞

元嘉二十一年十月己丑永嘉永寧見黃龍自

雲而下太守臧藝以聞

元嘉二十五年五月丁丑黑龍見玄武湖北苑

丞王世宗以聞

元嘉二十五年五月戊戌黑龍見玄武湖東北

隈揚州野吏張立之以聞

元嘉二十五年八月辛亥黃龍見會稽太守孟

顗以聞

元嘉二十五年廣陵有龍自湖水中升天百姓
皆見

孝武帝孝建二年七月癸丑黃龍見石頭城外
水濆中護軍湘東王諱以聞

孝建三年五月巳未龍見臨川郡江州刺史東
海王諱以聞

孝武大明元年五月癸亥黑龍見晉陵占石邨
改邨爲津里

靈龜見

靈龜者神龜也王者德澤湛清漁獵山川從時
則出五色鮮明三百歲游於蓮葉之上三千歲
常游於卷耳之上知存亡明於吉凶禹甲宮室

玄龜書者天符也王者德至淵泉則雒出龜書

魏文帝初神龜出於靈池

吳孫權時靈龜出會稽章安

魏元帝咸熙二年二月甲辰朐䐊縣獲靈龜以
獻

晉長沙王乂坐同產兄楚王瑋事徙封常山後
還復國在常山穿井入地四丈得白玉方三四
尺王下有大石其中有龜長二尺餘時人以爲
復國之祥

宋文帝元嘉十九年四月戊申白龜見吳興餘
杭太守文道恩以獻

元嘉二十年四月辛卯白龜見吳興餘杭揚州
刺史始興王濬以聞

元嘉二十四年十月甲午揚州刺史始興王濬
以獻

獲白龜以獻

孝武帝大明三年三月戊子毛龜見宣城廣德
太守張辨以獻

大明四年六月壬寅車駕幸籍田白龜見于千
畝尚書右僕射劉秀之以獻

大明七年八月乙未毛龜見　安王子鸞第獲
以獻

明帝泰始二年八月丙辰朔四眼龜見會稽
稽太守巴陵王休若以獻

泰始二年八月丙寅六眼龜見東陽長山文如

爻卦太守劉繕以獻

泰始六年九月己巳八眼龜見吳興故鄣太守

楮淵以獻

明帝泰豫元年十月壬戌義興陽羨縣獲毛龜

太守王藴以獻

騰黃者神馬也河水之精高八尺五寸長頸有（音一作）

翼傍有垂毛鳴聲九哀

龍馬者仁馬也其色黃王者德御四方則出白

馬朱鬣王者任賢良則見澤馬者勞來百

姓則至夏馬騂黑身白髦尾殺馬駱白身黑鬣

尾周馬騂赤身黑鬣鬛

漢章帝元和中神馬見郡國

晉懷帝永嘉六年二月壬子神馬鳴南城門

晉孝武帝泰元十四年六月甲申朔寧州刺史

費統上言所統晉寧之滇池縣舊有河水周回

二百餘里六月二十八日辛亥神馬二匹一白

一黑忽出於河中去岸百步縣民董聰見之

●宋書志十八　二七十二　十三

白象者人君自養有節則至

宋文帝元嘉元年十二月丙辰白象見零陵洮陽

元嘉六年三月丁亥白象見安成安復江州刺

史南譙王義宣上聞

漢武帝元狩二年三月南越獻馴象

白狐王者仁智則至

晉成帝咸康八年七月燕王慕容皝上言白狐

見國內

赤熊使人遠姦猾息則入國

宋文帝元嘉二十年十二月白熊見新安歙縣

太守到元度以獻

九尾狐王者文王得之東夷歸焉

漢章帝元和中九尾狐見郡國

魏文帝黃初元年十一月甲午九尾狐見甄城

又見譙

白鹿王者明惠及下則至

漢章帝建初七年十月東平憲王蒼得白鹿於臨平觀

漢章帝元和中白鹿見郡國

●宋書志十八　二七十一　十四　卷

漢安帝延光三年六月辛未白鹿見右扶風雍
辛獲以獻

延光三年七月白鹿見左馮翊

漢桓帝永興元年二月白鹿見張掖

魏文帝黃初元年郡國十九言白鹿及白麞見

晉武帝泰始八年十月白鹿見扶風雍州刺史
嚴詢獲以獻

太康元年五月甲辰白鹿見天水西縣太守劉

晉武帝太康元年三月白鹿見零陵泉陵

太康三年七月壬子白鹿見零陵零陵令蔣微
獲以獻

晉惠帝元康元年九月乙酉白鹿見交阯武寧
獲以獻

晉愍帝建武元年五月戊子白鹿見高山縣

晉元帝太興三年正月白鹿二見豫章

大興三年四月白鹿見晉陵延陵

晉元帝永昌元年九月白鹿見江乘縣

晉成帝咸和四年五月甲子白鹿見零陵洮陽
獲以獻

咸和四年七月壬寅長沙郡邏吏黃兗於南郡
道遇白鹿驅之不去直來就兗追尋兗三百餘
步兗遂抱取遣吏李堅奉獻

咸和九年八月已未白鹿見長沙臨湘

晉成帝咸康二年七月白鹿見豫章望蔡太守
桓景獲以獻

晉孝武帝太元元年三月癸酉白鹿見豫章望
蔡獲以獻

嶤之獲以獻

太元十八年五月辛酉白鹿見江乘江乘令田

太元二十年九月丁丑白鹿見巴陵清水山荊
州刺史殷仲堪以獻

晉安帝隆安五年十一月白鹿見長沙荊州刺
史桓玄以聞

宋文帝元嘉五年七月丙戌白鹿見東莞莒縣
嶕峴山太守劉玄以聞

元嘉九年正月白鹿見南譙譙縣豫州刺史長
沙王義欣以獻

元嘉十四年白鹿見文鄉

元嘉十七年五月甲午白鹿見南汝陰宋縣太守文道恩以獻

元嘉二十年八月白鹿見譙郡蘄縣太守鄧琬以獻

康相劉興祖以獻

元嘉二十二年二月辛未白鹿見南康縣南始興王濬以聞

元嘉二十二年二月白鹿見建康縣揚州刺史檀和之以獻

元嘉二十三年二月戊戌白鹿見交州交州刺史

元嘉二十三年六月丙辰白鹿見彭城彭城縣征北將軍衡陽王義季獲以獻

元嘉二十七年二月壬辰朔白鹿見濟陰徐州刺史武陵王諱以聞

元嘉二十九年八月癸酉白鹿見鄱陽南中郎將武陵王諱以獻

元嘉三十年十一月壬午白鹿見南琅邪南琅

十七

邪太守王僧虔以獻

元嘉三十年十一月癸亥白鹿見武建郡雛州刺史朱脩之以獻

孝武帝孝建三年三月庚子白鹿見臨川西豐縣

孝武帝大明元年四月甲申白鹿見南平

大明二年四月己丑白鹿見桂陽郴縣湘州刺史山陽王休祐以獻

大明三年正月癸巳白鹿見南琅邪江乘南徐州刺史劉延孫以獻

大明三年三月辛卯白鹿見廣陵新市太守炎宗以聞

大明五年五月丙寅白鹿見南東海丹徒南徐州刺史劉延孫以獻

大明八年六月甲子白鹿見衡陽郡湘州刺史江夏王世子伯禽以獻

明帝泰始二年二月乙亥白鹿見宣城宣城太守劉韞以聞

十八

何原

泰始五年二月己亥白鹿見長沙湘州刺史劉

韞以獻

泰始六年十二月乙未白鹿見梁州梁州刺史

杜幼文以聞

後廢帝元徽三年二月甲子白鹿見巴州青箕

二州刺史西海太守劉善明以獻

三角獸先王法度修則至 關

一角獸天下平一則至 關

六足獸王者謀及衆庶則至 關

比肩獸王者德及矜寡則至 關

解豸知曲直獄訟平則至 關

白虎王者不暴虐則白虎仁不害物

虎二十九見郡國

漢章帝元和二年以來至章和元年凡三年白

漢宣帝元康四年南郡獲白虎

漢安帝延光三年八月戊子白虎二見頴川

陽翟

漢獻帝延康元年四月丁巳饒安縣言白虎見

又郡國二十七言白虎見

吳孫權赤烏六年正月新都言白虎見

赤烏十一年五月鄱陽言白虎見

晉武帝泰始元年十二月白虎見河南陽翟

泰始元年正月己亥白虎見弘農陸渾

泰始二年正月己亥白虎見遼東樂浪

泰始二年正月辛丑白虎見天水西

晉武帝咸寧三年二月乙丑白虎見沛國

晉武帝大康元年八月白虎見永昌南牢

太康四年七月丙辰白虎見建平北井

太康十年十月丁酉白虎見犍爲

晉成帝咸和八年五月己巳白虎見新昌縣

晉簡文帝咸安二年三月白虎見豫章南昌縣

晉孝武帝泰元元年十一月辛亥白虎見豫

西鄉石馬山前

章郡

泰元十九年二月行檄令劉啓期言白虎頻見

泰元十九年二月行温令趙邪言白虎頻見豫

晉安帝隆安五年十一月襄陽言騶虞見於新野

宋武帝永初元年八月癸巳白虎見枝江

少帝景平元年十月白虎見桂陽未陽

文帝元嘉十九年十月白虎見弋陽期思二縣
南豫州刺史武陵王諱以聞

元嘉二十五年二月己亥白虎見武昌武昌太
守蔡興宗以聞

元嘉二十五年十一月丁丑白虎見蜀郡二赤
虎道才前益州刺史陸徽以聞

元嘉二十六年四月戊戌白虎見南琅邪半陽
山二虎隨從太守王僧達以聞

孝武孝建三年三月壬子白虎見臨川西豐

白狼宣王者得之而犬戎服闕

白虎宣王者刑罰理則至

晉武帝咸寧元年四月丙戌乙卯白虎見琅邪
趙王倫以獻

咸寧三年七月壬辰白虎見魏郡

晉武帝太康三年八月白虎見梁國蒙梁相解

隆獲以獻

太康五年九月己酉白虎見義陽

太康七年五月戊辰白虎見汲郡

晉成帝咸和九年五月癸酉白虎見吳國吳縣
内史虞潭獲以獻

晉穆帝永和元年八月白虎見吳國吳縣西界
包山獲以獻

永和八年十二月白虎見丹陽永世永世令徐該獲以獻

永和十二年十一月庚午白虎見梁郡梁郡太
守劉遂獲以獻

晉安帝隆安五年十一月白虎見荊州荊州刺
史桓玄以聞

宋少帝景平元年五月癸未白虎見義興陽羨
太守王準之獲以獻
之太祖太祖時入奉大統以為休祥

景平二年六月白虎見南郡江陽太守王華獻

文帝元嘉五年四月乙巳白虎見汝南武津太
守鄭據獲以獻

元嘉十二年正月白麞見東萊黃縣青冀州
刺史王方回以獻

元嘉十九年五月山陽張休宗獲白麞南兗州
刺史臨川王義慶以獻

元嘉二十年八月白麞見江夏安陸內史劉思
考以獻

元嘉二十五年二月巳丑白麞見淮南太守王
休獲以獻

元嘉二十五年四月戊午白麞見南琅邪太守
王遠獲以獻

二十三

元嘉二十五年五月辛未朔華林園白麞生三
子皆白園丞梅道念以聞

元嘉二十六年五月丙戌白麞見馬頭豫州刺
史南平王鑠以獻

元嘉二十七年正月巳丑白麞見濟陰徐州刺
史武陵王諱以聞

元嘉二十七年四月癸丑華林園白麞生一白
子園丞梅道念以聞

元嘉二十九年六月壬戌白麞見晉陵既陽南
徐州刺史始興王濬以獻

孝武帝孝建三年六月癸巳白鹿麞見廣陵南兗
州以獻

孝武帝大明元年七月癸丑白麞見東萊曲城
縣獲以獻

大明二年正月壬戌白麞見山陽山陽內史程
天祚以獻

大明二年二月辛丑白麞見濟北濟北太守殷
孝祖以獻

二九四

大明五年九月巳巳白麞見南陽雍州刺史永
嘉王子仁以獻

大明六年四月戊辰白麞見滎陽湘州刺史建
安王休仁以獻

大明七年正月庚寅白麞見南陽荊州刺史臨
海王子頊以獻

大明七年六月巳巳白麞見武陵臨沅太守劉
衍以獻

大明七年九月癸未白麈見南陽雒州刺史劉
秀之以獻

明帝泰始三年五月癸酉白麈見南東海丹徒
南徐州刺史桂陽王休範以獻

泰始三年五月己卯白麈見北海都昌青州刺
史沈文秀以獻

泰始五年正月癸卯白麈見沒陰樓煩豫州刺
史劉勔以獻

明帝泰豫元年十月壬戌白麈見義興國山太
守王蘊以獻

後廢帝元徽元年正月甲午白麈見海陵寧海
寧海太守孫嗣之以獻

文帝元嘉二十三年五月甲寅東宮隊白從陳
超獲黑麈於肥如縣皇太子以獻

元嘉二十三年十月辛巳東宮將魏榮獲青麈
於秣陵

元嘉十年十二月營城縣民成公會之於廣陵
高郵界獲白麈麚以獻

孝武帝大明元年二月巳亥白鹿見會稽諸暨
縣獲以獻

銀麚刑罰得共民不爲非則至闕

赤兔王者德盛則至闕

比翼鳥王者德及高遠則至闕

赤雀周文王時銜丹書來至

晉愍帝建興三年四月癸酉赤雀見平州府舍

宋文帝元嘉二十年五月赤雀集南平郡府內
史臧綽以聞

軍人於城上獲赤雀大傅假黃鉞江夏王義恭
以獻

孝武帝孝建元年五月巳亥臨沂縣魯尚斯

福草者宗廟肅則生宗廟之中闕

蒼烏者賢君修行孝慈於萬姓不好殺生則來

宋孝武帝大明元年五月乙丑蒼烏見襄陽縣

大明二年四月甲申蒼烏見襄陽雒州刺史王
玄謨以獻

甘露王者德至大和氣盛則降

甘露

柏受甘露王者著老見敬則柏受甘露

竹受甘露王者尊賢愛老不失細微則竹箭受

漢武帝建武中元元年五月郡國上甘露降

漢宣帝元康元年三月甘露降未央宮

漢宣帝神雀二年二月甘露降京師

神雀四年春甘露降京師

漢宣帝五鳳二年正月甘露降京師

漢成帝元延四年三月甘露降京師

漢明帝永平十七年五月戊子夜帝夢見炎武

帝炎烈皇后夢中喜覺悲不能寐明旦上陵百

官胡客悉會太常丞上言其日陵樹葉有甘露

帝令百官采甘露帝自伏御牀視太后莊罷奩

中物流涕敕易奩中脂澤之具永平十七年春

甘露仍降京師

漢章帝元和中甘露降郡國

漢安帝延光三年四月丙戌甘露下沛國豐

延光三年七月甘露下左馮翊頻陽

漢桓帝延熹三年四月甘露降上郡

漢桓帝永康元年八月甘露降巴郡

魏文帝初郡國三十七言甘露降

魏少帝甘露元年五月鄴及上洛竝言甘露降

魏元帝咸熙二年四月南深澤縣言甘露降

吳孫權黃武前建業言甘露降

吳孫權赤烏元年三月零陵言甘露降

赤烏九年四月武昌言甘露降

吳孫權黃武二年五月曲阿言甘露降

吳孫權嘉禾五年三月武昌言甘露降奏禮

賓殿

吳孫皓甘露元年四月蔣陵言甘露降

晉武帝泰始十年四月乙亥甘露降西河離石

晉武帝咸寧元年四月丙戌甘露降張掖

咸寧元年五月戊午甘露降清河繹幕

咸寧元年九月甘露降太原晉陽

咸寧二年五月戊子甘露降玄菟郡治

咸寧五年六月戊申甘露降巴郡南充國

晉武帝太康五年三月乙卯甘露降東宮

太康七年四月甘露降京兆杜陵

太康七年五月甘露降魏郡鄴

晉惠帝元康四年五月甘露降樂陵郡

晉愍帝建興元年六月甘露降西平縣

建興三年八月己未甘露降新昌縣

晉元帝太興三年四月甘露降琅邪費

晉明帝泰寧二年正月巳郡言甘露降

晉成帝咸和四年四月甘露降武昌郡閤前柳

樹太守詔以聞

咸和六年三月甘露降寧州城內比園獠桃樹

刺史以聞

咸和七年四月癸巳甘露降京邑揚州刺史王

導以聞

咸和八年四月癸卯甘露降廬江襄安縣將晉家

咸和八年四月癸卯甘露降宣城宛陵縣之須里

咸和九年四月甲寅甘露降兵國錢唐縣右鄉

康巷之柳樹

咸和九年十二月丙辰甘露降建平陵

咸和九年十二月丁巳甘露降武平陵

晉成帝咸康元年四月癸卯甘露降蘭林城內西堂桃樹

樹又降會稽永興縣泉官畢賀戊午甘露降會都坐桃

稽山陰縣又降其與武康縣庚申又降武康

咸康二年三月甲戌甘露降鬱林城內西堂

咸康三年四月戊午甘露降殿後桃李樹五月

甘露降義興陽羨縣柞樹東西四十四步南北十

五步

咸康七年四月丙子甘露降彭城王紘第內衆

官畢賀

晉穆帝永和元年三月甘露降廬江郡內桃李

樹太守求永以聞

永和五年十一月太常劉邵上崇平陵令王昂

即日奉行陵內甘露降于玄宮前殿

永和五年十二月己酉甘露降丹陽湖孰縣西

界劉敷墓松樹縣令王恬以聞象官畢賀

晉簡文帝咸安二年正月甘露降隨郡溳陽縣
界桑木沾凝十餘里中

晉孝武帝泰元二年八月甘露降寧州界內
刺史費統以聞

晉安帝元興二年十月甘露降武昌王成基家竹

泰元十七年二月甘露降南海番禺縣楊樹

泰元十六年十一月庚午甘露降句陽縣

泰元十五年閏月甘露降永平陵

永初元年十月庚午甘露降興寧永寧二陵彌

宋武帝永初元年九月庚辰甘露降丹徒硯山

元興三年四月己酉甘露降蘭臺

元興三年三月己卯甘露降丹徒

文帝元嘉三年閏正月己丑甘露降吳興烏程
太守王韶之以聞
冠百餘里

元嘉四年五月辛巳甘露降齊郡西安臨朐城

元嘉四年十一月辛未朔甘露降初寧陵

元嘉四年十一月己丑甘露降南海熙安廣州
刺史江桓以聞

元嘉八年五月甘露降南海番禺

元嘉九年十一月壬子甘露降初寧陵

元嘉十一年八月甲辰甘露降費縣之沙里琅
邪太守呂綽以聞

元嘉十三年二月丁卯甘露降上明已山

元嘉十三年二月甘露降吳縣武康董道益家
園樹

元嘉十三年三月甲午甘露降初寧陵

元嘉十六年三月己卯甘露降廣州城比門楊
刺史陸徽以聞

元嘉十七年四月丁丑甘露降廣陵永福里梁
昌季家樹南兗州刺史江夏王義恭以聞

元嘉十七年甘露降高平金鄉富民邱方三十
里中徐州刺史趙伯符以聞

元嘉十七年十一月乙酉甘露降樂游苑

元嘉十八年五月甲申甘露降丹陽秣陵衛將

軍臨川王義慶園楊州刺史始興王濬以聞

元嘉十八年六月甘露降廣陵廬陵孟王秀家

樹南兗州刺史臨川王義慶以聞

元嘉十九年五月一卯甘露降建康司徒參軍

督護顧俊之宅竹柳

元嘉十九年五月乙亥甘露降馬頭淮陽宋慶

之園樹太守荀預以聞

元嘉二十一年甘露降益州府內梨李千樹刺史

庚俊之以聞

【宋書志十八】 【三十三】 【楊明】

元嘉二十一年四月甘露頻降樂遊苑

元嘉二十一年四月甘露降彭城綏輿里徐州

刺史臧質以聞

元嘉二十一年四月甘露降義陽平陽太守龐

秀之以聞

元嘉二十二年十一月辛巳甘露降南郡江陵

方城里荆州刺史南譙王義宣以聞

元嘉二十二年十二月丁酉甘露降長寧陵陵

令包誕以聞

元嘉二十三年二月丁未甘露降樂遊苑丞

張寶以聞

元嘉二十三年九月丙子甘露降長寧陵陵令

華林以聞

元嘉二十三年十二月庚子甘露降襄陽郡治

雍州刺史武陵王讚以聞

元嘉二十三年十二月辛丑甘露頻降樂遊苑

苑丞何道之以聞

元嘉二十四年二月乙亥庚子甘露頻降景陽

【宋志十八】 【三十四】 【楊明】

山山監張績以聞

元嘉二十四年二月己亥癸卯三月丙辰甘露

頻降景陽山華林園丞陳襲祖以聞

元嘉二十四年三月甲寅甘露降尋陽松滋江

州刺史廬陵王紹以聞

元嘉二十四年四月癸未甘露降尋陽松滋丙

申又降江州城內桐樹丁酉又降城比數里之

中江州刺史廬陵王紹以聞

元嘉二十四年七月乙卯甘露降京師楊州刺

元嘉二十四年七月甘露降襄城治下无量寺

雍州刺史武陵王諱以聞

元嘉二十四年十月甲午甘露降魏興郡內太
守韋寧民以聞

元嘉二十五年十一月庚辰甘露降南郡荆州

元嘉二十三年至二十四年十二月甘露頻降
狀如細雪京都及郡國邑處處皆然不可稱紀
刺史南譙王義宣以聞

元嘉二十五年十一月乙未甘露降丹陽秣陵
嚴山

元嘉二十六年三月壬午甘露降景陽山華林
園丞梅道念以聞

元嘉二十六年三月庚寅癸巳甘露頻降武昌
江州刺史廬陵王紹以聞

元嘉二十六年四月甲辰丙午戊申甘露頻降
豫章南昌太守劉思考以聞

元嘉二十六年七月甘露降南郡江陵荆州刺

二百十　宋書志二八　三十五　金素

史南譙王義宣以聞

元嘉二十七年四月乙卯丙辰丁巳甘露頻降
豫章南昌戊午時天氣清明有綠霧映覆郡
邑甘露又自雲降太守劉思考以聞

元嘉二十七年五月甲戌甘露降東海丹徒南
徐州刺史始興王濬以聞

元嘉二十八年二月戊辰甘露降鍾山延賢寺
揚州刺史廬陵王紹以聞

元嘉二十八年二月壬午甘露降徽音殿前果樹

元嘉二十八年二月丙辰甘露降合歡殿後香花諸草

孝武帝孝建元年三月丙辰甘露降華林園

孝建二年三月己酉甘露降丹陽秣陵中里路
與之墓樹

孝建二年三月辛亥甘露降長寧陵松樹

孝建二年三月甘露降襄陽民家梨樹

孝建二年三月戊午甘露降丹陽秣陵尚書謝
莊園竹林莊以聞

孝武帝大明元年四月癸卯甘露降華林園桐樹

二百六五　宋書志十八　三十六　俞榮

大明三年三月己卯甘露降樂游苑梅樹

大明三年三月戊子甘露降宣城郡舍太守張辯以聞

大明四年正月壬辰甘露降初寧陵松樹

大明四年二月丙申甘露降長寧陵松樹

大明四年二月乙巳甘露降丹陽秣陵龍山丹陽尹孔靈符以聞

大明五年四月辛亥甘露降吳興安吉太守歷陽王子頊以聞

大明五年四月乙卯甘露降吳興烏程太守歷陽王子頊以聞

大明六年二月戊午甘露降建康靈耀寺及諸苑園及秣陵龍山至于裏湖是日又降句容江寧二縣

大明七年三月丙申甘露降尋陽松滋太守劉曠以聞

大明七年四月己未甘露降荊州城內刺史臨海王子頊以聞

大明七年十二月辛丑朔甘露降吳興烏程令荀卞之以聞

明帝泰始二年四月己未甘露降上林苑苑令徐承道以獻

泰始二年四月庚申甘露降華林園園令臧延之以獻

泰始二年五月己亥甘露降丹陽秣陵縣舍晉

前竹丹陽尹王景文以獻

甘露降晉陵晉陵太守

王蘊以聞

泰始三年十一月癸亥甘露降南東海丹徒建岡徐州刺史桂陽王休範以聞

泰始三年十二月壬午甘露降崇寧陵揚州刺史建安王休仁以聞

後廢帝元徽四年十一月乙巳甘露降吳興烏程太守蕭惠明以聞

順帝昇明二年十二月甘露降建康禁中里

昇明二年十一月甘露降南東海武進彭山太

昇明二年十一月廿露降吳興長城下山太守
王臭以聞

威香者王者禮備則常生閾

志第十八　　　　宋書二十八

06-499

符瑞下

嘉禾五穀之長王者德盛則二苗共秀於周德

三苗共穗於商德同本異穟於夏德異本同秀

漢宣帝元康四年嘉穀玄稭降于郡國

漢章帝元和中嘉禾生郡國

漢安帝延光二年六月嘉禾生九真百十六本

七百六十八穗

漢桓帝建和二年四月嘉禾生太司農帑

漢桓帝永康元年八月嘉禾生魏郡

魏文帝黃初元年十月郡國三言嘉禾生

吳孫權黃龍三年十月會稽南平始言嘉禾生

孫權赤烏七年秋宛陵言嘉禾生

晉武帝泰始八年十月瀘水胡王彭護獻嘉禾

晉武帝太康四年十二月嘉禾生扶風雍

太康五年七月嘉禾生豫章南昌

太康八年閏三月嘉禾生東夷校尉園

太康八年九月嘉禾生東萊掖

晉愍帝建興元年八月癸亥嘉禾生襄平縣一

莖七穗

建興二年六月嘉禾生平州治三實同帶

建興三年七月嘉禾生襄平興異體同帶

宋文帝元嘉二年十月嘉禾生潁川陽翟太守

義欣以獻

元嘉九年三月嘉禾生義陽豫州刺史長沙王

垣苗以聞

元嘉十年八月嘉禾生汝南苞信豫州刺史長

沙王義欣以獻

元嘉十一年八月嘉禾生此汝陰太

守王玄謨以獻

元嘉二十年六月嘉禾一莖九穗生上庸新安

梁州刺史劉道以獻

元嘉二十一年嘉禾生新野鄧縣雍州刺史蕭

思話以獻

元嘉二十二年六月嘉禾生籍田一莖九穗

元嘉二十二年七月癸酉嘉禾生平虜陵徐州
刺史臧質以獻

元嘉二十二年九月嘉禾生太尉府田太尉江
夏王義恭以聞

元嘉二十二年九月嘉禾生揚州東耕田刺史
始興王濬以聞

元嘉二十二年嘉禾生華林園百六十穗園丞
陳襲祖以聞

元嘉二十二年嘉禾生潁川陽白豫州刺史趙
伯符以獻

元嘉二十三年七月乙丑嘉禾旅生藉田藉田
令褚熙伯以聞

元嘉二十三年七月庚午嘉禾生丹陽椒唐里
揚州刺史始興王濬以聞

元嘉二十三年七月庚辰嘉禾生醴湖屯屯主
王世宗以聞

元嘉二十三年八月己酉嘉禾生華林園園丞
陳襲祖以聞

宋書志十九　三　沈文

元嘉二十三年九月庚申嘉禾生沛郡蕭征北
大將軍衡陽王義季以聞

元嘉二十三年嘉禾生江夏汝南荊州刺史南
譙王義宣以聞

元嘉二十四年七月乙卯嘉禾旅生華林園
及景陽山園丞梅道念以聞太尉江夏王義

恭上表曰臣聞居高聽卑上帝之功天且
弗違聖王之德故能影響二儀甄陶萬有
鑒觀今古採驗圖緯未有道闓化虧而禎

物著明者也自皇運受終展曜交和是以卉木
表靈山淵效寶伏惟陛下體乾統極休符襲逮
若乃鳳儀西郊龍見東邑海酋獻趴緇之羽河
無遠弗屆重譯歲至休瑞月臻前者躬藉南畝
祇開俟清之源三代象德不能過也有幽必闓
嘉穀仍植神明之應在斯尤盛四海既穆五民
樂業思述汾陽經始靈囿蘭林甫樹嘉露頓流
板築初就祥穟如積太平之符於是乎在臣以
寡立承之槐鉉沐浴芳津預覩冥慶不勝抃懽

宋書志十九　四　引筆

之情謹上嘉禾甘露頌一篇不足稱揚美烈追
用悚汗其頌曰二象攸分三靈樂齊應合從
在今猶古天道誰親唯仁斯輔皇功帝績理冠
區宇四民均極我后體茲惟機惟神敬昭文思
令問弘敷繼徽下武儲王知夙歛
九族既睦萬邦允釐德以位敍道致雍熙於穆
不已顯允東儲王知夙歛景辰居軒制合宮漢興
未央矧伊聖朝九有已康率由舊典思燭前王
乃造陵霄遂作景陽有謁景陽天淵之溱清暑

三十四　宋書志十九　五　嘉禾

奧立雲堂特起植類斯育動類斯止極望江波
遍對岳嶠化德惟達休瑞惟懋誕降嘉種呈祥
初構甘露春疑禎秀含滋匪列嗣歲仍富
昔在放勳歷英數朝降及重華倚扇清庖鑣矣
皇慶比物競昭倫彼典策被此風謠資臣六畝
任兼兩司既而仲袠又斲鄭緇豈忘衡泌樂道
明時敢述休祉愧闕令辭
中領軍吉陽縣矦沈演之奏上嘉禾頌曰煥炳
禎圖昭晰瑞典運傾方闋時身始顯綿狀旣章

鳥文斯辯於皇聖辟物紀遠明兩辰麗昌
輝天衍一理妙位崇事神業盛淵渥德澤虛
寂道政愒化安心調樂移性王衡從體瑤光
得正臣星垂采景雲立慶二極仁所被罔幽
不攘至和所感廉況弗彰駕出丹穴鸞起西
湘白鹿蹌海素鳥越江結響穹陰儀形鐘陽
嘉禾重穋甘露流液擢秀辰畦揚穎角澤離
穋合豪榮區蔭斥盈箱徵殷貫桑表周今

其三　宋書志十九　六

我大宋靈覬綢繆帝終撝謙繹思勿休躬薦
宗廟溫恭率由降福以城孝享慶羞
推功登徵猷詔恩覃隱賞延荒徵河濂海
夷山華岳耀憬琛負貴兼澤委效日表地外
改服請教其茂對盛時綏萬廙豐厭厭歸素
秩秩大同上藏諸用下知所從仰式王慶附歌
南風鴻名稱首求保無窮其
元嘉二十四年八月乙巳嘉禾生魚城內晉陵
南徐州刺史廣陵王誕以聞

元嘉二十五年六月壬寅嘉禾旅生華林園十
株七百穗園丞梅道念以聞

元嘉二十五年六月壬子嘉禾生藉田令
褚熙伯以獻

元嘉二十五年七月壬辰嘉禾生北海青冀二
州刺史杜坦以獻

元嘉二十五年七月丙午嘉禾生太尉江夏王
義恭果園江夏國典書令陳穎以聞

元嘉二十五年八月壬子嘉禾生建康化義里

令丘珍孫以獻

元嘉二十五年八月癸丑嘉禾生華林園園丞
梅道念以獻

元嘉二十五年十一月嘉禾生巴東荆州刺史
南譙王義宣以聞

元嘉二十五年五月癸酉嘉禾生建康禁中里
揚州刺史始興王濬以獻

元嘉二十六年六月甲寅嘉禾生藉田藉田令
褚熙伯以獻

元嘉二十六年七月嘉禾生巴東胸腺荆州刺
史南譙王義宣以獻

元嘉二十七年十月己丑嘉禾生北海青州刺
史杜坦以聞

元嘉二十八年七月戊戌嘉禾生廣陵郡伯埭
兖州刺史江夏王義恭以聞

孝武帝孝建二年六月癸巳嘉禾生江夏
王義恭東田

孝建二年九月己丑朔嘉禾異畝同穎生齊郡

廣饒縣

孝建三年七月庚午嘉禾生吳興武康
清暑殿鴟尾中

孝武帝大明元年五月戊午嘉禾一株五莖生

大明三年九月乙亥嘉禾生北海都昌縣青州

大明元年八月甲申嘉禾生兗州異根同穗
刺史顏師伯以聞

大明六年八月辛未嘉禾生樂陵青冀二州刺
史劉道隆以聞

明帝泰始二年七月己酉嘉禾生會稽永興太
守巴陵王休若以獻

漢章帝元和中嘉麥生郡國

晉武帝太康十年六月嘉麥生扶風郡一莖四
穗是歲收三倍

宋文帝元嘉二十三年醴湖屯生嘉粟一莖九
穗屯主王世宗以聞

元嘉二十五年六月壬子嘉黍生耤田耤田令
褚熙伯以獻

吳孫權黃龍三年由拳野稻生改由拳為禾興

吳孫亮五鳳元年交阯稗草化為稻

自生三十許種揚州刺史始興王濬以聞

宋文帝元嘉二十三年吳郡嘉興臨官縣野稻
彌漫原野江州刺史建平王宏以聞

元嘉二十八年七月癸卯尋陽柴桑菽粟旅生

漢安帝元初三年三月東平陵有瓜異虛共生

漢章帝元和中嘉瓜生郡國

八瓜同蒂

漢桓帝建和二年七月河東有嘉瓜兩體共蒂

晉武帝太康三年六月嘉瓜異體同蒂生河南
洛陽輔國大將軍王濬園

晉武帝太康元年十二月戊子嘉瓠生寧州寧
州刺史費統以聞

宋文帝元嘉二十五年四月戊辰嘉瓠生京邑
新園園丞徐道興以獻

孝武帝大明五年五月嘉瓜生建康蔣陵里丹
陽尹王僧朗以獻

明帝太始二年八月戊午嘉瓜生南豫州南豫
州刺史山陽王休祐以獻

文帝元嘉七年七月乙酉建康領檐湖一蓮一蒂

元嘉十六年七月壬申華林池雙蓮同榦

元嘉十年七月己丑華林天淵池芙蓉異花同蒂

元嘉十九年八月壬子揚州後池二蓮合華刺
史始興王濬以獻

元嘉二十年五月廬陵郡池芙蓉二花一蒂太
守王淵以聞

元嘉二十年六月壬寅華林天淵池芙蓉二花
一蔕園丞陳襲祖以聞
元嘉二十年夏求嘉郡後池芙蓉二花一蔕太
守臧藝以聞
元嘉二十年揚州後池芙蓉二花一蔕刺史始
興王濬以獻
元嘉二十年四月樂游苑池二蓮同幹苑丞梅
道念以聞
同幹園丞陳襲祖以聞
元嘉二十一年六月丙午華林園天淵池二蓮
元嘉二十年七月吳興郡後池芙蓉二花一蔕
太守孔山士以聞
元嘉二十二年七月東宮玄圃園池二蓮同幹
内監殿守舍人宮勇民以聞
元嘉二十三年六月壬寅華林天淵池芙蓉二
花一蔕園丞陳襲祖以聞
元嘉二十三年六月辛丑太子西池二蓮共幹
池統胡求祖以聞

元嘉二十三年八月己酉魚邑三周池二蓮同
幹園丞徐道興以聞
孝武帝孝建二年六月庚寅玄武湖二蓮同幹
孝武帝大明五年藉田芙蓉二花同蔕大司農
蕭邃以獻
明帝太始二年八月丙辰五城澳池二蓮同幹
都水使者羅僧愍以獻
太始二年八月己未豫州刺史山陽王休祐獻
太始五年六月甲子嘉蓮生湖孰南臺侍御史
笁曾度以聞
太始六年六月壬子嘉蓮生東宮玄圃池皇太
子以聞
晉武帝太始二年六月壬申嘉柰一蔕十實生
酒泉
太始七年六月己亥東宮玄圃池芙蓉二花一
蔕皇太子以獻
晉成帝咸和六年鎮西將軍庾亮獻嘉橘一蔕

晉安帝隆安三年武陵臨沅獻安石榴一蒂六實

雲有五色太平之應也曰慶雲若雲非雲若煙

非煙五色紛縕謂之慶雲

漢宣帝神爵元年春齋戒之莫神炎顯著薦豈
之夕神炎交錯或降于天或登于地或從四方
以聞

來集于壇上

漢章帝元和三年正月車駕北巡以太牢祠北

岳山見黃白氣

宋孝武帝大明元年五月壬子紫氣從景陽樓

上層出狀如煙回薄良久

明帝太始二年三月丙午黃紫雲從景陽樓出

隨風回久乃消華林園令藏延之以聞

太始二年六月己卯日入後有黃白赤白氣東
西竟天炎明潤澤久乃消

太始四年十一月辛未崇寧陵令上書言自大

明八年至今四年二月宣太后陵明堂前後數

有炎及五色雲又芳香四滿又五采雲在松下

三○九五 宋書志十九 十三 河川

太始七年四月戊申京邑崇虛館堂前有黃
氣狀如寶蓋高十許丈漸有五色道士陸脩靜
以聞

白兔王者敬著老則見

漢炎武建武十三年九月南越獻白兔

章帝元和中郡國十九言白兔見

魏文帝黃初中白兔見郡國

晉武帝太始五年七月己亥白兔見北海即墨

即墨長獲以獻

晉武帝咸寧二年十月癸亥白兔二見河南陽

翟陽翟令華衍獲以獻

咸寧四年六月白兔見天水

晉武帝太康二年八月壬子白兔見彭城

太康二年十月白兔見趙國平鄉趙王倫獲以獻

太康四年十一月癸未白兔見北地富平

太康八年十二月庚戌白兔見陳留酸棗關內

侯成公忠獲以獻

三○十三 宋書志十九 十四

白兔

晉穆帝永和十二年九月甲申白兔見鄱陽太
守王者之必獻并上頌一篇

晉穆帝升平三年十二月庚申北中郎將郗
曇獻白兔晉海西公泰和九年四月陽穀獻

晉孝武帝太元十五年三月白兔見淮南壽陽

晉安帝義熙二年四月無錫獻白兔

義熙二年四月壽陽獻白兔

宋文帝元嘉六年九月長廣昌陽淳于遒獲白
兔青州刺史蕭思話以獻

南繁昌獲白兔以獻

元嘉八年閏六月丁亥司徒府白從伊生於淮

元嘉十三年七月甲戌濟南朝陽王道獲白兔
青州刺史段宏以獻

元嘉十四年正月丙申白兔見山陽縣山陽太
守劉懷之以獻

元嘉十五年七月壬申山陽師齊獲白兔南兗
州刺史江夏王義恭以獻

元嘉二十二年三月白兔見東萊當利青州刺
史杜冀以聞

元嘉二十四年七月丁巳白兔見兗州刺史徐
瓊以聞

元嘉二十四年七月乙酉白兔見東莞太守趙
球以獻

元嘉二十七年二月壬辰白兔見竟陵荊州刺
史南譙王義宣以獻

元嘉二十七年六月丙午白兔見南汝陰豫州
刺史南平王鑠以獻

孝武帝孝建二年正月庚戌白兔見淮南太守
申坦以聞

孝建三年閏二月乙丑白兔見平原獲以獻

孝武大明元年六月庚子白兔見即墨獲以獻

大明六年八月辛未白兔見北海青冀二州刺
史劉道隆以獻

大明六年六月乙丑白兔見青冀二州刺史劉
道隆以聞

斗殞精王者孝行溢則見闕

赤烏周武王時銜穀至兵不血丹而殿服

漢章帝元和中赤烏見郡國

吳孫權赤烏元年有赤烏集於殿前

吳孫休永安三年三月西陵言赤烏見

晉元帝求昌二年正月赤烏見暨陽

宋武帝永初二年二月赤烏六見比海都昌

孝武帝大明五年六月戊子赤烏見蜀郡益州

刺史劉思考以獻

白葵者師曠時衛丹書來至

漢章帝元和中白葵見郡國

晉惠帝元康元年七月白葵二見酒泉祥福太

守索靖以聞

宋文帝元嘉元年七月壬戌白葵集齊郡城游

翔庭宇經九日乃去衆葵隨從無數

元嘉十四年白葵集荊州府門刺史臨川王義

慶以聞

元嘉十八年六月白葵產丹徒縣南徐州刺史

南譙王義宣以聞

元嘉二十年五月白葵集南平鄉府內史臧

綽以聞

元嘉二十一年白葵見廣陵南宛州刺史廣陵

王誕以獻

元嘉二十四年五月辛未白葵集司徒府西園

太尉江夏王義恭以聞

元嘉二十五年八月壬子白葵見廣陵城南宛

州刺史徐湛之以聞

元嘉二十六年五月戊寅白葵產衡陽王墓亭

郎中令朱曠之獲以聞

元嘉二十七年五月甲戌白葵產京口南徐州

刺史始興王濬以聞

元嘉二十七年六月壬辰白葵見秣陵丹陽尹

徐湛之以獻

孝武帝大明二年五月乙巳白葵產南郡江陵

民家荊州刺史朱脩之以獻

大明二年五月甲子白葵二產山陽縣舍南宛

州刺史竟陵王誕以獻

大明二年六月甲戌白燕產吳郡城內太守王
翼之以獻

大明三年五月甲申白燕產武陵臨沅民家郡
州刺史孔靈符以聞

大明四年六月乙卯白燕見平昌青州刺史劉
道隆以獻

明帝太始二年六月白燕見零陵獲以獻

金車王者至孝則出關
出闕

三足烏王者慈孝天地則至

漢章帝元和中三足烏見郡國

象車者山之精也王者德澤流洽四境則

漢桓帝永壽元年四月白烏見商國

白烏王者宗廟肅敬則至

晉武帝咸寧五年七月戊辰白烏見齊南隰太
守獲以獻

晉武帝太康元年五月庚午白烏見襄

太康十年五月丁丑白烏見京兆長安

晉惠帝元康元年四月白烏見河南成皋縣令
劉機獲以聞

元康元年五月戊戌白烏見梁國睢陽

元康元年七月辛丑白烏見陳留獲以獻

元康四年十月白烏見鄱陽

晉明帝泰寧二年十一月白烏見京都

泰寧三年三月白烏見吳郡海虞獲以獻臺官
畢賀

晉孝武帝太元十一年八月乙酉白烏集江州
寺庭羣烏翔衛

太元二十一年五月癸卯白烏見吳國獲以獻

宋武帝永初二年六月丁酉白烏見吳郡婁縣
太守孟顗以獻

文帝元嘉二年十一月丙辰白烏見山陽大守
阮寶以聞

元嘉三年三月甲戌丹陽湖孰薛燮之獲白烏
以獻

元嘉十一年六月乙巳吳郡海塩王說獲白烏
揚州刺史彭城王義康以獻
元嘉十三年三月戊辰義興陽羨令獲白烏太
守劉禎以獻
元嘉十九年五月海陵王文秀獲白烏南兗州
刺史臨川王義慶以獻
元嘉十九年十月白烏産晉陵暨陽僑民彭城
劉原宅橚原秀以聞
元嘉二十年七月彭城劉原秀又獲白烏以獻

〈宋書志十九〉　廿一

元嘉二十四年八月乙巳白烏見晉陵南徐州
刺史廣陵王誕以獻
孝武帝大明元年四月甲申白烏見南郡江陵
明帝太始二年六月丁巳白烏見吳郡海鹽太
守顧覬之以獻
太始二年九月壬寅白烏見吳興烏程太守郗
顗以獻
白雀者王者爵祿均則至
漢章帝元和初白雀見郡國

魏文帝初郡國十九言白雀見
晉武帝咸寧元年白雀見梁國混王彤獲以獻
晉武帝太康二年六月丁卯白雀二見河內南
陽太守院偶獲以獻
太康二年六月白雀二見河南河南尹向雄獲
以獻
太康七年七月庚午白雀見豫章
太康八年八月白雀見河南洛陽
太康十年五月丁亥白雀見宣炎北門華林園

〈宋書志十九〉　廿二　朱仁

晉愍帝建武元年四月尚書僕射刁恊獻白雀
於晉王
令孫邵獲以獻
晉孝武帝太康十六年十二月白雀見南海增
城縣民吳比屋
晉安帝隆安五年十一月白雀見宜都
晉安帝元興三年六月丙申白雀見豫章新淦
獲以獻
宋文帝元嘉元年七月己巳白雀見齊郡都國

元嘉四年七月乙酉白雀見北海劇

元嘉八年五月辛丑白雀集左衛府

元嘉十一年五月丁丑齊郡西安宗顯獲白雀

青州刺史段宏以獻

元嘉十四年五月甲午白雀集費縣員外散騎

侍郎顏敬家獲以獻

元嘉十四年五月辛未白雀集建康都亭里楊

元嘉十四年白雀二見荊州府客館

州刺史彭城王義康以聞

元嘉十五年八月白雀見西陽汪州刺史南譙王

義宣以獻

元嘉十五年六月白雀見建康定陰里彭城王義康獻

元嘉十七年五月壬寅白雀二集荊州後園刺

史衡陽王義季以聞

元嘉十八年七月吳郡臨官于玄獲白雀太守

劉禎以獻

元嘉二十年五月乙卯秣陵衛猗之獲白雀丹

陽尹徐湛之以獻

二〇五八　廿三一

元嘉二十二年四月丙子白雀見東安郡徐州

刺史臧質以獻

元嘉二十二年閏五月丙午白雀見華林園員

外散騎侍郎長沙王瑾獲以獻

元嘉二十二年六月庚申南彭城蕃縣時佛護

獲白雀以獻

元嘉二十四年四月白雀產吳郡臨官民家太

守劉禎以獻

元嘉二十四年六月己亥白雀五集長沙廟長

吏黃公歡軍人丁田夫名獲以獻

元嘉二十五年五月丁丑白雀二見京都村官

沙死瑾以聞

以獻

元嘉二十七年六月乙卯白雀見濟南郡薛榮

元嘉二十八年八月己巳嘗崇義軍人獲白雀一

雙太子左率王錫以獻

元嘉二十九年四月癸丑白雀見會稽山陰太

守東海王褘獲以獻

孝武帝孝建元年五月己亥臨沂縣魯尚期於
城上得白雀太傅假黃鉞江夏王義恭
以獻
孝建二年六月丙子左衛軍獲白雀
以獻
孝建三年閏三月辛酉黃門侍郎庾徽之家獲
白雀以獻
孝武帝大明元年四月戊申白雀見尋陽
大明元年五月甲子白雀見建康獲以獻
大明元年五月甲寅白雀二見渤海獲以獻
大明元年七月辛亥白雀見南陽宛獲以獻
大明元年六月丁亥白雀見零陵祁陽獲以獻
大明元年六月丁卯白雀見建康獲以獻
大明二年五月丁未白雀見建康揚州刺史西
陽王子尚以獻
大明二年六月丁亥白雀見河東定襄縣荊州
刺史朱脩之以聞
大明三年四月庚戌白雀見秣陵丹陽尹劉秀
之以獻
大明三年五月壬午太宰府崇憲軍人獲白雀

太宰江夏王義恭以獻
大明四年五月辛巳白雀見廣陵侍中顏師伯
以獻
大明五年四月庚戌白雀見晉陵太守沈文
叔以獻
大明五年五月白雀見尋陽江州刺史桂陽王
休範以獻
大明五年五月癸未白雀二見尋陽江州刺史
桂陽王休範以獻
大明五年五月癸未白雀二見濟南青州刺史
劉道隆以獻
大明五年十月白雀見太原青州刺史劉道
隆以獻
大明六年八月辛巳白雀見齊郡青冀二州刺
史劉道隆以獻
大明七年四月乙未白雀集廬陵王第廬陵王
敬先以獻
大明七年四月乙丑白雀見歷陽太守建平王

景素以獻

大明七年五月辛未白雀見汝陰豫州刺史垣
護之以獻

大明七年六月白雀見實成南豫州刺史尋陽
王子房以獻

大明七年十月丁卯白雀見建康丹陽尹永嘉
王子仁以獻

大明七年十一月車駕南巡隸水師於梁山中
江白雀二集華蓋

前廢帝永光元年四月乙亥白雀見會稽東揚
州刺史尋陽王子房以獻

永光元年六月丙子白雀見彭城徐州刺史義
陽王昶以聞

明帝太始二年七月戊子白雀見虎檻洲都督
征討諸軍建安王休仁以聞

太始六年七月壬午白雀二見廬陵吉陽內史
江斆以聞

明帝太豫元年六月辛丑白雀二見廣州刺史孫

九七

起以獻

後廢帝元徽五年四月己巳白雀二見尋陽柴
桑江州刺史邵陵王友以獻

孝武帝大明六年三月丙午青雀見京城內南徐

明帝太始二年九月庚寅青雀見華林園

州刺史桂陽王休範以獻

玉馬王者精明尊賢者則出

根車者德及山陵則出

白鳩成湯時來至

魏文帝黃初初郡國十九言白鳩見

吳孫權赤烏十二年八月癸丑白鳩見章安

晉武帝太始八年五月甲辰白鳩二集太廟南
門議郎董實獲以獻

晉武帝太康二年七月白鳩見太僕寺

太康四年十二月白鳩見安定臨涇

太康十年正月乙亥白鳩見河南新城

宋文帝元嘉十八年八月庚午會稽山陰商世
寶獲白鳩眼足並赤揚州刺史始興王濬以獻

九八

太子率更令何承天上表曰謹考壽先典稽之
前志王德所尊物以應顯是以玄尾之鳳昭帝
軒之鴻嗣服永言祖武洽惠和於地絡燭皇明於
天區故能九服混心萬邦含愛員神降祥方祇
薦裕故雜沓景瑞畢臻去七月上旬時在昧
旦黃暉洞照宇宙開朗徽風協律甘液灑津雖
朱晃瑰瑋於運衡榮光圖靈於河紀蔑以尚茲
臣不量甲憒竊慕轚轅有作相杵成謳近又

宋書志十九　二十九　本室

豫白鳩之觀目賦帝偉心懼盛烈謹獻頌一篇
野思古拙意及庸陋不足以發揮清英敷讚幽
旨膽前顧後亦各其志謹冒以聞其白鳩頌曰
三極協情五靈會性理感冥符道實安聖於赫
有皇先天配命朝景外驟八維同映休祥載臻
榮光播慶宇宙照爛日月光華陶山練澤是生
柔嘉回卷表粹離穗合柯翩翩者鳩亦皎其暉
理翩台領揚鮮帝畿
儀鳳棲閣陛閨丞哉明后昧旦乾乾惟德之崇
匪德草歸暮從

其峻如山惟澤之贍其潤如淵禮樂四達頌聲
遐宣窮髮納貢九譯道寺言伊昔唐萌愛逢慶
祚余生既辰而年之暮提心命耋王度晨
晞永風夕漱甘露思樂靈基不退有固
元嘉二十四年九月白鳩又見庚戌中領軍沈
演之上表曰臣聞貞裕之美介於盛王休瑞之

宋書志十九

臻固達哲后故鳴鳳表垂衣之化翔鶂徵解網
之仁陛下道德嗣基聖明績世敷清民紀洽昌
雲官禮漸同川澤浹朱徵天嘉明懿民樂薰風
羽貌鮮麗既聞之先說以親觀嘉祥不勝藻抃
心之祥未屬以素鳩自遠毯翰歸贊性閑淑
闕序自頌黑章充牣靈囿應感之符畢臻而因

三十　本室

星辰以之炳煥日月以之光華神圖祇緯盈觀
上頌一首辭不稽典分之采章愧不足式昭皇
其儀時惟皓鳩性懸五教名編素丘殷曆方昌
慶崇讚盛美蓋率輿誦備之篇末其頌曰有哲
婉翅來遊漢錄克韓姜降羹休其於顯盛宋徽
慶遐傳聖皇在上道照鴻軒稱施既平孝思求

言人和於地神豫于天 二 禮樂孔秩靈物咸昭 其

白雉集苞丹鳳樓郊文騶儦跡嘉穎擢苗灼灼 其三

縞羽從化馴朝 其 豈伊赴林必周之栖豈伊歸

義必商之所惟德是依惟仁是處育景陽嶽濯

姿帝宇 其 刑曆頒興理感迭通雉飛越常躕起

西離炁然戻止實兼斯容壹茲民聽穆是王風 其五

玉羊師曠時來至闕

王雞王者至孝則至闕

璧流離王者不隱過則至闕

玄圭水泉流通四海會同則出闕

漢桓帝永興二年四月兖祿勳府吏舍夜壁下

有青氣得王鉤玦各一鉤長七寸三分玦周五

寸四分身中皆雕鏤

晉懷帝永嘉六年二月壬子玉龜出灞水

晉愍帝建興二年十月大將軍劉琨掘地得玉

璽使參軍郎顗奉之歸于京師

建興二年十二月涼州刺史張寔遣使獻行璽

一紐封送璽使關內侯

晉愍帝建武元年三月己酉丹陽江寧民虞由

墾土得白麒麟璽一紐文曰長壽萬年獻晉王

晉成帝咸康八年九月盧江春穀縣留珪夜見

門內有炁取得王鼎一枚外圍四寸豫州刺史

路永以獻著作郎曹毗上玉鼎頌

晉安帝義熙十二年六月左衛兵陳陽於東府

前淮水中得玉璽一枚

宋孝武帝大明元年五月戊寅江乘縣民朱伯

地中得王璧徑五寸八分以獻

大明四年二月乙巳徐州刺史劉道隆於汴水

得白玉戟以獻

明帝泰始五年十月庚辰郢州獲玄璧廣八寸

五分安西將軍蔡興宗以獻

後廢帝元徽四年十一月乙巳吳興烏程余山

道人慧覆蒼玉璧太守蕭惠開以獻

金勝國平盜賊四夷賓服則出

晉穆帝永和元年二月春穀民得金勝一枚長

五寸狀如纖勝明年桓溫平蜀

永和元年三月盧江太守路永上言於春穀城

北見水岸邊有紫赤炎取得金狀如印遣主簿

李邁表送

吳孫皓天璽元年吳郡言掘地得銀一長尺廣

三分刻上有年月字

丹甑五穀尠則出闕

白魚武王度孟津中流入于王舟

宋明帝太始二年十月已巳幸華林天淵池白

魚躍入御舟

漢章帝元和三年正月車駕比巡以太牢具祠

木連理王者德澤純洽八方合為一則為生

金人王者有盛德則游後池闕

北岳有神魚躍出十數

漢章帝元和中木連理生郡國

安帝元初三年正月丁丑東平陵樹連理

漢安帝延光三年七月左馮翊衙有木連理

延光三年七月潁川定陵有木連理

漢桓帝建和二年七月河東有木連理

吳孫權黃武四年六月皖口言有木連理

魏文帝黃初初郡國二言木連理

晉武帝泰始元年十二月木連理生遼東方城

泰始二年八月木連理生河南成皐

泰始八年正月木連理生東平范

泰始八年五月甲辰木連理生東平壽張

泰始八年十月木連理生建寧

晉武帝咸寧元年正月木連理生汝陰南頓

咸寧二年四月木連理生清河靈

咸寧二年六月木連理生燕國

咸寧三年七月壬辰木連理生始平鄠

咸寧四年八月木連理生陳留長垣

咸寧五年木連理生義陽

咸寧五年木連理生樂安臨濟

晉武帝太康元年正月木連理生涪陵永平

太康元年四月木連理生頓丘

太康元年五月木連理二生濟陰乘氏沛國

太康元年七月木連理生馮翊粟邑

太康二年正月木連理生滎陽宛

太康二年十月木連理十三生南安源道

太康三年四月木連理生琅邪華

太康三年六月木連理生廣陵海西

太康四年正月木連理生馮翊臨晉蜀郡成都

太康四年十二月木連理生扶風

太康七年三月木連理生河南新安

太康七年六月木連理生始興中宿南鄉范陽

太康八年四月木連理生廬陵東昌

太康八年九月木連理生東萊盧鄉

太康九年九月木連理生陳留浚儀

太康十年十一月木連理生鄱陽鄡鄉

晉武帝太熙元年二月木連理生河南梁

晉惠帝元康元年五月木連理三生成都臨邛

元康元年七月辛丑梁國內史任式上言武平界有柞櫟二樹合為一體連理

晉愍帝建興二年三月庚辰木連理生朱提

建興二年三月木連理二生益州雙柏

建興二年六月木連理生襄平

晉愍帝建武元年閏月乙丑木連理生嵩山

建武元年八月甲午木連理生汝陰

建武元年十一月木連理生武昌大將軍王敦以聞晉王

將軍王敦以聞

晉元帝太興元年七月戊辰木連理生武昌大

建武元年十一月癸酉木連理生汝陰太守以聞

太興三年十一月木連理生零陵永昌

晉成帝咸和八年五月乙巳木連理生平昌黎咸和

咸康三年三月庚戌木連理生平州世子府治

故圜中

咸康七年十二月吳國內史王恬上言木連理生吳縣沙里

晉穆帝永和五年二月癸丑臨海太守藍田侯述言郡界木連理

晉孝武帝寧康三年六月辛卯江寧縣建興里

僑民留康家樹異本連理

晉孝武帝太元十一年四月壬申琅邪費有揄

木異根連理相去四尺九寸

太元十八年十月戊午臨川東興令惠欣之言

縣東南溪傍有白銀樹芳靈樹李樹竝連理

太元十九年正月丁亥華林園延賢堂西北李

樹連理

太元二十一年正月丙子木連理生南康寧都

縣社後

晉安帝隆安三年十一月木連理生汝陽太守

垣苗以聞

元興元年正月木連理生泰山武陽

宋文帝元嘉八年四月乙亥東莞莒縣松樹連

理太守劉玄以聞

元嘉八年八月木連理生東安新泰縣

元嘉九年六月木連理生營陽泠道太守展禽

以聞

元嘉十二年二月丁卯南郡江陵庾和園甘樹

以聞

連理荊州刺史臨川王義慶以獻

元嘉十二年三月馬頭潛陽柞樹連理豫州刺

史長沙王義欣以聞

元嘉十四年二月宮內賜斯堂前梨樹連理豫

州刺史長沙王義欣以聞

元嘉十四年南郡江陵充禅之園甘李二連理

元嘉十五年二月太子家令劉徵園中林檎樹

連理徵以聞

元嘉十七年七月武昌崇讓鄉程僧愛家候風

木連理江州刺史臨川王義慶以聞

元嘉十七年十月尋陽弘農祐幾湖芙蓉連理

臨川王義慶以聞

元嘉十八年十二月木連理生歷陽劉成之家

南豫州刺史武陵王諱以聞

元嘉二十年七月盱眙考城縣柞樹二株連理

南兗州刺史臨川王義慶以聞

元嘉二十年八月木連理生汝陰豫州刺史劉

導考以聞

元嘉二十一年木連理生歷陽烏江南豫州刺
史武陵王諱以聞

元嘉二十一年木連理生晉陵無錫南徐州刺
史南譙王義宣以聞

元嘉二十二年七月辛巳南頓櫟連理豫州刺
史趙伯符以聞

元嘉二十二年九月木連理生建康建康令張
永以聞

元嘉二十二年木連理生武昌江州刺史盧陵
王紹以聞

元嘉二十三年二月平亥木連理生南陰柔縣
太守以聞

元嘉二十三年木連理生淮南當塗揚州刺史
始興王濬以聞

元嘉二十四年二月壬午臨川王第梨樹連理
臨川王燁以聞

元嘉二十四年七月壬子晉陵無錫穀櫟樹連
理南徐州刺史廣陵王誕以聞

元嘉二十四年七月乙卯木連理生會稽諸暨
揚州刺史始興王濬以聞會稽太守羊玄保上
改連理所生處康亭村為木連理

元嘉二十四年七月乙卯臨川王第梨樹連理
臨川王燁以聞

元嘉二十五年四月戊辰木連理生晉陵南徐
州刺史廣陵王誕以聞

元嘉二十八年正月戊子木連理生尋陽柴桑
又生州城內江州刺史建平王宏以聞

元嘉二十九年十月丁未木連理生南琅邪太
守劉成以聞

孝武帝孝建二年三月巳酉木連理生南郡江
陵荊州刺史朱脩之以聞

孝建三年五月木連理生北海都昌冀州刺史
垣護之以聞

孝建三年七月癸未木連理生歷陽歷陽太守
袁敳以聞

孝武帝大明元年正月乙亥木連理生高平

大明元年二月壬寅華林園雙橘樹連理

大明元年九月乙丑華林園梨樹連理

大明元年十月丁丑朔木連理生豫章南昌

大明二年四月辛丑木連理生汝南豫州刺史

宗慤以聞

大明三年九月甲午木連理生丹陽秣陵村官

將軍范悅時以聞

大明四年三月丁亥木連理生華林園曜靈殿北

大明四年四月壬子木連理生華林園日觀臺北

大明四年六月戊戌木連理生會稽山陰揚州

刺史西陽王子尚以聞

大明五年閏九月木連理生邊城豫州刺史垣

護之以聞

大明五年十二月戊寅淮南松木連理豫州刺

史尋陽王子房以聞

大明六年二月乙丑木連理生晉陵南徐州刺

史新安王子鸞以聞

大明六年四月戊辰木連理生營陽湘州刺史

建安王休仁以聞

大明六年八月乙丑木連理生彭城城內徐州

刺史王玄謨以聞

大明七年正月己酉珊瑚連理生鬱林始安木

守劉勔以聞

明帝泰始二年七月木連理生丹陽秣陵

泰始四年三月庚戌太子西池冬生樹連理園

丞周獢狩以獻

泰始六年四月景午木連理生會稽永興太守

蔡興宗以聞

泰始六年十二月壬辰木連理生豫章南昌太

守劉憕之以聞

泰始七年二月戊寅木連理生吳郡錢唐太守

王延之以聞

昇明二年木連理生豫州界內史劉懷珍以聞

比目魚王者德及幽隱則見[闕]

珊瑚鉤王者恭信則見[闕]

芝草王者慈仁則生食之令人度世

漢武帝元封二年甘泉宮內產芝九莖連葉

漢宣帝元康四年金芝九莖產于函德殿銅池中

漢明帝永平十七年春芝生前殿

漢明帝建和元年四月芝草生中黃藏府

宋從帝昇明二年宣城山中生紫芝一株在所

獲以獻

明月珠王者不盡介鱗之物則出

漢高后景帝時會稽人朱仲獻三寸四寸珠

漢章帝元和中郡國獻明珠

巨閩三閩之禾一秆二米王者宗廟脩則出

黃帝時南夷乘白鹿來獻閩

漢章帝元和中秬生郡國

華平其枝正平王者有德則生德剛則仰德弱

則低

漢章帝元和中華平生郡國

平露如蓋以察四方之政其國不平則隨方而

傾閩

蓂莢一名歷莢夾階而生一日生一葉從朔而

生望而止十六日日落一葉若月小則一葉萎

而不落堯時生階閩

蓮莆一名倚扇狀如蓮大枝葉小根根如絲轉

而成風殺蝍堯時生於廚閩

朱草草之精也世世有聖人之德則生

漢光武建武元年五月京師有赤草生水涯

魏文帝初朱草生文昌殿側

漢章帝元和中朱草生郡國

宋文帝元嘉十一年朱草生蜀郡郫縣王之家

益州刺史甄法崇以聞

景星大星也狀如半月於晦朔助月為明閩

賓連閩達生於房室王者御后妃有節則生閩

渠搜離時來獻裘閩

浪井不鑿自成王者清靜則應閩

西王母舜時來獻白環白珤閩

越裳周公時來獻白雉象牙閩

漢平帝元始元年正月越裳重譯獻白雉一黑

雉二詔以二公薦宗廟

漢光武建元十三年九月南越獻白雉

漢章帝元和中白雉見郡國

漢桓帝永康元年十一月白雉見西河

漢獻帝延康元年四月己巳饒安縣言白雉

又郡國十九言白雉見

晉武帝咸寧元年四月丁巳白雉見安豐松滋

咸寧元年十二月丙午白雉見梁國雎陽梁王

彤獲以獻

咸寧三年十一月白雉見渤海饒安相阮溫獲

以獻

晉武帝太康元年庚戌白雉見中山

晉愍帝建興三年十二月戊午白雉見襄平

建興三年十二月戊午白雉見

安帝義熙七年五月白雉見豫章南昌

宋文帝元嘉五年五月庚辰白雉見東莞莒縣

太守劉玄以聞

元嘉十六年二月白雉見陳郡豫州刺史長沙

王義欣以獻

元嘉十八年二月癸亥白雉見南汝陰宋縣太

守文道恩以獻

元嘉二十年六月白雉見高平方與縣徐州刺

史臧質以獻

元嘉二十六年三月戊寅白雉見東安沛郡各

一徐兗二州刺史武陵王獲以獻

孝武帝大明二年三月己巳白雉雌雄各一見

海陵南兗州刺史竟陵王誕以獻

大明五年十二月白雉見泰郡南兗州刺史晉

安王子勛以獻

大明八年二月丁卯白雉見南郡江陵荊州刺

史臨海王子玉以獻

前廢帝永光元年正月丙午白雉見渤海青

州刺史王玄謨以獻

永光元年三月甲午朔白雉見新蔡豫州刺史

劉德願以獻

黃銀紫玉者不藏金玉則黃銀紫玉光見深山

宋明帝泰始二年八月於赭圻城南得紫玉一

段圍三尺二寸長一尺厚七尺太宗攻爲二爵
以獻武文二廟
玉女天賜妾也禮含文嘉曰禹甲宮室盡力溝
洫百穀用成神龍女降闕
地珠王者不以財爲寶貝則生珠闕
天鹿者純靈之獸也五色光耀洞洞明王者道備
則至闕
角端者日行萬八千里又曉四夷之語明君聖
主在位明達方外幽遠之事則奉書而至闕
周印者神獸之名也星宿之變化王者德盛則
至闕
飛菟者神馬之名也日行三萬里禹治水勤勞
歷年救民之害天應其德而至闕
澤獸黃帝時巡狩至於東瀕澤獸出能言達知萬
物之精以戒於民爲時除害賢君明德幽遠則
來闕
齡者幽隱之獸也有明王在位則來爲時辟除
災害闕

驎麤者神馬也與飛菟同亦各隨其方而至以
明君德也闕
同心鳥王者德及遐方四夷合同則至闕
跂踵者禹治水而至闕
紫達王者仁義行則見闕
小鳥生大鳥王者土地開闢則至闕
河精者人頭魚身師曠時所受讖也闕
延熹王者孝道行則至闕
大貝王者不貪財寶則出闕
醴泉水之精也甘美王者修理則出
威蕤王者禮備則生於殿前闕
漢光武建武中元元年五月醴泉出京師及郡
國飲醴泉者痼病皆愈獨眇者蹇者不差
魏文帝初郡國三言醴泉出
宋文帝元嘉十二年衡陽湘鄉醴泉出縣庭荆
州刺史臨川王義慶以聞
孝武帝孝建三年九月甲戌細仗隊省井泉

春夏深不盈尺忽至一丈有五色水清澄醴味
汲引不窮

孝武帝大明二年三月壬子北汝陰樓煩平地
出醴泉豫州刺史宗慤以聞

明帝泰豫元年四月乙酉會稽山陰思義醴泉
出太守蔡興宗以聞

日月揚光明者人君象也人君不假臣下之權
則日月揚光明〔闕〕

芝英者王者親近耆老養有道則生
漢章帝元和中芝英生郡國

碧石者玩好之物棄則至〔闕〕

王璽者不汲之而滿王者清廉則出

山車者山藏之精也不藏金玉山澤以時通山
車者賤難得之物則出〔闕〕

海之饒以給天下則山成其車〔闕〕

陵出黑丹王者脩至孝則出〔闕〕

雞駮犀王者賤難得之物則出〔闕〕

神鼎者質文之精也知吉知凶能重能輕不炊
而沸五味自生王者盛德則出

漢武帝元鼎元年五月五日得鼎汾水上

漢明帝永平六年三月廬江太守獻寶鼎出王
雒山〔雒或作雒〕

漢章帝建初七年十月車駕西延至槐里右扶
風禁上美陽得銅器於岐山似酒尊詔在道晨
夕以爲百官熱酒

漢和帝永元元年寶憲征匈奴於漠北酒泉得
仲山甫鼎容五斗

吳孫權赤烏十二年六月戊戌寶鼎出臨平湖
又出東部鄮縣

吳愍帝建興元年八月在所言得大鼎

晉愍帝建興二年十二月晉陵武進縣民陳龍
在田中得銅鐸五枚

晉成帝咸和元年十月辛卯宣城春穀縣山岸
崩獲石鼎重二斤受斛餘

晉成帝咸康五年豫章南昌民掘地得銅鐘四
枚太守褚裒以獻

晉穆帝升平五年二月乙未南掖門有馬足陷

地得銅鍾一枚

宋文帝元嘉十三年四月辛丑武昌縣章山水
側自開出神鼎江州刺史南譙王義宣以獻
元嘉十九年九月戊申廣陵肥如石梁澗中出
石鍾九口大小行次引列南向南兗州刺史臨
川王義慶以獻

二五七　宋書志十九　五十二

元嘉二十二年豫章豫寧縣出銅鍾江州刺史
篆書四十二字雍州刺史蕭思話以獻
元嘉二十一年十二月新陽獲古鼎於水側有
廣陵王紹以獻
孝建三年四月甲辰晉陵延陵得古鍾六口徐
中得銅鍾七口內史傅徽以獻
孝武帝孝建三年四月丁亥臨川冝黃縣民田
州刺史竟陵王誕以獻
孝武帝大明七年六月江夏蒲圻獲銅路鼓四
面獨足郢州刺史安陸王子綏以獻
明帝泰始四年二月丙申豫章望蔡獲古銅鍾
高一尺七寸圍二尺八寸大守張辯以獻

徐泳

泰始五年五月壬戌豫章南昌獲古銅鼎容
斛七斗江州刺史王景文以獻
泰始七年六月甲寅義陽郡獲銅鼎受一斛并
蓋竝隱起鐫豫州刺史段佛榮以獻
從帝昇明二年九月建寧萬歲山澗中得銅鍾
長二尺一寸豫州刺史劉懷珍以獻
元康三年春神雀集泰山
漢宣帝元康二年春五色雀以萬數飛過屬縣
宣帝元康二年春五色雀以萬數飛過集長樂

二五八　宋書志十九　五十二

元康四年三月神雀五采以萬數飛過集長樂
未央共宮高襄甘泉泰時殿元康四年神雀
仍集
漢宣帝五鳳三年正月神雀集京師
漢明帝永平十七年春神雀五色集京師
漢章帝元和中神雀見郡國
宋文帝元嘉二十二年白鵲見新野鄧縣雍州
刺史蕭思話以聞
元嘉二十六年五月癸酉白鵲見建康縣孝里

徐泳

揚州刺史始興王濬以獻

孝武帝大明七年三月辛巳白鵲見汝南安陽

太守申令孫以獻

晉惠帝永嘉元年五月白鼠見東宮皇太子獲

以獻

漢章帝元和二年正月車駕東巡柴祭岱宗禮

漢昭帝始元元年二月黃鵠下建章宮太液池中

刺史沈文秀以獻

宋明帝泰始三年二月壬寅白鼠見樂安青州

▲宋書志十九　五十三　永

畢黃鵠三十從西南來經祠壇上東北過

漢武帝太初三年二月五日行幸東海獲赤鴈

孫皓天璽元年臨海郡吏伍曜在海水際得石

孫權時神雀巢朱雀門

魏文帝初鑄中生赤魚

樹高三尺餘枝莖紫色詰屈傾廉有炎采山海

經所載玉碧樹之類也

晉武帝泰始二年六月壬申白鴿見酒泉延壽

延壽長王音以獻

晉成帝咸和九年五月癸酉白薦見吳國錢塘

內史虞潭以獻

安帝義熙元年南康雩都嵩山有金雞青黃色

飛集巖間

宋文帝元嘉二十二年湘州刺史南平王鑠獻

赤鸚鵡

孝武帝大明三年正月丙申鑾皇國獻赤白鸚

鵡各一

▲宋書志十九　三十　五十四

宋文帝元嘉二十四年十月甲午揚州刺史始

興王濬獻白鸚鵡

明帝泰始三年五月乙亥白鴝鵒見京兆雞州

白孔雀

孝武帝大明五年正月丙子交州刺史垣閎獻

刺史巴陵王休若以獻

漢桓帝延熹九年四月濟陰東郡濟北平原河

水清

宋文帝元嘉二十四年二月戊戌河濟俱清龍

驤將軍青冀二州刺史杜坦以聞

文帝元嘉二十五年五月征北長史廣陵太守
范邈上言所領興縣前有大浦控引潮流水常
淤濁自比以來源流清潔纖鱗呈形古老相
傳以爲休瑞

孝武帝孝建三年九月濟河清冀州刺史垣
護之以聞

孝武帝大明五年九月庚戌河濟俱清平原太
守申纂以聞

明帝泰始元年二月丙寅揚淮水清潔有異於
常州治中從事史張緒以聞

漢光武建武初野繭穀充給百姓其後耕蠶稍
廣二事漸息

吳孫權黃龍三年夏野蠶繭大如卵

宋文帝元嘉十六年宣城宛陵廣野蠶成繭大
如雉卵彌漫林谷年年轉盛

孝武帝大明三年五月癸巳宣城宛陵縣石亭
山生野蠶三百餘里太守張辯以聞

孝武帝大明三年十一月己巳蕭慎氏獻楛矢

大明五年正月戊午元日花雪降殿庭時右衛
將軍謝莊下殿雪集衣還白上以爲瑞於是公
卿並作花雪詩史臣按詩云先集維霰韓詩曰
霰英也花葉謂之英雖騷云秋菊之落英左思
云落英飄飇是也然則霰爲花雪草木花多
五出花雪獨六出

明帝泰始二年五月甲寅豫中獲石栢長三尺
二寸廣三尺五寸揚州刺史建安王休仁以獻

泰始三年十一月乙卯盱眙獲石栢寧朔將軍
段榮以獻

漢和帝在位十七年郡國言瑞應八十餘品帝
讓而不宣

志第十九

五行一

臣沈　約　新撰

昔八卦兆天人之理箸九疇序而帝王之應
明雖可以知從德獲自天之祐違道陷神聽之
皋然未詳舉徵效備考幽明雖時劉鼎雉庭穀
疇陳其義於前春秋列其效於後也逮至伏生
關故仲尼作春秋具書祥眚以驗行事是則九
之異然而未究者眾矣至於鑑悟後王多有所

〔三九九五　宋書志二十〕

翶紀大傳五行之體始詳劉向廣演鴻範休咎
之文益備故班固斟酌經傳詳紀條流誠以一
王之典不可獨闕故也夫天道雖無聲無臭然
而應若影響天人之驗理不可誣司馬彪纂集
光武以來以究漢事王沈魏書志篇闕凡厥災
異但編帝紀而已自黃初以降二百餘年覽其
災妖以考之事常若重規沓矩不謬前說又高
堂隆郭景純等據經立辭終皆顯應闕而不序
史體將虧令自司馬彪以後皆撰次論序斯亦

班固遠采春秋舉遠明近之例也又按言之不
從有介蟲之孽劉歆以為羽蟲之孽視之不明有嬴
蟲之孽劉歆以為毛蟲視之不明有嬴
蟲之孽劉歆以為羽蟲按月令夏蟲羽秋蟲毛
宜如歆說是以舊史從之五行精微非末學所
究凡已經前議者並即其言以釋之未有舊說
者推準事理以俟來哲

五行傳曰田獵不宿飲食不享出入不節奪民
農時及有姦謀則木不曲直謂木失其性而為
災也又曰貌之不恭是謂不肅厥咎狂厥罰恒

〔三百　宋書志二十　二　休明〕

雨厥極惡時則有服妖時則有龜孽時則有雞
禍時則有下體生上之痾時則有青眚青祥惟
金沴木班固曰益工匠為輪矢者多傷敗及木
為變怪皆為不曲直也

木不曲直

魏文帝黃初六年正月雨木冰按劉歆說木不
曲直也劉向曰冰者陰之盛木者少陽貴臣象
也此人將有害則陰氣脅木木先寒故得雨而
冰也是年六月利成郡兵蔡方等殺太守徐質

據郡及多所劫略并聚匕命遣二校尉與青州
刺史共討平之太守古之諸侯貴臣有害之應
也一說以木冰為甲兵之象是歲既討蔡方又

八月天子自將以舟師征吳戎卒十餘萬連旅
數百里臨江觀兵

晉元帝太興三年二月辛未雨木冰後二年周
顗戴淵刁協劉隗皆遇害與春秋同事是其應
也一曰是後王敦攻京師又其象也

晉穆帝永和八年正月乙巳雨木冰是年殷浩
比伐明年軍敗十年廢黜又曰荀羨殷浩比伐
桓溫入關之象也

晉孝武帝太元十四年十二月乙巳雨木冰明
年二月王恭為比蕃八月庚楷為西蕃九月王
國寶為中書令尋加領軍將軍十七年殷仲堪
為荆州雖邪正異規而終同摧滅是其應也一
曰苻堅敗關河未一丁零鮮甲侵略司兗竇
揚勝扇逼梁雖兵役不巳又其象也

吳孫亮建興二年諸葛恪征淮南行後所坐聽

事棟中折恪妄興徭役奪民農時作為邪謀傷
國財力故木失其性致毀折也及旋師而誅滅
於周易又為棟橈之凶也

晉武帝太康五年五月宣帝廟地陷梁折八年
正月太廟殿又陷改作廟築基及泉其年九月
遂更營新廟遠致名材雜以銅柱陳勰為匠作
者六萬人十年四月乃成十一月庚寅梁又折
按地陷者分離之象梁折者木不直也孫盛
曰于時後宮殿有孽火又廟梁無故自折先是
帝多不豫益惡之明年帝崩而王室頻亂遂亡
天下

晉惠帝太安二年成都王穎使陸機率眾向京
師擊長沙王乂軍始引而牙竿折俄而戰敗機
被誅穎尋奔潰卒賜死初河間王顒謀先誅
長沙廢太子立穎長沙知之誅其黨卜粹等故
穎來伐機又以穎得退遁心將為漢之代王遂
委質於穎為犯從之將此皆姦謀之罰木不曲
直也

王敦在武昌鈴下儀仗生華如蓮花狀五六日
而萎落此木失其性而為變也干寶曰鈴閣尊
貴者之儀鈴下主威儀之官今狂花生於枯木
又在鈴閣之間言威儀之富榮華之盛皆如狂
花之發不可久也其後終以逆命沒又加戮是
其應也一說此花孽也於周易為枯楊生華
桓玄始算龍所竿折云田獵出入不絕昏夜飲
食恣姿土木妨農爲奸謀故木失其性也夫所
所以擬三辰章著明也所竿之折高明去矣在

宋志二十　五　龔正

位八十日而敗

宋明帝泰始二年五月丙午南琅邪臨沂黃城
山道士盛道度堂屋一柱自然夜光照室內此
木失其性也或云木腐自光

廢帝昇明元年吳興餘杭舍直未蕈樹生李
實禾蕈樹民間所謂胡頹樹

貌不恭

魏文帝居諒闇之始便數出遊獵體貌不重風
尚通脫故戴凌以直諫抵罪鮑勛以近旨極刑

天下化之咸賊守節此貌之不恭也是以享國
不永後祚短促春秋曾君居喪不良在感而有
嘉容穆叔謂之不度終出奔蓋同事也
魏尚書鄧颺行步施縱筋不束體坐起傾倚若
無手足此貌之不恭也管輅謂之鬼躁鬼躁者
凶終之徵後卒誅死

晉惠帝元康中貴遊子弟相與為散髮倮身之
飲對弄婢妾逆之者傷好非之者負譏希世之
士恥不與焉蓋胡翟侵中國之萌也當徒伊川

宋志二十　六　楊來

之民一被髮而祭者乎

晉惠帝元康中賈謐親貴數入二宮與儲君遊
戲无降下心又嘗同弈棊爭道成都王穎厲色
曰皇太子國之儲貳賈謐何敢無禮謐猶不悛
故及於禍

齊王冏既誅趙倫因留輔政坐拜百官符敕臺
府潛瞽專驕不一朝觀此狂恣不肅之容此天
下莫不高其政而慮其亡也冏終弗改遂至
夷滅

太元中人不復著幘頭頭者元首帽者令髮不垂
助元首為儀飾者也今忽廢之若人君獨立無
輔以至危亡也其後桓玄篡位
舊為殿者簷甚達樞上名曰露夘太元中忽不
徹名曰陰夘其後多陰謀遂致大亂
晉安帝義熙七年晉朝拜授劉毅以王
命之重當設饗宴親請吏佐臨視至曰國僚不
重自默拜於厩中王人將及命毅方知大以為
恨免郎中令劉敬叔官識者怪焉此隨略嘉禮
不肅之妖也
陳郡謝靈運有逸才每出入自扶接者常數人
民間謠曰四人挈衣裙三人捉坐席是也此蓋
不肅之咎後坐誅
宋明帝泰始中幸臣阮佃夫勢傾朝廷室宇豪
麗車服鮮明乘車常偏向一邊違正立執綏之
體時人多慕効此亦貌不恭之失也時偏左之
化行方正之道廢矣
後廢帝常單騎遊遨出入市里營寺未嘗御輦

輦終以殞滅
恒雨
魏明帝太和元年秋數大雨多暴雷電非常至
殺鳥雀案楊阜上疏此恒雨之罰也時帝居襄
不哀出入弋獵無度奢侈繁興奪民農時故
木失其性而恒雨為災也
太和四年八月大雨霖三十餘日伊洛河漢皆
溢歲凶饑
孫亮太平二年二月甲寅大雨震電乙夘雪天
寒案劉歆說此時當雨而不當大大雨恒雨之
罰也於始震電之明日而雪大寒又恒寒之罰
也劉向以為既巳震雷則雪不當復降皆失時
之異也天戒若曰為君失時賊臣將起先震雷
而後雪者陰見間隙起而勝陽逆殺之禍將及
也亮不悟尋見廢此與春秋魯隱同也
晉武帝泰始六年六月大雨霖甲辰河洛沁水
同時並溢流四千九百餘家殺二百餘人沒秋
稼千三百六十餘頃晉武太康五年七月任城

梁國暴雨害豆麥太康五年九月南安霖雨暴

雪折樹木害秋稼魏郡淮南平原雨水傷秋稼

是秋魏郡西平郡九縣霖雨暴水霜傷秋稼

晉惠帝永寧元年十月義陽南陽東海霖雨淹

害秋麥

秋稼

晉成帝咸康元年八月乙丑荊州之長沙攸醴

陵武陵之龍陽三縣雨水浮漂屋室殺人傷損

宋文帝元嘉二十一年六月京邑連雨百餘日

宋書志三十　九

大水

孝武帝大明元年正月京邑雨水

大明五年七月京邑雨水

大明八年八月京邑雨水

明帝太始二年六月京邑雨水

順帝昇明三年四月乙亥吳郡桐廬縣暴風雷

雷揚砂折木水平地二丈流漂居民

服妖

魏武帝以天下凶荒資財之匱始擬古皮弁

裁練帛為白帢以易舊服傅玄曰白乃軍容非

國容也干寶以為縞素凶喪之為帢毀辱之言

也蓋革代之後攻殺之妖也初為白帢橫縫其

前以別後名之曰顏俗傳行之至晉永嘉之間

稍去其縫名無顏帢而婦人束髮其緩彌甚紒

之堅不能自立髮被于額出而已無顏者愧

之言也覆額者慙之貌其緩彌甚言天下忘禮

與義放縱情性及其終極至乎大恥也永嘉之

宋書志三十　十

後二帝不反天下媿焉魏明帝著繡帽被縹紈

半袖嘗以見直臣楊阜諫曰此於禮何法服

邪帝默然近服妖也縹非禮之色袲服不貳今

之人王親御非法之章所謂自作孽不可禳也

帝既不享永年身沒而祿去王室後嗣不終遂

亡天下

魏明帝景初元年發銅鑄為巨人二號曰翁仲

置之司馬門外案古長人見為國亡長狄見臨

洮為秦亡之禍始皇不悟反以為嘉祥鑄銅人以

象之魏法亡國之器而於義竟無取焉蓋服妖也

魏尚書何晏好服婦人之服傅玄曰此服妖也夫
衣裳之制所以定上下殊內外也大雅云玄袞
赤舄鉤膺鏤鍚歌其文也小雅云有嚴有翼共
武之服詠其武也君內外不殊王制失敘服妖
旣作身隨之已末嬉冠男子之冠筓二天下何
晏服婦人之服亦亡其家其咎均也
吳婦人之脩容者急束其腰而刻削過子耳蓋
其俗自操束大急而廉隅失中之謂也故吳之
風俗相驅以急言論彈射以刻薄相尚居三年
之喪者往往有致毀以死諸萬患之著正交論
雖不可以經訓整亂蓋亦救時之作也孫休後
衣服之制上長下短又積領五六而裳居二于
寶曰上饒奢下儉過上有餘下不足之妖也至
孫皓果奢暴恣情於上而百姓困於下辛以
二國是其應也
晉興後衣服上儉下豐著衣者皆厭褻蓋襄
君衰弱臣放縱下掩上之象也陵遲至元康末
婦人出兩襠加乎脛之上此內出外也為車乘

者茍貴輕細又數變易其形皆以白蓋為純古
喪車之遺象乘者君子之器蓋君子立志無恤
事不崇實也干寶曰及晉之禍天子失柄權制
寵臣下掩上之應也永嘉末六宮才人流徙戎
翟內出外之應也及天下亂擾宰輔方伯多負
其往又數改易不崇實之應也
晉武帝泰始後中國相尚用胡牀貊盤及為羌
煑貊炙貴人富室必置其器吉享嘉會皆此
為先太康中天下又以氈為絈頭及絡帶衿口
百姓相戲曰中國必為胡所破也氈產於胡而
天下以為絈頭帶身袵口胡旣三制之矣能无
敗乎干寶曰元康中氐羌反至于永嘉劉淵石
勒遂有中都自後四夷迭據華土是其應也
晉武帝大康後天下為家者移婦人於東方空
萊北庭以為園囿干寶曰夫王朝南向正陽也
后北宮位太陰也世子居東宮位少陽也今居
內於東是與外俱南面也九陽无陰婦人失位
而干少陽之象也賈后謟殺愍懷俄而禍敗

昔初作履者婦人頭圓男子方頭圓者順從之
義所以別男女也晉太康初婦人皆履方頭此
去其圓從與男無別也
太康之中天下為晉世寧之舞手接栝槃反覆
之歌曰晉世寧舞栝槃夫樂生人心所以觀事
故記曰總干山立武王之事也發揚蹈厲太公
之志也武亂皆坐周召之治也又曰其治民勞
者舞行綴遠其治民逸者舞行綴近今接栝槃

於手上而反覆之至危也栝槃者酒食之器也
而名曰晉世寧者言晉世之士偷苟於酒食之
間而其知不及遠晉世之寧猶栝槃之在手也
晉惠帝元康中婦人之飾有五兵佩又以金銀
瑇瑁之屬為斧鉞戈戟以當笄珥關于寶曰男女
之別國之大節故服物異等贄幣不同令婦人
而以兵器為飾又妖之大也遂有賈后之事終
以兵亡天下
元康中婦人結髮者既成以繒急束其環名

曰檽子階始自中宮天下化之其後賈后果害
太子
元康中天下始相倣為檽杖以柱被其後稍施
其鐏住則植之夫木東方之行金之臣也杖者
扶體之器檽其頭者尤便用也傍柱被者傍之
救之象也王室多故而元帝以藩臣樹德東方
維持天下柱被之應也至社稷無主海內歸之
遂承天命建都江外獨立之應也
元康末至太安間江淮之城有敗編自聚于道

多者或至四五十量千寶嘗使人散而去之或
投林草或投坑谷明日視之悉復如故民或云
見狸銜而聚之亦未察也寶說曰夫編者人之
賤服最劇于下而當勞厲下民之象也敗者疲
斃之象也道者地理四方所以交通王命所由
往來也故令敗編聚於道者象下民罷病將相
聚為亂絕四方而雍王命之象也在位者莫察
大安中發壬午兵百姓愁怨江夏男子張昌遂
首亂荊楚從之者如流於是兵革歲起天下因

之遂大破壞此近服妖也

晉孝懷永嘉以來士大夫竟服生箋單衣遠識
者怪之竊指摘曰此則古者總衰之布諸戻大
夫所以服天子也今無故畢服之殆有應乎其
後悠懷晏駕不獲厭所

晉元帝太興以來兵士以絳囊縛紛紛在首莫
火色金之賊也以朱囊縛紛臣道上侵之象也
上焉周易乾為首坤為囊坤臣道也晉金行赤
到永昌元年大將軍王敦舉兵內攻六軍散潰

舊為羽扇柄刻木象其骨形羽用十取全數也
晉中興初王敦南征始改為長柄下出可捉而
減其羽用八識者尤之曰夫羽扇翼之名也劉為
長柄者執其柄制羽翼也以八改十者將以未
備奪已備也是時為衣者又上短帶至于祆著
帽者以帶縛項下過上上無地也下袴者直幅
為口無殺下大裁也尋有兵亂三年而册攻
京師晉海西初嗣位迎官忘設豹尾識者以為
不終之象近服妖也

晉司馬道子於府北園內為酒鑪列肆使姬人
酤鬻買酒肴如鄆販者數遊其中身自買易因醉
寓寢動連日夜漢靈帝嘗若此千寶以為君將
失位降在皂隸之象也道子卒見廢徒以庶
人終

桓玄篡立殿上施絳綾帳鑲黃金為顏四角金
龍銜五色羽葆流蘇葺下竊相謂曰頗類輪車
此服妖也

晉末皆冠小冠而衣裳傳大風流相倣輿臺成
俗識者曰此禪代之象也求初以後冠還大云
宋文帝元嘉六年民間婦人結髮者三分髮抽
其鬟直向上謂之飛天紒始自東府流被民庶
時司徒彭城王義康居東府其後卒以陵上
徒廢

孝武帝世豫州剌史劉德願善御車世祖嘗使
之御畫輪車幸太宰江夏王義恭第德願挾牟
杖催世祖云日暮宜歸又求益儀車世祖甚懼
此事與漢靈帝西園賣官私錢同也

孝武世幸臣戴法興權亞人主造貲頭履世人
莫不傚之其時貲進之俗大行方格之風盡矣
明帝初司徒建安王休仁統軍赭圻制烏紗帽
反抽帽裙民間謂之司徒狀京邑翕然相尚休
仁後果以疑逼致禍

龜孽

晉惠帝永熙初衞瓘家人炊飯墮地盡化為螺
出足起行螺龜類近龜孽也干寶曰螺被甲兵
象也於周易為離離為戈兵明年瓘誅

二五十九　　宋志二十　　七　　金澱

雞禍

魏明帝景初二年延尉府中有雌雞變為雄不
鳴不將干寶曰是歲宣帝平遼東百姓始有
與能之議此其象也然晉三后並以人臣終不
鳴不將又天意也

晉惠帝元康六年陳國有雞生雄雞無翅既大
墜坑而死王隱曰雄胤嗣象坑地事為毋象賣
后誣殺愍懷殆其應也

晉惠帝太安中周㘽家有雌雞逃承霤中
六七

曰而下大翼鳴將獨毛羽不變其後有陳愍之
事愍難控制江表終無綱紀文章殆其象也卒

晉元帝太興中王敦鎮武昌有雌雞化為雄天
戒若曰雌化為雄臣陵其上其後王敦再攻京
師

晉孝武帝太元十三年四月廣陵高平閭嵩家雄
雞生無右翅彭城到象之家雞無右足京房易
傳曰君用婦人言則雞生妖

二九九十六　　宋書志二十　　十八　　出明

晉安帝隆安元年八月琅邪王道子家青雌雞
化為赤雄不鳴不將後有桓玄到象之事具如其象
隆安四年荆州有雞角角尋隨墮落是時桓玄
始擅西夏狂慢不肅故有雞禍角兵象尋隨落
者暫起不終之妖也

晉安帝元興二年衡陽有雌雞化為雄八十日
而冠萎衡陽桓玄楚國封略也後纂位八十日
而敗徐廣以為玄之象也

宋文帝元嘉十二年華林園雌雞漸化為雄後

孝武即位皇太后令行于外亦猶漢宣帝時雌
難爲雄至哀帝時元后與政也
明帝泰始中與東遷沈法符家雖有四距

青眚青祥

晉武帝咸寧元年八月丁酉大風折太社樹有
青氣出焉此青祥也占曰東莞當有帝者明年
元帝生是時帝大父武王封東莞由是徙封琅
邪孫盛以爲中興之表晉室之亂武帝子孫無
子遺社樹折之應又恛風之罰也

晉惠帝元康中洛陽南山有虎作聲曰韓屍屍
識者曰韓氏將死也言屍屍者盡死意也其後
韓謐誅而韓族殲焉此青祥也

金沴木

魏文帝黃初七年正月幸許昌許昌城南門無
故自崩帝心惡之遂不入還洛陽此金沴木木
動也五月宮車晏駕京房易傳曰上下咸悖厥

妖城門壞

晉元帝太興二年六月兵郡米廩無故自壞是

歲大饑死者數千
晉明帝太寧元年周延自歸王敦既立宅宇而
所起五間六架一時躍出墮地餘桁猶亘柱頭
此金沴木也明年五月錢鳳謀亂遂族滅延而
湖孰尋亦爲墟矣
晉安帝元興元年正月丙子司馬元顯將西討
桓玄建牙揚州南門其東者難立良久乃正近
沴妖也尋爲桓玄所禽

元興三年五月樂賢堂壞天意若曰安帝臨眂
不及有樂賢之心故此堂見沴也
晉安帝義熙九年五月乙酉國子聖堂壞
宋文帝元嘉十七年劉斌爲吳郡郡堂屋西頭
鴟尾無故落地治之未畢東頭鴟尾復落頃之
斌誅

志第二十　　　　宋書三十

宋書三十一

臣沈　約　新撰

五行一

五行傳曰好戰攻輕百姓飾城郭侵邊境則金
不從革謂金失其性而為災也又曰言之不從
是謂不乂厥咎僭厥罰恒陽厥極憂時則有詩
妖時則有介蟲之孽時則有犬禍時則有口舌
之痾時則有白眚白祥惟木沴金介蟲劉歆傳
以為毛蟲

二四　宋書志二十一　一

金不從革

魏世張掖石瑞雖是晉氏之符命而於魏為妖
好攻戰輕百姓飾城郭侵邊境魏氏三祖皆有
其事劉歆以為金石同類石圖發非常之文此
不從革之異也晉定大業多散曹氏石瑞交大
討曹之應也

魏明帝青龍中盛備宮室西取長安金狄承露
槃折聲聞數十里金狄泣於是因留霸城此金
失其性而為異也

吳時歷陵縣有巖穿似印咸云石印封發天下
太平孫皓天璽元年印發又陽羨山有石穴長
十餘丈皓初俻武昌宮有遷都之意是時武昌
為離宮班固云離宮與城郭同占飾城郭之謂
也寶鼎三年皓出東關遣丁奉至合肥建衡三
年皓又大舉出華里侵邊境之謂也故令金失
其性卒面縛而吳亡

晉惠帝永興元年成都伐長沙每夜戈戟鋒有
火光如縣燭此輕民命好攻戰金失其性而為
變也天戒若曰兵猶火也不戢將自焚成都不
悟終以敗亡

二八五　宋書志二十一　二

晉懷帝永嘉元年項縣有魏豫州刺史賈逵石
碑生金可采此金不從革而為變也五月汲桑
作亂羣寇颸起

晉清河王覃為世子時所佩金鈴忽生起如粟
者康王母疑不祥毀棄之及後為惠太子不終
于位卒為司馬越所殺

晉元帝永昌元年甘卓將襲王敦既而中止及

還家多變怪照鏡不見其頭此金失其性而為

妖也尋為敦所襲遂夷滅

石虎時鄴城鳳陽門上金鳳皇二頭飛入漳河

晉海西太和中會稽山陰縣起倉鑿地得兩大

船消中錢錢皆輪文大形時日向莫驚者馳以

告官官夜遣防守甚嚴至明旦失錢所在唯有

船存視其狀悉有錢勢

晉安帝義熙初東陽太守殷仲文照鏡不見其

頭尋亦誅前占與甘同

宋後廢帝元徽四年義興晉陵二郡並有霹靂

車隆地如青石草木燋死

言之不從

魏齊王嘉平初東郡有謠言云白馬河出妖馬

夜過官牧邊鳴呼眾馬皆應明日見其迹大如

斛行數里還入河楚王彪本封白馬兗州刺史

令狐愚以彪有智勇及聞此言遂與王凌謀共

立之道人謂曰天下事未可知願王自愛彪答

曰知厚意事泄凌愚被誅彪賜死此言不從之

罰也詩云民之譌言寧莫之懲

劉禪嗣位譙周引晉穆庲漢靈帝命子事議之

曰先主諱備其訓具也後主諱禪其訓授也若

言劉已具矣當授與人甚於穆庲靈帝之祥也

蜀果凶此言之不從也

而後改元者緣臣子之心不忍一年而有二君

興此言之不從也習鑿齒曰禮國君即位踰年

劉備卒劉禪即位未葬亦未踰月而改元為建

也今可謂凶而不知禮矣君子是以知蜀之不

從也

然亮不終其位惠帝號令非已凶尋誅言不

能東遷也後又降晉吳孫亮晉惠帝宋元凶亦

魏太和中姜維歸蜀失其母魏人使其母手書

呼維令反并送當歸以譬之維報書曰良田百

頃不計一畝但見遠志無有當歸維卒不免

魏明帝景初元年有司奏帝為烈祖與太祖高

祖並為不毀之廟從之按宗廟之制祖宗之號

皆身没名成乃正其禮故唯功赫天壤德邁前

王末有豫定之典此蓋言之不從失之甚者也
後二年而宮車晏駕於是統微政逸
吳孫休世烏程民有得困疾及差能以嚮言者
言於此而聞於彼自其所聽之不覺其聲之大
也自遠聽之如人對言不覺聲之自遠來也聲
之所性隨其所向遠者不過十數里其鄉人有
責息於外歷年不還乃假之使為責讓懼以禍
福貧物者以為鬼神即貨倒畀之其人亦不自
知所以然也言不從之咎也

三百〇四 宋書志三十一 五 圓

魏世起安世殿晉武帝後居之安世武帝字也
晉武帝每延羣臣多說平生常事未嘗及經
國遠圖此言之不從也何曾謂子遵曰國家無
貽厥之謀及身而已後嗣其殆乎此子孫之憂
也自永熙後王室漸亂永嘉中天下大壞及何
綏以非辜被誅皆如曾言
趙王倫廢惠帝於金墉城改號金墉為永安宮
帝尋復位而倫誅

晉惠帝永興元年 詔廢太子覃還 (為清河王

立成都王穎為皇太弟猶加侍中大都督領丞
相備九錫封二十郡如魏王故事案周禮傳國
以貽不以勳故雖公旦之聖不易成王之嗣所
以遠絕覬覦永壹宗祧後代遵履改之則亂今
擬非其實偕差已甚且既為國副則不應復開
封土兼領庶職此言之不從為國副則不應乘
播越穎亦不終是其咎也後猶不悟又立懷帝
為皇太弟懷終流弒不永厥祚又其應也語曰
孅古易常不亂則亡此之謂乎

二百四十七 宋書志三十一 六 憂

晉惠帝太安中周玘於陽羨起宅始成而遷戶
有聲如人嘆咤者坭亡後家誅滅此近言不
從也

晉元帝太興四年吳郡民訛言有大蟲在紵中
及樗樹上齒人即死晉陵民又言曰見一老女
子居市被髮從肆人气飲自言天帝令我從水
門出而我誤由蟲門若還天帝必殺我如何於
是百姓共相恐動云死者已十數也西及京都

諸家有樗紵者伐去之無幾自止

晉元帝永昌元年寧州刺史王遜遣子澄入質
將渝濮雜夷數百人京邑民忽訛言寧州人大
食人家小兒親有見其蒸煑滿金甑中者又云
失見皆有王名婦人尋道拊心而哭於是百姓
各禁録小兒不得出門而又言已得食人之主
官當大航頭大杖考竟而日有四五百人晨聚
或言郡縣文書已上王澄大懼檢測之事了無
航頭以待觀行刑朝廷之士相問者皆曰信然
形民家亦未嘗有失小兒者然後知其訛言也

此二事于寶云未之能論
永昌二年大將軍王敦下據姑熟百姓訛言行
蟲病食人大孔數日入腹則死治之有方
當得白犬膽以為藥自淮泗遂及京都數日之
間百姓驚擾人人皆自云已得蟲病又云始在
外時當燒鐵以灼之於是翕然被燒灼者十七
八矣而白犬暴貴至相誑奪其價十倍或有自
云能行燒鐵者貨灼百姓日得五六萬餟而後
巳四五日漸靜說曰夫裸蟲人類而人為之主

今云蟲食人言本同臭類而相殘賊也自下而
上斯其逆也必入腹者言害由中不由外也犬
有守禦之性白者金色而膽用武之主也帝王
之運五霸會於代主用兵火燒鐵
以治疾者言必去其類而來火與金合德共治
蟲害也案中興之際大將軍本以腹心受伊呂
之任而元帝末年遂攻京邑明帝諒闇又有異
謀是以下逆上腹心潰爛也及錢鳳沈充等逆
兵四合而為王師所挫踰月而不能濟比中

郎將劉遐及淮陵內史蘇峻率淮泗之眾以
救朝廷故其謠言首作於淮泗也朝廷卒以弱
制強罪人授首是用白犬膽可救之效也
晉海西時庚晞四五年中喜為挽歌自搖大
鈴為唱使左右齊和又燕會輒令倡妓作新安
人歌儛離別之辭其聲悲切時人怪之後亦
果敗
晉海西公太和以來大家婦女緩鬢傾髻以為
盛飾用髲既多不恒戴乃先作假髻施於木上

而王愷又過劭王琛之疇盛致聲色窮珍
極麗至元康中奢恣成俗轉相高尚石崇之儔
遂兼王何而儷人主矣崇既誅死天下尋淪
喪僭踰之咎也

恆陽

魏明帝太初二年五月大旱元年以來崇廣宮
府之應也又是春晉宣帝南禽孟達置二郡張
郃西破諸葛亮代魏諷元陽自大又其應也京
房易傳曰欲德不用茲謂張厥災荒其旱陰雲
不雨變而赤煙四際衆出過時茲謂廣其旱不
生上下皆蔽茲謂隔其旱天赤三月時有雹殺
飛禽上緣求妃茲謂僭其旱三月大溫亡雲君
高臺府茲謂犯陰侵陽其旱萬物根死數有火
災庶位踰節茲謂僭其旱澤物枯為火所傷
太和五年三月自去冬十月至此月不雨辛巳
大雩是春諸葛亮寇天水晉宣王距郤之亢陽
動衆又是時三隅分擾衆出多過時也春秋說
曰傷二穀謂之不雨

呼曰假頭人欲借名曰借頭遂布天下自此以
來人士多離事故或云失頭首或以草木為之
假頭之言此其先兆也

晉孝武泰元元中立內殿名曰清暑少時而崩時
人曰清暑者及言楚聲也果有哀楚其在人
曰非此之謂也可極言楚讖二代晉者楚其
茲平及桓玄簒逆自號曰楚

泰元中小兒以兩鐵相打於土中名曰鬥族後
王國寶王孝伯一姓之中自相攻擊也

桓玄出鎮南州立齋名曰蟠龍後劉毅居此齋
蟠龍毅小字也

桓玄初改年為大亨遐邇讙言曰二月了故義
謀以仲春發也玄簒立又改年為建始以與趙
王倫同又易為永始永始復是王恭受封之年
也始徙司馬道子于安成封王遜位出永安宮
謀晉王為永始永安復是王恭受封之年
封晉王為平固王琅邪王德文為石陽公並使
住尋陽城識者皆以為言不從之妖也厭客惰
晉興何曾薄太官御膳自取私食子劭又過之

魏齊王正始元年二月自去冬十二月至此月
不雨去歲正月明帝崩二月曹爽白嗣主轉晉
宣王為太傅外示尊崇內實欲令事先由己是
時宣王功益魏朝欲德不用之應也
魏高貴鄉公甘露三年正月自去秋至此月旱
時晉文王圍諸葛誕衆出過時之應也初壽春
秋夏常雨澒澒淹城而此旱踰本城陷乃大雨
咸以為天凶
吳孫亮五鳳二年大旱民饑是歲閏月魏將文
欽以淮南衆數萬口來奔孫峻又破魏將曹珍
于高亭三月朱異龔安豐不克七月城廣陵東
海一郡十二月以馮朝為監軍使者督徐州諸
軍軍士怨叛此亢陽自大勞民失衆之罰也其
俊彌歲故旱亦竟本
吳孫皓寶鼎元年春夏旱是時皓遷都武昌勞
民動衆之應也
晉武帝太始七年五月閏月旱大雪是春孫皓
出華里大司馬望帥衆次于淮北四月比地胡

寇金城西平涼州刺史牽弘出戰敗沒
太始八年五月旱是時帝納荀勖邪說罷賈充
不復西鎮而任愷稍在散職上下皆蔽之應也又本
嘉魯芝李胤等並在散職近欲德不用之謂也
川癸未雨去九月吳西陵督步闡據城來降遣
太始九年自正月旱至于六月祈宗廟社稷山
羊祜統揚肇等衆八萬救迎闡十二月陸抗大
破肇軍攻闡滅之
太始十年四月旱去年秋冬采擇卿校諸葛沖
等女是春五十餘人入殿簡選又取小將吏女
數十人母子號哭於宮中聲聞于外行人悲酸
是殆積陰生陽之應也
晉武帝咸寧二年五月旱大雪及社稷山川至
六月乃澍雨
晉武帝太康二年自去冬旱至此春平吳元陽
動衆自大之應也
太康三年四月旱乙酉詔司空齊王攸與尚書
廷尉河南尹錄訊繫囚事從彌宥

太康五年六月旱此奉正月天陰解而復合劉
毅上疏曰必有阿黨之臣奸以事君者當誅而
不赦也帝不荅是時荀勖馮紞儕作威福亂朝
尤甚

太康六年三月青涼幽冀郡國旱

太康六年六月齊陰武陵旱傷麥

太康七年夏郡國十三旱

太康八年四月冀州旱

太康九年夏郡國三十三旱

宋書志二十一　　十三

太康九年六月扶風始平京兆安定旱傷麥

太康十年二月旱

晉武帝太熙元年二月旱自太康以後雖正人
滿朝不被親伏而賈充荀勖楊駿馮紞等迭居
要重所以無奉不旱者欲德不用上下皆蔽庶
位踰節之罰也

晉惠帝元康元年七月雍州大旱殞霜疾疫開
中飢米斛萬錢

元康七年七月秦雍二州大旱故其秊氐羌反

叛雍州刺史解系敗績是年正月周處盧播等
復敗關西震亂交兵彌歲至是飢疫荐臻戎晉
並困朝廷不能振詔聽相賣鬻南

元康七年九月郡國五旱

晉惠帝永寧元年自夏及秋青徐幽并四州旱
是年春三王討趙王倫六旬之中大小數十戰
死者十餘萬八十二月郡國十二又旱

晉懷帝永嘉三年五月襄平縣梁水淡淵
竭河洛江漢皆可涉是年三月司馬越歸京都

宋書志二十一　　十四

遣兵入宮收中書令繆播等九人殺之此僭踰
之罰也又四方諸侯多懷無君之心劉淵石勒
王彌李雄之徒賊害民命流血成泥又其應也

永嘉五年自去冬旱至此春去歲十二月司馬
越棄京都以大眾南出多將王公朝士及以行
臺自隨斥黜禁衛代以國人官省蕭然無復君
臣之節矣

晉陽秋云愍帝在西京旱傷荐臻無注記

月也

晉愍帝建武元年六月揚州旱去年十二月淳

于伯冤死其年即旱而太興元年六月又旱干

寶曰殺伯之後旱三年是也案前漢殺孝婦則

旱後漢有囚亦旱見謝見理並獲雨澍此其類

也班固曰刑罰妄加羣陰不附則陽氣勝故其

罰恆陽

建武元年四月趙允等悉衆禦寇五月祖逖攻

譙其冬周訪討杜曾又衆出之應也

晉元帝太興四年五月旱是時王敦彌憍之釁

漸著又去歲蔡豹祖逖等並有征役

晉元帝永昌元年大旱是年三月王敦有石頭

之變三宮陵辱大臣誅死憍踰無上故旱尤

甚也

永昌元年閏十一月京都大旱川谷並竭

晉明帝太寧三年自春不雨至于六月去年秋

滅王敦元陽動衆自大之應也

晉成帝咸和元年秋旱是時庾太后臨朝稱制

羣臣奏事稱皇太后陛下此婦人專主王事言不

《漢書志二十二》 十五 徐萎通

從而憍踰之罰也與漢鄧太后同事

咸和二年夏旱

咸和五年五月旱去年殄蘇峻之黨此春又討

郭默滅之元陽動衆之應也

咸和六年四月旱去年八月石勒遣郭敬寇襄

陽南中郎將周撫奔武昌十月李雄使李壽寇

縣於是起衆警備

建平建平太守楊謙奔宜都此正月劉徵略婁

咸和八年七月旱

咸和九年自四月不雨至于八月

晉成帝咸康元年六月旱是時成帝沖弱不親

萬機內外之政委之將相此憍踰之罰故連歲

旱也至四年王遵固讓大傅復子明辟是後不

旱始其應也時天下普旱會稽餘姚特甚米直

五百民有相鬻者

咸康二年三月旱

咸康三年六月旱

晉康帝建元元年五月旱是時宰相專政方伯

《宋書志二十二》 十六 蘇

壇重兵又與咸康初同事也

晉穆帝永和元年五月旱有司奏依董仲舒術
徙市開水門遣詔者祭太社是時帝在繦抱褚
太后臨朝如明穆太后故事

永和五年七月不雨至于十月是年二月征北
將軍褚褒遣軍伐沛納其民以歸六月又遣西
中郎將陳達進據壽陽自以舟師二萬至于下
邳喪其前驅而還達亦退

永和六年閏月旱是春桓溫以大眾出夏口上
疏欲以舟軍北伐朝廷駐之蕭敬盜涪西蠻校
尉采壽敗績

晉穆帝外平三年十二月大旱此冬十月中
郎將郗曇帥萬餘人出高平經略河兗又遣將
軍諸葛悠以舟軍入河敗績西中郎將謝萬次
下蔡眾潰而歸

外平四年十二月大旱

晉哀帝隆和元年夏旱是時桓溫強恣權制朝
延僭踰之罰也又去年慕容恪圍冀州刺史呂

護桓溫出次死陵范汪袁真竝比伐眾出過
時也

晉海西泰和四年十二月涼州春旱至夏

晉簡文帝咸安二年十月大旱民飢是時嗣主
幼冲桓溫寧陵僭

晉孝武帝寧康元年二月旱是時桓溫入覲
高平陵閣朝致拜蹱僭之應也

寧康三年冬旱先是氏賊破梁益州刺史楊亮
周仲孫奔退明年威遠將軍桓石虔擊姚萇墊
江破之退至五城益州刺史竺瑤帥眾戍巴東

晉孝武帝太元四年六月大旱去歲氏賊圍南
中郎將朱序於襄陽又圍揚威將軍戴遁於彭
城桓嗣以江州之眾次郡援厈北府發三州民
配何謙救遁是春襄陽順陽魏興城皆沒賊遂
略淮南向廣陵征虜將軍謝石率水軍次涂中
兗州刺史謝玄督諸將破之

太元八年六月旱夏初桓沖征襄陽遣冠軍將
軍桓石虔進據樊城朝廷又遣宣城內史胡彬

次峽石爲沖聲勢也

太元十年七月旱餓初八年破符堅九年諸將
略地有事徐豫楊亮趙統攻討巴沔是年正月

謝安又出鎮廣陵使子琰進次彭城

太元十三年六月旱去歲北府遣戍胡陸荊州
經略河南是年郭銓置戍野王又遣軍破黃淮

太元十五年七月旱是春丁零翟略兗豫鮮甲冠
河上朱序桓不才等北至太行東至滑臺踰時
攻討又戍石門

太元十七年秋旱至冬、是時茹千秋爲驃騎諮
議竊弄主相威福又丘尼乳母親黨及婢僕之
子階緣近習臨民領衆又在所多上春竟凶不
以其羣建康獄吏枉暴尤甚此僭踰不從宽澀
之罰也

晉安帝隆安四年五月旱去冬桓玄迫殺殷仲
堪而朝廷即授以荊州之任司馬元顯又諷百
僚悉使敬己此皆陵僭之罰也

隆安五年夏秋大旱十二月不雨去年夏孫恩

入會稽殺內史謝琰此年夏略吳又殺內史袁
山松軍旅東討衆出過時

晉安帝元興元年七月大饑九月十月不雨是
年正月司馬元顯以大衆將討桓玄既而玄至
殺元顯五月又遣東征孫恩餘黨十月北討
劉軌

元興二年六月不雨冬又旱是時桓玄奢僭十
二月遂篡位

元興三年八月不雨是時王旅四伐西夏未平

晉安帝義熙六年九月不雨是時王師北討廣
固疆理三州

義熙八年十月不雨是秋王師西討劉毅分遣
伐蜀

義熙十年九月旱十二月又旱井瀆多竭

宋文帝元嘉二年夏旱

元嘉四年秋京都旱

元嘉八年五月揚州諸郡旱

元嘉十九年二十年南兗豫州旱

元嘉二十七年八月不雨至二十八年三月時索
虜南寇

孝武帝大明七年八月東諸郡大旱民飢死者
十六七先是江左以來制度多闕孝武帝立明
堂造五輅是時大發徒衆南巡校獵威自矜大
故致旱災

後廢帝元徽元年八月京都旱

詩妖

魏明帝太和中京師歌兒茲鈴曹子其唱曰其奈汝

宋書志二十二　二十

曹何此詩妖也其後曹爽見誅曹氏遂廢

魏明帝景初中童謠曰阿公阿公駕馬車不竟
阿公東渡河阿公東還當奈何及宣王平奈東
歸至白屋當還鎮長安會帝崩急召之乃
乘追鋒車東渡河終剪魏室如童謠之言也

魏齊王嘉平中有謠曰白馬素羈西南馳其誰
乘者朱虎騎朱虎者楚王彪小字也王淩令狐
愚聞此謠謀立彪事發淩等伏誅彪賜死

吳孫亮初童謠曰吁汝恪何若若蘆草單衣篾

鈎絡於何相求揚子閣楊子閣者反語石子堈
也鈎落鈎帶也及諸葛恪死果以葦席裹身
篾束其要投之石子堈後聽恪故更收斂求之
此堈云

孫亮初公安有白鼉鳴童謠曰白鼉鳴龜背平
南郡城中可長生守死不去義無成南郡城可
長生者有急易以逃也明年諸葛恪敗弟融鎮
公安亦見襲融刮金印龜服之而死鼉有鱗介
甲兵之象又曰白祥也

宋書志二十二　二十二

孫休永安二年將守質子星聚嬉戲有異小子
忽來言曰三公鋤司馬如又曰我非人熒惑星
也言畢上外仰視若曳一匹練有頃沒千寶曰
後四年而蜀亡六年而魏廢二十一年而吳平
於是九服歸晉魏與吳蜀並為戰國三公鋤司
馬如之謂也

孫皓初童謠曰寧飲建業水不食武昌魚寧還
建業死不止武昌居晧尋還都武昌民泝流供
給咸怨毒焉

孫皓遣使者祭石印山下妖祠使者因以丹書

巖曰楚九州渚吳九州都揚州士作天子四世

治太平吳皓聞之意益張曰從大皇帝至朕四

世太平之主非朕復誰恣虐踰甚尋以降亡近

詩妖也

孫皓天紀中童謠曰阿童復阿童銜刀游渡江

不畏岸上虎但畏水中龍晉武帝聞之加王濬

龍驤將軍及征吳江西衆無過者而王濬先定

秣陵

晉武帝太康後江南童謠曰局縮肉數橫目中

國當敗吳當復又曰宮門柱且莫朽吳當復在

三十年後又曰雞鳴不拊翼吳復不用力于時

具人皆謂在孫氏子孫故竊發乱者相繼按橫

目者四字自吳亡至晉元帝興幾四十年皆如

童謠之言元帝懦而少斷局縮肉直斥之也干

寶云不知所斤諱之也

太康末京洛始爲折楊柳之歌其曲始有兵革

苦辛之詞終以禽獲斬截之事是時三楊貴盛

而族滅太后廢黜而幽死

晉惠帝永熙中河內溫縣有人如狂造書曰光

文長大戟爲牆毒藥雖行戟還自傷又曰兩

火沒地哀哉秋蘭歸形街郵路人爲歎及楊駿

居內府以戟爲衛死時又爲戟所害楊太后被

廢賈后絕其膳八日而崩葬街郵亭止百姓哀

之兩火武帝諱蘭楊后字也

永熙中童謠曰二月末三月初荊筆楊版行詔

書宮中大馬幾作驢楊駿初專權楚王尋用事

幾作驢

故言荊筆楊版也二人不誅則君臣禮悖故云

晉惠帝元康中京洛童謠曰南風起吹白沙遙

望魯國何嗟峩千歲髑髏生齒牙又曰城東馬

子莫嚨呦比至三月纒汝纓南風賈后字也白

晉行也沙門太子小名也魯賈謐國也言賈后

將與謐爲乱以危太子而趙王因纍咀嚼豪賢

以成篡奪也是時愍懷頗失衆望卒以廢黜不

得其死

元康中天下商農通筭大都曰童謠曰屠蘇鄣著
曰覆兩耳當見瞎兒作天子及趙王篡位其目
實眇焉從王倫既篡洛中童謠曰屠蘇從北來鼻
頭汗龍從南來登城看水從西來灌灌數月
而齊王冏成都河間義兵同會誅倫按成都西番
而在鄴故曰虎從北來齊東番而在許故曰龍
從南來河間水區而在關中故曰水從西來齊
留輔政居宮西中童謠曰無君之心故言登城看也
晉惠帝太安中童謠曰五馬游渡江一馬化為
龍後中原大亂宗蕃多絕唯琅邪汝南西陽南
頓彭城同至江表而元帝嗣晉矣
司馬越還洛有童謠曰洛中大鼠長尺二若不
蚤去大狗至及苟晞將破汲桑又謠曰元超兄
弟大落度上桑打棋為苟作由是越惡晞奪其
宛州隉難逑構
晉愍帝建興中江南歌謠曰訇如白阮破合集
持作鮋揚州破換敗吳興覆頏頻按白者晉行
阮器有口屬覚瓦賀剛亦金之類也訇如白阮

破者言一都傾覆王室大壞此合集推作鮋者
言元皇帝鳩集遺餘以主社稷未能克復中原
偏王江南故其喻小也及石頭之事六軍大潰
京邑阻水而相持月餘日焚燒城邑井堙木
兵人抄掠京邑爰及二宮其後三年錢鳳復攻
路籍都縣充父子授首當與誅者以百數所謂
刑矣鳳等敗退沈充將其黨還吳興管軍踵之
楊州破換敗吳興覆頏頻瓦器又小於鮋也
晉明帝太寧初童謠歌曰惻力惻力放馬山側
諸公所破也
晉成帝之末民間謠曰礚礚何隆隆䮂車入梓
宮少日而宮車晏駕
大馬死小馬餓高山崩石自破及明帝崩成帝
幼為蘇峻所逼遷于石頭御饍不足高山崩言
峻尋死石峻弟蘇石也峻死後石據石頭蓋為
晉成帝咸康二年十一月河北謠語曰麥入土
殺石虎後如謠言
庚亢初出鎮武昌出石頭百姓於岸上歌曰庚

公王武昌翩翩如飛烏庚公還揚州白馬牽旐
旐又曰庚公初上時翩翩如飛烏庚公還揚州
白馬牽流蘇後連轡不入及薨還都葬
庚義在吳郡吳中童謠曰庚寧食下湖荇不食上
湖荇庚吳没命喪復殺王領軍無幾而庚義王
洽相繼亡

阿子汝聞不
然輒云阿子汝聞不無幾而穆帝崩太后哭曰
晋穆帝外平中童子輩忽歌於道曰阿子聞曲
外平末民間忽作廉歌有危謙者聞之曰廉者

也歌云白門廉宫廷廉内外悉臨國家其大
譚平少時而穆帝晏駕
晋哀帝隆和初童見歌曰升平不滿斗隆和那
得久相公入石頭啞下徒跣走帝聞而惡之復
改年曰興寧民復歌曰雖復改興寧亦復無
聊生哀帝尋崩外平五年穆帝崩不滿斗不
至十年也
晋海西公太和中民歌曰青青御路楊白馬紫

游轡汝非皇太子那得甘露粲白者金行馬者
國族紫為奪正之色明以紫間朱也海西公尋
廢三子非海西子竝死溢以馬轅死之明日南
方獻甘露
太和末童謠云犁牛耕御路白門種小麥如謠言
西被廢慮吳民犁耕其門前以種小麥及海
晋海西公生皇子百姓歌云鳳皇生一雛天下
莫不喜本言是馬駒今定成龍子其歌甚美其

旨其微海西公不男使左右向龍與内侍接生
子以為己子

栢石民為荊州鎮上明民忽歌曰黄昙雲子曲終
又曰黄昙雲楊州大佛來上明頃之而石民死
王忱為荊州黄雲子乃是王忱之字也忱小字
佛大是大佛來上明也
太元末京口謠曰黄雌鷄莫作雄父啼一旦去
毛衣衣被拉颯柂尋王恭起兵誅王國寶旐為
劉牢之所敗也
司馬道子於東府造土山名曰靈秀山無幾而

孫恩作亂再踐會稽會稽道子所封靈秀恩
之字也

庾楷鎮歷陽民歌曰重羅犁重羅犁使君南上
無還時後楷南奔桓玄為玄所誅

殷仲堪在荊州童謠曰芒籠目繩縛腹殷當敗
桓當復無幾而仲堪敗桓玄有荊州

毛恭鎮京口舉兵誅王國寶百姓謠云昔年食
白飯今年食麥麨天公誅讁汝教汝捻嚨嚨
喉喝復喝京口敗復敗昔年食白飯言得志也
今年食麥麨麨其精已去明將敗也天公將
加讁讁而誅之也捻嚨喉氣不通死之祥也敗
復敗丁寧之辭也恭尋死京都大行咳疾而喉
並喝焉

王恭在京口民間忽云黄頭小人欲作賊阿公
在城下指縛得又云黄頭小人欲作亂賴得金
刀作蕃扞黄字上恭字頭也小人恭字下也尋
如謠者言焉

晉安帝隆安中民忽作懊惱歌其曲中有草生

可擊結女兒可擊抱之言桓玄既篡居天位義
旗以三月二日埽定京都玄之宫女及迴薫之
家子女伎妾悉為軍賞東及甌越北流淮泗皆
人有所獲焉時則草可結事則女可抱信矣

桓玄既篡童謠曰草生及馬腹烏啄桓玄目又
云征鐘落地桓進走征鐘至藏之服桓四體之下
稱玄自下居上猶征鐘之厠歌謠下體之詠民
口也而云落地隆地之祥進走之言其驗明矣
敗走至江陵五月中誅如其期焉桓玄時民謠語

司馬元顯時民謠詩云當有十一口當為兵所
傷木亘當時走入浩浩鄉又云金刀既以刻
娌金城中此詩云襄陽道人竺曇林所作多
所道行於世孟顗釋之曰十一口者玄字象也
金刀劉也倡義諸公皆多姓劉娌娌美盛貞也
木亘桓也桓氏當悉走入關洛故云浩浩鄉也

桓玄得志童謠曰長干巷巷長干今年教郎君
明年斬諸桓及玄走而諸桓悉誅焉郎君司馬
元顯也

元顯世

晉安帝義熙初童謠曰官家養蘆化成荻蘆
生不止自成積其時官養蘆龍寵以金紫奉以
名亦養之巳極而不能懷我好晉舉兵內伐遂
成釁敵也蘆生不止自成積及蘆龍作亂時人
焉思童謠惡其有成積之言識者曰荄夷蘊崇
之又行火焉是草之窮也伐斫以成積又以為
薪亦蘆荻之終也其盛既極亦將荄夷而為積
焉龍既窮其兵勢盛其舟艦卒以滅亡僵屍如
積焉

盧龍據有廣州民間謠云蘆生漫漫竟天半後
擁有上流數州之地內逼京輦應天半之言
義熙三年中小兒相逢於道輒舉其兩手曰盧
健健次曰闊嘆闊嘆未復曰翁年老翁年老當
時莫知所謂其後盧龍內逼舟艦蓋川健之
謂也既至查浦屢剋期欲與官闊嘆闊嘆之應
也
昔溫嶠令郭景純每筮當是不敢盡言吾等與

國家同安危而曰元吉軍有成也於是暢同討
滅王敦翁年老舉公有期顧之慶知妖逆之徒
自然消珍也其時復有謠言曰盧楷楷逆水流
東風忽如起那得入石頭盧龍果敗不得入為
石頭

符堅中童謠曰阿堅連牽三十年後若欲敗時
當在江湖邊後堅敗於淝水在位凡三十年
符堅中謠語云河水清復清符詔死新城堅為
姚萇所殺死於新城

符堅中歌云魚羊田斗當滅秦魚羊鮮也田斗
甲也堅自号秦言滅之者鮮甲也其舉臣諫堅
令盡誅鮮卑堅不從及淮南敗還為慕容沖所
攻亡奔姚萇身死國滅

毛蟲之孽

晉武帝大康六年南陽送兩足虎此毛蟲之孽
也識者為其文曰武形有齒金虎失儀聖主應
夫斯異何為言兆亂也京房易傳曰足少者下
不勝狂也干寶曰虎者陰精而居于陽金獸也

南陽火名也金精入火而失其形玉室亂之妖
也六水數言水數既極火應得作而金受其敗
也至元康九年始殺太子距此十四年二十
四火始終相乘之數也自帝受命至愍懷之廢
凡三十五年
太康九年荆州獻兩足獾
太康七年十一月丙辰四角獸見于河間河間
王顒獲以獻兵象也董仲舒以四國為四方
之象後河間王數連四方之兵作為亂階殆其
應也
晉懷帝永嘉五年僵鼠出延陵此毛蟲之孽也
郭景純筮之曰此郡東之縣當有妖人欲稱制
者亦尋自死矣其後吳興徐馥作亂殺太守袁
琇馥亦時滅是其應也
晉成帝咸和六年正月丁巳會州郡秀孝於樂
賢堂有麢見於前獲之孫盛曰夫秀孝天下之
彦士樂賢堂所以樂養賢也晉自喪亂以後風
敎凌夷秀無策試之才孝之四行之實麢興於

前或斯故乎
晉哀帝隆和元年十月甲申有塵入東海第百
姓謹言曰主入東海第識者怪之及海西廢為
東海王先送此第
晉孝武太元十三年四月癸巳祠祖畢有兔行
廟堂上兔野物也而集宗廟之堂不祥莫其焉
宋文帝元嘉二十四年二月雍州送六足麞剌
史陵王表為祥瑞此毛蟲之孽
宋順帝昇明元年象三頭度蔡洲暴稻穀及
園野
犬禍
公孫淵家有犬冠幘絳衣上屋此犬禍也屋上
元陽高危之地天戒若曰淵無上偷自
尊高狗而冠者也及自立為燕王東為魏所滅
京房易傳曰君不正臣欲簒厥妖狗狗出朝門
魏待中應璩在直廬欻見一白狗問衆人無見
者踰年卒近犬禍也
諸葛恪征淮南歸將朝會犬衛引其衣恪曰天

不欲我行乎遂坐有頃復起犬又衛衣乃令遂
犬遂外入車而被害
晉武帝太康九年幽州有犬鼠行地三百餘步
晉惠帝元康中吳郡婁縣民家聞地中有犬聲
掘視得雌雄各一還置窟中覆以磨石宿昔
所在元帝太興中吳郡府舍又得一物頭如此
地得狗名曰賈戶子曰地中有犬名曰地狼同
其後太守張茂為吳興兵所殺案夏鼎志曰掘
實而異名也

晉惠帝永興元年丹陽內史朱達家犬生三
子皆無頭後為揚州刺史曹武所殺
晉孝懷帝永嘉五年吳郡嘉興張林家狗人
言云天下人餓死
晉安帝隆安初吳郡治下狗恒夜吠聚高橋上
人家狗有限而吠聲甚衆或有夜出覘之者云
一狗假有兩三頭皆前向亂吠無幾孫恩亂於
吳會
桓玄將拜楚王已設拜席君臧官陪位玄未及出

有狗來便其席萬衆駭候莫不驚怪玄性猜
暴竟無一言者逐狗改席而已
宋武帝永初二年京邑有狗人言
文帝元嘉二十九年吳興東遷孟慧度婢孿翼
狗通好如夫妻彌年
孝武孝建初顏竣為左衛於省內聞犬子聲在
地中掘焉得烏犬子養之後自死
明帝初晉安王子勛稱偽號於尋陽柴桑有
狗與女人交三日不分離
明帝泰始中枺陵張僧護家犬生豕子
白青白祥
晉武帝太康十年洛陽宮西宜秋里石生地中
始高三尺如香鑪形後如傴人盤薄不可撼窐
劉向說此白青也明年宮車晏駕王宮始騷卒
以亂亡京房易傳曰石立如人庶人為天下雄
此近之矣
晉成帝咸康初地生毛近白青也孫盛以為民
勞之異是後胡滅而中原向化將相皆甘心焉

於是方鎮屢華邊戍仍遷皆擁帶部曲動

有萬數其間征伐徵賦役無寧歲天下擾

動民以疲怨

咸康三年六月地生毛

晉孝武太元二年五月京都地生毛至四年而

氏賊攻襄陽圍彭城向廣陵征戍仍出兵

連不解

太元十四年四月京都地生毛是時符堅滅

後經略多事

【宋志二十】　　三十七

晉安帝元興三年五月江陵地生毛是後江

陵見龍襲交戰者數矢

晉安帝隆安四年閏乙未地生毛或白或黑

晉安帝義熙三年三月地生白毛

義熙十年三月生白毛明年王旅西討司馬

休之又明年此埽關洛

魏明帝青龍三年正月乙亥隕石于壽可光按

左氏傳隕石星也劉歆說曰庶民惟星隕

於宋者象宋襄公將得諸侯而不終也秦

始皇時有隕石班固以爲石陰類又白祥臣

將危君是後司馬氏得政

晉武帝太康五年五月丁巳隕石于溫及河

陽各二

晉武帝太康六年正月隕石于溫三

晉成帝咸和八年五月星隕于肥鄉一

咸和九年正月隕石于涼州

吳孫亮五鳳二年五月陽羡縣離里山大石自

【宋志二十】　　三十八

立按京房易傳曰庶士爲天子之祥也其說曰

石立於山同姓平地異姓干寶以爲孫皓承廢

故之家得位其應也或曰孫休見立之祥也

晉惠帝元康五年十二月有石生于宜年里

晉惠帝永康元年襄陽郡上言得鳴石撞之

聲聞七八里

晉惠帝太安元年丗陽湖靈縣夏架湖有

大石浮二百步而登岸民驚諜相告曰石來

干寶曰尋有石冰入建業

晉武帝太始八年五月蜀地雨白毛此白祥也

是時益州刺史皇甫晏暑代汶山胡從事何

旅固諫不從牙門張弘等因眾之惡誣晏謀逆

害之京房易傳曰前樂後憂歌妖天雨羽又曰

邪人進賢人逃天雨毛其易妖曰天雨毛羽貴人

出走三占皆應也

晉惠帝永寧元年齊王冏舉義軍軍中有小兒

出於襄城紫昌縣年八歲髭體悉白願能卜於

洪範則白祥也

【宋書志三十】 三十九 章東

晉車騎大將軍東嬴王騰自井州遷鎮鄴行次

真定時久積雪而當門前方數尺獨消釋騰怪

而掘之得王馬高尺許曰占齒鐵騰以馬者國姓

上送之以為瑞然論者皆云馬而無齒則不得

食妖祥之兆襄云之徵寨占此白祥也是後騰

為汲桑所殺而晉室遂亡

宋文帝元嘉中徐湛之為丹楊尹夜西門內有

氣如練西南指長數十丈又白光覆屋良久而

轉闕乃消此白祥也

三十五

前廢帝景和元年鄧琬在尋陽種紫花皆曰

青也

木沴金

魏齊王正始末河南尹李勝治聽事有小林激

墮柵受符石虎項斷之此木沴金也勝後旬日

而敗

晉惠帝元康八年三月郊祺壇石中破為二此

木沴金也郊祺壇者求子之神位無故而自毀

太子將危之妖也明年愍懷廢死

濟 宋書志二十一 四十 金沴

晉孝武帝太元十年四月謝安出鎮廣陵始發

石頭金鼓無故自破此木沴金之異也天意若

曰安徒揚經路之聲終無其實鉦鼓不用之象

也八月以疾還是月薨

志第二十一 宋書三十一

宋書志三十二　沈約　新撰

五行三

羽蟲

五行傳曰棄法律逐功臣殺太子以妾為妻則
火不炎上謂火失其性而為災也又視之不明
是謂不哲厥咎舒厥罰恒燠厥極疾時則有草
妖時則有贏蟲之孽時則有羊禍時則有目痾
時則有赤眚赤祥惟水沴火贏蟲劉歆傳以為

火不炎上

魏明帝太和五年五月清商殿災初帝為平原
王納河南虞氏為妃及即位不以為后更立典
虞氏卒毛氏為女為悼皇后后本又微非
所宜升以妾為妻之罰也

魏明帝青龍元年九月洛陽宮鞠室災
二年四月崇華殿災延于南閤繕復之至三年七
月此殿又災帝問高堂隆此何咎也於禮寧有祈
禳之義乎對曰天災變之發皆所以明教誡也

唯率禮脩德可以勝之易傳曰上不儉下不節
孽火燒其室又曰君高臺天火為災此人君
苟飾宮室不知百姓空竭故天應之以旱火從
高殿起也案舊占災火之發皆以臺榭宮室
為誡今宜罷散民役務從約省掃除所災之處
不敢於此有所營造甫嘉禾必生此地以報
陛下虔恭之德不從遂復崇華殿改曰九龍以
郡國前後言龍見者九故以為名多棄法度疲
民逞欲以妾為妻之應也

吳孫亮建興元年十二月武昌端門災改作端
門又災內殿案春秋魯雉門及兩觀災董仲舒
以為天意欲使定公誅季氏若曰去其高顯而
奢僭者也漢武帝世遼東高廟災其說又同今
此與二事頗類也且門者號令所出殿者聽政
之所是時諸葛恪秉政而矜慢族肆孫峻總禁
旅而險害終著武昌孫氏尊號所始天戒若曰
宜除其貴要之首者恪果喪眾殄民峻授政於
綝綝廢亮也或曰孫權毀徹武昌以增太初宮

諸葛恪有遷都之意更起門殿事非時宜故見災
也京房易傳曰君不恤道厥妖火燒宮
吳孫亮太平元年二月朝建業火人火之也是
秋孫綝始秉政矯以亮詔殺呂據滕偷明年又
輒殺朱異棄法律逐功目之罰也
吳孫休永安五年二月白虎門北樓災六年十
月石頭小城火燒西南百八十丈是時嬖人張
布專擅國勢多行無禮而韋昭盛沖終斥不用
兼遣蔡戰等為使驚擾州郡致使交阯反亂是
其咎也

吳孫皓建衡二年三月大火燒萬餘家死者七
百人案春秋齊火劉向以為桓公好內聽女口
妻妾數更之罰也晧後宮萬餘女調數行其中隆
臣名士誅斥甚眾故有大火
寵佩自呈后璽者又多矣故有大火
晉武帝太康八年三月乙丑震火西閤楚王所
止坊及臨商觀燬
十年四月癸丑崇賢殿災十月庚辰含章鞫

室儉成堂前廡內坊東屋燀章殿南閤火時有
上書者曰漢王氏五族兄弟迭任令揚氏三公
並在大位天變屢見竊為陛下憂之楊珧由是
乞退是時帝納馮統之間廢張華之功聽楊駿
之譖離衛瓘之寵逐功臣之罰也明年宮車
晏駕其後楚王承發之旨戮害二公身亦不
免震災其後坊又天意乎
晉惠帝元康五年閏月庚寅武庫火張華疑有
亂先固守然後救災是以累代異寶王莽頭孔

子履漢高斷白蛇劍及二百萬人器械一時蕩
盡是後懟懷見殺殺太子之罰也天戒若曰夫
設險擊柝所以固其國儲積戎器所以戒不虞
令家嗣皆曰武庫火而氏羌反太子見廢則四
將誰備析將傾社稷將泯禁兵無所復施皇旅又
元康八年十一月高原陵火是時賈后凶恣賈
謐擅朝惡積臬稿空見誅絕天戒若曰臣妾之
不可者雖親貴莫比猶宜忍而誅之如吾燔高

原陵也。帝既眠弱，而張華又不納襄顏劉卞之謀，故后遂與謐譖殺太子也。干寶云：高原陵火，太子廢其應也。漢武帝世，高園便殿火，董仲舒對與此占同。

晉惠帝永康元年，帝納皇后羊氏，后將入宮，衣中忽有火，衆咸怪之。太安二年，后父玄之以成都之逼憂死。城而殺其叔父，皆同之，是後還立而復廢者四。又詔賜死，荀藩表全之，雖末還在位，然憂折辱，終古未聞此，聲火之應也。

晉惠帝永興二年七月甲午，尚書諸曹火，延崇禮闥及閣道。夫百揆，王化之本，王者棄法律之應也。清河王覃入爲晉嗣，不終于位，又殺太子之罰也。

晉孝懷帝永嘉四年十一月，襄陽火，死者三千餘人。是時王如自號大將軍、司雍二州牧，衆四五萬，攻略郡縣，以爲已邑，都督力屈，嬰城自守，賊遂攻逼襄陽，此下陵上、陽失節、火災出也。

晉元帝太興中，王敦鎮武昌，武昌火起，與衆救之，救於此而發於彼，東西南北數十處俱應，數不絕。班固所謂濫炎妄起，雖興師不能救之之謂也。干寶曰：此臣而君行也，陽失節之災也。

晉元帝永昌二年正月癸巳，京都大火。三月，饒安、東光、安陵三縣火，燒七千餘家，死者萬五千人。

晉明帝太寧元年正月，京都火。是時王敦威侮朝廷，多行無禮，內臣下感懷怨毒，極陰生陽，故有火災，與董仲舒說春秋陳火同事也。

晉穆帝永和五年六月，震災石虎太武殿及兩廟、端門，光爛照天，金石皆盡，火月餘乃滅。是年四月，石虎死矣，其後胡遂滅亡。

晉海西太和中，郗愔爲會稽，六月大旱，災火燒數千家，延及山陰倉米數百萬斛，炎烟蔽天，不可撲滅。

晉孝武帝寧康元年三月，京都風火大起，是時桓溫入朝，志在陵上，少主踐位，人懷憂恐，此與大寧火同事。

晉孝武帝太元十年正月立國子學學生多頑
囂因風放火焚房百餘間是後考課不厲賞黜
無章有育才之名無收賢之實書去知人則哲
此不哲之罰先兆也
太元十三年十二月乙未延賢堂災丙申鑫斯
則百堂及客館驃騎庫皆災于時朝多醉政衰
陵日兆不哲之罰皆有象類主相不悟終至亂
亡去

晉安帝隆安二年三月龍舟二乗災是永洽火也

■宋書志二十二　　七　　陳壽

晉安帝元興元年八月庚子尚書下舍曹火
元興三年十月盧循攻略廣州刺史吳隱之閉城固
守是年十月壬戌夜大火起時民人避寇盈滿
城內隱之懼有應賊但務嚴兵不先救火由是
府舍林燒湯盡死者萬餘人因遂散潰悉為
賊擒殂與襄陽火同占也

晉安帝義熙四年七月丁酉尚書殿中吏部
曹火

義熙十一年京都所在大行火災吳界尤甚火

防甚峻猶自不絕王引時為吳郡白日在聽事上
見天空有一赤物下狀如信幡徑集路南人家屋
上火即復大發弘知天為之災不罪火主

宋文帝元嘉五年正月戊子京邑大火
元嘉七年十二月乙亥京邑火延燒大社北墻
元嘉二十九年三月壬午京邑大火風雷甚壯
後廢帝元徽三年正月已已京邑大火
元徽三年三月戊辰京邑大火燒二岸數十家

恒燠

二百四十七　[宋書志二十二]　　八　　麥

庶徵之恒燠劉向班固以冬亡冰及霜不殺草
應之京房易傳又曰夏則暑殺冬則物華實
吳孫亮建興元年九月桃李華孫權世政煩
賦重民彫於役是時諸葛恪始輔政息校官原
逋責除關梁崇寬厚此舒緩之應也一說桃
李寒華為草妖或屬華孽
魏少帝景元三年十月桃李華自高貴鄉死之
後晉文王深樹恩德事當變緩此其應也
晉穆帝永和九年十二月桃李華是時簡文輔

政事多弛略舒緩之應也

宋順帝昇明元年十月於潛桃李橞結實

草妖

漢獻帝建安二十五年春正月魏武帝在洛陽
將起建始殿伐濯龍樹而血出又掘徙梨根傷
亦血出帝惡之遂寢疾是月崩蓋草妖又赤祥
也是歲魏文帝黃初元年也

吳孫亮五鳳元年六月交趾稊草化為稻旦三
苗將亡五穀變種此草妖也其後亮廢

蜀劉禪景耀五年宮中大樹無故自折譙周憂
之無所與之言乃書柱曰眾而大其之會具而
授若何復言曹者大也魏者大也眾而大天下
其當會也具而授如何復有立者平蜀果亡如
周言此草妖

吳孫皓天璽元年吳郡臨平湖自漢末穢塞
是時一夕忽開除無草長老相傳此湖塞天下
亂此湖開天下平吳壽亡而九服為一

吳孫皓天紀三年八月建業有鬼目菜生工黃狗

宋書志二十二　九

家依綠棗樹長丈餘莖廣四尺厚二分又有賣
菜生工吳平家高四尺如枇杷形上圓徑一尺八
寸莖廣五寸兩邊生葉綠色東觀案圖名鬼目
作芰〔草〕賣菜作平慮遂以狗為侍芝郎平為平
慮郎皆銀印青綬千寶曰明年晉平吳王濬止
舡正得平渚姓名顯然指事之微也黃狗者吳
以土運承漢故初有黃龍之瑞及其季年而有
鬼目之妖託黃狗之家黃稱不改而貴賤大殊天
道精微之應也

晉惠帝元康二年春巴西郡界竹生花紫色結
實如麥外皮青中赤白味甘

元康九年六月庚子有桑生東宮西廂長丈
餘甲辰枯死此與朐太戊同妖太子不能悟故
至廢戮也班固稱野木生朝而暴長小人將暴
居大臣之位危亡國家象朝將為墟也是後孫
秀張林尋用事遂至大亂

晉惠帝永康元年四月丁巳立皇孫臧為皇太
孫五月甲子就東宮桑又生於西廂明年趙倫

宋書志二十二　十　楊榮

篡位鴆殺藏此與愍懷同妖也

永康元年四月壯武國有桑化爲柏是月張華遇害

晉孝懷帝永嘉三年冬項縣有桑樹有聲如解村民謂之桑林哭案劉向說桑者喪也又爲哭聲不祥之甚是時京師虛弱胡寇交逼司馬越無衞上國之心四年冬委而南出至五年春薨千此城石勒邀其衆圍而射之王公以下至庶人死者十餘萬人又剖越棺焚其尸是敗也中原無所請命洛京尋沒桑哭之應也

永嘉六年五月無錫縣有四株菜蕫樹相摎而生狀若連理先是郭景純籤延陵偃鼠遇臨之益曰後當復有妖樹生若瑞而非辛螽之木也僮有此東南數百里必有作逆者其後徐馥作亂此草妖也郭以爲木不曲直

永嘉六年七月豫章郡有樟樹久枯是月忽更榮茂與昌邑柘社復生同占懷帝不終其祚元帝由支族興之應也

大百十　宋書志二十二　庶　十二

晉明帝大寧元年九月會稽剡縣木生如人面是後王敦稱兵作逆禍敗無成漢哀靈之世並有此妖而人貌備具故其禍亦大今此但人面而巳故其變亦輕

晉成帝咸和六年五月癸亥曲阿有柳樹倒地六載是月忽復起生咸和九年五月甲戌吳雄家有死榆樹是日因風雨起生與漢上林斷柳起生同象初康帝爲吳王千時雖政封琅邪而猶食吳郡爲邑是帝越正體饗國之象也曲阿先亦吳地象見吳邑雄舍又天意也

晉哀帝興寧三年五月癸卯盧陵西昌縣脩明家有死栗樹是日忽起生時孝武年四歲而脩明文居蕃四海心及得位垂統則祚隆孝武識者竊曰西昌脩明之祥應之矣是與漢宣帝頗同象也

晉海西太和元年涼州楊樹生松天戒若曰松不改柯易葉楊者柔脆之木此永久之業將集危亡之地是後張天錫降氐

三百七十　宋書志二十二　十二　何宗古

晉孝武太元十四年六月建寧銅樂縣枯木斷
折忽然自立相屬京房易傳曰棄正作淫厥妖
木斷自屬妃后有專木枡乃立是時治道方僻
多失其正其後張夫人專寵又帝崩兆庶歸咎
張氏焉

殆與吳終同象也

晉安帝元興三年荊江二界生竹實如麥

晉安帝義熙二年九月揚州營揚武將軍陳蓋
家有苦蕒菜莖高四尺六寸廣三尺二寸此

十三　　李譓

義熙中宮城上御道左右皆生蕒藜章妖也蕒
藥有棘不可踐而行生牆及馳道天戒若曰
人君拱嘿不能聽政雖居宸極猶若空宮雖有
御道未嘗馳騁皆生蕒藥若空廢也

義熙八年太社生薰樹干壇側黨於文尚黑宋
水德將王之符也

羽蟲之孽

魏文帝黃初四年五月有鵜鶘鳥集靈芝池案
劉向說此羽蟲之孽又青祥世詔曰此詩人所

謂汙澤者也曹詩刺恭公遠君子近小人今豈
有賢智之士處于下位否則斯鳥胡為而至哉
其博舉天下儁德茂才獨行君子以答曹人之
刺於是楊彪管寧之徒咸見薦舉此謂覩妖
知懼者也雖然不能優容亮直而多溺偏私矣
京房易傳曰辟退有德厥妖水鳥集于國井

黃初末宮中有鸇生鷹只爪俱赤此與商紂
隱同象

景初元年又有鸇生鉅鷇於衛國清桃里李

十四

蓋家刑若鷹吻似燕案劉向說此羽蟲之孽又赤
眚也高堂隆此魏室之大異宜防鷹揚之臣於
蕭牆之內其後晉宣王起遂有魏室

漢獻帝建安二十三年禿鶖鳥集鄴宮文昌
殿後池明年魏武王薨

魏文帝黃初三年又集芳林園池七年又
集其夏文帝崩景初末又集芳林園池前世再
至輒有大喪帝惡之其明年崩

蜀劉禪建興九年十月江陽至江州有鳥從江

南飛渡江此不能達隋水死者以千餘是時諸
高亮連年動眾志吞中夏而終死渭南所圖不
遂又諸將分爭頗喪徒旅烏比飛不能達隨水
死皆有其象也亮竟不能過渭又其應乎此
與漢楚國烏闕隨四水幅類矣
魏明帝青龍二年戴鵀巢鉅鹿人張珝博學
有高節不應衰紹高餘之命魏太祖辟亦不
至優游嘉遁門徒數百太守王肅雅敬焉時
年百餘歲謂門人曰戴鵀陽鳥而巢于門陰
此凶祥也乃援琴歌詠作詩一首旬日而卒按
占羽蟲之孽也
魏明帝景初元年陵霄閣始構有鵲巢其上
雖體白黑雜色此羽蟲之孽又白黑祥也帝以
問高堂隆對曰詩云惟鵲有巢惟鳩居之今
興起宮室而鵲來巢此宮室未成身不得居
之之象天意若曰宮室未成將有他姓制御之不
可不深慮於是帝改容動色
吳孫權赤烏十二年四月有兩鳥銜鵲臨東館

宋志二十二　十五

權使領丞相朱據燎鵲以祭案劉歆說此羽
蟲之孽又黑祥也視不明聽不聰之罰也是時
權意溢德衰信讒好殺二子將相俱殆
觀妖不悟加之以燎昧道之甚者也明年太子和
廢魯王霸賜死朱據左遷陸議憂卒是其應
也東館典教之府鵲慣東館又天意乎
遣之長沙有鵲巢其帆檣和故宮僚聞之皆憂
吳孫權太元二年正月封前太子和為南陽王
惨以為檣末傾危非父安之象是後果不得其死
吳孫亮建興二年十一月大鳥五見于春申吳人
以為鳳皇明年改元為五鳳漢桓帝時有五色
大鳥司馬彪云政治衰缺無以致鳳乃羽蟲孽耳
孫亮未有德政孫峻驕暴方甚此與桓帝同
事也案瑞應圖大鳥似鳳而為孽者非一疑皆
是也
吳孫皓建衡三年西苑言鳳皇集以之改元義
同於亮
晉武帝泰始四年八月翟雉飛上閶闔門趙倫

宋書志二十二　十六

既篡洛陽得異鳥莫能名倫使人持出周旋城
邑匝以問人積日見之逆自言曰
服雷烏騎持者卽還白倫倫使更求小兒至又
見之將入宮密籠鳥閉戶中明日視悉不見
此羽蟲之孽文妖之甚者也
趙倫篡位有鶡入太極殿雉集東堂按太極東
堂皆朝享聽政之所而鶡雉同日集之者天意
若曰不當居此位也詩云雉之疆疆鶡之奔奔
人之無良我以為君其此之謂乎昔敎宗感雉

雛懼而脩德觀二物曾不知戒故至滅亡也
晉孝懷帝永嘉元年二月洛陽東北步廣里地
陷有鶩出蒼色者飛翔沖天白者止焉此羽蟲
之孽又黑白祥也董養曰步廣周之狄泉盟會
地也白者金色蒼為胡象其可盡言乎是後劉
淵石勒相繼擅華懷愍二帝淪滅非所
晉孝懷帝世周玘家有鶩在籠中而頭斷籠外
玘必後家誅
晉明帝太寧三年八月庚戌有鳥二蒼黑色翼

廣一丈四尺其一集司徒府射而殺之其一集
市北家人舍亦獲焉此羽蟲之孽又黑祥也閭
月戊子帝崩後有蘇峻祖約之亂
晉成帝咸和二年正月有五鸜烏集殿庭此又
白祥也是時庾亮苟崇謀將召蘇峻有言不
從之咎故白祥先見也三年二月峻果作亂宮
室焚毀化為汙萊其應也
晉成帝咸康八年七月白鷺集殿屋是時康帝
始卽位此不永之祥也後涉再碁而帝崩劉向

曰野鳥入處宮室將空張瑾在涼州正朝放住
雀諸鳥出手便死左右放者悉飛去
晉孝武帝太元十六年正月雉巢太極東頭鴟
尾又巢國子學堂西頭十八年東宮始成十九
年正月雉又巢其西門此殆與魏景初同占學
堂風敎所聚西門金行之祥也
晉安帝義熙三年龍驤將軍朱稛成壽陽婢炊
飯忽有羣烏集竈競來啄啄婢驅逐不去有獵
狗咋殺烏雉餘者因共啄狗狗卽死又啄肉唯餘

晉存五年六月猗死

宋武帝永初三年臨軒拜徐羨之為司徒百僚

陪位有二野鶴集太極鴟尾鳴呼

少帝景平二年春鶴巢太廟西鴟尾驅去復還

文帝元嘉二年春有江鷗鳥數百集太極殿前

小階內明年誅徐羨之等

羊禍

晉成帝咸和二年五月司徒王導廨羊生無後

足此羊禍也京房易傳曰足少者下不勝任也

明年蘇峻入京都導與成帝俱幽石頭僅乃免

身是其應也

宋孝武帝大明七年永平郡獻三角羊羊禍也

赤眚赤祥

公孫淵時襄平比市生肉長圍各數尺有頭目

口喙無手足而動搖此赤眚也占曰有形不成

有體無聲其國滅亡淵尋為魏所誅

吳成將鄧嘉殺豬祠神治畢縣之忽見一人頭

姓食肉嘉引弓射中之咋咋作聲繞屋三日近

赤祥也後人白嘉謀此叛盟門被誅京房易妖

曰山見祿江于邑邑有兵狀如人頭赤色

吳諸葛恪將見誅盟洗水血臭侍者授衣衣亦

臭此近赤祥也

晉武帝太康七年十一月河陰有赤雪二頃此

赤祥也後涉四載而帝崩王宮遂亂

晉惠帝元康五年三月呂縣有流血東西百餘

步此赤祥也元康末帝凶極亂僵尸流血之應

也干寶以為後八載而封雲亂徐州殺傷數萬

人是其應也

晉惠帝永康元年三月尉氏雨血夫政刑舒緩

則有常宮天燠赤祥之妖此歲正月送愍懷太子

于許宮天戒若曰不宜緩恣姦人將使太子冤

死惠帝愚眊不悟是月愍懷遂斃於是王室釁

成禍流天下淖齒殺齊閔王曰天雨血沾衣天

以告也此之謂乎京房易傳曰歸獄不解茲謂

追非厥咎天雨血故謂不親民有怨心不出三

年無其宗人又曰佞人祿功臣毅天雨血

晉愍帝建興四年十二月丙寅丞相府斬督運
令史淳干伯血逆流上柱二丈三尺此亦祥也是
時後將軍褚裒鎮廣陵丞相揚聲比伐伯以督
運稽留及役使藏罪依征軍法戮之其息訴稱
伯督運事訖無所稽之受賕役使罪不及死兵
家之勢先聲後實實是屯戍非爲征軍自四年
以來運漕稽停皆不以軍興法論僚佐莫之理
及有此變司直彈劾衆官元帝又無所問於是
頻旱三年干寶以爲冤氣之應也郭景純曰
血者水類同屬於坎坎爲法家水平潤下不宜
逆流此政有咎失之徵也

臣沈約　新撰

五行四

謂蝗屬也

眚黑祥惟火沴水魚孽劉歆傳以為介蟲之孽
則有豕禍時則有魚孽時則有耳痾時則有黑
是謂不謀厥罰恒寒厥極貧時則有鼓妖時
不潤下謂水失其性而為災也又曰聽之不聰
五行傳曰簡宗廟不禱祠廢祭祀逆天時則水

水不潤下

魏文帝黃初四年六月大雨霖伊洛溢至津陽
城門漂數千家流殺人初帝即位自鄴遷洛營
造宮室而不起宗廟太祖神主猶在鄴嘗於建
始殿饗祭如家人之禮終黃初不復還鄴而負
丘方澤南北郊社稷等神位未有定所此簡宗
廟廢祭祀之罰也京房易傳曰顓事者加誅罰
絕理厥災水其水也雨殺人已陷霜大風黃
饑而不損茲謂泰厥大水水殺人避遏有德茲謂

狂厥水水流殺人也已水則地生蟲歸獄不解茲
謂追非厥水寒殺人追誅不解茲謂不理厥水
五穀不收大敗不解茲謂皆陰厥水流入國邑
隕霜殺穀
吳孫權赤烏八年夏茶陵縣鴻水溢出流漂二
百餘家十三年秋丹楊故鄣等縣又鴻水溢案

權稱帝三十年竟不於建業創七廟但有父堅
一廟遠在長沙而郊禋闕焉嘉禾初君臣秦宜
郊祀又弗許末年雖一南郊而北郊遂無聞焉

且三江五湖衡霍會稽皆吳楚之望亦不見秩
反禮羅陽妖神以求福助天意若曰權簡宗廟
不禱祠廢祭祀示此罰欲其感悟也

太元元年又有大風涌水之異是冬權南郊疑
是臨歿徵平還而寢疾明年四月薨曰權時

信納譖訴雖陸議勳重子和儲貳猶不得其終
與漢安帝聽讒兔楊震廢太子同事也且亦烏中
無年不用兵百姓愁怨八年秋將軍馬茂等又

圖迷云

魏明帝景初元年九月淫雨過常冀兗徐豫四州水出沒溺殺人漂失財產帝自初即位便淫奢極欲多占幼女或奪士妻崇飾宮室妨害農戰觸情恣欲至是彌甚號令逆時饑不損後此水不潤下之應也

吳孫亮五鳳元年夏大水亮即位四年乃立權廟又終吳世不上祖宗之號不脩嚴父之禮昭穆之數有闕亮及休皓又並廢二郊不秩羣神此簡宗廟不祭祀之罰也又是時孫峻專政陰勝陽之應乎

宋書志二十三 三〇 三 港

吳孫休永安四年五月大雨水泉涌溢昔歲作浦里塘功費無數而田不可成士卒死叛或自賊殺百姓愁怨陰氣盛也休又專任張布還盛沖等吳人賊之之應也

吳孫休永安五年八月壬午大雨震電水泉涌溢

晉武帝太始四年九月青徐兗豫四州大水七年六月大雨霖河洛伊沁皆溢殺二百餘人帝即尊位不祠三[后祖宗之號太始二年又除明

堂南郊五帝坐同祠昊天上帝一位而已又省先后配地之禮此簡宗廟廢祭祀之罰與漢成帝同事一日昔歲及此年虜蘭泥白虎文泰涼殺刺史胡烈牽弘遣田璋討泥又司馬望以大衆次淮北禦孫皓內外兵役西州饑亂百姓愁怨陰氣盛也咸寧初上祖宗號太熙初還復五帝位

晉武帝咸寧元年九月徐州水二年七月癸亥河南魏郡暴水殺百餘人八月荊州郡國五六

宋書志二十三 二〇九十七 四 倍

水去年采擇良家子女露面入殿帝親簡閱務在姿色不訪德行有蔽匿者以不敬論搢紳愁怨天下非之陰盛之應也

咸寧三年六月益梁二州郡國八暴水殺三百餘人七月荊州大水九月始平郡大水十月青徐兗豫荊益梁七州又水是時賈充等用事日盛而正人疏外者多

咸寧四年七月司冀兗豫荊揚郡國二十大水

晉武帝太康二年六月泰山江夏大水泰山流

三百家殺六十餘人江夏亦殺人是時平吳後
王濬為元功而誣劾妄加荀勖為無謀而並蒙
重賞收吳姬五千納之後宮此其應也

太康四年七月司豫徐兗荊揚郡國二十大水
傷秋稼壞屋室有死者

太康八年六月郡國八大水

太康七年九月西方安定等郡國八大水

太康六年三月青涼幽冀郡國十五大水

晉惠帝元康二年有水災

元康五年五月潁川淮南大水六月城陽東莞
大水殺人荊揚徐兗豫五州又大水是時帝即
位已五載猶未郊祀亦嘗不多不身親近簡宗
廟廢祭祀之罰也班固曰王者即位必郊祀天
地望秩山川若乃不敬鬼神政令違逆則霧水
暴至百川逆溢壞鄉邑溺人民水不潤下也

元康六年五月荊揚二州大水按董仲舒說水
者陰氣盛也是時賈后亂朝寵樹賈郭女主專
政之應也

元康八年五月金墉城井水溢漢咸帝時有此
妖班固以為王莽之象及趙倫篡位即此應也
倫廢帝於此城井溢所在又天意乎

元康八年九月荊揚徐兗冀五州大水是時賈
后暴戾滋甚韓謐驕猜彌扇卒害太子旋亦禍
滅

元康九年四月宮中井水沸溢

晉惠帝永寧元年七月南陽東海大水是時齊
王囧秉政專恣陰盛之應

晉孝懷帝永嘉四年四月江東大水是時王導
等潛懷冀戴之計陰氣盛也

晉惠帝大安元年七月兗豫徐冀四州水時將
相力政無尊主心

晉元帝大興三年六月大水是時王敦內懷不
臣傲很作威後終夷滅

大興四年七月大水明年有石頭之敗

晉元帝永昌二年五月荊州及丹揚宣城吳興
壽春大水

晉明帝太寧元年五月丹陽宣城吳興壽陽大
水是時王敦疾害忠良威權震主尋亦誅滅
晉成帝咸和元年五月大水是時嗣主幼沖母
后稱制庾亮以元舅民望決事禁中陰勝陽也
咸和二年五月戊子京都大水是冬蘇峻稱兵
都邑塗炭
咸和四年七月丹楊宣城吳興會稽大水是冬
郭默作亂荊豫共討之半歲乃定
咸和七年五月大水是時帝未親務政在大臣

陰勝陽也
晉成帝咸康元年八月長沙武陵大水是年三
月石虎掠騎至歷陽四月圍襄陽於是加王導
大司馬集徒旅又使趙鳳路永劉九之陳光五
將軍各帥泉戍衞百姓愁怨陰氣盛也
晉穆帝永和四年五月大水是時幼主沖母
后臨朝又將相大臣各爭權政與咸和初同事也
永和五年五月大水
永和六年五月大水

永和七年七月甲辰夜濤水入石頭死者數百
人去年殷浩以私念廢蔡謨逼遍非之又幼主
在上而殷浩交惡選徒聚甲各崇私權陰勝陽
之應也一說濤入石頭江右以為兵占是後殷
浩桓溫謝尚荀羨連年征伐
晉穆帝升平二年五月大水是時桓溫權制朝
廷征伐是專
升平五年四月大水
晉海西太和六年六月京都大水平地數尺侵

及太廟朱雀大航纜斷三艘流入大江丹楊晉
陵吳國吳興臨海五郡又大水稻稼蕩沒黎庶
饑饉初四年桓溫北伐敗績十喪其九五年又
征淮南踰歲乃克百姓愁怨之應也
晉簡文帝咸安元年十二月壬午濤水入石頭
明年妖賊盧竦率其屬數百人入殿略取武庫
三庫甲仗游擊將軍毛安之討滅之
晉孝武帝太元三年六月大水是時孝武幼弱
政在將相

太元五年大水去年氐賊攻没襄陽又向廣陵

於是過徙江淮衆令南渡三州失業道饉相

望謝立雖破俱難等自後征戍不已百姓愁怨

之應也

太元六年六月荆江揚三州大水

太元十年夏大水初八年破苻堅自後有事中

州役無巳歲兵民愁怨之應也

太元十三年十二月濤水入石頭明年十零鮮

甲寇擾司宄鎮戍西北疲於奔命

太元十五年七月兗州大水是時緣河紛爭征

戍勤悴

太元十七年六月甲寅濤水入石頭毀大航漂船

舫有死者京口西浦亦濤入殺人永嘉郡潮水涌

起近海四縣人民多死後四年帝崩而王恭再

攻京師京師亦發大衆以禦之

太元十九年七月荆州彭城大水傷稼

太元二十一年五月癸卯大水是時政事多僻兆

庶非之

太元二十年荆州彭城大水

晉安帝隆安三年五月荆州大水去年殺仲堪

舉兵向京都是年春又殺郗恢陰盛作威之應

也仲堪尋亦敗亡

隆安五年五月大水是時司馬元顯作威陵上

又相玄擅西夏孫恩亂東國陰勝陽之應也

晉安帝元興二年十二月相玄篡位其明年二

月庚寅夜濤水入石頭是時貢使商旅方舟萬

計漂敗流斷骸骴相望江右雖有濤變未有若

斯之甚三月義軍克京都玄敗走遂夷滅

元興三年二月己丑朔夜濤水入石頭漂没殺

人大航流敗

晉安帝義熙元年十二月己未夜濤水入石頭

義熙二年十二月己未夜濤水入石頭明年駱

球父環潛結相傡毅仲文等謀作亂劉稚亦謀

反凡所誅滅數十家

義熙三年五月丙午大水

義熙四年十二月戊寅濤水入石頭明年王旅北

義熙六年五月丁巳大水乙丑盧循至蔡洲

義熙八年六月大水

義熙九年五月辛巳大水

義熙十年五月丁丑大水戊寅西明門地穿涌水
出毀門扉及限七月乙丑淮北災風大水殺人

明年王旅比討關河

義熙十一年七月丙戌大水灌漬太廟百官赴救

宋文帝元嘉五年六月京邑大水七年右將軍到
彥之率師入河

宋書志三十三　十

元嘉十一年五月京邑大水十三年司空檀道
濟誅

元嘉十二年六月丹陽淮南吳興義興五郡
大水京邑乘船

元嘉十八年五月江水汎溢没居民害苗稼明
年右軍將軍裴方明率雍梁之衆伐氐池

元嘉十九年二十年東都諸郡大水

元嘉二十九年五月京邑大水

孝武帝孝建元年八月會稽大水平地八尺後
二年虜寇青冀州遣羽林軍卒討伐

孝武帝大明元年五月吳興義興大水

大明四年八月雍州大水

大明四年南徐南宛州大水

後廢帝元徽元年六月壽陽大水

順帝昇明元年七月雍州大水甚於關羽城時

昇明二年二月於潛翼異山一夕五十二處水出流

漂居民七月丙午朔濤水入石頭居民皆漂没

宋書志三十三　十二

恒寒

庶徵之恒寒劉歆以為大雨雪及未當雨雪而
雨雪及大雨雹隕霜殺菽草皆常寒之罰也京
房易傳曰有德遭險茲謂逆厥異寒誅罰過
深當燠而寒盡六日亦為雹害正不誅茲謂辱
賊寒七十二日殺飛禽走人始去茲謂辱命其寒
物無霜而死涌水出戰不量敵茲謂辱命其寒
雖雨物不戒

吳孫權嘉禾三年九月朔隕霜傷穀按劉向

說誅罰不由君出在臣下之象也是時校事呂
壹專作威福與漢元帝時石顯用事隕霜同應
班固書九月二日陳壽言朔皆明未可以傷穀
也壹後亦伏誅京房易傳曰與兵妄誅茲謂亡
法厥災霜夏殺五穀冬殺麥誅不原情茲謂不
仁其霜夏先大雷風冬先兩乃霜有芒角賊
聖遭害其霜附木不下地佞人依刑茲謂私賊
其霜在草根土隙間不教而誅茲謂虐其霜反

在草下

嘉禾四年七月兩雹又隕霜案劉向說雹者陰
脅陽是時呂壹作威用事詆毀重臣排陷無辜
自太子登以下咸患毒壹毋之而壹反獲封寵異
與春秋公子遂專任兩雹同應也漢安帝信讒
多殺無辜亦兩雹董仲舒曰凡雹皆為有所脅
行專壹之政故也

吳孫權赤烏四年正月大雪平地深三尺鳥獸
死者太半是年夏全琮等四將軍攻略淮南襄
陽戰死者千餘人其後權以讒邪數責讓陸議

議憒憒致卒與漢景武大雪同事也
赤烏十一年四月兩雹是時權聽讒將危太子
其後朱據屈晃以迕意默遭險辱陳象以忠諫族誅
而太子終廢此有德遭險讒誅罰過深之應也
晉武帝太始六年冬大雪
太始七年十二月大雪明年有步闡揚摩之敗
太始九年四月辛未隕霜是時賈充親黨比周
用事與魯定公漢元帝時隕霜同應也
死傷甚衆

晉武帝咸寧三年八月平原安平上黨秦郡霜
害三豆
咸寧三年八月河間暴風寒冰郡國五隕霜傷
穀是後大舉征兵馬隆又帥精勇討涼州
咸寧五年五月丁亥鉅鹿魏郡兩雹傷禾麥辛
卯雁門兩雹傷秋稼
咸寧五年六月庚戌汲郡廣平陳畱滎陽兩雹
丙辰又兩雹損傷秋麥千三百餘頃壞屋百三
十餘間癸亥安定兩雹七月丙申魏郡又兩雹

太康六年二月東海霜傷桑麥

太康六年三月戊辰齊郡臨菑長廣不其等四
縣樂安梁鄒等八縣琅邪臨沂等八縣河間易
城等六縣高陽北新城等四縣隕霜傷桑麥

太康六年六月滎陽汲郡雁門雨雹

太康八年四月齊國天水二郡隕霜十二月大雪

太康九年正月京都大風雨雹發屋拔木四月

隴西隕霜

太康十年四月郡國八隕霜

晉惠帝元康二年八月沛及湯陰雨雹

元康三年四月滎陽雨雹弘農湖華陰又雨雹
深三尺是時賈后凶淫專恣與春秋魯桓夫人
同事陰氣盛也

元康五年六月東海雨雹深五寸十二月丹楊
雨雹

元康五年十二月楊建大

元康六年三月東海隕霜殺桑麥

元康七年五月魯國雨雹七月秦雍二州隕霜

閏月壬子新興又雨雹八月庚子河東弘農又

雨雹兼傷秋稼三豆

晉武帝太康元年三月河東高平霜雹傷桑麥

四月河南河內河東魏郡弘農雨雹傷麥豆五
月東平平陽上黨雁門濟南雨雹傷禾麥三豆

太康元年四月庚午畿內縣二及東平范陽縣
雨雹癸酉畿內縣五又雨雹是時王濬有大功
而權戚互加陷抑帝從容不斷陰陽之應也

太康二年二月辛酉隕霜于濟南琅邪傷麥壬

申琅邪雨雪傷麥三月甲午河東隕霜害桑

太康二年五月丙戌城陽章武琅邪庚寅河東
樂安東平濟陰弘農濮陽齊國頓丘魏郡河內
汲郡上黨雨雹傷禾稼

太康二年六月郡國十六雨雹

太康三年十二月大雪

太康五年七月乙卯中山東平雨雹傷秋稼

太康五年七月甲辰中山雨雹九月南安大雪
折木

殺稼

元康九年三月旬有八日河南滎陽潁川隕霜
傷禾五月雨雹是時賈后凶踪滋甚是冬遂廢
愍懷

晉惠帝永寧元年七月襄城雨雹是時齊王冏
專政十月襄城河南高平平陽風雹折木傷稼

晉惠帝光熙元年閏八月甲申朔霰雪劉向曰
盛陽雨水湯熱陰氣脅之則轉而為雹盛陰雨

雲凝滯陽氣薄之則散而為霰全雪非其時此

聽不聰之應也

晉孝懷帝永嘉元年十二月冬雪平地三尺

永嘉七年十月庚午大雪

晉愍帝建興元年十一月戊午會稽大雨震電
已巳夜赤氣曜於西北是夕大雨震電庚午大
雪安案劉向說雷以二月出八月入此月雷電者陽
不閉藏也既發泄而明日便大雪皆失節之異
也是時劉載僭號平陽李雄稱制於蜀九州幅
裂西京孤微為君失時之象

晉元帝太興二年三月丁未成都風電殺人
太興三年三月海鹽郡雨雹電是時王敦陵上

晉元帝永昌二年十二月幽冀并州大雪

晉明帝太寧元年十二月幽冀并州大雪
太寧二年四月庚子京都大雨雹燕雀死
太寧三年三月丁丑雨雹癸巳隕霜四月大雨雹

是年帝崩尋有蘇峻之亂

晉成帝咸和六年三月癸未雨雹是時帝幼弱

政在大臣

晉成帝咸康二年正月丁巳皇后見于太廟其
夕雨電

咸和九年八月成都雪其日李雄死

晉康帝建元元年八月大雪是時政在將相陰
氣盛也與春秋魯昭公時季孫宿專政同事劉
向日凡雨陰也雪又雨之陰也出非其時迫近
象也

晉穆帝永和三年八月冀方大雪人馬多凍死

永和五年六月臨漳暴震霆雨雹大如升

永和十年五月涼州雪明年八月抱罕護軍張
璀帥宗混等攻滅張祚更立張曜筭玄靚京房
易傳曰夏雪戒臣為亂
永和十一年四月壬申朔雪十二月戊午雷已
晉穆帝升平二年正月大雪
晉孝武帝太元二年四月己酉兩雹十二月大
雪是時帝幼弱政在將相
太元十二年四月己丑兩雹是時有事中州兵

役連歲
太元二十年五月癸卯上虞兩雹
太元二十一年四月丁亥兩雹是時張夫人專
辛及帝暴崩兆庶尤之
太元二十一年十二月連雪二十三日是時嗣
主幼沖冢宰專政
晉安帝隆安二年三月己卯兩雹是秋王恭敗
仲堪入伐終皆誅
晉安帝元興二年十二月酷寒過甚是時桓玄

篡位政事煩苛是其應也晉氏失在舒女則
反之劉向曰周衰無寒歲秦滅無燠年此之謂
也
元興三年正月甲申霰雪又雷雹霰不應同日
失節之應也二月義兵起玄敗
元興三年四月丙午江陵兩雹是時安帝蒙塵
晉安帝義熙元年四月壬申兩雹是時四方未
一鉦鼓日戒
義熙五年三月己亥雪深數寸

義熙五年五月癸巳溧陽兩雹九月己丑廣陵
兩雹明年盧循至蔡州
義熙五年九月己丑廣陵兩雹
義熙六年正月丙寅又雪
義熙六年五月壬申兩雪
義熙八年四月辛未朔兩雹六月癸亥兩雹大
風發屋是秋誅劉蕃等
義熙十年四月辛卯兩雹
宋文帝元嘉九年春京都兩雹溧陽盱眙尤甚

傷牛馬殺禽獸

元嘉十八年三月雨雹二千五虜寇青州

元嘉二十五年正月積雪冰寒

元嘉二十九年五月盱眙雨雹大如雞卵三十年

國家禍亂兵革大起

孝武帝大明元年十二月庚寅大雪平地二尺餘

明年虜侵冀州遣羽林軍北討

明帝泰始五年四月壬辰京邑雨雹

後廢帝元徽三年五月乙卯京邑雨雹

雷震

魏明帝景初中洛陽城東橋洛水浮橋桓楷同

日三廄俱震尋又震西城上候風木飛烏時勞

役大起帝尋晏駕

吳孫權赤烏三年夏震宮門柱又擊南津大橋

桓楷

孫亮建興元年十二月朔大風震電雹是月又雷

兩義同前說亮終廢

晉武帝太康六年十二月甲申朔淮南郡震電雹

太康七年十二月己亥毗陵雷電南沙司鹽都

尉戴亮以聞

太康十年十二月癸卯廬江建安雷電大雨

晉惠帝永康元年六月癸卯震崇陽陵標西南

五百步標破爲七十片是時賈后陷害鼎輔寵

樹私戚與漢桓帝時震憲陵寢同事也后終誅滅

晉惠帝永興二年十月丁丑雷電

晉懷帝永嘉四年十月震電

晉元帝永昌二年七月丙子朔雷震太極殿柱

永昌二年十一月會稽吳郡雨震電

晉明帝大寧元年七月丙子朔雷震太極殿柱

晉成帝咸和元年十月已巳會稽郡大雨震電

咸和三年六月辛卯臨海大雷破郡府內小屋

柱十枚殺人

咸和三年九月二日立冬會稽震電

咸和四年十二月吳郡會稽震電

咸和四年十二月丹楊震電

晉穆帝永和七年七月壬午雷雨震電

晉穆帝升平元年十一月庚戌雷乙丑又雷

升平五年十月庚午雷發東南

晉孝武帝太元五年六月甲寅雷震含章殿四柱

太元五年十二月雷聲在南方

太元十四年七月甲寅震宣陽門西柱

晉安帝隆安二年九月壬辰雷

晉安帝元興三年永安皇后自巳陵將設儀

導入宮天雷震人馬各一俱殪

晉孝帝義熙四年十一月辛卯朔西北疾風癸

丑雷

義熙五年六月丙寅震太廟破東鴟尾徹壁柱

義熙六年正月丙寅雷又雷

義熙六年十二月壬辰大雷

義熙九年十一月甲戌雷乙丑又雷

宋文帝元嘉四年十一月癸丑雷

元嘉五年六月丙寅震太廟破東鴟尾徹壁柱

元嘉六年正月丙寅雷且雪

元嘉七年十月丙子雷

二十三

范

元嘉八年十二月庚辰雷

元嘉九年十一月甲戌雷且雪

元嘉十四年震初寧陵□標四破至地十七年

廢大將軍彭城王義康胥肉相害自此始也

前廢帝景和元年九月甲午雷震

明帝泰始二年九月辛巳雷震

泰始四年十月辛卯雷震

泰始四年十一月癸卯朔雷震

泰始五年十一月乙巳雷震

泰始六年十一月庚午雷

後廢帝元徽三年九月戊戌雷

元徽二年九月丁未雷

元徽三年九月戊午雷震

元徽三年十月辛未雷甲戌又雷

從帝昇明三年二月二十四日丙申震建陽門

鼓妖

晉惠帝元康九年三月有聲若牛出許昌城十

二月廢太子幽于許宮按春秋晉文公柩有聲

二十四

范

如牛劉向以為鼓妖其說曰聲如此怒象也將
有急怒之謀以生兵甲之禍此其類也明年賈后
遣黃門孫慮殺太子撃以藥杵聲聞于外

蘇峻在歷陽外營將軍鼓自鳴如人弄鼓者峻
手自所之曰我鄉土時有此則城空矣俄而作
亂夷滅此聽不聰之訓鼓妖先作也

石虎末洛陽城西北九里石牛在青石趺上忽
鳴喚聲聞四十里虎遣人打落兩耳及尾鐵釘

釘四脚

晋孝武太元十五年三月已酉湖東北有聲如
雷案劉向說以為雷當託於雲猶君託於臣無
雲而天下漸亂孫恩桓玄交陵京邑

吳興長城縣夏架山有石鼓長丈餘面徑三尺
所下有盤石為兄鳴則聲如金鼓三吳有兵晋
安帝隆安中大鳴後有孫靈秀之亂

魚孽

魏晋王嘉平四年五月有二魚集于武庫屋上

此魚孽也王肅曰魚生於淵而亢於屋介鱗之
物失其所也邊將其殆有棄甲之變乎後果有
有東關之敗干寶又以為高貴公兵禍之應二
說皆與班固旨同

晋武帝太康中有鯉魚二見武庫屋上干寶曰
武庫兵府魚有鱗甲亦兵類也魚既極陰屋上
太陽魚見屋上象至陰以兵革之禍干大陽也至
東帝初誅楊駿廢太后矢交館閣元康末賈后
謗殺太子尋亦誅廢十年間母后之難再興是

其應也自是禍亂構芙京房易妖曰魚去水飛

入道路兵且作

蟥蟲

魏文帝黃初三年七月冀州大蟥民饑案蔡邕
說蟥者在上貪苛之所致也是時孫權歸從帝
因其有西陵之役舉大眾龍襲之權遂背叛

晋武帝太始十年六月蟥是時荀賈任政疾害

公直

晋孝子懷帝永嘉四年五月大蟥自幽并司冀至

于秦雖草木牛馬毛鬣皆盡是時天下兵亂漁

獵生民存亡所繫唯司馬越荀晞而已而競為

暴刻經略無章

晉愍帝建興四年六月大蝗去歲胡寇頻攻北

地馮翊翩翻等悉衆禦之是時又禦劉曜為曜

所破西京遂潰

晉元帝太興元年六月蘭陵合鄉蝗害禾稼乙

未東莞蝗蟲縱廣三百里害苗稼

太興元年七月東海彭城下邳臨淮四郡蝗蟲

害禾豆

太興元年八月冀青徐三州蝗食生草盡至于

二年是時中州淪破暴亂滋甚

太興二年五月淮陵臨淮淮南安豐廬江諸郡

蝗食秋麥

太興三年五月癸丑徐州及揚州江西諸郡蝗

吳民多餓死去年王敦并領荊州苛暴之徵自

此興矣又是年初徐州刺史蔡豹帥衆伐周撫

晉孝武帝太元十五年八月兗州蝗是時丁零

寇兗豫鮮卑逼河南征戍不已

太元十六年五月飛蝗從南來集堂邑縣界害

苗稼是年春發取江州兵營甲士二千人家口

六七千人配護軍及東官後尋散亡殆盡又邊

豕禍

將連有征役

吳孫皓寶鼎元年野豕入右司馬丁奉營此豕

禍也後奉見遣攻轂陽無功及皓怒斬其導軍

及舉大衆北出奉及萬或等相謂曰若至華里

不得不各自還也此謀泄奉時雖已死皓追討

轂陽事殺其子溫家屬皆遠徙豕禍之應也襲

遂曰山野之獸來入宮室官室將空又其象也

晉孝懷帝永嘉中壽春城內有豕生兩頭而不

活周馥取而觀之時通數者竊謂曰夫豕北方

之畜胡狄象也兩頭者無上也生而死不遂也

天意若曰勿生專利之謀將自致傾覆也周馥

不悟遂欲迎天子令諸侯俄爲元帝所敗是其

應也石勒亦尋渡淮百姓死者十八九

晉武帝建武元年有豕生八足聽之不聰之罰也

京房易傳曰凡妖作各象其類足多者所任邪

也是後有劉隗之變

晉成帝咸和六年六月錢塘民家豭豕生兩子
皆人面如胡人狀其身猶豕京房易妖曰豕生
人頭豕身者邑且亂此豭豕而產異之甚者也

晉孝武帝太元十年四月京都有豕一頭二身
八足十三年京都民家家產子一頭二身八足
並與建武同妖也是後宰相沈酗不恤朝政近

習用事漸亂國綱至於大壞也

黑眚黑祥

晉孝懷帝永嘉五年十二月黑氣四塞近黑
祥也

宋文帝元嘉二十六年三月幸京口有黑雲暴
起占有兵明年虜南寇至瓜步飲馬于江

火沴水

晉武帝太康五年六月任城魯國池水皆赤如
血案劉向說近火沴水也聽之不聰之罰也京

房易傳曰淫於色賢人潛國家危厥異水流赤

晉穆帝升平三年二月涼州城東池中有火四
年四月姑臧澤水中又有火此火沴水之妖也

明年張天錫殺中護軍張邕邕執政臣也

晉安帝元興二年十月錢塘臨平湖水赤桓玄
諷吳郡使言開除以為已瑞俄而玄敗

志第二十三

有金木水火沴土班固曰不言惟而獨曰時則
時則有下體生上之病時則有黃眚黃祥時則
折時則有脂夜之妖時則有華孽時則有牛禍
心不睿是謂不聖厥咎瞀厥罰恆風厥極凶短
兄則穫穭不成謂土失其性而為災也又曰思
五行傳曰治宮室飾臺榭內淫亂犯親戚侮父

以為嚴蟲之孽謂蠃屬也
有者非一衝氣所沴明其異大也華孽劉歆傳

稼穡不成

甚破壞諸宮增修苑囿犯暑妨農官民疲怠月
都武昌尋還建業又起新館綴飾珠玉壯麗過
麥禾者土氣不養稼穡不成此其義也皓初遷
也按劉向春秋說曰水旱當書水旱而曰大無
姓以饑闓境皆然連歲不已吳人以為傷露非
吳孫晧時當歲無水旱苗稼豐美而實不成百

恆風

多苗而不實為傷又其義也
秋至是夏無水旱無麥者如劉向說也又俗云
曰無水旱之災而草木百穀不孰皆為穫穭不成
臺榭之罰與春秋魯莊公三築臺同應也班固
今季夏不可以興土功皓皆胃之此治宮室飾

魏齊王正始九年十一月大風數十日發屋折
樹十二月戊子晦尤甚動太極東閣

易上收茲謂不順厥風大㢓發屋賦斂不理茲
守義不進茲謂眱厥風與雲俱起折五穀茲臣
隱茲謂亂厥風先風不雨大風暴起發屋折木
異風其風也行不解物不長兩小而傷政悖德
而爽等滅京房易傳曰眾逆同志至德乃潛厥
見終不改革此思心不睿恆風之罰也後踰旬
之憂也是時曹爽區督自專驕僭過慶天戒數
折木昏塵蔽天按管輅說此為時刑大風執政
魏齊王嘉平元年正月壬辰朔西北大風發屋

謂禍厥風絕經紀止即溫溫即蟲蟲專封敓謂
不統厥風疾而樹不搖穀不成辟不思道利敓
謂無澤厥風不搖木旱無雲傷未公常於利敓
謂亂厥風微而溫生蟲蟲害五穀兼正作淫敓
謂惑厥風溫蟟蟲起害有益人之物戾不朝敓
謂叛厥風無恒地變赤雨殺人

吳孫權太元元年八月朔大風江海涌溢平地
水深八尺拔高陵樹二株石碑蹉動吳城兩門
飛落按華覈對後繁賦重區啓不懲之罰也明
年權薨

魏遣大衆三道來攻諸葛恪破其東興軍二軍
亦遏明年恪又攻新城喪衆太半還伏誅
吳孫休永安元年十一月甲午風四轉五復蒙
霧連日是時孫綝一門五矦權傾吳主風霧之
災與漢五矦丁傅同應也十二月丁卯夜又大
風發木揚沙明日緋誅
晉武帝太始五年五月辛卯朔廣平大風折木

晉武帝咸寧元年五月下邳廣陵大風壞千餘
家折樹木
咸寧元年五月甲申廣陵司吾下邳大風折木
咸寧三年八月河間大風折木
晉武帝太康二年五月濟南大風折木傷麥
太康二年六月高平大風折木發壞郎閣四十
餘區
太康八年六月郡國八大風
太康九年正月京都風霓發屋拔木後二年宮

車晏駕
晉惠帝元康四年六月大風雨拔樹
元康五年四月庚寅夜暴風城東渠波浪七月
下邳大風壞廬舍九月雁門新興太原上黨災
風傷稼明年氏羌反叛大兵西討
元康九年六月颶風吹賈謐朝服飛數百大明
年謐誅
元康九年十一月甲子朔京都連大風發屋折
木十二月太子廢

晉惠帝永康元年二月大風拔木三月愍懷被
害巳卯喪柩發許還洛是日大風雷電幃蓋飛裂
永康元年四月張華第舍廳風折木飛轂軸六七
是月華遇害
永康元年十一月戊午朔大風從西北來折木
飛石明年正月趙王倫篡位
晉惠帝永興元年正月癸酉祠太廟災風暴起
塵沙四合其年四月倫伏辜
晉元帝永昌元年七月丙寅大風拔木屋瓦
皆飛
永昌元年八月暴風壞屋拔御道柳樹百餘株
其風縱橫無常若風自八方來者十一月宮車
晏駕
晉成帝咸康四年三月壬辰成都大風發屋折
木四月李壽篡殺李期
晉康帝建元元年七月庚申晉陵吳郡災風
晉穆帝外平元年八月丁未策立皇后何氏是
日疾風

宋書志二十四　　五　　陳智

外平五年正月戊戌朔疾風
晉海西公泰和六年二月大風迅急
晉孝武帝寧康元年三月戊申朔暴風迅起從
丑上來須臾轉從子上來飛沙揚礫
晉孝武帝太元元年二月乙丑朔暴風折木
太元元年閏三月甲子朔暴風疾雨俱至發屋
折木
太元二年六月長安大風拔苻堅宮中樹其後
堅再南伐身戮國亡
太元四年八月乙未暴風
太元十二年正月壬午夜暴風
太元十二年正月甲辰大風拔木
太元十七年六月乙未大風折木
晉安帝元興二年二月甲辰大風雨大航門屋
瓦飛落明年桓玄篡位由此門入
元興二年正月桓玄遊大航南飄風飛其輧輗
蓋三月玄敗
元興二年五月江陵大風折木是月桓玄敗於

宋書志二十四　　六　　陳智

峥嵘洲身亦屠裂

元興三年十一月丁酉大風江川多死者

晉安帝義熙四年十一月辛卯朔西北疾風起

義熙五年閏十月丁亥大風發屋明年盧循至

蔡州

義熙六年五月壬申大風拔北郊樹樹幾百年

世琅邪楊州二射堂倒壞是日盧循大艦漂沒甲

戌又風發屋折木是冬三帥南討

義熙十年四月巳丑朔大風拔木

義熙十年六月辛亥大風拔木明年西討司馬

休之

宋少帝景平二年正月癸亥朔旦暴風發殿庭

會翻揚數十丈五月帝廢

文帝元嘉二十六年二月庚申壽陽驟雨有回

風雲霧廣三十許步秋南來至城西回散滅當

其衝者室屋樹木摧倒

元嘉二十九年三月大風拔木飛瓦

元嘉三十年正月大風拔木兩凍殺牛馬雷電

〔宋志二十四卷〕 七

晦冥二月宮車晏駕

孝武帝大明七年風吹初寧陵隧口左標折鍾

山通天臺新成飛倒散落山澗明年閏五月帝崩

前廢帝永光元年正月丙申乙未朔京邑大風

明帝泰始二年三月京邑大風

泰始二年四月甲子京邑大風

泰始二年五月丁未京邑大風

泰始二年五月乙酉京邑大風

泰始二年九月乙巳京邑大風

後廢帝元徽二年七月甲子京邑大風

元徽三年三月丁夘京邑大風

元徽三年六月甲戌京邑大風

元徽四年十一月辛卯京邑大風

元徽五年三月庚寅京邑大風發屋折木

元徽五年六月甲寅京邑大風

夜妖

魏高貴鄉公正元二年正月戊戌大風晦暝行

者皆頓伏近夜妖也劉向曰正晝而暝陰爲陽臣

〔宋志二十四卷〕 八

制君也時晉景王討毌丘儉是日始廢

魏元帝景元三年十月京都大震晝晦此夜妖也班固曰夜妖者雲風並起而杳冥故與常風同象也劉向春秋說云天戒若曰勿使大夫世官將兵矣魏此妖晉有天下之應也

晉孝武帝太元十三年十二月乙未大風晦瞑室甲矣明年魯奉亥卒果世官而公

其後帝崩而諸矦遵命千戈內侮權奪於元顯禍成於相玄是其應也

蠃蟲之孼

晉孝武帝咸寧元年七月郡國螟九月青州又螟

咸寧元年七月郡國有青蟲食禾稼

咸寧四年司冀兗豫荊揚郡國皆螟

晉武帝太康四年會稽彭蜮及蟹皆化為鼠甚衆覆野大食稻為灾

太康九年八月郡國二十四蝘蝘說與蝗同是時帝聽讒訴

太康九年九月蟲傷稼

晉惠帝元康二年九月帶方合資提奚南新岑海冥列口蟲食禾葉蕩盡

晉惠帝永寧元年七月梁益涼三州蝗是時齊王冏秉政貪苛之應也

永寧元年十月南安巴西江陽太原新興北海青蟲食禾葉甚者十傷五六

永寧元年十二月郡國八螟

牛禍

晉武帝太康九年幽州塞北有死牛頭語近牛禍也是時帝多疾病深以後事為念而託付不以至公思心替亂之應也師曠曰怨讟動於民則有非言之物而言又其義也

晉惠帝太安中江夏張騃所乘牛言曰天下方亂乘我何之騃懼而還犬又言曰歸何蚤也尋後牛又人立而行騃使善卜者卦之謂曰天下將有兵亂非止一家其年張昌反先略江夏騃亦族滅京房易妖曰牛能言如其言占吉凶易萌氣樞曰人君

不好士走馬被文繡大狼食人食則有六畜祆
言時天子諸矦不以惠下爲務又其應也
晉愍帝建武元年曲阿門牛生犢一體兩頭
元帝太興元年武昌太守王諒牛生犢牛生子兩頭八
足兩尾共一腹三年後死又有牛生一足三尾
皆生而死按司馬彪說兩頭者政在私門上下
無別之象也京房易傳曰足多者所任邪也足
少者下不勝任也其後皆有此應
晉元帝大興四年十二月郊牛死按劉向說春
秋郊牛死曰宣公區眊昏亂故天不饗其祀元
帝中興之業實王導之謀也　劉隗搆會主意以
得親幸導見跼外此區眊不斁之禍也
晉成帝咸和二年五月護軍牛生犢兩頭六足
是冬蘇峻作亂
咸和七年九德民表榮家牛產犢兩頭　八足二
尾共身京房易傳殺無辠則牛生妖
栢玄之國在荊州詣刺史殷仲堪行至鶴穴逢
一老公驅青牛形色環具栢玄即以所乘牛易

取乘至零陵涇溪駿駛非常息駕飲牛牛徑
入江水不出玄道入覘守經日無所見
宋文帝元嘉三年司徒徐羨之大兒喬之行欲
入廣莫門牛徑將入延尉寺左右禁捉不能禁
入方得出明日被收
元嘉二十九年晉陵送牛角生右脅長八尺明
年二月東官爲禍
孝武帝大明三年廣州刺史費沈獻三角水牛

黃眚黃祥

蜀劉備章武二年東伐二月自秭歸進屯夷道
六月秭歸有黃氣見長十餘里廣數十丈後踰
旬備爲陸議所破近黃祥也
魏齊王正始中中山王周南爲襄邑長有鼠從
穴出語曰王周南爾以某日死周南不應鼠從
後至期更冠幘皂衣出語曰周南汝日中當死
又不應鼠復入須臾更出語如前日適欲日中
鼠入復出入轉數語如前日適中鼠曰
周南汝不應我復何道言絕顛蹶而死即失衣冠

取視俱如常鼠棄班固說此黃祥也是時曹爽

秉政競為此周故鼠作蠥也

宋孝武大明七年春太湖邊忽多鼠其年夏水

至悉變成鯉魚民人一日取轉得三五十餉明

年大飢

晉元帝太興四年八月黃霧四塞埃氣蔽天案

楊宣對近土氣亂之祥也

晉元帝永昌二年正月癸巳黃霧四塞

晉穆帝永和七年三月涼州大風拔木黃霧下

二六三 【宋志二四】 十三 吳樁

塵是時張重華納諸出謝文為酒泉太守而所

任非其人至九年死嗣子見弒是其應也京房

易傳曰聞善不三茲謂不知厥異黃厥咎聾厥

災不嗣黃者有黃濁氣四塞天下蔽賢絕道故

災至絕世也

晉安帝元興元年十月丙申朔黃霧昏濁不雨

宋文帝元嘉十八年秋七月天有黃光洞照于

地太子率更令何承天謂之榮光太平之祥上

表稱慶

地震

吳孫權黃武四年江東地連震是時權受魏爵

命為大將軍吳王改元專制不脩臣迹京房易

傳曰臣事雖正專必震董仲舒劉向並云臣下

疆盛將動而害之應也

魏明帝青龍二年十一月京都地震從東來隱

隱有聲屋瓦搖

魏明帝景初元年六月戊申京都地震是秋吳

將朱然圍江夏荊州刺史胡質擊退之又公孫

二百七十五 【宋書志二四】 十四 港

淵自立為燕王改年置百官明年討平之

吳孫權嘉禾六年五月江東地震

赤烏二年正月地又再震是時呂壹專政步隲

上疏曰伏聞校事吹毛求瑕趣欲陷人成其威

福無辜無辜橫受重刑雖有大臣不見信任如

此天地焉得無變故嘉禾六年赤烏二年地連

震動臣下專政之應也其所以驚悟人主可不

深思其意哉壹後卒敗

魏齊王正始二年十一月南安郡地震

正始三年七月甲申南安郡地震十二月魏郡

正始六年二月丁卯南安郡地震是時曹爽專
政遷太后于永寧宮太后與帝相泣而別連年
地震是其應也

吳孫權赤烏十一年二月江東地仍震是時權
聽讒尋黜朱據廢太子

蜀劉禪炎興元年蜀地震時宦人黃皓專權按
司馬彪說奄宦無陽施猶婦人也此皓見任之
應與漢和帝時同事也是冬蜀亡

晉武帝太始五年四月辛酉地震是年冬新平
氐羌叛明年孫皓大遺衆入渦口叛虜寇秦涼
剝史胡烈蘇愉並為所害

太始七年六月丙申地震武帝世始於賈充終
於楊駿阿黨睎利苟專權寵終喪天下由是也
末年所任轉敎故亦一年六震是其應也襄叔
則曰晉德所以不比隆堯舜者以有賈充諸人
在朝

三6六十九　宋書惠二十四　十五

晉武帝咸寧二年八月庚辰河南平阿地震
咸寧四年六月丁未陰平廣武地震甲子陰平
廣武地又震

晉武帝太康二年二月庚申淮南丹楊地震
太康五年正月壬辰地震
太康六年七月己丑地震
太康七年七月南安地震八月京兆地震
太康八年五月壬子建安地震七月陰平地震
八月丹楊地震

太康九年正月會稽丹楊吳興地震四月辛酉
長沙南海等郡國八地震七月至于八月地震
四震其三有聲如雷

太康十年十二月己亥丹楊地震

晉武帝太始元年地震
晉惠帝元康元年十二月辛酉京都地震
元康四年二月蜀郡山崩殺人上谷上庸遼東
地震五月壬子壽春山崩洪水出城壞地陷方
三十丈六月壽春大雷震山崩地坼家人陷死

三6六十五　宋書惠二十四　十六

上庸郡亦如之八月上谷地震水出殺百餘人

居庸地震廣三十六丈長八十四丈水出大饑

上庸四處山崩地陷廣三十丈長百三十丈水

出殺人十月京都地震十一月滎陽襄城汝陰

梁國南陽地皆震十二月京都又震是時賈后

亂朝據權專制終至禍敗之應也漢鄧太后攝

政時郡國地震李固以為地陰也法當安靜今

乃越陰之職專陽之政故應以震此同事也京

房易傳曰無德專祿茲謂不順厥震動丘陵涌

水出又曰小人剝廬厥妖山崩茲謂陰乘陽弱

勝彊又曰陰背陽則地裂父子分離夷羌叛去

元康五年五月丁丑地震六月金城地震

元康六年正月丁丑地震

元康八年正月丙辰地震

晉惠帝太安元年十月地震是時齊王冏專政

太安二年十二月丙辰地震是時長沙王專政

晉孝懷帝永嘉三年十月荊湘二州地震時司

馬越專政

永嘉四年四月兗州地震

晉愍帝建興二年四月甲辰地震是時幼主在

上權傾於下四方雲擾兵亂不息

建興三年六月丁卯長安地震

晉元帝太興元年四月西平地震

月盧陵豫章武昌西陵地震涌水出干寶曰王敦

陵上之應

太興二年五月癸丑祁山地震山崩殺人是時

相國南陽王保在祁山稱晉王不終之象也

太興三年四月庚寅丹楊吳郡晉陵地震其年

南平郡山崩出雄黃數千斤

晉成帝咸和二年三月益州地震四月己未豫

章地震是時蘇峻作亂

咸和九年三月丁酉會稽地震是時政在臣下

晉穆帝永和元年六月癸亥地震是時嗣主幼

沖母后稱制政在臣下所以連年地震

永和二年十月地震

永和三年正月丙辰地震

永和四年十月己未地震

永和五年正月庚寅地震

永和九年八月丁酉京都地震有聲如雷

永和十年正月丁酉地震有聲如雷雉雉鳴响

永和十一年四月乙酉地震五月丁未地震

晉穆帝升平五年八月涼州地震

晉哀帝隆和元年四月甲戌地震是時政在將
相人主南面而巳

隆和元年四月丁丑涼州地震浩亹山崩張天
鋤降以之象也

隆和二年二月庚寅江陵地震是時桓温專征

晉海西太和元年二月涼州地震水涌

晉簡文帝咸安二年十月辛未安成地震

晉孝武帝寧康元年十月辛未地震是時嗣主
幼沖政在將相

寧康二年七月甲午涼州地震山崩

晉孝武帝太元二年閏月壬午地震五月丁丑
地震

太元十一年六月巳卯地震是後緣河諸將連
歲兵役

太元十五年三月巳酉朔夜地震

太元十七年六月癸卯地震十二月巳未地震又
震是時羣小弄權天下側目

太元十八年正月癸亥朔地震二月乙未地震

晉安帝隆安四年九月癸酉地震是時幼主冲
昧政在臣下

晉安帝義熙四年正月壬子夜地震有聲十月
癸亥地震

義熙五年正月戊戌夜尋陽地震有聲如雷明
年盧循下

義熙八年自正月至四月南康廬陵地四震明
年王旅西討荆益

宋文帝元嘉七年四月丙辰地震時遣軍經略
司兗

元嘉十二年四月丙辰京邑地震

元嘉十五年七月辛酉地震

元嘉十六年地震

孝武帝大明二年四月辛丑地震

大明六年七月甲申地震有聲自河北來魯郡
山搖地動彭城城女牆四百八十丈墜落屋室
傾倒宛州地裂泉涌二年不已其後虜主死亢

州刺史夏侯祖權卒

明帝泰始二年四月地震

泰始四年七月己酉東北有聲如雷地震

明帝泰豫元年閏七月甲申東北有聲如雷地震

後廢帝元徽二年四月戊申地震

元徽五年五月戊申地震七月帝殞

宋文帝元嘉二十五年青州城南地遠望見地
中如水有影人馬百物皆見影中積年乃滅

山崩地陷裂

其孫權赤烏十三年八月丹楊句容及故章寧
國諸山崩鴻水溢按劉向說山陽君也水陰民
也天戒若曰君道崩壞百姓將失其所也與春
秋梁山崩漢齊楚衆山發水同事也夫三代命

祀祭不越望吉凶禍福不是過也異雖帝其
實列國災發丹楊其天意矣國主山川山崩
川竭凶之徵也後二年而權薨薨二十六年
而吳凶

魏元帝咸熙三年二月太行山崩此魏凶之徵
也其冬晉有天下

晉武帝太始三年三月戊子太行山崩

太始四年七月泰山崩墜三里此晉之答徵也
至帝晏駕而祿去王室懷愍淪胥於此元帝中

興於南是其應也京房易傳曰自上下者為崩
厥應泰山之石顛而下聖王受命人君虜

晉武帝太康五年丙午宣帝廟地陷

太康六年三月南安新興縣山崩涌水出

太康七年七月朱提之大瀘山崩震壞郡舍陰
平之仇池崖隕

太康八年七月大雨殿前地陷方五尺深數丈

晉惠帝元康四年五月壬子地陷方三十丈殺
人史闕其處

元康四年八月居庸地裂廣三十丈長百三十
丈水出殺人

晉孝懷帝永嘉元年三月洛陽東北步廣里
地陷

支司馬越惡之遷于濮陽此見沴之異也越卒
陵上終亦受禍

永嘉三年七月戊辰當陽地裂三所所廣三丈
長二百餘步京房易傳曰地坼裂者臣下分離

【宋書志二十四】 二三

不肯相從也其後司馬越茍希交惡四方牧伯
莫不離散王室遂凶

永嘉三年十月宜都夷道山崩
永嘉四年四月湘東酃縣黑石山崩

晉元帝太興四年八月常山崩水出濾沱盈溢
大木傾拔

晉成帝咸和四年十月柴桑廬山西北崖崩十
二月劉胤爲郭默所殺

晉惠帝元康九年六月夜暴雷雨賈謐齋屋柱

陷入地壓謐牀帳此木沴土土失其性不能載
也明年謐誅

晉惠帝光熙元年五月范陽地然可以爨此火
沴土也是時禮樂征伐自諸疾出

晉安帝義熙八年三月壬寅山陰有聲如雷地
陷深廣各四尺

義熙十年五月戊寅西明門地穿涌水出毀門
房及限此水沴土也

五行傳曰皇之不極是謂不建厥咎眊厥罰恒

【宋書志二十四】 二五

陰厥極弱時則有射妖時則有龍蛇之孽時則
有馬禍時則有下人伐上之痾時則有日月亂

行星辰逆行
常陰

吳孫亮太平三年自八月沈陰不雨四十餘日
是時將誅孫綝謀泄九月戊午綝以兵圍宮廢
亮爲會稽王此常陰之罰也

吳孫皓寶鼎元年十二月太史奏父陰不雨將
有陰謀皓深驚懼時陸凱等謀因其謁廟廢之

及出晉平領兵前驅凱語平平不許是以不果

晧既肆虐羣下多懷異圖終至降也

宋後廢帝元徽三年四月連陰不雨

元徽三年八月多陰後二廢帝殞

射妖

蜀車騎將軍鄧芝征涪陵見玄猿緣山手射中
之猿拔其箭卷木葉塞其創芝曰嘻吾違物之
性其將死矣俄而卒此射妖也一曰猿母抱子
芝射中之子為拔箭取木葉塞創芝歎息投弓

水中自知當死矣

晉恭帝之為琅邪王時好奇戲嘗閉一馬於門
內令人射之欲觀幾箭而死左右有諫者曰馬
國姓也而令射之不祥甚矣於是乃止而馬已
被十許箭矣此蓋射妖也俄而相玄篡位

龍蛇之孼

魏明帝青龍元年正月甲申青龍見郟之摩陂
井魏凡瑞興非時則為妖孽況困於井非嘉祥
矢魏以改年非也晉武不賀是也于寶曰自

明帝終魏世青龍黃龍見者皆其主廢興之應
也魏土運青木色也而不勝于金黃得位青失
位之象也青龍多見者君德國運內相剋伐也
故高貴公卒敗于兵案劉向說龍貴象而凶
中諸侯將有幽執之禍也魏世龍莫不在井此
居上者遍制之應高貴公著潛龍詩即此旨也

魏高貴公正元元年戊戌黃龍見于鄴井中

魏高貴公甘露元年正月辛丑青龍見軹縣井
中六月乙丑青龍見元城縣界井中

甘露二年二月青龍見溫縣井

甘露三年黃龍青龍仍見頓丘冠軍陽夏縣界
井中

景元元年二月青龍見軹縣井中

吳孫晧天冊中龍乳於長沙民家噉鷄鵮京房
易妖曰龍乳人家王者為庶人其後晧降

晉武帝咸寧二年六月丙申白龍二見于九原
井中

晉武帝大康五年正月癸卯二龍見于武庫井中

中帝見龍有喜色百寮將賀劉毅獨表曰昔龍
黎夏庭禍發周室龍見鄭門子產不賀帝答曰
朕德政未脩末有以膺受嘉祥遂不賀也孫盛
曰龍水物也何與於人子産之當矣但非其
幽處非休祥也漢惠帝二年兩龍見蘭陵井中
本志以為其後趙王幽死之象也武庫帝王
威御之器所寶藏也室宇邃密非龍所處後七
年蕃王相害二十八年果有二胡僭竊神器勒
虎二逆皆字曰龍此之表異為有證矣史臣案
龍為休瑞而屈於井中前史言之已詳但兆幽
微非可臆斷故五行符瑞兩存之
晉愍帝建興二年十一月抱罕羌妓產一龍子
色似錦文嘗就母乳遙見神光少得就視
晉武帝咸寧中司徒府有二大蛇長十許丈居
聽事平撩上數年而人不知但怪府中數失小
兒及猪犬之屬後一蛇夜出傷於刃不能去乃
覺之發徒攻擊孫時乃死夫司徒五教之府此

皇極不建故蛇孽見之漢靈帝時蛇見御座楊
賜以為帝溺於色之應也魏氏宮人猥多晉
過之宴游是滔此其孽也詩云惟虺惟蛇女子
之祥
晉惠帝元康五年三月癸巳臨菑有大蛇長十
餘丈負二小蛇入城北門徑從市漢城陽景王
祠中不見天戒若曰齊方有劉章定傾之功若
不厲節忠慎又將蹈章失職奪功之辱也齊王
冏不悟雖建興復之功而以驕陵取禍負二小
蛇出朝市皆有象類也
晉明帝太寧初武昌有大蛇常居故神祠空樹
中每出頭從人受食京房易妖曰蛇見於邑不
出三年有大兵國有大憂其後討滅王敦及其
黨與
馬禍
晉武帝大熙元年遼東有馬生角在兩耳下長
三寸按劉向說此兵象也及帝晏駕之後王室
毒於兵禍是其應也京房易傳曰臣易上政厥

妖馬生角又有天子親伐馬生角呂氏春秋曰
人君失道馬有生角

晉惠帝元康元年十二月皇太子將釋奠太傅
趙王倫驂乘至南城門馬止力士推之不能動
倫入軺車乃進此馬禍也天戒若曰倫不義
方終為亂逆非傳道守行禮之人倫不悟故以
元康九年十一月戊寅冬有牝驢馬驚奔至廷
尉訊堂悲鳴而死是殆愍懷冤死之象也見廷
尉訊堂又天意乎

晉孝懷帝永嘉六年二月神馬鳴南城門
晉元帝太興二年丹楊郡吏濮陽楊演馬生駒
兩頭自頸前別生而死按司馬彪說政在私門
二頭之象也是後王敦陵上
晉成帝咸康八年五月甲戌有馬色赤如血自
宣陽門直走入于殿前盤旋走出尋逐莫知所
在巳卯帝不豫六月崩此馬禍又赤祥也張重
華在涼州將誅其西河相張祚祚廄馬數十匹
同時悉皆無後尾

晉安帝隆安四年十月梁州有馬生角刺史郭
銓送示都督桓玄案劉向說馬不當生角由玄
不當舉兵向上也觀災不悟故至夷滅

人痾
魏文帝黃初初清河宋士宗母化為龞入水
魏明帝太和三年曹休部曲兵姜合女死復生
時人有開周世冢得殉葬女子數日而有氣數
月而能語郭太后愛養之又太原民發冢破棺
棺中有一生婦人問其本事不知也視其墓木
可三十歲案京房易傳至陰為陽下人為上晉
宣王起之象也漢平帝獻帝並有此異占以為
王莽曹操之徵公孫淵炊有小兒蒸死甑中其
後夷滅
吳孫亮建興二年諸葛恪將征淮南有孝子著
衰衣入其閤詰問答曰不自覺入也時中外守
備亦悉不見眾皆異之及還果見殺恪已被害
妻在室使婢沃盥聞婢血臭又眼目視瞻非常
妻問其故婢歘然躍起頭至棟攘臂切齒曰諸

06-598

吳孫休永安四年安吳民陳焦死七日復穿冢
出干寶曰此與漢宣帝同事烏程族皓承殷故
之家得位之祥也
吳孫皓寶鼎元年丹楊宣騫母年八十因浴化
為黿兄弟開戶衛之掘堂上作大坎實水其中
元黿入坎戲一二日恒延頸外望同戶小開便輪
轉自躍入于遠潭遂不復還與漢靈帝時黃氏
母事同吳亡之象也

三二　宋書志二十四　三十一　藁

魏元帝咸熙二年八月襄武縣言有大人見長
三丈餘跡長三尺二寸髮白著黃巾黃軍衣柱
杖呼民王始語曰今當太平尋晉代魏
說殆趙王倫篡亂之象也
晉武帝太始五年元城人年七十生角案漢志
晉武帝咸寧二年二月琅邪人顏畿病死棺斂
已久家人咸夢畿謂已曰我當復生可急開棺
遂出之漸能飲食屈申視瞻不能行語也二年
復死其後劉淵石勒遂亡晉室

晉惠帝元康中安豐有女子周世寧年八歲
漸化為男至十七八而氣性成此劉淵石勒蕩
覆晉室之妖也漢衰帝時亦有此異皆
有易代之祥京房傳曰女子化為丈夫兹謂陰
昌賤人為王丈夫化為女子兹謂陽賜敗亡
晉惠帝永寧初齊王冏唱義兵誅除亂逆乘興
反正忽有婦人詣大司馬門求寄產門者詰之
婦人曰我截齊便去耳是時齊王冏復王室
天下歸功識者為其惡之後果斬戮

三二　宋書志二十四　三十二　李仲

永寧元年十二月甲子白頭公入齊
司馬府大呼有大兵起不出甲子旬四殺之明
年十二月戊辰冏敗即甲子旬也
晉惠帝太安元年四月癸酉有人自雲龍門入
殿前北面再拜曰我當作中書監即收斬之千
寶曰夫禁庭尊祕之處今賤人徑入而門衛不
覺者宮室將虛而下人踰之之妖也是後帝北
遷鄴又西遷長安盜賊蹈藉宮闕遂亡天下
晉惠帝世梁國女子許嫁已受禮娉尋而其夫

戌長安經年不歸女家更以適人女不樂行其
父母逼強不得已而去尋得病云後其夫還問
女所在其家具說之其夫徑至女墓不勝哀情
便發冢開棺女遂活因與俱歸後婿聞之詣官
爭之所在不能決祕書郎王導朝廷從其議
事不得以常理斷之宜還前夫議曰此是非常
開家祔葬而婢尚生其始如瞑有頃漸覺問之
晉惠帝世杜錫家葬而婢誤不得出後十餘年
自謂當一再宿耳初婢之埋年十五六及開家
更生猶十五六也嫁之有子

晉惠帝光熙元年會稽謝真生子大頭有續兩
蹠反向上有男女兩體生便作丈夫聲經日死
晉惠懷之世京洛有兼男女體亦能兩用人道
而性尤淫案此亂氣之所生也自咸寧太康之
後男寵大興甚於女色士大夫莫不尚之天下
皆相放効或有至夫婦離絕怨曠妬忌者故
男女氣亂而妖形作也
元帝太興初又有女子陰在腹上在揚州性亦

淫京房易妖曰人生子陰在首天下大亂在腹
天下有事在背天下無後
晉孝懷帝永嘉元年吳郡吳縣萬祥婢生子
鳥頭兩足馬蹄一手無毛黃色大如枕
晉懷帝建興四年新蔡縣吏任僑妻胡年二十
五產二女相向腹心合同自胸以上齊以下各
分此蓋天下未一之妖也時內史呂上言案
瑞應圖異根同體謂之連理異苗同穎謂之嘉
禾草木之異猶以爲瑞今二人同心易稱二人

同心其利斷金吉嘉徵顯見生於陝東之國斯蓋
四海同心之瑞不勝喜踊謹畫圖以上時有識
者哂之
晉中興初有女子其陰在腹當齊下自中國來
江東性甚淫而不產京房易妖曰人生子陰在
首天下大亂在腹天下有事在背天下無後
晉元帝太興三年十二月尚書騶謝平妻生女
墮地灊灊有聲須臾便死鼻目皆在頂上面
處如項口有齒都連爲一肖如鼈手足不如鳥

八皆下旬京房易妖曰人生他物非人所見者

皆爲天下大兵後二年有石頭之敗

晉明帝太寧二年七月丹楊江寧俱紀妻死三

日復生

晉成帝咸寧四年十一月辛丑有何一人詣南
止車門自列爲聖人所使錄付光祿外部檢問
是東海郯縣呂暢辭語落漠虬鞭三百遣

咸康五年四月下邳民王和僑居晉陽息女可
年二十自云上天來還得徵瑞印綬當母天下

晉陵太守以爲妖收付獄至十一月有人持柘
杖絳衣詣止車門口列爲聖人使求見天子門
候受辭列姓呂名錫云王和女可右足下有七
星星皆有毛長七寸天令命可爲天下母奏聞
即伏誅并下晉陵誅可

晉康帝建元二年十月衞將軍營督過望所
領兵陳濆女壹有文在足曰天下之母炎之逾
明京都諠譁有司收繫以聞俄自建康縣獄云
石虎末太武殿前所圖賢聖人像人頭忽衰縮

入肩中

晉孝武帝寧康初南郡州陵女人唐氏漸化爲
丈夫

晉安帝義熙七年無錫人趙朱年八歲一旦暴
長八尺鬚頷蔚然三日而死

義熙中東陽人黃氏生女不養埋之數日於土
中啼取養遂活

義熙末豫章吳平人有二陽道重累生

晉恭帝元熙元年建安人陽道無頭正平本下

作女人形體

宋文帝元嘉十七年劉斌爲吳郡妻縣有一
女忽夜乘風雨悅忽至郡城內自覺去家正炊
項衣不沾濡曉在門上求通言我天使也斌令前
因曰府君且起迎我當大富貴不爾必有凶禍
斌問所以來亦不自知也謂是狂人以付獄符
其家迎之數日乃得去後二十日許斌誅

孝武帝大明中張暢爲會稽郡妾懷孕兒於腹
中蹄聲聞於外暢尋死

大明末荊州武寧縣人楊始歡妻於腹中生女

兒此兒至今猶存

明帝泰豫元年正月巨人見太子西池水上跡

長三尺餘

後廢帝元徽中南東莞徐坦妻懷孕兒在腹中

有聲

元徽中暨陽縣女人於黃山穴中得二卵如斗

大剖視有人形

魏文帝黃初四年三月宛許大疫死者萬數

魏明帝青龍二年四月大疫

青龍三年正月京都大疫

其孫權赤烏五年大疫

其孫亮建興二年四月諸葛恪圍新城大疫死

者太半

吳孫晧鳳皇二年疫

晉武帝太始十年大疫吳土亦同

晉武帝咸寧元年十一月大疫京都死者十萬人

晉武帝太康三年春疫

晉惠帝元康二年十一月大疫

元康七年五月秦雍二州疾疫

晉孝懷帝永嘉四年五月秦雍州饑疫至秋

永嘉六年大疫

晉元帝永昌元年十一月大疫死者十二三河

朔亦同

晉成帝咸和五年五月大饑且疫

晉穆帝永和九年五月大疫

晉海西太和四年冬大疫

晉孝武帝太元五年五月自冬大疫至于此夏

多絕戶者

晉安帝義熙元年十月大疫發赤班乃愈

義熙七年春大疫

宋文帝元嘉四年五月京都疾疫

孝武帝大明元年四月京邑疾疫

大明四年四月京邑疾疫

日蝕

魏文帝黃初二年六月戊辰晦日有蝕之有司

奏免太尉詔曰災異之作以譴元首而歸過股
肱豈禹湯皋已之義乎其令百官各虔厥職後
有天地眚勿復劾三公

黃初三年正月丙寅朔日有蝕之十一月庚申
晦又日有蝕之

黃初五年十一月戊申晦日有蝕之後二年宮
車晏駕

魏明帝太和初太史令許芝奏日應蝕與太尉
於靈星祈禳帝詔曰蓋聞人主政有不得則天
蝕明治道有不當者朕即位以來既不能光明
先帝聖德而施化有不合於皇神故上天有以
懼之以災異所以譴告使得自修也故日月薄
寤之宜勵政自修以報於神明天之於人猶父
之於子未有父欲責其子而可獻盛饌以求免
也今外欲遣上公與太史令具禳祠於義未聞
也羣公卿士其各勉脩厥職有可以補朕不逮
者各封上之

魏明帝太和五年十一月戊戌晦日有蝕之

太和六年正月戊辰朔日有蝕之 曆及觀

魏明帝青龍元年閏月庚寅朔日有蝕之

魏齊王正始元年七月戊申朔日有蝕之 無紀

正始三年四月戊戌朔日有蝕之 無紀

正始六年四月壬子日有蝕之十月戊寅朔又
日有蝕之

正始八年二月庚午朔日有蝕之是時曹爽專
政丁謐鄧颺等轉改法度會有日蝕變詔羣臣
問得失蔣濟上疏曰昔大舜佐治戒在比周周
公輔政慎於其朋齊侯問災晏子對以布惠君
問異臧孫答以緩役塞變應天乃實人事濟
旨譬甚切而君臣不悟終至敗凶矣

正始九年正月乙未朔日有蝕之

魏齊王嘉平元年二月己未日有蝕之

魏高貴公甘露四年七月戊子朔日有蝕之

甘露五年正月乙酉朔日有蝕之按谷永說正
朝尊者惡之京房占曰日蝕乙酉君弱臣強司
馬將兵反征其王五月有成濟之變

魏元帝景元二年五月丁未朔日有蝕之

景元三年三月己亥朔日有蝕之

晉武帝太始二年七月丙午晦日有蝕之

太始七年五月庚辰朔日有蝕之

太始八年十月辛未朔日有蝕之

太始九年四月戊辰朔日有蝕之

太始十年三月癸亥日有蝕之

晉武帝咸寧元年七月甲申晦日有蝕之

咸寧三年正月丙子朔日有蝕之

二九七五　宋書志二十四　四十一▼

晉武帝太康四年三月辛丑朔日有蝕之

太康六年八月丙戌朔日有蝕之乙亥

太康七年正月甲寅朔日有蝕之乙亥詔曰比

年灾異屢發邦之不臧實在朕躬震蝕之異其

咎安在將何施行以濟其愆太尉亮司徒舒司

空瓘遜位弗許

太康八年正月戊申朔日有蝕之

太康九年六月庚子朔日有蝕之後二年宮車

晏駕

晉惠帝元康九年十月甲子朔日有蝕之

晉惠帝永康元年四月辛卯朔日有蝕之

晉惠帝永寧元年閏三月丙戌朔日有蝕之

晉惠帝光熙元年正月戊子朔日有蝕之既占曰日蝕盡

惡之七月乙酉朔日有蝕之尊者

不出三月國有凶十一月宮車晏駕十二月壬

午朔又日有蝕之

晉孝懷帝永嘉元年十一月戊申日有蝕之

永嘉二年正月丙午朔日有蝕之

二九八二　宋書志二十四　四十三▼

永嘉六年二月壬子朔日有蝕之明年帝崩于

平陽

晉愍帝建興四年六月丁巳朔日有蝕之十一

月帝爲劉曜所虜十二月乙卯朔又日有蝕之

明年帝崩于平陽

晉元帝太興元年四月丁丑朔日有蝕之

晉明帝太寧三年十一月癸巳朔日有蝕之

晉成帝咸和二年五月甲申朔日有蝕之

晉成帝咸康元年十月乙未朔日有蝕之

咸康七年二月甲子朔日有蝕之

咸康八年正月已未朔日有蝕之正朝尊者惡

之六月宮車晏駕

晉穆帝永和七年正月丁酉朔日有蝕之

永和十二年十月癸巳朔日有蝕之

晉穆帝升平四年八月辛丑朔日有蝕之一不盡

如鉤明年宮車晏駕

晉哀帝隆和元年十二月戊午朔日有蝕之

晉海西公太和三年三月丁巳朔日有蝕之

西公

太和五年七月癸酉朔日有蝕之明年廢爲海

晉孝武帝寧康三年十月癸酉朔日有蝕之

晉孝武帝太元四年閏月已酉朔日有蝕之

太元六年六月庚子朔日有蝕之

太元九年十月辛亥朔日有蝕之

太元十七年五月丁卯朔日有蝕之

太元二十年三月庚辰朔日有蝕之明年宮車晏駕

海西時有此變又曰臣有蔽主明者

晉惠帝永興元年十一月黑氣分日

晉惠帝光熙元年五月癸巳日散光流如血所

照皆赤甲午又如之占曰君道失明

晉孝懷帝永嘉元年十一月乙亥黃黑氣掩

日所照皆黃棗河圖占曰日薄也其說曰凡

日蝕皆於晦朔有不於晦朔者爲日薄雖非

日月同宿時陰氣盛掩薄日光也占頪蝕

永嘉二年二月癸卯白虹貫日青黃暈五重

占曰白虹貫日近臣不亂則諸侯有兵破亡其

永嘉五年三月庚申日散光如血下流所照皆

京都帝遂見虜一說王者有兵圍之象

地明年司馬越殺繚播等暴蔑人主五年胡破

赤日中有若飛鷰者

晉愍帝建武元年正月庚子白虹彌天三日立

照日有重暈左右兩珥占曰白虹兵氣也三四

五六日俱出立爭天下兵作王立亦如其數又

曰三日並出不過三旬諸侯爭爲帝

晉安帝隆安四年六月庚辰朔日有蝕之

晉安帝元興二年四月癸巳朔日有蝕之

晉安帝義熙三年七月戊戌朔日有蝕之

義熙十年九月巳巳朔日有蝕之七月辛亥晦日有蝕之

義熙十三年正月甲戌朔日有蝕之明年宮車晏駕

晉恭帝元熙元年十一月丁亥朔日有蝕之

宋少帝景平二年二月癸巳朔日有蝕之

文帝元嘉四年六月癸卯朔日有蝕之

元嘉六年五月壬辰朔日有蝕之十一月巳丑朔又日有蝕之不盡如鈎蝕時星見晡方沒河北地闇

元嘉十二年正月乙未朔日有蝕之

元嘉十七年四月戊午朔日有蝕之

元嘉十九年七月甲戌晦日有蝕之

元嘉二十三年六月癸未朔日有蝕之

元嘉三十年七月辛丑朔日有蝕之既星辰畢見

孝武帝孝建元年七月丙戌朔日有蝕之既列宿粲然

孝武帝大明五年九月甲寅朔日有蝕之十月癸酉又日有蝕之

明帝泰始四年八月丙子朔日有蝕之

後廢帝元徽元年十二月癸卯朔日有蝕之

順帝昇明二年九月巳巳朔日有蝕之

昇明三年三月癸卯朔日有蝕之

泰始五年十月丁卯朔日有蝕之

吳孫權赤烏十一年二月甲寅白虹貫日時地文頻震權發詔深戒懼天告

晉武帝太始五年七月甲寅日暈再重白虹貫之

晉武帝太康元年正月巳丑朔五色氣冠日自卯至酉占曰君道失明丑主斗牛斗牛為吳地

是時孫皓淫暴四月降

晉惠帝元康九年正月日中有若飛鵲者數月乃消王隱以為愍懷廢死之徵也

晉惠帝永康元年十月乙未日鬭黃霧四塞

占曰不及三年下有拔城大戰

晉惠帝永寧元年九月甲申日有黑子按京房

占黑者陰也臣不撉君惡令下見百姓惡君曰

重暈天下有立王暈而弭天下有立族故陳卓

曰當有大慶天下其參分于三月而江東改元

朔胡亦改元朔跨曹劉疆宇於是兵連積世

晉元帝太興四年三月癸亥日有黑子辛亥帝

親錄訊四徒

晉元帝永昌元年十一月辛卯日有黑子

二七十 宋書志二十四 四十七

晉明帝太寧元年正月己丑朔日暈無光癸巳

晉成帝咸寧元年七月白虹貫日

陵上卒伏其辜

黃霧四塞占曰君道失明臣有陰謀是時王敦

咸康八年正月壬申日中有黑子丙子乃滅

晉海西公太和四年四月戊辰日暈厚密白虹

貫日中

太和六年三月辛未白虹貫日日暈五重十一

月栢溫廢帝張重華在涼州日暴赤如火中有

三足烏形見分明數旦乃止

晉安帝元興元年二月甲子日暈白虹毌昌明

年桓玄篡位

晉安帝義熙元年五月庚午日有采珥

義熙十一年日在東井有白虹十餘丈文在南干

日依司馬虎說則災在分野羌亡之象也

晉恭帝元熙二年正月壬辰日暈東西有直珥

各一丈白氣貫之交匝

晉孝懷帝永嘉五年三月丙申夜月蝕既丁

三五二 宋志二十四 四十八

酉夜又蝕既占曰月蝕既盡夫人憂又曰其國

貴人死

安帝義熙九年十二月辛卯朔旦猶見東方按

占謂之側匿

宋文帝元嘉二十九年十一月己卯朔日始出

色赤如血外生牙塊曇不貟明年二月宮車

晏駕

孝武帝大明七年十一月日始出四五丈色赤

如血未沒四五丈亦如之至于八年春凡三謂

日死閏五月帝崩

後廢帝元徽三年三月乙亥日未沒數丈日色
紫赤無色

元徽五年三月庚寅日暈五重又重生二直^{重七}
抱一背

文帝元嘉中有兩白虹見宣陽門外

後廢帝元徽二年八月壬子夜白虹見

元徽四年正月己酉白虹貫日

從帝昇明元年九月乙未夜白虹見東方

州郡一

揚州

南徐州

徐州

南兗州

兗州

【宋書志二十五】

唐堯之世置十有二牧及禹平水土更制九州

冀州堯都土界廣遠濟河為兗州海岱為青州
海岱及淮為徐州淮海為揚州荊及衡陽為荊
州荊河為豫州華陽黑水為梁州黑水西河為
雍州自虞至殷無所改變周氏既有天下以徐
州青并梁州之地以為幽并漢初又
立徐梁二州武帝攘卻胡越開地斥境南置交
而司隸部三輔三河諸郡東京無復朔方改交
趾曰交州凡十二州司隸所部如故及三國鼎

時吳得揚荊交三州蜀得益州魏氏猶得九焉
吳又分交為廣魏末平蜀又分益為梁晉武帝
太康元年天下一統凡十有六州後又分涼雍
為秦分荊揚為江分冀為寧分幽為平而已二
十矣自夷狄亂華司冀雍涼青并兗豫諸
州一時淪沒遺民南渡並僑置牧司非舊土也
江左又分荊為湘分荊湘為郢司
益又分交廣其徐州則有過半豫州唯得譙城而
及至宋世分揚州為南徐徐州為南兗揚州之

【宋書志二十五】 二 揚

江西悉屬豫州分荊為雍為郢北比泰太宗初索虜
分廣為越分青徐為冀為北秦太宗初索虜
南侵青冀徐兗及豫州淮西並皆不守自淮以
北化成虜庭於是於鍾離置徐州淮陰為北兗
北青冀二州治贑榆之縣今志大較以大明八年
末為正其後分沇隨事記列內史侯相則以昇明
為定焉地理參差其詳難舉寔由名號驟易
境土屢分或一郡一縣割成四五四五之中亦有
離合十回百改巧曆不算尋校推求未易精悉今以

班固馬彪二志太康元康定戶王隱地道晉世
起居永初郡國何徐州郡及地理雜書互相考
覆且三國無志事出帝紀雖立郡時見而置縣
不書今唯以續漢郡國校太康地志參伍異同
用相徵驗自漢至宋郡縣無移改者則注云漢
舊其有回從隨源甄別若唯云某無者則此前
皆有也若不注置立史闕也
陽魏晉治壽春晉平吳治建業成帝咸康四年（它州同　後漢治歷）
揚州刺史前漢刺史未有所治

宋書志廿五
三王

僑立魏郡（別見肥鄉）（別見元城漢舊縣晉三縣後省）
元城又僑立廣川郡（別見廣川）領廣川宋初省爲
縣隸魏郡江左又立高陽（別見堂邑）縣二郡見高陽
領比新成（別見博陸）堂邑二漢無晉屬高陽二縣堂
邑領堂邑一縣後省堂邑并高陽又省高陽并
魏郡亦隸揚州寄治京邑文帝元嘉十一年省
以其民併建康孝建元年分揚州之會稽東
陽新安永嘉臨海五郡爲東揚州大明三年罷
州以其地爲王畿以南臺侍御史部諸郡如從

事之部傳爲而東揚州直云揚州八年罷主畿
復立揚州揚州還爲東揚州前廢帝永光元年
省東揚州併揚州順帝昇明三年改揚州刺史
曰牧領郡十領縣八十戶一十四萬三千二百
九十六口一百四十五萬五千六百八十五
冊揚尹秦鄣郡治吳興之故鄣縣漢初屬吳
國吳王濞反敗屬江都國武帝元封二年爲冊
揚郡治今宣城郡治宛陵晉武帝太康二年分
丹揚爲宣城郡治宛陵而丹揚移治建業元帝

宋書志廿五

太興元年改爲尹領丹陽縣八戶四萬一千二十
二十三萬七千三百四十一
建康令本秣陵縣漢獻帝建安十六年置
縣孫權改秣陵爲建業晉武帝
平吳還爲秣陵太康三年分秣
陵之水北爲建業愍帝即位避
帝諱改爲建康
秣陵令其地本名金陵秦始皇改本治去
京邑六十里今故治邱是也晉

安帝義熙九年移治京邑在鬪場

恭帝元熙元年省揚州府禁防參

軍縣移治其虜

丹楊令漢舊縣

江寧令晉武帝太康元年分秣陵立

臨江縣二年更名

永世令吳分溧陽為永平縣晉武帝

太康元年更名惠帝世度屬義興

尋復舊義興又有平陵縣董覽吳大

地誌云晉分永世太康永寧地誌

並無疑是江左立文帝元嘉九年

以併永世溧陽二縣

溧陽令漢舊縣吳省為屯田晉武

帝太康元年復立

湖熟令漢舊縣吳省為典農都尉

晉武帝太康元年復立

句容令漢舊縣

會稽太守秦立治吳漢順帝永建四年分會稽

為吳郡會稽移治山陰領縣十户五萬二千二百

二十八口三十四萬八千一十四去京都水千三百

五十五陸同

山陰縣令漢舊縣

永興令漢舊餘暨縣吳更名

上虞令漢舊縣

餘姚令漢舊縣

剡令漢舊縣

諸暨令漢舊

始寧令何承天志漢末分上虞立

續會稽記云順帝永建四年分上虞

南鄉立續漢志無晉太康三年地志有

句章令漢舊縣

鄞令漢舊縣

鄭令漢舊縣

吳郡太守分會稽立孝武大明七年度屬南徐

八年復舊領縣十二户五萬四千八百八十合四十二

萬四千八百一十二去京都水六百七十陸五百

吳令漢舊縣

婁令漢舊縣

嘉興令此地本名長水秦改曰由拳
吳黃龍四年由拳縣生嘉禾改
曰禾興孫皓父名和又改名曰
嘉興

海虞令晉武帝太康四年分吳縣之虞鄉立

海鹽令漢舊縣吳記云本名武原鄉秦以
為海鹽縣

錢唐令漢舊縣

富陽令漢舊縣本曰富春孫權黃武四年
以為東安郡七年省晉簡文鄭
太后諱春孝武改曰富陽

鹽官令漢舊縣吳記云鹽官本屬嘉興吳立
為海昌都尉治此後改為縣非也

新城令浙江西南名為桐溪吳立為新城
縣後并桐廬晉太康地志無

宋書志二十五　二一　七　實

張勃云晉末立疑是太康末立尋
復省也晉成帝咸和九年又立

建德令吳分富春立

桐廬令吳分富春立

壽昌令吳分富春立

新昌縣晉武帝太康元年更名

吳興太守孫皓寶鼎元年分吳丹楊立領縣
十戶四萬九千六百九口三十一萬六千一百七十
三去京都水九百五十陸五百七十

烏程令漢舊縣先屬吳

東遷令晉武帝太康三年分烏程立
後廢帝元徽四年更名東安順帝
昇明元年復舊

武康令吳分烏程餘杭立永安縣晉
武帝太康元年更名

長城令晉武帝太康三年分烏程立

原鄉令漢靈帝中平二年分故鄣立

故鄣令漢舊縣先屬丹楊

宋書志二十五　二十四　八　何九方

安吉令漢靈帝中平二年分故鄣立

餘杭令漢舊縣先屬吳

臨安令吳分餘杭爲臨水縣晉武帝太康
元年更名

於潛令漢舊縣先屬丹楊

淮南太守秦立爲九江郡兼得廬江豫章漢高
帝四年更名淮南國分立豫章郡文帝又分爲
廬江郡武帝元狩元年復爲九江郡治壽春晉武
後漢徙治陰陵陵縣魏復曰淮南徙治壽春晉武

二九七四　　九

帝太康元年復立歷陽別見當塗遂道諸縣二
年復立鍾離縣見別立二漢舊縣也三國時江淮
爲戰爭之地其間不居者各數百里此諸縣立
在江北淮南虛其地無復民戶吳平民各還本
故復立爲其後中原亂胡寇屢南侵淮南民多
南度成帝初蘇峻祖約爲亂於江淮胡寇又大
至民南度江者轉多乃於湖縣僑立淮南郡及
諸縣晉末遂割丹楊之于湖縣爲淮南境宋孝
武大明六年以淮南郡併宣城宣城郡徙治于

湖八年復立淮南郡屬南豫州明帝泰始三年
還屬揚州領縣六戶五千三百六十二口二萬
五十八百四十去京都水一百七十陸一百
四十

于湖令晉武帝太康二年分丹楊縣立
本吳督農校尉治

當塗令晉成帝世與遂道俱立爲僑
縣晉末分于湖爲境

　十

繁昌令漢舊名本屬頴川魏分頴川

襄垣令其地本無湖無縣漢舊縣
末立襄垣縣屬上黨上黨民南
過江立僑郡縣寄治無湖後省
爲襄城又屬晉亂襄城郡
以此縣屬淮南割于湖爲境

定陵令漢舊名本屬襄城後割無湖爲境
嘉九年省上黨縣併襄垣

遂道令漢作遂道晉作遂道後分無

宣城太守晉武帝太康元年分丹楊立領縣十

戶一萬二百二十口四萬七千九百九十二去京
都水五百八十陸五百

死陵令漢舊縣

廣德令何志云漢舊縣二漢志並無

疑是吳所立

懷安令吳立

寧國令吳立

宋志二十五

宣城令漢舊縣　　　　十一　　包端

安吳令吳立

涇令漢舊縣

臨城令吳立

廣陽令漢舊縣曰陵陽子明得仙
於此縣山故以爲名晉成帝杜皇
后諱陵咸康四年更名

石城令漢舊縣

東陽太守本會稽西部都尉吳孫晧寶鼎元

年立領縣九戶一萬六千二十二口十萬七千
九百六十五去京都水一千七百陸同

長山令漢獻帝初平二年分烏傷立

大末令漢舊縣

烏傷令

永康令赤烏八年八烏傷上浦立

信安令漢獻帝初平三年分太末立
日新安晉武帝太康元年更名

吳寧令漢獻帝興平二年孫氏分諸

宋志二十五　　十二　　何

暨立

豐安令漢獻帝興平二年孫氏分諸

信安立

定陽令漢獻帝建安二十三年孫氏分

遂昌令孫權亦烏太末立曰
平昌晉武帝大康元年更名

臨海太守本會稽東部都尉前漢都尉治鄞

後漢分會稽爲吳郡疑是都尉從治章安也

孫亮太平二年立領縣五戶三千九百六十一
口二萬四千二百二十六去京都水二千一十
九陸同

章安令續漢志故治閩中地光武更名晉
太康記本鄞縣南之回浦鄉漢
章帝章和中立未詳孰是

臨海令吳分章安立

始豐令吳立曰始平晉武帝太康元年
更名

〔三州四〕 宋書志三十五 十三 朱

寧海令漢志漢舊縣按二漢志晉太康地

樂安令晉康帝分始豐立

永嘉太守晉明帝太寧元年分臨海立領縣五
戶六千二百五十口三萬六千六百八十去京

都水二千八百陸二十六百四十

永寧令漢順帝永建四年分章安東甌鄉
立或云順帝永和三年立

安固令吳立曰羅陽孫皓改曰安陽晉武
帝太康元年更名

松陽令吳立

樂成令晉孝武寧康三年分永寧立

橫陽令晉武帝太康四年以橫嶼船
屯為始陽仍復更名

新安太守漢獻帝建安十三年孫權分丹楊
曰新都晉武帝太康元年更名領縣五戶一萬

二千五十八口三萬六千六百五十一去京都水一

千八百六十陸一千八百

始新令孫權分歙立 宋書志三十五 十四 陳壽

歙令漢舊縣

遂安令孫權分歙為新定縣晉武帝
太康元年更名

海寧令孫權分歙為休陽縣晉武
帝太康元年更名分歙置諸縣之
始又分置秋浦陽縣大明八年省併
海寧縣令漢舊縣

南徐州刺史晉永嘉大亂幽冀青并兗州又
徐州之淮北流民相率過淮亦有過江在晉陵

郡界者晉成帝咸和四年司空郗鑑又徙流民
之在淮南者於晉陵諸縣其徙過江南及留在
江北者竝立僑郡縣以司牧之徐兗二州或治
江北江南又僑立幽冀青并四州安帝義熙七
年始分淮北為北徐淮南猶為徐州後又以幽
冀合徐青并合兗武帝永初二年加徐州曰南
徐而淮北但曰徐文帝元嘉八年更以江北為
南兗州江南為南徐州治京口割揚州之晉陵
兗州之九郡僑在江南者屬焉故南兗州備有

徐兗幽冀青并揚七州郡邑永初二年郡國志
又有南沛南下邳廣平廣陵盱眙鍾離八郡南
沛南彭城廣平併南泰山今領郡十七縣六十
三戶七萬二千四百七十二口四十二萬六百
四十去京都水二百六十　南東海太守

晉元帝初割吳郡海虞縣之北境為東
海郡　別見

東海郡

海郡立郯朐利城三縣而祝其襄賁等縣寄治
曲阿穆帝永和中郡移出京口郯等三縣亦寄

治於京口文帝元嘉八年立南徐以東海為治下
郡以丹徒屬焉竝利城竝為實土永初郡國有
襄賁　見別　祝其竝厚丘竝漢西隰何江左立四縣文帝元
嘉十二年省厚丘併襄賁何徐無厚丘餘與永
初郡國同其襄賁祝其西隰是徐志後所省也
領縣六戶五千三百四十二口三萬三千六百
五十八

郯令漢舊名文帝元嘉八年分丹徒之峴
西為境

丹徒令本屬晉陵古名朱方後名谷陽秦
改曰丹徒孫權嘉禾三年改曰
武進晉武帝太康三年復曰丹徒

武進晉武帝太康二年分丹徒曲阿立
毗陵宋孝武大明末度屬此

胸令漢舊名晉江左僑立宋孝武世分
西界為土

利城令漢舊名晉江左僑立宋文帝世與
郡俱為實土

南琅邪太守〈琅邪郡別見〉晉亂琅邪國人隨元帝過江千

餘尸太興三年立懷德縣丹楊雖有琅邪相而

無此地成帝咸康元年桓温領郡鎮江乘之蒲

洲金城上求割丹楊之江乘縣境立郡又分江乘

地立臨沂縣永初郡國有陽都〈前漢屬城陽後漢晉太康地屬琅邪郡〉

即丘〈見別〉三縣並割臨沂及建康為土斷縣沿宮城

之北元嘉八年即丘併陽都十五年省費併建

康臨沂孝武大明五年省陽都併臨沂今領縣

二戶二千七百八十九口一萬八千六百九十七去

州水二百三去京都水一百六十

〈宋書志二十五〉　　十七　何

臨沂令〈漢舊縣本屬丹楊吳省為典〉

晉屬琅邪

江乘令〈漢舊縣本屬丹楊吳省為典〉

農都尉晉武帝大康元年復立

晉陵太守〈吳時分吳郡無錫以西為毗陵典〉

校尉晉武帝大康二年省校尉立以為毗陵郡

治丹徒後復還毗陵東海王越世子名毗而東

海國故食毗陵永嘉五年帝改為晉陵始自

毗陵徙治丹徒太興初郡及丹徒縣悉治京口

郗鑑復徙還丹徒安帝義熙九年復還晉陵本

屬揚州文帝元嘉八年度屬南徐領縣六戶一

萬五千三百八十二口八萬一千二百一十三去

水一百七十五陸同去京都水四百一十陸同

晉陵令〈本名延陵漢改曰毗陵後與郡俱〉改

〈宋書志二十五〉　　十六

延陵令〈晉武帝太康二年分曲阿之延陵鄉立〉

無錫令〈漢舊縣吳省晉武帝太康元年〉復立

南沙令〈本吳縣司鹽都尉署吳時名沙中〉

吳平後立暨陽縣割屬之晉成

帝咸康七年罷鹽署立以為

南沙縣

曲阿令〈本名雲陽秦始皇改曰曲阿吳嘉〉

禾三年復曰雲陽晉武帝太康

二年復曰曲阿

暨陽令〈晉武帝太康二年分無錫毗〉

義興太守晉惠帝永興元年分吳興之陽羨丹
楊之永世立永世尋還丹楊本楊州明帝泰始
四年度南徐領縣五戶一萬三千四百九十六
八萬九千五百二十五去州水四百陸同去都水
四百九十陸同

陵立

陽羨令漢舊縣
臨津令故屬陽羨立郡分立
義鄉令故屬長城陽羨立郡分立　十九
國山令故屬陽羨立郡分立
綏安令武帝永初三年分宣城之廣
德吳興之故鄣長城及陽羨義鄉
立　　何

五縣立

南蘭陵太守蘭陵郡別見　領縣二戶二千五百九十三
口一萬六百三十四

蘭陵令見別
承令永初郡國何徐並無合鄉縣
承令文帝元嘉十二年以合鄉縣併

南東莞太守東莞郡永初郡國又有蓋縣別見
領縣三戶二千四百二十四口九千八百五十四

莒令見別
東莞令見別文帝元嘉十二年以蓋縣
併此
姑幕令漢舊名

臨淮太守漢武帝元狩六年立光武以併東海
明帝永平十五年復分臨淮之故地為下邳郡
晉武帝太康元年復分下邳之淮南為臨淮
郡治盱眙江左僑立永初郡國又有盱眙縣何徐
無領縣七戶三千七百二十一口二萬二千八百

海西令前漢屬東海後漢晉屬廣陵
射陽令前漢屬臨淮後漢屬廣陵
三國時廢晉武帝太康元年復立
廣陵令立前漢屬泗水後漢屬廣陵三
國時廢晉武帝太康二年又立屬
廣陵

八十六

淮浦令前漢屬臨淮後漢屬下邳

晉太康地志屬廣陵

淮陰令前漢屬臨淮後漢屬下邳

晉太康地志屬廣陵

東陽令前漢屬臨淮後漢屬廣陵

晉太康地志屬臨淮

淮陵太守本淮陵縣前漢屬臨淮後漢屬下邳晉屬

臨淮惠帝永寧元年以為淮陵國永初郡國又有下

長樂令本長樂郡別見并合為縣 二縣令領縣

相前漢屬臨淮後漢屬下邳晉屬廣陽 廣陽漢高立為燕國昭帝更名光武省併

上谷和帝永元八年復立魏晉復有此也 前漢廣陽縣後漢無晉復

司吾令前漢屬東海後漢屬下邳晉

太康地志屬臨沂後廢帝元徽

五年五月改名桐梧順帝昇明元

年後舊

徐令前漢屬臨淮後漢屬下邳晉太

康地志屬臨淮

三戶一千九百五十口二萬六百三十

【宋書志二十五】 二十一 二十

陽樂令漢舊名本屬陽樂遼西文帝元

嘉十三年以下相併陽樂 江左僑立晉明帝又立南下

南彭城太守 別見 彭城郡

邳郡成帝文立南沛郡文帝元嘉中分南沛為

北沛屬南兗而南沛猶屬南徐孝武大明四年

以二郡竝併南彭城領縣十戶一萬二千七百五

十八口六萬八千一百六十三

呂令見別

武原令漢舊名

傅陽令漢舊名

蕃令別見義旗初免軍戶立逐誠縣武

帝永初元年改從舊名

薛令別見義旗初免軍戶為建熙縣永

初元年改從舊名

開陽令前漢屬東海章帝建初五

年屬琅邪晉僑立猶屬琅邪安

帝度屬彭城

杼秋令漢舊名

【宋書志二十五】 二十二

06-619

汶令前漢屬梁後漢晉屬沛

下邳令見別本屬南下邳

北陵令本屬南下邳二漢無晉太康
地志屬下邳本名陵而廣陵郡
舊有陵縣晉武帝太康二年以
下邳之陵縣非舊土而同名改為
北陵

僮令見別本屬南下邳南下邳有良城
縣見別文帝元嘉十二年併僮

南清河太守別見 清河郡別見 宋書志二十五 二十三
領縣四戶一千八百四十
九口七千四百四

清河令見別

東武城令見別

繹幕令見別

貝丘令見別

南高平太守別見 高平郡 永初郡國又有鉅野
昌邑二縣並舊名 今領縣三戶一千七百十八
口九千七百三十一

金鄉令見別

湖陸令前漢曰湖陵漢章帝更名

高平令見別文帝元嘉十八年以鉅野
併高平

南平昌太守別見 平昌郡 領縣四戶二千二百七十
八口二萬二千七百四十一

安丘令見別

新樂令二漢無魏分平原為樂陵郡
屬冀州而新樂縣屬焉晉江左
章陵郡及諸縣後省以新樂
縣屬此
宋志二十五 二十四

東武令見別

高密令見別 江左立高密國後為南高
密國後還為高密縣屬此
郡文帝元嘉十年省為高密縣屬此

南濟陰太守二漢晉屬兗州前漢屬梁國
景帝中平六年別為濟陰國宣帝甘露二年
更名定陶國後還曰濟陰永初郡國又有句
陽定陶二縣並舊名 今領縣四戶一千六百五

十五口八千一百九十三

城武令見別

宛句令漢舊名

單父令前漢屬山陽

城陽令漢舊名

南濮陽太守本東郡屬兗州晉武帝咸寧
二年以封子允以東不可爲國名東郡有
濮陽縣故曰濮陽國濮陽漢屬濮陽也今領縣二户（二漢屬濟陰晉太康地志屬濮陽）
封淮南還曰東郡趙王倫篡位廢太孫臧

【宋書志二十五

二十五

又有鄄城縣（康地志屬濮陽）
爲濮陽王王尋廢郡名遂不改永初郡國
後漢無文帝元嘉十二年以鄄城

廪安令前漢及晉太康地志有廪丘縣

二千二十六口八千二百三十九

榆次令漢舊名至晉屬太原

併廪丘

南太山太守別見（太山郡永初郡國有廣平 求初郡國屬太原）
武帝正和子國宣帝五鳳二年吹爲廣平併鉅鹿魏分鉅鹿魏郡復爲廣廣平二年立爲平併鉅鹿

光武建武十三年省咸康四年又立（平江左僑立晉成帝省後又立 寄治冊徒）

領廣平易陽（廣平作曲周後漢屬鉅鹿地志屬廣平 二漢屬趙晉太 廣平作曲周晉太 三縣文帝八年）

南城令見別

武陽令見別

廣平令前漢屬廣平後漢屬鉅鹿（晉太康地志屬廣平）
省廣平郡爲廣平縣屬南太山今領縣三户

二千四百九十口一萬三千六百

【宋書志二十五

二十六

濟陽太守晉惠帝分陳留爲濟陽國領縣二户

一千二百三十二口八千一百九十二

考城令前漢曰菑屬梁國章帝更
名屬陳留太康地志無

鄄城令見別

南魯郡太守魯郡別見又有樊縣（前漢屬東平後漢屬任城也晉太康地志屬任）

曾令見別

今領二户一千二百三十一口六千八百一

十八

西安令漢舊名本屬齊郡齊郡過江
僑立後省以西安配此文帝元嘉
十八年以樊併西安永初郡國無
西安縣

徐州刺史後漢治東海郯晉宋治彭
城明帝世淮北沒寇僑立徐州治鍾離泰
豫元年後治東海朐山後廢帝元徽元年
分南兖州之鍾離離豫州之馬頭又分泰
之頓丘梁郡之穀觥歷陽之贊立新昌郡
〈宋志二十五〉　二十七
置徐州還治鍾離今先列徐州舊郡於前
以新劚係舊領郡十二縣三十四戶二萬三
千四百八十五口十七萬五千九百六十
太守領縣三縣九彭城去京都水一千三百
六十陸二千
彭城太守漢高立為楚國當帝地節元年
改為彭城郡黃龍元年又為楚國章帝還
為彭城領縣五戶八千六百二十七口四萬
一千二百三十一

彭城令漢縣

呂令漢舊縣

蕭令漢舊昌縣屬魯晉惠帝元康中度音

薛令漢舊縣屬魯晉惠帝元康中度音
皮漢末太傅陳蕃子逸為魯相改音留

令漢舊縣

沛郡太守秦泗水郡漢高更名舊屬豫州江左
改配領縣三戶五千二百九口二萬五千一百
七十去州陸六十去京都一千
〈宋書志二十五〉　廿八

沛令漢舊縣

相令漢舊縣

蕭令漢舊縣

下邳太守前漢本臨淮郡武帝立明帝改為下
邳晉武帝分下邳之淮南為臨淮而下邳如故
領縣三戶三千九百九十口一萬六千八十八去州水二
百陸二百八十去京都水二千一百六十陸八百
下邳令前漢屬東海後漢晉太康地志屬下邳
良戍令前漢屬東海後漢晉太康地志屬下邳

僮令前漢屬臨淮後漢晉太康地志屬下邳

蘭陵太守晉惠帝元康元年分東海立領縣

三戶三千二百七十四口二萬四千五百九十七去州
陸二百去京都水千六百陸二千三百

昌慮令漢舊縣

承令漢舊縣

合鄉令漢舊縣

東海太守郯郡漢高更名明帝央淮北僑立
青州於贛以榆縣泰始七年又立東海縣屬東海

【宋志二十五】　二十九

縣三戶二千四百二十口二万三千九百四十一去州水
千陸八百去京都水千陸六百七十

郡又割贛榆置鬱縣立西海郡並隷僑立青州領

贛榆令前漢屬琅邪後漢屬東海魏
省晉武帝泰始元年復立

襄賁令漢舊縣

東莞太守晉武帝太康元年分琅邪立咸寧三年
復以合琅邪太康十年復立領縣三戶八百八十七

七千三百二十去州陸七百去京都水二千陸二千四

莒令前漢屬城陽後漢屬琅邪孝武大明五年
改爲長

諸令前漢屬城陽後漢屬琅邪晉太康地屬城陽

東莞令漢舊縣

東安太守東莞故縣名前漢屬城陽後漢屬琅
邪晉太康地志屬東莞晉惠帝分東莞立領縣

三戶二千二百八十五口一萬七百五十五去州陸
七百去京都陸二千三百

【宋志二十五】　三十

蕃令前漢屬琅邪後漢屬太山晉太康地志
屬樂安孝武大明五年改爲長

新泰令魏立屬太山

發干令漢舊名屬東郡太康地志無注左來配

琅邪太守泰立領縣二戶一千八百一十八口
八千二百四十三去州陸四百去京都水千
五百陸一千一百

費令前漢屬東海後漢屬泰山晉太康地
志屬琅邪

即丘令前漢屬東海後漢晉太康地

淮陽太守晉安帝義熙中土斷立領縣四戶二
千八百五十五口一萬五千三百六十三去州
水六百陸五百去京都水七百陸五百五十

甬城令晉安帝義熙中土斷立

晉寧令故屬濟岷流寓來配

宿預令晉安帝立

上黨令本縣名流寓來配

陽平太守陽平本縣名屬東郡魏分東郡及
郡為陽平郡故屬司州流寓來配永初郡國又
有廩丘縣別置今領縣三戶二千七百二十五口
一萬三千三百三十

館陶令漢舊名

陽平令漢舊名

濮陽令本流寓郡併省來配

濟陰太守漢景帝立屬兗州流寓徐袞割地為
境領縣三戶二千三百五十口一萬二千九百二十八

睢陵令前漢屬蜀臨淮後漢屬下邳孝

定陶令漢舊名孝武大明五年改為
長頓丘令屬頓丘流寓割配

北濟陰太守孝武建元元年昇立領縣三戶九
百二十七口三十八百十

城武令前漢屬山陽後漢晉太康地
志屬濟陰

豐令漢舊名屬沛孝武大明元年復

離狐令前漢屬東郡後漢晉太康地
志屬濟陰

鍾離太守本屬南兗州晉安帝分東莞漢九江
郡晉淮南郡有鍾離縣即此地也領縣三戶三
千二百七十二口一萬七千八百三十二去京

燕縣令　別見　故屬東燕流寓因配

朝歌令本屬河內晉武帝分河內為

汲又屬焉流寓因配

都陸六百二十水一千七百三十

樂平令前漢曰清屬東郡章帝更名晉
太康地志無流寓因配

馬頭太守屬南豫州故淮南當塗縣地晉安
帝立因山形立名領縣三戶二千三百三十二口一
萬二千三百十去京都水千七百五十陸六
百七十

濟陽令故屬濟陽流寓因配

零縣令晉安帝立

虞縣令漢舊名屬梁郡流寓因配　二十三

頓兵令二漢屬東郡魏屬陽平晉武帝
泰始二年分淮陽置頓丘郡頓
丘縣又屬為江左流寓屬泰先
有沛縣元嘉八年併頓丘後廢
帝元徽元年度屬此

昌太守後廢帝元徽元年立

穀孰令前漢無後漢晉屬梁永初郡
國何徐志並屬南梁後廢帝元
徽元年度

贊令漢屬沛晉屬譙文帝元嘉八年自南
譙度屬歷陽後廢帝元徽元年

南兗州刺史中原亂北州流民多南渡晉成帝
立南兗州寄治京口時又立南青州及并州武
帝永初元年省并南兗文帝元嘉八年始割
江淮間為境治廣陵永初郡國領十四郡南高
平南平昌南濮陰南濟陽南泰山濟陽南魯山
郡今並屬徐州又有東燕郡江左分濮陽所立

宋書志二十五　三十四　白馬平昌

也領燕縣前漢曰南燕後漢立燕郡太原地志屬濮陽
考城凡四縣文帝元嘉十八年省考城併燕十
八年省東燕縣屬南濮陽後又省東燕縣南東
平郡領范蛇丘歷城凡三縣高密郡領淳于黔
陬營陵夷安凡四縣南齊郡領安西臨菑凡二
縣南平原郡領平原高唐荏平見別凡三縣濟
岷郡比左領營城晉寧江左凡二縣
郡領樓煩見陰館廣武前漢屬太原後漢晉
太康地志屬雁門也嶧馬邑舊名凡五縣凡七郡二十三

縣竝省屬南徐州諸僑郡縣何志又有鍾離雁
門平原東平北沛五郡鍾離今屬徐州雁門領
樓煩陰館廣武三縣平原領祉平臨菑營城平原
四縣東平原領范朝陽歷城三縣沛領符離蕭
相沛四縣 符離漢舊縣竝別見 凡十四縣起居注元嘉十年
以南兗州東平之平陸併范壽併朝陽平原
之濟岷晉寧併營城岷郡爲縣先是省濟 高康併茌平按此
五縣而無此二縣未詳徐志有南東平郡領
國志元嘉十年所省則平陸壽張魃在永初郡
原十縣則是雁門平原併東平也孝武大明五
范朝陽歷城樓煩陰館廣武茌平營城臨平
年以東平併廣陵宋又僑立新平北淮陽此濟
北下邳東莞五郡元嘉二十八年南兗州徙治盱
眙三十年省南兗州併南徐其後復立還治廣
陵徐志領郡九縣三十九戶三萬二千一百十五
口十五萬九千三百六十二宋末領郡十一縣四十
四去京都水二百五十陸一百八十
廣陵太守漢高六年立屬荊國十年更屬吳

景帝四年更名江都國武帝元狩三年更名廣陵
舊屬徐州晉武帝太康三年治淮陰故城後又治
陽別見 前漢屬 江左治廣陵求初郡國又有興
屬廣陵文帝元嘉 江都屬廣陵求初郡屬常
十三年并江都屬常山新市永初郡國云四縣本屬遼西則
遼西路屬上黨真其定後漢省真定肥如路真定新
山晉亦屬常山新市永初郡國云四縣本屬遼西則
是晉末廢西僑郡省併廣陵也
何有肥如新市徐與今同也 今領縣四戶七千七
百四十口四萬五千六百二十三

廣陵令前漢舊縣

海陵令前漢屬臨淮後漢晉屬廣陵三國
時廢晉武帝太康元年復立

高郵令漢舊縣三國時廢晉武帝太康元年復立

江都令漢舊縣三國時廢晉武帝太康六
年復立江左又省併輿縣元嘉
十三年後立以併江都

海陵太守晉安帝分廣陵立求初郡國屬徐州領
縣五戶三千六百二十六口二萬二千六百六十去
州水一百三十陸同去京都水三百九十陸同

建陵令晉安帝立

山陽太守晉安帝義熙中土斷分廣陵立案漢
景帝分梁為山陽非此郡也永初郡國屬徐州
領縣四戶二千八百一十四口二萬二千四百七十
去州水三百陸同去京都水五百陸同

臨澤令明帝大豫元年立

蒲濤令晉安帝立

寧海令晉安帝立

如皋令晉安帝立

臨江令晉安帝立

山陽令射陽縣境地名山陽與郡俱立

臨城令舊曰臨濟前漢屬臨淮後漢
晉屬廣陵三國時廢晉武帝大康
二年復立晉安帝更名

東城令晉安帝立

左鄉令晉安帝立

盱眙太守盱眙本縣名前漢屬臨淮後漢屬蜀
下邳晉屬臨淮晉安帝分立領縣五戶一千五
百二十八口六千八百二十五去州水四百九

十陸二百九去京都水七百陸五百

考城令見別

陽城令晉安帝立

直瀆令晉安帝立

信都令信都雖漢舊名其地非也地
在河北宋末末立

睢陵令前漢屬臨淮後漢屬下邳晉
太康地志無末立

秦郡太守晉武帝分扶風為秦國中原亂其民
南流寄居堂邑堂邑本為縣前漢屬臨淮後漢
屬廣陵晉又屬臨淮晉惠帝永興元年分臨淮
淮陵立堂邑郡安帝改堂邑為秦郡求初郡國
屬徐州元嘉八年度南兗求初郡國又領臨塗

平丘漢舊屬陳留晉
宋立

外黃屬陳留

沛雖丘

平丘見別凡七縣何無離丘外黃平丘沛徐

浚儀頓丘別

又無浚儀頓丘元嘉八年以沛併頓丘後廢帝元徽
元年割頓丘屬新昌領縣四戶三千三百三十
三口一萬五千二百九十六去州水二百四十

秦令本屬秦國流寓立文帝元嘉八年以臨塗併秦以外黃併浚儀孝武孝建元年以浚儀併秦

義成令江左立

尉氏令漢舊名屬陳留文帝元嘉八年以平丘併尉氏

懷德令孝武大明五年立又以歷陽之烏江并此為二縣立臨江郡

宋志二十五　三十九

前廢帝末光元年省臨江郡懷德即住郡治烏江還本也

南沛太守（沛郡別見）何志云北沛新立徐云南沛末

初郡國又有符離淚（見並別）竹邑（前漢曰竹邑李竒後漢晉曰竹邑）至杼秋（太康地志屬沛）四縣杼秋

無錫並治廣陵文帝元嘉十二年以北沛郡治

竹邑并杼秋何徐並無此二縣不詳起居注無復

武大明五年分廣陵為沛郡治肥如故縣處也二漢晉太康地志

肥如縣當是肥如故縣處也

並無肥如縣沛郡宜是大明五年以前省其時又立也今領縣三戶一千一百九口一萬二千

九百七十

蕭縣令（見別）

相縣令（見別）

沛縣令（見別）

新平太守明帝泰始七年立

江陽令郡同立

海安令郡同立

宋書志二十五

比淮太守宋末僑立

晉寧令（見別）

宿預令（見別）

甬城令（見別）

四十

北濟陰太守（濟陰郡別見）宋失淮北僑立

廣平令前漢臨淮有廣平縣後漢以後無

定陶令（見別）

陽平令（見別）

上黨令（見別）

宛句縣領見別

館陶令見別

比下邳太守別見 下邳郡 宋失淮北僑立

潼縣令見別

下邳令見別

寧城令見別 下邳郡

東莞太守 東莞郡 宋失淮北僑立

諸縣令見別

苢縣令見別

東莞令見別 四十一

栢人令漢舊名屬趙國宋失淮北僑立

兖州刺史後漢治山陽昌邑魏晉治廩丘武帝
平河南治滑臺文帝元嘉十三年治鄒山又寄
治彭城二十年省兖州分郡屬徐冀州三十年
六月後立治瑕丘 二瑕山陽 永初郡國有東郡
陳留濮陽三郡而無濮平郡領白馬 見別 二
東郡有聊城縣晉大康地志無此縣晉是 東燕見別三縣陳留郡領酸
棗縣漢舊 小黄離丘白馬襄邑尉氏六縣別見郡縣立

濮陽郡領濮陽廩丘 見別 二縣宋末失淮北僑
立宛州寄治淮陰 別見淮陰 兖州領郡六縣三十一
戶二萬九千三百四十口一十四萬五千五百
八十一

泰山太守漢高立末初郡國又有山茌 見別萊蕪
漢舊 太原立 本郡僑名此縣僑 三縣而無鉅奉縣今領縣八
戶八千一百七十七口四萬五千五百八十一
去州陸八百去京都陸一千八百

奉高令漢舊縣

鉅平令漢舊縣

嬴令漢舊縣

牟令漢舊縣

南城令前漢屬東海後晉屬泰山

梁父令漢舊縣

博令漢舊縣

高平太守故梁國漢景帝中六年分爲山陽國
武帝建元五年爲郡晉武帝泰始元年更名永

四十二

06-629

初郡國及徐竝又有任城縣〔前漢東平章帝元和元年分東平為任城又屬焉晉亦屬任城江左省郡為縣也後省今領縣六戶六千〕

三百五十八口二萬一千一十二去州陸二百二十去京都陸一千三百三十〔宋明帝泰〕

始五年僑立於淮南當塗縣界領高平金鄉二

縣其年又立睢陵縣

高平令前漢名橐章帝更

方與令漢舊縣

金鄉令前漢無後漢晉有

鉅野令漢舊縣　　　　四十三

平陽令漢舊縣曰南平陽

亢父令漢舊縣晉屬任城

魯郡太守薛郡漢高后更名本屬徐州光武

改屬任城江左屬兗州領縣六戶四千六百三

十一口二萬八千三百七去州陸三百五十去

京都一千二百

鄒令漢舊縣

汶陽令漢舊縣

魯令漢舊縣

陽平令孝武大明元年立

新陽令孝武大明中立

卞令明帝泰始二年立

東平太守〔漢景帝分梁為濟東國宣帝更名〕

領縣五戶四千一百五十九口一萬七千二百

九十五去州水五百陸同去京都水二千陸一

千四百宋末又僑立於淮陰

無鹽令漢舊縣

三十　　宋書志二十五　　四十四

平陸令漢舊縣　屬東平

須昌令前漢屬東郡後漢晉太康地志

壽昌令春秋時曰良前漢曰壽良屬東〔郡光武改曰壽張屬東平〕

范令漢舊縣〔郡光武省〕

陽平太守魏分魏郡立文帝元嘉中流寓來屬

後省孝武大明元年後立領縣五戶二千八百

五十七口一萬二千二百七十一

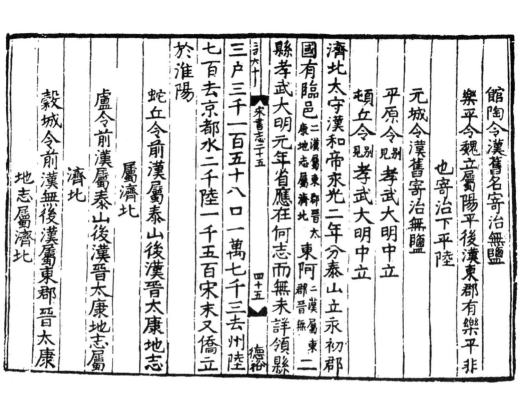

館陶令漢舊名寄治無鹽

樂平令魏立屬陽平後漢東郡有樂平非
也寄治下平陸

元城令漢舊寄治無鹽

平原令見孝武大明中立

頓丘令見孝武大明中立

縣孝武大明元年省應在何志而無未詳領縣

濟北太守漢和帝永光二年分泰山立永初郡
國有臨邑二漢屬東郡晉太東阿二漢屬東郡晉
康地志屬濟北康地志屬濟北

於淮陽

蛇丘令前漢屬泰山後漢晉太康地志
屬濟北

盧令前漢屬泰山後漢晉太康地志屬
濟北

穀城令前漢無後漢屬東郡晉太康
地志屬濟北

三戶三千一百五十八口一萬七千三百去州陸
七百去京都水二千陸一千五百宋末又僑立

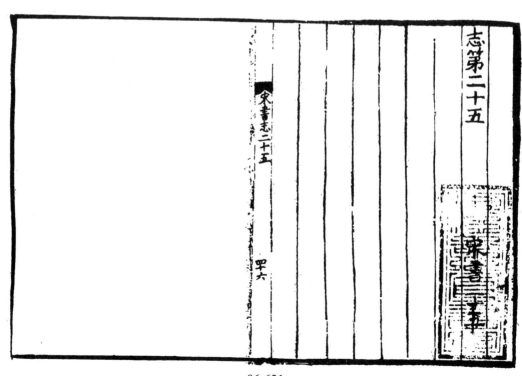

臣沈約奉 新撰

州郡二

南豫州

豫州

江州

青州

冀州

司州

宋書志二十六　　　　一

南豫州刺史晉江左胡寇強盛豫部殲覆元帝
永昌元年刺史祖約始自譙城退還壽春成帝
咸和四年僑立豫州治邾城□庚亮為刺史治蕪湖咸康
四年毛寶為刺史又鎮蕪湖穆帝
鎮武昌領豫州八年庚懌為刺史又鎮蕪湖又尚
帝永和元年刺史趙胤鎮牛渚二年刺史謝尚
鎮蕪湖四年進壽春九年尚歷陽十一年荊州刺史庚翼
進馬頭升平元年刺史謝弈成譙哀帝隆和元年
年刺史表真自譙退守壽春簡文咸安元年刺

史桓沖戍姑孰太元十年刺史朱序戍馬頭十
二年刺史桓石虔戍歷陽安帝義熙二年刺史
劉毅戍姑孰宋武帝欲開拓河南綏定南豫基
九年割揚州大江以西大雷以北悉屬豫土
二年分江東為南豫州治歷陽淮西為豫州初
文帝元嘉七年又分五年割揚州之淮南宣
城又屬焉徙治姑孰明帝泰始二年又合而
以淮南宣城還揚州九月又分治歷陽三

宋志三十六　　　　二

年五月又合四年以揚州之淮南宣城為南
豫州治宣城五年罷時自淮以西悉沒寇矣
七年復分歷陽淮陰南譙南兗州之臨江立
南豫州泰始元年以南汝陰度屬豫州豫州
之盧江度屬南豫雖于有離合而分立居多愛自
明便為南豫州按淮東自永初至于大
泰始甫失淮西復於淮東分立兩豫今南豫
以淮東為境不復於此更列二州覽者按此
以淮東為境推尋便自得泰始兩豫分域也

也徐志領郡十三縣六十一戶三萬七千六百
二口二十一萬九千五百今領郡九縣九十一去
京都水一百六十
歷陽太守晉惠帝永興元年分淮南立屬揚州
安帝割屬豫州永初郡國唯有歷陽烏江龍六
三縣何徐又有鄩雍丘二縣今領縣五戶三千
一百五十六口一萬九千四百七十
歷陽令漢舊縣屬九江
烏江令二漢無晉書有烏江太康地志
屬淮南
龍亢令漢舊名屬沛郡晉太康地志屬
譙江左流寓立
雍丘令漢舊名屬陳留流寓立先屬泰
山郡文帝元嘉八年度
鄩令漢屬沛晉太康地志屬譙流寓立
文帝元嘉八年度
南譙太守﹝譙郡別見﹞晉孝武太元中於淮南僑立郡
縣後割地志咸實土郡國又有鄩縣何徐無今

三

領縣六戶四千四百三十一口二萬二千三百五
十八去州水五百四十陸一百七十去京都水七
百陸五百
山桑令前漢屬沛後漢屬汝南晉太康
地志屬譙
酇令漢屬沛晉太康地志屬譙
鉒令漢屬沛晉太康地志屬譙
扶陽令前漢屬沛後漢晉太康地志並無
蘄令見別
城父令前漢屬沛後漢屬汝南晉太康
地志屬譙
廬江太守漢文帝六年分淮南國立光武建武
十三年又省六安國以併焉領縣三戶一千九
百九口一萬二千九百一十七去州水二千七百
二十陸四百七十去京都水一千二百陸百三
十一
灊令漢舊縣
舒令漢舊縣

四

始新令永初郡國何並無徐有始新左

南汝陰太守〔汝陰郡別見〕　縣明帝泰始三年立　江左立領縣五戶二千七百

一口一萬九千五百八十五去州陸三百去京都

水一千陸五百三十

汝陰令見別　所治即二漢晉合肥縣後省

慎令漢屬汝南太康地志屬汝陰

宋令見別

陽夏令前漢屬淮陽後漢屬陳晉太康〔五〕

立屬南梁徐志屬此

志惠帝永康中復立永初郡國何

地志陳令屬梁無復此縣又晉地

安陽令見別　永初郡國何立屬南梁徐屬此

南梁太守〔梁郡別見〕晉孝武太元中僑立於淮南安

帝始有淮南故地屬徐州武帝永初二年還南

豫孝武大明六年廢屬西豫改名淮南八年復

舊永初郡國又有虞陽豐安豐三縣〔見別〕　何徐

無安豐又有義昌而並無寧陵縣令領縣九戶

〔大三百四十五　小十八字　宋書志二十六　吳七〕

六千二百十二萬二千七百五十四去州水一

千八百陸五百去京都水一千七百陸七百

雕陽令漢舊名孝武大明六年改名

壽春八年復舊前廢帝永光

有義寧昌二縣併雕陽所治

即二漢晉壽春縣後省

蒙令別見

虞令漢舊名

穀熟令漢舊名

一〔宋志二十六〕　六

陳令前漢屬淮陽後漢屬陳晉太康

新汲令漢舊名屬潁川

崇義令永初郡國羌人始立

義寧令何無有宋末又立〔地志屬梁〕

寧陵見別徐志後所立

晉熙太守晉安帝分廬江立領縣五戶二千五

百二十一口七千四百九十七去州陸八百無水

去京諸水一千二百無陸

水去京都水一千二百無陸

懷寧令晉安帝立

新治令晉安帝立

陰安令漢舊縣名屬魏郡晉太康地志屬頓丘

南樓令永初郡國何徐志無

太湖左縣長文帝元嘉二十五年以豫部蠻民立太湖呂亭二縣晉熙後省明帝大始二年復立

弋陽太守本縣名屬汝南魏文帝分立領縣六

戶三千二百七十五口二萬四千二百六十二

去州陸一千一百去京都水闕

期思令漢舊縣

弋陽令漢舊縣

安豐令舊郡晉安帝併爲縣

樂安令新立

茹由令新立

安豐太守魏文帝分廬江立江左僑立晉安帝

省爲縣屬弋陽宋末復立

安豐令前漢地理志無後漢屬廬江

汝南太守
松滋令見別

上蔡庶相見別

平輿令見別

北新息令見別

陽令真陽陽別見

安城令見別

南新息令見別

臨汝令漢舊名

陽安令別

西平令別

瞿陽令別

安陽令別

新蔡太守見別

銅陽令別

固始令別

新蔡令見別

東苞信令見別

西苞信令徐志西豫唯一苞信疑是後僑

立所分

東郡太守見別永初郡國無萇平谷陽而有扶溝

別何無陽夏扶溝徐無陽夏

項令見別

西華令見

陽夏令見別

萇平令見別

父陽令見別

南頴太守見別帖治陳郡

南頓令見別

和城令見別

頴川太守見別

邵陵令見別

臨頴令見別

曲陽令見別

西汝陰太守永初郡國何徐並無此郡

汝陰令見別

安城令見別

樓煩令見別

宋令見別

汝陽太守見別

汝陽令見別

武津令

陳留太守見別永初郡國無浚儀封丘而有酸

棗何徐無封丘尉氏

浚儀令見別

小黃令見別

雝丘令見別

白馬令見別

襄邑令見別

封丘令漢舊名

尉氏令見別

南陳左郡太守少帝景平中省此郡以朱民度

屬南梁汝陰郡而永初郡國無未詳孝建二年

以蠻戶復立分赤官左縣為蓼城左縣領縣二
樂疑大明八年省郡名為縣屬陳左縣
邊城左郡太守文帝元嘉二十五年以豫部蠻
民立茹由樂安光城雩婁邊城史水開化邊城
七縣屬弋陽郡徐志有邊城兩領雩婁史水開
化邊城兩縣大明八年復省為縣屬弋陽後復
立領縣四戶四百一十七口二千四百七十九
雩婁令二漢屬廬江晉太康地志云屬安
豐開化令
史水令
邊城令
光城左郡太守永初郡國何徐並無按起居注
大明八年省光城左郡為縣弋陽疑是大明中
分弋陽所立八年復省後復立
樂安令
茹由令
光地令此三縣徐志屬弋陽
豫州刺史後漢治譙魏治汝南安成晉平吳後

治陳國晉江左所治巳列於前永初郡國何徐
寄治雎陽而郡縣在淮西徐又有邊城別見南
豫州何又有初安綏城二郡初安領新疑字脫懷
德二縣綏城領安昌招遠二縣並云新立徐無
則是徐志前省也領郡十縣四十三戶二萬二
千九百一十九口十五萬八百三十九
汝南太守漢高帝立領縣十一戶一萬一千
百九十一口八萬九千三百四十九去州水一
千陸七百去京都水三千陸一千五百
上蔡令漢舊縣
平輿令漢舊縣
北新息令漢舊縣
慎陽令漢舊縣永初郡國及徐並作真陽
安成令漢舊縣
南新息令分漢舊縣
朗陵令漢舊縣
陽安令漢舊縣
西平令漢舊縣

瞿陽令漢舊縣作濯陽

安陽令漢舊縣晉武太康元年改為南安陽

新蔡太守晉惠帝分汝陰立今帖治汝南領縣

四戶二千七百七十四口一萬九千八百八十

去州陸六百去京都水二千五百陸一千四百

銅陽令漢舊縣晉成帝咸康二年省併新

蔡後又立

固始令故名寢丘之地也漢光武更名晉

成帝咸康年併新蔡後又立

新蔡令漢舊縣

苞信令前漢無後漢屬汝南晉太康地志

屬汝陰後漢郡國晉太康地志並作襃

譙郡太守何志故屬沛魏明帝分立按王粲詩

既入譙郡界曠然消人憂蔡是建安中立非明

帝時立明矣永初郡國無長垣縣今領縣六戶

一千四百二十四口七千四百四去州陸道三

百五十去京都水二千陸一千二百

蒙令漢舊縣屬沛

鄭令漢舊縣屬沛

寧陵令前漢屬陳留後漢晉太康地志屬梁

魏令故魏郡流寓配屬

襄邑令

長垣令漢舊縣屬陳留永初郡國無何故

梁郡太守秦碭郡漢高更名孝武大明元年度

屬陳留徐新配

徐州二年還豫領縣二戶九百六十八口五千

五百去州陸一百六十去京都水九百

下邑令漢舊縣何云魏立非也

碭令漢舊縣

陳郡太守漢高立為淮陽國章帝元和三年更

名晉初併梁王彤薨還為陳永初郡國有扶溝

前漢屬淮陽後漢晉太康地志屬陳郔

陽夏別見而無父陽長平領

縣四戶六百九十三口四千一百一十三去州

陸七百六十去京都水一千四百五十

項城令漢舊縣屬汝南晉太康地志屬陳郡

西華令漢舊縣屬汝南晉初省惠帝永康

元年復立屬頼川江左度此
父陽令本苦縣前漢屬陳晉太康地志屬
梁成帝咸康三年更名
長平令前漢屬汝南後漢屬陳晉太康地
志屬頼川
南頓太守故屬汝南晉惠帝分立領縣二戶五
百二十六口二千三百六十五去州七百六十
去京都陸一千四百五十
南頓令漢舊縣何故屬汝陽晉武帝改屬
汝南按晉太康地志王隱地道無汝陽郡
和城令何江左立
頼川太守秦立魏分頼川為襄城郡晉咸帝咸
康二年省襄城還并頼川求初郡國又有許昌
本昌許漢舊
聯魏日許昌新汲 見剔陽長社頼陰陽翟 四縣
晉屬河南 六縣而無曲陽領縣三戶六百四
舊縣陽翟 並漢
十九口二千五百七十九去州一千去京都陸
一千八百
邵陵令漢舊縣屬汝南晉太康地志屬頼川

臨頼令漢舊縣
曲陽令前漢屬東海後漢屬下邳晉太康
地志無
汝陽太守晉太康地志王隱地道無此郡應是
江左分汝南立晉成帝咸康三年省併汝南後
又立領縣二戶九百四十一口四千四百九十
五去州二百去京都陸一千四百水三十五百
汝陽令漢舊縣屬汝南何故屬武
改屬汝南按晉武分汝南為汝陰何
所言非也
武津令何不注置立
汝陰太守晉武帝分汝南立成帝咸康二年省
併新蔡後復立領縣四戶二千七百四十九口
一萬四千三百三十五
汝陰令漢舊縣
宋令前漢名新郪章帝建初四年徙宋公
國於此改曰宋
宋城令漢舊縣

樓煩令漢舊縣屬鴈門流寓配屬

陳雷太守漢武帝元狩元年立屬兗州中原亂廢晉成帝咸康四年復立永初郡國屬兗州何徐屬豫州永初郡國無浚儀有酸棗見別今領縣四戶百九十六口二千四百一十三寄治譙郡長垣縣界

浚儀令漢舊名

小黃令漢舊名

白馬令漢屬東郡晉太康地志屬

雝丘令漢舊名

濮陽

江州刺史晉惠帝太康元年分揚州之豫章鄱陽廬陵臨川南康建安晉安荊州之武昌桂陽安成十郡為江州初治豫章成帝咸康六年移治尋陽庾悅又治豫章尋還尋陽領郡九縣六十五戶五萬二千三十二口三十七萬七千一百四十七去

京都水一千四百

尋陽太守尋陽本縣名因水名水南注江二漢屬廬江吳立蘄春郡尋陽縣屬焉晉武帝太康元年省蘄春郡以尋陽屬武昌改蘄春之安為高陵及邾縣皆屬武昌二年以武昌之尋陽復屬廬江郡惠帝永興元年分廬江武昌立尋陽郡尋陽縣後省領縣三戶二千七百二十口一萬六千八郡皖立治此

柴桑男相二漢屬豫章晉屬武昌漢晉太康地志屬豫章立尋陽郡後割度

松滋伯相前漢屬廬江後漢無晉太康地志屬安豐

安豐縣名前漢無後漢屬廬江晉武帝立為安豐郡

江左流民寓尋陽僑

立安豐松滋二郡進隸揚州安帝

省為松滋縣尋陽又有弘農縣流

寓文帝元嘉十八年省併松滋

豫章太守漢高帝立本屬揚州永初郡國有海

昏漢舊縣｜何志無今領縣十二戶一萬六千一百三

十九口一十二萬二千五百七十三去州水六百

陸三百五十去京都水一千九百陸二千一百

南昌侯相漢舊縣

新淦侯相漢舊縣

豐城侯相吳立曰富城晉武帝太康元

年更名

建城侯相漢舊縣

康元年更名

望蔡子相漢靈帝中平中汝南上蔡吳

分徙此地立縣名曰上蔡晉

吳平侯相漢靈帝中平中立曰漢平吳

更名

永脩男相漢靈帝中平中立

周昌新

建昌公相漢和帝永元十六年分海昏立

豫寧侯相漢獻帝建安中立吳曰要安晉

武帝太康元年更名

康樂侯相漢獻帝建安中立孫權黃武中立曰陽樂晉武

帝太康元年更名

新吳令漢靈帝中平中立

艾侯相漢舊縣

鄱陽太守漢獻帝建安十五年孫權分豫章立

治鄱陽縣赤烏八年徙治吳芮故城永初郡國

有歷陵縣漢舊縣｜何志無領縣六戶三千二百四

十二口一萬九千四百五十去州水四百四十去京

都水一千八百四十陸二千六十

鄱陽侯相漢舊縣

年更名

廣晉令吳立曰廣昌晉武帝太康元

餘干令漢舊縣

鄱陽侯相漢舊縣

上饒男相吳立太康地志有王隱地道無

葛陽令吳立

樂安男相吳立

臨川內史吳孫亮太平二年分豫章東部都尉

立領縣九戶八千九百八十三口六萬四千八百

五去州水一千一百陸一千二十去京都水二

千八百三十陸三千

臨汝侯相漢和帝永元八年立

西豐侯相吳立曰西平晉武帝太康元

年更名

新建侯相吳立　宋書志二十六　一九十　二十一　王付

永城男相吳立

宜黃侯相吳立

南城男相漢舊縣晉武帝太康元年更

曰新南城江左復舊

南豐令吳立

東興侯相吳立

安浦男相吳立

盧陵太守盧陵本縣名屬豫章漢獻帝興平元

年孫策分豫章立領縣九戶四千四百五十五

口三萬二千二百七十一去州水二千陸一千

六百去京都水三千六百

石陽子相前漢無後漢有

西昌侯相吳立

東昌子相吳立

吉陽男相吳立

巳丘男相吳立

興平侯相吳立

陽豐男相吳立曰陽城晉武帝太康元年

更名　宋書志二十六　二十二　龐峽开

高昌男相吳立

遂興男相吳立曰新興晉武帝太康元

年更名永初郡國無此縣何徐並有

安城太守孫皓寶鼎二年分豫章盧陵長沙立

晉太康地志屬荊州領縣七戶六千一百一十六

口五萬三百二十三去州水三千三百陸三千

六百去京都水三千七百無陸

平都子相前漢曰安平後漢更名屬豫章

新喻矦相吳立

宜陽子相漢舊縣本名宜春屬豫章晉
孝武改名

永新男相吳立

安復矦相漢舊縣本名安成晉武帝太康
元年更名屬長沙

萍鄉矦相吳立

廣興矦相晉太康地志有此縣何云江左
立非也

二十三

南康公相晉武帝太康三年以盧陵南部都尉
立領縣七户四千四百九十三口三萬四千六
百八十四去州水三千七百四十去京都水三
千八十

贛矦相漢舊縣屬豫章

寧都子相吳立曰楊都晉武帝太康元年
更名

雩都矦相漢舊縣屬豫章

平固矦相吳立曰平陽晉武帝太康元

年更名

南康公相吳立曰安南晉武帝太康元年
更名

陂陽男相吳立曰揭陽晉武帝太康五年
以西康揭陽移治故陂陽縣改陂
縣然則陂陽先已為縣矣後漢
國無揭定吳所立而改曰揭陽也

南野伯相漢舊縣屬豫章

虔化男相孝武大明五年以虔化屯立

二十四

南新蔡太守江左立領縣四户二千七百三十口八
千八百四十八去州水二百去京都水一千二百
七十陸二千八百八十

苞信令別本作襃信永初郡國作苞信

慎令漢舊名本屬汝南

宋令見徐志云宋樂後後舊

陽唐左縣令孝武大明八年立

建安太守本閩越秦立為閩中郡漢武帝世閩
越反滅之徙其民於江淮閒虛其地後有遁逃

山谷者頗出此立為冶縣屬會稽司馬彪云章安
是故冶然則臨海亦冶地也張勃吳錄云閩越
王冶鑄地故曰安閩王冶此不應偏以受名蓋
句踐冶鑄之所故謂之冶平閩中有山名湛疑
湛山之鑪鑄銅為湛鑪也後分冶地為會稽東
南二部都尉東部臨海是也南部建安是也吳
孫休永安三年分南部立為建安郡領縣七 疑

戶三千四十二口一萬七千六百八十六去州水
二千三百八十去京都水三千四十並無陸

宋書志二十六　二十五　宋全

吳興子相漢末立曰漢興吳更名
將樂子相晉太康地志有
邵武子相吳立曰昭武晉武帝更名
建陽男相晉太康地志有
綏成男相永初郡國何徐並有何徐不
　注　立
沙村長永初郡國何徐並有何徐不注
　注置立
晉安太守晉武帝太康三年分建安立領縣五
　置立

戶二千八百四十三口一萬九千九百三十八去
州水三千九百九十去京都水三千五百八十去

宋書志二十六　二十六　宋全

候官　相前漢無後漢曰東候官屬會稽
原豐令晉武帝太康三年省建安典船
晉安男相吳立曰東安晉武帝更名
　校尉立
羅江男相吳立屬臨海晉武帝立晉安
郡度屬
溫麻令晉武帝太康四年以溫麻船屯
立永初郡國無何徐並有

青州刺史治臨淄江左僑立治廣陵安帝義熙
五年平廣固北青州刺史治東陽城而僑立南
青州如故後省南青州而北青州直曰青州孝
武孝建二年移治歷城大明八年還治東陽明
帝失淮北於鬱州僑立青州立齊北海西海郡
舊州領郡九縣四十六戶四萬五千四百四十萬
二十七百二十九去京都陸二千
齊郡太守秦立領縣七戶七千三百四十六口萬

臨淄令漢舊昌縣

西安令漢舊昌縣

安平令六國時其地曰安平二漢屬淄川後漢屬晉北

曰東安平前漢屬淄川後漢屬晉

海魏度屬齊

般陽令前漢屬濟南後漢晉太康地志

屬齊

廣饒令漢舊昌縣

宋書志二十六

二十七

刘仁

昌國令漢舊昌縣

益都令魏立

濟南太守漢文帝十六年分齊立晉世濟岷郡

云魏平蜀徙蜀豪將家於濟河故立此郡安帝

義熙中二斷井濟南案晉太康地志無濟岷郡

永初郡國濟南又有祝阿二漢屬平原晉於陵縣

漢舊而無朝陽平陵二縣領縣六戶五千五十

縣

六口三萬八千一百七十五去州陸四百去京都

二千四百

廣城令漢舊縣

朝陽令前漢曰朝陽後漢晉曰東朝陽

二漢屬濟南晉太康地志屬樂安

蓍令漢舊昌縣

土鼓令二漢舊縣晉無

逄陵令二漢舊縣晉無永初郡國何徐有

平陵令漢舊縣至晉並曰東平陵

樂安太守漢高立名千乘和帝永元七年更名

領縣三戶二千二百五十九口一萬四千九百

宋書志二十六

二十八

刘仁

千乘令漢舊縣

臨濟令前漢曰狄安帝永初二年更名

博昌令漢舊昌名

高密太守漢文帝分齊為膠西宣帝太始元年

更名高密光武建武十三年併此海晉惠帝又

分城陽城陽郡前漢有後漢宋孝武併此海領縣

縣無魏復分比海立

六戶二千三百四十一萬三千八百二去州陸三百

去京都陸二千六百

十一去州陸一百八十去京都陸一千八百

黔陬令前漢屬琅邪後漢屬東萊

晋太康地志屬城陽

淳于令二漢屬北海晋太康地志屬城陽

高密令前漢屬高密晋太康地志屬城陽

夷安令前漢屬高密後漢屬北海晋

太康地志屬城陽

營陵令二漢屬北海晋太康地志屬城陽

昌安令二漢安帝延光元年立屬高密後漢

屬北海晋太康地志屬城陽

　宋志二十六　　　二十九

屬北海晋太康地志屬城陽

平昌太守故屬城陽魏文帝分城陽立後省晉

惠帝又立領縣五戶二千二百七十口二萬五千五十去

州陸二百去京都陸二千七百

安丘令二漢屬北海晋太康地志屬琅邪

平昌令前漢屬琅邪後漢屬北海晋太

康地志屬城陽

東武令二漢屬琅邪晋太康地志屬東莞

琅邪令二漢屬琅邪晋太康地志屬無

朱虛令前漢屬琅邪安帝永初元年

屬北海晋太康地志屬城陽

北海太守漢景帝十二年立領縣六戶三千九百

六十八口三萬五千九百九十五寄治州下

都昌令漢舊縣寄治州下餘依本治

膠東令本膠東國後漢晉太康地志

劇令二漢屬北海晋太康地志屬琅邪

即墨令前漢屬膠東後漢晉太康地

屬北海

　宋志二十六　　　三十

志屬北海

下密令前漢屬膠東後漢晉太康地志

平壽令漢舊縣

屬北海

東萊太守漢高帝立領縣七戶萬二百三十一

口七萬五千一百四十九去州陸五百去京都二

千一百

曲城令漢舊縣

掖令漢舊縣

撅令漢舊縣

盧鄉令漢舊縣

牟平令漢舊縣

當利令漢舊縣

黃令漢舊縣

太原太守秦立屬并州文帝元嘉十年割濟

南太山立領縣三戶二千七百五十七口二萬四千

六百九十四去州陸五百去京都二千八百

山荏令漢舊縣屬太山孝武建元年度

濟北

太原令晉安帝義熙中土斷立屬太山

祝阿令見別

長廣太守本長廣縣前漢屬琅邪後漢屬東

萊晉太康地志云故屬東萊起居注咸寧三年以

齊東部縣為長廣郡領縣四戶二千九百六十百

二萬二千三去州五百去京都一千九百五十

不其令前漢屬琅邪後漢屬東萊晉

太康地志屬長廣

太康地志屬長廣

長廣令前漢屬琅邪後漢屬東萊晉太

康地志屬長廣

昌陽令晉惠帝元康八年分長廣縣立

挺令前漢屬膠東後漢屬北海晉太康

地志屬長廣

冀州刺史江左立南冀州後省義熙中更立治

青州又省文帝元嘉九年又分青州立歷城割

土置郡縣領郡九縣五十戶三萬八千七百七十六

口二十八萬一千一去京都陸二千四百

廣川太守本縣名屬信都地理志不言始立景

帝二年以為廣川國宣帝甘露三年復明帝更

名樂安安帝延光中改曰安平晉武帝太康五

年又改為長廣廣川縣前漢屬信都後漢屬

清河魏屬勃海晉還清河何志廣川江左所立

又有脩縣漢屬勃海而無廣川孝武大明

元年省廣川之棗強前漢屬清河後漢屬勃海之浮

陽高城並漢舊縣立廣川縣非舊廣川縣也屬廣川

郡領縣四戶三千二百五十一口二萬三千六百

一十四去州陸一百六十去京都陸一千九百

八十

廣川令 前 已見

中水令前後屬涿後漢晉太康地志屬河間孝武大明七年自河間割度

武強令何江左立

索盧令何江左立

平原太守漢高帝立舊屬青州魏晉屬冀州

六十七

領縣八戶五千九百一十三口二萬九千二百

元年復立

志屬安平永初郡國何無孝武大明

廣宗令前漢無後漢屬鉅鹿晉太康地

平原令漢舊縣

鬲令漢舊縣

安德令漢舊縣

平昌令漢舊縣後漢晉太康地志曰西平昌

般縣令漢舊縣

茌平令前漢屬東郡後漢屬濟北晉太康

地志屬平原

高唐令漢舊縣

清河太守漢立柏帝建和二年改曰甘陵魏復舊何有重合縣別見領縣七戶三千七百九十四口二萬九千二百七十四去州一百二十去京都陸

一千八百

清河令二漢無晉太康地志有

武城令漢舊縣並曰東武城

繹幕令漢舊縣

貝丘令漢舊縣

零令漢舊縣作靈

鄃令漢舊縣

安次令前漢舊縣屬勃海後漢屬廣陽

晉太康地志屬燕國

樂陵太守晉武帝分平原立舊屬青州今來屬領縣五戶三千一百三十口一萬六千六百六

樂陵令漢舊縣故屬平原

陽信令二漢屬勃海晉太康地志屬樂陵

新樂令見別

厭次令前漢屬平原明帝更名屬平原晉

太康地志屬樂陵

溼沃令前後屬千乘後漢無何云屬樂陵

是魏復立也晉太康地志屬樂當

魏郡太守漢高帝立二漢屬冀州魏晉屬司

宋書志二十六　三十五

隸江左屢省置宋孝武又僑立何無領縣八戶

六千四百五口三萬三千六百八十二

魏令漢舊縣

安陽令晉太康地志有

聊城令漢屬東郡晉屬平原

博平令漢屬東郡晉屬平原

肥鄉令晉太康地志屬廣平

繆五吾令前漢屬涿後漢屬中山晉太康地志

屬高陽孝武始立屬高陽大明七年度此

頓丘令見別文帝元嘉二十八年流民歸

順孝武孝建二年立

臨邑令漢屬東郡晉屬濟此孝武孝建

二年與頓丘同立

河間太守漢文帝二年分趙立江左屢省置宋

孝武又僑立何無領縣六戶二十七百八十一口

一萬七千七百七

樂城令漢舊縣

城平令前漢屬勃海後漢晉太康地志

武垣令前漢屬涿後漢至晉太康地志屬

屬河間

宋書志二十六　三十六　一吏忠

河間

章武令二漢屬勃海晉太康地志屬章

武江左立屬廣川孝武大明七年度此

南皮令漢舊縣屬勃海孝武始立屬勃

海大明七年度此

阜城令前漢勃海有阜城縣注云故昌成漢信都有

有阜城縣注云故昌成漢信都有

昌成未詳孰是

頓丘太守見別　江左屢省置孝武又僑立何無領

縣四戶一千二百三十八口三千八百五十一

頓丘令見別

衛國令晉太康地志有肥陽令何志以前無

陰安令二漢屬魏

陽平晉屬頓丘

高陽太守高陽前漢縣名屬涿後漢屬河間晉

武帝泰始元年分涿為范陽又屬焉後又分范

陽為高陽江左屢省置孝武又僑立何無領縣

五戶二千二百九十七口一萬四千七百二十五

安平令前漢屬涿後漢屬安平晉太康地志

屬博陵

饒陽令前漢屬涿續漢安平有饒陽縣注

云故名饒屬涿按地理涿唯有饒陽

縣無饒縣

鄡令漢舊縣屬魏郡江左避愍帝諱改

曰臨漳孝武始立屬魏郡大明七年

度此

高陽令見已

新城令前漢屬中山後漢屬涿晉太康地

志高陽普曰北新城

勃海太守漢高帝立屬幽州後漢晉屬冀州江

左省置孝武又僑立何無領縣三戶一千九百

長樂令晉之長樂郡也疑是江左省寫縣

至是又立

五口萬二千一百六十六

蓨令別見何志屬廣

重合令漢舊縣

司州刺史漢之司隸校尉也晉江左以來淪沒

戎寇雖永和太元王化暫及太和隆安還復湮

陷牧司之任示舉大綱而巳縣邑戶口不可具

知武帝北平關洛河南底定置司州刺史治虎

牢領河南縣漢舊　晉武帝太始元弘農

實土三郡河南領洛陽河南滎陽　晉武年分河南立

舊河陰　地志有陸渾太康地志屬河南　東垣漢二

晉太康地志何有東垣縣

新安　二漢屬弘農晉太康地志屬河東　西東垣立新

凡十一縣榮陽領京密榮陽卷陽武苑陵中年　開封成皋北漢舊縣屬河南　弘農領弘農宜陽下邳太守新立

陽匪池盧氏舊縣曲陽前漢屬東海後漢屬凡七縣三郡合二十七縣一萬六千三百六戶又有河內郡漢舊東京兆見二僑郡河內寄治河南領溫野王軹河陽沁水山陽懷平皋舊名朝歌汲郡二漢屬河內晉屬武太康地志屬凡十縣東京寄治榮陽領長安縣舊漢萬年別見新豐

別藍田見蒲阪地志屬河東二漢晉太康凡六縣合十六縣

一千九百九十二戶少帝景平初司州復沒北帝復於元嘉末僑立汝南尋亦省廢明虜復於南豫州之義陽郡立司州漸成實土焉領郡四縣二十去京都水二千七百陸一千七百

義陽太守魏文帝立後省晉武帝又立太康地志求初郡國何志並屬荊州徐則南豫也明帝泰始五年度郢州後廢帝元徽四年屬郢州司領

縣七戶八千三十一口四萬二千五百九十七

平陽族相前漢地無後漢屬江夏曰平春　晉太康地志屬義陽後漢屬江夏孝武改

鄖令二漢屬江夏晉太康地志屬義陽　並作鄖音盲求初郡國何並作鄖

鍾武前漢屬江夏晉太康地志屬義陽　無永初郡國屬義陽

寶城令孝武帝建三年分鄖立

義陽令晉太康地志有後省孝武孝建

三年分平陽立

平春令孝武孝建三年分平陽立

環水長求初郡國何徐並無明帝泰始三年度屬宋安郡後省宋安還此

宋安本縣名孝武大明八年省義陽郡所統東隨二左郡立為宋安縣屬義陽孝明帝立為郡

隨陽太守晉武帝分南陽義陽立為隨國太康年又分義陽為隨國屬荊州孝武孝建元年度

屬鄀前廢帝永光元年度屬雍明帝泰始五年
還屬鄀改爲隨陽後廢帝元徽四年度屬司州
徐志又有華音縣令無領縣四戶四百六十去京
都三千四百八十
隨陽子相漢隨縣屬南陽晉太康地志
屬義陽後隨國興郡俱改
水陽男相徐志有
關西令別見荊州作厭西　四十
西平林令宋末新立

安陸太守孝武建元年分江夏立屬鄀州後
廢帝元徽四年度司州徐志有安蠻縣永初郡
國何並無當是何志後所立尋爲郡孝武大明
八年省爲縣屬安陸明帝太始初又立爲左郡
宋末又省領縣二戶六千四十三口二萬五千八
十四去京都水二千三百
安陸公相漢舊縣屬江夏
江夏又有曲陵縣本名石陽吳立晉起
居注太康元年改江夏石陽曰曲

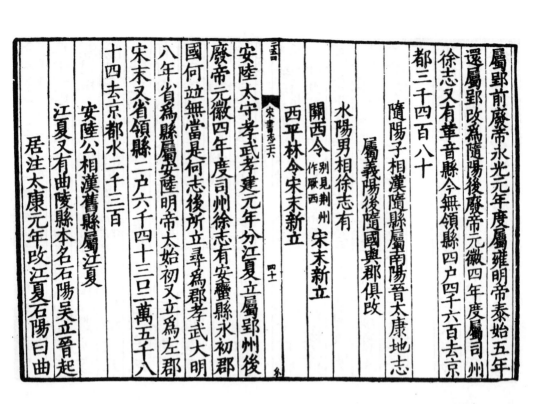

陽明帝泰始六年併安陸
南汝南太守汝南郡別見
平輿令
北新息令
真陽令
安城令
南新息令並別見
安陽令見別
臨汝令新立

志第二十六

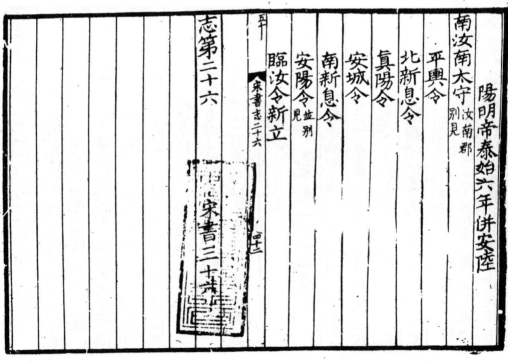

臣沈約撰

州郡三

荆州
郢州
湘州
雍州
梁州
秦州

荆州刺史漢治武陵漢壽魏晉治江陵王敦治
武昌陶侃前治沔陽後治武昌王廙治江陵庾
亮治武昌庾翼進襄陽後復還夏口桓溫治江陵
桓沖治上明王忱還江陵此後遂治江陵宋初
領郡三十一後分南陽順陽襄陽屬新野竟陵爲
雍州湘川十郡爲湘州江夏武陵屬郢州隨郡
義陽屬司州比義陽省凡餘十一郡文帝世又
立宋安左郡領拓邊綏慕樂寧慕化仰澤革音
歸德七縣後省改汶陽郡又度屬今領郡十二

縣四十八戶六萬五千六百四去京都水三千
三百八十

南郡太守秦立漢文帝元年爲臨江國景帝中
元年復故晉武帝太康元年改曰新郡尋復故
宋初領縣九後州陵監利度屬巴陵旄陽文帝
元嘉十八年省併枝江二漢無旄陽見晉太康
地志疑是吳所立凡餘六縣戶一萬四千五百
四十四口七萬五十八十七

江陵公相漢舊縣

華容公相漢舊縣晉武太康元年省後
復立

當陽男相漢舊縣

臨沮伯相漢舊縣晉太康永寧地志屬

襄陽後度

編縣男相漢舊縣

枝江侯相漢舊縣

南平內史吳南郡治江南領江陵華容諸縣晉
武帝太康元年分南郡江南爲南平郡治作唐

後治江安領縣四戶一萬二千三百九十二口
四萬五千四十九去州水二百五十去京都水
三千五百無陸

江安侯相晉武帝太康元年立

屏陵侯相二漢舊縣屬武陵晉太康地
記屬南平

作唐侯相前漢無後漢屬南平
地記屬南平

安南令晉武帝分江安立

天門太守吳孫休永安六年分武陵立充縣有
松梁山山有石石開處數十丈其高以努仰射
不至其上名天門因此名郡元縣後省孝武孝
建元年度郢州明帝泰始三年復舊領縣四戶
三千一百九十五去州水一千二百陸六百去
京都水三千五百

澧陽令晉武帝太康四年立

臨澧令晉武帝太康四年立

零陽令漢舊縣屬武陵

漊中令二漢無晉太康地志有疑是臺

宜都太守太康地志王隱地道記並云吳分
南郡立張勃吳錄云劉備立按吳吉呂蒙平南
郡擾江陵陸遜別取宜都獲秭歸枝江夷道縣
初權與劉備分荊州而南郡屬備則是備分南
郡立宜都非吳立也習鑿齒云魏武平荊州分
南郡枝江以西為臨江郡建安十五年劉備改
為宜都領縣四戶一千八百四十三口三萬四
千二百二十去州水三百五十無陸去京都水

夷道令漢舊縣

三千七百三十

很山男相前漢屬武陵後漢屬南郡晉
武帝太康元年改為興山後復舊地

宜昌令何志晉武帝立按太康永寧地
志並無疑是此後所立

夷陵令漢舊縣吳改曰西陵晉武帝太
康元年復舊

巴東公相譙周巴記云初平六年荊州帳下司

馬趙辟建議分巴郡諸縣漢安以下爲永寧郡

建安六年劉璋改永寧爲巴東郡以涪陵縣分

立丹興漢葭二縣立巴東屬巴東郡尉後爲涪陵

郡晉太康地志巴東屬梁州惠帝太安二年度

益州穆帝永和初平蜀度屬荊州永初郡國志

無巴渠酄陽二縣領縣七戶一萬三千七百九

十五口四萬五千二百三十七去州水一千三

百去京都永四千六百八十

魚復侯相漢舊縣屬巴郡劉僑章武二
年改爲永安晉武帝太康元年復舊

胸腮令漢舊縣屬巴郡

新浦令何志新立

南浦令劉禪建興八年十月益州牧閻
宇表改羊渠立羊渠不詳何志吳立

漢豐令何志不注置立太康地志巴東
有漢昌縣疑是

巴渠令何志不注置立

酄陽令何志不注置立晉末平吳時峽

中立武陵郡有酄陽黔陽縣咸寧

元年並省

汶陽太守何志新立先屬梁州文帝元嘉十

年度宋初有四縣後省汶陽縣今領三縣戶九

百五十八口四千九百一十四去州水七百陸

四百去京都四千一百

高安令何志新立

沮陽令何志新立

僮陽令何志新立

南義陽太守義陽別見晉末以義陽流民僑立宋
初有四縣孝武孝建二年以平陽縣併厥西平
陽本爲郡江左僑立魏世分河東爲平陽郡晉
末省爲縣今領縣二戶一千六百七十口九千七
百四十一

厥西令二漢無晉太康地志屬義陽

平氏令漢舊名屬南陽

新興太守魏志建安二十年省雲中定襄五原
朔方四郡郡立一縣合爲此郡屬并州晉江左

僑立宋初六縣後省雲中屬漢舊名 孝武孝建二

年又省九原縣漢舊名屬五原併定襄宕渠流寓併廣

牧凡今領縣三戶二十三百一口九千五百八

十四

定襄令漢舊名

廣牧男相漢舊名屬朔方

新豐令漢舊名屬京兆僑流立

南河東太守河東郡秦立晉成帝咸康三年征

西將軍庾亮以司州僑戶立宋初八縣孝武孝

三卩 【宋書志二十七】 七

臨汾令漢舊名 今領縣四戶二千四百二十
臨汾後屬陽平
臨汾安邑漢舊名

喜和農江左立僑郡後併省爲縣臨汾併松滋安邑併永安

建二年以廣戚前漢屬沛後漢晉太康地併聞

三口一萬四百八十七去州水一百二十去京

郡水三千五百

聞喜令故曲沃秦改爲左邑漢武帝元

聞喜

鼎六年行幸至此聞南越破改名

永安令前漢堯縣順帝陽嘉二年更名

後屬平陽

松滋令前漢屬廬江後漢無晉屬安豐
疑是有流民寓荊土故立

譙縣令見譙
別見譙流民寓立

建平太守吳孫休永安三年分宜都立領信陵

興山秭歸沙渠四縣晉武帝咸寧元年改爲都尉領巫北

井泰昌建始四縣晉武帝咸寧元年吳平併爲

郡於是吳各有建平郡太康元年吳平併合

五年省建始縣後復立永初郡國有南陵建始

二百六十六 【宋書志二十七】 八

信陵興山永新永寧平樂七縣今並無按太康
地志無南陵永新永寧平樂新鄉五縣疑是江

左所立信陵興山沙渠疑是吳立建始晉初所
立也今領縣七戶一千三百二十九口二萬八百

一十四去州水陸一千去京都水四千三百八十

巫令漢舊縣

秭歸俟相漢舊縣

歸鄉公相何志故屬秭歸具分按太康
地志云秭歸有歸鄉改夒子國楚

減之而無歸鄉縣何志所言非也

比井令晉太康地志有先屬巴東晉武
帝泰始五年度建平

泰昌令晉太康地志有

沙渠令晉起居注太康元年立按沙渠
是其建平郡所領具平不應方立

不詳

新鄉令

永寧太守晉安帝僑立為長寧郡宋明帝以名
與文帝陵同改為求寧宋初五縣後省經安
〔晉安帝立併長寧綏寧〕孝武帝孝建二年後以僮陽
〔晉安〕帝立併上黃今領縣二戶一千一百五十七口
四千二百七十四去州陸六十去京都三千四
百三十

無此縣

上黃男相宋初屬襄陽後度二漢晉並

長寧侯相晉安帝立

武寧太守晉安帝隆安五年桓玄以沮漳降蠻

立領縣二戶九百五十八口四千九百一十四

樂鄉令晉安帝立

長林男相晉安帝立

郢州刺史魏文帝黃初三年以荆州江北諸郡
為郢州其年罷并荆州非今地具又立郢州孝武
孝建元年分荆州之江夏竟陵隨武陵天門湘
州之巴陵江州之武昌豫州之西陽六郡
之州陵監利二縣度屬巴陵立郢州天門後還

荆領郡六縣三十九戶二萬九千四百六十九
口十五萬八千五百八十七去京都水二千一百

江夏太守漢高帝立本屬荆州永初郡國及何
志並治安陸此後治夏口又有安陸曲陵後
別郡領縣七戶五千七百七十二口二萬三千八百
一十

汝南侯相本沙羨土晉末汝南郡民流
寓夏口因立為汝南縣沙羨令漢
舊縣具省晉武太康元年復立治
夏口孝武太元三年省併沙陽後

以其地爲汝南實土

沌陽子相江左立

孝昌矦相永初郡國何志並無徐志有

疑是孝武世所立

惠懷子相江左立

沙陽男相二漢舊縣本名沙羨屬武昌

晉武帝太康元年更名又立沙羨

而沙陽徙令所治文帝元嘉十六

年度巴陵孝武孝建元年度江夏

漏陽子相晉惠帝世安陸人朱伺爲陶

倪將求分安陸東界爲此縣

蒲圻男相晉武帝太康元年立本屬長

沙文帝元嘉十六年度巴陵孝武

孝建元年度江夏

音陵太守晉惠帝元康九年分江夏西界立何

志又有宋縣徐無領縣六戶八千五百九十一口

四萬四千三百七十五去州水一千四百去京都

水三千四百

長壽令明帝泰始六年立

竟陵矦相漢舊縣屬江夏

新市子相漢舊縣屬江夏

宵城矦相永初郡國有何徐不注置立

新陽男相永初郡國有何徐不注置立

雲杜矦相漢舊縣屬江夏

武陵太守前漢地理志高帝立續漢郡國志云

秦昭王立名黔中郡高帝五年更名本屬荊州

領縣十戶五千九十口三萬七千五百五十五

去州水一千去京都水三千

臨沅男相漢舊縣

龍陽矦相晉太康地理志何志具立

漢壽伯相前漢立後漢順帝陽嘉三年

更名吳曰吳壽晉武帝復舊

沅南令漢光武建武二十六年立

遷陵矦相漢舊縣

辰陽男相漢舊縣

舞陽令前漢作無陽後漢無晉太康地

酉陽長漢舊縣

黔陽長二漢無晉太康地志有

沅陵令漢舊縣

巴陵太守文帝元嘉十六年分長沙之巴陵蒲

元年割南郡之監利州陵度江夏屬郢州孝武建

析下雋江夏之沙陽四縣立屬湘州孝武建

又度長寧之綏安屬巴陵何志記元嘉二十年

巴陵郡以十六年立應在何志而闕領縣四戶

州水五百去京都水二千五百

五千一百八十七口二萬五千三百一十六去

宋書志二十七　十三

巴陵男相晉武帝太康元年立屬長沙

本領度支校尉立郡省

下雋侯相漢舊縣屬長沙

監利侯相按晉起居注太康四年復立

南郡之監利縣尋復省之言由先

有而被省也疑是吳所立又是吳

所省孝武孝建元年度

州陵侯相漢舊縣屬南郡晉武帝太康

元年復立疑是吳所省也孝武孝

建元年度明帝泰始四年以綏安

縣併州陵

武昌太守晉起居注太康元年改江夏為武昌

郡領縣三戶二千二百五十四十六

百二十一去京都水一萬一千

武昌侯相魏文帝黃初三年孫權改鄂

為武昌

陽新侯相吳立

鄂令漢舊縣屬江夏吳改鄂為武昌晉

武帝太康元年復立鄂縣而武昌

如故

西陽太守本縣名二漢屬江夏魏立弋陽郡又

屬焉晉惠帝又分弋陽為西陽國屬豫州宋孝

武孝建元年度弋州明帝太始五年又度豫州後

又還弋來初郡國何徐並有弋陽縣令領縣十去州

戶二千九百八十三口一萬六千一百二十去

宋書志二十七　十四

水二百八十去京都水一千七百二十

西陽令漢舊縣屬江夏後屬弋陽

西陵男相漢舊縣屬江夏後屬弋陽

孝寧侯相本軑縣漢舊縣孝武自此伐

逆即位改名

蘄陽令三漢江夏郡有蘄春縣吳立為

郡晉武帝太康元年省為蘄春郡

而縣屬弋陽後屬新蔡孝武大明

八年還西陽

宋志二十七　十五　任欽

義安令明帝泰始二年以來流民立

蘄水左縣長文帝元嘉二十五年以豫

部蠻民立建昌南川長風赤亭魯

亭陽城彭波遷溪東立東安西安

南安房田希水高坡直水蘄水清

石十八縣屬西陽孝武大明八年

赤亭彭波併陽城其餘不詳何時省以西

東安左縣長前廢帝永光元年復以西

陽蘄水巳水希水三屯為縣

建寧左縣長孝武大明八年省建寧左

郡為縣屬西陽徐志有建寧縣寓

是此後為郡

希水左縣長

陽城左縣長本屬建寧左郡孝武大明

八年省西陽之赤亭陽城三

縣併建寧之陽城縣而以縣屬西陽

湘州刺史晉懷帝永嘉元年分荊州之長沙衡

陽湘東邵陵零陵營陽建昌江州之桂陽八郡

宋志二十七　十六　欽

立治臨湘成帝咸和三年省安帝義熙八年復立

十二年又省宋武帝永初三年又立文帝元嘉

八年省十七年又立二十九年又省孝武孝建

元年又立建昌郡晉惠帝元康九年分長沙東

北下雋諸縣立成帝咸康元年省元嘉十六年

立巴陵郡屬湘州後度郢領郡十縣六十二戶

四萬五千八百九十口三十五萬七千五百七十二

去京都水三千二百

長沙內史秦立蜀宋初十縣下雋蒱圻巴陵屬巴

陵今領縣七戶五千六百八十四口四萬六千
二百一十三

臨湘侯相漢舊縣
醴陵侯相後漢立
瀏陽侯相後漢立
吳昌侯相後漢立曰漢昌吳更名
羅縣侯相漢舊縣
攸縣子相漢舊縣
建寧子相吳立

一百九十 〈宋書志二十七〉 十七

衡陽內史吳孫亮太平二年分長沙西部都尉立領縣七戶五千七百四十六口二萬八千九
湘西令吳立
湘南男相漢舊縣屬長沙
益陽侯相漢舊縣屬長沙
湘鄉男相前漢無後漢屬零陵
新康男相吳曰新陽晉武帝太康元
年更名
百九十一去州水二百二十去京都水三千七百

重安侯相前漢曰鍾武後漢順帝永建
三年更名屬零陵
衡山男相吳立曰衡陽晉惠帝更名

桂陽太守漢高立屬荊州晉惠帝元康元年度
江州領縣六戶二千二百一十九口二萬二千
一百九十二去州水一千四百去京都水四千
九百四十
郴縣伯相漢舊縣
未陽子相漢舊縣

二十一 〈宋書志二十七〉 十八

南平令漢舊縣
臨武令漢舊縣
汝城令江左立
晉寧令漢順帝永和元年立曰漢寧吳
改曰陽安晉武帝太康元年改曰
晉寧

零陵內史漢武帝元鼎六年立領縣七戶三千
八百二十八口六萬四千八百二十八去州一
千四百去京都水四千八百

泉陵子相漢舊縣

洮陽矦相漢舊縣

零陵子相漢舊縣

祁陽子相吳立明帝泰始初度湘東五

觀陽男相吳立

永昌令吳立

應陽男相晉惠帝分觀陽立

年復舊

營陽太守江左分零陵立領縣四户一千六百

二十五

八口二萬九百二十七去州水一千七百一去

京都水五千五百五十

營浦矦相漢舊縣屬零陵

營道矦相漢舊縣屬零陵

春陵令前漢舊縣春陵矦徙國南陽省

吳復立屬零陵

泠道令漢舊縣屬零陵

湘東太守吳孫亮太平二年分長沙東部都尉立晉世七縣孝武太元二十年省鄮縣 漢舊 利陽

新平 張勃吳錄有此二縣作梨晉作利音 三縣令領縣五户一

十三百九十六口一萬七千四百五十去州水

陸七百去京都水三千六百

臨烝伯相吳屬衡陽晉太康地志屬湘東

新寧令吳立

茶陵子相漢舊縣屬長沙

湘陰男相後廢帝元徽二年分益陽羅

湘西及巴硤流民立

陰山令陰山乃是漢舊縣而屬桂陽吳

湘東郡有此陰山縣疑是吳所立

邵陵太守吳孫皓寶鼎元年分零陵北部都尉立領

縣七户一千九百二十六口二萬五千五百六十五

去州水七百陸一千三百去京都水四千五百

邵陵子相何志屬長沙按二漢無吳錄屬邵陵

武剛令晉武分都梁立

建興男相晉武帝分邵陵立

高平男相吳立晉武帝太康元年改曰南

高平後更曰高平

都梁令漢舊貝縣屬零陵

邵陽男相吳立曰昭陽晉武改

扶縣令漢舊貝縣至晉曰夫夷漢屬零陵

晉屬邵陵案令云扶

溫諱去夷夫不可爲縣者疑是避桓

廣興公相吳孫皓甘露元年分桂陽南都尉立

爲始興郡晉武帝平吳以屬廣州成帝度荊州

宋文帝元嘉二十九年又度廣州三十年復度

湘州明帝泰始六年立岡溪縣割始興之封陽

陽山含洭縣四縣立宋安郡屬湘州太豫元年復

省岡溪縣改始興曰廣興領縣七戶一萬一

曲江縣相漢舊縣屬桂陽

桂令漢舊縣屬桂陽

陽山侯相漢舊縣後漢曰陰山屬桂陽

二千三百九十去京都水五千

千七百五十六戶七萬六千三百二十八去州水

貞陽侯相漢舊晉縣名湞陽屬桂陽宋明

帝泰始三年改湞爲貞

含洭男相漢舊縣屬桂陽

始興令吳立

中宿令漢舊縣屬南海吳度

臨慶內史吳分蒼梧立爲臨賀郡屬廣州晉成

帝度荊州宋文帝元嘉二十九年度廣州三十

年復度湘州明帝改名領縣九戶三千七百一

十五口三萬一千五百八十七去州水陸二千

八百去京都水陸五百七十

臨賀侯相漢舊縣晉太康地志王隱云

屬南海而二漢屬蒼梧當是其所度

馮乘侯相漢舊縣屬蒼梧

富川令漢舊縣屬蒼梧

封陽侯相漢舊縣

興安侯相吳立曰建興晉武帝太康元

年更名

謝沭長漢舊縣屬蒼梧

寧新令二漢無當是吳所立屬蒼梧晉

武帝太康元年更名

開建令文帝分封陽立宋昌宋興開建

武化徙性音永固綏南七縣後

又分開建武化宋昌三縣立宋建

郡屬廣州孝武大明元年悉省唯

立始安郡屬廣州晉成帝度荊州宋文帝元嘉

始建內史吳孫皓甘露元年分零陵南部都尉

撫寧令宋末立

餘開建縣

二十九年度廣州三十年復度湘州明帝改名

三四　宋書志二十七　三三

領縣七戶三千八百三十口二萬二千四百九

十去州水二千八百陸二千六百三十去京都

水五千五百九十

始安子相漢舊縣屬零陵

熙平令吳立為尚安晉武改

永豐男相吳立

荔浦令漢舊縣屬蒼梧

平樂侯相吳立

建陵男相吳立屬蒼梧宋末度

樂化左令宋末立

雍州刺史晉江左立胡士氐亂雍秦流民多南

出樊沔晉孝武始於襄陽僑立雍州弁立僑郡

縣宋文帝元嘉二十六年割荊州之襄陽南陽

新野順陽隨五郡為雍州而僑郡縣猶寄寓在

諸郡界晉孝武大明中又分實土郡縣以為僑郡

縣境徐志雍州有北上洛北京兆義陽三郡景

上洛晉孝武立領上洛北商酆陽陽亭北拒陽

陽陽亭北拒陽並云安帝立領餘縣不注置立今

三四十　宋書志二十七　二十四　公仲

平中立義陽云晉安帝立領平氏襄鄉二領鄖

五縣北京兆領北藍田霸城山北三縣並云景

並無此三郡今領郡十七縣六十戶三萬八千

九百七十五口十六萬七千四百六十七去京

都水四千四百陸二千一百

襄陽公相魏武帝平荊州分南郡編以北及南

陽之山都立屬荊州魚篆云魏文帝立永初郡

國何志並有宜城屬南郡郡上黃縣見並別徐志

無領縣三戶四千二百四十四口一萬六千四百九十六

襄陽令漢舊縣屬南郡

中廬令漢舊縣屬南郡

邔縣令漢舊縣屬南郡

南陽太守秦立屬荊州永初郡國有比陽魯陽

赭陽西鄂葉雉博望八縣並漢舊縣何志無雉雉

徐志無比陽魯陽赭陽西鄂博望而有葉餘並

同孝武大明元年省葉縣領縣七戶四千七百

二十七口三萬八千一百三十二去州三百六

十去京都水四千四百

宛縣令漢舊縣

涅陽令漢舊縣

云陽男相漢舊縣故名育陽晉孝武改

冠軍令漢舊縣武帝分穰立

酇縣令漢舊縣

舞陰令漢舊縣

許昌男相徐志無此後所折立本屬潁川

二四州　宋書志二十七　二十五

新野太守何志晉惠帝分南陽立永初郡國何

志有棘陽見別蔡陽鄧縣並漢舊縣徐無孝武大明元

年省蔡陽令領縣五戶四千二百三十五口一

萬四千七百九十三去州一百八十去京都水

四千五百八十

新野侯相漢舊縣屬南陽文帝元嘉末

省孝武大明元年復立

山都男相漢舊縣屬南陽晉太康地志

屬襄陽永初郡國及何徐屬新陽

池陽令漢舊名屬馮翊晉太康地志屬

京兆僑立亦屬京兆孝武大明中

土斷又屬此

襄鄉令漢舊縣屬南陽

交木令孝武大明元年立

順陽太守魏分南陽立曰南鄉武帝更名成

帝咸康四年復立南鄉後復舊永初郡國及何

志有朝陽武當酇陰沉陽筑並見別析前漢屬弘農後漢屬南陽

陽修陽初郡國凡八縣徐志唯增朝陽朝陽孝

二〇七五　宋書志二十七　二十六

武大明元年省領縣七戶四千二百六十三口二
萬三千二百六十三

南鄉令前漢無後漢有屬南陽

槐里男相漢舊名屬扶風晉太康地志
屬始平僑立亦屬始平大明土斷

屬此

順陽族相前漢曰博山後漢明帝更名
屬南陽

清水令前漢屬蜀天水後漢為天水漢陽
無此縣晉太康地志屬略陽僑立
志魏立非也
屬始平大明土斷屬此
朝陽令漢舊縣
丹水令前漢屬弘農後漢屬南陽何
鄭縣令漢舊名屬京兆僑立亦屬京兆
後度此
京兆太守故秦內史漢高帝元年屬塞國三年
更為渭南郡九年罷復為內史武帝建元六年

分為右內史太初元年更為京兆尹魏改為京
兆郡初僑立寄治襄陽朱序没氏孝武太元十
一年復立大明土斷割襄陽西界為實土雍州
僑郡先屬府武帝永初元年屬州永初郡國有
藍田縣漢舊鄭池陽見別南霸城本霸陵漢舊晉縣太康地志曰霸
城何志魏 新康五縣何志無新康而有新豐徐無
孝武大明元年省京兆屬弘農晉太康地志盧
郎當是何志後所立二漢屬上洛新康疑是晉末所立領縣三戶二千三
百七口九千二百二十三

杜令二漢曰杜陵魏改
鄧縣令漢舊縣屬南陽
新豐令漢舊縣
始平太守晉武帝太始二年分京兆扶風立後
分京兆扶風僑立治襄陽今治武當永初郡國
唯有始平平陽清水見三縣何志有槐里別宋
窜宋嘉新何志三三縣而清水始平與永初郡國同
領縣四戶二千七百九十七口五千五百十二

南上洛太守永初郡國何志雍州並有南上洛

屬順陽大明土斷屬此

沈陽令晉武帝太康五年立屬南鄉仍

秦國

鄀縣令漢舊名屬扶風晉太康地志屬

土斷屬此

筑陽令漢舊縣屬南陽又屬順陽大明

千一百五十七口七千二百九十

孝武大明元年省魏昌領縣三戶二

屬中山 魏昌魏立

陽今治筑口永初郡國及何志唯有郡魏昌縣

為右內史太初元年更名為右扶風晉立治襄

為中地郡九年罷後為內史武帝建元六年分

扶風太守故秦內史高帝元年屬雍國二年更

平陽子相江左平陽郡民流寓立此

屬始平

武功令漢舊名故屬扶風晉太康地志

始平令魏立

武當侯相漢舊縣屬南陽後屬順陽

棘陽令漢縣故屬南陽晉太康地志屬

河陰子相魏立

河南令漢舊名

新城令漢舊名

陽城縣令漢舊名

志後立領縣五戶三千五百四十一口一萬三
千四百七十去州陸三十五

陽漢舊陽城縣屬河南

陽城緱氏縣漢舊名並徐無此二縣而有僑洛

大明中分沔北為境永初郡國及何志並又有

陽建武五年改曰河南尹僑立始治襄陽孝武

河南太守故秦三川郡漢高帝更名光武都雒

商縣令見別

上洛男相見別

四口四百七十七

陽亭陽安縣不注置立今領縣二戶一百四十

晉武帝立比上洛云晉孝武立非也徐有南北

何志以後僑立耳今治曰何徐志雍州南上洛

郡寄治魏興今梁州之上洛是也此上洛蓋是

義陽後屬新野大明土斷屬此

襄鄉令前漢無後漢有屬南陽徐志屬

義陽當是大明土斷屬此

廣平太守別見江左僑立治襄陽今為實土永初

郡國及何志竝又有易陽曲周邯鄲在見無斟

比陽徐無復邯鄲縣易陽曲周孝武大明元年

省邯鄲應是土斷省領縣四戶二千六百二十

七口六千二百九十三

廣平令漢舊名徐志南度以朝陽縣境立

鄴縣令漢舊縣屬南陽後屬順陽

比陽令漢舊縣屬南陽

陰縣令漢舊昌縣屬南陽

義成太守晉孝武立治襄陽今治均永初郡國

又有下蔡平阿縣二縣前漢屬沛後漢屬九江晉太康地志屬淮南何同

孝武大明元年省下蔡始亦流寓立也平阿當

是何志後省領縣二戶一千五百二十一口五

千二百一

義成戍相晉孝武立

萬年令漢舊名屬馮翊

馮翊太守故秦內史高帝元年屬塞國三年更

名為河上郡九年罷復為內史武帝建元六年

分為左內史太初元年更名三輔流民出襄陽

文帝元嘉六年立則何志應有而無治襄陽今

治郡領縣三疑戶二千七十八口五千三百二十一

郃縣令漢舊縣屬南郡郡作若字晉太康

地志作郡永初郡國及何志屬襄

陽徐屬此

高陸令晉太康地志屬京兆永初郡國

何志竝無孝武大明元年復立

南天水太守別見天水郡名徐志本西戎流寓今治嚴

州永初郡國何志竝無嘗是何志後所立又有

冀縣漢舊名孝武大明元年省領縣四戶六百八

十七口三千一百二十二

華陰令前漢屬京兆後漢屬弘農

西縣令前漢屬隴西後漢屬漢陽即天

水魏晉屬天水

略陽侯相見別

河陽令見別

建昌太守孝建元年刺史朱脩之免軍戶爲永
興安寧二縣立建昌郡又立永寧爲昌國郡並
寄治襄陽昌國後省徐志建昌又有永寧縣今
無領縣二戶七百三十二口四千二百六十四

永興令

安寧男相

華山太守胡人流寓孝武大明元年立今治大
隄領縣三戶一千三百九十九口五千三百四十二

〔三十三〕

華山令興郡俱立

藍田令漢舊名本屬京兆

上黃令本屬襄陽立郡割度

北河南太守晉孝武太元十年立比河南郡後
省永初郡國何徐志並無明帝泰始末復立寄
治宛中領縣八

新蔡令見別

汝陰令見別

苟信令見別

上蔡令見別

固始令見別

鯈氏令見別

新安令見別

洛陽令見別

弘農太守漢武帝元鼎六年立宋明帝末立寄
治五壟領縣三

邯鄲令漢舊名屬趙國晉太康地志無

〔三十五〕

圉縣令前漢屬淮陽後漢屬陳留晉
大康地志無此縣

此縣

盧氏令見別

梁州刺史禹貢舊州周以梁併雍漢以梁爲益
治廣漢雒縣魏元帝景元四年平蜀復立梁州
治漢中南鄭而益州治成都本李氏據梁益江左
於襄陽僑立梁州本李氏滅復舊譙縱時又治漢
中刺史治魏興縱滅刺史還治漢中之苟中縣

所謂南城也文帝元嘉十年刺史甄法護於南

城失守刺史蕭思話還治南鄭永初郡國又有

宕渠郡北宕渠郡宋起居注元嘉十六年割梁

州宕渠郡度益州部宕渠郡曰南宕渠何

徐並有北宕渠郡唯領宕渠一縣何云本巴西

流民今無

漢中太守秦立漢獻帝建安二十年魏武平張

魯復漢鹽為郡為漢中疑是此前改漢中曰當也

晉地記云考武太元十五年梁州刺史周表立

三十一 宋書志三十七 三十五 李公五

有苞縣作中懷安（漢晉何徐並無二縣）二縣領縣四戶一

又疑是李氏所省李氏平後復立永初郡國又

千七百八十六口一萬三百三十四

南鄭令漢舊縣

城固令漢舊縣

沔陽令漢舊縣

西鄉令蜀立曰南鄉晉武帝太康二年
更名

魏興太守魏文帝以漢中遺民在東垂者立屬

荊州江左還本領縣十三 疑 去州一千二百去京

都水六千七百

西城令漢舊縣屬漢中

鄖鄉令本錫縣二漢舊縣屬漢中後

屬魏興魏晉世為郡後省晉武帝太

錫縣令前漢長利縣屬漢中後漢省
晉武帝太康四年復立屬蜀魏興五

非也

康五年改為鄖鄉何志吾晉惠帝立

年改長利為錫

０九二 宋書志三十七 三十六

興晉令魏立曰平陽晉武帝太康元年

廣城令永初郡國何徐並有不注置立

旬陽令前漢有後漢無晉武帝太康四
年復立

上庸令晉太康地志永初郡國徐並屬

上庸何無

長樂令永初郡國何徐並屬晉昌本屬

郡流民

廣昌子相何志屬上庸晉成帝立晉地

記武帝太康元年改上庸之廣昌

為廣昌二年省疑是魏所立

安晉令來初郡國何徐屬晉昌本蜀郡

流民

延壽令永初郡國何徐屬晉昌本蜀郡

流民

宣漢令永初郡國何徐屬晉昌本建平

流雜民

新興太守永初郡國何徐云新興吉陽東關三

縣屬晉昌郡何云晉元帝立本巴漢流民宋末

省晉昌郡立新興郡以晉昌之長樂安晉延壽

安樂屬魏興郡宣漢屬巴渠郡寧都屬安康郡

永初郡國有永安縣何徐無今亦無復新興縣

何云巴東夷人今領縣二

吉陽令本益州流民

東關令本建平流民

新城太守故屬漢中魏文帝分立屬荆州江左

還本領縣六戶一千六百六十八口七千五百

九十四去州陸一千六百去京都水五千三百

房陵令漢舊縣屬漢中太康地志至隱無

綏陽令魏立後改為稱歸晉武帝太康

二年復為綏陽

昌魏令魏立

祁鄉令何志魏立晉太康地志作沶鄉

閩陽令何志不注置立

樂平令何志不注置立

上庸太守魏明帝太和二年分新城之上庸武

陵北巫為上庸郡景初元年又分魏興之魏陽

錫郡之安富上庸為郡疑是太和後省景初又

立也魏屬荆州江左還本永初郡國有上庸廣

昌何有廣昌領縣七戶四千五百五十四口二

萬六百五十三去州陸二千三百去京都水六

千七百

上庸令漢舊縣屬漢中

比巫令何志晉武帝立按魏所分新城

之巫應即是此縣然則非晉武立

明吳

微陽令魏立曰建始晉武帝改

武陵令前漢屬漢中後漢晉太康地志

王隱並無

新安令永初郡國何徐有何云本建平

流民

〈宋書志二十七〉 三十九

吉陽令永初郡國云比吉陽何徐無

晉壽太守晉地記云孝武太元十五年梁州刺

史周馥表立何志故屬梓潼而益州南晉壽郡

悉有此諸縣永初郡國徐又有南晉壽南興樂

南興安縣何無南興樂云南晉壽惠帝立餘並

不注置立今領縣四去州陸一千二百去京都

水一萬

晉壽令屬梓潼何志晉惠帝立按晉起

居注武帝太康元年改梓潼之漢

壽曰晉壽漢壽之名疑是蜀立云

惠帝立非也

白水令漢舊縣屬廣漢晉太康地志屬

梓潼

邵歡令永初郡國何徐並有不注置立

疑是蜀立曰昭歡晉改也

興安令永初郡國何徐並有不注置立

華陽太守徐志新立永初郡國何徐並無寄治

州下領縣四户二千五百六十一口萬五千四

〈宋書志二十七〉 四十

百九十四

華陽令

興宋令

宕渠令

嘉昌令徐不注置立

新巴太守晉安帝分巴西立何徐又有新歸縣

何云新立今無領縣三户三百九十三口二千七

百四十九

新安令晉安帝立

晉城令晉安帝立

晉安令晉安帝立

北巴西太守何志不注置立宋起居注文帝元
嘉十二年於劒南立北巴南郡屬益州今益州
無此郡又永初郡國何徐梁州並有北巴西而
益州無疑是益部僑立尋省梁州北巴西是晉
末所立也來初郡國領閬中漢平二縣何徐並有
宋昌縣云新立徐無宋昌有宋壽何徐並領縣
四今六縣 去州一千四百去京都水九千九百 四十一 周鼎

閬中令 別見

安漢令 見

南國令 即南充 國別見

西國令 即國充 國別見

平周令益州巴西有平州縣

此陰平太守晉太康地志故廣漢屬國都尉何
志屬分立來初郡國曰北陰平領陰平綿竹平
武資中冑旨五縣何徐直曰陰平領二縣與此
同戶五百六口二千一百二十四寄治州下

陰平令前漢後漢屬廣漢屬國名宙底

晉太康地志陰平郡陰平縣注云

宙底當是故宙底為陰中永初郡

國冑旨縣即宙底也 當是後又立此縣而宇誤也

平武令蜀立曰廣武晉武帝太康元年

更名

南陰平太守來初郡國唯領陰平一縣徐志無

南字云陰平舊民流寓立唯領懷舊一縣何無
今領縣二戶四百七 四十二

陰平令

懷舊令徐志不注置立

巴渠太守何志新立領縣七戶五百口二千一
百八十三

宣漢令 別見與郡新立

始興令何志新立

巴渠令何志新立

東關令何志新立

始安令何志新立

下蒲令何志無徐志不注置立

晉興令何志晉安帝立案永初郡國梁
部諸郡唯巴西有此縣不容是此
晉興若是晉安帝時立便應在永
初郡國疑何謬也

懷安太守何志新立領縣二戶四百七口二千三
百六十六寄治州下

懷安令何志新立

義存令何志新立

宋書志二十七　四十三

宋熙太守何徐志新立領縣五戶一千三百八十
五口三千一百二十八去州七百去京都九千八百

興樂令

歸安令

宋安令

元壽令

嘉昌令何志五縣並新立

白水太守永初郡國何並無徐志仇池氏流寓
立有漢昌縣令領縣六戶六百五

新巴令

漢德令

晉壽令

益昌令

興安令

平周令徐志作平州此五縣徐並不注
置立

南上洛太守晉太康地志分京兆立上洛郡屬
司隸永初郡國何志並屬雍州僑寄魏興即此

宋書志二十七　四十四

郡也徐志巴民新立徐志時巳屬梁州矣永初
郡國無豐陽而有陽亭何徐有何不注陽亭置
立領縣六

上洛令前漢屬弘農後漢屬京兆何
云魏立非也

商縣令上洛同

流民令何不注置立

農陽長永初郡國無何作鄷陽新立徐
作鄷

義縣令永初郡國何徐並無

北上洛太守徐志巴新立領縣七戶二百五十四

北上洛令

農陽令

流民令

陽亭令

拒陽令拒字與南上洛不同

商縣令徐志無

| 宋書志二十七 | 四十五 | 朱邁 |

西豐令徐志無

安康太守宋末分魏興之安康縣及晉昌之寧都縣立

安康令二漢安陽縣屬漢中漢末省魏復立屬魏興晉武帝太康元年更名何云魏立非也

寧都令蜀郡流民

南宕渠太守永初郡國有宕渠郡領石渠漢興宜漢三縣屬梁州元嘉十六年度屬益州非此

南宕渠也何徐並無此郡疑是徐志後所立

宕渠令

漢安令

宣漢令

宋康令徐志新置

懷漢太守孝武孝建二年立領縣三戶四百十九

永豐長

綏來長

預德長

| 宋書志二十七 | 四十六 | 朱邁 |

秦州刺史晉武帝大始五年分隴右五郡及涼州金城梁州陰平并七郡為秦州治天水冀縣

太康三年併雍州惠帝元康七年復立何志晉孝武復立寄治襄陽安帝世在漢中南鄭領郡十四縣四十二戶八千七百三十二口四萬八百八十八

武都太守漢武帝元鼎六年立永初郡國又有河池故道縣並漢 今領縣三戶一千二百七十四口六千二百四十

下辨令漢舊縣

上祿令漢舊縣後省晉武帝太康三年

又立

陳倉令漢舊縣屬扶風晉太康地志屬

秦國

魏分立曰廣魏武帝更名末初郡國有清水縣

別見何徐無領縣三戶一千三百五十九口五千

六百五十七

略陽太守晉太康地志屬天水何志故曰漢陽

略陽令前漢屬天水後漢陽漢即天水

晉太康地志屬略陽漢屬雍州南天水

益州安固郡又有此縣

臨漢令何志新立

上邽令前漢屬隴西後漢屬漢陽晉太

康地志屬天水何志流寓割配

安固太守永初郡國志有安固郡又有南安固

郡元嘉十六年度益州今領縣二戶一千五百

五口二千四十四

〔宋書志二十七　四十七〕

桓陵令見別

南桓陵令永初郡國及何志安固郡唯

領桓陵一縣徐志又有此縣

西京兆太守晉末三輔流民出漢中僑立領縣

三戶六百九十三口四千五百五十二

藍田令見別永初郡國志無

杜令見別

鄠令二漢屬扶風晉太康地志屬始平

南太原太守別見何志云故屬并州流寓割配

永初郡國志又有清河見高堂縣（別見青州平原郡作高唐）

縣一戶二百三十二口一千一百五十六

平陶令漢舊名

南安太守何志云故屬天水魏分立永初郡國

無領縣二戶六百二十口三千四百八十九

桓道令漢舊名屬天水後漢屬漢陽作源

中陶令何志晉太康地志有

馮翊太守三輔流民出漢中文帝元嘉二年僑

立領縣五戶一千四百九十口六千八百五十四

〔宋書志二十七　四十八〕

蓮芍令　令別見

頻陽令漢舊名　別見

下辯令徐志故屬略陽流寓割配何無　此縣

高陸令二漢魏無晉太康地志有屬京兆何志流寓割配　別見

萬年令　別見

隴西太守秦立文帝元嘉初關中民三千二百三十六戶歸化六年立今領縣六戶一千五百

宋書志二十七　四十九　元

六十一口七千五百三十

襄武令漢舊名

臨洮令漢舊名

河關令前漢屬金城後漢晉太康地志　屬隴西

狄道令漢舊名

大夏令漢舊名晉太康地志無

首陽

始平太守　別見　永初郡國無領縣三戶八百五十

九口五千四百四十一

始平令太康地志有何志晉武帝立而雍州始平郡之始平縣何云魏立按此縣末雖各立本是一縣何為

金城太守漢昭帝始元六年立永初郡國無何　宋熙令何無徐新立　槐里令別見　不同

宋書志二十七　五十　陳

徐領縣二戶三百七十五口一千

金城令漢舊名

榆中令漢舊名

安定太守漢武帝元鼎三年立永初郡國志無

領縣二戶六百四十口二千五百一十八

朝那令漢舊名

宋興令何志新立

天水太守漢武元鼎三年立明帝改曰漢陽雍州已有此縣永初郡國無領縣二戶八百九十

三口五千二百二十八

阿陽令漢舊名晉太康地志無

新令晉太康地志有何志魏立

西扶風太守別有扶風郡晉末三輔流民出漢中僑

立領縣二戶百四十四

郡令見別

武功令見別

北扶風太守孝武孝建二年以秦雍流民立領

縣三時又有廣長郡又立成階縣領氐民尋省

武功令見別

華陰令見別

始平縣見

志第二十七

臣沈約　新撰

州郡四

益州
寧州
廣州
交州
越州

益州刺史漢武帝分梁州立所治別見梁州領
郡二十九縣一百二十八戶五萬三千一百四十
一口二十四萬八千二百九十三去京都水九千
九百七十

蜀郡太守秦立晉武帝太康中改曰成都國
後復舊領縣五戶一萬二千九百二口六萬八
百七十六

成都令漢舊縣
郫令漢舊縣
繁縣令漢舊縣

〔宋志三十八〕　一　朱

鞞縣令二漢晉太康地志並曰牛鞞屬
犍為何志晉穆帝度此
永昌令孝建二年以僑戶立

廣漢太守漢高帝六年立晉太康地志屬梁州
領縣六戶四千五百八十六口二萬七千一百四十
九去州陸六百去京都水九千九百

雒縣令漢舊縣
什邡令漢舊縣
新都令漢舊縣晉武帝為王國太康六
年省為縣屬廣漢

〔宋志二十八〕　二　朱

郪縣令漢舊縣
陽泉令蜀分綿竹立
伍城令晉武帝咸寧四年立太康六年
省七年又立何劉氏立

巴西太守譙周巴記建安六年劉璋分巴郡墊
江以上為巴西郡徐志本南陽冠軍流民寓入
蜀漢晉武帝立非也本屬梁州文帝元嘉十六
年度何志梁益二州無此郡領縣九戶四千九

百五十四口三萬二千三百四十六

閬中令漢舊縣屬巴郡

西充國令漢書地理志巴郡有充國縣

續漢郡國志和帝永元二年分閬

中立充國縣二志不同晉太康地

志有西南二充國屬巴西

南充國令譙周巴記初平六年分充國

為南充國

安漢令舊縣屬巴郡

【宋書志二十八】 【三】

漢昌令和帝永元中立

晉興令徐志不注置立

平州令晉武帝太康元年以野民歸化立

懷歸令徐志不注置立

益昌令徐志不注置立

梓潼太守晉太康地志劉氏分廣漢立本屬梁

州文帝元嘉十六年度益州永初郡國又有漢

德新興徐同徐云新興義熙九年立漢德舊縣

塞二漢並無漢德縣晉太康地志王隱並有疑是

劉氏所立何益梁二州無此郡領縣四戶三千

三十四口二萬二千九百七十六

涪令漢舊縣屬廣漢

梓潼令漢舊縣屬廣漢

西浦令徐志義熙九年立

萬安令徐志舊縣二漢晉並無

巴郡太守秦立領縣四戶三千七百三十四口一

萬三千一百八十三去州內水千八百陸五百外

水二千二百去京都水六千

【宋志二十八】 【四】

江州令漢舊縣

臨江令漢舊縣

墊江令漢舊縣獻帝建安六年度巴

西劉禪建興十五年復舊

枳令漢舊縣

逐寧太守永初郡國有何無徐云舊立領縣四

巴興令徐志不注置立疑是李氏所立

德陽令前漢無後漢晉太康地志屬

戶三千二百二十

廣漢

廣漢令漢舊縣屬廣漢寧蜀郡郡復有此

縣未知孰是

晉興令徐志不注置立

江陽太守劉璋分犍爲立中失本土寄治武陽

領縣四戶一千五百二十五口八千二十七

江陽令漢舊縣屬犍爲

縣水令別見

漢安令別見

一百九 【宋書志二十八】 五

常安令晉孝武立

懷寧太守秦雍流民晉安帝立本屬南秦文帝

元嘉十六年度益州領縣三戶一千三百一十

五口五千九百五十寄治成都

治平令別見

西平令永初郡國直云西何志故屬天

水名西縣

萬年令漢舊名屬馮翊

寧蜀太守永初郡國有而何無徐云舊立永初

郡國及徐並郡 西犍江縣今無領縣四戶一千

六百四十三

廣漢令見別遂寧郡復有此縣

廣都令漢舊縣屬蜀郡

升遷令晉太康地志屬汶山

西鄉令本名南鄉屬漢中晉武太康三

年更名

越巂太守漢武帝元鼎六年立故卭都國何志

一百八十五 【宋書志二十八】 六

無領縣八戶一千三百四十九

卭都令漢舊縣

新興令永初郡國有

臺登長漢舊縣

晉興長永初郡國有

會無長漢舊縣

甲水長漢舊縣

定莋長漢舊縣

蘇利長漢縣曰蘇禾 曰蘇利

汶山太守晉太康地志漢武帝立孝宣地節三

周明

年合蜀郡劉氏又立領縣二戶一千一百七口六

千二百五十去州陸一百去京都水一萬

都安戾相蜀立

晏官令何志魏平蜀立晉太康地志無

南陰平太守〔陰平郡別見〕永嘉流寓來屬寄治葭

楊領縣二戶一千二百四十七口五百九十七

陰平令〔別見〕

縣竹令漢舊縣屬廣漢

犍為大守漢武帝建元六年開夜郎國立領縣

去京都水一萬

五戶一千三百九十口四千五十七去州陸九十

武陽令漢舊縣

南安令漢舊縣

資中令漢舊縣

棘道令漢舊縣

治官令晉安帝義熙十年立

始康太守關隴流民吾晉安帝立領縣四戶一千

六十三口四千二百三十六寄治成都

始康令晉安帝立

新城子相晉安帝立

談令晉安帝立

晉豐令晉安帝立

晉熙太守秦州流民晉安帝立領縣二戶七百

八十五口三千九百二十五

晉熙令晉安帝立

葭陽令晉安帝立

晉原太守李雄分蜀郡為漢原晉穆帝更名領

縣五戶一千二百七十二口四千九百六十去州陸

一百二十去京都水一萬

江原男相漢舊縣屬蜀郡

臨邛令漢舊縣屬蜀郡

晉樂令何志故屬沈黎晉太康地志無

沈黎郡及晉樂縣

樅陽令前漢樅縣屬犍爲郡後漢屬蜀

郡屬國都尉晉太康地志有樅陽

縣屬漢嘉

漢嘉令前漢曰衣縣屬蜀郡順帝陽
嘉二年更名劉氏立為漢嘉郡晉
江右猶為郡江左省為縣
宋寧太守文帝元嘉十年免吳營僑立領縣三
戶一千三十六口八千三百四十二寄治成都
欣平令與郡俱立
宜昌令與郡俱立
永安令與郡俱立
安固太守張氏於涼州立晉哀帝時民流入蜀
僑立此郡本屬南秦文帝元嘉十六年度益州
領縣六戶一千一百二十口六千五百五十七去州
一百三十去京都水一萬
略陽令別見
桓陵令張氏立
臨渭令晉太康地志屬略陽
清水令別見
下邽令何志漢舊縣案二漢晉並無此縣
興固令何志新立

宋書志二八
三　九　奏

南漢中太守晉地記立孝武太元十五年梁州刺
史周瓊表立徐志北漢中民流寓孝武大明三
年立起居注本屬梁州元嘉十六年度永初
國屬梁州領縣與此同以永初郡國及起居檢
則是元所立而何志無此郡當是永初以後省
大明三年復立也領縣五戶一千八百四口五千
二百四十六
南長樂令徐志與郡俱立
南鄭令徐志與郡俱立
南苞中令徐志與郡俱立
南沔陽令徐志與郡俱立
南城固令徐志與郡俱立
北陰平太守徐志本屬秦州文帝元嘉二十六
年度永初郡國何志秦梁益並無領縣四戶一
千五百三口六千七百六十四
陰平令見巳
南陽令徐志本南陽曰民流寓立
桓陵令徐志本安固郡民流寓立

宋書志二八
三十　十

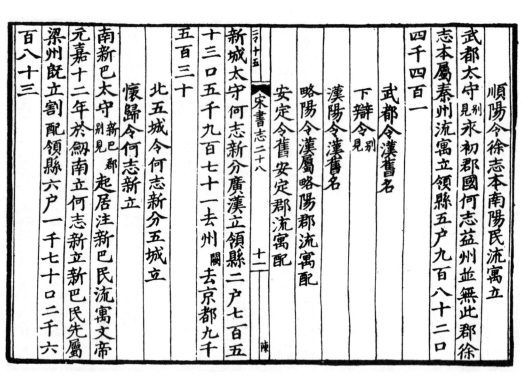

順陽令徐志本南陽民流寓立

武都太守見別永初郡何志益州並無此郡徐

志本屬秦州流寓立領縣五戶九百八十二口

四千四百一

武都令漢舊名

下辯令見別

漢陽令漢舊

略陽令漢屬略陽郡流寓配

安定令舊安定郡流寓配

新城太守何志新分廣漢立領縣二戶七百五

十三口五千九百七十一去州闕去京都九千

五百三十

北五城令何志新分五城立

懷歸令何志新立

南新巴太守別見新巴郡起居注新巴民流寓文帝

元嘉十二年於劍南立何志新立新巴民先屬

梁州旣立割配領縣六戶一千七十口二千六

百八十三

新巴令何志晉安帝立

晉城令何志晉安帝立

晉安令何志晉安帝立

漢昌令何志晉安帝立

桓陵令何志晉哀帝立按起居注南新

巴元嘉十二年立何云新立則非

先有此郡而云此諸縣晉哀帝安

帝立不詳

綏歸令何無此徐有不注置立

南晉壽太守梁州元有晉壽文帝元嘉十二年

於劍南以僑流立領縣五戶一千五十七口一

千九百四十三去州一百二十去京都水一萬

晉壽令見別

興安令見別

興樂令二漢魏無晉太康地記云元年

更名本曰白馬屬汶山何志漢舊

縣楡二漢益部無白馬縣

邵歡令見別

白馬令 見別

宋興太守文帝元嘉十年免建平營立領南陵
建昌二縣何志無復南陵有南漢建忠徐無建
忠有永川何云建忠新立領縣三戸四百九十
六口一千九百四十三寄治成都

南漢令何志晉穆帝立故屬漢中流寓

來配

建昌令何新立

永川令徐志新立

南宕渠太守徐志本南中民蜀立起居注本屬
梁州元嘉十六年度永初郡國梁州有宕渠郡
領縣三與此同而無南字何同若此郡元嘉十
六年度益則何志應在益部不詳領縣三戸五
百四口三千一百二十七

宕渠令二漢晉太康地志屬巴郡

漢興令二漢魏無晉地志有屬興古郡

宣漢令前漢無後漢屬巴郡晉太康地

志無

天水太守 見別 永初郡國何志益州無此郡徐志
與今同領縣三戸四百六十一

未興令徐志不注置立

上邽令 見別

西縣長 見別

東江陽太守何志晉安帝初流寓入蜀今新復
舊土為郡領縣二戸一百四十二口七百四十去
州一千五百八十去京都水八千九十

漢安令前漢無後漢屬犍為晉太原地

沈黎太守蜀記云漢武元鼎十一年分蜀西部
印作為沈黎郡十四年罷案元鼎止至六年云十
一年非也又二漢晉並無此郡永初郡國有何

縣水令何志晉孝武立

志屬江陽

無云舊郡領縣四戸六十五

城陽令徐志不注置立

蘭令漢舊縣屬越舊高作闌晉太康地

志無

旄牛令前漢屬蜀郡後漢屬蜀郡屬

寧州刺史晉武帝太始七年分益州南中之建

寧興古霄至南永昌四郡立太康三年省立南夷

校尉惠帝太安二年復立增立牂柯越舊朱提三

郡成帝咸康四年分牂柯夜郎朱提越舊四郡

為安州尋越舊後還益州今領郡十五縣八十

一戶一萬二百五十三去京都一萬三千三百

建寧太守漢益州郡滇王國劉氏更名領縣十

宋書志二十八 十五 任昌

味縣令漢舊縣

同樂令晉武帝立

談稾令漢舊縣屬牂柯晉武帝立

牧麻令漢舊縣作牧靡

漏江令漢舊縣屬牂柯晉武帝立

同瀬長漢舊縣同作銅

昆澤長晉舊縣

新定長晉太康地志有

三戶二千五百六十二

存馹令晉太康地志有

同立長漢舊縣前漢作同並屬牂柯晉

武帝咸寧五年省哀帝復立

萬安長江左立

母單長漢舊縣屬牂柯晉太康地志屬

建寧

新興長江左立

晉寧太守晉惠帝永安二年分建寧西七縣為

益州郡晉懷帝更名領縣七 戶六百三十七

二百十六 宋志二十八 十六

建伶令漢舊縣屬益州郡晉太康地志屬建寧

連然令漢舊縣屬益州郡晉太康地志屬建寧

滇池令漢舊縣屬益州郡晉太康地志

屬建寧

穀昌長漢舊縣屬益州郡晉太康地志

屬建寧

秦臧長漢舊縣屬益州郡晉太康地志

屬建寧

去州七百三十去京都水一萬三千七百

雙栢長漢舊縣屬益州郡晉太康地志

屬建寧

牂柯太守漢武帝元鼎六年立領縣六戶一千

九百七十去州一千五百去京都水一萬二千

萬壽令晉武帝立

且蘭令漢舊縣云故且蘭晉太康地

志無

故母欽令漢舊縣

宋書志二十八

十七　為傳卷

晉樂令江左立

丹南長江左立

新寧長何徐不注置立

平蠻太守晉懷帝永嘉五年寧州刺史王遜

牂柯朱提建寧立平夷郡後避桓溫諱改領縣

二戶二百四十五去京都水一萬三千

平蠻令漢舊縣屬牂柯故名平夷

瞥令漢舊縣屬牂柯

夜郎太守晉懷帝永嘉五年寧州刺史王遜分

牂柯朱提建寧立領縣四戶二百八十八去州一

千去京都水一萬四千

夜郎令漢舊縣屬牂柯

廣談長晉太康地志屬牂柯

談樂長江左立

談栢令漢舊縣屬牂柯

朱提太守劉氏分犍為立領縣五戶二千一十去

州七百二十去京都水一萬四千六百

朱提令前漢屬犍為後漢屬蜀

宋書志二十八

二百九十一　十八　毘信

國都尉

堂狼令前漢屬犍為狼作琅後漢晉太

康地志屬朱提

臨利長江左立

漢陽長前漢屬犍為後漢無晉太康

地志屬朱提

南秦長本名南昌晉武帝太康元年

更名

南廣太守晉懷帝分朱提立領縣四戶四百四

十去州水二千三百去京都水一萬四百

南廣令漢舊縣屬犍為晉太康地志屬

朱提

新興令何志不注置立

晉昌令江左立

常遷長江左立

建都太守晉成帝分建寧立領縣六戶一百七

去州二千去京都水一萬五十

新安令晉成帝立

十九　九

經雲令晉成帝立

來豐令晉成帝立

臨江令晉成帝立

麻應長晉成帝立

遂安長晉成帝立

西平太守晉懷帝永嘉五年寧州刺史王遜分

興古之東立何志晉成帝立非也永初郡國何

志並有西寧縣何云晉成帝立今無領縣五戶

一百七十六去州二千三百去京都水一萬五

千三百

西平令何志晉成帝立

溫江令何志晉成帝立

都陽令何志晉成帝立案晉起居注太

康二年置興古之都唐縣疑是

晉綏長何志晉成帝立

義成長何志晉成帝立案此五縣應與

郡俱立

西河太守晉成帝分河陽立領縣三戶三百六

二十　五卷

十九去州二千五百去京都水一萬五千五百

芘蘇令前漢屬益州郡後漢晉太康

地志屬永昌芘芘作比

成昌令晉成帝立

建安長晉成帝立

東河陽太守晉懷帝永嘉五年寧州刺史王

遜分永昌雲南立永初郡國又有西河陽領楪榆

遂段新豐三縣何徐無　遂段新豐二縣何　二漢晉並無　領縣二

戶二百五十二去州二千去京都水一萬五千

東河陽令何不注置立疑與郡俱立

榢榆長前漢屬益州郡後漢屬永昌晉

太康地志屬雲南前漢楪作葉

雲南太守晉太康地志云故屬永昌何志劉氏

分建寧永昌立領縣五疑戶三百八十一去州一

千五百去京都水一萬四千五百

雲南令前漢屬益州郡後漢屬永昌晉

太康地志屬雲南

雲平長晉武帝咸寧五年立

宋志二十八 二十一 章文

東古復長漢屬越巂舊晉太康地志屬

雲南竝云姑復永初郡國何竝云

東古復何不注置立

西古復長永初郡國有何不注置立

興寧太守晉成帝分雲南立領縣二戶七百五

十三去州二千五百去京都水一萬四千五百

桥棟令漢舊縣屬益州晉太康地志屬

雲南

青蛉令漢舊縣屬越舊晉太康地志屬

雲南

興古太守漢舊郡晉太康地志故牂牁何志劉

氏分建寧牂牁立則是後漢末省也領縣六戶

三百八十六去州二千三百去京府水一萬六千

漏卧令漢舊縣屬牂牁

宛暖令漢舊屬牂牁本名宛溫焉桓

溫改

律高令漢舊縣屬益州郡後漢屬晉武

帝咸寧工元年分建寧郡脩雲天削元

宋書志二十八 二十二 章文

二縣開流民復立律高縣脩雲天削

元二縣二漢無

西安令江左立

句町令漢舊縣屬牂牁

南興長江左立

梁水太守晉成帝分興古立領縣七戶四百三

十一去州水三千去京都水一萬六千

梁水令與郡俱立

騰休長漢舊縣屬益州郡晉太康地志

屬興古何志故屬建寧晉武帝從

興古治之遂以屬焉

西隋令漢舊縣屬牂牁晉太康地志屬

興古並作隨

母掇令漢舊縣屬益州郡晉太康地志

屬興古劉氏改曰西豐晉武帝太

始五年復爲母掇

新豐長何志不注置立

建安長何志不注置立

鐔封長漢舊縣屬牂牁晉太康地志屬

興古

廣州刺史吳孫休永安七年分交州立領郡十

七縣一百三十六戶四萬九千七百二十六口

二十萬六千六百九十四去京都水五千二百

南海太守秦立秦敗尉它王此地至漢武帝元

鼎六年開屬交州領縣十戶八千五百七十四

口四萬九千一百五十七

番禺男相漢舊縣

熙安子相文帝立

增城令前漢無後漢有

博羅男相漢舊縣二漢皆作傳字晉太

康地志作博

酉平令永初郡國有

龍川令舊縣

懷化令晉安帝立

綏寧男相文帝立

高要子相漢舊縣屬蒼梧文帝廢

始昌令文帝立

蒼梧太守漢武帝元鼎六年立永初郡國又有

高要建陵寧新都羅端溪撫寧六縣建陵寧新

吳立都羅晉武分建陵立晉武帝太康元年改

新寧曰寧新端溪見撫寧始見永初郡國高要

何志無餘與求初徐志無建陵寧新撫

寧三縣何志並有懷熙二志並一縣思安封興蕩

康僑寧四縣疑是宋末度此也今領縣十一戶

六千五百九十三口萬一千七百五十三去州

廣信令漢舊縣

猛陵令漢舊縣

懷熙令文帝立

思安令永初郡國有及何志並屬晉康

徐志度此

封興令永初郡國有及何志並屬晉康

徐志度此

蕩康令永初郡國有及何志並屬晉康

徐志度此

僑寧令永初郡國有及何志並屬晉康

徐志度此

遂成令永初郡國有

徐志度此

丁留令晉武帝太康七年以蒼梧蠻夷

賓服立 作丁溜溜音留

廣陵令永初郡國有

武化令徐志以前無疑是宋末所立

晉康太守晉穆帝永和七年分蒼梧立治元溪

永初郡國治龍鄉何志復龍鄉縣當是晉末立

元嘉二十年前以龍鄉併端溪也永初郡國又

有封興蕩康思安開平併端溪何志無遼安開

平二縣餘興永初郡國同封興蕩康思安別遼

安開平應是晉末立元嘉二十年前省今領縣

十四戶四千五百四十七口一萬七千七百一

十去州水五百四十八百

端溪令漢舊縣何志屬蒼梧徐志屬此

晉化令何志不注置立疑是晉末所立

都城令何志晉初分建陵立今無建陵

縣按太康地志唯有都羅武城縣

樂城令何志無徐志有

賓江令何志無徐志有

說城令何志無徐志有

元溪令晉太康地志屬蒼梧

夫阮令永初郡國有

僑寧令何志云漢舊縣撿二漢地理郡

國無蒼梧又有僑寧縣

安遠令文帝立

永始令文帝立

武定令文帝立

文招令何志無徐志有二文招一屬綏

建一屬晉康

熙寧令何志無徐志有

新寧太守晉穆帝永和七年分蒼梧立永初郡

國有平興永城縣何徐志有永城無平興此二

縣當是晉末立平興當是元嘉二十年以前省

【宋書志二十八】 二十七 【徐永】

永城當是大明八年以後省何志又有熙寧縣

云新立當是文帝所立徐志無當是元嘉二十

年後省也今領縣十四戶二千六百五十三口一

萬五百二十四去州水六百二十去京都水五

千六百

南興令何志漢舊縣檢二漢地理郡圍

晉太康地志並無永初郡國有

疑是文帝所立徐無當是太康地志屬蜀

臨允令漢舊縣屬合浦

蒼梧何志吳度夳蒼梧

新興令永初郡國有何志不注置立

博林令永初郡國有何志不注置立

甘東令永初郡國有何志不注置立

單牒令永初郡國有何志不注置立

威平令永初郡國有何志不注置立

龍潭令文帝立

平鄉令文帝立

城陽令文帝立

威化令文帝立

【宋書志二十八】 二十八 【徐永】

初興令文帝立

撫納令徐志有

歸順令徐志有

永平太守晉穆帝升平五年分蒼梧立永初郡

國有雷鄉盧平員鄉通寧開城五縣當是與

郡俱立何志徐無當雷鄉員鄉當是元嘉二十年以

疑是文帝所立徐無當雷鄉員鄉又有熙平云新立

前省盧平通寧開城當是大明八年以後省今

領縣七疑戶二千六百九口一萬七千二百二十去

州水一千二百去京都水五千四百

安沂令永初郡國有何志不注置立

豐城令吳立屬蒼梧永初郡國併安沂

當是宋初併何志有當是元嘉中

復立

蘇平令永初郡國有何志不注置立徐

曰藉平

畟安令永初郡國有何志不注置立

夫寧令永初郡國有何志不注置立

武林令文帝立

鬱林太守秦桂林郡屬尉他武帝元鼎六年復

更名永初郡國有安遠程安威定別見三縣中胄歸

化五縣中胄疑即桂林之中溜歸化二漢晉太

康地志無疑是江左所立何志無中胄歸化餘

三縣屬桂林徐志同今領縣十七戶一千一百

二十一口五千七百二十七去州水一千六百去

京都水七千九百

布山令漢舊縣

領方令漢舊縣吳改曰臨浦晉武復舊

阿林令漢舊縣

鬱平令吳立曰陰平晉武太康元年更名

新邑令吳立

建初令永初郡國有何志不注置立徐同

賓化令永初郡國有何志不注置立

威化令永初郡國有何志不注置立

新林令永初郡國有何志不注置立

龍平令永初郡國有何志不注置立

安始令吳立曰建始晉武帝太康元年

更名

懷安令何志吳改未知先何名吳錄地

理無懷安縣名太康地志無永初

郡國有

晉平令吳立曰長平晉武帝太康元年

更名

綏寧令永初郡國併領方何無徐有

歸代令徐志有

中冀令徐志有

建安令求初郡國有何無徐有

鬱林太守本縣名屬鬱林吳孫皓鳳皇三年分
鬱林治武熙縣不知何時徙求初郡國有常安
夾陽二縣夾陽晉武帝太康元年分龍岡立常
安太康地志有而王隱無何徐並無此二縣令
領縣七戸五百五十八口二千二百五十去州水
一千五百七十五去京都水六千八百

中溜令漢舊縣屬鬱林晉太康地志無

【宋書志二十八】 三十一 潘

龍定令晉武帝太康元年立桂林之龍定
岡疑是求初郡國何徐並有何云新置

武熙令本曰武安應是吳立晉武帝太
康元年更名故屬鬱林

陽平令求初郡國何徐並有何云新置
按晉武帝太康元年立桂林之洋
縣疑是

安遠令晉武帝太康六年立屬鬱林求
初郡國猶屬鬱林何徐屬此

程安令求初郡國屬鬱林何徐屬此疑
是江左立

威定令求初郡國屬鬱何徐屬此疑是
江左立

高涼太守二漢有高涼屬合浦漢獻帝建安
二十三年吳分立治思平縣不知何時徙吳又
立高熙郡太康中省併高涼宋世又經立尋省
求初郡國高涼又有石門廣化長度宋康四縣
何徐並無宋康當是宋初所立元嘉二十年以
前省其餘當是江左所立領縣七戸一千四百
二十九口八千一百二十三去州水一千一百
去京都水六千六百

【宋書志二十八】 三十二

二四州

思平令晉太康地志有

莫陽令晉太康地志有屬高興

平定令何志有不注置立

安寧令吳立

羅州令何志新立

西聾令何志新立

禽鄉令何志新立

新會太守晉泰帝元熙二年分南海立廣州記

云永初元年分新寧立治盆允未詳覷是領縣

十二戶一千七百三十九口萬五百九去州三百五十

宋元令永初郡國無文帝元嘉九年割
南海新會新寧三郡界上新民立
宋安新熙永昌始成招集五縣二
十七年改宋安爲宋元

新熙令

永昌令

始成令

招集令

盆允令永初郡國故屬南海何徐同

新夷令吳立曰平夷晉武帝太康元年
更名故屬南海

封平令永初郡國云故屬新寧何云故
屬南海徐同

封樂令文帝元嘉十二年以盆允新夷
二縣界歸化民立

初賓令何志新立

義寧令何志新立

始康令何志新立

東官太守何志故司監都尉晉成帝立爲郡廣
州記晉成帝咸和六年分南海立領縣六戶一
千三百三十二口一萬五千六百九十六去州
水三百七十去京都水五千六百七十

寶安男相永初郡國何徐並不注置立

安懷令永初郡國何徐並不注置立

興寧令江左立

海豐男相永初郡國何徐並不注置立

海安男相吳曰海寧晉武改名太康地
志屬高興

欣樂男相本屬南海宋末度

義安太守晉安帝義熙九年分東官立領縣五

戶一千一百一十九口五千五百二十二去州

三千五百去京都水八千九百

海陽令何志晉初立晉太康地志無晉
地記故屬東官
綏安令何志與郡俱立晉地記故屬東官
海寧令何志與郡俱立晉地記故屬東官
潮陽令何志與郡俱立晉地記故屬東官
義招令晉安帝義熙九年以東官五營立
宋康太守本高涼西營文帝元嘉九年立領縣
九戶一千五百二十三口九千一百三十一去

州水九百五十去京都水五千九百七十
廣化令晉太康地志有屬高興求初郡
國屬高涼
單城令何志新立
逐度令何志新立
海隣令何志新立
化隆令何志新立
開寧令何志新立
綏定令何志新立

石門長何志故屬高涼
威覃長徐志有
綏建太守文帝元嘉十三年立孝武建元年
有司奏化注末固綏南宋昌宋泰五縣舊屬綏
建中割度臨賀相去既遠疑還綏建今唯有綏
南餘並無何徐又新招縣云本屬蒼梧元嘉十
九年改配徐志晉康復有此縣疑誤今領縣七
縣戶三千七百六十四口一萬四千四百九十

新招令本四會之官細鄉元嘉十三年
化蒙令本四會古蒙鄉元嘉十三年分
懷集令本四會之銀屯鄉元嘉十三年
分爲縣
四會男相漢舊縣屬南海
化穆令何志新立
綏南令求初郡國徐並無

海昌太守文帝元嘉十六年立何有寧化縣徐

無領縣五戶一千七百二十四口四千七十四

去州水六百五十去京都水五千四百九十四

寧化令徐志新立

威寧令徐志新立

永建令徐志新立

招懷令徐志新立

興定令文帝元嘉九年立屬新會後慶此

宋熙太守文帝元嘉十八年以交州流寓立昌

國義懷綏寧新建四縣爲宋熙郡今無此四縣

二十七年更名宋隆孝武孝建中復改爲宋熙

領縣七戶二千八百十四口六千四百五十去州

水三百四十五去京都水五千二百

平興令徐志新立

初寧令徐志新立

建寧令徐志新立

招興令徐志新立

崇化令徐志新立

寧浦太守晉太康地志武帝太康七年改合浦

屬國都尉立廣州記漢獻帝建安二十三年分合

分鬱林立治平山縣吳錄孫休永安三年分

浦立爲合浦　北部尉領平山興道寧浦三縣又

云晉分平山爲始安寧浦爲澗陽未詳孰是求

初郡國有安廣縣無始定縣何徐並無此郡領

縣六

潤陽令晉武帝太康七年立永初郡國作蘭陽

興道令晉武帝太康元年以合浦北部營之

連道立吳錄有此縣未詳

寧浦令晉太康地記本名昌平武帝太

康元年更名吳錄有此縣未詳

平山令晉太康地記有

吳安令吳錄無

始定令晉太康地記有永初郡國無

晉興太守晉元帝太興元年分鬱林立

崇德令徐志新立

熙穆令徐志新立

晉興
熙注
桂林
增翊
安廣
廣鬱
晉城
鬱陽

樂昌郡 宋書志二十八

樂昌令 二十九 何建
始昌令
宋元令
樂山令
義立令
安樂令

交州刺史漢武帝元鼎六年開百越交阯刺史
治龍編漢獻帝建安八年改曰交州治蒼梧廣
信縣十六年徙治南海番禺縣及分為廣州治

番禺交州還治龍編領郡八縣五十三戶一萬
四百五十三去京都水一萬
交阯太守漢武帝元鼎六年開領縣十二戶四
千二百三十三

龍編令漢舊縣
句漏令漢舊縣
朱𪐝令漢舊縣
吳興令吳立
西于令漢舊縣

宋書志二十八 四十

定安令漢舊縣
望海令漢光武建武十九年立
海平令吳立曰軍平晉武改名
武寧令吳立
嬴令 力知反 婁令漢舊縣 陽音
曲昜令漢舊縣
南定令吳立曰武安晉武改何志無
武平太守吳孫皓建衡三年討扶嚴夷以其地
立領縣六戶一千四百九十去州水二百二十陸

吳錄無晉太康地志有

吳定長吳立

新道長江左立

晉化長江左立

九真太守漢武元鼎六年立領縣十二疑戶二千三百二十八去州水八百去京都水一萬一百八十

移風令漢舊縣故名居風吳更名

晉浦令漢舊縣

宋書志二十八 四十一 陳文甫

松原令晉武帝分建初立

高安令何志晉武帝立太康地志無吳錄晉分常樂立

建初令吳立

常樂令吳立

軍安長何志晉武帝立太康地志無此縣而交趾有軍平縣

武寧令吳立何志武帝立太康地志無此縣而交趾有

都龐長音龍漢舊縣吳錄有晉太康地志無

寧夷長何志晉武帝立太康地志無

津梧長晉武帝分移風立

九德太守故屬九真吳分立何志領縣七今領縣十一戶八百九去州水九百去京都水一萬九百

浦陽令晉武帝分陽遠立

陽遠長吳立曰陽成太康二年更名後省

九德令何志吳立

二百 宋書志二十八 四十二 兩

咸驩令漢舊縣

都狀長何志晉武帝分九德立

西安長何志晉武帝立太康地志無吳

南陵長何志晉武帝立太康地志無王

錄亦無

越常長何志吳立太康地志無

隱有

宋泰令宋末立

宋昌令宋末主

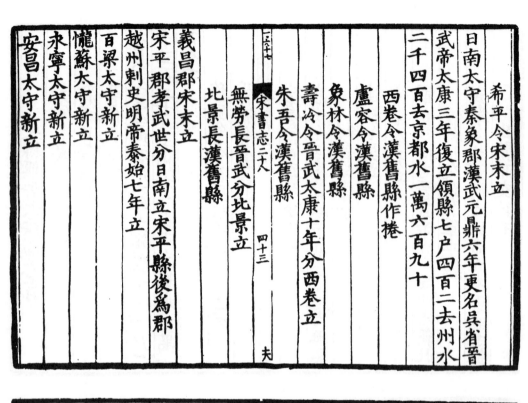

希平令宋末立

日南太守秦象郡漢武元鼎六年更名吳省晉

武帝太康三年復立領縣七戶四百二去州水

二千四百去京都水一萬六百九十

西卷令漢舊縣作捲

壽冷令晉武太康十年分西卷立

象林令漢舊縣

盧容令漢舊縣

朱吾令漢舊縣

無勞長晉武分比景立

比景長漢舊縣

義昌郡宋末立

宋平郡孝武世分日南立宋平縣後為郡

越州刺史明帝泰始七年立

百梁太守新立

懷蘇太守新立

永寧太守新立

安昌太守新立

富昌太守新立

南流太守新立

臨漳太守漢武帝立屬廣州

合浦太守漢武帝立孫權黃武七年更名珠官

孫亮復舊屬交州領縣七戶九百三十八去

京都水一萬八百

合浦令漢舊縣

朱官長吳立朱作珠

徐聞令故屬朱崖晉平吳省朱崖屬合浦

蕩昌長晉武分合浦立

朱盧長吳立

晉始長晉武帝立

新安長江左立

宋壽太守先屬交州

志第二十八

宋書志二十九

百官上

臣沈　約　新撰

太宰一人周武王時周公旦始居之掌邦治為

六卿之首秦漢魏不常置晉初依周禮備置三

公三公之職太師居首景帝名師故置太宰以

代之太宰蓋古之太師也殷紂之時箕子為太

師周武王時太公為太師周成王時周公為太師

周公薨畢公代之漢西京初不置平帝始復置

太師官而孔光居焉漢東京又廢獻帝初董卓

為太師卓誅又廢魏世不置晉既因太師而置

太宰以安平王孚居焉

太傅一人周成王時畢公為太傅漢高后元年

初用王陵

太保一人殷太甲時伊尹為太保周武王時召

公為太保漢平帝元年始用王舜後漢至

魏不置晉初復置焉自太師至太保是為三公

論道經邦燮理陰陽無其人則闕所以訓護人

主導以德義者

相國一人漢高帝十一年始置以蕭何居之罷

丞相晉惠帝時趙王倫愍帝時南陽王以晉愍帝為

相國何曾曹參代之之參薨罷魏齊王以晉景帝為

宋高祖順帝時齊王立為相國自魏晉以來非

復人臣之位矣

丞相一人殷湯以伊尹為右相仲虺為左相秦悼

武王二年始置丞相官丞相奉相助也悼武王子昭

襄王始以樗里疾為丞相後又置左右丞相漢高

帝初置一丞相十一年更名相國孝惠高后置

左右丞相文帝二年復置一丞相哀帝元壽二

年更名大司徒漢東京不復置至獻帝建安

三年復置丞相魏世及晉初又廢惠帝世趙王

倫篡位以梁王肜為丞相永興元年以成都王

穎為丞相愍帝建興元年以瑯邪王睿為左丞

相南陽王保為右丞相三年以保為相國睿為丞

相元帝永昌元年以王敦為丞相轉司徒荀組

為太尉以司徒官屬并丞相府敦不受成

帝世以王道衰為丞相罷司徒府以為丞相府導

麾罷丞相復為司徒府宋世祖初以南郡王義宣

為丞相而司徒府如故

太尉一人自上安下曰尉掌兵事郊祀掌亞獻

大喪則告諡南郊堯時舜為大尉官漢因之武

帝建元二年省光武建武二十七年罷大司馬

置太尉以代之靈帝末以劉虞為大司馬而太

尉如故

司徒一人掌民事郊祀掌省牲視濯大喪安葬

宋志二十九 　三　馬

宮少昊氏以鳥名官而祝鳩氏為司徒堯時舜

為司徒舜攝帝位命契為司徒契玄孫之孫曰

微亦為夏司徒周時司徒為地官掌邦教漢西

京初不置哀帝元壽二年罷丞相置大司徒光

武建武二十七年去大

司空一人掌水土事郊祀掌掃除陳樂器太喪

掌將校復土舜攝帝位以禹為司空契之子曰

冥亦為夏司空殷湯以咎單為司空周時司空

為冬官掌邦事漢西京初不置成帝綏和元年

更名御史大夫為大司空哀帝建平二年復為

御史大夫元壽二年復為大司空光武建武二十七年

去大字獻帝建安十三年又罷司空置御史大夫

御史大夫郗慮免不復補魏初又置司空

大司馬一人掌武事周時司馬為夏官掌邦政項籍

后稷兼掌司馬漢初不置武帝元狩

四年初置大司馬始直去司馬議者以漢有軍

侯千人司馬官故加大及置司空又以縣道官有

宋志二十八 　四　馬

獄司空又加大王莽居攝並加大光武建武二十七

年省大司馬司徒以太尉代之魏文帝黃初二年復

置大司馬以曹仁居之而太尉如故

大將軍一人凡將軍皆掌征伐周制王立六軍

晉獻公作二軍公將上軍將軍之名起於此也

楚懷王遣三將入關宋義為上將漢高帝以緯

信為大將軍漢西京以大司馬冠之漢東京大

將軍自為官位在三司上魏明帝青龍三年

晉宣帝自大將軍為太尉然則大將軍在三司
下矣其後又在三司上晉景帝為大將軍而景帝
叔父孚為太尉奏改大將軍在太尉下後還復舊
晉武帝踐阼安平王孚為太宰鄭冲為太傅王
祥為太保義陽王望為太尉何曾為司徒荀顗
為司空石苞為司馬陳騫為大將軍凡八公同
府每有所闕自到閣輒傳呼宜禄以此為常丞相
時並置唯無丞相並為有蒼頭宜禄至漢丞相
相並置三長史丞相有疾御史大夫率百僚三旦問
起居及瘳詔遣尚書令若光禄大夫賜養牛上
尊酒漢景帝三公病遣中黃門問病魏晉則
黃門郎尤重者或侍中也魏武為丞相以來置
左右二長史而已漢東京太傅府置掾屬十人
御屬一人令史十二人不知皆何曹也自太尉
至大將軍車騎驃騎儜將軍皆有長史一人將
軍又各置司馬一人太傅不置長史也太尉府
置掾屬二十四人西曹主府吏署用事東曹
主二千石長吏遷除事戶曹主民戶祠祀農桑

事奏曹主奏議事辭曹主辭訟事法曹主郵驛
科程事尉曹主卒徒轉運事賊曹主盜賊事決
曹主罪法事兵曹主兵事金曹主貨幣鹽鐵事
倉曹主穀事黃閣主簿省錄衆事御屬一人令
史其餘史關案掾屬二十四人自東西曹門下
十二曹然則曹各置掾屬三十四人御屬一人令
徒置掾屬三十一人御屬二十人御屬一人令史三十五人司空
置掾屬二十九人御屬一人令史三十一人司空別有
道橋掾其餘張減之號史關不可得知也漢東
京大將軍驃騎將軍從事中郎二人掾屬二
十九人御屬一人令史三十人騎衛將軍從事
中郎二人掾屬二十人令史二十四
人兵曹掾史主兵事稟假掾又置外
刺姦主罪法其領兵外討則營有五部部有校
尉一人軍司馬一人部下有曲曲有軍候一人曲
下有屯屯長一人若不置校尉則部但有
軍司馬一人又有軍假司馬軍假候其別營者

則為別部司馬其餘將軍置府以征伐者府無員
職亦有部曲司馬軍候以領兵焉案大將軍以
下掾屬與三府張減史闕不可得知置令史御
屬者則是同三府也其掾史者則是有掾而無
屬又云晉景帝為大將軍置掾十人府府職察
東曹戶曹倉曹賊曹金曹水曹兵曹騎立掾各一
人則無屬矣魏元帝咸熙中晉文帝為相國相
國府置中衞將軍驍騎將軍左右長史司馬從
事中郎四人主簿四人舍人十九人參軍二十
二人參戰十二人掾屬三十三人東曹掾屬各
一人西曹屬一人戶曹掾一人屬二人賊曹掾一
人屬二人金曹掾屬各一人兵曹掾屬各一人騎兵
掾二人屬二人車曹掾屬各二人鎧曹掾屬各
水曹掾屬各一人集曹掾屬各二人法曹掾屬各一
奏曹掾屬各一人倉曹掾屬二人戎曹屬一人馬
曹屬一人媒曹屬一人合為三十三人散屬九
人凡四十二人晉初几位從公以上置長史西閤

東閤祭酒西曹東曹掾戶曹倉曹賊曹屬各
一人加兵者又置司馬從事中郎主簿記室督各
一人舍人四人為持節都督者置參軍六人安
平獻王孚為太宰增掾屬為十人兵曹鎧士營軍
刺姦五曹皆置屬幷前為十八人楊駿為太
傳增祭酒為四人掾屬為二十人兵曹分為左
右法金田集水戎車馬十曹皆置屬為四
人趙王倫為相國置左右長史司馬從事中郎四
人參軍二十人主簿記室督祭酒各四人掾屬
四十八人東西曹屬其餘十八曹皆置掾屬則四十
人矣凡諸曹皆置御屬令史學幹御屬職錄
史無定員領兵者置司馬一人從事中郎二人參
軍無定員加崇者置左右長史司馬從事中郎
事也江左以來諸公置長史倉曹掾戶曹屬江左
西閤祭酒各一人主簿舍人二人御屬二人令
四人掾屬四人則倉曹增置屬戶曹置掾江左
加崇極於此也長史司馬舍人秦官從事中郎掾
屬主簿令史前漢官陳湯為大將軍主鳳從事

中郎是也御屬參軍後漢官孫堅為車騎參

軍事是也本於府主無敬晉世太原孫楚為大司

馬石苞參軍輕慢苞始制施敬祭酒晉官以漢吳

王濬為劉氏祭酒祀以酒為本長者主之故

以祭酒為稱漢之侍中魏之散騎常侍從事中郎主

祭酒焉公府祭酒蓋因其名也長史從事中郎主

吏司馬主簿祭酒舍人主閤內事參軍掾屬

令史主諸曹事司徒若無公唯省舍人其府常置

其職寮異於餘府有左右長史左西曹掾屬蜀各二人

餘則同矣餘府有公則置無則省晉元帝為鎮東大

將軍及丞相置從事中郎無定員分掌諸曹有錄

事中郎度支中郎三兵中郎其參軍則有諮議參

軍二人主諷議事晉江左初置因軍諮則有錄事

宋高祖為諮議參軍無定員今諸曹則有錄事

記室戶曹倉曹中直兵外兵騎兵長流賊曹刑獄

賊曹城局賊曹法曹田曹水曹鎧曹車曹士曹

集右戶墨曹凡十八曹參軍不署曹者無

定員江左初晉元帝鎮東丞相府有錄事記室

東曹西曹度支戶曹法曹金曹倉曹理曹中

兵外兵騎兵典兵賊曹運曹禁防典賓鎧

曹田曹士曹騎士車曹參軍其東曹西曹度支

金曹理典六兵曹賊曹運曹禁防典賓騎士車

曹凡十三曹令關所餘十二曹也其後又有直

兵長流刑獄城局水曹右戶墨曹七曹高祖為

相合中兵直兵曹則猶二也今小府不

置長流參軍者置禁防參軍蜀丞相諸葛亮

府有行參軍晉太傅司馬越府又有行參軍兼

行參軍後漸加長兼字除拜則為參軍事府

板則為行參軍晉末以來參軍事行參軍又

各有除板板行參軍不則長兼行參軍參軍

督護江左置本皆領營有部曲今則無矣公府

長史司馬秩千石從事中郎六百石參軍

百石他掾三百石屬二百石東西曹掾四

特進前漢世所置前後二漢及魏晉以為加官

從本官車服無吏卒晉惠帝元康中定位今

在諸公下驃騎將軍上

驃騎將軍一人漢武帝元狩二年始用霍去病
為驃騎將軍漢西京制大將軍驃騎將軍位次
丞相
車騎將軍一人漢文帝元年始用薄昭為車騎
將軍魚豢曰魏世驃騎為都督儀與四征同若
不為都督雖持節屬四征者與前後左右雜號
將軍同其或散還從文官之例則位次三司晉宋
車騎衞不復為四征所督也
衞將軍一人漢文帝元年始用宋昌為衞將軍

二八七 ｜宋書二十九｜ 十一

辰三

三號位亞三司漢章帝建初三年始使車騎將
軍馬防班同三司班同三司自此始也漢末奮
威將軍晉汪右伏波輔國將軍並加大而儀同
三司江左以來將軍則中鎮撫四鎮以上或加
大餘官則左右光祿大夫以上並得儀同三司
持節都督無定員前漢遣使始有持節光武建
自此以下不得也
武初征伐四方始權將置督軍御史事竟罷建
安中魏武帝為相始遣大將軍督軍二十一年

征孫權還頃夏侯惇督二十六軍是也魏文帝黃
初二年始置都督諸州軍事或領刺史則總
軍大將軍曹矣明帝太和四年晉文帝宣帝征蜀加
統外內諸軍大都督高貴公正二年晉文帝都督中外
號大都督晉世則都督諸軍為上監諸
諸軍尋加大都督諸軍為上都督次之假
軍次之督諸軍為下使持節次之假
節為下使持節得與使持節得殺二千石以下持節殺無官犯
人若軍事得與使持節同假節唯軍事得殺犯

太三四 ｜宋書志二十九｜ 十二

孫孫

軍令者晉江左以來都督中外尤重唯王道子居
之宋氏人臣則無也江夏王義恭假黃鉞假黃
鉞則專裁武卽將非人臣常器矣
征東將軍一人漢獻帝初平三年馬騰居之
征南將軍一人漢光武建武中岑彭居之
征西將軍一人漢光武建武中馮異居之
征北將軍一人魚豢曰四征魏武帝置秩二千
征北中位次三公漢舊諸征與偏裨雜號同
鎮東將軍一人後漢末魏武帝居之

鎮南將軍一人後漢末劉表居之

鎮西將軍一人後漢初平三年韓遂居之

鎮北將軍一人

中軍將軍一人漢武帝以公孫敖爲之時爲雜號

鎮軍將軍一人魏以陳羣爲之

撫軍將軍一人魏以司馬宣王爲之

中鎮撫三號比四鎮

安東將軍一人後漢末陶謙爲之

安南將軍一人

安西將軍一人後漢末段熲爲之

安北將軍一人魚豢曰鎮北四安魏黃初太和

中置

平北將軍一人四平魏世置

平西將軍一人

平南將軍一人

平東將軍一人

中置

安北將軍一人

左將軍

右將軍

前將軍

後將軍

左將軍以下周末官秦漢並因之光武建武七

年省魏以來復置

征虜將軍漢光武建武中始以祭遵居之

冠軍將軍楚懷王以宋義爲卿子冠軍冠軍之

名自此始也魏正始中以文欽爲冠軍將軍揚

州刺史

輔國將軍漢獻帝以伏完居之宋太宗泰始

四年改爲輔師後廢帝元徽二年復故

龍驤將軍晉武帝始以王濬居之

東中郎將漢靈帝以董卓居之

南中郎將漢獻帝建安中以臨淄侯曹植居之

北中郎將漢建安中以陽陵侯曹部居之凡四

西中郎將

中郎將何承天云並後漢置

建威將軍漢光武建武中以耿弇爲建武大

將軍

摠威將軍後漢初宋登爲之

奮威將軍前漢世任千秋爲之

揚威將軍魏置

廣威將軍魏置

揚武將軍後漢末呂布爲之

奮武將軍光武建武中以馬成爲之

建武將軍漢建安中魏武以樂進居之

振武將軍前漢末王況爲之

廣武將軍晉江左置 三十七　宋書志二九

鷹揚將軍漢建安中魏武以曹洪居之

揚烈將軍建安中以假公孫淵

寧遠將軍晉江左置

材官將軍漢武帝以李息爲之

伏波將軍漢武帝征南越始置此號以路博德
爲之

凌江將軍魏置自凌江以下則有宣威明威驍

十五

威武武牙武毅武烈威武威鷹威寇威虜
綏遠綏邊綏戎討寇討虜討難討夷掃
盪寇盪虜盪難盪逆殄寇殄虜難掃夷掃虜
掃難掃逆鷹揚鷹鋒虎威虎牙廣野橫野偏將
軍裨將軍凡四十號其威虜漢光武以耿
純居之盪寇漢建安中蒲龍居之虎威于禁居
之虎牙以蓋延居之其餘或是後漢及魏所置
本則或不自置

左右前後將軍以下至此四十號　四中郎將

三十四　宋書志二九　十六

各一人餘皆無定員自車騎以下爲刺史又都
督及儀同三司者置官如領兵但云都督不儀
同三司者不置從事中郎置功曹一人主吏在
主簿上漢末官也漢東京司隸有功曹從事史
如諸州治中因其名也功曹參軍一人主佐
記室下戶曹上監以下不置咨議記室餘則
同矣宋太宗已來皇子皇弟雖非都督亦置記
室參軍小號將軍爲大郡邊中置佐吏者又置
長史餘則同也

其任也周時曰宗伯是爲春官掌邦禮秦改曰
奉常漢因之景帝六年更名曰太常應劭曰欲
令國家盛大常存故稱太常前漢常以列侯
孝敬愼者居之後漢不必列侯也

博士班固云秦官吏掌六國時往往有博士掌
通古今漢武建元五年初置五經博士成之
世五經家法稍增經置博士一人至東京凡十四
人易施孟梁立京氏尚書歐陽大小夏侯詩齊
魯韓禮大小戴春秋嚴顏各一愽士而聰明
有威重者一人爲祭酒魏及晉西朝置十九人
江左初減爲九人皆不知掌何經元帝末增儀
禮春秋公羊博士各一人合爲十一人後又增
爲十六人不復分掌五經而謂之太學博士也

秩六百石

國子祭酒一人

國子博士二人

國子助教十人周易尚書毛詩禮記周官儀

宋書志二十九　十七　吳文昌

禮春秋左氏傳公羊穀梁各爲一經論語孝經
爲一經合十經助教分掌國子周有師
氏之職即今國子祭酒也晉初復置國子學以
敎生徒而隸屬太學焉晉初助敎十五人江左
以來損其員自宋世若不置學則助敎唯置一
人而祭酒博士常置也

太廟令一人丞一人並前漢置也

明堂令一人丞一人漢東京初置令宋世
日令領齋郎二十四人

祖大明中置

太祝令一人丞一人掌祭祀讀祝迎送神太祝
周舊置官也漢西京置太祝令丞武帝太初元年
更名曰廣記漢東京改曰太祝

太史令一人丞一人掌三辰時日祥瑞妖災歲
終則奏新曆太史三代舊官周世掌建邦之
六典正歲年以序事頒朔于邦國又有馮相氏
掌天文次序保章氏掌天文令之太史則幷
周之太史馮相保章三職也漢西京曰太史

宋書志二十九　十八　吳文

令漢東京有二丞其一在靈臺

太樂令一人丞一人掌凡諸樂事周時爲大司

樂漢西京曰太樂令漢東京曰大子樂令魏復

爲太樂令

陵令每陵各一人漢舊官也

乘黃令一人掌乘輿車及安車諸馬魏世置自

博士至乘黃令並屬太常

光祿勳一人丞一人光明也祿蕰也勳功也秦曰

郎中令漢因之漢武太初元年更名光祿勳掌

（宋書志二十九）（十九）

三署郎郎執戟衛宮殿門戶光祿勳居禁中如

御史有獄在殿門外謂之光祿外部光祿勳郊

祀掌三獻魏晉以來光祿不復居禁中又無

復三署郎唯外宮會則以名到爲二臺奏勳

則符光祿加禁止解禁止亦如之禁止身不得

入殿省光祿主殿門故也宮殿門戶至今猶屬

晉哀帝興寧二年省光祿勳幷司徒孝武寧

康元年復置漢東京三署郎有行應四科者歲

舉茂才二人四行二人及三署郎罷省光祿勳

猶依舊舉四行衰冠子弟充之三署者五官署

左署右署也各置中郎將以司之郡舉孝廉

以補三署郎年五十以上屬五官其次分在左

右署凡有中郎 議郎 侍郎 郎中 四等無員多

至萬人

左光祿大夫

右光祿大夫二大夫晉初置光祿大夫秦時爲

中大夫漢武太初元年更名光祿大夫晉初又

置左右光祿大夫而光祿大夫如故光祿大夫

（宋書志二十九）（二十）

銀章青綬其重者加金章紫綬則謂之金紫

光祿大夫舊秩比二千石

中散大夫王莽所置後漢光祿大夫三人中大夫二十

貟掌論議後漢光祿大夫三人中大夫二十人

中散大夫三十人魏以來復無貟自左光祿大

夫以下養老疾無職事中散六百石

衛尉一人丞二人掌宮門屯兵秦官也漢景初

改爲中大夫後元年復爲衛尉晉江右掌冶鑄

領冶令三十九戶五千三百五十冶皆在江北

而江南唯有梅根及冶塘二冶皆屬揚州不屬

衛尉衛尉江左不置宋世祖孝建元年復置舊

一丞世祖增置一丞

廷尉一人丞一人掌刑辟凡獄必質之朝與

衆共之之義兵獄同制故曰廷尉舜攝帝位臯

陶作士即其任也周時大司寇為秋官掌邦刑

秦為廷尉漢景帝中六年更名大理

四年復為廷尉哀帝元壽二年復為大理漢東

京初復為廷尉

廷尉正一人

廷尉監一人正監並秦官本有左右監漢光武

省右猶云左監魏晉以來直云監

廷尉評一人漢宣帝地節三年初置左右評正

光武省右猶云左平魏晉以來直云評正監評

並以下官禮敬廷尉卿正監秩千石評六百石

廷尉律博士一人丞一人魏武初建魏國置

大司農一人丞一人掌九穀六畜之供膳羞者

舜攝帝位命棄為后稷即其任也周則為太

府秦治粟內史漢景帝後元年更名大農令

武帝太初元年更名曰大司農晉哀帝末省并

都水孝武世復置漢世丞二人魏以來一人

太倉令一人丞一人秦官也晉江左以來又有東

倉石頭倉丞各一人

導官令一人丞一人掌春御米漢東京置導

擇也擇米令精也司馬相如封禪書云導一莖

六穗於庖

籍田令一人丞一人掌耕宗廟社稷之田於周

為甸師漢文帝初立籍田賈至為甸師也漢因

京及魏並不置晉武太始十年復置江左省宋

太祖元嘉中又置自太倉至籍田令並屬司農

少府一人丞一人掌市服御之物秦官也漢因

之掌禁錢以給私養故曰少府晉哀帝末省

井丹陽孝武世復置

左尚方令丞各一人

右尚方令丞各一人並掌造軍器秦官也漢因之於

周則為玉府晉江右有中尚方左尚方右尚方江

左以來唯一尚方宋高祖踐阼以相府部配臺
謂之左尚方而本署謂之右尚方焉又以相府
細作配臺即其名置令一人丞二人隸門下世
祖大明中改曰御府置令一人丞一人御府二漢
世典官婢作縠衣服補浣之事魏晉猶置其
職江左乃省為後廢帝初省御府置中署隸
右尚方漢東京大僕屬官吾人考工令主兵器弓
弩刀鎧之屬唯主作御刀綬劍諸玩好器物而
雜工尚方令唯主作御刀綬劍諸玩好器物而
已然則考工令如今尚方令如今中署矣

東冶令一人丞一人
南冶令一人丞一人漢有鐵官晉置令掌工徒
鼓鑄隸衛尉江左以來省衛尉度隸少府宋世
雖置衛尉冶隸少府如故江南諸郡縣有者或
置冶令或置丞多是吳所置
平准令一人丞一人掌染秦官也漢隸
司農不知何世隸少府宋順帝即位避帝諱改
曰染署

<small>大·九十二　宋書志二十九　二十三　徐爰撰</small>

將作大匠一人丞一人掌土木之役秦世置將作
少府漢因之景帝中六年更名將作大匠光武
二年省以謁者領之章帝建初元年復置晉氏
以來有事則置無則省
大鴻臚掌贊導拜授諸王蕃世為典客漢景帝
中六年更名大行令武帝太初元年更名大鴻臚
鴻大也臚陳也晉江左初省有事則權置事畢
即省
太僕掌輿馬周穆王所置秦因之周官則校人
掌馬巾車尚車及置太僕兼其任也晉江左或
置或省宋以來不置郊祀則權置太僕執轡事
畢即省
太后十卿各一人應氏漢官曰衛尉少府秦官
太僕漢成帝置皆隨太后宮為號在正卿上無
太后乃闕魏改漢制在九卿下晉復舊在同號
卿上
大長秋皇后卿也有后則置無則省秦時為將
行漢景帝中六年更名大長秋韋曜曰長秋者

<small>大·二七十　宋書志三十九　二十四</small>

以皇后陰官秋者陰之始取其終而長欲其父
也自太常至長秋皆置功曹主簿五官漢東京
諸郡有五官掾因其名也漢制卿尹秩皆中二
千石丞一千石

尚書古官也舜攝帝位命龍作納言即其任
也周官司會鄭玄云若今尚書矣秦世少府
遣吏四人在殿中主發書故謂之尚書尚猶
主也漢初有尚冠尚衣尚食尚浴尚席尚書
謂之六尚戰國時已有尚冠尚衣之屬矣秦時

〔宋書志二十九 二十五 章演〕

有尚書令尚書僕射尚書丞至漢初竝隸少府
漢東京猶文屬焉古者重武官以善射者掌
事故曰僕射僕役於射事也秦世有左
右曹諸吏官無職事將軍大夫以下皆得加此
官漢武帝世使左右曹諸吏分平尚書事昭
帝即位霍光領尚書事成帝初王鳳錄尚書
事漢東京每帝即位輒置太傅錄尚書畺
省晉康帝世何充議錄表曰咸康中分置三
錄王導錄其一荀崧陸曄各錄六條事然則

似有二十四條若止有十二條則荀陸各錄六條
導又何所司乎若導摁錄荀陸分掌則不得復
云導錄其一也其後每置二錄輒云各掌六條
晉江右有四錄則四人參錄也江右張華江左
事又是止有十二條也十二條者亦不知悉何條
康充竝經關尚書七條則亦不知皆何事也後

〔宋書志二十九 二十六 章演〕

錄萬機之政也凡重號將軍刺史皆得命曹
蕭澹尚書納于大麓曰堯納舜於尊顯之官天
何充解錄又參關尚書錄尚書職無不摁王
授用唯不得施除及加節宋世祖孝建中不欲
威權外假省錄大明末復置此後或置或省漢
獻帝建安四年以執金吾榮郃為尚書左僕射
衛臻為右僕射二僕射分置自此始也漢成帝
建始四年初置尚書員四人增丞亦為四人曹

〔三百十四〕

尚書其一曰常侍曹主公卿事其二曰二千石
曹主郡國二千石事其三曰民曹主吏民上書
事其四曰客曹主外國夷狄事光武分二千石
曹為二又分客曹為南主客曹北主客曹改

常侍曹為吏曹凡六尚書減二丞唯置左右二
丞而巳應劭漢官云尚書令左丞總領綱紀無
所不統僕射右丞掌稟假錢穀三公尚書二人
掌天下歲盡集課吏曹掌選舉齋祠二千石曹
掌水火盜賊詞訟罪法客曹掌羌胡朝會法駕
出護駕民曹掌繕治功作鹽池苑圃吏曹駕
多得遷遷則漢末曹名及職司又與光武時異
晉初有吏部三公客曹駕部屯田度支五曹尚書

也魏世有吏部左民民曹五兵度支六曹尚書
中有吏部殿中五兵田曹左民六尚書惠
帝世又有右民尚書止於六曹不知此時
省何曹也江左則有祠部吏部尚書若有
書武帝咸寧二年省駕部尚書四年又置太康

右僕射則不置祠部尚書世祖大明二年置二
吏部尚書五兵尚書後還置二吏部尚書順帝
合為五曹尚書宋高祖初又增都官尚書若有
昇明元年又置五兵尚書
尚書令　任總機衡僕射尚書分領諸曹左僕射

領殿中主客二曹吏部尚書領吏部删定三公
比部四曹祠部尚書領祠部儀曹二曹度支尚
書領度支金部倉部起部四曹左民尚書領左
民駕部二曹都官尚書領都官水部庫部功部
四曹五兵尚書領中兵外兵二曹晉有騎兵別
兵都兵故謂之五兵也五兵尚書二僕射一令謂
之八坐若管宗廟宮室則置起部尚書事畢省
漢成帝初置四尚書郎之文漢儀尚書
郎四人一人主匈奴單于營部一人主羌夷吏

民一人主戶口墾田一人主財帛委輸匈奴單
于宣帝之世保塞內附成帝世單于還比庭夫
一郎主匈奴單于也營部則置郎疑是光武時
所主匈奴是南單于也漢官云置郎三十六人
不知是何帝增員然則一尚書則領六郎也主
作文書起草初爲郎中滿歲則爲侍郎尚
書寺居建禮門內尚書郎入直官供青縑白綾
被或以綿緜爲之給帷帳氈褥通中枕太官供
食物湯官供餅餌及五熟果實之屬給尚書伯

使一人女侍二人皆選端正妖麗執香爐護衣
服奏事明光殿殿以胡粉塗壁畫古賢烈士以
丹朱色地謂之丹墀尚書郎口含雞舌香以其
奏事咨對欲使氣息芬芳也奏事則與黃門侍
郎對揖黃門侍郎稱已聞乃出天子所服五時
衣以賜尚書令僕而丞郎月賜赤管大筆一雙
隃麋墨一丸魏世有殿中吏部駕部金部虞曹
比部南主客祠部度支庫部農部水部儀曹三
公郎部民曹二千石中兵外兵別兵都兵考功
定科凡二十三郎青龍二年有軍事尚書令陳
矯奏置都官騎兵二曹郎合為二十五曹晉西
朝則直事殿中祠部儀曹吏部三公比部金部
倉部度支都官二千石民右民曹屯田起
部水部左主客右主客駕部車部庫部左中兵
右中兵左外兵右外兵別兵都兵騎兵左士右
士比主客南主客爲三十四曹郎後又置運曹
凡三十五曹晉江左初無直事民屯田車部別
兵都兵騎兵左士右士運曹十曹郎而主客中

兵各置一郎而已所餘十七曹也康穆以來又
無虞曹二千石二郎猶有殿中祠部吏部儀曹
三公比部倉部度支都官左民都官水部主客
駕部庫部中兵十八曹郎後又省主客起部水
部餘十五曹宋高祖初加置騎兵主客起部水
部四曹郎合為十九曹太祖元嘉十年又省儀
曹主客比部騎兵四曹郎十一年又省十八
年增刪定曹郎次在左民曹上蓋魏世之定科
郎也三十年又置功論郎次都官之下在刪定

之上太宗世省騎兵令凡二十曹郎以三公比
部主法制度支主筭弁支沠也度支郎主軍
事刑獄其餘曹所掌各如其名漢制公卿御史
中丞以下遇尚書令僕丞郎皆車豫相回避臺
官過乃得去今尚書官上朝及下禁斷行人猶
其制也漢又制丞郎見尚書郎呼曰明時郎見二
丞呼曰左君右君郎以下則有都令史明初正
令史書吏韓漢東京尚書令史十八人晉初正
令史百二十人書令史百三十人自晉至今或減

或益難以定言漢儀有丞相令史令史盡前漢
官也晉西朝有尚書都令史朱詵則都令史盡其
來久矣分都所掌如尚書晉西朝八坐丞郎
朝晡詣都坐朝江左唯旦朝臣巳八坐丞郎初拜
並集都坐交禮遷又解交漢舊制也今唯八坐
解交丞郎不復解交也尚書令千石僕射尚書
六百石丞郎四百石
武庫令一人掌軍器秦官至三漢屬金吾晉初
罷執金吾至今隸尚書庫部 【宋志二十九】 三十二 作
車府令一人丞一人秦官也二漢魏晉並隸太僕
太僕既自隸尚書駕部
上池監丞尉屬水衡都池監隸少府漢宋世祖
上林令一人丞一人漢西京上林中有八丞十二尉
大明三年復置隸尚書殿中曹及少府
材官將軍一人司馬一人主工匠土木之事漢左
右校令其任也魏右校又置材官校尉曰材官校尉主天下
材木事晉江左改材官校尉曰材官將軍又罷

左校令令材官隸尚書起部及領軍
侍中四人掌奏事直侍左右應對獻替法駕出
則正直一人負璽陛乘殿內門下眾事其周
公戎成王立政之篇所云常伯即其任也侍中
本秦丞相史也使五人往來殿內東廂奏事故
謂之侍中漢西京無員多至數十人侍禁中
分掌乘輿服物下至褻器虎子之屬武帝世孔
安國為侍中以其儒者特聽掌御唾壺朝廷榮
之又次者為僕射漢東京又屬少府猶無員掌 【宋志二十九】 三十二 作
侍左右贊道眾事顧問應答法駕出則多識
者一人負傳國璽操斬白蛇劍參乘餘皆騎在
乘輿車後光武帝時侍中與祭酒焉漢世與
中官俱止禁中武帝時侍中莽何羅挾刃謀逆
由是侍中出禁外有事乃入人事畢即出章帝元和中侍中郭
舉與後宮通技佩刀驚御輦伏誅侍中由是
復出外魏晉以來置四人別加官不主數秩比二
千石

宋書志二九

十九

三十三

百官下

臣沈　約　　新撰

宋書四十

給事黃門侍郎四人與侍中俱掌眾事郊廟臨
軒則一人執麾漢百官表奏曰給事黃門無員
掌侍從左右漢因之漢東京曰給事黃門侍郎
亦無員掌侍從左右關通中外諸王朝見則引
王朝坐應劭曰每日莫向青鎖門拜謂之夕郎
史臣按劉向與子歆書曰黃門郎顯處也然則
黃闔中人主之故號曰黃門令然則黃門郎給
事黃闔之內故曰黃門郎也魏晉以來員四人
前漢世巳爲黃門侍郎矣董巴漢書曰禁門曰

六百石

公車令一人掌受章奏秦有公車司馬令屬衛
尉漢因之掌宮南闕門凡吏民上章四方貢獻
及徵詣公車者皆掌之晉江左以來直云公車
令

太醫令一人丞一人周官爲醫師秦爲太醫令
令

至二漢屬少府太官令一人丞一人周官爲膳
夫秦爲太官令至漢西京爲龍馬長漢東京爲末
央廄令魏爲廄廄丞一人漢西京爲驊騮令自
驊騮廄丞一人漢西京爲　令至此隸侍中

散騎常侍四人掌侍左右秦置散騎又置中常
侍散騎並乘輿車後中常侍得入禁中皆無員
爲加官漢東京初省散騎而中常侍用宦者魏文
帝黃初初置散騎合於中常侍謂之散騎常侍始以
孟達補之次者爲祭酒散騎常侍秩比二千石

通直散騎常侍四人魏末散騎常侍又有在員
外者晉武帝使二人與散騎常侍通直故謂之
通直散騎常侍晉江左置五人員外散騎常侍
魏末置無員

散騎侍郎四人魏初與散騎常侍同置魏晉散
騎常侍侍郎與侍中黃門侍郎共平尚書奏事
外散騎侍郎四人初晉武帝置員外散
通直散騎侍郎四人元帝使二人與散騎侍郎通
直故謂之通直散騎侍郎後增爲四人員外散

騎侍郎晉武帝置無貟

給事中無貟漢西京置掌顧問應對位次中常
侍漢東京省魏世復置

奉朝請無貟亦不爲官漢東京罷省三公外戚
宗室諸矦多奉朝請奉朝請者奉朝會請召而
已晉武帝亦以宗室外戚爲奉朝請晉王以象軍爲騎都尉
而奉朝請馬元帝爲晉王行參軍爲奉車駙馬都尉
掾屬爲駙馬都尉行參軍奉車騎都尉唯駙馬都尉奉朝請
朝請後省奉車騎都尉唯駙馬都尉奉朝請

永初已來以奉朝請選雜其尚主者唯拜駙馬
都尉三都尉並漢武帝置孝建初奉朝請省駙
馬都尉三都尉秩比二千石

中書令一人

中書舍人一人

中書侍郎四人

中書通事舍人四人漢武帝游後廷始使宦者
典尚書事謂之中書謁者置令僕射元帝時令
弘恭僕射石顯秉勢用事權傾內外成帝改中

書謁者令曰中謁者令罷謁者漢東京省中謁
者令而有中宮謁者令非其職也魏武帝爲王
置祕書令典尚書奏事及通事乃以入爲帝省
改爲中書令又置祕書郎次黃門郎黃門
郎已署事過通事通事謂之通事郎晉
改曰中書侍郎貟四人晉江左改中書侍郎
曰通事郎尋後復爲中書侍郎晉初置
通事郎一人江左初合舍人通事謂之通事舍人
掌呈奏案章後省通事中書差侍郎一人直西
省又掌詔命宋初又置通事舍人而侍郎之任
輕矣舍人直閤內隸中書其下有主事本用武
官宋改用文吏

祕書監一人

祕書丞一人

祕書郎四人漢桓帝延熹二年置祕書監皇甫
規與張奐書云從兄祕書它何動靜是也應劭
漢官曰祕書監一人六百石後省魏武帝爲魏
王置祕書令祕書丞祕書典尚書奏事文帝黃

初初置中書令典尚書奏事而祕書改令
爲監後欲以何楨爲祕書丞而祕書先自
有丞乃以楨爲祕書右丞後省掌藝文圖
籍周官外史掌四方之志三皇五帝之書
即其任也漢西京圖籍所藏有天府石渠
蘭臺石室延閣廣內之府是也東京圖書
在東觀晉武帝以祕書并中書省監謂丞
爲中書祕書丞惠帝復置箸作郎一人佐
郎八人掌國史周世左史記事右史記言
即其任也漢東京圖籍在東觀故使名儒
碩學箸作東觀撰述國史箸作之名自此
始也魏世隸中書晉世繆徵爲中書箸
作郎元康中改隸祕書後別自爲省而猶
隸祕書箸作郎謂之大箸作專掌史任晉
制箸作佐郎始到職必撰名臣傳一人宋
氏初國朝始建未有合撰者此制遂替
矣

領軍將軍一人掌內軍漢有南北軍衛京師武

帝置中壘校尉掌北軍壘光武省中壘校尉置
北軍中候監五校營魏武爲丞相相府自置領軍非
漢官也文帝即魏王位魏始置領軍主五校中壘武
衛三營晉武帝初省使中軍將軍羊祜統二衛
前後左右驍騎七軍營兵即領軍之任也祜遷
罷復置北軍中候比領軍中候一人懷帝永
嘉中改曰中領軍元帝永昌元年復改曰比軍中
候尋復爲領軍領軍成帝世復以爲中候而陶回居之
尋復爲領軍領軍令猶有南軍都督

護軍將軍一人掌外軍秦時護軍都尉漢因之
陳平爲護軍中尉盡護諸將然則復以都尉爲
護軍中尉也漢書李廣傳廣爲驍騎將軍屬
中尉矣武帝元狩四年以護軍都尉屬大司馬千
時爲都尉蓋漢書李廣傳廣爲驍騎將
護軍將軍蓋護軍諸將軍哀帝元壽元年
更名護軍都尉元始元年更名護
軍都尉東京省班固爲大將軍中護軍隸將軍
莫府非漢朝列職魏武爲相以韓浩爲護軍史
奧爲領軍非漢官也建安十二年改護軍爲中

護軍領軍將軍為中領軍置長史司馬魏初因置護
軍主武官選隸領軍晉世則不隸也晉元帝永
昌元年省護軍并領軍明帝大寧二年復置魏
晉江左領護軍猶別有營也領軍不復別
營總統二衞驍騎材官諸軍官江左以來領軍
資重者為領軍護軍資輕者為中領軍中護
護軍官屬有長史司馬功曹主簿五官受命出
征則置衆軍

左衞將軍一人
右衞將軍一人二衞將軍掌宿衞營兵二漢魏
不置晉文帝為相國相國府置中衞將軍武帝
初分中衞置左右衞將軍以羊琇為左衞將軍
為右衞二衞江右有長史司馬功曹主簿江左
無長史
驍騎將軍漢武帝元光六年李廣為驍騎將軍
魏世置為内軍有營兵高功者主之先有司馬
功曹主簿後省
游擊將軍漢武時韓說為游擊是為六軍

十七　周

左軍將軍
右軍將軍
前軍將軍
後軍將軍魏明帝置時有左軍右軍前軍後魏
官也晉武帝初置前軍右軍太始八年又置後
軍是為四軍
左中郎將
右中郎將秦官漢因之與五官中郎將領三署
郎魏無三署郎猶置其職晉武帝省宋世祖大
明中又置
屯騎校尉
步兵校尉
越騎校尉
長水校尉
躤聲校尉五校竝漢武帝置屯騎步兵掌上林苑
門屯兵越騎掌越人來降因以為騎也一說取其
材力趫越也長水掌長水宣曲胡騎長水胡部落
右也胡騎屯宣曲觀下韋曜曰長水校尉典胡

八　王

騎殿近長水故以爲名長水蓋關中小水名也射
聲堂射聲士聞聲則射之故以爲名漢先武初改
屯騎爲驍騎越騎爲青中建武十五年復舊漢
東京五校典宿衛士皆自游徼至五校魏晉逮于
江左初猶領營兵並置司馬功曹晉江左後省二
中郎將本不領營也五營校尉秩二千石
虎賁中郎將周有虎賁氏漢武帝建元三年
始微行出遊選材力之士執兵從送期之諸門故
名期門無員多至千人平帝元始元年更名曰虎
賁比二千石
賁郎置中郎將領之虎賁舊見作虎賁奔言如虎之
奔走也王莽輔政以古有勇士孟賁故以奔爲
究從僕射漢東京有中黃門究從僕射非其職
也魏世因其名而置究從僕射
羽林監漢武帝太初元年初置建章營騎亦掌
從送次期門後更名羽林騎置令丞宣帝令中
郎將都尉監羽林謂之羽林中郎將漢東京又
置羽林左監羽林右監至魏世不改晉罷羽林中

郎將又省一監置一監而已自虎賁至羽林是爲
三將哀帝省省宋高祖永初初復置江右領營兵
江左無復營兵羽林監六百石
積射將軍
彊弩將軍漢武帝以路博德爲彊弩都
將軍至東漢宣帝以許延壽爲彊弩將軍彊弓
爲彊弩將軍雜號前漢至魏無積射彊弩二
十年立射營弩營積射彊弩將軍主之自驍騎
至彊弩將軍先並各置一人宋太宗泰始以來多
以軍功得此官今並無復員
殿中將軍
殿中司馬督晉武帝時殿內宿衛號曰三部司馬
置此二官分隸左右二衛江右初員十人朝會宴
饗則將軍戎服直侍左右夜開城諸門則執白
虎幡監之晉孝武太元中改選以門閥居之宋高
祖永初初增爲二十人其後並無復員
外將軍員外司馬督其後並無復員
武衛將軍無員初魏王始置武衛中郎將文帝

御史中丞一人掌奏劾不法時御史大夫亦有二丞
踐阼改為衛將軍主禁旅如今二衛非其任也
晉氏不常置宋世祖大明中復置代殿中將軍
之任比貞外散騎侍郎
武騎常侍無貞漢西京官車駕游獵常從躬猛
獸後漢魏晉不置宋世祖大明中復置比奉朝
請

御史中丞一人掌奏劾不法時御史大夫亦有二丞
其一曰御史丞其二曰中丞殿中蘭臺祕
書圖籍在焉而中丞居之外督部刺史內領侍
御史受公卿奏事舉劾按章時中丞亦受奏事
然則分有所掌也成帝綏和元年更名御史大
夫為大司空置長史而中丞官職如故哀帝建
平二年復為御史大夫元壽二年復為大司空
而中丞出外為御史臺主名御史長史光武遇
曰中丞又屬少府獻帝時更置御史大夫自置
長史一人不復領中丞止車也漢東京御史中
尚書丞郎則中丞止車軓版揖而丞郎坐車舉
手禮之而已不知此制何時省中丞每月二十

五日繞行宮垣白壁史臣按漢志執金吾每月
三統行宮城疑是省金吾以此事併中丞中
秩千石
治書侍御史掌舉劾官品第六已上漢宣帝齋
居決事令御史二人治書御史因謂之治書御史漢
東京使明法律者為之天下讞疑事則以法律
當其是非魏晉以來則分掌侍御史所掌諸曹
若尚書二丞也
侍御史於周為柱下史周官有御史掌治令亦
其任也秦置侍御史漢因之二漢員並十五人
掌察舉非法受公卿奏事有違失者舉劾之凡
有五曹一曰令曹掌律令二曰印曹掌刻印三
曰供曹掌齋祠四曰尉馬曹掌官厩馬五曰乘
曹掌護駕魏置御史八人有治書曹掌度支運
課第曹掌考課不知其餘曹也晉西朝凡有吏
課曹直事曹印曹中都督曹外都督曹媒
曹符節曹水曹中壘曹營軍曹筭曹法曹凡十
三曹而置御史九人晉江左初省課第曹置庫

曹掌廏牧牛馬市租後復分庫曹置外左庫内
左庫二曹宋太祖元嘉中省外左庫而内左庫又
直云左庫晉世祖大明中復置廢帝景和元年又
置順帝初省營軍併水曹省算曹併法曹中侍御史曹
不置御史凡十御史焉魏又有殿内
人益是蘭臺遣二御史居殿内察非法也晉西
朝四人江左二人秦漢有符節令隸少府領符
璽郎符節令史益周禮典瑞掌節之任也漢至
魏別爲一臺位次御史中丞掌授節銅虎符竹

〔宋書志三十〕　十三　周明

掌其事焉
使符晉武帝太始九年省幷蘭臺署符節御史
謁者僕躬一人掌大拜授及百官班次領謁者
十人謁者掌小拜授及報章蓋秦官也謁請也
應是漢官曰堯以試舜賓于四門是其職也秦
世謁者七十人漢因之後漢百官志謁者僕射
掌奉引和帝世陳郡向熙爲謁者僕射贊拜殿
中音動左右然則又有常侍謁者五人謁者則
置三十五人半減西京也二漢並隸光祿勳魏

世置謁者十人晉武帝省僕射以謁者隸蘭臺
江左復置僕躬後又省宋世祖大明中復置秩
比千石
都水使者一人掌舟航及運部秦漢有都水長
丞主陵池灌漑保守河渠屬太常漢東京省都
水河隄謁者屬魏因之漢世水衡都尉主上林
苑魏世主天下水軍舟船器械晉武帝省水衡
置都水使者而河隄爲都水官屬有參軍二人
謁者一人令史減置無員晉西朝有參軍而
無謁者謁者則江左置也懷帝永嘉六年胡入
洛陽都水使者爰濟先出督運得免然則武帝

〔宋書志三十〕　十四　十五　周明

置職便掌運矣江左省河隄
太子太傅一人丞一人
太子少傅一人丞一人
太子太傅在前少傅在後並以輔導
凡三王教世子太傅
古官也文王世子曰
太常二漢並無丞魏世無丞晉氏置丞
爲職漢高帝九年以叔孫通爲太子太傅位次
太常晉武帝太始五年詔太子拜太傅少傅如弟
也晉武帝

子事師之禮二傅不得上疏曲敬二傅竝有功
曹主簿五官太傅中二千石少傅二千石
太子詹事一人丞一人職比臺尚書令領軍將
軍詹省也漢西京則太子門大夫庶子洗馬舍
人屬二傳省詹事太子家令屬少傅而太子不
也後漢省詹事太子家令僕屬衛率屬詹事皆秦官
復領官屬晉初太子官屬悉屬少傅詹事二傳咸寧元年
復置詹事二傳不復領官屬詹事一千石
復屬家令
家令一人丞一人晉世置漢世太子食湯沐邑
十縣家令主之又主刑獄飲食職比廷尉司農
少府漢東京主食官令食官晉世自爲官不
率更令一人主宮殿門戶及賞罰事職如光祿
勳衛尉漢東京主庶子舍人晉世則不也自漢
至晉家令在率更下宋則居上
僕一人漢世太子五日一朝非入朝日遣僕及
中尤旦入請問起居主車馬親族職如太僕宗
正自家令至僕爲太子三卿三卿秩千石

門大夫二人漢東京置職如中郎將分掌遠近
表歲秩六百石
中庶子四人職如侍中漢東京員五人晉減爲
四人秩六百石
中舍人四人漢東京太子官屬有中允之職在
中庶子下洗馬上疑若令中書舍人矣中舍人
晉初置職如黃門侍郎
食官令一人職如太官令漢東京官也今屬中
庶子庶子四人職比散騎常侍中書監令晉制
也漢西京員五人漢東京無員職如三署中郎
古者諸侯世子有庶子之官秦因其名也秩四
百石
舍人十六人職如散騎中書侍郎晉制也二漢
無員掌宿衛如三署中郎
洗馬八人職如謁者秘書制也二漢員十六人
太子出則當直者前驅導威儀秩比六百石
太子左衞率七人
太子右衞率二人五率職如三衞秦時直云衞

率漢因之主門衛晉初曰中衛率太始分爲左
右各領一軍惠帝時愍懷太子在東宮加置前
後二率成都王穎爲太弟又置中衛是爲五率
江左初省前後二率孝武太元中又置皆有丞
晉初置宋世止置左右二率秩舊四百石
太子屯騎校尉
太子步兵校尉
太子翊軍校尉三校尉各七人並宋初置屯騎
步兵因臺校尉翊軍晉武帝太康初置始爲臺
校尉而以唐彬居之江左省

宋書三十　七　可川

太子冗從僕射七人宋初置
太子旅賁中郎將十人職如虎賁中郎將宋初
官有旅賁氏漢制天子有虎賁王族有旅賁殽衆也
太子左積弩將軍十人
太子右積弩將軍二人漢東京積弩將軍雜號
也無左右之積弩魏世至晉江左右積弩爲
臺職領營兵宋世度東宮無後營兵
殿中將軍十人殿中員外將軍二十人宋初置

平越中郎將晉武帝置治廣州主南越
南蠻校尉晉武帝置治襄陽江左初省尋又置
治江陵宋世祖孝建中省
西戎校尉晉武帝置長史司馬參軍魏世有
寧蠻校尉晉武帝置治襄陽義熙中又置治中
南夷校尉晉武帝置治寧州江左改曰鎮蠻校
尉四夷中郎校尉皆有長史司馬參軍
雜號護軍如將軍令猶有鎮蠻安遠守護軍鎮
蠻以加盧江晉熙西陽太守安遠以加武陵內史

三十　宋志三十　十八　陳仁

刺史每州各一人黃帝立四監以治萬國唐虞
世十二牧是其職也周改曰牧秦曰監御史漢
遣丞相史分刺諸州謂之刺史刺者言猶參
覘也寫書亦謂之刺漢制不得刺尚書事是也刺
史班行六條詔書其一條曰彊宗豪右田宅踰
制以彊陵弱以衆暴寡其二條曰二千石不奉
詔書遵承典制背公向私旁詔守利侵漁百姓
聚斂爲姦其三條曰二千石不恤疑獄風厲殺
人怒則任賞煩擾苛暴剝截黎元

為百姓所疾山崩石裂妖祥謠言其四條曰二

千石遷署不平苟阿所愛蔽賢寵頑其五條曰

二千石子弟恃怙榮勢請託所監其六條曰二

千石違公下比阿附豪彊通行貨賂割損正令

歲終則乘傳詣京師奏事成帝綏和元年改為

牧哀帝建平二年復為刺史前漢世刺史乘傳

周行郡國無適所治後漢世所治始有定處止

八月行部不復奏事晉江左猶行郡縣詔

東據追遠詩曰先君為鉅鹿太守迄今三紀柔

私為冀州刺史班詔次于郡傳是也靈帝世天

下漸亂豪桀各據有州郡而劉焉劉虞始首九卿出

為益州幽州牧其任漸重矣官屬有別駕從事

史一人從刺史行部治中從事史一人主財穀

簿書兵曹從事史一人主兵事部從事史每郡

各一人主察非法主簿一人錄閣下衆事省署

文書門亭長一人主州正門功曹書佐一人主

選用孝經師一人主試經月令師一人主時節

祠祀律令師一人平律簿曹書佐一人主簿書

典郡書佐每郡各一人主一郡文書漢制也今

有別駕從事史治中從事史主簿西曹書佐祭

酒從事史議曹從事史部郡從事史自主簿以

下置人多少各隨州舊無定制也晉成帝咸康

中江州又有別駕祭酒居僚職之上而別駕從

事史如故今則無也別駕西曹主吏及選舉事

治中主衆曹文書事曹即漢之功曹書佐也

祭酒分掌諸曹兵倉戶水鎧之屬揚州無祭

酒而主簿治事荊州有從事史在議曹從事史

下大較應是魏晉以來置也今廣州徐州有月

令從事史若諸州之曹史也漢舊名也漢武帝元封四

年令諸州歲各舉秀才一人後漢光武諱政改

茂才魏復曰秀才晉江左揚州歲舉二人諸州

舉一人或三歲一人隨州大小對策問晉東海

王越為豫州牧牧置長史豪軍庾凱為長史

鯤為豪軍此為牧者則無也牧二千石刺史六百石

郡守秦官秦滅諸疾隨以其地為郡置守丞尉

各一人守治民丞佐之郡當邊戍者丞為長史

晉江左皆謂之丞尉典兵備盜賊漢置京帝中二
年更名守曰太守尉爲都尉光武省都尉後又往
往置東部西部都尉有蠻夷者又有屬國都
尉漢末及三國多以諸部都尉爲郡晉成帝咸
康七年又省諸郡丞宋太祖元嘉四年復置郡
官屬略如公府無東西曹有功曹史主選舉
五官掾主諸曹事部縣有都郵門亭長長又有主
記史催督期會漢制也今略如之諸郡各有舊
俗諸曹名號往往不同漢武帝納董仲舒之言

元光元年始令郡國舉孝廉制郡口二十萬以
上歲察一人四十萬以上二人六十萬三人八十
萬四人百萬五人百二十萬六人不滿二十萬二
歲一人不滿十萬三歲一人限以四科一曰德行
高妙志節清白二曰學通行修經中博士三曰明
晉法令足以決疑能案章覆問文中御史四曰剛
毅多略遭事不惑明足以決斷村任三輔縣令魏
初更制口十萬以上歲一人有秀異不拘戶口江
左以丹揚吳會稽吳興並大郡歲各舉二人漢

制歲遣上計掾史各一人條上郡內衆事謂之
階簿至今行之太守二千石丞六百石
縣令長秦官也大者爲令小者爲長族國爲相
漢制置丞一人尉大縣二人小縣一人五家爲
伍伍長主之二五爲什什長主之十什爲里里
魁主之十里爲亭亭長主之十亭爲鄉鄉有鄉
佐三老有秩嗇夫游徼各一人鄉佐有秩主賦
稅三老主教化嗇夫主爭訟游徼主姦非其餘
諸曹略同郡職以五官爲廷掾後則無復丞唯
十五年縣小者又省之諸官府至郡各置五百
餘大縣置二人次縣小縣各一人宋太祖元嘉
有舊俗無定制也晉江右洛陽縣置六部都尉
建康有獄丞其餘衆職或此縣有而彼縣無各
縣令以上皆士大夫從旅故立四五百以象師從旅
從依古義也韋曜曰五百字本爲伍伯當也
伯道也使之導引當道伯中以驅除也周制五
百爲旅師皆大夫不得主之如此說也又周禮

秋官有條狼氏掌執鞭以趨辟王出入則八人
夾道公則六人侯則四人子男則二人近之
矣名之異爾又漢官中有伯使主為諸官驅使
辟路於道伯中故言伯使此其比也縣令千石
至六百石長五百石

漢初王國置太傅掌輔導內史主治民丞相統
眾官中尉掌武職分官置職略同京師至景帝
懲七國之亂更制諸王不得治國漢為置吏改
而王國如故又太僕為大農咸帝更
丞相曰相省御史大夫廷尉少府宗正博士官
史為京兆尹中尉為執金吾郎中令為光祿勳
令相治民如郡太守省內史其中尉如郡尉太
傅但曰傅漢東京亦置傅一人王師事之相一
人主治民中尉一人主盜賊郎中令一人掌郎
其大夫謁者諸官長丞皆損其員數後改漢內
中宿衞僕一人治書一人治書本曰尚書後更
名治書中大夫無員掌奉使京師及諸國者及
禮樂衞士醫工求巷祀禮長各一人郎中無員

魏氏謁者官屬史關不知次第晉武帝初置師
友文學各一人師即傳也景帝諱師改為傳宋
世復改曰師其文學前漢已置也友者因文王
仲尼四友之名也改太守為內史省相及僕有
郎中令中尉大農為三卿大國又置左右常侍各
小國上軍而已典書典祠典衞學官令典書令
下軍三將軍次國上軍下軍將軍各一
三人省郎中置侍郎二人大國上軍中軍
丞各一人治書四人中尉司馬世子庶子陵廟
牧長各一人謁者四人中大夫六人舍人十人
典醫丞典府丞各一人宋氏以來一用晉制雖
大小國皆有三軍晉制典書令居三軍下矣
上江左則侍郎次常侍而典書常侍三軍庶國又無
江左以來公國則無中尉常侍而典書令矣
大農侍郎伯子男唯典書以下文無學官令又無
吏職皆以次損省焉晉江右公侯以下置官屬
隨國小大無定制也晉江左諸國並三分食一
元帝太興元年始制九分食一

太傅　太保

太尉　司徒　司空

大司馬　大將軍

諸位從公

　　　右第一品

諸持節都督

諸大將軍

驃騎車騎衞將軍

特進

侍中散騎常侍

尚書令僕射尚書

中書監令祕書監

諸征鎮至龍驤將軍

光祿大夫

諸卿尹

太子二傅

大長秋

　　　右第二品

太子詹事

領護軍

縣族

　　右第三品

二衞至五校尉

寧朔至五威五武將軍

四中郎將

刺史領兵者

戎蠻校尉

御史中丞都水使者

鄉族

　　右第四品

給事中黃門散騎中書侍郎

謁者僕射

三將積弩彊弩將軍

太子中庶子庶子三卿率

鷹揚至陵江將軍

刺史不領兵者

郡國太守內史相

亭侯

右第五品

尚書丞郎

治書侍御史侍御史

三都尉

博士

公府從事中郎將

撫軍以上及持節都督領護長史司馬

延尉正監評

祕書著作丞郎

王國公三卿師友文學

諸縣署令千石者

太子門大夫

殿中將軍司馬督

雜號護軍

關內侯

右第六品

二十七

謁者

殿中監

諸卿尹丞

太子傅詹事翠丞

諸軍長史司馬六百石者

諸府參軍

戎蠻府長史司馬

公府掾屬

太子洗馬舍人食官令

諸縣令六百石者

右第七品

內臺正令史

郡丞

諸縣署長

雜號宣威將軍以下

右第八品

內臺書令史

外臺正令史

二十八

諸縣署丞尉

右第九品凡新置不見此諸條者隨秩位所視蓋 右所定也

宋書志三十 二九

宋書四十